国会議事堂・霞ヶ関周辺　地下鉄出入口ご案内

	最寄地下鉄出入口
● 合同庁舎１号館	霞ヶ関駅 A5 A6 A7 A9 A10
農林水産省・林野庁・水産庁	
● 合同庁舎２号館	霞ヶ関駅 A2 A3
警察庁・国家公安委員会・総務省・消防庁・国土交通省（分館）	
● 合同庁舎３号館	霞ヶ関駅 A3　桜田門駅２
国土交通省・海上保安庁	
● 合同庁舎４号館	霞ヶ関駅 A13
内閣法制局・内閣府（分館）・消費者庁・復興庁・公害等調整委員会	
● 合同庁舎５号館	霞ヶ関駅 B3b B3a
内閣府（分館）・厚生労働省・環境省	
● 合同庁舎６号館	霞ヶ関駅 B1　桜田門駅５
法務省・検察庁・出入国在留管理庁・公安調査庁・公正取引委員会	
● 合同庁舎７号館	虎ノ門駅 11
文部科学省・スポーツ庁・文化庁・金融庁・会計検査院	
● 合同庁舎８号館	国会議事堂前駅 ３
内閣府・内閣人事局	
● 経済産業省別館	霞ヶ関駅 C2
中小企業庁・資源エネルギー庁	

国会の勢力分野

（令和5年7月18日現在）

（政　党　別）

（　）内は女性議員で、内数です。

（衆議院）	政党名	（参議院）		
		令元	令4	計
261 (21)	自由民主党	55(11)	63(13)	118(24)
94 (13)	立憲民主党	21(9)	16(8)	37(17)
41 (5)	日本維新の会	9(1)	12(3)	21(4)
32 (4)	公明党	14(2)	13(2)	27(4)
10 (2)	日本共産党	7(3)	4(2)	11(5)
10 (1)	国民民主党	6(2)	5(2)	11(4)
3 (2)	れいわ新選組	2(1)	3(0)	5(1)
1 (0)	社会民主党	1(1)	1(1)	2(2)
0	政治家女子48党	1(0)	1(0)	2(0)
0	参政党	0	1(0)	1(0)
12 (0)	無所属（諸派を含む）	7(2)	5(3)	12(5)
1	欠員	1	0	1
465 (48)	計	124(32)	124(34)	248(66)

※衆参の正副議長は無所属に含む

（会　派　別）

（衆議院）	会派名	（参議院）		
		令元	令4	計
262 (21)	自由民主党	55(11)	63(13)	118(24)
96 (13)	立憲民主党	22(10)	18(10)	40(20)
41 (5)	日本維新の会	9(1)	12(3)	21(4)
32 (4)	公明党	14(2)	13(2)	27(4)
10 (1)	国民民主党	7(2)	6(2)	13(4)
10 (2)	日本共産党	7(3)	4(2)	11(5)
5 (0)	有志の会	—	—	—
3 (2)	れいわ新選組	2(1)	3(0)	5(1)
—	政治家女子48党	1(0)	1(0)	2(0)
—	沖縄の風	1(0)	1(0)	2(0)
5 (0)	無所属	5(2)	3(2)	8(4)
1	欠員	1	0	1
465 (48)	計	124(32)	124(34)	248(66)

（注）自由民主党は衆院で「自由民主党・無所属の会」、参院で「自由民主党」。立憲民主党は衆院で「立憲民主党・無所属」、参院で「立憲民主・社民」。国民民主党は衆院で「国民民主党・無所属クラブ」、参院で「国民民主党・新緑風会」。

IDナンバー A0508138942

HPアドレス▶ **www.kokuseijoho.jp**

※上記IDナンバーは一つの端末のみご利用になれます。

国会関係所在地電話番号一覧

	所在地	電話
■ 総理大臣官邸	〒100-0014 千,永田町2-3-1	☎3581-0101
■ 衆議院	〒100-8960 千,永田町1-7-1	☎3581-5111
議長公邸	〒100-0014 千,永田町2-18-1	☎3581-1461
副議長公邸	〒107-0052 港,赤坂8-11-40	☎3423-0311
赤坂議員宿舎	〒107-0052 港,赤坂2-17-10	☎5549-4671
青山議員宿舎	〒106-0032 港,六本木7-1-3	☎3408-4911
■ 参議院	〒100-8961 千,永田町1-7-1	☎3581-3111
議長公邸	〒100-0014 千,永田町2-18-2	☎3581-1481
副議長公邸	〒106-0043 港,麻布永坂町25	☎3586-6741
麹町議員宿舎	〒102-0083 千,麹町4-7	☎3237-0341
清水谷議員宿舎	〒102-0094 千,紀尾井町1-15	☎3264-1351
■ 衆議院議員会館		
第一議員会館	〒100-8981 千,永田町2-2-1	☎3581-5111（大代） ☎3581-4700（夜間）
第二議員会館	〒100-8982 千,永田町2-1-2	☎3581-5111（大代） ☎3581-1954（夜間）
■ 参議院議員会館		
参議院議員会館	〒100-8962 千,永田町2-1-1	☎3581-3111（大代） ☎3581-3146（夜間）
国立国会図書館	〒100-8924 千,永田町1-10-1	☎3581-2331
憲政記念館	〒100-0014 千,永田町1-1-1	☎3581-1651

目　次

省庁幹部職員抄録

目　次

第2次岸田改造内閣・大臣・秘書官（令和4年8月10日発足）

	大臣		秘書官	秘書官室
内閣総理大臣	岸田文雄	衆(自)	嶋田隆	3581-0101
総務大臣	松本剛明	衆(自)	梅津徳之	5253-5006
法務大臣	齋藤健	衆(自)	清水道郎	3581-0530
外務大臣	林芳正	衆(自)	宮本賢一	3580-3311(代)
財務大臣 内閣府特命担当大臣 （金融） デフレ脱却担当	鈴木俊一	衆(自)	鈴木俊太郎	3581-0101 3581-2716
文部科学大臣 教育未来創造担当	永岡桂子	衆(自)	大越貴陽	6734-2101
厚生労働大臣	加藤勝信	衆(自)	桒原雄尚	3595-8226
農林水産大臣	野村哲郎	参(自)	碇本博一	3502-8111(代)
経済産業大臣 原子力経済被害担当 GX実行推進担当 産業競争力担当 ロシア経済分野協力担当 内閣府特命担当大臣 （原子力損害賠償・廃炉等支援機構）	西村康稔	衆(自)	大山みつえ	3501-1601 1602
国土交通大臣 水循環政策担当 国際園芸博覧会担当	斉藤鉄夫	衆(公)	城戸一興	5253-8019
環境大臣 内閣府特命担当大臣 （原子力防災）	西村明宏	衆(自)	髙木哲哉	3580-0241
防衛大臣	浜田靖一	衆(自)		5269-3240
内閣官房長官 沖縄基地負担軽減担当 拉致問題担当 ワクチン接種推進担当	松野博一	衆(自)	小澤貴仁	3581-0101
デジタル大臣 内閣府特命担当大臣 （デジタル改革　消費者及び食品安全） 国家公務員制度担当	河野太郎	衆(自)	盛純二	4477-6775(代)
復興大臣 福島原発事故再生総括担当	渡辺博道	衆(自)	井本昇	6328-1111(代)
国家公安委員会委員長 国土強靱化担当 領土問題担当 内閣府特命担当大臣 （防災　海洋政策）	谷公一	衆(自)	磯篤志	3581-1739
内閣府特命担当大臣 （こども政策　少子化対策　若者活躍　男女共同参画） 女性活躍担当 共生社会担当 孤独・孤立対策担当	小倉將信	衆(自)	棟方舞衣	5253-2111(代)
経済再生担当 新しい資本主義担当 スタートアップ担当 新型コロナ対策・健康危機管理担当 全世代型社会保障改革担当 内閣府特命担当大臣 （経済財政政策）	後藤茂之	衆(自)	波多野泰史	5253-2111(代)
経済安全保障担当 内閣府特命担当大臣 （知的財産戦略　科学技術政策　宇宙政策　経済安全保障）	高市早苗	衆(自)	高市知嗣	5253-2111(代)
内閣府特命担当大臣 （沖縄及び北方対策　地方創生　規制改革　クールジャパン戦略　アイヌ施策） デジタル田園都市国家構想担当 国際博覧会担当 行政改革担当	岡田直樹	参(自)	谷端臣文	5253-2111(代)

（令和5年7月14日現在）

副大臣・大臣政務官・事務次官一覧

省庁	副大臣	副大臣室	大臣政務官	大臣政務官室	事務次官
デジタル庁	大串正樹 衆(自)	4477-6775	尾崎正直 衆(自)	4477-6775	
復興庁	小島敏文 衆(自) 竹谷とし子 参(公) 石井浩郎 参(自)	6328-1111	中野英幸 衆(自) 山本左近 衆(自) 里見隆治 参(公) 西田昭二 衆(自)	6328-1111	角田　隆
内閣府	藤丸　敏 衆(自) 星野剛士 衆(自) 和田義明 衆(自) 大串正樹 衆(自) 伊佐進一 衆(公) 中谷真一 衆(自) 太田房江 参(自) 石井浩郎 参(自) 小林茂樹 衆(自) 井野俊郎 衆(自)	5253-2111	鈴木英敬 衆(自) 自見はなこ 参(自) 中野英幸 衆(自) 尾崎正直 衆(自) 本田顕子 参(自) 長峯　誠 参(自) 里見隆治 参(公) 西田昭二 衆(自) 柳本　顕 衆(自) 木村次郎 衆(自)	5253-2111	田和　宏
総務省	尾身朝子 衆(自) 柘植芳文 参(自)	5253-5111	国光あやの 衆(自) 中川貴元 衆(自) 長谷川淳二 衆(自)	5253-5111	内藤尚志
法務省	門山宏哲 衆(自)	3581-1940	高見康裕 衆(自)	3592-7833	川原隆司
外務省	武井俊輔 衆(自) 山田賢司 衆(自)	5501-8007 5501-8010	秋本真利 衆(自) 髙木　啓 衆(自) 吉川ゆうみ 参(自)	3580-3311(代)	森　健良
財務省	井上貴博 衆(自) 秋野公造 参(公)	3581-2713 3581-2714	金子俊平 衆(自) 宮本周司 参(自)	3581-7622 3581-7600	茶谷栄治
文部科学省	井出庸生 衆(自) 簗　和生 衆(自)	6734-3301 6734-2103	伊藤孝江 参(公) 山本左近 衆(自)	6734-3503 6734-3501	柳　孝
厚生労働省	羽生田　俊 参(自) 伊佐進一 衆(公)	5253-1111	畦元将吾 衆(自) 本田顕子 参(自)	5253-1111	大島一博
農林水産省	勝俣孝明 衆(自) 野中　厚 衆(自)	3591-2722 3591-2051	角田秀穂 衆(公) 藤木眞也 参(自)	3591-5561 3591-5730	横山　紳
経済産業省	中谷真一 衆(自) 太田房江 参(自)	3501-1603 3501-1604	長峯　誠 参(自) 里見隆治 参(公)	3501-1221 3501-1222	飯田祐二
国土交通省	豊田俊郎 参(自) 石井浩郎 参(自)	5253-8021 5253-8020	古川　康 衆(自) 清水真人 参(自) 西田昭二 衆(自)	5253-8023 5253-8024 5253-8976	和田信貴
環境省	山田美樹 衆(自) 小林茂樹 衆(自)	3580-0247	国定勇人 衆(自) 柳本　顕 衆(自)	3581-3362 3581-4912	和田篤也
防衛省	井野俊郎 衆(自)	5229-2121	小野田紀美 参(自) 木村次郎 衆(自)	3267-0336 5229-2122	増田和夫
内閣官房副長官	木原誠二 衆(自) 磯﨑仁彦 参(自) 栗生俊一	3581-0101 5532-8615 3581-1061			

衆・参各議院役員等一覧

第211回国会(令和5年1月23日～6月21日)(7月13日現在)

委員長一覧

【衆議院】

議長	細田博之(無)
副議長	海江田万里(無)

常任委員長

内閣	大西英男(自)
総務	浮島智子(公)
法務	伊藤忠彦(自)
外務	黄川田仁志(自)
財務金融	塚田一郎(自)
文部科学	宮内秀樹(自)
厚生労働	三ッ林裕巳(自)
農林水産	笹川博義(自)
経済産業	竹内譲(公)
国土交通	木原稔(自)
環境	古賀篤(自)
安全保障	鬼木誠(自)
国家基本政策	塩谷立(自)
予算	根本匠(自)
決算行政監視	江田憲司(立)
議院運営	山口俊一(自)
懲罰	大串博志(立)

特別委員長

災害対策	江藤拓(自)
倫理公選	平口洋(自)
沖縄北方	松木けんこう(立)
拉致問題	下条みつ(立)
消費者問題	稲田朋美(自)
東日本大震災復興	長島昭久(自)
原子力問題調査	鈴木淳司(自)
地域活性化・こども政策・デジタル社会形成	橋本岳(自)

憲法審査会会長	森英介(自)
情報監視審査会会長	小野寺五典(自)
政治倫理審査会会長	逢沢一郎(自)
事務総長	岡田憲治

【参議院】

議長	尾辻秀久(無)
副議長	長浜博行(無)

常任委員長

内閣	古賀友一郎(自)
総務	河野義博(公)
法務	杉久武(公)
外交防衛	阿達雅志(自)
財政金融	酒井庸行(自)
文教科学	高橋克法(自)
厚生労働	山田宏(自)
農林水産	山下雄平(自)
経済産業	吉川沙織(立)
国土交通	蓮舫(立)
環境	滝沢求(自)
国家基本政策	室井邦彦(維)
予算	末松信介(自)
決算	佐藤信秋(自)
行政監視	青木愛(立)
議院運営	石井準一(自)
懲罰	鈴木宗男(維)

特別委員長

災害対策	三浦信祐(公)
ODA・沖縄北方	三原じゅん子(自)
倫理選挙	古川俊治(自)
拉致問題	山谷えり子(自)
地方創生・デジタル社会	鶴保庸介(自)
消費者問題	松沢成文(維)
東日本大震災復興	古賀之士(立)

調査会長

外交・安全保障	猪口邦子(自)
国民生活・経済及び地方	福山哲郎(立)
資源エネルギー・持続可能社会	宮沢洋一(自)

憲法審査会会長	中曽根弘文(自)
情報監視審査会会長	有村治子(自)
政治倫理審査会会長	松下新平(自)
事務総長	小林史武

(カッコ内は会派名。自＝自由民主党・無所属の会(衆院)、自由民主党(参院)、立＝立憲民主党・無所属(衆院)、立憲民主・社民(参院)、維＝日本維新の会、公＝公明党、無＝無所属)

衆議院

●凡例　記載内容は原則として令和5年7月18日現在。

選挙区　選挙当日有権者数 投票率	選挙得票数・得票率 （比は比例代表との重複立候補者、比当は比例代表での当選者）
選挙区割	

ふりがな
氏　名

党派*（会派）　当選回数
出身地　生年月日
勤続年数（うち㊫年数）（初当選年）
勤続年数は令和5年8月末現在

略　歴　（**現職はゴシック。但し大臣・副大臣・政務官、委員会及び党役職のみ。年齢は令和5年8月末現在**）

〒　地元　住所　☎
〒　中央　住所　☎

＊新…当選１回の議員、前…直近の衆議院解散により衆議院議員を失職した人、元…衆議院議員の経験があり、直近の衆議院議員総選挙に落選した人、あるいは、出馬しなかった人

（注）比例代表で復活当選した議員の小選挙区名を〈　〉内に示した。

●編集要領

○ 住所に宿舎とあるのは議員宿舎、会館とあるのは議員会館。

○党派名、自民党議員の派閥名（[　]で表示）を略称で表記した。

自…自由民主党	**社**…社会民主党	[森]…森山派
立…立憲民主党	**無**…無所属	[無]…無派閥
維…日本維新の会	[安]…安倍派	(　)内は会派名
公…公明党	[麻]…麻生派	自民…自由民主党・無所属の会
国…国民民主党	[茂]…茂木派	立憲…立憲民主党・無所属
共…日本共産党	[岸]…岸田派	有志…有志の会
れ…れいわ新選組	[二]…二階派	

○ 常任委員会

内閣委員会……**内閣委**
総務委員会……**総務委**
法務委員会……**法務委**
外務委員会……**外務委**
財務金融委員会……**財金委**
文部科学委員会……**文科委**
厚生労働委員会……**厚労委**
農林水産委員会……**農水委**
経済産業委員会……**経産委**
国土交通委員会……**国交委**
環境委員会……**環境委**
安全保障委員会……**安保委**
国家基本政策委員会……**国家基本委**
予算委員会……**予算委**
決算行政監視委員会……**決算行監委**
議院運営委員会……**議運委**
懲罰委員会……**懲罰委**

○ 特別委員会

災害対策特別委員会……**災害特委**
政治倫理の確立及び公職選挙法改正に関する特別委員会……**倫選特委**
沖縄及び北方問題に関する特別委員会……**沖北特委**
北朝鮮による拉致問題等に関する特別委員会……**拉致特委**
消費者問題に関する特別委員会……**消費者特委**
東日本大震災復興特別委員会……**復興特委**
原子力問題調査特別委員会……**原子力特委**
地域活性化・こども政策・デジタル社会形成に関する特別委員会…**地・こ・デジ特委**

○ 審査会

憲法審査会……**憲法審委**
情報監視審査会……**情報監視審委**
政治倫理審査会……**政倫審委**

※所属の委員会名は、7月18日現在の委員部資料及び議員への取材に基づいて掲載しています。

衆議院議員・秘書名一覧

あ

議員名	党派(会派)	選挙区	政策秘書名 第1秘書名 第2秘書名	館別 号室	直通 FAX	略歴頁
あかま二郎（じろう）	自 [麻]	神奈川14	鈴木久恵 飯田則恭 神﨑慶子	1 421	3508-7317 3508-3317	86
あべ俊子（としこ）	自 [無]	比例 中国	竹山直子 小賀智子 末澤文智	1 514	3508-7136 3508-3436	148
安住淳（あずみ じゅん）	立	宮城5	泉　貴仁 遠藤裕美 髙木万莉子	1 1003	3508-7293 3508-3503	61
足立康史（あだち やすし）	維	大阪9	斉藤　巧 川口元気 植田まゆみ	1 1016	3508-7100 3508-6410	129
阿部司（あべ つかさ）	維	比例 東京	両角　穣 國井百合子 津田郁也	2 321	3508-7504 3508-3934	101
阿部知子（あべ ともこ）	立	神奈川12	小林わかば 嘉藤　敦 横山弓彦	1 424	3508-7303 3508-3303	86
阿部弘樹（あべ ひろき）	維	比例 九州	高岡英一 ―― ――	2 1102	3508-7480 3508-3360	166
逢沢一郎（あいさわ いちろう）	自 [無]	岡山1	三谷正史 藤井章文 足立　輝	1 505	3508-7105 3508-0319	143
青柳仁士（あおやぎ ひとし）	維	大阪14	小島英治 綾田剛樹 ――	1 723	3508-7609 3508-3989	130
青柳陽一郎（あおやぎよういちろう）	立	比例 南関東	仲長武男 高久正信 宮下佳織	2 1013	3508-7245 3508-3515	90
青山周平（あおやま しゅうへい）	自 [安]	比例 東海	佐藤　彰 中田大亮 大須賀竜也	2 616	3508-7083 3508-3089	119
青山大人（あおやま やまと）	立	比例 北関東	―― ―― ――	2 201	3508-7039 3508-3839	77
赤木正幸（あかぎ まさゆき）	維	比例 近畿	―― 佐藤秋則 戸谷太郎	2 506	3508-7505 3508-3935	137
赤澤亮正（あかざわ りょうせい）	自 [無]	鳥取2	来間誠司 石丸徳幸 宮本明彦	2 1022	3508-7490 3508-3370	142
赤羽一嘉（あかば かずよし）	公	兵庫2	治井邦弘 川元揚二郎 御影まき	2 414	3508-7079 3508-3769	132
赤嶺政賢（あかみね せいけん）	共	沖縄1	竹内　真 佐々木森夢 新庄沙穂	1 1107	3508-7196 3508-3626	162
秋葉賢也（あきば けんや）	自 [茂]	比例 東北	高嶋佳恵 西　憲太郎 五十嵐　隆	1 823	3508-7392 3508-3632	64
秋本真利（あきもと まさとし）	自 [無]	比例 南関東	―― ―― ――	1 1209	3508-7611 3508-3991	88
浅川義治（あさかわ よしはる）	維	比例 南関東	持丸　優 碓井慎一 森　幸恵	2 803	3508-7197 3508-3627	91

※内線電話番号は、第1議員会館は5＋室番号、6＋室番号（3～9階は5、6のあとに0を入れる）、
第2議員会館は7＋室番号、8＋室番号（2～9階は7、8のあとに0を入れる）

議員名	党派（会派）	選挙区	政策秘書名 第１秘書名 第２秘書名	館別号室	直通 FAX	略歴頁
あさの さとし 浅野 哲	国	茨城5	森田亜希人 大川一弘 田中洋和	1 406	3508-7231 3508-3231	68
あずま くによし 東 国幹	自 ［茂］	北海道6	武末和仁 森川沙織 吉原正浩	2 1020	3508-7634 3508-3264	54
あぜもと しょうご 畦元将吾	自 ［岸］	比例 中国	竹重吉晃 若林仁美 ―	1 501	3508-7710 3508-3343	148
あそう たろう 麻生太郎	自 ［麻］	福岡8	佐々木隆 藤島誠治 原口勇人	1 301	3508-7703 3501-7528	156
あまり あきら 甘利 明	自 ［麻］	比例 南関東	河野一郎 伊田雅彦 森腰敏弘	2 514	3508-7528 3502-5087	88
あらい ゆたか 荒井 優	立	比例 北海道	荻野あおい 秋元恭兵 運上一平	2 602	3508-7602 3508-3982	57
あらかき くにお 新垣邦男	社	沖縄2	塚田大海志 久保睦美 喜屋武幸容	2 711	3508-7157 3508-3707	163
いがらし きよし 五十嵐 清	自 ［茂］	比例 北関東	上野忠彦 田子貴章 濱﨑絵美子	2 915	3508-7085 3508-3865	76
いさか のぶひこ 井坂信彦	立	兵庫1	佐藤利信 万谷智昭 髙山晃一	2 1216	3508-7082 3508-3862	131
いで ようせい 井出庸生	自 ［麻］	長野3	高橋澄江 井出泰生 竹内充	2 721	3508-7469 3508-3299	107
いの としろう 井野俊郎	自 ［茂］	群馬2	川﨑陽子 城下正 齊田直樹	2 921	3508-7219 3508-3219	70
いのうえ しんじ 井上信治	自 ［麻］	東京25	臼井悠人 岩﨑百合子 竹本美紀	1 317	3508-7328 3508-3328	99
いのうえ たかひろ 井上貴博	自 ［麻］	福岡1	伊藤茂雄 大谷明治 野口賢三	1 323	3508-7239 3508-3239	155
いのうえ ひでたか 井上英孝	維	大阪1	石橋映子 広瀬能久 小田優子	1 404	3508-7333 3508-3333	127
いばやし たつのり 井林辰憲	自 ［麻］	静岡2	福井正直 高木勝哉 島克之	1 919	3508-7127 3508-3427	113
いはら たくみ 井原 巧	自 ［安］	愛媛3	松田貢一 ― 押尾拓也	2 207	3508-7201 3508-3201	152
いさ しんいち 伊佐進一	公	大阪6	湯浅憲一 小西泰夫 小菅瑞人	1 1004	3508-7391 3508-3631	128
いとう のぶひさ 伊東信久	維	大阪19	永田千寿 武田昌也 舩冨則夫	1 916	3508-7243 3508-3513	131
いとう よしたか 伊東良孝	自 ［二］	北海道7	魚住純也 児玉雅裕 大志保夕里奈	1 623	3508-7170 3508-7177	54
いとう しゅんすけ 伊藤俊輔	立	比例 東京	東恭弘 ― 月原大輔	2 1122	3508-7150 3508-3640	100

※内線電話番号は、第１議員会館は５＋室番号、６＋室番号（３～９階は５、６のあとに０を入れる）、
第２議員会館は７＋室番号、８＋室番号（２～９階は７、８のあとに０を入れる）

議員名	党派（会派）	選挙区	政策秘書名 第1秘書名 第2秘書名	館別号室	直通 FAX	略歴頁
いとうしんたろう 伊藤信太郎	自 [麻]	宮城4	大谷津篤 熊谷守広 田中貴美子	2 205	3508-7091 3508-3871	60
いとうただひこ 伊藤忠彦	自 [二]	愛知8	上田恵利 宮島隆志 ―	2 222	3508-7003 3508-3803	116
いとうたつや 伊藤達也	自 [茂]	東京22	山中真喜子 内川直樹 福井裕康	2 524	3508-7623 3508-3253	98
いとうわたる 伊藤渉	公	比例 東海	中島勉 村本豊 北澤匡貴	1 921	3508-7187 3508-3617	122
いけしたたく 池下卓	維	大阪10	上野寿朗 甲斐隆志 森田弘之	1 907	3508-7454 3508-3284	129
いけだよしたか 池田佳隆	自 [安]	比例 東海	柿沼和宏 丹羽葉子 坂本舞	2 511	3508-7616 3508-3996	120
いけはたこうたろう 池畑浩太朗	維	比例 近畿	野﨑敏雄 及川智義 甲田勇樹	2 509	3508-7520 3508-3950	137
いしいけいいち 石井啓一	公	比例 北関東	杉戸研介 藤田勝利 高橋成典	1 411	3508-7110 3508-3229	77
いしいたく 石井拓	自 [安]	比例 東海	藤原陽子 小林哲三 嶋田光紗	2 209	3508-7031 3508-3813	119
いしかわあきまさ 石川昭政	自 [無]	比例 北関東	大塚敬史 石川浩久 益子侑也	2 1014	3508-7159 3508-3709	76
いしかわかおり 石川香織	立	北海道11	亀井政貴 高桑浩 福家督和	2 512	3508-7512 3508-3942	55
いしだまさとし 石田真敏	自 [岸]	和歌山2	山崎勝紀 今西康仁 上泰治	2 313	3508-7072 3581-6992	135
いしばしげる 石破茂	自 [無]	鳥取1	吉村麻央 瀬淵資水 谷長正彦	2 515	3508-7525 3502-5174	142
いしばしりんたろう 石橋林太郎	自 [岸]	比例 中国	田丸志野 植村恭明 吉岡広小路	1 1221	3508-7901 3508-3409	147
いしはらひろたか 石原宏高	自 [岸]	比例 東京	佐藤紀人 夏目勧嗣 星野顕仁	1 813	3508-7319 3508-3319	100
いしはらまさたか 石原正敬	自 [岸]	比例 東海	市川淀内幸 髙島篤史 ―	1 910	3508-7706 3508-3321	120
いずみけんた 泉健太	立	京都3	田中栄一 野本菜生 ―	1 817	3508-7005 3508-3805	126
いずみだひろひこ 泉田裕彦	自 [無]	比例 北陸信越	早智敬 横山絵理 高坂朋孝	2 914	3508-7640 3508-3270	109
いちたにゆういちろう 一谷勇一郎	維	比例 近畿	 柴田翔平 鈴木薫	2 507	3508-7300 3508-3373	137
いちむらこういちろう 市村浩一郎	維	兵庫6	康本昭赫 渡智恵子 ―	2 1203	3508-7165 3508-3715	133

※内線電話番号は、第1議員会館は5＋室番号、6＋室番号（3～9階は5、6のあとに0を入れる）、第2議員会館は7＋室番号、8＋室番号（2～9階は7、8のあとに0を入れる）

議員名	党派(会派)	選挙区	政策秘書名 第1秘書名 第2秘書名	館別 号室	直通 FAX	略歴頁
いなだともみ 稲田朋美	自 [安]	福井1	大河内茂太 坪田三和 斉藤恭子	2 1115	3508-7035 3508-3835	106
いなつひさし 稲津久	公	北海道10	布川和義 一戸康男 谷内直樹	2 413	3508-7089 3508-3869	55
いなとみしゅうじ 稲富修二	立	比例 九州	— 神山洋介 古屋伴朗	2 1004	3508-7515 3508-3945	165
いまえだそういちろう 今枝宗一郎	自 [麻]	愛知14	田淵雄三 木曽智弘 —	1 422	3508-7080 3508-3860	118
いまむらまさひろ 今村雅弘	自 [二]	比例 九州	無津呂智臣 木下明仁 —	2 1210	3508-7610 3597-2723	163
いわたかずちか 岩田和親	自 [岸]	比例 九州	峯崎恭輔 — —	2 206	3508-7707 3508-3203	164
いわたにりょうへい 岩谷良平	維	大阪13	三好新治 森本愛 森田一也	1 906	3508-7314 3508-3314	130
いわやたけし 岩屋毅	自 [麻]	大分3	山口明浩 岩屋恒久 青木隆幸	2 1209	3508-7510 3509-7610	160
う うえすぎけんたろう 上杉謙太郎	自 [安]	比例 東北	大見祐子 — 佐々木洋	2 1111	3508-7074 3508-3764	65
うえだえいしゅん 上田英俊	自 [茂]	富山2	大瀧幸雄 藤井開 —	2 811	3508-7061 3508-3381	105
うえのけんいちろう 上野賢一郎	自 [森]	滋賀2	原島潤 浅山禎信 野中みゆき	1 621	3508-7004 3508-3804	124
うきしまともこ 浮島智子	公	比例 近畿	— 柏木淳 竹本佳恵	2 820	3508-7290 3508-3740	139
うめたにまもる 梅谷守	立	新潟6	瀧澤直樹 岡村祐子 杉山直人	2 403	3508-7403 3508-3883	105
うらのやすと 浦野靖人	維	大阪15	藤鷹英雄 大河内国光 池側純司	1 405	3508-7641 3508-3271	130
うるまじょうじ 漆間譲司	維	大阪8	長嶋雅代 川面篤志 高田祐也	1 912	3508-7298 3508-3508	128
え えさきてつま 江﨑鐵磨	自 [二]	愛知10	若山慎司 江﨑琢磨 —	2 1002	3508-7418 3508-3898	117
えだけんじ 江田憲司	立	神奈川8	大塚亜紀子 町田融哉 —	2 610	3508-7462 3508-3292	85
えとあきのり 江渡聡徳	自 [麻]	青森1	鈴木貴司 高渕正賢 齊藤晃一	2 1021	3508-7096 3508-3961	58
えとうたく 江藤拓	自 [無]	宮崎2	三野晃 川合賢二 小西尊秀	2 1207	3508-7468 3591-3063	161
えり 英利アルフィヤ	自 [麻]	千葉5 補	— — —	1 1122	3508-7436 3508-3916	81

※内線電話番号は、第1議員会館は5+室番号、6+室番号（3～9階は5、6のあとに0を入れる)、
第2議員会館は7+室番号、8+室番号（2～9階は7、8のあとに0を入れる)

議員名	党派(会派)	選挙区	政策秘書名 第1秘書名 第2秘書名	館別 号室	直通 FAX	略歴頁
えとうせいしろう 衛藤征士郎	自 [安]	大分2	衛藤　　孝 増村幸成 金高桃子	1 1101	3508-7618 3595-0003	160
えだのゆきお 枝野幸男	立	埼玉5	枝野佐智子 三吉弘人 沼田陽司	1 804	3508-7448 3591-2249	72
えんどうたかし 遠藤　敬	維	大阪18	山中栄一 下条潤彌 淵上翔香	1 415	3508-7325 3508-3325	131
えんどうとしあき 遠藤利明	自 [無]	山形1	須藤孝治 帯刀　　亮 矢野圭一	1 703	3508-7158 3592-7660	62
えんどうりょうた 遠藤良太	維	比例 近畿	松尾和弥 村松かおり 堀口亮太	1 516	3508-7114 3508-3225	137
お くれは おおつき紅葉	立	比例 北海道	竹岡正博 冨田　　学 下山大輔	1 820	3508-7493 3508-3320	57
おがわじゅんや 小川淳也	立	香川1	坂本広明 青木武史 原田佳枝	2 1005	3508-7621 3508-3251	151
おぐましんじ 小熊慎司	立	福島4	荻野妙子 廣岡　　久 代田秀一	1 808	3508-7138 3508-3438	63
おぐらまさのぶ 小倉將信	自 [二]	東京23	齋藤佳伸 横田哲弥 遠藤敦人	1 814	3508-7140 3508-3440	98
おざとやすひろ 小里泰弘	自 [無]	比例 九州	金子達也 今吉美智子 原　　範明	1 811	3508-7247 3502-5017	165
おざわいちろう 小沢一郎	立	比例 東北	宇田川　勲 川邊嗣治 小湊敬太	1 605	3508-7175	65
おだわらきよし 小田原　潔	自 [安]	東京21	潮　麻衣子 吉田直哉 伊集院　聡	2 1007	3508-7909 3508-3273	98
おのたいすけ 小野泰輔	維	比例 東京	岩本優美子 大竹　　等 門馬一樹	1 513	3508-7340 3508-3340	101
おのでらいつのり 小野寺五典	自 [岸]	宮城6	鈴木　　敦 加美山不可史 佐藤丈寛	2 715	3508-7432 3508-3912	61
おぶちゆうこ 小渕優子	自 [茂]	群馬5	石川幸子 輕部順子 渡部慎也	2 823	3508-7424 3592-1754	71
おざきまさなお 尾﨑正直	自 [二]	高知2	栗原雄一郎 北村　　強 池田誠二	2 901	3508-7619 3508-3999	153
おみあさこ 尾身朝子	自 [安]	比例 北関東	滝　誠一郎 —— 塩澤正男	2 1201	3508-7484 3508-3364	75
おちたかお 越智隆雄	自 [安]	比例 東京	渡辺晴彦 米山淳子 滝澤　　修	1 1105	3508-7479 3508-3359	100
おがたりんたろう 緒方林太郎	無 (有志)	福岡9	大歳はるか 髙橋伊織 森　　晶俊	2 617	3508-7119 3508-3426	157
おおいし 大石あきこ	れ	比例 近畿	—— —— ——	2 417	3508-7404 3508-3884	140

※内線電話番号は、第1議員会館は5＋室番号、6＋室番号（3～9階は5、6のあとに0を入れる）、
第2議員会館は7＋室番号、8＋室番号（2～9階は7、8のあとに0を入れる）

議員名	党派(会派)	選挙区	政策秘書名 第1秘書名 第2秘書名	館別号室	直通 FAX	略歴頁
おおおか としたか 大岡敏孝	自 [二]	滋賀1	石橋広行 岸田郁子 冨迫佳代	1 619	3508-7208 3508-3208	124
おおかわら 大河原まさこ	立	比例 東京	市来伴子 権藤良嗣 久野茂	1 517	3508-7261 3508-3531	101
おおぐし ひろし 大串博志	立	佐賀2	及川昭広 北島一夫 北島智孝	1 308	3508-7335 3508-3335	158
おおぐし まさき 大串正樹	自 [無]	比例 近畿	― 森本猛史 大澤一功	1 616	3508-7191 3508-3621	138
おおぐち よしのり 大口善徳	公	比例 東海	山中基司 山内克則 久保田由美	2 308	3508-7017 3508-8552	122
おおしま あつし 大島敦	立	埼玉6	稲垣雅由 永井紀明 加藤幸一	1 420	3508-7093 3508-3380	73
おおつか たく 大塚拓	自 [安]	埼玉9	松井晴子 佐藤由美 大場隆三郎	1 710	3508-7608 3508-3988	73
おおにし けんすけ 大西健介	立	愛知13	乾ひとみ 倉嶋弘夫 伊関延元	1 923	3508-7108 3508-3408	117
おおにし ひでお 大西英男	自 [安]	東京16	亀本正城 山下誠治 吉田晃樹	2 510	3508-7033 3508-3833	97
おおの けいたろう 大野敬太郎	自 [無]	香川3	奴賀裕行 横田飛真 大谷まゆみ	1 1211	3508-7132 3502-5870	151
おおさか せいじ 逢坂誠二	立	北海道8	谷口真弓 野村宗平 浜谷優香	2 517	3508-7517 3508-3947	55
おかだ かつや 岡田克也	立	三重3	金指良樹 安野啓子 村上幸司	1 506	3508-7109 3502-5047	119
おかもと あきこ 岡本あき子	立	比例 東北	村田実 家藤義人 鈴木清美	1 711	3508-7064 3508-3844	65
おかもと みつなり 岡本三成	公	東京12	坂本友明 佐藤希美子 宮木正雄	1 1005	3508-7147 3508-3637	96
おくした たけみつ 奥下剛光	維	大阪7	平松大輔 馬場慶次郎 池内沙織	1 721	3508-7225 3508-3414	128
おくの しんすけ 奥野信亮	自 [安]	比例 近畿	水野元晴 木口善行 平岡史行	2 1001	3508-7421 3508-3901	138
おくの そういちろう 奥野総一郎	立	千葉9	浜崎篤人 中野あかね 北村直昭	1 1119	3508-7256 3508-3526	82
おちあい たかゆき 落合貴之	立	東京6	星野菜穂子 京利英 下野克治	2 606	3508-7134 3508-3434	94
おにき まこと 鬼木誠	自 [森]	福岡2	大森一毅 平山康樹 濵崎耕太郎	1 715	3508-7182 3508-3612	155
か かとう あゆこ 加藤鮎子	自 [無]	山形3	宮川岳 両角真之介 ―	1 705	3508-7216 3508-3216	62

※内線電話番号は、第1議員会館は5＋室番号、6＋室番号（3～9階は5、6のあとに0を入れる）、第2議員会館は7＋室番号、8＋室番号（2～9階は7、8のあとに0を入れる）

議員名	党派(会派)	選挙区	政策秘書名 第1秘書名 第2秘書名	館別 号室	直通 FAX	略歴 頁
かとう かつのぶ 加藤勝信	自 [茂]	岡山5	加藤則和 杉原洋平 頭山晋太郎	2 1104	3508-7459 3508-3289	144
かとう りゅうしょう 加藤竜祥	自 [安]	長崎2	山岸直嗣 横山真 羽根里奈	2 1106	3508-7230 3508-3230	158
かさい こういち 河西宏一	公	比例 東京	田邊清二 石井敏之 海野奈保子	2 503	3508-7630 3508-3260	101
かいえだ ばんり 海江田万里	無	比例 東京	落合友子 三雲崇正 上村大	1 609	3508-7316 3508-3316	101
かきざわ みと 柿沢未途	自	東京15	―― 柚留木成人 帖地雅史	2 611	3508-7427 3508-8807	96
かさい あきら 笠井亮	共	比例 東京	向直也 佐田珠実 中平智之	2 621	3508-7439 3508-3919	102
かじやま ひろし 梶山弘志	自 [無]	茨城4	木村義人 宇留野洋治 石黒理恵子	2 903	3508-7529 3508-7714	68
かつまた たかあき 勝俣孝明	自 [二]	静岡6	新井裕志 土倉隆太 村上祥平	1 920	3508-7202 3508-3202	114
かつめ やすし 勝目康	自 [無]	京都1	柴田真次 柳幸博史 綾部繁	2 615	3508-7615 3508-3995	125
かどやま ひろあき 門山宏哲	自 [無]	比例 南関東	中村寿城 石原裕久 竹脇亮太	2 1121	3508-7382 3508-3512	89
かねこ えみ 金子恵美	立	福島1	中川誠一郎 来山佳子 ――	2 710	3508-7476 3508-3356	63
かねこ しゅんぺい 金子俊平	自 [岸]	岐阜4	塚本信二 藤掛友裕 滝村尚人	2 913	3508-7060 3502-5853	112
かねこ やすし 金子恭之	自 [岸]	熊本4	白石剛嗣 中村浩実 大串穂尭	2 410	3508-7410 3504-8776	160
かねだ かつとし 金田勝年	自 [二]	比例 東北	工藤衛 小田嶋希実 大高洋志	2 1009	3508-7053 3508-8815	65
かねむら りゅうな 金村龍那	維	比例 南関東	岩松健 上垣敬祐 末野里奈	2 421	3508-7411 3508-3891	90
かまた 鎌田さゆり	立	宮城2	横田ひろ子 友常えり ――	1 313	3508-7204 3508-3204	60
かみかわ ようこ 上川陽子	自 [岸]	静岡1	西谷康祐 村松潮見 藤田知士	2 305	3508-7460 3508-3290	112
かみや ひろし 神谷裕	立	比例 北海道	長内勇人 倉本さやか ――	2 801	3508-7050 3508-3960	57
かめおか よしたみ 亀岡偉民	自 [安]	比例 東北	亀岡まなみ ―― 岡崎雄旭	1 1006	3508-7148 3508-3638	64
かわさき 川崎ひでと	自 [無]	三重2	長嶺友之 笹井貴与彦 永田真巳	1 702	3508-7152 3502-5173	118

※内線電話番号は、第1議員会館は5＋室番号、6＋室番号（3～9階は5、6のあとに0を入れる）、
第2議員会館は7＋室番号、8＋室番号（2～9階は7、8のあとに0を入れる）

議員名	党派(会派)	選挙区	政策秘書名 第1秘書名 第2秘書名	館別 号室	直通 FAX	略歴頁
かんだ けんじ 神田憲次	自 [安]	愛知5	菅野照友旭 ――― ―――	1 1124	3508-7253 3508-3523	115
かんだ じゅんいち 神田潤一	自 [岸]	青森2	黒保浩介 貝吹敦志 藍澤奈緒子	2 812	3508-7502 3508-3932	58
かん なおと 菅　直人	立	東京18	菅　源太郎 岡戸正典 金子裕弥	1 512	3508-7323 3595-0090	97
かんけ いちろう 菅家一郎	自 [安]	比例 東北	中川廣文 佐原正純 大西勇太	1 503	3508-7107 3508-3407	64
き きはら せいじ 木原誠二	自 [岸]	東京20	川上昌克 西倉賢二 島崎正也	1 915	3508-7169 3508-3719	98
きはら みのる 木原　稔	自 [茂]	熊本1	篠田　了 北岡浩二 勝久卓治	2 1116	3508-7450 3508-3970	159
きむら じろう 木村次郎	自 [安]	青森3	村田尚也 山本幸之助 今岡陽子	2 809	3508-7407 3508-3887	59
きら しゅうじ 吉良州司	無 (有志)	大分1	尾崎美加 ――― ―――	2 707	3508-7412 3508-3892	160
きい たかし 城井　崇	立	福岡10	襲田憲右 早見はるみ 緒方文則	1 807	3508-7389 3508-3509	157
きうち みのる 城内　実	自 [森]	静岡7	安田年一 古田　潤 南谷幸代	2 623	3508-7441 3508-3921	114
きかわだ ひとし 黄川田仁志	自 [無]	埼玉3	石井あゆ子 川内昂哉 久永智徳	1 816	3508-7123 3508-3423	72
きくた まきこ 菊田真紀子	立	新潟4	鈴木明久 中村紀之 金子直起	2 802	3508-7524 3508-3954	104
きし のぶちよ 岸　信千世	自 [安]	山口2 補	小林憲史 吉永隆史 中村友彦	1 1203	3508-1203 3508-3237	146
きしだ ふみお 岸田文雄	自 [岸]	広島1	浮田義晴 下岸征史 杉浦岳志	1 1222	3508-7279 3591-3118	144
きたがみ けいろう 北神圭朗	無 (有志)	京都4	――― 三ツ谷菜採 千葉一真	2 519	3508-7069 3508-3849	126
きたがわ かずお 北側一雄	公	大阪16	橋本勝之 岡本　章 矢野博之	1 508	3508-7263 3508-3533	130
きたむら せいご 北村誠吾		長崎4	(令和5年5月20日死去)			159
きんじょう やすくに 金城泰邦	公	比例 九州	大西章英 上地貴大 饒平名広武	1 801	3508-7153 3508-3703	166
く くどう しょうぞう 工藤彰三	自 [麻]	愛知4	原澤直樹 酒井雄司 後藤英樹	2 218	3508-7018 3508-3818	115
くさか まさき 日下正喜	公	比例 中国	山田一成 木口勇二 濱岡貴史	2 920	3508-7021 3508-3821	149

※内線電話番号は、第1議員会館は5＋室番号、6＋室番号（3～9階は5、6のあとに0を入れる）、
第2議員会館は7＋室番号、8＋室番号（2～9階は7、8のあとに0を入れる）

	議員名	党派（会派）	選挙区	政策秘書名 第1秘書名 第2秘書名	館別 号室	直通 FAX	略歴頁
	くしぶち まり 櫛渕万里	れ	比例 東京繰	森島貴浩 赤木善美 林一鵬	2 416	3508-7063 3508-3383	102
	くにさだ いさと 国定勇人	自 [二]	比例 北陸信越	中溝篤司 赤堀大 松川徹也	1 1220	3508-7131 3508-3431	109
	くにしげ とおる 國重徹	公	大阪5	山西博之 松元晋輔 福本彰律	2 716	3508-7405 3508-3885	128
	くにみつ 国光あやの	自 [岸]	茨城6	越智章 川又智佐子 ――	2 304	3508-7036 3508-3836	68
	くまだ ひろみち 熊田裕通	自 [無]	愛知1	山口伸夫 伊藤歩 田辺理絵	2 508	3508-7513	114
け	げんば こういちろう 玄葉光一郎	立	福島3	浜秀夫 吉田誠 佐藤周幸	1 819	3508-7252 3591-2635	63
	げんま けんたろう 源馬謙太郎	立	静岡8	落合照子 森口俊尚 杉山幸生	1 624	3508-7160 3508-3710	114
こ	こいずみ しんじろう 小泉進次郎	自 [無]	神奈川11	干場香名女 沼口祐季 ――	1 314	3508-7327	85
	こいずみ りゅうじ 小泉龍司	自 [二]	埼玉11	原田祐一郎 松村重章 菊地綾子	2 1107	3508-7121 3508-3351	74
	こじま としふみ 小島敏文	自 [岸]	比例 中国	山本秀一 鎌倉正樹 久松一枝	1 1206	3508-7192 3508-3622	147
	こてら ひろお 小寺裕雄	自 [二]	滋賀4	新井勝美 吉田幸司 小寺赳史	1 601	3508-7126 3508-3419	125
	こばやし しげき 小林茂樹	自 [二]	比例 近畿	吉川英里 大田誠 永井一男	2 501	3508-7090 3508-3870	138
	こばやし たかゆき 小林鷹之	自 [二]	千葉2	竹内仁美 藤原隆太 田中正憲	1 417	3508-7617 3508-3997	80
	こばやし ふみあき 小林史明	自 [岸]	広島7	小川麻理亜 平盛豊 宮越真帆	1 1205	3508-7455 3508-3630	146
	こみやま やすこ 小宮山泰子	立	比例 北関東	有本和雄 八木昭次 川上偉策	1 607	3508-7184 3508-3614	77
	こもり たくお 小森卓郎	自 [安]	石川1	―― 髙谷均 ――	1 812	3508-7179 3508-3609	106
	こやま のぶひろ 小山展弘	立	静岡3	安田幸祐 伊藤健 羽田えみ	1 1113	3508-7270 3508-3540	113
	こが あつし 古賀篤	自 [岸]	福岡3	中谷百合子 宮崎勇士 村井章子	2 216	3508-7081 3508-3861	155
	ごとう しげゆき 後藤茂之	自 [無]	長野4	小林勇郎 ―― 三沢泰敏	1 704	3508-7702 3508-3452	108
	ごとう ゆういち 後藤祐一	立	神奈川16	藤巻浩 細野康輔 日沼勇	2 814	3508-7092 3508-3962	87

※内線電話番号は、第1議員会館は5＋室番号、6＋室番号（3～9階は5、6のあとに0を入れる)、
第2議員会館は7＋室番号、8＋室番号（2～9階は7、8のあとに0を入れる)

議員名	党派(会派)	選挙区	政策秘書名 第1秘書名 第2秘書名	館別 号室	直通 FAX	略歴 頁
こうの たろう 河野太郎	自 ［麻］	神奈川15	菊地陽介 山本亜希子 加藤睦美	2 1103	3508-7006 3500-5360	86
こうづ 神津たけし	立	比例 北陸信越	堀内由理 上條研一 新海泳大	2 204	3508-7015 3508-3815	110
こうむら まさひろ 高村正大	自 ［麻］	山口1	上田将祐 江村和剛 荒木亨尊	1 701	3508-7113 3502-5044	146
こくば こうのすけ 國場幸之助	自 ［岸］	比例 九州	渡邊純一 市川宏明 篠宮智明	2 1016	3508-7741 3508-3061	164
こくた けいじ 穀田恵二	共	比例 近畿	山内聡 窪田則子 元山小百合	2 620	3508-7438 3508-3918	140
こしみず けいいち 輿水恵一	公	比例 北関東	藤村達彦 ― 葛西正矩	2 307	3508-7076 3508-3766	77
こんどう かずや 近藤和也	立	比例 北陸信越	宮崎直広 川田樹希 辻森敏純	2 819	3508-7605 3508-3985	109
こんどう しょういち 近藤昭一	立	愛知3	笘米地真理 成川正之 坂野達也	2 402	3508-7402 3508-3882	115
さ						
ささき はじめ 佐々木紀	自 ［安］	石川2	田辺暢 道券正明 横山大助	2 301	3508-7059 6273-3012	106
さとう こうじ 佐藤公治	立	広島6	神戸淳司 松前良司 門永健次	1 1022	3508-7145 3508-3635	146
さとう しげき 佐藤茂樹	公	大阪3	浮田広宣 清水信明 斎藤良憲	1 908	3508-7200 3508-3510	127
さとう つとむ 佐藤勉	自 ［無］	栃木4	佐藤圭 武正和 須崎司	2 902	3508-7408 3597-2740	70
さとう ひでみち 佐藤英道	公	比例 北海道	服部正利 川島公謙 向田貴	2 717	3508-7457 3508-3287	57
さいとう てつお 斉藤鉄夫	公	広島3	稲田隆則 小堀信明 小片明博	1 412	3508-7308 3501-5524	145
さいとう 斎藤アレックス	国	比例 近畿	伊藤直子 安持英太郎 大﨑俊英	2 405	3508-7637 3508-3267	140
さいとう けん 齋藤健	自 ［無］	千葉7	― 安藤辰生 安藤晴彦	1 822	3508-7221 3508-3221	81
さいとう ひろあき 斎藤洋明	自 ［麻］	新潟3	田中悟 長谷川智希 若狭健太	1 407	3508-7155 3508-3705	104
さかい まなぶ 坂井学	自 ［無］	神奈川5	李燁明 勝間田将 山藤卓人	2 1119	3508-7489 3508-3369	84
さかもと てつし 坂本哲志	自 ［森］	熊本3	山室絢 山本心太 北里久則	2 702	3508-7034 3508-3834	159
さかもとゆうのすけ 坂本祐之輔	立	比例 北関東	今井省吾 黒澤幸司 長野拓馬	2 1221	3508-7449 3508-3969	77

※内線電話番号は、第1議員会館は5＋室番号、6＋室番号（3～9階は5、6のあとに0を入れる）、
第2議員会館は7＋室番号、8＋室番号（2～9階は7、8のあとに0を入れる）

議員名	党派 (会派)	選挙区	政策秘書名 第1秘書名 第2秘書名	館別 号室	直通 FAX	略歴 頁
さくらい しゅう 櫻井　周	立	比例 近畿	藤井千幸 桐山直也 齋藤尚光	2 409	3508-7465 3508-3295	139
さくらだ よし たか 櫻田義孝	自 [二]	比例 南関東	上野　剛 小田原暁史 井田　翔	2 1117	3508-7381 3508-3501	89
ささ がわ ひろ よし 笹川博義	自 [茂]	群馬3	茂木和幸 小礒守正 二宮正導	2 316	3508-7338 3508-3338	71
さわ だ りょう 沢田　良	維	比例 北関東	楠田真悟 宮川文吾 高野みずほ	2 323	3508-7526 3508-3956	78
し　し い かず お 志位和夫	共	比例 南関東	浜田　文子 吉井　芳子 井岡　弘	1 1017	3508-7285 3508-3735	91
しお かわ てつ や 塩川鉄也	共	比例 北関東	山本陽子 岡田里志 浅野宝子	2 905	3508-7507 3508-3937	78
しお ざき あき ひさ 塩崎彰久	自 [安]	愛媛1	清水洋之 川崎晶子 溝江義一	1 1102	3508-7189 3508-3619	151
しお のや りゅう 塩谷　立	自 [安]	比例 東海	渡辺桃子 山田泰志 岡本直哉	2 1211	3508-7632 3508-3262	120
しげ とく かず ひこ 重徳和彦	立	愛知12	―――― 畔柳智章 磯谷陽子	2 909	3508-7910 3508-3285	117
しな たけし 階　猛	立	岩手1	河村匡庸 前田哲朗 木村優維	2 203	3508-7024 3508-3824	59
しの はら ごう 篠原　豪	立	神奈川1	中山真吾 毛呂武史 大城知恵	2 608	3508-7130 3508-3430	83
しの はら たかし 篠原　孝	立	比例 北陸信越	岡本匡広 沓掛洋介 原田峻佑	1 719	3508-7268 3508-3538	109
しば やま まさ ひこ 柴山昌彦	自 [安]	埼玉8	増井一朗 大塚隆浩 渡邊洋平	2 822	3508-7624 3508-7715	73
しまじり あ い こ 島尻安伊子	自 [茂]	沖縄3	宮城一郎 下地太一 伊波広貴	1 1111	3508-7265 3508-3535	163
しもじょう 下条みつ	立	長野2	小川昌昭 百瀬秀則 白澤孝之	1 806	3508-7271 3508-3541	107
しも むら はく ぶん 下村博文	自 [安]	東京11	榮　友里子 中村恭平 河野雄紀	2 622	3508-7084 3597-2772	95
しょうじ けん いち 庄子賢一	公	比例 東北	早坂　光 松野博志 九鬼秀俊	2 1224	3508-7474 3508-3354	66
しら いし よう いち 白石洋一	立	比例 四国	沼田忠典 ―――― ――――	2 720	3508-7244 3508-3514	153
しん たに まさ よし 新谷正義	自 [茂]	広島4	―――― 麻生満理子 ――――	2 805	3508-7604 3508-3984	145
しん どう よし たか 新藤義孝	自 [茂]	埼玉2	―――― 天野優子 飯嶋頼康	1 810	3508-7313 3508-3313	72

※内線電話番号は、第1議員会館は5＋室番号、6＋室番号（3～9階は5、6のあとに0を入れる）、
第2議員会館は7＋室番号、8＋室番号（2～9階は7、8のあとに0を入れる）

	議員名	党派(会派)	選挙区	政策秘書名 第1秘書名 第2秘書名	館別 号室	直通 FAX	略歴 頁
す	すえつぐせいいち 末次精一	立	比例 九州	佐藤吉伸 浦川栄一 ———	1 606	3508-7176 3508-3606	165
	すえまつよしのり 末松義規	立	東京19	奥村真弓 本庄政之 小西美海	2 1008	3508-7488 3508-3368	97
	すがよしひで 菅義偉	自 [無]	神奈川2	黄瀬周作 新田章文 長田拓也	2 1113	3508-7446 3597-2707	83
	すぎたみお 杉田水脈	自 [安]	比例 中国	嘉悦彩 ——— 石村健	2 907	3508-7029 3508-3829	148
	すぎもとかずみ 杉本和巳	維	比例 東海	野間口雅彦 早川茂 杉田亜貴子	1 414	3508-7266 3508-3536	122
	すずきあつし 鈴木敦	国	比例 南関東	竹内淳太郎 内田美奈子 森永咲	2 1123	3508-7286 3508-3736	91
	すずきえいけい 鈴木英敬	自 [安]	三重4	寺西弘行 岡田充晴 中川尚昭	1 614	3508-7269 3508-3539	119
	すずきけいすけ 鈴木馨祐	自 [麻]	神奈川7	——— 黒田幸輝 藤田芳紀	1 423	3508-7304 3508-3304	84
	すずきしゅんいち 鈴木俊一	自 [麻]	岩手2	清川健二 島田秀治 堀間悟	1 1001	3508-7267 3508-3543	59
	すずきじゅんじ 鈴木淳司	自 [安]	愛知7	安藝仁 三治敦司 神崎里美	1 1110	3508-7264 3508-3534	116
	すずきたかこ 鈴木貴子	自 [茂]	比例 北海道	——— ——— ———	1 1202	3508-7233 3508-3233	56
	すずきのりかず 鈴木憲和	自 [茂]	山形2	田中辰明 佐藤愛美 後藤理徳	1 416	3508-7318 3508-3318	62
	すずきはやと 鈴木隼人	自 [茂]	東京10	丸山響 唐橋新哉 菊池秀明	2 1215	3508-7463 3508-3293	95
	すずきようすけ 鈴木庸介	立	比例 東京	加藤義直 岡崎隆浩 橋本祥平	1 1216	3508-7028 3508-3828	100
	すずきよしひろ 鈴木義弘	国	比例 北関東	——— 山川英郎 栢野洋子	1 713	3508-7282 3508-3732	78
	すみよしひろき 住吉寛紀	維	比例 近畿	岡田誠 橋本淳 稲田佳久	2 303	3508-7415 3508-3895	136
せ	せとたかかず 瀬戸隆一	自 [麻]	比例 四国	山崎香織 久米昭弘 ———	1 1112	3508-7712 3508-3241	153
	せきよしひろ 関芳弘	自 [安]	兵庫3	髙谷理恵 守内一誠 山形浩昭	1 603	3508-7173 3508-3603	132
そ	そらもとせいき 空本誠喜	維	比例 中国	——— 髙山智秀 伊藤真二	2 1202	3508-7451 3508-3281	149
た	りょう たがや亮	れ	比例 南関東	前田正志 後藤一輝 菅沼奏子	2 415	3508-7008 3508-3808	91

※内線電話番号は、第1議員会館は5+室番号、6+室番号（3～9階は5、6のあとに0を入れる）、
第2議員会館は7+室番号、8+室番号（2～9階は7、8のあとに0を入れる）

議員名	党派(会派)	選挙区	政策秘書名 第1秘書名 第2秘書名	館別号室	直通 FAX	略歴頁
たじま かなめ 田嶋 要	立	千葉1	田中伸一 宮崎活二 菊池亮孔	1 1215	3508-7229 3508-3411	80
たどころ よしのり 田所嘉徳	自 [無]	比例 北関東	中山嘉隆 永井昌儀 中川太一	1 716	3508-7068 3508-3848	76
たなか かずのり 田中和徳	自 [麻]	神奈川10	細田将史 矢作真樹子 菅谷英彦	1 1010	3508-7294 3508-3504	85
たなか けん 田中 健	国	比例 東海	矢島光弘 小原洋樹 鈴木輝明	1 712	3508-7190 3508-3620	123
たなか ひでゆき 田中英之	自 [無]	比例 近畿	葛城直樹 湯浅剛 奥谷佳代	2 604	3508-7007 3508-3807	138
たなか りょうせい 田中良生	自 [無]	埼玉15	森幹郎 福山真樹 森本一吉	2 521	3508-7058 3508-3858	75
たのせ たいどう 田野瀬太道	自 [森]	奈良3	沖浦功一 木之下秀樹 杉岡宏基	2 314	3508-7071 3591-6569	135
たばた ひろあき 田畑裕明	自 [安]	富山1	西村寛一郎 高原理 岩佐秀典	2 214	3508-7704 3508-3454	105
たむら たかあき 田村貴昭	共	比例 九州	村高芳樹 山口佳織 川邉隆史	2 712	3508-7475 3508-3355	166
たむら のりひさ 田村憲久	自 [無]	三重1	中村敏幸 世古丈人 ——	1 902	3508-7163 3502-5066	118
たいら まさあき 平 将明	自 [無]	東京4	若林継啓 山森寛之 津野仁美	1 914	3508-7297 3508-3507	94
たかいち さなえ 高市早苗	自 [無]	奈良2	蓮実守 木下剛志 木下守	1 903	3508-7198 3508-7199	135
たかがい えみこ 髙階恵美子	自 [安]	比例 中国	佐々木由美 池田和正	2 1208	3508-7518 3508-3948	148
たかぎ けい 髙木 啓	自 [安]	比例 東京	杉浦貴和子 —— ——	2 310	3508-7601 3508-3981	99
たかぎ つよし 髙木 毅	自 [安]	福井2	小泉あずさ —— 望月ますみ	1 1008	3508-7296 3508-3506	107
たかぎ ひろひさ 高木宏壽	自 [二]	北海道3	川村康博 近藤千晴 田井中知也	2 217	3508-7636 3508-3024	53
たかぎ ようすけ 高木陽介	公	比例 東京	亀岡茂一 高野正史 天野明美	2 1023	3508-7481 5251-3685	101
たかとり しゅういち 髙鳥修一	自 [安]	比例 北陸信越	勝野淳一 丸山秀一 山下和明	1 1214	3508-7607 3508-3987	108
たかはし ちづこ 高橋千鶴子	共	比例 東北	永野保司 水野希美子 小谷祥司	2 904	3508-7506 3508-3936	66
たかはし ひであき 高橋英明	維	比例 北関東	川西宏知 板倉勝教 津田賢伯	2 808	3508-7260 3508-3530	78

※内線電話番号は、第1議員会館は5＋室番号、6＋室番号（3～9階は5、6のあとに0を入れる）、第2議員会館は7＋室番号、8＋室番号（2～9階は7、8のあとに0を入れる）

議員名	党派（会派）	選挙区	政策秘書名 第１秘書名 第２秘書名	館別 号室	直通 FAX	略歴 頁
たかみやすひろ 高見康裕	自 ［茂］	島根２	小牧雅一 曽田昇 吉本賢一郎	2 520	3508-7166 3508-3716	143
たけうちゆずる 竹内譲	公	比例 近畿	包國嘉介 山本大樹 田原功一	2 1223	3508-7473 3508-3353	139
たけいしゅんすけ 武井俊輔	自 ［岸］	比例 九州	小松隆仁 小浦拓也 長倉寛充	2 1017	3508-7388 3508-3718	164
たけだりょうた 武田良太	自 ［二］	福岡11	平嶺孔貴 矢野崇志 天野統郎	1 610	3508-7180 3508-3610	157
たけべあらた 武部新	自 ［二］	北海道12	後藤秀一 小澤陽平 寒澤晶一	2 1010	3508-7425 3502-5190	56
たけむらのぶひで 武村展英	自 ［無］	滋賀３	留川浩一 饗場貴子 井上喜美子	1 602	3508-7118 3508-3418	125
たちばなけいいちろう 橘慶一郎	自 ［無］	富山３	吉田貢 檜物豊成 中里枝	1 622	3508-7227 3508-3227	105
たなはしやすふみ 棚橋泰文	自 ［麻］	岐阜２	古田恭弘 和波佐江子 長島卓己	2 713	3508-7429 3508-3909	111
たにこういち 谷公一	自 ［二］	兵庫５	津野田雄輔 渡辺浩司 森和水	2 810	3508-7010 3502-5048	132
たにがわ 谷川とむ	自 ［安］	比例 近畿	早川加寿裕 家門保 西田昌樹	1 1104	3508-7514 3508-3944	139
たにがわやいち 谷川弥一	自 ［安］	長崎３	宮永龍典 三宅浩子 小林理恵	2 1101	3508-7014 3506-0557	158
たまきゆういちろう 玉木雄一郎	国	香川２	井山哲 出水薫 門脇永子	1 706	3508-7213 3508-3213	151
つ　つしまじゅん 津島淳	自 ［茂］	比例 東北	浅田裕之 石田純 清水眞	2 1204	3508-7073 3508-3033	64
つかだいちろう 塚田一郎	自 ［麻］	比例 北陸信越	白石光治 石川祐也 木之本かづ美	1 302	3508-7705 3508-3455	109
つじきよと 辻清人	自 ［岸］	東京２	―― ―― ――	1 522	3508-7288 3508-3738	93
つちだしん 土田慎	自 ［麻］	東京13	小野寺洋二 平野友紀子 島村純子	1 1020	3508-7341 3508-3341	96
つちやしなこ 土屋品子	自 ［無］	埼玉13	佐々木太郎 豊田典子 高橋昌志	1 402	3508-7188 3508-3618	74
つつみ 堤かなめ	立	福岡５	黛典子 那須敬子 江越留美子	2 312	3508-7062 3508-3039	156
つのだひでお 角田秀穂	公	比例 南関東	江端功一 鈴木隆 大倉沙織	2 309	3508-7052 3508-3852	91
て　てづかよしお 手塚仁雄	立	東京５	土橋雄宇 柿澤雄太 上田秀麿	1 802	3508-7234 3508-3234	94

※内線電話番号は、第１議員会館は５＋室番号、６＋室番号（３～９階は５、６のあとに０を入れる）、第２議員会館は７＋室番号、８＋室番号（２～９階は７、８のあとに０を入れる）

	議　員　名	党派(会派)	選挙区	政策秘書名 第1秘書名 第2秘書名	館別 号室	直通 FAX	略歴 頁
	てらた　まなぶ 寺田　学	立	比例 東北	井川知雄 島田真 堀江淳	1 1014	3508-7464 3508-3294	65
	てらだ　みのる 寺田　稔	自 [岸]	広島5	迫田誠 山本譲 中坂智明	1 1213	3508-7606 3508-3986	145
と	どい　とおる 土井　亨	自 [安]	宮城1	山田朋広 佐藤聖 佐藤友香	1 1120	3508-7470 3508-3350	60
	とがし ひろ ゆき 冨樫博之	自 [無]	秋田1	山田修市 田中基樹 大澤薫	2 1019	3508-7275 3508-3725	61
	と かい き さぶろう 渡海紀三朗	自 [無]	兵庫10	中嶋規人 加茂朋章 石橋友子	1 1109	3508-7643 3508-3613	134
	とく なが ひさ し 徳永久志	無	比例 近畿	中原靖子 塚本茂樹 岡屋京佑	2 609	3508-7250 3508-3520	140
な	なか がわ たか もと 中川貴元	自 [麻]	比例 東海	四反田淳子 中川穂南 浅井幹雄	2 701	3508-7461 3508-3291	120
	なか がわ ひろ まさ 中川宏昌	公	比例 北陸信越	大久保智広 藤田正純 増田美香	1 922	3508-3639 3508-7149	110
	なか がわ まさ はる 中川正春	立	比例 東海	増田仁 ―― 福原勝	1 519	3508-7128 3508-3428	121
	なか がわ やす ひろ 中川康洋	公	比例 東海	加賀友啓 石井隆 畑和憲	2 919	3508-7038 3508-3838	122
	なか がわ ゆう こ 中川郁子	自 [麻]	比例 北海道	―― 岩田尚久 ――	1 309	3508-7103 3508-3403	56
	なか じま かつ ひと 中島克仁	立	比例 南関東	山本健 朝田満仁 金丸智一	2 723	3508-7423 3508-3903	90
	なか そ ね やすたか 中曽根康隆	自 [二]	群馬1	加藤佑介 大山充 井上里穂	2 923	3508-7272 3508-3722	70
	なか たに かず ま 中谷一馬	立	比例 南関東	―― 風間良 梶尾明	1 509	3508-7310 3508-3310	89
	なか たに　げん 中谷　元	自 [無]	高知1	豊田圭三 北原仁 山田亮	2 1222	3508-7486 3592-9032	152
	なか たに しん いち 中谷真一	自 [茂]	山梨1	神園健 古郡拓也 矢島優妃	2 215	3508-7336 3508-3336	87
	なか つか　ひろし 中司　宏	維	大阪11	鈴木裕子 ―― ――	1 905	3508-7146 3508-3636	129
	なか にし けん じ 中西健治	自 [麻]	神奈川3	吉村義哉 平林悟 阿部裕子	1 303	3508-7311 3508-3377	83
	なか ね かず ゆき 中根一幸	自 [安]	比例 北関東	犬飼俊郎 ―― ――	2 1206	3508-7458 3508-3288	76
	なか の ひで ゆき 中野英幸	自 [二]	埼玉7	菅野文盛 菊池豪 金澤將	2 220	3508-7220 3508-3220	73

※内線電話番号は、第1議員会館は5＋室番号、6＋室番号（3～9階は5、6のあとに0を入れる）、
第2議員会館は7＋室番号、8＋室番号（2～9階は7、8のあとに0を入れる）

議員名	党派(会派)	選挙区	政策秘書名 第1秘書名 第2秘書名	館別号室	直通 FAX	略歴頁
なかの ひろまさ 中野洋昌	公	兵庫8	小谷伸彦 能村清人 山田友崇	1 722	3508-7224 3508-3415	133
なかむら きしろう 中村喜四郎	立	比例 北関東	谷中勝一 岡野功 神谷良輝	2 411	3508-7501 3508-3931	77
なかむら ひろゆき 中村裕之	自 [麻]	北海道4	髙橋知久 栗原巧 川仁伸一	2 406	3508-7406 3508-3886	54
なかやま のりひろ 中山展宏	自 [麻]	比例 南関東	松本達也 白谷武士 上田千鶴	2 311	3508-7435 3508-3915	89
ながおか けいこ 永岡桂子	自 [麻]	茨城7	矢部憲司 小池寿伴太郎 中村裕美子	1 714	3508-7274 3508-3724	69
ながさか やすまさ 長坂康正	自 [麻]	愛知9	茶谷滋 長坂隆廣 今川徳治	1 1007	3508-7043 3508-3863	116
ながしま あきひさ 長島昭久	自 [二]	比例 東京	及川哲央 花咲宏基 野木大史	1 510	3508-7309 3508-3309	100
ながつま あきら 長妻昭	立	東京7	梶護 二瓶真樹子 中原翔太	2 706	3508-7456 3508-3286	94
ながとも しんじ 長友慎治	国	比例 九州	川添由香子 渕上将弘 本部仁俊	2 912	3508-7212 3508-3212	167
に にかい としひろ 二階俊博	自 [二]	和歌山3	二階俊樹 二階伸康 小川珠美	2 223	3508-7023 3502-5037	136
にき ひろぶみ 仁木博文	無 (有志)	徳島1	小笠原博信 岩田元宏 岸岡啓司	2 213	3508-7011 3508-3811	150
にわ ひでき 丹羽秀樹	自 [無]	愛知6	杉山健太郎 池真一 舟橋千尋	2 916	3508-7025 3508-3825	116
にしおか ひでこ 西岡秀子	国	長崎1	― 高瀬千義 ―	2 1124	3508-7343 3508-3733	158
にしだ しょうじ 西田昭二	自 [岸]	石川3	井上貴義 奥村淳 土倉豊	1 523	3508-7139 3508-3439	106
にしの だいすけ 西野太亮	自 [無]	熊本2	鹿島圭子 中村直哉 生山敬之	1 913	3508-7144 3508-3634	159
にしむら あきひろ 西村明宏	自 [安]	宮城3	谷弘三 二階堂充 小平美芙衣	2 324	3508-7906 3508-3873	60
にしむら ちなみ 西村智奈美	立	新潟1	髙田一喜 佐藤真一 ―	2 404	3508-7614 3508-3994	103
にしむら やすとし 西村康稔	自 [安]	兵庫9	佐藤汀 田中実 橋山慎太郎	1 611	3508-7101 3508-3401	133
にしめ こうさぶろう 西銘恒三郎	自 [茂]	沖縄4	大城和人 西銘浩平 末吉達俊	2 317	3508-7218 3508-3218	163
ぬ ぬかが ふくしろう 額賀福志郎	自 [茂]	茨城2	藤井剛 平川大輔 秋山太三	2 824	3508-7447 3592-0468	67

※内線電話番号は、第1議員会館は5＋室番号、6＋室番号（3～9階は5、6のあとに0を入れる）、
第2議員会館は7＋室番号、8＋室番号（2～9階は7、8のあとに0を入れる）

	議員名	党派（会派）	選挙区	政策秘書名 第1秘書名 第2秘書名	館別 号室	直通 FAX	略歴 頁
ね	ねもと たくみ 根本　匠	自 [岸]	福島2	六角陽佳 林　美奈子 小松慎太郎	2 1213	3508-7312 3508-3312	63
	ねもと ゆきのり 根本幸典	自 [安]	愛知15	――― 川越憂貴 若林由利	2 906	3508-7711 3508-3300	118
の	のだ せいこ 野田聖子	自 [無]	岐阜1	半田　亘 東海林和子 中森美恵子	1 504	3508-7161 3591-2143	111
	のだ よしひこ 野田佳彦	立	千葉4	河井淳一 田窪照美 山本勇介	1 821	3508-7141 3508-3441	80
	のなか あつし 野中　厚	自 [茂]	比例 北関東	柴田昭彦 山崎洋平 中林真里	1 419	3508-7041 3508-3841	75
	のま たけし 野間　健	立	鹿児島3	久本芳孝 潟野修一 上薗雅登	2 601	3508-7027 3508-3827	162
は	はせがわじゅんじ 長谷川淳二	自 [無]	愛媛4	安藤　明 山下芳公 松岡隆太朗	2 703	3508-7453 3508-3283	152
	はなし やすひろ 葉梨康弘	自 [岸]	茨城3	池田芳宏 鎌田総太郎 葉梨　徹	1 1117	3508-7248 3508-3518	68
	ばば のぶゆき 馬場伸幸	維	大阪17	辻　修治 小寺一輝 山口剛士	1 511	3508-7322 3508-3322	131
	ばば ゆうき 馬場雄基	立	比例 東北	――― ――― 佐藤　幸	2 821	3508-7631 3508-3261	65
	はぎうだ こういち 萩生田光一	自 [安]	東京24	牛久保敏文 秋山里佳 鈴木脩介	2 1205	3508-7154 3508-3704	99
	はしもと がく 橋本　岳	自 [茂]	岡山4	矢吹彰康 藤村　健 高坂隆行	2 306	3508-7016 3508-3816	144
	はとやま じろう 鳩山二郎	自 [二]	福岡6	立井尚友 江刺家孝臣 上田峻也	2 221	3508-7905 3580-8001	156
	はまだ やすかず 浜田靖一	自 [無]	千葉12	大堀将和 小暮眞也 永田実和子	2 315	3508-7020 3508-7644	82
	はまち まさかず 濵地雅一	公	比例 九州	吉田直樹 水町康博 濱田幸光	1 803	3508-7235 3508-3235	165
	はやさか あつし 早坂　敦	維	比例 東北	常澤正史 吉田英紀 長谷奈都美	2 704	3508-7414 3508-3894	66
	はやし もとお 林　幹雄	自 [二]	千葉10	渡辺淳一 山野巧磨 津田康平	1 612	3508-7151 3502-5016	82
	はやし ゆみ 林　佑美	維	和歌山1 補	鍵山　仁 嶋村晃二 豊岡嶺侃	1 315	3508-7315 3508-3315	135
	はやし よしまさ 林　芳正	自 [岸]	山口3	河野恭子 小平　均 山村恭子	1 1201	3508-7115 3508-3050	147
	はらぐち かずひろ 原口一博	立	佐賀1	池田　勝 坂本裕二朗 山﨑康弘	1 307	3508-7238 3508-3238	157

※内線電話番号は、第1議員会館は5＋室番号、6＋室番号（3～9階は5、6のあとに0を入れる）、第2議員会館は7＋室番号、8＋室番号（2～9階は7、8のあとに0を入れる）

議員名	党派(会派)	選挙区	政策秘書名 第1秘書名 第2秘書名	館別 号室	直通 FAX	略歴頁
ばんの ゆたか 伴野 豊	立	比例 東海	大坪俊一 三島且成 水見祥子	2 910	3508-7019 3508-3819	121
ひ ひらい たくや 平井卓也	自 [岸]	比例 四国	寺井慶 荒井淳子 須永映里子	1 1024	3508-7307 3508-3307	153
ひらぐち ひろし 平口 洋	自 [茂]	広島2	庄司輝光 湯浅路子 廣瀬典子	2 804	3508-7622 3508-3252	145
ひらさわ かつえい 平沢勝栄	自 [二]	東京17	植原和紀 釜台薫 藤澤翔一	1 1115	3508-7257 3508-3527	97
ひらぬましょうじろう 平沼正二郎	自 [二]	岡山3	福井慎二 高原秀明 平沼広子	2 614	3508-7251 3508-3521	144
ひらばやし あきら 平林 晃	公	比例 中国	西岡稔 堀池克己 児玉秀幸	1 507	3508-7339 3508-3339	149
ふ ふかざわ よういち 深澤陽一	自 [岸]	静岡4	村上泰史 遠藤敏郎 重坂雅之	1 1223	3508-7709 3508-3243	113
ふくしげ たかひろ 福重隆浩	公	比例 北関東	掛川信一 上原政雄 西口香	1 909	3508-7249 3508-3519	78
ふくしま のぶゆき 福島伸享	無 (有志)	茨城1	赤川貴大 渡邉雄司 稲葉勇二	2 419	3508-7262 3508-3532	67
ふくだ あきお 福田昭夫	立	栃木2	齋藤孝明 齋藤久幸 高橋歩夢	1 708	3508-7289 3508-3739	69
ふくだ たつお 福田達夫	自 [安]	群馬4	菊地秀行 堤岳志 石井琢郎	1 1103	3508-7181 3508-3611	71
ふじい ひさゆき 藤井比早之	自 [無]	兵庫4	―――― 堀支津子 原田祐成	1 615	3508-7185 3508-3615	132
ふじおか たかお 藤岡隆雄	立	比例 北関東	財満慎太郎 土澤康敏 浅津敦史	1 608	3508-7178 3508-3608	76
ふじた ふみたけ 藤田文武	維	大阪12	吉田直樹 中川慎也 松田泰志	1 312	3508-7040 3508-3840	129
ふじまき けんた 藤巻健太	維	比例 南関東	吉田新 ―――― ――――	2 320	3508-7503 3508-3933	90
ふじまる さとし 藤丸 敏	自 [岸]	福岡7	原野隆博 松尾昭宏 廣松金悟	2 211	3508-7431 3597-0483	156
ふじわら たかし 藤原 崇	自 [安]	岩手3	―――― ―――― ――――	2 1015	3508-7207 3508-3721	59
ふとり ひでし 太 栄志	立	神奈川13	梶原博之 ―――― ――――	1 409	3508-7330 3508-3330	86
ふなだ はじめ 船田 元	自 [茂]	栃木1	盛未来 山本光雄 間嶋秀樹	2 605	3508-7156 3508-3706	69
ふるかわ なおき 古川直季	自 [無]	神奈川6	荒井大樹 ―――― 小林大蔵	2 1114	3508-7523 3508-3953	84

※内線電話番号は、第1議員会館は5＋室番号、6＋室番号（3〜9階は5、6のあとに0を入れる）、
第2議員会館は7＋室番号、8＋室番号（2〜9階は7、8のあとに0を入れる）

議員名	党派(会派)	選挙区	政策秘書名 第1秘書名 第2秘書名	館別 号室	直通 FAX	略歴頁
ふるかわもとひさ 古川元久	国	愛知2	阪口祥代 加藤麻紀子 横田大	2 1006	3508-7078 3597-2758	115
ふるかわやすし 古川康	自 ［茂］	比例 九州	澁田聡士 小松康剛 中尾輝彦	2 813	6205-7711 3508-3897	164
ふるかわよしひさ 古川禎久	自 ［茂］	宮崎3	西田育生 田中千代 小圷麻綾	2 612	3508-7612 3506-2503	161
ふるやけいじ 古屋圭司	自 ［無］	岐阜5	渡辺一博 友江淳 梶田誉穣	2 423	3508-7440 3592-9040	112
ふるやのりこ 古屋範子	公	比例 南関東	深澤貴美子 中島順一 高野清志	2 502	3508-7629 3508-3259	91
ほ ほさかやすし 穂坂泰	自 ［無］	埼玉4	酒井慶太 小池夕妃 神谷健太	2 908	3508-7030 3508-3830	72
ほしのつよし 星野剛士	自 ［無］	比例 南関東	宇野沢典子 齋藤猛昭 山中和則	2 708	3508-7413 3508-3893	88
ほそだけんいち 細田健一	自 ［安］	新潟2	楠原浩祐 山田孝枝 ――	2 1220	3508-7278 3508-3728	104
ほそだひろゆき 細田博之	無	島根1	津川幸治 笛田修輔 ――	2 513	3508-7443 3503-7530	143
ほそのごうし 細野豪志	自 ［二］	静岡5	佐藤公彦 髙木いづみ 眞野卓	1 620	3508-7116 3508-3416	113
ほりいまなぶ 堀井学	自 ［安］	比例 北海道	岩坂香 石川裕丈 笹嶋隆廣	2 408	3508-7125 3508-3425	56
ほりうちのりこ 堀内詔子	自 ［岸］	山梨2	渡辺明秀 鈴木紀子 志村さおり	2 407	3508-7487 3508-3367	88
ほりばさちこ 堀場幸子	維	比例 近畿	―― 師岡孝明 嶋田愛子	2 422	3508-7422 3508-3902	137
ほりいけんじ 掘井健智	維	比例 近畿	三品耕作 原沙矢香 西原茜	2 806	3508-7088 3508-3868	136
ほんじょうさとし 本庄知史	立	千葉8	細見一雄 芳野泰崇 矢口すみれ	2 1219	3508-7519 3508-3949	81
ほんだたろう 本田太郎	自 ［無］	京都5	髙森眞由美 小谷典仁 西地康宏	2 210	3508-7012 3508-3812	126
ま まぶちすみお 馬淵澄夫	立	奈良1	片岡新 馬淵錦之介 岩井禅	1 1217	3508-7122 3508-3051	134
まえかわきよしげ 前川清成	維	比例 近畿	内ケ﨑雅俊 坊修司 大菅亜希子	2 815	3508-7625 3508-3255	137
まえはらせいじ 前原誠司	国	京都2	村田昭一郎 木元俊大 齋藤博史	1 809	3508-7171 3592-6696	125
まきよしお 牧義夫	立	比例 東海	北村礼文 成瀬厚子 宮本正隆	1 305	3508-7628 3508-3258	121

※内線電話番号は、第1議員会館は5＋室番号、6＋室番号（3～9階は5、6のあとに0を入れる）、
第2議員会館は7＋室番号、8＋室番号（2～9階は7、8のあとに0を入れる）

議員名	党派(会派)	選挙区	政策秘書名 第１秘書名 第２秘書名	館別 号室	直通 FAX	略歴 頁
まきしま 牧島かれん	自 ［麻］	神奈川17	――― ――― ―――	1 322	3508-7026 3508-3826	87
まき はら ひで き 牧原秀樹	自 ［無］	比例 北関東	末廣慎二 細田孝子 ―――	1 1116	3508-7254 3508-3524	76
まつき 松木けんこう	立	北海道2	岡本征弘 梶浦宜明 櫻井知英	1 324	3508-7324 3508-3324	53
まつしま 松島みどり	自 ［安］	東京14	福田健 髙山就造 染谷優佳	1 709	3508-7065 3508-3845	96
まつ の ひろ かず 松野博一	自 ［安］	千葉3	――― 伊藤孝行 山﨑岳久	1 502	3508-7329 3508-3329	80
まつ ばら じん 松原仁	無 （立憲）	東京3	関根勉 高池慶太 伊藤賢	2 709	3508-7452 3580-7336	93
まつ もと たけ あき 松本剛明	自 ［麻］	兵庫11	――― 大路渡 清瀬博文	1 707	3508-7214 3508-3214	134
まつ もと ひさし 松本尚	自 ［安］	千葉13	高野雅樹 金塚学 ―――	1 1009	3508-7295 3508-3505	83
まつ もと よう へい 松本洋平	自 ［二］	比例 東京	柏原隆宏 関泰章 ―――	1 1011	3508-7133 3508-3433	99
み き けい え 三木圭恵	維	比例 近畿	森山秀樹 渡壁勇樹	2 1105	3508-7638 3508-3268	136
み たぞの さとし 三反園訓	無 （自民）	鹿児島2	牛嶋賢太 松本克彦 杉田伸治	2 924	3508-7511 3508-3941	162
み たに ひで ひろ 三谷英弘	自 ［無］	比例 南関東	伊地知理美 楠本喜満 今津英幸	2 1120	3508-7522 3508-3952	88
み つばやしひろ み 三ッ林裕巳	自 ［安］	埼玉14	志村賢一 清水貴博 佐藤亮平	2 522	3508-7416 3508-3896	75
み のべ てる お 美延映夫	維	大阪4	――― ―――	1 1019	3508-7194 3508-3624	127
み のりかわのぶひで 御法川信英	自 ［無］	秋田3	石毛真理子 佐藤春男 鈴木由希	1 901	3508-7167 3508-3717	62
みさき ま き 岬麻紀	維	比例 東海	――― 飯塚将史	2 705	3508-7409 3508-3889	122
みち した だい き 道下大樹	立	北海道1	佐藤陽子 市橋修太 伊藤孝介	2 516	3508-7516 3508-3946	53
みどりかわ たか し 緑川貴士	立	秋田2	小池恵里子 長崎朋典 阿部義人	2 202	3508-7002 3508-3802	61
みや うち ひで き 宮内秀樹	自 ［二］	福岡4	上原雅人 赤司圭介 櫻井康晴	1 604	3508-7174 3508-3604	155
みや ざき まさ ひさ 宮﨑政久	自 ［茂］	比例 九州	今井時右衛門 大澤真弓 ―――	2 722	3508-7360 3508-3071	164

※内線電話番号は、第１議員会館は５＋室番号、６＋室番号（３～９階は５、６のあとに０を入れる）、第２議員会館は７＋室番号、８＋室番号（２～９階は７、８のあとに０を入れる）

	議員名	党派(会派)	選挙区	政策秘書名 第1秘書名 第2秘書名	館別号室	直通FAX	略歴頁
	みやざわ ひろゆき 宮澤博行	自 [安]	比例 東海	藤谷洋平 鈴木翔士 石川美由紀	1 1021	3508-7135 3508-3435	120
	みやじ たくま 宮路拓馬	自 [森]	鹿児島1	田中彰吾 木村颯 粕谷訓史	1 311	3508-7206 3508-3206	161
	みやした いちろう 宮下一郎	自 [安]	長野5	天野健太郎 高橋達之 尾関正行	1 1207	3508-7903 3508-3643	108
	みやもと たけし 宮本岳志	共	比例 近畿	田村幸恵 隅田清美 古山潔	1 1108	3508-7255 3508-3525	140
	みやもと とおる 宮本徹	共	比例 東京	坂間和史 松尾勝哉 川野純平	1 1219	3508-7508 3508-3938	102
む	むとう ようじ 武藤容治	自 [麻]	岐阜3	野村真一 小檜山千代久 伊藤康男	2 1212	3508-7482 3508-3362	112
	むたい しゅんすけ 務台俊介	自 [麻]	比例 北陸信越	赤羽俊太郎 村瀬元良 五十嵐佐江子	1 403	3508-7334 3508-3334	109
	むねきよ こういち 宗清皇一	自 [安]	比例 近畿	佐藤博之 川中健司 蓮岡牧生	1 310	3508-7205 3508-3205	138
	むらい ひでき 村井英樹	自 [岸]	埼玉1	二宮尚徳 尾﨑裕太 相馬大作	1 911	3508-7467 3508-3297	71
	むらかみせいいちろう 村上誠一郎	自 [無]	愛媛2	佐藤洋一 田丸勇野人 越智稔浩	1 1224	3508-7291 3502-5172	152
も	もてぎ としみつ 茂木敏充	自 [茂]	栃木5	駒林裕康 近藤真幸 田代美和	2 1011	3508-1011 3508-3269	70
	もとむら のぶこ 本村伸子	共	比例 東海	綿貫隆 奥村千尋 田畑知代	1 1106	3508-7280 3508-3730	122
	もりしま ただし 守島正	維	大阪2	小林倫明 奥田豊一 安本五郎	1 720	3508-7112 3508-3412	127
	もりやま まさひと 盛山正仁	自 [岸]	比例 近畿	伊藤雅子 中谷昌子 戸井田真太郎	1 904	3508-7380 3508-3629	139
	もり えいすけ 森英介	自 [麻]	千葉11	坂本克実 西谷昭彦 伊橋裕樹	1 1210	3508-7162 3592-9036	82
	もりた としかず 森田俊和	立	埼玉12	木沢良一 渡辺裕樹 橋本光弘	2 1003	3508-7419 3508-3899	74
	もりやま ひろゆき 森山浩行	立	比例 近畿	牧井有子 阪本圭 小澤愛子	2 613	3508-7426 3508-3906	140
	もりやま ひろし 森山裕	自 [森]	鹿児島4	森山友久美 池田和弘 船迫作章	1 515	3508-7164 3508-3714	162
や	やぎ てつや 八木哲也	自 [無]	愛知11	蜷川徹 大﨑さきえ 伊藤由紀	2 319	3508-7236 3508-3236	117
	やたがわ はじめ 谷田川元	立	比例 南関東	濱松真 上垣亜希 高栖久美	1 1208	3508-7292 3508-3502	90

※内線電話番号は、第1議員会館は5＋室番号、6＋室番号（3～9階は5、6のあとに0を入れる）、第2議員会館は7＋室番号、8＋室番号（2～9階は7、8のあとに0を入れる）

議員名	党派(会派)	選挙区	政策秘書名 第1秘書名 第2秘書名	館別 号室	直通 FAX	略歴頁
やすおか ひろたけ 保岡宏武	自 [無]	比例 九州	水村元彦 篠原昌幸 齋藤顕	1 815	3508-7633 3508-3263	164
やな かずお 簗和生	自 [安]	栃木3	― 根本陽子 矢作裕美	1 717	3508-7186 3508-3616	69
やなぎもと あきら 柳本顕	自 [麻]	比例 近畿	熊谷志保 阪本聖二 細川佑紀	1 320	3508-7902 3508-3537	138
やまおか たつまる 山岡達丸	立	北海道9	根岸庸夫 森本秀規 菊地悟	1 306	3508-7306 3508-3306	55
やまぎし いっせい 山岸一生	立	東京9	平野隆志 土屋奈々 草深比呂至	1 1013	3508-7124 3508-3424	95
やまぎわ だいしろう 山際大志郎	自 [麻]	神奈川18	倉持佳代 ― 小原孝行	1 613	3508-7477 3508-3357	87
やまぐち しゅんいち 山口俊一	自 [麻]	徳島2	横田泰隆 小杉誠 塩田保正	2 412	3508-7054 3503-2138	150
やまぐち すすむ 山口晋	自 [茂]	埼玉10	鈴木邦彦 鈴木勝 山口弘三	2 1108	3508-7430 3508-3910	74
やまぐち つよし 山口壮	自 [二]	兵庫12	山口文生 三木祥平 杉山麻美子	2 603	3508-7521 3508-3951	134
やまざき まこと 山崎誠	立	比例 南関東	黒須裕章 松島尚彦 鈴木友美	1 401	3508-7137 3508-3437	90
やまさき まさやす 山崎正恭	公	比例 四国	室岡利雄 山内大志 吉良修一	2 1024	3508-7472 3508-3352	154
やました たかし 山下貴司	自 [茂]	岡山2	福島拓 荻野大介 横山和生	2 719	3508-7057 3508-3857	143
やまだ かつひこ 山田勝彦	立	比例 九州	藤田真信 高柳政也 大窪浩章	2 401	3508-7420 3508-3550	165
やまだ けんじ 山田賢司	自 [麻]	兵庫7	荻野浩次郎 佐々木達二 ―	1 617	3508-7908 3508-3957	133
やまだ みき 山田美樹	自 [安]	東京1	中島貴彦 鈴木あきらこ ―	2 917	3508-7037 3508-3837	93
やまのい かずのり 山井和則	立	京都6	吉澤直樹 宮地俊之 山下恵理子	1 805	3508-7240 3508-8882	126
やまもと ごうせい 山本剛正	維	比例 九州	大塚伸一 松田晃二 三上康太	2 302	3508-7009 3508-3809	166
やまもと さこん 山本左近	自 [麻]	比例 東海	高橋洋樹 福尾江里佳 ―	1 304	3508-7302 3508-3302	121
やまもと 山本ともひろ	自 [無]	比例 南関東	瀬戸芳明 本間義一 松本雄飛	2 1110	3508-7193 3508-3623	89
やまもと ゆうじ 山本有二	自 [無]	比例 四国	前田真二郎 松村雄太 石本和憲	1 316	3508-7232 3592-9069	153

※内線電話番号は、第1議員会館は5＋室番号、6＋室番号（3～9階は5、6のあとに0を入れる）、第2議員会館は7＋室番号、8＋室番号（2～9階は7、8のあとに0を入れる）

	議員名	党派(会派)	選挙区	政策秘書名 第1秘書名 第2秘書名	館別 号室	直通 FAX	略歴頁
ゆ	ゆはらしゅんじ 湯原俊二	立	比例 中国	― ― ―	1 1023	3508-7129 3508-3429	148
	ゆのきみちよし 柚木道義	立	比例 中国	― ― ―	2 1217	3508-7301 3508-3301	148
よ	よしかわたける 吉川赳	無	比例 東海	古賀真理 大塚謙一 木下航	2 816	3508-7228 3508-3551	120
	よしかわはじめ 吉川元	立	比例 九州	伊藤剛 高野眞也 市丸敬子	2 505	3508-7056 3508-3856	165
	よしだくみこ 吉田久美子	公	比例 九州	岩野武彦 大澤ミチル 立津伸城	2 504	3508-7055 3508-3855	166
	よしだしんじ 吉田真次	自 [安]	山口4 補	― 徳本美佐 島村朋子	1 1212	3508-7172 3508-3602	147
	よしだつねひこ 吉田統彦	立	比例 東海	兒玉篤志 深井稔公 村中隆之	2 322	3508-7104 3508-3404	121
	よしだともよ 吉田とも代	維	比例 四国	― ― 相原絵美子	2 424	3508-7001 3508-3801	154
	よしだとよふみ 吉田豊史	無	比例 北陸信越	― 吉田幹広	2 1112	3508-7434 3508-3914	110
	よしだのぶひろ 吉田宣弘	公	比例 九州	新沼裕司 柴田康一 ―	1 1114	3508-7276 3508-3726	166
	よしだ 吉田はるみ	立	東京8	― ― ―	2 607	3508-7620 3508-3250	95
	よしのまさよし 吉野正芳	自 [安]	福島5	野地誠 石川貴文 佐々木孟男	2 624	3508-7143 3595-4546	64
	よしいえひろゆき 義家弘介	自 [安]	比例 南関東	佐々木由 髙橋愼一 ―	1 1204	3508-7241 3508-3511	89
	よねやまりゅういち 米山隆一	立	新潟5	橋口猛志 山﨑悦朗 小浦友資	2 724	3508-7485 3508-3365	104
り	りゅうひろふみ 笠浩史	立	神奈川9	今林正 花輪智史 津田武彦	1 408	3508-3420 3508-7120	85
わ	わせだ 早稲田ゆき	立	神奈川4	稲見圭 永瀬康俊 江川晋一郎	2 1012	3508-7106 3508-3406	84
	わだゆういちろう 和田有一朗	維	比例 近畿	― 藤島雄平 ―	2 807	3508-7527 3508-3973	136
	わだよしあき 和田義明	自 [安]	北海道5	菅谷康子 西嶋哲也 田口知佳	1 410	3508-7117 3508-3417	54
	わかばやしけんた 若林健太	自 [安]	長野1	浜謙一 渡邉一聖 齊藤拓磨	1 1002	3508-7277 3508-3727	107
	わかみやけんじ 若宮健嗣	自 [茂]	比例 東京	荒木田聡 山口拓也 田崎陽介	2 523	3508-7509 3508-3939	100

※内線電話番号は、第1議員会館は5＋室番号、6＋室番号（3～9階は5、6のあとに0を入れる）、第2議員会館は7＋室番号、8＋室番号（2～9階は7、8のあとに0を入れる）

議員名	党派(会派)	選挙区	政策秘書名 第1秘書名 第2秘書名	館別 号室	直通 FAX	略歴頁
わしおえいいちろう 鷲尾英一郎	自 ［二］	比例 北陸信越	横山卓司 竹内和美 植木毅	2 208	3508-7650 3508-3062	108
わたなべこういち 渡辺孝一	自 ［岸］	比例 北海道	朝比奈正倫 原田竜爾 澁谷皇将	1 520	3508-7401 3508-3881	56
わたなべしゅう 渡辺周	立	比例 東海	大塚敏弘 山田幸宣 増山敬一	2 1109	3508-7077 3508-3767	121
わたなべそう 渡辺創	立	宮崎1	荻山明美 谷口浩太郎 竹内絢	1 1015	3508-7086 3508-3866	161
わたなべひろみち 渡辺博道	自 ［茂］	千葉6	大森亜希 ――― ―――	1 1012	3508-7387 3508-3701	81
わにぶちようこ 鰐淵洋子	公	比例 近畿	髙坂友和 上松満義 中村久美子	1 924	3508-7070 3508-3850	139

※内線電話番号は、第1議員会館は5＋室番号、6＋室番号（3～9階は5、6のあとに0を入れる)、
第2議員会館は7＋室番号、8＋室番号（2～9階は7、8のあとに0を入れる)

衆議院議員会館案内図

衆議院第１議員会館３階

議員	室		室	議員
藤田文武 維　大阪12区 3508-7040　当2	312		313	鎌田さゆり 立　宮城2区 3508-7204　当3
宮路拓馬 自［森］鹿児島1区 3508-7206　当3	311	喫煙室	314	小泉進次郎 自［無］神奈川11区 3508-7327　当5
宗清皇一 自［安］比 近畿 3508-7205　当3	310	WC(男) WC(女)	315	林　佑美 維　和歌山1区 3508-7315 補当1
中川郁子 自［麻］比 北海道 3508-7103　当3	309		316	山本有二 自［無］比 四国 3508-7232　当11
大串博志 立　佐賀2区 3508-7335　当6	308	EV ホール	317	井上信治 自［麻］東京25区 3508-7328　当7
原口一博 立　佐賀1区 3508-7238　当9	307		318	議員会議室 （国民）
山岡達丸 立　北海道9区 3508-7306　当3	306		319	防災備蓄室
牧　義夫 立　比 東海 3508-7628　当7	305	EV ホール	320	柳本　顕 自［麻］比 近畿 3508-7902　当1
山本左近 自［麻］比 東海 3508-7302　当1	304		321	議員予備室
中西健治 自［麻］神奈川3区 3508-7311　当1	303	EV	322	牧島かれん 自［麻］神奈川17区 3508-7026　当4
塚田一郎 自［麻］比 北陸信越 3508-7705　当1	302	WC(男) WC(女)	323	井上貴博 自［麻］福岡1区 3508-7239　当4
麻生太郎 自［麻］福岡8区 3508-7703　当14	301		324	松木けんこう 立　北海道2区 3508-7324　当6

国会議事堂側

衆議院第１議員会館４階

議員	室		室	議員
斉藤鉄夫 公　広島3区 3508-7308　当10	412		413	防災備蓄室
石井啓一 公　比 北関東 3508-7110　当10	411	喫煙室	414	杉本和巳 維　比 東海 3508-7266　当4
和田義明 自[安] 北海道5区 3508-7117　当3	410	WC(男) WC(女)	415	遠藤　敬 維　大阪18区 3508-7325　当4
太　栄志 立　神奈川13区 3508-7330　当1	409		416	鈴木憲和 自[茂] 山形2区 3508-7318　当4
笠　浩史 立　神奈川9区 3508-3420　当7	408	EV ホール	417	小林鷹之 自[二] 千葉2区 3508-7617　当4
斎藤洋明 自[麻] 新潟3区 3508-7155　当4	407		418	議員会議室 (自民)
浅野　哲 国　茨城5区 3508-7231　当2	406		419	野中　厚 自[茂] 比 北関東 3508-7041　当4
浦野靖人 維　大阪15区 3508-7641　当4	405	EV ホール	420	大島　敦 立　埼玉6区 3508-7093　当8
井上英孝 維　大阪1区 3508-7333　当3	404		421	あかま二郎 自[麻] 神奈川14区 3508-7317　当5
務台俊介 自[麻] 比 北陸信越 3508-7334　当4	403	EV	422	今枝宗一郎 自[麻] 愛知14区 3508-7080　当4
土屋品子 自[無] 埼玉13区 3508-7188　当8	402	WC(男) WC(女)	423	鈴木馨祐 自[麻] 神奈川7区 3508-7304　当5
山崎　誠 立　比 南関東 3508-7137　当3	401		424	阿部知子 立　神奈川12区 3508-7303　当8

国会議事堂側

衆議院第１議員会館５階

議員	室		室	議員
菅　直人 立　東京18区 3508-7323 当14	512		513	小野泰輔 維　比 東京 3508-7340 当1
馬場伸幸 維　大阪17区 3508-7322 当4	511	喫煙室	514	あべ俊子 自[無] 比 中国 3508-7136 当6
長島昭久 自[二] 比 東京 3508-7309 当7	510	WC(男) WC(女)	515	森山　裕 自[森] 鹿児島4区 3508-7164 当7
中谷一馬 立　比 南関東 3508-7310 当2	509		516	遠藤良太 維　比 近畿 3508-7114 当1
北側一雄 公　大阪16区 3508-7263 当10	508	EVホール	517	大河原まさこ 立　比 東京 3508-7261 当2
平林　晃 公　比 中国 3508-7339 当1	507		518	議員会議室 （維新）
岡田克也 立　三重3区 3508-7109 当11	506		519	中川正春 立　比 東海 3508-7128 当9
逢沢一郎 自[無] 岡山1区 3508-7105 当12	505	EVホール	520	渡辺孝一 自[岸] 比 北海道 3508-7401 当4
野田聖子 自[無] 岐阜1区 3508-7161 当10	504		521	防災備蓄室
菅家一郎 自[安] 比 東北 3508-7107 当4	503	EV	522	辻　清人 自[岸] 東京2区 3508-7288 当4
松野博一 自[安] 千葉3区 3508-7329 当8	502	WC(男) WC(女)	523	西田昭二 自[岸] 石川3区 3508-7139 当2
畦元将吾 自[岸] 比 中国 3508-7710 当2	501		524	議員予備室

国会議事堂側

㊎会館

衆議院第１議員会館６階

議員	室	共用部	室	議員
林　幹雄 自[二] 千葉10区 3508-7151 当10	612		613	山際大志郎 自[麻] 神奈川18区 3508-7477 当6
西村康稔 自[安] 兵庫9区 3508-7101 当7	611	喫煙室	614	鈴木英敬 自[安] 三重4区 3508-7269 当1
武田良太 自[二] 福岡11区 3508-7180 当7	610	WC(男) WC(女)	615	藤井比早之 自[無] 兵庫4区 3508-7185 当4
海江田万里 無 比 東京 3508-7316 当8	609		616	大串正樹 自[無] 比 近畿 3508-7191 当4
藤岡隆雄 立 比 北関東 3508-7178 当1	608	EVホール	617	山田賢司 自[麻] 兵庫7区 3508-7908 当4
小宮山泰子 立 比 北関東 3508-7184 当7	607		618	議員会議室 (立憲)
末次精一 立 比 九州 3508-7176 当1	606		619	大岡敏孝 自[二] 滋賀1区 3508-7208 当4
小沢一郎 立 比 東北 3508-7175 当18	605	EVホール	620	細野豪志 自[二] 静岡5区 3508-7116 当8
宮内秀樹 自[二] 福岡4区 3508-7174 当4	604		621	上野賢一郎 自[森] 滋賀2区 3508-7004 当5
関　芳弘 自[安] 兵庫3区 3508-7173 当5	603	EV	622	橘　慶一郎 自[無] 富山3区 3508-7227 当5
武村展英 自[無] 滋賀3区 3508-7118 当4	602	WC(男) WC(女)	623	伊東良孝 自[二] 北海道7区 3508-7170 当5
小寺裕雄 自[二] 滋賀4区 3508-7126 当2	601		624	源馬謙太郎 立 静岡8区 3508-7160 当2

国会議事堂側

衆議院第１議員会館７階

議員	号室	号室	議員
田中 健 国 比 東海 3508-7190 当1	712	713	鈴木義弘 国 比 北関東 3508-7282 当3
岡本あき子 立 比 東北 3508-7064 当2	711	714	永岡桂子 自[麻] 茨城7区 3508-7274 当6
大塚 拓 自[安] 埼玉9区 3508-7608 当5	710	715	鬼木 誠 自[森] 福岡2区 3508-7182 当4
松島みどり 自[安] 東京14区 3508-7065 当7	709	716	田所嘉徳 自[無] 比 北関東 3508-7068 当4
福田昭夫 立 栃木2区 3508-7289 当6	708	717	簗 和生 自[安] 栃木3区 3508-7186 当4
松本剛明 自[麻] 兵庫11区 3508-7214 当8	707	718	議員会議室 （公明）
玉木雄一郎 国 香川2区 3508-7213 当5	706	719	篠原 孝 立 比 北陸信越 3508-7268 当7
加藤鮎子 自[無] 山形3区 3508-7216 当3	705	720	守島 正 維 大阪2区 3508-7112 当1
後藤茂之 自[無] 長野4区 3508-7702 当7	704	721	奥下剛光 維 大阪7区 3508-7225 当1
遠藤利明 自[無] 山形1区 3508-7158 当9	703	722	中野洋昌 公 兵庫8区 3508-7224 当4
川崎ひでと 自[無] 三重2区 3508-7152 当1	702	723	青柳仁士 維 大阪14区 3508-7609 当1
高村正大 自[麻] 山口1区 3508-7113 当2	701	724	防災備蓄室

喫煙室 / WC（男） WC（女） / EVホール / EVホール / EV / WC（男） WC（女）

国会議事堂側

衆議院第１議員会館８階

議員	室		室	議員
小森卓郎 自[安] 石川1区 3508-7179 当1	812		813	石原宏高 自[岸] 比 東京 3508-7319 当5
小里泰弘 自[無] 比 九州 3508-7247 当6	811	喫煙室	814	小倉將信 自[二] 東京23区 3508-7140 当4
新藤義孝 自[茂] 埼玉2区 3508-7313 当8	810	WC(男) WC(女)	815	保岡宏武 自[無] 比 九州 3508-7633 当1
前原誠司 国 京都2区 3508-7171 当10	809		816	黄川田仁志 自[無] 埼玉3区 3508-7123 当4
小熊慎司 立 福島4区 3508-7138 当4	808	EVホール	817	泉　健太 立 京都3区 3508-7005 当8
城井　崇 立 福岡10区 3508-7389 当4	807		818	議員会議室 （立憲）
下条みつ 立 長野2区 3508-7271 当5	806		819	玄葉光一郎 立 福島3区 3508-7252 当10
山井和則 立 京都6区 3508-7240 当8	805	EVホール	820	おおつき紅葉 立 比 北海道 3508-7493 当1
枝野幸男 立 埼玉5区 3508-7448 当10	804		821	野田佳彦 立 千葉4区 3508-7141 当9
濵地雅一 公 比 九州 3508-7235 当4	803	EV	822	齋藤　健 自[無] 千葉7区 3508-7221 当5
手塚仁雄 立 東京5区 3508-7234 当5	802	WC(男) WC(女)	823	秋葉賢也 自[茂] 比 東北 3508-7392 当7
金城泰邦 公 比 九州 3508-7153 当1	801		824	議員予備室

国会議事堂側

㊥会館

衆議院第１議員会館９階

議員	室		室	議員
漆間譲司 維　大阪8区 3508-7298　当1	912		913	西野太亮 自[無]　熊本2区 3508-7144　当1
村井英樹 自[岸]　埼玉1区 3508-7467　当4	911	喫煙室	914	平　将明 自[無]　東京4区 3508-7297　当6
石原正敬 自[岸]　比 東海 3508-7706　当1	910	WC(男) WC(女)	915	木原誠二 自[岸]　東京20区 3508-7169　当5
福重隆浩 公　比 北関東 3508-7249　当1	909		916	伊東信久 維　大阪19区 3508-7243　当3
佐藤茂樹 公　大阪3区 3508-7200　当10	908	EVホール	917	防災備蓄室
池下　卓 維　大阪10区 3508-7454　当1	907		918	議員会議室 （自民）
岩谷良平 維　大阪13区 3508-7314　当1	906		919	井林辰憲 自[麻]　静岡2区 3508-7127　当4
中司　宏 維　大阪11区 3508-7146　当1	905	EVホール	920	勝俣孝明 自[二]　静岡6区 3508-7202　当4
盛山正仁 自[岸]　比 近畿 3508-7380　当5	904		921	伊藤　渉 公　比 東海 3508-7187　当5
高市早苗 自[無]　奈良2区 3508-7198　当9	903	EV	922	中川宏昌 公　比 北陸信越 3508-3639　当1
田村憲久 自[無]　三重1区 3508-7163　当9	902	WC(男) WC(女)	923	大西健介 立　愛知13区 3508-7108　当5
御法川信英 自[無]　秋田3区 3508-7167　当6	901		924	鰐淵洋子 公　比 近畿 3508-7070　当2

国会議事堂側

衆議院第１議員会館10階

議員	室	室	議員
渡辺博道 自［茂］ 千葉6区 3508-7387 当8	1012	1013	山岸一生 立 東京9区 3508-7124 当1
松本洋平 自［二］ 比 東京 3508-7133 当5	1011	1014	寺田 学 立 比 東北 3508-7464 当6
田中和徳 自［麻］ 神奈川10区 3508-7294 当9	1010	1015	渡辺 創 立 宮崎1区 3508-7086 当1
松本 尚 自［安］ 千葉13区 3508-7295 当1	1009	1016	足立康史 維 大阪9区 3508-7100 当4
髙木 毅 自［安］ 福井2区 3508-7296 当8	1008	1017	志位和夫 共 比 南関東 3508-7285 当10
長坂康正 自［麻］ 愛知9区 3508-7043 当4	1007	1018	議員会議室 （維新）
亀岡偉民 自［安］ 比 東北 3508-7148 当5	1006	1019	美延映夫 維 大阪4区 3508-7194 当2
岡本三成 公 東京12区 3508-7147 当4	1005	1020	土田 慎 自［麻］ 東京13区 3508-7341 当1
伊佐進一 公 大阪6区 3508-7391 当4	1004	1021	宮澤博行 自［安］ 比 東海 3508-7135 当4
安住 淳 立 宮城5区 3508-7293 当9	1003	1022	佐藤公治 立 広島6区 3508-7145 当4
若林健太 自［安］ 長野1区 3508-7277 当1	1002	1023	湯原俊二 立 比 中国 3508-7129 当2
鈴木俊一 自［麻］ 岩手2区 3508-7267 当10	1001	1024	平井卓也 自［岸］ 比 四国 3508-7307 当8

国会議事堂側

㊗会館

衆議院第１議員会館 11 階

議員	室		室	議員
瀬戸隆一 自[麻] 比 四国 繰 3508-7712 当3	1112		1113	小山展弘 立 静岡3区 3508-7270 当3
島尻安伊子 自[茂] 沖縄3区 3508-7265 当1	1111	喫煙室	1114	吉田宣弘 公 比 九州 3508-7276 当3
鈴木淳司 自[安] 愛知7区 3508-7264 当6	1110	WC(男) WC(女)	1115	平沢勝栄 自[二] 東京17区 3508-7257 当9
渡海紀三朗 自[無] 兵庫10区 3508-7643 当10	1109		1116	牧原秀樹 自[無] 比 北関東 3508-7254 当5
宮本岳志 共 比 近畿 3508-7255 当5	1108	EV ホール	1117	葉梨康弘 自[岸] 茨城3区 3508-7248 当6
赤嶺政賢 共 沖縄1区 3508-7196 当8	1107		1118	議員会議室 （共用）
本村伸子 共 比 東海 3508-7280 当3	1106		1119	奥野総一郎 立 千葉9区 3508-7256 当5
越智隆雄 自[安] 比 東京 3508-7479 当5	1105	EV ホール	1120	土井亨 自[安] 宮城1区 3508-7470 当5
谷川とむ 自[安] 比 近畿 3508-7514 当3	1104		1121	議員予備室
福田達夫 自[安] 群馬4区 3508-7181 当4	1103	EV	1122	英利アルフィヤ 自[麻] 千葉5区 3508-7436 補当1
塩崎彰久 自[安] 愛媛1区 3508-7189 当1	1102	WC(男) WC(女)	1123	防災備蓄室
衛藤征士郎 自[安] 大分2区 3508-7618 当13	1101		1124	神田憲次 自[安] 愛知5区 3508-7253 当4

国会議事堂側

衆議院第１議員会館１２階

吉田真次 自［安］山口4区 3508-7172 補当1	1212		1213	寺田　稔 自［岸］広島5区 3508-7606 当6
大野敬太郎 自［無］香川3区 3508-7132 当4	1211	喫煙室	1214	髙鳥修一 自［安］比 北陸信越 3508-7607 当5
森　英介 自［麻］千葉11区 3508-7162 当11	1210	WC(男) WC(女)	1215	田嶋　要 立 千葉1区 3508-7229 当7
秋本真利 自［無］比 南関東 3508-7611 当4	1209		1216	鈴木庸介 立 比 東京 3508-7028 当1
谷田川　元 立 比 南関東 3508-7292 当3	1208	EVホール	1217	馬淵澄夫 立 奈良1区 3508-7122 当7
宮下一郎 自［安］長野5区 3508-7903 当6	1207		1218	議員会議室 （自民）
小島敏文 自［岸］比 中国 3508-7192 当4	1206		1219	宮本　徹 共 比 東京 3508-7508 当3
小林史明 自［岸］広島7区 3508-7455 当4	1205	EVホール	1220	国定勇人 自［二］比 北陸信越 3508-7131 当1
義家弘介 自［安］比 南関東 3508-7241 当4	1204		1221	石橋林太郎 自［岸］比 中国 3508-7901 当1
岸　信千世 自［安］山口2区 3508-1203 補当1	1203	EV	1222	岸田文雄 自［岸］広島1区 3508-7279 当10
鈴木貴子 自［茂］比 北海道 3508-7233 当4	1202	WC(男) WC(女)	1223	深澤陽一 自［岸］静岡4区 3508-7709 当2
林　芳正 自［岸］山口3区 3508-7115 当1	1201		1224	村上誠一郎 自［無］愛媛2区 3508-7291 当12

国会議事堂側

衆議院第２議員会館２階

議員	所属・選挙区	電話	当選	室	室	議員	所属・選挙区	電話	当選
特別室				212		訴追委員会事務局長室 / 訴追委員会事務室 / 訴追委員会委員長次室兼資料室 / 訴追委員会委員長室 / 訴追委員会会議室			
藤丸　敏	自［岸］福岡7区	3508-7431	当4	211	213	仁木博文	無（有志）徳島1区	3508-7011	当2
本田太郎	自［無］京都5区	3508-7012	当2	210	214	田畑裕明	自［安］富山1区	3508-7704	当4
石井　拓	自［安］比 東海	3508-7031	当1	209	215	中谷真一	自［茂］山梨1区	3508-7336	当4
鷲尾英一郎	自［二］比 北陸信越	3508-7650	当6	208	216	古賀　篤	自［岸］福岡3区	3508-7081	当4
井原　巧	自［安］愛媛3区	3508-7201	当1	207	217	高木宏壽	自［二］北海道3区	3508-7636	当3
岩田和親	自［岸］比 九州	3508-7707	当4	206	218	工藤彰三	自［麻］愛知4区	3508-7018	当4
伊藤信太郎	自［麻］宮城4区	3508-7091	当7	205	219	防災備蓄室			
神津たけし	立 比 北陸信越	3508-7015	当1	204	220	中野英幸	自［二］埼玉7区	3508-7220	当1
階　猛	立 岩手1区	3508-7024	当6	203	221	鳩山二郎	自［二］福岡6区	3508-7905	当3
緑川貴士	立 秋田2区	3508-7002	当2	202	222	伊藤忠彦	自［二］愛知8区	3508-7003	当5
青山大人	立 比 北関東	3508-7039	当2	201	223	二階俊博	自［二］和歌山3区	3508-7023	当13

EV　喫煙室　WC（男）WC（女）　EVホール　EVホール　EV　WC（男）WC（女）

国会議事堂側

(衆) 会館

衆議院第２議員会館３階

氏名	会派	選挙区	電話	当選	部屋
堤　かなめ	立	福岡5区	3508-7062	当1	312
中山展宏	自[麻]	比 南関東	3508-7435	当4	311
髙木　啓	自[安]	比 東京	3508-7601	当2	310
角田秀穂	公	比 南関東	3508-7052	当2	309
大口善德	公	比 東海	3508-7017	当9	308
輿水恵一	公	比 北関東	3508-7076	当3	307
橋本　岳	自[茂]	岡山4区	3508-7016	当5	306
上川陽子	自[岸]	静岡1区	3508-7460	当7	305
国光あやの	自[岸]	茨城6区	3508-7036	当2	304
住吉寛紀	維	比 近畿	3508-7415	当1	303
山本剛正	維	比 九州	3508-7009	当2	302
佐々木　紀	自[安]	石川2区	3508-7059	当4	301
石田真敏	自[岸]	和歌山2区	3508-7072	当7	313
田野瀬太道	自[森]	奈良3区	3508-7071	当4	314
浜田靖一	自[無]	千葉12区	3508-7020	当10	315
笹川博義	自[茂]	群馬3区	3508-7338	当4	316
西銘恒三郎	自[茂]	沖縄4区	3508-7218	当6	317
議員会議室（れいわ）					318
八木哲也	自[無]	愛知11区	3508-7236	当4	319
藤巻健太	維	比 南関東	3508-7503	当1	320
阿部　司	維	比 東京	3508-7504	当1	321
吉田統彦	立	比 東海	3508-7104	当3	322
沢田　良	維	比 北関東	3508-7526	当1	323
西村明宏	自[安]	宮城3区	3508-7906	当6	324

喫煙室　WC(男)　WC(女)　EVホール　EV

国会議事堂側

衆議院第２議員会館４階

議員	室		室	議員
山口俊一 自[麻] 徳島2区 3508-7054 当11	412		413	稲津　久 公 北海道10区 3508-7089 当5
中村喜四郎 立 比 北関東 3508-7501 当15	411	喫煙室	414	赤羽一嘉 公 兵庫2区 3508-7079 当9
金子恭之 自[岸] 熊本4区 3508-7410 当8	410	WC(男) WC(女)	415	たがや　亮 れ 比 南関東 3508-7008 当1
櫻井　周 立 比 近畿 3508-7465 当2	409		416	櫛渕万里 れ 比 東京繰 3508-7063 当2
堀井　学 自[安] 比 北海道 3508-7125 当4	408	EV ホール	417	大石あきこ れ 比 近畿 3508-7404 当1
堀内詔子 自[岸] 山梨2区 3508-7487 当4	407		418	議員会議室 （立憲）
中村裕之 自[麻] 北海道4区 3508-7406 当4	406		419	福島伸享 無(有志) 茨城1区 3508-7262 当3
斎藤アレックス 国 比 近畿 3508-7637 当1	405	EV ホール	420	防災備蓄室
西村智奈美 立 新潟1区 3508-7614 当6	404		421	金村龍那 維 比 南関東 3508-7411 当1
梅谷　守 立 新潟6区 3508-7403 当1	403	EV	422	堀場幸子 維 比 近畿 3508-7422 当1
近藤昭一 立 愛知3区 3508-7402 当9	402	WC(男) WC(女)	423	古屋圭司 自[無] 岐阜5区 3508-7440 当11
山田勝彦 立 比 九州 3508-7420 当1	401		424	吉田とも代 維 比 四国 3508-7001 当1

国会議事堂側

衆議院第２議員会館５階

石川香織	立	北海道11区	3508-7512	当2	512	513	細田博之	無	島根1区	3508-7443	当11
池田佳隆	自[安]	比 東海	3508-7616	当4	511	514	甘利明	自[麻]	比 南関東	3508-7528	当13
大西英男	自[安]	東京16区	3508-7033	当4	510	515	石破茂	自[無]	鳥取1区	3508-7525	当12
池畑浩太朗	維	比 近畿	3508-7520	当1	509	516	道下大樹	立	北海道1区	3508-7516	当2
熊田裕通	自[無]	愛知1区	3508-7513	当4	508	517	逢坂誠二	立	北海道8区	3508-7517	当5
一谷勇一郎	維	比 近畿	3508-7300	当1	507	518	議員会議室（自民）				
赤木正幸	維	比 近畿	3508-7505	当1	506	519	北神圭朗	無(有志)	京都4区	3508-7069	当4
吉川元	立	比 九州	3508-7056	当4	505	520	高見康裕	自[茂]	島根2区	3508-7166	当1
吉田久美子	公	比 九州	3508-7055	当1	504	521	田中良生	自[無]	埼玉15区	3508-7058	当5
河西宏一	公	比 東京	3508-7630	当1	503	522	三ッ林裕巳	自[安]	埼玉14区	3508-7416	当4
古屋範子	公	比 南関東	3508-7629	当7	502	523	若宮健嗣	自[茂]	比 東京	3508-7509	当5
小林茂樹	自[二]	比 近畿	3508-7090	当3	501	524	伊藤達也	自[茂]	東京22区	3508-7623	当9

喫煙室　WC(男)　WC(女)　EVホール　EV

国会議事堂側

衆議院第２議員会館６階

議員	室	室	議員
古川禎久 自[茂] 宮崎3区 3508-7612 当7	612	613	森山浩行 立 比 近畿 3508-7426 当3
柿沢未途 自 東京15区 3508-7427 当5	611	614	平沼正二郎 自[二] 岡山3区 3508-7251 当1
江田憲司 立 神奈川8区 3508-7462 当7	610	615	勝目康 自[無] 京都1区 3508-7615 当1
徳永久志 無 比 近畿 3508-7250 当1	609	616	青山周平 自[安] 比 東海 3508-7083 当4
篠原豪 立 神奈川1区 3508-7130 当3	608	617	緒方林太郎 無(有志) 福岡9区 3508-7119 当3
吉田はるみ 立 東京8区 3508-7620 当1	607	618	議員会議室 (共用)
落合貴之 立 東京6区 3508-7134 当3	606	619	防災備蓄室
船田元 自[茂] 栃木1区 3508-7156 当13	605	620	穀田恵二 共 比 近畿 3508-7438 当10
田中英之 自[無] 比 近畿 3508-7007 当4	604	621	笠井亮 共 比 東京 3508-7439 当6
山口壮 自[二] 比 近畿 3508-7521 当7	603	622	下村博文 自[安] 東京11区 3508-7084 当9
荒井優 立 比 北海道 3508-7602 当1	602	623	城内実 自[無] 静岡7区 3508-7441 当6
野間健 立 鹿児島3区 3508-7027 当3	601	624	吉野正芳 自[安] 福島5区 3508-7143 当8

喫煙室 / WC(男) WC(女) / EVホール / EVホール / EV / WC(男) WC(女)

国会議事堂側

衆議院第２議員会館７階

議員	室		室	議員
田村貴昭 共　比 九州 3508-7475　当3	712		713	棚橋泰文 自［麻］岐阜2区 3508-7429　当9
新垣邦男 社（立憲）沖縄2区 3508-7157　当1	711	喫煙室	714	議員予備室
金子恵美 立　福島1区 3508-7476　当3	710	WC（男） WC（女）	715	小野寺五典 自［岸］宮城6区 3508-7432　当8
松原仁 無（立憲）東京3区 3508-7452　当8	709		716	國重徹 公　大阪5区 3508-7405　当4
星野剛士 自［無］比 南関東 3508-7413　当4	708	EVホール	717	佐藤英道 公　比 北海道 3508-7457　当4
吉良州司 無（有志）大分1区 3508-7412　当6	707		718	議員会議室（自民）
長妻昭 立　東京7区 3508-7456　当8	706		719	山下貴司 自［茂］岡山2区 3508-7057　当4
岬麻紀 維　比 東海 3508-7409　当1	705	EVホール	720	白石洋一 立　比 四国 3508-7244　当3
早坂敦 維　比 東北 3508-7414　当1	704		721	井出庸生 自［麻］長野3区 3508-7469　当4
長谷川淳二 自［無］愛媛4区 3508-7453　当1	703	EV	722	宮﨑政久 自［茂］比 九州 3508-7360　当4
坂本哲志 自［森］熊本3区 3508-7034　当7	702	WC（男） WC（女）	723	中島克仁 立　比 南関東 3508-7423　当4
中川貴元 自［麻］比 東海 3508-7461　当1	701		724	米山隆一 立　新潟5区 3508-7485　当1

国会議事堂側

衆議院第２議員会館８階

議員	室		室	議員
神田潤一 自[岸] 青森2区 3508-7502 当1	812		813	古川 康 自[茂] 比 九州 6205-7711 当3
上田英俊 自[茂] 富山2区 3508-7061 当1	811	喫煙室	814	後藤祐一 立 神奈川16区 3508-7092 当5
谷 公一 自[二] 兵庫5区 3508-7010 当7	810	WC(男) WC(女)	815	前川清成 維 比 近畿 3508-7625 当1
木村次郎 自[安] 青森3区 3508-7407 当2	809		816	吉川 赳 無 比 東海 3508-7228 当3
高橋英明 維 比 北関東 3508-7260 当1	808	EVホール	817	防災備蓄室
和田有一朗 維 比 近畿 3508-7527 当1	807		818	議員会議室 (立憲)
掘井健智 維 比 近畿 3508-7088 当1	806		819	近藤和也 立 比 北陸信越 3508-7605 当3
新谷正義 自[茂] 広島4区 3508-7604 当4	805	EVホール	820	浮島智子 公 比 近畿 3508-7290 当4
平口 洋 自[茂] 広島2区 3508-7622 当5	804		821	馬場雄基 立 比 東北 3508-7631 当1
浅川義治 維 比 南関東 3508-7197 当1	803	EV	822	柴山昌彦 自[安] 埼玉8区 3508-7624 当7
菊田真紀子 立 新潟4区 3508-7524 当7	802	WC(男) WC(女)	823	小渕優子 自[茂] 群馬5区 3508-7424 当8
神谷 裕 立 比 北海道 3508-7050 当2	801		824	額賀福志郎 自[茂] 茨城2区 3508-7447 当13

国会議事堂側

衆議院第2議員会館9階

議員	室		室	議員
長友慎治 国 比 九州 3508-7212 当1	912		913	金子俊平 自[岸] 岐阜4区 3508-7060 当2
議員予備室	911	喫煙室	914	泉田裕彦 自[二] 比 北陸信越 3508-7640 当2
伴野　豊 立 比 東海 3508-7019 当6	910	WC(男) WC(女)	915	五十嵐　清 自[茂] 比 北関東 3508-7085 当1
重徳和彦 立 愛知12区 3508-7910 当4	909		916	丹羽秀樹 自[無] 愛知6区 3508-7025 当6
穂坂　泰 自[無] 埼玉4区 3508-7030 当2	908	EV ホール	917	山田美樹 自[安] 東京1区 3508-7037 当4
杉田水脈 自[安] 比 中国 3508-7029 当3	907		918	議員会議室 (自民)
根本幸典 自[安] 愛知15区 3508-7711 当4	906		919	中川康洋 公 比 東海 3508-7038 当2
塩川鉄也 共 比 北関東 3508-7507 当8	905	EV ホール	920	日下正喜 公 比 中国 3508-7021 当1
高橋千鶴子 共 比 東北 3508-7506 当7	904		921	井野俊郎 自[茂] 群馬2区 3508-7219 当4
梶山弘志 自[無] 茨城4区 3508-7529 当8	903	EV	922	防災備蓄室
佐藤　勉 自[無] 栃木4区 3508-7408 当9	902	WC(男) WC(女)	923	中曽根康隆 自[二] 群馬1区 3508-7272 当2
尾﨑正直 自[二] 高知2区 3508-7619 当1	901		924	三反園　訓 無 鹿児島2区 3508-7511 当1

国会議事堂側

衆議院第２議員会館 10 階

早稲田ゆき 立　神奈川4区 3508-7106　当2	1012		1013	青柳陽一郎 立　比 南関東 3508-7245　当4
茂木敏充 自[茂] 栃木5区 3508-1011　当10	1011	喫煙室	1014	石川昭政 自[無] 比 北関東 3508-7159　当4
武部　新 自[二] 北海道12区 3508-7425　当4	1010	WC(男) WC(女)	1015	藤原　崇 自[安] 岩手3区 3508-7207　当4
金田勝年 自[二] 比 東北 3508-7053　当5	1009		1016	國場幸之助 自[岸] 比 九州 3508-7741　当4
末松義規 立　東京19区 3508-7488　当7	1008	EV ホール	1017	武井俊輔 自[岸] 比 九州 3508-7388　当4
小田原　潔 自[安] 東京21区 3508-7909　当4	1007		1018	議員会議室 (公明)
古川元久 国　愛知2区 3508-7078　当9	1006		1019	冨樫博之 自[無] 秋田1区 3508-7275　当4
小川淳也 立　香川1区 3508-7621　当6	1005	EV ホール	1020	東　国幹 自[茂] 北海道6区 3508-7634　当1
稲富修二 立　比 九州 3508-7515　当3	1004		1021	江渡聡徳 自[麻] 青森1区 3508-7096　当8
森田俊和 立　埼玉12区 3508-7419　当2	1003	EV	1022	赤澤亮正 自[無] 鳥取2区 3508-7490　当6
江﨑鐵磨 自[二] 愛知10区 3508-7418　当8	1002	WC(男) WC(女)	1023	高木陽介 公　比 東京 3508-7481　当9
奥野信亮 自[安] 比 近畿 3508-7421　当6	1001		1024	山崎正恭 公　比 四国 3508-7472　当1

国会議事堂側

衆議院第2議員会館11階

議員	室		室	議員
吉田豊史 無 比 北陸信越 3508-7434 当2	1112		1113	菅 義偉 自[無] 神奈川2区 3508-7446 当9
上杉謙太郎 自[安] 比 東北 3508-7074 当2	1111	喫煙室	1114	古川直季 自[無] 神奈川6区 3508-7523 当1
山本ともひろ 自[無] 比 南関東 3508-7193 当5	1110	WC(男) WC(女)	1115	稲田朋美 自[安] 福井1区 3508-7035 当6
渡辺 周 立 比 東海 3508-7077 当9	1109		1116	木原 稔 自[茂] 熊本1区 3508-7450 当5
山口 晋 自[茂] 埼玉10区 3508-7430 当1	1108	EVホール	1117	櫻田義孝 自[二] 比 南関東 3508-7381 当8
小泉龍司 自[二] 埼玉11区 3508-7121 当7	1107		1118	議員会議室 (自民)
加藤竜祥 自[安] 長崎2区 3508-7230 当1	1106		1119	坂井 学 自[無] 神奈川5区 3508-7489 当5
三木圭恵 維 比 近畿 3508-7638 当2	1105	EVホール	1120	三谷英弘 自[無] 比 南関東 3508-7522 当3
加藤勝信 自[茂] 岡山5区 3508-7459 当7	1104		1121	門山宏哲 自[無] 比 南関東 3508-7382 当4
河野太郎 自[麻] 神奈川15区 3508-7006 当9	1103	EV	1122	伊藤俊輔 立 比 東京 3508-7150 当2
阿部弘樹 維 比 九州 3508-7480 当1	1102	WC(男) WC(女)	1123	鈴木 敦 国 比 南関東 3508-7286 当1
谷川弥一 自[安] 長崎3区 3508-7014 当7	1101		1124	西岡秀子 国 長崎1区 3508-7343 当2

国会議事堂側

㊟会館

衆議院第2議員会館12階

議員	室	中央	室	議員
武藤容治 自[麻] 岐阜3区 3508-7482 当5	1212		1213	根本匠 自[岸] 福島2区 3508-7312 当9
塩谷立 自[安] 比 東海 3508-7632 当10	1211	喫煙室	1214	防災備蓄室
今村雅弘 自[二] 比 九州 3508-7610 当9	1210	WC(男) WC(女)	1215	鈴木隼人 自[茂] 東京10区 3508-7463 当3
岩屋毅 自[麻] 大分3区 3508-7510 当9	1209		1216	井坂信彦 立 兵庫1区 3508-7082 当3
髙階恵美子 自[安] 比 中国 3508-7518 当1	1208	EVホール	1217	柚木道義 立 比 中国 3508-7301 当6
江藤拓 自[無] 宮崎2区 3508-7468 当7	1207		1218	議員会議室 (自民)
中根一幸 自[安] 比 北関東 3508-7458 当5	1206		1219	本庄知史 立 千葉8区 3508-7519 当1
萩生田光一 自[安] 東京24区 3508-7154 当6	1205	EVホール	1220	細田健一 自[安] 新潟2区 3508-7278 当4
津島淳 自[茂] 比 東北 3508-7073 当4	1204		1221	坂本祐之輔 立 比 北関東 3508-7449 当3
市村浩一郎 維 兵庫6区 3508-7165 当4	1203	EV	1222	中谷元 自[無] 高知1区 3508-7486 当11
空本誠喜 維 比 中国 3508-7451 当2	1202	WC(男) WC(女)	1223	竹内譲 公 比 近畿 3508-7473 当6
尾身朝子 自[安] 比 北関東 3508-7484 当3	1201		1224	庄子賢一 公 比 東北 3508-7474 当1

国会議事堂側

衆議院議員写真・略歴・宿所一覧

第49回総選挙（小選挙区比例代表並立制）
（令和3年10月31日施行／令和7年10月30日満了）

議　長	細田博之（ほそだ ひろゆき）	秘書	椎名　雄一 石川　真一	☎3581-1461
副議長	海江田万里（かいえだ ばんり）	秘書	清家　弘司 落合　友子	☎3423-0311

勤続年数は**令和5年8月末現在**です。

北海道１区　450,946　㊙59.13

札幌市（中央区、北区の一部（P169参照）、南区、西区の一部（P169参照））

当118,286	道下大樹	立前（45.3）
比106,985	船橋利実	自前（41.0）
比35,652	小林　悟	維新（13.7）

道下大樹（みちした だいき）　**立前**　当2
北海道新得町　S50・12・24
勤6年　（初／平29）

総務委、財金委、沖北特委理事、党税制調査会事務局長、北海道議、道議会民進党政審会長、衆議院議員秘書、中央大／47歳

〒060-0042　札幌市中央区大通西5丁目昭和ビル5F　☎011（233）2331

北海道２区　460,828　㊙52.60

札幌市（北区（1区に属しない区域）（P169参照）、東区）

当105,807	松木謙公	立前（44.7）
比89,745	高橋祐介	自新（37.9）
比41,076	山崎　泉	維新（17.4）

松木けんこう（まつき）　**立前**　当6
北海道札幌市　S34・2・22
勤14年5ヵ月　（初／平15）

沖北特委員長、環境委、政倫審、党選対委員長代理、新党大地幹事長、農水大臣政務官、官房長官・労働大臣秘書、青山学院大学／64歳

〒001-0908　札幌市北区新琴似8条9丁目2-1　☎011（769）7770
〒168-0063　杉並区和泉3-31-12

北海道３区　474,944　㊙56.24

札幌市（白石区、豊平区、清田区）

当116,917	高木宏寿	自元（44.7）
比当112,535	荒井　優	立新（43.0）
比32,340	小和田康文	維新（12.4）

高木宏壽（たかぎ ひろひさ）　**自元**［二］　当3
北海道札幌市　S35・4・9
勤6年9ヵ月　（初／平24）

厚労委理、決算行監委、沖北特委、原子力特委、党生活安全関係団体委員長、党内閣第一部会長代理、道議、慶大法／63歳

〒062-0020　札幌市豊平区月寒中央通5-1-12　☎011（852）4764
〒100-8982　千代田区永田町2-1-2、会館　☎03（3508）7636

北海道4区 363,778 投61.14

当109,326 中村裕之 自前(50.2)
比当108,630 大築紅葉 立新(49.8)

札幌市(西区(1区に属しない区域)(P169参照)、手稲区)、小樽市、後志総合振興局管内

なかむらひろゆき
中村裕之
自前[麻] 当4
北海道 S36・2・23
勤10年10ヵ月 (初/平24)

文科委理、国交委、党文科部会長、農水副大臣、文科大臣政務官、国土・建設関係団体委員長、道議、道PTA連会長、JC、道庁、北海学園大/62歳

〒047-0024 小樽市花園1-4-19 ☎0134(21)5770
〒107-0052 港区赤坂2-17-10、宿舎 ☎03(5549)4671

北海道5区 467,864 投60.22

当139,950 和田義明 自前(50.6)
比111,366 池田真紀 立前(40.3)
16,758 橋本美香 共新(6.1)
8,520 大津伸太郎 無新(3.1)

札幌市(厚別区)、江別市、千歳市、恵庭市、北広島市、石狩市、石狩振興局管内

わだよしあき
和田義明
自前[安] 当3
大阪府池田市 S46・10・10
勤7年6ヵ月 (初/平28補)

内閣府副大臣、党遊説局長、党国防副部会長、党総務、内閣府大臣政務官、外交副部会長、三菱商事、早大/51歳

〒004-0053 札幌市厚別区厚別中央3条5丁目8-20 ☎011(896)5505
〒100-8981 千代田区永田町2-2-1、会館 ☎03(3508)7117

北海道6区 415,008 投56.86

当128,670 東国幹 自新(55.5)
比93,403 西川将人 立新(40.3)
比9,776 斉藤忠行 N新(4.2)

旭川市、士別市、名寄市、富良野市、上川総合振興局管内

あずまくによし
東　国幹
自新[茂] 当1
北海道名寄市 S43・2・17
勤1年11ヵ月 (初/令3)

農水委、法務委、災害特委、党総務、党地方組織・議員総局次長、道議会議員、旭川市議、衆院議員秘書、東海大学/55歳

〒079-8412 旭川市永山2条4丁目2-19 ☎0166(40)2223
〒107-0052 港区赤坂2-17-10、宿舎

北海道7区 253,134 投56.19

当80,797 伊東良孝 自前(58.0)
比45,563 篠田奈保子 立新(32.7)
12,913 石川明美 共新(9.3)

釧路市、根室市、釧路総合振興局管内、根室振興局管内

いとうよしたか
伊東良孝
自前[二] 当5
北海道 S23・11・24
勤14年2ヵ月 (初/平21)

衆議運委理事、党国対副委員長、党畜酪委員長、北海道総合開発特委員長、地方創生特委長、農水副大臣(2回目)、水産部会長、農水委員長、副幹事長、沖北特委筆頭理、財務政務官、釧路市長、道議、市議、道教育大/74歳

〒085-0021 釧路市浪花町13-2-1 ☎0154(25)5500
〒100-8981 千代田区永田町2-2-1、会館 ☎03(3508)7170

北海道8区 361,180 ㊎60.08

当112,857 逢坂誠二 立前(52.7)
比101,379 前田一男 自元(47.3)

函館市、北斗市、渡島総合振興局管内、檜山振興局管内

おおさか せいじ
逢坂誠二

立前 当5
北海道ニセコ町 S34・4・24
勤16年1ヵ月 (初/平17)

予算委野党筆頭理事、原子力特委、党代表代行、道連代表、総理補佐官、総務大臣政務官、ニセコ町長、薬剤師、行政書士、北大/64歳

〒040-0073 函館市宮前町8-4 ☎0138(41)7773
〒100-8982 千代田区永田町2-1-2、会館 ☎03(3508)7517

北海道9区 381,776 ㊎58.92

当113,512 山岡達丸 立前(51.5)
比当106,842 堀井学 自前(48.5)

室蘭市、苫小牧市、登別市、伊達市、胆振総合振興局管内、日高振興局管内

やまおか たつまる
山岡達丸

立前 当3(初/平21)
東京都 S54・7・22
勤9年4ヵ月

経産委、党副幹事長(総務局長兼務)、ハラスメント対策委員、NHK記者、慶大経/44歳

〒053-0021 北海道苫小牧市若草町1丁目1-24 ☎0144(37)5800
〒100-8981 千代田区永田町2-2-1、会館 ☎03(3508)7306

北海道10区 284,648 ㊎64.80

当96,843 稲津久 公前(53.9)
比当82,718 神谷裕 立前(46.1)

夕張市、岩見沢市、留萌市、美唄市、芦別市、赤平市、三笠市、滝川市、砂川市、歌志内市、深川市、空知総合振興局管内、留萌振興局管内

いなつ ひさし
稲津久

公前 当5
北海道芦別市 S33・2・9
勤14年2ヵ月 (初/平21)

党幹事長代理、中央幹事、政調副会長、北海道本部代表、元厚生労働副大臣、元農水政務官、元道議、専修大/65歳

〒068-0024 岩見沢市4条西2-4-2 ☎0126(22)8511
〒107-0052 港区赤坂2-17-10、宿舎

北海道11区 283,874 ㊎63.51

当91,538 石川香織 立前(51.8)
比当85,336 中川郁子 自元(48.2)

帯広市、十勝総合振興局管内

いしかわ かおり
石川香織

立前 当2
神奈川県 S59・5・10
勤6年 (初/平29)

総務委理、消費者特委、党副幹事長、前党青年局長、元日本BS11アナウンサー、聖心女子大/39歳

〒080-0028 帯広市西18条南5丁目47-5 ☎0155(67)7730
〒107-0052 港区赤坂2-17-10、宿舎

北海道12区 286,186 投 59.82

北見市、網走市、稚内市、紋別市、宗谷総合振興局管内、オホーツク総合振興局管内

当97,634	武　部　　新	自前	(58.4)
比55,321	川原田英世	立新	(33.1)
14,140	菅　原　　誠	共新	(8.5)

たけ　べ　　あらた
武 部　新　自 前［二］　当4
北海道　S45・7・20
勤10年10ヵ月（初／平24）

党農林部会長、農水委理、沖北特委、農林水産副大臣、衆院議事進行係、過疎対策特委事務局長代理、環境兼内閣府大臣政務官、早大法、シカゴ大院／53歳

〒090-0833　北見市とん田東町603-1　☎0157(61)7711

比例代表　北海道　8人　北海道

すず　き　たか　こ
鈴 木 貴 子　自 前［茂］　当4
北海道帯広市　S61・1・5
勤10年4ヵ月（初／平25補）

自民党副幹事長、前外務副大臣、元防衛大臣政務官、元NHK長野放送局番組制作ディレクター、カナダオンタリオ州トレント大学／37歳

〒085-0018　釧路市黒金町7-1-1
クロガネビル3F　☎0154(24)2522

わた　なべ　こう　いち
渡 辺 孝 一　自 前［岸］　当4
北海道　S32・11・25
勤10年10ヵ月（初／平24）

農水委理、総務委、憲法審、党内閣第一部会長代理、総務大臣政務官、防衛大臣政務官、岩見沢市長、歯科医、東日本学園大／65歳

〒068-0004　岩見沢市4条東1-7-1
北商4-1ビル1F　☎0126(25)1188
〒107-0052　港区赤坂2-17-10、宿舎

ほり　い　　まなぶ
堀 井　学　自 前［安］　当4(初／平24)
北海道室蘭市　S47・2・19
勤10年10ヵ月〈北海道9区〉

予算委理事、経産委、沖北特委理事、党文科部会長代理、外務大臣政務官、道議、王子製紙、専修大商／51歳

〒059-0012　登別市中央町5-14-1　☎0143(88)2811
〒107-0052　港区赤坂2-17-10、宿舎　☎03(5549)4671

なか　がわ　ゆう　こ
中 川 郁 子　自 元［麻］　当3(初／平24)
新潟県　S33・12・22
勤6年9ヵ月〈北海道11区〉

外務委理、拉致特委理、党外交部会長代理、水産総合調査会副会長、農林水産大臣政務官、三菱商事、聖心女子大学／64歳

〒080-0802　帯広市東2条南13丁目18　☎0155(27)2611

おおつき紅葉（くれは）

立 新　当1(初/令3)
北海道小樽市　S58・10・16
勤1年11ヵ月　〈北海道4区〉

懲罰委理、総務委、党国対副委員長、党政調会長補佐、フジテレビ政治部記者、英国バーミンガムシティ大／39歳

〒047-0024　小樽市花園2-6-7
プラムビル5F　☎0134(61)7366

荒井　優（あらい ゆたか）

立 新　当1(初/令3)
北海道　S50・2・28
勤1年11ヵ月　〈北海道3区〉

文科委、復興特委、党代表政務室副室長・政調会長補佐、人材局長、ソフトバンク(株)社長室、高校校長、早大／48歳

〒062-0933　札幌市豊平区平岸3条10-1-29 酒井ビル　☎011(826)3021
〒107-0052　港区赤坂2-17-10、宿舎　☎03(5549)6471

神谷　裕（かみや ひろし）

立 前　当2(初/平29)
東京都豊島区　S43・8・10
勤6年　〈北海道10区〉

総務委、沖北特委筆頭理事、参院議員秘書、衆院議員秘書、国務大臣秘書官、日鰹連職員、帝京大／55歳

〒068-0024　北海道岩見沢市4条西4丁目12　☎0126(22)1100

佐藤英道（さとう ひでみち）

公 前　当4
宮城県名取市　S35・9・26
勤10年10ヵ月　(初/平24)

厚労委理、党厚生労働部会長、厚生労働・内閣府副大臣、議運委理事、農水政務官、党団体渉外委員長、中央幹事、国交部会長、創大院／62歳

〒060-0001　札幌市中央区北1条西19丁目
緒方ビル4F　☎011(688)5450
〒100-8982　千代田区永田町2-1-2、会館　☎03(3508)7457

比例代表　北海道　8人

有効投票数　2,569,130票

政党名	当選者数	得票数	得票率
	惜敗率 小選挙区		惜敗率 小選挙区
自民党	4人	863,300票	33.60%

当①鈴木　貴子 前
当②渡辺　孝一 前
当③堀井　　学 前(94.12) 北9
当③中川　郁子 元(93.22) 北11
③船橋　利実 前(90.45) 北1
③前田　一男 元(89.8) 北8
③高橋　祐介 新(84.8) 北2
⑭鶴羽　佳子 新
⑮長友　隆典 新

【小選挙区での当選者】
③高木　宏寿 元　北3
③中村　裕之 前　北4
③和田　義明 前　北5
③東　　国幹 新　北6
③伊東　良孝 前　北7
③武部　　新 前　北12

立憲民主党　3人　682,912票　26.58%

当①大築　紅葉 新(99.36) 北４
当①荒井　　優 新(96.25) 北３
当①神谷　　裕 前(85.41) 北10
　①池田　真紀 前(79.58) 北５
　①西川　将人 新(72.59) 北６
　①川原田英世 新(56.66) 北12
　①篠田奈保子 新(56.39) 北７
　⑬原谷　那美 新
　⑭秋元　恭兵 新
　⑮田中　勝一 新

【小選挙区での当選者】
①道下　大樹 前　北１
①松木　謙公 前　北２
①逢坂　誠二 前　北８
①山岡　達丸 前　北９
①石川　香織 前　北11

公 明 党　1人　294,371票　11.46%

当①佐藤　英道 前　　②荒瀬　正昭 前

その他の政党の得票数・得票率は下記のとおりです。
(当選者はいません)

政党名	得票数	得票率
日本維新の会	215,344票	8.38%
共産党	207,189票	8.06%
れいわ新選組	102,086票	3.97%
国民民主党	73,621票	2.87%
支持政党なし	46,142票	1.80%
NHKと裁判してる党弁護士法72条違反で	42,916票	1.67%
社民党	41,248票	1.61%

青森県１区　342,174　㊙ 51.84

青森市、むつ市、東津軽郡、上北郡(野辺地町、横浜町、六ヶ所村)、下北郡

当91,011　江 渡 聡 徳　自前(52.4)
比64,870　升田世喜男　立元(37.4)
17,783　斎 藤 美 緒　共新(10.2)

えとあきのり
江 渡 聡 徳　自 前［麻］　当8
青森県十和田市 S30・10・12
勤23年8ヵ月 (初／平8)

拉致特委理、安保委、原子力特委、党総務会長代行、防衛大臣、安保委員長、防衛副大臣、短大講師、日大院／67歳

〒030-0812 青森市堤町1-3-12　☎017(718)8820
〒107-0052 港区赤坂2-17-10、宿舎

青森県２区　389,510　㊙ 53.56

八戸市、十和田市、三沢市、上北郡(七戸町、六戸町、東北町、おいらせ町)、三戸郡

当126,137　神 田 潤 一　自新(61.5)
比65,909　高 畑 紀 子　立新(32.1)
12,966　田 端 深 雪　共新(6.3)

かんだじゅんいち
神 田 潤 一　自 新［岸］　当1
青森県八戸市 S45・9・27
勤1年11ヵ月 (初／令3)

財金委、農水委、倫選特委、原子力特委、日本銀行職員、金融庁出向、日本生命出向、マネーフォワード執行役員、東大経、イェール大学院／52歳

〒031-0081 八戸市柏崎1-1-1　☎0178(51)8866

青森県３区 347,625 投 53.29

当118,230 木村次郎 自前(65.0)
比63,796 山内　崇 立新(35.0)

弘前市、黒石市、五所川原市、つがる市、平川市、西津軽郡、中津軽郡、南津軽郡、北津軽郡

木村次郎（きむら じろう）

自前［安］ 当2
青森県藤崎町 S42・12・16
勤6年 (初／平29)

防衛大臣政務官兼内閣府大臣政務官、安保委、国土交通大臣政務官、党国防副部会長、女性局次長、青森県職員、中央大／55歳

〒036-8191 青森県弘前市親方町43-3F ☎0172(36)8332
〒107-0052 港区赤坂2-17-10、宿舎 ☎03(5549)4671

岩手県１区 293,290 投 58.81

当87,017 階　猛 立前(51.2)
比62,666 高橋比奈子 自前(36.9)
20,300 吉田恭子 共新(11.9)

盛岡市、紫波郡

階　猛（しな たけし）

立前 当6
岩手県盛岡市 S41・10・7
勤16年3ヵ月 (初／平19補)

憲法審査会幹事、財金委、党「次の内閣」財務金融大臣、総務大臣政務官、民進党政調会長、弁護士、銀行員、東大法／56歳

〒020-0021 盛岡市中央通3-3-2 菱和ビル6F ☎019(654)7111
〒107-0052 港区赤坂2-17-10、宿舎

岩手県２区 369,175 投 60.28

当149,168 鈴木俊一 自前(68.0)
比66,689 大林正英 立新(30.4)
3,548 荒川順子 N新(1.6)

宮古市、大船渡市、久慈市、遠野市、陸前高田市、釜石市、二戸市、八幡平市、滝沢市、岩手郡、気仙郡、上閉伊郡、下閉伊郡、九戸郡、二戸郡

鈴木俊一（すずき しゅんいち）

自前［麻］ 当10
岩手県 S28・4・13
勤30年5ヵ月 (初／平2)

財務・金融担当大臣、党総務会長、東京オリパラ大臣、環境大臣、外務副大臣、衆外務・厚労・復興特委員長、早大／70歳

〒020-0668 岩手県滝沢市鵜飼狐洞1-432 ☎019(687)5525
〒100-8981 千代田区永田町2-2-1、会館 ☎03(3508)7267

岩手県３区 377,117 投 61.71

当118,734 藤原　崇 自前(52.1)
比当109,362 小沢一郎 立前(47.9)

花巻市、北上市、一関市、奥州市、和賀郡、胆沢郡、西磐井郡

藤原　崇（ふじわら たかし）

自前［安］ 当4(初／平24)
岩手県西和賀町 S58・8・2
勤10年10ヵ月

法務委理事、財金委、復興特委、党青年局長代理、財務大臣政務官、内閣府兼復興大臣政務官、明治学院大学法科大学院修了／40歳

〒024-0091 岩手県北上市大曲町2-24 ☎0197(72)6056
〒100-8982 千代田区永田町2-1-2、会館 ☎03(3508)7207

宮城県1区　439,697 投54.60

仙台市（青葉区、太白区（本庁管内））

当101,964	土井　亨	自前	(43.4)
比当96,649	岡本章子	立前	(41.2)
23,033	春藤沙弥香	維新	(9.8)
13,174	大草芳江	無新	(5.6)

土井　亨（どい　とおる）

自前［安］　当5
宮城県　S33・8・12
勤14年9ヵ月（初／平17）

国交委、党所有者不明土地等に関する特別委員長、党情報調査局長、国交副大臣、復興副大臣、国交政務官、党国対副委長、党財金部会長、副幹事長、県議3期、東北学院大／65歳

〒980-0011　仙台市青葉区上杉1-1-30-102　☎022（262）7223

宮城県2区　455,409 投53.62

仙台市（宮城野区、若林区、泉区）

当116,320	鎌田さゆり	立元	(49.0)
比当115,749	秋葉賢也	自前	(48.7)
比5,521	林マリアゆき	N新	(2.3)

鎌田さゆり（かまた　さゆり）

立元　当3
宮城県　S40・1・8
勤6年6ヵ月（初／平12）

法務委次席理事、震災復興特委、党災害・緊急事態局東北ブロック副局長、党政調副会長、東北学院大学／58歳

〒981-3133　仙台市泉区泉中央1-34-6-2F　☎022（771）5022
〒100-8981　千代田区永田町2-2-1、会館　☎03（3508）7204

宮城県3区　286,936 投57.71

仙台市（太白区（秋保総合支所管内（秋保町湯向、秋保町境野、秋保町長袋、秋保町馬場、秋保町湯元））、白石市、名取市、角田市、岩沼市、刈田郡、柴田郡、伊具郡、亘理郡

当96,210	西村明宏	自前	(59.3)
比60,237	大野園子	立新	(37.1)
5,890	浅田晃司	無新	(3.6)

西村明宏（にしむら　あきひろ）

自前［安］　当6
福岡県北九州市　S35・7・16
勤16年7ヵ月（初／平15）

環境大臣、内閣府特命担当大臣、内閣官房副長官、国交・内閣府・復興副大臣、国交委長、党筆頭副幹事長、党団体総局長、地方組織議員総局長、経産・国交部会長、早大院／63歳

〒981-1231　宮城県名取市手倉田字諏訪609-1　☎022（384）4757
〒100-8982　千代田区永田町2-1-2、会館　☎03（3508）7906

宮城県4区　237,478 投57.15

塩竈市、多賀城市、富谷市、宮城郡（七ヶ浜町、利府町）、黒川郡（大和町、大衡村）、加美郡

当74,721	伊藤信太郎	自前	(56.5)
比30,047	舩山由美	共新	(22.7)
比当27,451	早坂　敦	維新	(20.8)

伊藤信太郎（いとう　しんたろう）

自前［麻］　当7
東京都港区　S28・5・6
勤18年8ヵ月（初／平13補）

憲法審査会幹事、外務委、復興特委、党国際局長、外務副大臣、慶大院、ハーバード大院／70歳

〒985-0021　宮城県塩釜市尾島町24-20　☎022（367）8687
〒100-8982　千代田区永田町2-1-2、会館　☎03（3508）7091

宮城県5区 252,373 投 57.34

当81,033 安 住 淳 立前(56.9)
比64,410 森 下 千 里 自新(43.1)

石巻市、東松島市、大崎市(松山・三本木・鹿島台・田尻総合支所管内)、宮城郡(松島町)、黒川郡(大郷町)、遠田郡、牡鹿郡、本吉郡

安住 淳(あずみ じゅん)

立前 当9
宮城県 S37・1・17
勤27年1ヵ月 (初/平8)

党国対委員長、懲罰委長、民進党国対委員長、財務大臣、政府税調会長、防衛副大臣、衆安保委員長、党幹事長代行、NHK記者、早大/61歳

〒986-0814 石巻市南中里4-1-18 ☎0225(23)2881
〒100-8981 千代田区永田町2-2-1、会館 ☎03(3508)7293

宮城県6区 253,730 投 57.38

当119,555 小野寺五典 自前(83.2)
24,072 内 藤 隆 司 共新(16.8)

気仙沼市、登米市、栗原市、大崎市(第5区に属しない区域)

小野寺五典(おのでら いつのり)

自前[岸] 当8
宮城県気仙沼市 S35・5・5
勤21年11ヵ月 (初/平9補)

情報監視審査会長、党安全保障調査会長、防衛大臣、党政調会長代理、外務副大臣、外務大臣政務官、東北福祉大客員教授、県職員、松下政経塾、東大院/63歳

〒987-0511 登米市迫町佐沼字中江1-10-4 中江第一ビル2F. 1号 ☎0220(22)6354
〒107-0052 港区赤坂2-17-10、宿舎

秋田県1区 261,956 投 58.18

当77,960 冨 樫 博 之 自前(51.9)
比当72,366 寺 田 学 立前(48.1)

秋田市

冨樫博之(とがし ひろゆき)

自前[無] 当4
秋田県秋田市 S30・4・27
勤10年10ヵ月 (初/平24)

経産委、国交委、倫選特委理、党経産部会長代理、商工・中小企業団体委員長、復興副大臣、総務大臣政務官、秋田県議会議長、衆院秘書、秋田経済大/68歳

〒010-1427 秋田市仁井田新田3-13-20 ☎018(839)5601
〒107-0052 港区赤坂2-17-10、宿舎

秋田県2区 258,568 投 61.23

当81,845 緑 川 貴 士 立前(52.5)
比当73,945 金 田 勝 年 自前(47.5)

能代市、大館市、男鹿市、鹿角市、潟上市、北秋田市、鹿角郡、北秋田郡、山本郡、南秋田郡

緑川貴士(みどりかわ たかし)

立前 当2(初/平29)
埼玉県 S60・1・10
勤6年

地・こ・デジ特委、農水委理事、党秋田県連代表、秋田朝日放送アナウンサー、早大/38歳

〒017-0897 秋田県大館市三ノ丸92 ☎0186(57)8614
〒100-8982 千代田区永田町2-1-2、会館 ☎03(3508)7002

秋田県3区 320,409 投55.89

当134,734 御法川信英 自前(77.9)
38,118 杉山 彰 共新(22.1)

横手市、湯沢市、由利本荘市、大仙市、にかほ市、仙北市、仙北郡、雄勝郡

みのりかわのぶひで
御法川信英 自前[無] 当6
秋田県 S39・5・25
勤16年7ヵ月 (初/平15)

党国対委員長代理、国家基本委理、議運委筆頭理事、国土交通・内閣府・復興副大臣、財務副大臣、外務政務官、コロンビア大院、慶大/59歳

〒014-0046 秋田県大仙市大曲田町20-32 ☎0187(63)5835
〒107-0052 港区赤坂2-17-10、宿舎

山形県1区 303,982 投61.59

当110,688 遠藤利明 自前(60.0)
比73,872 原田和広 立新(40.0)

山形市、上山市、天童市、東村山郡

えんどうとしあき
遠藤利明 自前[無] 当9
山形県上山市 S25・1・17
勤26年11ヵ月 (初/平5)

党総務会長、党選対委員長、東京オリンピック・パラリンピック大臣、党幹事長代理、文科副大臣、建設政務次官、中大法/73歳

〒990-2481 山形市あかねヶ丘2-1-6 ☎023(646)6888
〒107-0052 港区赤坂2-17-10、宿舎 ☎03(5549)4671

山形県2区 313,967 投65.71

当125,992 鈴木憲和 自前(61.8)
比77,742 加藤健一 国新(38.2)

米沢市、寒河江市、村山市、長井市、東根市、尾花沢市、南陽市、西村山郡、北村山郡、東置賜郡、西置賜郡

すずきのりかず
鈴木憲和 自前[茂] 当4
山形県南陽市 S57・1・30
勤10年10ヵ月 (初/平24)

党青年局長、決算行監委、安保委、倫選特委、外務大臣政務官、党外交部会長代理、党農林部会長代理、農水省、東大法/41歳

〒992-0012 米沢市金池2-1-11 ☎0238(26)4260
〒100-8981 千代田区永田町2-2-1、会館 ☎03(3508)7318

山形県3区 287,642 投65.74

当108,558 加藤鮎子 自前(58.1)
66,320 阿部ひとみ 無新(35.5)
12,100 梅木 威 共新(6.5)

鶴岡市、酒田市、新庄市、最上郡、東田川郡、飽海郡

かとうあゆこ
加藤鮎子 自前[無] 当3
山形県鶴岡市 S54・4・19
勤8年10ヵ月 (初/平26)

国交委理事、決算行監委、拉致特委、党厚労部会長代理、国土交通大臣政務官、環境兼内閣府大臣政務官、コロンビア大院、慶大/44歳

〒997-0026 鶴岡市大東町17-23(自宅) ☎0235(22)0376
〒107-0052 港区赤坂2-17-10、宿舎

福島県1区 404,405 投60.61

当123,620 金子恵美 立前(51.1)
比当118,074 亀岡偉民 自前(48.9)

福島市、相馬市、南相馬市、伊達市、伊達郡、相馬郡

かねこえみ
金子恵美 立前 当3(初/平26)[※1]
福島県保原町(現伊達市) S40・7・7
勤14年11ヵ月(参6年1ヵ月)

党会計監査、党「次の内閣」ネクスト農水大臣、党震災復興本部事務局長、復興特委、農水委、県連代表、内閣府政務官兼復興政務官、参議員、福島大院/58歳

〒960-8253 福島市泉字泉川34-1 ☎024(573)0520
〒100-8982 千代田区永田町2-1-2、会館 ☎03(3508)7476

福島県2区 347,250 投55.06

当102,638 根本 匠 自前(54.6)
比当85,501 馬場雄基 立新(45.4)

郡山市、二本松市、本宮市、安達郡

ねもと たくみ
根本 匠 自前[岸] 当9
福島県 S26・3・7
勤27年 (初/平5)

予算委員長、党中小企業調査会長、厚労大臣、党金融調査会長、復興大臣、総理補佐官、党憲法本部事務総長、経産委長、内閣府副大臣、厚生政務次官、建設省、東大/72歳

〒963-8012 郡山市咲田1-2-1-103 ☎024(932)6662
〒100-8982 千代田区永田町2-1-2、会館 ☎03(3508)7312

福島県3区 264,121 投64.05

当90,457 玄葉光一郎 立前(54.2)
比当76,302 上杉謙太郎 自前(45.8)

白河市、須賀川市、田村市、岩瀬郡、西白河郡(泉崎村、中島村、矢吹町)、東白川郡、石川郡、田村郡

げんばこういちろう
玄葉光一郎 立前 当10
福島県田村市 S39・5・20
勤30年4ヵ月 (初/平5)

安保委、復興特委、決算行監委長、外相、国家戦略担当・内閣府特命担当大臣、民主党政調会長、選対委長、県議、上智大/59歳

〒962-0832 須賀川市本町3-2 ☎0248(72)7990
〒100-8981 千代田区永田町2-2-1、会館 ☎03(3508)7252

福島県4区 237,353 投64.68

当76,683 小熊慎司 立前(51.0)
比当73,784 菅家一郎 自前(49.0)

会津若松市、喜多方市、南会津郡、耶麻郡、河沼郡、大沼郡、西白河郡(西郷村)

おぐましんじ
小熊慎司 立前 当4(初/平24)[※2]
福島県 S43・6・16
勤13年4ヵ月(参2年6ヵ月)

国交委、復興特委理、党政調副会長、参院議員、福島県議、会津若松市議、専大法学部/55歳

〒965-0835 会津若松市館馬町2-14 ニューパークハイツ1F ☎0242(38)3565
〒100-8981 千代田区永田町2-2-1、会館 ☎03(3508)7138

※1 平19参院初当選 ※2 平22参院初当選

福島県5区 320,273 ㊗48.00

当93,325 吉野正芳 自前(62.7)
55,619 熊谷　智 共新(37.3)

いわき市、双葉郡

よしの まさよし
吉野正芳

自前[安] 当8
福島県いわき市 S23・8・8
勤23年4ヵ月 (初/平12)

党復興本部長代理、復興大臣、政倫審会長、農林水産委・震災復興特委・原子力特委・環境委各委員長、環境副大臣、文科政務官、早大／75歳

〒970-8026 いわき市平尼子町2-26NKビル ☎0246(21)4747
〒107-0052 港区赤坂2-17-10、宿舎

比例代表 東北 13人

青森、岩手、宮城、秋田、山形、福島

つしま じゅん
津島　淳

自前[茂] 当4
東京都 S41・10・18
勤10年10ヵ月 (初/平24)

国交委理事、財金委、党国交部会長、法務副大臣、国交兼内閣府政務官、党国交・財金部会長代理、学習院大／56歳

〒038-0031 青森市三内字丸山381 ☎017(718)3726
〒100-8982 千代田区永田町2-1-2、会館 ☎03(3508)7073

あきば けんや
秋葉賢也

自前[茂] 当7(初/平17)
宮城県 S37・7・3
勤18年6ヵ月 〈宮城2区〉

厚労委、決算行監委、前復興大臣、党情報調査局長、元内閣総理大臣補佐官、環境委長、厚労・復興副大臣、総務大臣政務官、松下政経塾、中大法、東北大院法／61歳

〒981-3121 仙台市泉区上谷刈4-17-16 ☎022(375)4477
〒100-8981 千代田区永田町2-2-1、会館 ☎03(3508)7392

かんけ いちろう
菅家一郎

自前[安] 当4(初/平24)
福島県 S30・5・20
勤10年10ヵ月 〈福島4区〉

環境委理、党国交部会長代理、復興副大臣、環境大臣政務官兼内閣府大臣政務官、会津若松市長、県議、市議、会社役員、早大／68歳

〒965-0872 会津若松市東栄町5-19 ☎0242(27)9439

かめおか よしたみ
亀岡偉民

自前[安] 当5(初/平17)
福島県 S30・9・10
勤14年9ヵ月 〈福島1区〉

予算委、拉致特委、懲罰委、党総裁補佐兼副幹事長、復興副大臣、文科兼内閣府副大臣、衆文科委員長、農相秘書、早大教育(野球部)／67歳

〒960-8055 福島市野田町5-6-25 ☎024(533)3131
〒100-8981 千代田区永田町2-2-1、会館 ☎03(3508)7148

㊗略歴 福島・比例東北

かね だ かつ とし
金田勝年
自 前［二］ 当5(初/平21)※
秋田県 S24・10・4
勤26年4ヵ月(参12年2ヵ月)〈秋田2区〉

予算委、災害特委、党選対委員長代行、予算委員長、法務大臣、財務金融委員長、外務副大臣、農林水産政務次官、大蔵主計官、一橋大／73歳

〒016-0843 能代市中和1-16-2 ☎0185(54)3000
〒107-0052 港区赤坂2-17-10、宿舎 ☎03(5549)4671

うえ すぎ けん た ろう
上杉謙太郎
自 前［安］ 当2(初/平29)
神奈川県 S50・4・20
勤6年 〈福島3区〉

外務委、文科委、消費者特委、震災復興特委、外務大臣政務官、議員秘書、県3区支部長、早大／48歳

〒961-0075 白河市会津町93 県南会津ビル ☎0248(21)9477

おか もと こ
岡本あき子
立 前 当2(初/平29)
宮城県 S39・8・16
勤6年 〈宮城1区〉

総務委、復興特委理、党政調副会長、子ども若者応援本部事務局長、党ジェンダー平等推進本部事務局長、仙台市議、NTT、東北大／59歳

〒982-0011 仙台市太白区長町4-4-29 ☎022(395)4781
〒100-8981 千代田区永田町2-2-1、会館 ☎03(3508)7064

てら た まなぶ
寺田 学
立 前 当6(初/平15)
秋田県横手市 S51・9・20
勤17年11ヵ月 〈秋田1区〉

法務委筆頭理事、党代議士会長、内閣総理大臣補佐官、三菱商事社員、中央大／46歳

〒010-1424 秋田市御野場1-1-9 ☎018(827)7515
〒100-8981 千代田区永田町2-2-1、会館 ☎03(3508)7464

お ざわ いち ろう
小沢一郎
立 前 当18(初/昭44)
岩手県旧水沢市 S17・5・24
勤54年 〈岩手3区〉

自由党代表、生活の党代表、国民の生活が第一代表、民主党代表、自由党党首、新進党党首、自民党幹事長、官房副長官、自治相、慶大／81歳

〒023-0814 奥州市水沢袋町2-38 ☎0197(24)3851
〒100-8981 千代田区永田町2-2-1、会館 ☎03(3508)7175

ば ば ゆう き
馬場雄基
立 新 当1(初/令3)
福島県 H4・10・15
勤1年11ヵ月 〈福島2区〉

経産委、環境委、震災復興特委、三井住友信託銀行、松下政経塾、コミュニティ施設事業統括、慶大法／30歳

〒963-8052 福島県郡山市八山田5-214 サルーテⅡ103 ☎024(953)8109
〒100-8982 千代田区永田町2-1-2、会館 ☎03(3508)7631

※平7参院初当選

しょうじ けんいち
庄子賢一

公新 当1
宮城県仙台市 S38・2・8
勤1年11ヵ月 (初/令3)

党中央幹事、党東北方面本部長、農水委理、予算委、復興特委理、宮城県議会議員5期、広告代理店、東北学院大／60歳

〒983-0852 仙台市宮城野区榴岡4-5-24-502 ☎022(290)3770
〒100-8982 千代田区永田町2-1-2、会館 ☎03(3508)7474

たかはしちづこ
高橋千鶴子

共前 当7
秋田県 S34・9・16
勤19年11ヵ月 (初/平15)

党衆議院議員団長、障害者の権利委員会責任者、党国交部会長、党常任幹部会委員、復興特委、地・こ・デジ特委、弘前大／63歳

〒980-0021 仙台市青葉区中央4-3-28 朝市ビル4F ☎022(223)7572
〒107-0052 港区赤坂2-17-10、宿舎 ☎03(5549)4671

はやさか あつし
早坂 敦

維新 当1(初/令3)
宮城県 S46・3・11
勤1年11ヵ月 〈宮城4区〉

文科委、復興特委理、会社役員、児童指導員、仙台市議、東北高校／52歳

〒981-3304 宮城県富谷市ひより台2-31-1-202 ☎022(344)6115
〒107-0052 港区赤坂2-17-10、宿舎

比例代表 東北 13人 有効投票数 4,120,670票

政党名	当選者数	得票数	得票率
	惜敗率 小選挙区		惜敗率 小選挙区

自民党 6人 1,628,233票 39.51%

当①津島 淳 前
当②秋葉 賢也 前(99.51) 宮2
当②菅家 一郎 前(96.22) 福4
当②亀岡 偉民 前(95.51) 福1
当②金田 勝年 前(90.38) 秋2
当②上杉謙太郎 前(84.35) 福3
②森下 千里 新(75.78) 宮5
②高橋比奈子 前(72.02) 岩1
㉔前川 恵 元
㉕入野田 博 新
【小選挙区での当選者】
②江渡 聡徳 前 青1
②神田 潤一 新 青2
②木村 次郎 前 青3
②鈴木 俊一 前 岩2
②藤原 崇 前 岩3
②土井 亨 前 宮1
②西村 明宏 前 宮3
②伊藤信太郎 前 宮4
②小野寺五典 前 宮6
②冨樫 博之 前 秋1
②御法川信秀 前 秋3
②遠藤 利明 前 山1
②鈴木 憲和 前 山2
②加藤 鮎子 前 山3
②根本 匠 前 福2

立憲民主党 4人 991,504票 24.06%

当①岡本 章子 前(94.79) 宮1
当①寺田 学 前(92.82) 秋1
当①小沢 一郎 前(92.11) 岩3
当①馬場 雄基 新(83.30) 福2
①升田世喜男 元(71.28) 青1
①原田 和広 新(66.74) 山1
①大野 園子 新(62.61) 宮3
①山内 崇 新(53.96) 青3
①高畑 紀子 新(52.25) 青2
①大林 正英 新(44.71) 岩2

⑱佐野　利恵 新
⑲鳥居　作弥 新
⑳内海　　太 新
【小選挙区での当選者】
①階　　猛 前　　岩1
①鎌田さゆり 元　　宮2
①安住　　淳 前　　宮5
①緑川　貴士 前　　秋2
①金子　恵美 前　　福1
①玄葉光一郎 前　　福3
①小熊　慎司 前　　福4

公明党　1人　456,287票　11.07%

当①庄子　賢一 新
②佐々木雅文 新
③曽根　周作 新

共産党　1人　292,830票　7.11%

当①高橋千鶴子 前
②船山　由美 新　　宮4
③藤本　友里 新

日本維新の会 1人　258,690票　6.28%

当①早坂　　敦 新(36.74) 宮4
▼①春藤沙弥香 新(22.59) 宮1

▼は小選挙区の得票が有効投票総数の10分の1未満で、復活当選の資格がない者

その他の政党の得票数・得票率は下記のとおりです。(当選者はいません)

政党名	得票数	得票率
国民民主党	195,754票	4.75%
れいわ新選組	143,265票	3.48%
社民党	101,442票	2.46%
NHKと裁判してる党弁護士法72条違反で	52,664票	1.28%

茨城県1区　402,090 投51.29

当105,072　福島伸享　無元(52.1)
比当96,791　田所嘉徳　自前(47.9)

水戸市(本庁管内、赤塚・常澄出張所管内)、下妻市の一部(P169参照)、笠間市(笠間支所管内)、常陸大宮市(御前山支所管内)、筑西市、桜川市、東茨城郡(城里町)

福島伸享（ふくしまのぶゆき）

無元(有志)　当3
茨城県　S45・8・8
勤8年1ヵ月　(初/平21)

国土交通委、震災復興特委、筑波大学客員教授、東京財団ディレクター、内閣官房参事官補佐、経産省、東大／53歳

〒310-0804 水戸市白梅1-7-21　☎029(302)8895
〒107-0052 港区赤坂2-17-10、宿舎

茨城県2区　355,390 投49.80

当110,831　額賀福志郎　自前(64.5)
比61,103　藤田幸久　立元(35.5)

水戸市(第1区に属しない区域)、笠間市(第1区に属しない区域)、鹿嶋市、潮来市、神栖市、行方市、鉾田市、小美玉市(本庁管内、小川総合支所管内)、東茨城郡(茨城町、大洗町)

額賀福志郎（ぬかがふくしろう）

自前[茂]　当13
茨城県行方市　S19・1・11
勤39年11ヵ月　(初/昭58)

懲罰委、党税調顧問、党震災復興本部長、党エネルギー調査会長、財務大臣、防衛庁長官、経済財政担当相、早大／79歳

〒311-3832 行方市麻生3287-32　☎0299(72)1218
〒100-8982 千代田区永田町2-1-2、会館　☎03(3508)7447

茨城県3区 389,521 投53.52

当109,448 葉梨康弘 自前(53.6)
比63,674 梶岡博樹 立新(31.2)
比31,100 岸野智康 維新(15.2)

龍ヶ崎市、取手市、牛久市、守谷市、稲敷市、稲敷郡、北相馬郡

葉梨康弘（はなし やすひろ）

自前［岸］ 当6
東京都 S34・10・12
勤16年7ヵ月 (初/平15)

財務金融委、決算行政監視委、法務大臣、党政調会長代理、農林水産副大臣、法務副大臣兼内閣府副大臣、東大法/63歳

〒302-0017 取手市桑原1108 ☎0297(74)1859

茨城県4区 268,147 投52.81

当98,254 梶山弘志 自前(70.5)
比25,162 武藤優子 維新(18.0)
比16,018 大内久美子 共新(11.5)

常陸太田市、ひたちなか市、常陸大宮市(第1区に属しない区域)、那珂市、久慈郡

梶山弘志（かじやま ひろし）

自前［無］ 当8
茨城県常陸太田市 S30・10・18
勤23年4ヵ月 (初/平12)

党幹事長代行、経済産業大臣、地方創生大臣、国交副大臣・政務官、国交・災対特委員長、党選対委員長代理、政調会長代理、元JAEA職員、日大/67歳

〒313-0013 常陸太田市山下町1189 ☎0294(72)2772
〒100-8982 千代田区永田町2-1-2、会館

茨城県5区 241,755 投53.30

当61,373 浅野哲 国前(48.5)
比当53,878 石川昭政 自前(42.6)
8,061 飯田美弥子 共新(6.4)
3,248 田村弘 無新(2.6)

日立市、高萩市、北茨城市、那珂郡

浅野哲（あさの さとし）

国前 当2
東京都 S57・9・25
勤6年 (初/平29)

党国対委員長代理、エネルギー調査会会長、議運委、内閣委、原子力特委、衆議員秘書、(株)日立製作所、日立労組、青学院修了/40歳

〒317-0071 茨城県日立市鹿島町1-11-13 友愛ビル ☎0294(21)5522
〒100-8981 千代田区永田町2-2-1、会館 ☎03(3508)7231

茨城県6区 454,712 投53.62

当125,703 国光文乃 自前(52.5)
比当113,570 青山大人 立前(47.5)

土浦市、石岡市、つくば市、かすみがうら市、つくばみらい市、小美玉市(第2区に属しない区域)

国光あやの（くにみつ）

自前［岸］ 当2
山口県 S54・3・20
勤6年 (初/平29)

総務大臣政務官、党文科副部会長、医師、厚労省職員、長崎大医学部、東京医科歯科大院、UCLA大学院/44歳

〒305-0045 つくば市梅園2-7-1 コンフォートつくば101 ☎029(886)3686
〒100-8982 千代田区永田町2-1-2、会館 ☎03(3508)7036

茨城県7区　303,353 投53.71

当74,362　永岡桂子　自前(46.5)
比当70,843　中村喜四郎　立前(44.3)
比14,683　水梨伸晃　維新(9.2)

古河市、結城市、下妻市(第1区に属しない区域)、常総市、坂東市、結城郡、猿島郡

ながおかけいこ
永岡桂子　自前[麻]　当6
東京都　S28・12・8
勤18年1ヵ月　(初/平17)

文部科学大臣、党副幹事長、消費者特委員長、文部科学副大臣、党内閣第一部会長、文科委員長、党政調副会長、厚労副大臣、農水政務官、学習院大法/69歳

〒306-0023　古河市本町2-7-13　☎0280(31)5033
〒100-8981　千代田区永田町2-2-1、会館　☎03(3508)7274

栃木県1区　434,814 投52.42

当102,870　船田　元　自前(46.2)
比66,700　渡辺典喜　立新(29.9)
比43,935　柏倉祐司　維元(19.7)
9,393　青木　弘　共新(4.2)

宇都宮市(本庁管内、平石・清原・横川・瑞穂野・城山・国本・富屋・豊郷・篠井・姿川・雀宮地区市民センター管内、宝木・陽南出張所管内)、下野市の一部(P169参照)、河内郡

ふなだはじめ
船田　元　自前[茂]　当13
栃木県宇都宮市　S28・11・22
勤37年4ヵ月　(初/昭54)

憲法審委、文科委、消費者特委、党消費者問題調査会長、党代議士会会長、経企庁長官、総務・文部政務次官、慶大院/69歳

〒320-0047　宇都宮市一の沢1-2-6　☎028(666)8735
〒100-8982　千代田区永田町2-1-2、会館　☎03(3508)7156

栃木県2区　262,690 投53.75

当73,593　福田昭夫　立前(53.4)
比当64,253　五十嵐　清　自新(46.6)

宇都宮市(第1区に属しない区域)、栃木市(西方総合支所管内)、鹿沼市、日光市、さくら市、塩谷郡

ふくだあきお
福田昭夫　立前　当6
栃木県日光市　S23・4・17
勤18年1ヵ月　(初/平17)

財務金融委、地・こ・デジ特委、党県連代表、総務大臣政務官、栃木県知事、今市市長、東北大/75歳

〒321-2335　日光市森友781-3　☎0288(21)4182
〒107-0052　港区赤坂2-17-10、宿舎

栃木県3区　241,014 投52.07

当82,398　簗　和生　自前(67.4)
比39,826　伊賀　央　立新(32.6)

大田原市、矢板市、那須塩原市、那須烏山市、那須郡

やなかずお
簗　和生　自前[安]　当4
東京都　S54・4・22
勤10年10ヵ月　(初/平24)

文部科学副大臣、党農林部会長、党総務会総務、農水委理、国交委理、経産委理、国交政務官兼内閣府政務官、慶大、東大院修/44歳

〒324-0042　栃木県大田原市末広2-3-17　☎0287(22)8706

栃木県４区 402,456 投55.37

当111,863 佐藤　勉 自前(51.1)
比当107,043 藤岡隆雄 立新(48.9)

栃木市(大平・藤岡・都賀・岩舟総合支所管内)、小山市、真岡市、下野市(第1区に属しない区域)、芳賀郡、下都賀郡

佐藤　勉（さとう　つとむ）

自前[無] 当9
栃木県壬生町 S27・6・20
勤27年1ヵ月 (初/平8)

国家基本委理、党総務会長、国家基本政策委員長、議院運営委員長、党国会対策委員長、総務大臣、日大／71歳

〒321-0225 下都賀郡壬生町本丸2-15-20 ☎0282(83)0001

栃木県５区 284,314 投50.99

当108,380 茂木敏充 自前(77.4)
31,713 岡村恵子 共新(22.6)

足利市、栃木市(第2区及び第4区に属しない区域)、佐野市

茂木敏充（もてぎ　としみつ）

自前[茂] 当10
栃木県足利市 S30・10・7
勤30年4ヵ月 (初/平5)

党幹事長、元外務大臣、経済財政政策担当大臣、党政調会長、経産大臣、金融・行革大臣、科技・IT大臣、東大、ハーバード大院／67歳

〒326-0053 足利市伊勢4-14-6 ☎0284(43)3050
〒100-8982 千代田区永田町2-1-2、会館 ☎03(3508)1011

群馬県１区 378,869 投52.97

当110,244 中曽根康隆 自前(56.3)
比42,529 宮崎岳志 維元(21.7)
24,072 斎藤敦子 無新(12.3)
18,917 店橋世津子 共新(9.7)

前橋市、桐生市(新里・黒保根支所管内)、沼田市、渋川市(赤城・北橘行政センター管内)、みどり市(東支所管内)、利根郡

中曽根康隆（なかそね　やすたか）

自前[二] 当2
東京都 S57・1・19
勤6年 (初/平29)

安保委、文科委、震災復興特委、地・こ・デジ特委、防衛大臣政務官兼内閣府大臣政務官、参議院議員秘書、JPモルガン証券(株)、慶大／41歳

〒371-0841 前橋市石倉町3-10-5 ☎027(289)6650
〒100-8982 千代田区永田町2-1-2、会館 ☎03(3508)7272

群馬県２区 322,971 投50.66

当88,799 井野俊郎 自前(54.0)
比50,325 堀越啓仁 立前(30.6)
25,216 石関貴史 無元(15.3)

桐生市(第1区に属しない区域)、伊勢崎市、太田市(藪塚町、山之神町、寄合町、大原町、六千石町、大久保町)、みどり市(第1区に属しない区域)、佐波郡

井野俊郎（いの　としろう）

自前[茂] 当4
群馬県 S55・1・8
勤10年10ヵ月 (初/平24)

防衛副大臣兼内閣府副大臣、党国対副委員長、党畜酪対策委員長代理、元法務大臣政務官、弁護士、市議、明大法／43歳

〒372-0042 伊勢崎市中央町26-2 ☎0270(75)1050
〒106-0032 港区六本木7-1-3、宿舎

群馬県３区 303,475 投53.62

当86,021 笹川博義 自前(54.6)
比67,689 長谷川嘉一 立前(43.0)
3,737 説田健二 N新(2.4)

太田市(第2区に属しない区域)、館林市、邑楽郡

笹川博義（ささがわ ひろよし）

自前［茂］ 当4
東京都 S41・8・29
勤10年10ヵ月 (初/平24)

衆議院農林水産委員長、党副幹事長、環境副大臣、環境大臣政務官、衆議院議事進行係、党総務、県議、明大中退／57歳

〒373-0818 群馬県太田市小舞木町270-1 ☎0276(46)7424
〒100-8982 千代田区永田町2-1-2、会館 ☎03(3508)7338

群馬県４区 295,511 投56.39

当105,359 福田達夫 自前(65.0)
比56,682 角倉邦良 立新(35.0)

高崎市(本庁管内、新町・吉井支所管内)、藤岡市、多野郡

福田達夫（ふくだ たつお）

自前［安］ 当4
東京都 S42・3・5
勤10年10ヵ月 (初/平24)

経産委、党筆頭副幹事長、党中小企業調査会事務局長、党税調幹事、党総務会長、防衛政務官、総理秘書官、商社員、慶大法／56歳

〒370-0073 高崎市緑町3-6-3 ☎027(365)1192
〒100-8981 千代田区永田町2-2-1、会館 ☎03(3508)7181

群馬県５区 303,298 投56.42

当125,702 小渕優子 自前(76.6)
38,428 伊藤達也 共新(23.4)

高崎市(第4区に属しない区域)、渋川市(第1区に属しない区域)、富岡市、安中市、北群馬郡、甘楽郡、吾妻郡

小渕優子（おぶち ゆうこ）

自前［茂］ 当8
群馬県 S48・12・11
勤23年4ヵ月 (初/平12)

党組織運動本部長、国家基本委理、沖北特委、経産大臣、文科委長、財務副大臣、内閣府特命担当大臣、成城大、早大院修了／49歳

〒377-0423 吾妻郡中之条町大字伊勢町1003-7 ☎0279(75)2234
〒100-8982 千代田区永田町2-1-2、会館 ☎03(3508)7424

埼玉県１区 465,306 投55.48

当120,856 村井英樹 自前(47.6)
比96,690 武正公一 立元(38.1)
比23,670 吉村豪介 維新(9.3)
11,540 佐藤真実 無新(4.5)
1,234 中島徳二 無新(0.5)

さいたま市(見沼区の一部(P169参照)、浦和区、緑区、岩槻区)

村井英樹（むらい ひでき）

自前［岸］ 当4
埼玉県さいたま市 S55・5・14
勤10年10ヵ月 (初/平24)

内閣総理大臣補佐官、党国対副委員長、内閣府大臣政務官、党副幹事長、年金委員会事務局長、財務省、ハーバード大院、東大／43歳

〒330-0061 さいたま市浦和区常盤9-27-9 ☎048(711)3241
〒100-8981 千代田区永田町2-2-1、会館 ☎03(3508)7467

埼玉県2区 470,538 投50.35

川口市の一部(P169参照)

当121,543	新藤義孝	自前	(52.8)
比当57,327	高橋英明	維新	(24.9)
51,420	奥田智子	共新	(22.3)

しんどう よしたか
新藤義孝
自前[茂] 当8
埼玉県川口市 S33・1・20
勤25年3ヵ月 (初/平8)

裁判官訴追委員長、衆憲法審査会与党筆頭幹事、党政調会長代行、党デジタル田園都市推進委員長、総務大臣、明大/65歳

〒332-0034 川口市並木1-10-22 ☎048(254)6000
〒100-8981 千代田区永田町2-2-1、会館 ☎03(3508)7313

埼玉県3区 462,607 投51.88

草加市、越谷市の一部(P170参照)

当125,500	黄川田仁志	自前	(53.6)
比100,963	山川百合子	立前	(43.1)
7,534	河合悠祐	N新	(3.2)

きかわだ ひとし
黄川田仁志
自前[無] 当4
神奈川県横浜市 S45・10・13
勤10年10ヵ月 (初/平24)

外務委員長、内閣府副大臣、外務大臣政務官、党海洋小委事務局長、会社員、松下政経塾、米メリーランド大学院修了/52歳

〒340-0052 草加市金明町1-1
中野マンション102 ☎048(933)0591
〒100-8981 千代田区永田町2-2-1、会館 ☎03(3508)7123

埼玉県4区 386,796 投54.49

朝霞市、志木市、和光市、新座市

当107,135	穂坂泰	自前	(52.3)
比47,863	浅野克彦	国新	(23.3)
34,897	工藤薫	共新	(17.0)
11,733	遠藤宣彦	無元	(5.7)
3,358	小笠原洋輝	無新	(1.6)

ほさか やすし
穂坂 泰
自前[無] 当2
埼玉県志木市 S49・2・17
勤6年 (初/平29)

文科委、環境委、議運委、原子力特委、政倫審、環境大臣政務官兼内閣府大臣政務官、志木市議、青山学院大/49歳

〒351-0011 埼玉県朝霞市本町1-10-40-101 ☎048(458)3344
〒100-8982 千代田区永田町2-1-2、会館 ☎03(3508)7030

埼玉県5区 397,522 投56.58

さいたま市(西区、北区、大宮区、見沼区(大字砂、砂町2丁目、東大宮2~4丁目)、中央区)

当113,615	枝野幸男	立前	(51.4)
比当107,532	牧原秀樹	自前	(48.6)

えだの ゆきお
枝野幸男
立前 当10
栃木県 S39・5・31
勤30年4ヵ月 (初/平5)

前党代表、民進党憲法調査会長、経済産業大臣、内閣官房長官、行政刷新大臣、沖縄・北方担当大臣、党幹事長、政調会長、弁護士、東北大/59歳

〒330-0846 さいたま市大宮区大門町2-108-5
永峰ビル2F ☎048(648)9124

衆 略歴 埼玉

埼玉県6区 443,180 投55.32

当134,281 大島　敦 立前(56.0)
比当105,433 中根一幸 自前(44.0)

鴻巣市(本庁管内、吹上支所管内)、上尾市、桶川市、北本市、北足立郡

おおしま　あつし
大島　敦
立前 当8
埼玉県北本市 S31・12・21
勤23年4ヵ月 (初/平12)

憲法審査会委、経産委、党企業・団体交流委員長、懲罰委長、内閣府副大臣、総務副大臣、日本鋼管・ソニー生命社員、早大/66歳

〒363-0021 桶川市泉2-11-32 天沼ビル ☎048(789)2110
〒100-8981 千代田区永田町2-2-1、会館 ☎03(3508)7093

埼玉県7区 436,985 投52.63

当98,958 中野英幸 自新(44.2)
比当93,419 小宮山泰子 立前(41.7)
比31,475 伊勢田享子 維新(14.1)

川越市、富士見市、ふじみ野市(本庁管内)

なかの　ひでゆき
中野英幸
自新[二] 当1
埼玉県 S36・9・6
勤1年11ヵ月 (初/令3)

内閣府大臣政務官兼復興大臣政務官、党商工中小企業団体委員会副委員長、党広報戦略局次長、埼玉県議、日大中退/61歳

〒350-0055 川越市久保町5-3 ☎049(226)8888
〒107-0052 港区赤坂2-17-10、宿舎 ☎03(5549)4671

埼玉県8区 365,768 投56.69

当104,650 柴山昌彦 自前(51.6)
98,102 小野塚勝俊 無元(48.4)

所沢市、ふじみ野市(第7区に属しない区域)、入間郡(三芳町)

しばやま　まさひこ
柴山昌彦
自前[安] 当7
愛知県名古屋市 S40・12・5
勤19年6ヵ月 (初/平16補)

党県連会長、選対副委員長、教育・人材力強化調査会長、幹事長代理、政調会長代理、文部科学大臣、首相補佐官、弁護士、東大法/57歳

〒359-1141 所沢市小手指町2-12-4 ユーケー小手指101 ☎04(2924)5100
〒100-8982 千代田区永田町2-1-2、会館 ☎03(3508)7624

埼玉県9区 404,689 投55.44

当117,002 大塚　拓 自前(53.4)
比80,756 杉村慎治 立新(36.8)
21,464 神田三春 共新(9.8)

飯能市、狭山市、入間市、日高市、入間郡(毛呂山町、越生町)

おおつか　たく
大塚　拓
自前[安] 当5
東京都 S48・6・14
勤14年9ヵ月 (初/平17)

党政調副会長、安保委員長、国防部会長、財務副大臣、内閣府副大臣、法務大臣政務官、東京三菱銀、慶大法、ハーバード大院/50歳

〒358-0003 入間市豊岡1-2-23 清水ビル2F ☎04(2901)1112

埼玉県10区 328,163 投58.19

当96,153 山口 晋 自新(51.6)
比当90,214 坂本祐之輔 立元(48.4)

東松山市、坂戸市、鶴ヶ島市、比企郡

山口 晋（やまぐち すすむ）

自新［茂］ 当1
埼玉県川島町 S58・7・28
勤1年11ヵ月 (初/令3)

衆院農水委、文科委、災害特委、党国会対策委員、青年局次長、行革推進本部幹事、衆院議員秘書、一橋大院修了、国立シンガポール大院修了／40歳

〒350-0227 坂戸市仲町12-10 ☎049(282)3773

埼玉県11区 351,863 投52.87

当111,810 小泉龍司 自前(61.9)
比49,094 島田 誠 立新(27.2)
19,619 小山森也 共新(10.9)

熊谷市(江南行政センター管内)、秩父市、本庄市、深谷市、秩父郡、児玉郡、大里郡

小泉龍司（こいずみりゅうじ）

自前［二］ 当7
東京都 S27・9・17
勤19年5ヵ月 (初/平12)

財金委、党選対副委員長、元大蔵省銀行局調査室長、東大法／70歳

〒366-0051 深谷市上柴町東3-17-19 ☎048(575)3030

埼玉県12区 369,482 投55.52

当102,627 森田俊和 立前(51.0)
比当98,493 野中 厚 自前(49.0)

熊谷市(第11区に属しない区域)、行田市、加須市、羽生市、鴻巣市(第6区に属しない区域)

森田俊和（もりたとしかず）

立前 当2(初/平29)
埼玉県熊谷市 S49・9・19
勤6年

環境委理事、地・こ・デジ特委、党国対副委員長、会社役員、埼玉県議、早大大学院／48歳

〒360-0831 埼玉県熊谷市久保島1003-2 ☎048(530)6001

埼玉県13区 400,359 投52.43

当101,149 土屋品子 自前(49.4)
比86,923 三角創太 立新(42.5)
16,622 赤岸雅治 共新(8.1)

春日部市の一部(P170参照)、越谷市(第3区に属しない区域)(P170参照)、久喜市(本庁管内、菖蒲総合支所管内)、蓮田市、白岡市、南埼玉郡

土屋品子（つちやしなこ）

自前［無］ 当8
埼玉県春日部市 S27・2・9
勤23年9ヵ月 (初/平8)

党総務会副会長、党食育調査会長、厚生労働副大臣、環境副大臣、外務大臣政務官、外務委員長、消費者特委員長、党副幹事長、聖心女子大／71歳

〒344-0062 春日部市粕壁東2-3-40-101 ☎048(761)0475
〒100-8981 千代田区永田町2-2-1、会館 ☎03(3508)7188

埼玉県14区 442,310 投50.08	当111,262 三ツ林裕巳 自前(51.6)
	比当71,460 鈴木義弘 国元(33.1)
	33,062 田村 勉 共新(15.3)

春日部市(第13区に属しない区域)、久喜市(第13区に属しない区域)、八潮市、三郷市、幸手市、吉川市、北葛飾郡

みつばやしひろみ
三ッ林裕巳
自前[安] 当4
埼玉県 S30・9・7
勤10年10ヵ月 (初/平24)

厚労委員長、内閣府副大臣、厚労政務官、党副幹事長、国対副委員長、日本歯科大教授、日大客員教授、医師、日大医学部／67歳

〒340-0161 埼玉県幸手市千塚490-1 ☎0480(42)3535

埼玉県15区 422,917 投53.65	当102,023 田中良生 自前(45.9)
	比71,958 高木錬太郎 立前(32.4)
	比当48,434 沢田 良 維新(21.8)

さいたま市(桜区、南区)、川口市の一部(P170参照)、蕨市、戸田市

たなかりょうせい
田中良生
自前[無] 当5
埼玉県 S38・11・11
勤14年9ヵ月 (初/平17)

国交委、決算行監委理、内閣府・国土交通副大臣、党経済産業部会長、経済産業大臣政務官、党副幹事長、立教大／59歳

〒336-0018 さいたま市南区南本町1-14-5-104 ☎048(844)3131
〒100-8982 千代田区永田町2-1-2、会館 ☎03(3508)7058

比例代表 北関東 19人
茨城、栃木、群馬、埼玉

おみあさこ
尾身朝子
自前[安] 当3
東京都 S36・4・26
勤8年10ヵ月 (初/平26)

総務副大臣、党情報・通信関係団体委員長、中央政治大学院副院長、外交副部会長、女性局次長、外務大臣政務官、NTT、東大法／62歳

〒371-0852 前橋市総社町総社3137-1 ☎027(280)5250
〒100-8982 千代田区永田町2-1-2、会館 ☎03(3508)7484

のなかあつし
野中 厚
自前[茂] 当4(初/平24)
埼玉県 S51・11・17
勤10年10ヵ月 〈埼玉12区〉

農林水産副大臣、党総務、党組織運動本部副本部長、農水委理事、党副幹事長、党国土・建設関係団体委員長、農水大臣政務官、党国対副委員長、埼玉県議、慶大／46歳

〒347-0001 埼玉県加須市大越2194 ☎0480(53)5563
〒100-8981 千代田区永田町2-2-1、会館 ☎03(3508)7041

まき　はら　ひで　き
牧原秀樹

自前［無］　当5（初/平17）
東京都　S46・6・4
勤14年9ヵ月　**〈埼玉5区〉**

法務委理、予算委理、党厚労部会長、経産副大臣、内閣委員長、厚労副大臣、環境大臣政務官、青年局長、弁護士・NY弁護士、東大法／52歳

〒338-0001　さいたま市中央区上落合2-1-24
三殖ビル5F　☎048（854）0808
〒100-8981　千代田区永田町2-2-1、会館　☎03（3508）7254

た　どころ　よし　のり
田所嘉德

自前［無］　当4（初/平24）
茨城県　S29・1・19
勤10年10ヵ月　**〈茨城1区〉**

党労働関係団体委員長、広報副本部長、法務副大臣、法務政務官、党総務部会長、法務部会長代理、白鷗大学法科大学院／69歳

〒310-0804　水戸市白梅2-4-12　☎029（353）6822
〒100-8981　千代田区永田町2-2-1、会館　☎03（3508）7068

いし　かわ　あき　まさ
石川昭政

自前［無］　当4（初/平24）
茨城県日立市　S47・9・18
勤10年10ヵ月　**〈茨城5区〉**

原子力特委理、経産委、環境委、党経済産業部会長、経済産業兼内閣府兼復興大臣政務官、國學院大学院修了／50歳

〒317-0076　茨城県日立市会瀬町4-5-17　☎0294（51）5887

い　が　らし　きよし
五十嵐　清

自新［茂］　当1（初/令3）
栃木県小山市　S44・12・14
勤1年11ヵ月　**〈栃木2区〉**

衆農水委、法務委、党総務、農水・環境団体委副委長、国際協力調査会事務局次長、元栃木県議会議長、豪州ボンド大／53歳

〒322-0024　栃木県鹿沼市晃望台25　☎0289（60）8811
〒100-8982　千代田区永田町2-1-2、会館　☎03（3508）7085

なか　ね　かず　ゆき
中根一幸

自前［安］　当5（初/平17）
埼玉県鴻巣市　S44・7・11
勤14年9ヵ月　**〈埼玉6区〉**

国交委筆頭理事、党ITS推進・道路調査会幹事長、国交委員長、内閣府副大臣、外務副大臣、党総務部会長、党国交部会長、党内閣部会長、専大院法／54歳

〒365-0038　埼玉県鴻巣市本町3-9-28　☎048（543）8880
〒100-8982　千代田区永田町2-1-2、会館　☎03（3508）7458

ふじ　おか　たか　お
藤岡隆雄

立新　当1（初/令3）
愛知県　S52・3・28
勤1年11ヵ月　**〈栃木4区〉**

予算委、財金委、党政調会長補佐、党栃木県連代表代行、金融庁課長補佐、大阪大／46歳

〒323-0022　小山市駅東通り2-14-22　☎0285（37）8214

なかむら きしろう
中村喜四郎 立前 茨城県 勤44年4ヵ月 当15(初/昭51) S24・4・10 〈茨城7区〉

国家基本委、建設大臣、自民党国対副委長、政調副会長、科技庁長官、建設委長、日大／74歳

〒306-0400 猿島郡境町1728 ☎0280(87)0154
〒107-0052 港区赤坂2-17-10、宿舎 ☎03(5549)4671

こ みやまやすこ
小宮山泰子 立前 埼玉県川越市 勤19年11ヵ月 当7(初/平15) S40・4・25 〈埼玉7区〉

国交委、災害特委、党国土交通・復興部門長、ネクスト国交・復興大臣、元農水委員長、埼玉県議、衆議員秘書、NTT社員、慶大商、日大院修了／58歳

〒350-0043 川越市新富町1-18-6-2F ☎049(222)2900

さかもとゆうのすけ
坂本祐之輔 立元 埼玉県東松山市 勤6年9ヵ月 当3(初/平24) S30・1・30 〈埼玉10区〉

環境委、地・こ・デジ特委理、武蔵丘短大客員教授、元科技特委長、民進党副代表、埼玉県体育協会長、東松山市長、日大／68歳

〒355-0016 東松山市材木町20-9 ☎0493(22)3682
〒100-8982 千代田区永田町2-1-2、会館 ☎03(3508)7449

あおやまやまと
青山大人 立前 茨城県土浦市 勤6年 当2(初/平29) S54・1・24 〈茨城6区〉

外務委、消費者特委、党青年局長、党副幹事長、茨城県議、世界史講師、土浦YEG顧問、消防団員、土浦一高、慶大経／44歳

〒300-0815 土浦市中高津1-21-3 村山ビル2F ☎029(828)7011

いしいけいいち
石井啓一 公前 東京都 勤30年4ヵ月 当10 S33・3・20 (初/平5)

党幹事長、党茨城県本部顧問、埼玉県本部顧問、国土交通大臣、党政調会長、財務副大臣、東大工／65歳

〒340-0005 草加市中根3-34-33 ☎048(951)7110
〒107-0052 港区赤坂2-17-10、宿舎

こしみずけいいち
輿水恵一 公元 山梨県 勤6年9ヵ月 当3 S37・2・4 (初/平24)

党国対副、党地方議会局長、党環境部会長、環境委理、総務委、地・こ・デジ特委、総務大臣政務官、さいたま市議、キヤノン、青学大／61歳

〒336-0967 さいたま市緑区美園4-13-5 ドルフィーノ浦和美園202

ふく しげ たか ひろ
福重隆浩 公新 当1
東京都 S37・5・3
勤1年11ヵ月 (初/令3)

党群馬県本部代表、党地方議会局次長、国際局次長、労働局次長、内閣委、決算行監委理、倫選特委、群馬県議、創価大／61歳

〒370-0069 高崎市飯塚町457-2 3F ☎027(370)5650
〒100-8981 千代田区永田町2-2-1、会館 ☎03(3508)7249

さわ だ りょう
沢田 良 維新 当1(初/令3)
東京都江東区 S54・9・27
勤1年11ヵ月 〈埼玉15区〉

法務委理、消費者特委、党政調副会長、参議員秘書、浦和北ロータリー会員、日大校友会埼玉県支部常任幹事、日大芸術学部／43歳

〒336-0024 さいたま市南区根岸2-22-14 1F
☎048(767)8045

たか はし ひで あき
高橋英明 維新 当1(初/令3)
埼玉県川口市 S38・5・10
勤1年11ヵ月 〈埼玉2区〉

文科委、政倫審委、川口市議、武蔵大経済学部、中央工学校／60歳

〒337-0847 川口市芝中田2-9-6 ☎048(262)5808

しお かわ てつ や
塩川鉄也 共前 当8
埼玉県日高市 S36・12・18
勤23年4ヵ月 (初/平12)

党幹部会委員、党国会議員団国対委員長代理、衆院国対副委員長、内閣委、議運委、倫選特委、日高市職員、都立大／61歳

〒330-0835 さいたま市大宮区北袋町1-171-1 ☎048(649)0409
〒100-8982 千代田区永田町2-1-2、会館 ☎03(3508)7507

すず き よし ひろ
鈴木義弘 国元 当3(初/平24)
埼玉県三郷市 S37・11・10
勤6年9ヵ月 〈埼玉14区〉

法務委、経産委、党幹事長代理、元埼玉県議、(故)土屋義彦参院議員秘書、日本大学理工学部／60歳

〒341-0044 三郷市戸ケ崎3-347 ☎048(948)2070

比例代表 北関東 19人

有効投票数 6,172,103票

政党名	当選者数	得票数	得票率
	惜敗率 小選挙区		惜敗率 小選挙区
自民党	7人	2,172,065票	35.19%

当①尾身 朝子 前
当②野中 厚 前(95.97)埼12
当②牧原 秀樹 前(94.65)埼5
当②田所 嘉徳 前(92.12)茨1

当②石川　昭政 前(87.79) 茨 5
当②五十嵐　清 新(87.31) 栃 2
当②中根　一幸 前(78.52) 埼 6
㉜河村　建一 新
㉝神山　佐市 前
㉞西川　鎭央 新
㉟上野　宏史 前
㊲佐藤　明男 前
㊳鈴木　聖二 新
㊴小川　雅幸 新
【小選挙区での当選者】
②葉梨　康弘 前　茨 3
②梶山　弘志 前　茨 4
②国光　文乃 前　茨 6
②永岡　桂子 前　茨 7
②船田　元 前　栃 1
②簗　和生 前　栃 3
②佐藤　勉 前　栃 4
②茂木　敏充 前　栃 5
②中曽根康隆 前　群 1
②井野　俊郎 前　群 2
②笹川　博義 前　群 3
②福田　達夫 前　群 4
②小渕　優子 前　群 5
②村井　英樹 前　埼 1
②新藤　義孝 前　埼 2
②黄川田仁志 前　埼 3
②穂坂　泰 前　埼 4
②柴山　昌彦 前　埼 8
②大塚　拓 前　埼 9
②山口　晋 新　埼10
②小泉　龍司 前　埼11
②土屋　品子 前　埼13
②三ツ林裕巳 前　埼14
②田中　良生 前　埼15
㊱中野　英幸 新　埼 7

立憲民主党　5人　1,391,148票　22.54%

当①藤岡　隆雄 新(95.69) 栃 4
当①中村喜四郎 前(95.27) 茨 7
当①小宮山泰子 前(94.40) 埼 7
当①坂本祐之輔 元(93.82) 埼10
当①青山　大人 前(90.35) 茨 6
①三角　創太 新(85.94) 埼13
①山川百合子 前(80.45) 埼 3
①武正　公一 元(80.00) 埼 1
①長谷川嘉一 前(78.69) 群 3
①高木錬太郎 前(70.53) 埼15
①杉村　慎治 新(69.02) 埼 9
①渡辺　典喜 新(64.84) 栃 1
①梶岡　博樹 新(58.18) 茨 3
①堀越　啓仁 前(56.67) 群 2
①藤田　幸久 元(55.13) 茨 2
①角倉　邦良 新(53.80) 群 4
①伊賀　央 新(48.33) 栃 3
①島田　誠 新(43.91) 埼11
㉓石塚　貞通 新
㉔船山　幸雄 新
㉕高杉　徹 新
【小選挙区での当選者】
①福田　昭夫 前　栃 2
①枝野　幸男 前　埼 5
①大島　敦 前　埼 6
①森田　俊和 前　埼12

公明党　3人　823,930票　13.35%

当①石井　啓一 前
当②輿水　恵一 元
当③福重　隆浩 新
④村上　知己 新

日本維新の会　2人　617,531票　10.01%

当①沢田　良 新(47.47) 埼15
当①高橋　英明 新(47.17) 埼 2
①柏倉　祐司 元(42.71) 栃 1
①宮崎　岳志 元(38.58) 群 1
①伊勢田享子 新(31.81) 埼 7
①岸野　智康 新(28.42) 茨 3
①武藤　優子 新(25.61) 茨 4
▼①水梨　伸晃 新(19.75) 茨 7
▼①吉村　豪介 新(19.59) 埼 1

共産党　1人　444,115票　7.20%

当①塩川　鉄也 前
②梅村早江子 元
③大内久美子 新　茨 4

国民民主党　1人　298,056票　4.83%

当①鈴木　義弘 元(64.23) 埼14
①浅野　克彦 新(44.68) 埼 4
【小選挙区での当選者】
①浅野　哲 前　茨 5

▼は小選挙区の得票が有効投票総数の10分の1未満で、復活当選の資格がない者

その他の政党の得票数・得票率は下記のとおりです。(当選者はいません)

政党名	得票数	得票率
れいわ新選組	239,592票	3.88%
社民党	97,963票	1.59%
NHKと裁判してる党弁護士法72条違反で	87,702票	1.42%

千葉県１区 430,513 投54.51

当128,556 田嶋　要 立前(56.3)
比当99,895 門山宏哲 自前(43.7)

千葉市(中央区、稲毛区、美浜区)

たじま かなめ
田嶋　要
立前 当7
愛知県 S36・9・22
勤19年11ヵ月 (初/平15)

党NC経産大臣、経産委、原子力特委、経産政務官、原子力災害現地対策本部長、NTT、世銀IFC投資官、米ウォートンMBA、東大法／61歳

〒260-0015 千葉市中央区富士見2-9-28 第1山崎ビル6F ☎043(202)1511

千葉県２区 460,509 投54.65

当153,017 小林鷹之 自前(62.0)
比69,583 黒田　雄 立元(28.2)
比24,052 寺尾　賢 共新(9.8)

千葉市(花見川区)、習志野市、八千代市

こばやし たかゆき
小林鷹之
自前[二] 当4
千葉県 S49・11・29
勤10年10ヵ月 (初/平24)

予算委理事、厚労委、消費者特委、憲法審委、党副幹事長、経済安全保障大臣、防衛大臣政務官、財務省、ハーバード大院、東大法／48歳

〒276-0033 千葉県八千代市八千代台南1-3-3 山萬八千代台ビル1F ☎047(409)5842
〒100-8981 千代田区永田町2-2-1、会館 ☎03(3508)7617

千葉県３区 336,241 投52.36

当106,500 松野博一 自前(61.9)
比65,627 岡島一正 立前(38.1)

千葉市(緑区)、市原市

まつの ひろかず
松野博一
自前[安] 当8
千葉県 S37・9・13
勤23年4ヵ月 (初/平12)

内閣官房長官、情報監視審査会長、党総務会長代行、党雇用問題調査会長、文科大臣、厚労政務官、松下政経塾、ライオン(株)、早大法／60歳

〒290-0072 市原市西国分寺台1-16-16 ☎0436(23)9060
〒107-0052 港区赤坂2-17-10、宿舎 ☎03(5549)4671

千葉県４区 463,083 投52.69

当154,412 野田佳彦 立前(64.5)
比84,813 木村哲也 自前(35.5)

船橋市(本庁管内、二宮・芝山・高根台・習志野台・西船橋出張所管内、船橋駅前総合窓口センター管内(丸山1～5丁目に属する区域を除く。))

のだ よしひこ
野田佳彦
立前 当9
千葉県船橋市 S32・5・20
勤26年7ヵ月 (初/平5)

党最高顧問、元民進党幹事長、内閣総理大臣、財務大臣、財務副大臣、懲罰委長、党幹事長代理、党国対委長、県議、松下政経塾、早大／66歳

〒274-0077 船橋市薬円台6-6-8-202 ☎047(496)1110
〒107-0052 港区赤坂2-17-10、宿舎

千葉県5区 450,365 投54.07

当111,985 薗浦健太郎 自前(47.0)
比69,887 矢崎堅太郎 立新(29.3)
比32,241 椎木保 維元(13.5)
比24,307 鴇田敦 国新(10.2)
補選(令和5.4.23)
当50,578 英利アルフィヤ 自新(30.6)
45,635 矢崎堅太郎 立新(27.6)
24,842 岡野純子 国新(15.0)
22,952 岸野智康 維新(13.9)
12,360 斉藤和子 共元(7.5)
6,561 星健太郎 無新(4.0)
2,463 織田三江 諸新(1.5)

市川市(本庁管内の一部(P170参照)、行徳支所管内)、浦安市
令和4年12月21日 薗浦健太郎議員辞職

英利(えり)アルフィヤ
自新[麻] 補当1
福岡県北九州市 S63・10・16
勤5ヵ月 (初/令5)

法務委、文科委、党国対委、党女性局・青年局次長、国連事務局本部、日本銀行、ジョージタウン大学外交政策学部・院卒/34歳

〒272-0021 市川市八幡3-14-3 シロワビル202 ☎047(702)8520
〒100-8981 千代田区永田町2-2-1 会館 ☎03(3508)7436

千葉県6区 369,609 投52.99

当80,764 渡辺博道 自前(42.5)
比当48,829 藤巻健太 維新(25.7)
32,444 浅野史子 共新(17.1)
28,083 生方幸夫 無前(14.8)

市川市(第5区に属しない区域)、松戸市(本庁管内、常盤平・六実・矢切・東部支所管内)

渡辺博道(わたなべひろみち)
自前[茂] 当8
千葉県 S25・8・3
勤23年9ヵ月 (初/平8)

復興大臣、党経理局長、党再犯防止推進特別委員長、原子力特委長、復興大臣、地方創生特委長、厚労委長、総務委長、経産副大臣、早大、明大院/73歳

〒270-2241 松戸市松戸新田592 ☎047(369)2929
〒100-8981 千代田区永田町2-2-1 会館 ☎03(3508)7387

千葉県7区 434,040 投54.54

当127,548 斎藤健 自前(55.0)
比71,048 竹内千春 立新(30.6)
比28,594 内山晃 維元(12.3)
4,749 渡辺晋宏 N新(2.0)

松戸市(第6区に属しない区域)、野田市、流山市

齋藤(さいとう)　健(けん)
自前[無] 当5
東京都港区 S34・6・14
勤14年2ヵ月 (初/平21)

法務大臣、農水大臣、党団体総局長、厚労委筆頭理事、環境政務官、経産省課長、埼玉県副知事、ハーバード大院/64歳

〒270-0119 千葉県流山市おおたかの森北1-5-2 セレーナおおたかの森2F ☎04(7190)5271

千葉県8区 423,866 投56.16

当135,125 本庄知史 立新(59.7)
比当81,556 桜田義孝 自前(36.0)
9,845 宮岡進一郎 無新(4.3)

柏市(本庁管内、田中・増尾・富勢・光ケ丘・豊四季台・南部・西原・松葉・藤心出張所管内、柏駅前行政サービスセンター管内)、我孫子市

本庄知史(ほんじょうさとし)
立新 当1
京都府 S49・10・22
勤1年11ヵ月 (初/令3)

予算委、内閣委、憲法審委、党副幹事長、千葉県連副代表、副総理・外務大臣秘書官、衆議院議員政策秘書、東大法学部/48歳

〒277-0863 柏市豊四季949-9-101 ☎04(7170)2680

千葉県９区 407,331 投53.01

当107,322 奥野総一郎 立前(51.1)
比当102,741 秋本真利 自前(48.9)

千葉市(若葉区)、佐倉市、四街道市、八街市

おくの そういちろう
奥野総一郎 立前 当5
兵庫県神戸市 S39・7・15
勤14年2ヵ月 (初/平21)

総務委筆頭理事、憲法審委、党千葉県連代表、総務省調査官、東大法／59歳

〒285-0845 佐倉市西志津1-20-4 ☎043(461)8609

千葉県10区 341,141 投53.28

当83,822 林 幹雄 自前(47.3)
比当80,971 谷田川元 立前(45.7)
10,272 梓 まり 諸新(5.8)
2,173 今留尚人 無新(1.2)

銚子市、成田市、旭市、匝瑳市、香取市、香取郡、山武郡(横芝光町の一部(P170参照))

はやし もとお
林 幹雄 自前[二] 当10
千葉県銚子市 S22・1・3
勤30年4ヵ月 (初/平5)

党地方創生実行統合本部長、党財務委員長、党幹事長代理、経産大臣、議運委長、党航空特委長、党総務会長代理、国務大臣国家公安委員長、沖・北・防災担当大臣、国交委長、国交副大臣、運輸政務次官、日大芸／76歳

〒288-0046 銚子市大橋町2-2 ☎0479(23)1093
〒100-8981 千代田区永田町2-2-1、会館

千葉県11区 351,570 投51.38

当110,538 森 英介 自前(64.4)
30,557 椎名史明 共新(17.8)
比当30,432 多ケ谷 亮 れ新(17.7)

茂原市、東金市、勝浦市、山武市、いすみ市、大網白里市、山武郡(九十九里町、芝山町、横芝光町(第10区に属しない区域))、長生郡、夷隅郡

もり えいすけ
森 英介 自前[麻] 当11
東京都 S23・8・31
勤33年9ヵ月 (初/平2)

憲法審査会長、党労政局長、政倫審会長、憲法審査会長、法務大臣、厚労副大臣、川崎重工社員、工学博士、東北大／75歳

〒297-0016 茂原市木崎284-10 ☎0475(26)0200

千葉県12区 380,864 投52.20

当123,210 浜田靖一 自前(64.0)
比56,747 樋高 剛 立元(29.5)
12,530 葛原 茂 共新(6.5)

館山市、木更津市、鴨川市、君津市、富津市、袖ヶ浦市、南房総市、安房郡

はまだ やすかず
浜田靖一 自前[無] 当10
千葉県富津市 S30・10・21
勤30年4ヵ月 (初/平5)

防衛大臣、予算委員長、党幹事長代理、国対委員長、専修大／67歳

〒292-0066 木更津市新宿1-3柴野ビル2F ☎0438(23)5432
〒100-8982 千代田区永田町2-1-2、会館 ☎03(3508)7020

千葉県13区　416,857　投54.49

当100,227　松本　尚　自新（45.1）
比79,687　宮川　伸　立前（35.8）
比42,473　清水聖士　維新（19.1）

船橋市（豊富・二和出張所管内、船橋駅前総合窓口センター管内（丸山1～5丁目に属する区域に限る。））、柏市（第8区に属しない区域）、鎌ヶ谷市、印西市、白井市、富里市、印旛郡

まつもと　ひさし
松本　尚
自新［安］　当1
石川県金沢市　S37・6・3
勤1年11ヵ月　（初/令3）

内閣委、厚労委、救急・外傷外科医、日本医科大学千葉北総病院副院長、同大学特任教授、千葉県医師会理事、MBA、金沢大医学部／61歳

〒270-1345　印西市船尾1380-2　☎0476(29)5099
〒107-0052　港区赤坂2-17-10、宿舎

神奈川県１区　427,922　投53.99

当100,118　篠原　豪　立前（45.0）
76,064　松本　純　無前（34.2）
比当46,271　浅川義治　維新（20.8）

横浜市（中区、磯子区、金沢区）

しのはら　ごう
篠原　豪
立前　当3
神奈川県横浜市　S50・2・12
勤8年10ヵ月　（初/平26）

安保委筆頭理事、外務委、党ネクスト安保副大臣、党外交・安保PT事務局長、党県政策委員長、横浜市議、早大院／48歳

〒235-0016　横浜市磯子区磯子3-6-23
アイランドビル1F　☎045(349)9180
〒100-8982　千代田区永田町2-1-2、会館　☎03(3508)7130

神奈川県２区　436,066　投56.00

当146,166　菅　義偉　自前（61.1）
比92,880　岡本英子　立元（38.9）

横浜市（西区、南区、港南区）

すが　よしひで
菅　義偉
自前［無］　当9
秋田県　S23・12・6
勤27年1ヵ月　（初/平8）

前内閣総理大臣、前党総裁、内閣官房長官、党幹事長代行、総務大臣、総務副大臣、経産・国交各政務官、横浜市議、法政大／74歳

〒232-0017　横浜市南区宿町2-49　☎045(743)5550
〒100-8982　千代田区永田町2-1-2、会館　☎03(3508)7446

神奈川県３区　442,398　投52.64

当119,199　中西健治　自新（52.5）
比68,457　小林丈人　立新（30.2）
23,310　木佐木忠晶　共新（10.3）
15,908　藤村晃子　無新（7.0）

横浜市（鶴見区、神奈川区）

なかにし　けんじ
中西健治
自新［麻］　当1（初/令3）※
東京都　S39・1・4
勤13年4ヵ月（参11年5ヵ月）

財務金融委員会理事、党財金部会長、財務副大臣、参財政金融委員長、党法務部会長、元JPモルガン証券副社長、東大法／59歳

〒221-0822　横浜市神奈川区西神奈川2-2-1
日光堂ビル2F　☎045(565)5520

※平22参院初当選

神奈川県4区 332,708 投61.70

横浜市(栄区)、鎌倉市、逗子市、三浦郡

当66,841	早稲田夕季	立前	(33.0)
63,687	浅尾慶一郎	無元	(31.5)
比当47,511	山本朋広	自前	(23.5)
比16,559	高谷清彦	維新	(8.2)
7,790	大西恒樹	無新	(3.8)

早稲田ゆき（わせだ）　立前　当2

東京都渋谷区　S33・12・6
勤6年　(初／平29)

厚労委、消費者特委、党NC厚生労働大臣、神奈川県議、鎌倉市議、日本輸出入銀行、早大／64歳

〒248-0012 神奈川県鎌倉市御成町5-41-2F ☎0467(24)0573

神奈川県5区 467,198 投56.05

横浜市(戸塚区、泉区、瀬谷区)

当136,288	坂井学	自前	(53.5)
比当118,619	山崎誠	立前	(46.5)

坂井　学（さかい　まなぶ）　自前[無]　当5

東京都府中市　S40・9・4
勤14年9ヵ月　(初／平17)

党政調副、党花博特委員長、総務委、党総務、前内閣官房副長官、財金委員長、総務兼内閣府副大臣、財務副大臣、党国交部会長、国交兼復興政務官、松下政経塾十期生、東大法／57歳

〒244-0003 横浜市戸塚区戸塚町142
鈴木ビル3F ☎045(863)0900

神奈川県6区 381,141 投55.88

横浜市(保土ヶ谷区、旭区)

当92,405	古川直季	自新	(44.3)
比当87,880	青柳陽一郎	立前	(42.1)
比28,214	串田誠一	維前	(13.5)

古川直季（ふるかわ なおき）　自新[無]　当1

神奈川県横浜市　S43・8・31
勤1年11ヵ月　(初／令3)

総務委、文科委、倫選特委、党国対委、横浜市会議員、衆議院議員秘書、横浜銀行員、明治大政経、明治大院／55歳

〒241-0825 横浜市旭区中希望が丘199-1 ☎045(391)4000

神奈川県7区 449,449 投57.58

横浜市(港北区、都筑区の一部(P170参照))

当128,870	鈴木馨祐	自前	(50.9)
比当124,524	中谷一馬	立前	(49.1)

鈴木馨祐（すずき けいすけ）　自前[麻]　当5

東京都　S52・2・9
勤14年9ヵ月　(初／平17)

外務委理事、党政調副会長、外務副大臣、財務副大臣、党青年局長、国土交通政務官、予算・議運理、法務委員長、大蔵省、(ジョージタウン大学院)、在ニューヨーク副領事、東大法／46歳

〒222-0033 横浜市港北区新横浜3-18-9
新横浜ICビル102号室 ☎045(620)0223
〒100-8981 千代田区永田町2-2-1、会館 ☎03(3508)7304

神奈川県8区 427,843 投59.37	当130,925 江田憲司 立前(52.6)
	比当117,963 三谷英弘 自前(47.4)

横浜市(緑区、青葉区、都筑区(荏田東町、荏田東1～4丁目、荏田南町、荏田南1～5丁目、大丸)

江田憲司（えだけんじ）

立前 当7
岡山県 S31・4・28
勤19年2ヵ月 (初/平14補)

決算行政監視委員長、党代表代行、民進党代表代行、維新の党代表、桐蔭横浜大客員教授、首相・通産相秘書官、ハーバード大客員研究員、東大／67歳

〒227-0062 横浜市青葉区青葉台2-9-30 ☎045(989)3911

神奈川県9区 338,241 投59.47	当83,847 笠浩史 立前(42.4)
	比当68,918 中山展宏 自前(34.9)
	比24,547 吉田大成 維新(12.4)
	20,432 斎藤温 共新(10.3)

川崎市(多摩区、宮前区(神木本町1～5丁目)、麻生区)

笠浩史（りゅうひろふみ）

立前 当7
福岡県 S40・1・3
勤19年11ヵ月 (初/平15)

議運委理、党国対筆頭副委員長、科技特委長、文科副大臣、文科大臣政務官、民主党幹事長代理、衆議運委筆頭理事、テレビ朝日政治部記者、慶大文／58歳

〒214-0014 川崎市多摩区登戸1644-1 新川ガーデンビル1F ☎044(900)1800

神奈川県10区 470,746 投55.04	当104,832 田中和徳 自前(41.4)
	比当69,594 金村龍那 維新(27.5)
	比48,839 畑野君枝 共前(19.3)
	比当30,013 鈴木敦 国新(11.8)

川崎市(川崎区、幸区、中原区の一部(P170参照))

田中和徳（たなかかずのり）

自前[麻] 当9
山口県下関市 S24・1・21
勤27年1ヵ月 (初/平8)

党再犯防止推進特委長、党交通安全対策特委長、党幹事長代理、復興大臣、党組織運動本部長、財務副大臣、財金委長、法大／74歳

〒210-0846 川崎市川崎区小田6-11-24 ☎044(366)1400

神奈川県11区 374,938 投52.21	当147,634 小泉進次郎 自前(79.2)
	38,843 林伸明 共新(20.8)

横須賀市、三浦市

小泉進次郎（こいずみしんじろう）

自前[無] 当5
神奈川県横須賀市 S56・4・14
勤14年2ヵ月 (初/平21)

党国対副委員長、党総務会長代理、前環境大臣、党厚労部会長、筆頭副幹事長、農林部会長、内閣府政務官・復興政務官、衆院議員秘書、関東学院大、コロンビア大院修了／42歳

〒238-0004 横須賀市小川町13 宇野ビル3F ☎046(822)6600
〒100-8981 千代田区永田町2-2-1、会館☎03(3508)7327

神奈川県12区 406,623 投56.14

藤沢市、高座郡

当95,013 阿部知子 立前(42.4)
比当91,159 星野剛士 自前(40.7)
比37,753 水戸将史 維元(16.9)

立前 当8

阿部知子（あべともこ）

東京都目黒区 S23・4・24
勤23年4ヵ月 (初/平12)

衆厚労委、原子力特委、超党派議連「原発ゼロ再エネ100の会」事務局長、小児科医、東大医学部／75歳

〒251-0025 藤沢市鵠沼石上1-13-13 藤沢共同ビル1F ☎0466(52)2680

神奈川県13区 471,671 投55.77

大和市、海老名市、座間市の一部(P170参照)、綾瀬市

当130,124 太 栄志 立新(51.1)
比当124,595 甘利 明 自前(48.9)

立新 当1

太 栄志（ふとりひでし）

鹿児島県大島郡知名町 S52・4・27
勤1年11ヵ月 (初/令3)

議運委、内閣委、拉致特委、衆議院議員秘書、米ハーバード大国際問題研究所員、ウィルソン・センター研究員、中大法、中大院／46歳

〒242-0017 大和市大和東3-7-11 大和東共同ビル101 ☎046(244)3203

神奈川県14区 460,744 投56.02

相模原市(緑区の一部(P171参照)、中央区、南区の一部(P171参照))

当135,197 赤間二郎 自前(53.8)
比116,273 長友克洋 立新(46.2)

自前[麻] 当5

あかま二郎（じろう）

神奈川県相模原市 S43・3・27
勤14年9ヵ月 (初/平17)

党副幹事長、総務委筆頭理事、国土交通委員長、党総務部会長、内閣府副大臣、総務副大臣、総務政務官、副幹事長、県議、立教大、マンチェスター大学院／55歳

〒252-0239 相模原市中央区中央2-11-10 ☎042(756)1500
〒100-8981 千代田区永田町2-2-1、会館 ☎03(3508)7317

神奈川県15区 473,497 投57.32

平塚市、茅ヶ崎市、中郡

当210,515 河野太郎 自前(79.3)
比46,312 佐々木克己 社新(17.5)
8,565 渡辺マリコ N新(3.2)

自前[麻] 当9

河野太郎（こうのたろう）

神奈川県小田原市 S38・1・10
勤27年1ヵ月 (初/平8)

デジタル大臣、党広報本部長、ワクチン担当大臣、規制改革・行政改革・沖北対策担当大臣、防衛大臣、外務大臣、国家公安委員長、富士ゼロックス、ジョージタウン大／60歳

〒254-0811 平塚市八重咲町26-8 ☎0463(20)2001
〒100-8982 千代田区永田町2-1-2、会館 ☎03(3508)7006

神奈川県16区 466,042 投55.35	当137,558 後藤祐一 立前(54.6)
	比当114,396 義家弘介 自前(45.4)

相模原市(緑区(第14区に属しない区域)、南区(第14区に属しない区域)(P171参照))、厚木市、伊勢原市、座間市(相模が丘1～6丁目)、愛甲郡

ご とう ゆう いち
後藤祐一
立前 当5
神奈川県相模原市 S44・3・25
勤14年2ヵ月 (初/平21)

予算委理事、党国対副委員長、県連副代表、情報監視審査会幹事、党役員室長、経産省課長補佐、東大法/54歳

〒243-0017 厚木市栄町2-4-28-212 ☎046(296)2411
〒106-0032 港区六本木7-1-3、宿舎

神奈川県17区 424,659 投56.98	当131,284 牧島かれん 自前(55.3)
	比89,837 神山洋介 立元(37.9)
	16,202 山田正 共新(6.8)

小田原市、秦野市、南足柄市、足柄上郡、足柄下郡

まき しま
牧島かれん
自前[麻] 当4
神奈川県 S51・11・1
勤10年10ヵ月 (初/平24)

党国対副、デジタル大臣、行政改革・規制改革担当大臣、第51代党青年局長、元内閣府政務官、ICU大(Ph. D)、GW大修士/46歳

〒250-0862 小田原市成田178-1 ☎0465(38)3388
〒100-8981 千代田区永田町2-2-1、会館 ☎03(3508)7026

神奈川県18区 451,301 投57.25	当120,365 山際大志郎 自前(47.7)
	比90,390 三村和也 立元(35.8)
	比41,562 横田光弘 維新(16.5)

川崎市(中原区(第10区に属しない区域)(P171参照)、高津区、宮前区(第9区に属しない区域)(P171参照))

やま ぎわ だい し ろう
山際大志郎
自前[麻] 当6
東京都 S43・9・12
勤16年7ヵ月 (初/平15)

党コロナ対策本部長、経産委筆頭理事、経済再生・コロナ担当大臣、経産副大臣、内閣府大臣政務官、獣医学博士、東大院/54歳

〒213-0001 川崎市高津区溝口2-14-12 ☎044(850)8884
〒100-8981 千代田区永田町2-2-1、会館 ☎03(3508)7477

山梨県1区 424,441 投59.49	当125,325 中谷真一 自前(50.5)
	比当118,223 中島克仁 立前(47.6)
	4,826 辺見信介 N新(1.9)

甲府市、韮崎市、南アルプス市、北杜市、甲斐市、中央市、西八代郡、南巨摩郡、中巨摩郡

なか たに しん いち
中谷真一
自前[茂] 当4(初/平24)
山梨県甲府市 S51・9・30
勤10年10ヵ月

経産副大臣兼内閣府副大臣、党国対副委員長、外務大臣政務官、元自衛官、元参議院議員秘書、防大/46歳

〒400-0064 山梨県甲府市下飯田3-8-29 ☎055(288)8220
〒106-0032 港区六本木7-1-3、宿舎

山梨県２区 262,259 ㊥62.31

富士吉田市、都留市、山梨市、大月市、笛吹市、上野原市、甲州市、南都留郡、北都留郡

当109,036 堀内詔子 自前(67.9)
比44,441 市来伴子 立新(27.7)
7,027 大久保令子 共新(4.4)

ほり うち のり こ
堀内詔子 自前［岸］ 当4
山梨県笛吹市 S40・10・28
勤10年10ヵ月 (初/平24)

環境委理、厚労委、消費者特委理、党副幹事長、元ワクチン接種推進担当大臣、東京オリパラ担当大臣、環境副大臣兼内閣府副大臣、厚労大臣政務官、学習院大院／57歳

〒403-0007 富士吉田市中曽根1-5-25 ☎0555(23)7688
〒100-8982 千代田区永田町2-1-2、会館 ☎03(3508)7487

比例代表 南関東 22人

千葉、神奈川、山梨

ほし の つよ し
星野剛士 自前［無］ 当4(初/平24)
神奈川県藤沢市 S38・8・8
勤10年10ヵ月〈神奈川12区〉

内閣府副大臣、党内閣第一部会長代理、経済産業兼内閣府兼復興各大臣政務官、産経新聞記者、神奈川県議、NYエルマイラ大、日大法／60歳

〒251-0052 藤沢市藤沢973 相模プラザ第三ビル1F ☎0466(23)6338
〒100-8982 千代田区永田町2-1-2、会館 ☎03(3508)7413

あま り あきら
甘利　明 自前［麻］ 当13(初/昭58)
神奈川県厚木市 S24・8・27
勤39年11ヵ月〈神奈川13区〉

党税調顧問、党幹事長、選対委員長、政調会長、予算委員長、労働大臣、経済産業大臣、行革大臣、経済再生大臣、慶大／74歳

〒252-0303 相模原市南区相模大野6-7-9-1F ☎042(765)0011
〒100-8982 千代田区永田町2-1-2、会館 ☎03(3508)7528

あき もと まさ とし
秋本真利 自前［無］ 当4(初/平24)
千葉県 S50・8・10
勤10年10ヵ月〈千葉9区〉

外務大臣政務官、党副幹事長、党再エネ議連事務局長、党国対副委員長、国土交通大臣政務官、法政大法／48歳

〒264-0021 千葉市若葉区若松町360-21 ☎043(214)3600

み たに ひで ひろ
三谷英弘 自前［無］ 当3(初/平24)
神奈川県藤沢市 S51・6・28
勤8年〈神奈川8区〉

議運委、厚労委、文科委、党国対副委員長、党ネットメディア局次長、党遊説局長、女性局研修部長、弁護士、東大法学部／47歳

〒227-0055 横浜市青葉区つつじが丘10-20 ラポール若野 2F ☎045(532)4600

よしいえひろゆき
義家弘介
自 前［安］当4(初/平24)※
長野県 S46・3・31
勤16年3ヵ月(参5年5ヵ月)〈神奈川16区〉

党総務会長代理、文科委、拉致特委、法務副大臣、文科副大臣、文科政務官、党副幹事長、党財金部会長、参院議員、教育再生会議担当室長、横浜市教育委員、高校教諭、明治学院大学／52歳

〒243-0014 厚木市旭町1-15-17 ☎046(226)8585

なかやまのりひろ
中山展宏
自 前［麻］当4(初/平24)
兵庫県 S43・9・16
勤10年10ヵ月〈神奈川9区〉

予算委理、内閣委、財金委、消費者特委、国土交通副大臣、外務大臣政務官、内閣委理、ルール形成戦略議連事務局長、東大先端研客員研究員、早大院中退／54歳

〒214-0014 川崎市多摩区登戸2663
東洋ビル5F ☎044(322)8600

かどやまひろあき
門山宏哲
自 前［無］当4(初/平24)
千葉県千葉市 S39・9・3
勤10年10ヵ月 〈千葉1区〉

法務副大臣、党副幹事長、元法務大臣政務官、弁護士、元千葉家裁家事調停委員、中央大学法学部／58歳

〒260-0013 千葉市中央区中央4-13-31
高嶋ビル101 ☎043(223)0050
〒106-0032 港区六本木7-1-3、宿舎

やまもと
山本ともひろ
自 前［無］当5(初/平17)
京都府京都市 S50・6・20
勤14年9ヵ月 〈神奈川4区〉

安保委、党文科部会長、防衛副大臣・内閣府副大臣、松下政経塾員、米ジョージタウン大客員研究員、関西大、京大院修／48歳

〒247-0056 鎌倉市大船1-22-2 つるやビル301
☎0467(39)6933

さくらだよしたか
櫻田義孝
自 前［二］当8(初/平8)
千葉県柏市 S24・12・20
勤23年9ヵ月 〈千葉8区〉

自民党千葉県連会長、国交委、拉致特委、国務大臣、文科副大臣、内閣府副大臣、外務政務官、千葉県議、柏市議、明大商／73歳

〒277-0814 柏市正連寺373-3 ☎04(7132)0881
〒100-8982 千代田区永田町2-1-2、会館 ☎03(3508)7381

なかたにかずま
中谷一馬
立 前 当2(初/平29)
神奈川県川崎市 S58・8・30
勤6年 〈神奈川7区〉

内閣委、党政務調査会副会長、党デジタル政策PT座長、党広報本部幹事、神奈川県議、デジタルハリウッド大大学院／40歳

〒223-0061 横浜市港北区日吉2-6-3-201 ☎045(534)9624
〒107-0052 港区赤坂2-17-10、宿舎

※平19参院初当選

やたがわ　はじめ
谷田川　元
立前　当3(初/平21)
千葉県香取市　S38・1・17
勤7年11ヵ月　**〈千葉10区〉**

国交委理、決算行監委理、憲法審委、党政調副会長、千葉県議4期、山村新治郎衆院議員秘書、松下政経塾、早大政経／60歳

〒287-0001　香取市佐原ロ2164-2　☎0478(54)5678

あおやぎよういちろう
青柳陽一郎
立前　当4(初/平24)
神奈川県横浜市保土ケ谷区　S44・8・29
勤10年10ヵ月　**〈神奈川6区〉**

内閣委筆頭理事、党神奈川県連代表、認定NPO法人ICA会長、元国務大臣政策秘書、早大院、日大法／54歳

〒240-0003　横浜市保土ケ谷区天王町1-9-5 第7瀬戸ビル1F　☎045(334)4110
〒100-8982　千代田区永田町2-1-2、会館　☎03(3508)7245

なかじまかつひと
中島克仁
立前　当4(初/平24)
山梨県　S42・9・27
勤10年10ヵ月　**〈山梨1区〉**

厚労委理事、ほくと診療所院長、韮崎市立病院、山梨大学病院第一外科、帝京大医学部、医師／55歳

〒400-0858　山梨県甲府市相生1-1-21　☎055(242)9208
〒107-0052　港区赤坂2-17-10、宿舎

やまざき　まこと
山崎　誠
立前　当3(初/平21)
東京都練馬区　S37・11・22
勤9年4ヵ月　**〈神奈川5区〉**

経産委理事、災害特委、党政調副会長、党環境エネルギーPT事務局長、横浜市議2期、横浜国大院博士課程単位取得／60歳

〒244-0003　横浜市戸塚区戸塚町121-2F　☎045(438)9696
〒100-8981　千代田区永田町2-2-1、会館　☎03(3508)7137

かねむらりゅうな
金村龍那
維新　当1(初/令3)
愛知県名古屋市　S54・4・6
勤1年11ヵ月　**〈神奈川10区〉**

文科委、決算行監委理、党国対副委員長、神奈川維新の会代表、会社役員、児童福祉施設代表、衆議員秘書、専修大法中退／44歳

〒210-0836　川崎市川崎区大島上町18-1 サニークレイン201　☎044(366)8680

ふじまきけんた
藤巻健太
維新　当1(初/令3)
英国ロンドン　S58・10・7
勤1年11ヵ月　**〈千葉6区〉**

財金委、参院議員秘書、みずほ銀行、慶大経済／39歳

〒271-0092　千葉県松戸市松戸1836 メグロビル1F　☎047(710)0523
〒100-8982　千代田区永田町2-1-2、会館　☎03(3508)7503

あさかわ よしはる
浅川義治　**維**新　当1(初/令3)
神奈川県横浜市　S43・2・23
勤1年11ヵ月　**〈神奈川1区〉**

党県幹事長、安保委、消費者特委、横浜市議会議員、日本大学法学部／55歳

〒236-0021　横浜市金沢区泥亀1-15-4
雨宮ビル1F　☎045(349)4231

ふるや のりこ
古屋範子　**公**前　当7
埼玉県さいたま市　S31・5・14
勤19年11ヵ月　(初/平15)

党副代表、党女性委員長、党政調会長代理、党神奈川県本部顧問、厚労委、消費者特委理、厚労副大臣、総務大臣政務官、早大／67歳

〒238-0011　横須賀市米が浜通1-7-2
サクマ横須賀ビル503号　☎046(828)4230

つのだ ひでお
角田秀穂　**公**元　当2
東京都　S36・3・25
勤4年9ヵ月　(初/平26)

農林水産大臣政務官、農水委、党千葉県本部副代表、船橋市議4期、社会保険労務士、創価大／62歳

〒273-0011　船橋市湊町1-7-4　☎047(404)8013

しい かずお
志位和夫　**共**前　当10
千葉県四街道市　S29・7・29
勤30年4ヵ月　(初/平5)

党幹部会委員長、国家基本委、党書記局長、党青年・学生対策委員会責任者、党選挙対策局政策論戦副部長、東大／69歳

〒221-0822　横浜市神奈川区西神奈川1-10-16
斉藤ビル2F　☎045(324)6516

すずき あつし
鈴木　敦　**国**新　当1(初/令3)
神奈川県川崎市　S63・12・15
勤1年11ヵ月　**〈神奈川10区〉**

外務委、拉致特委、復興特委、党国対副委員長、党神奈川県連代表、政党職員、元衆院議員秘書、航空関連会社社員、駿河台大中退／34歳

〒211-0025　川崎市中原区木月2-4-3
TFTビル2階　☎044(872)7182
〒100-8982　千代田区永田町2-1-2、会館　☎03(3508)7286

りょう
たがや　亮　**れ**新　当1(初/令3)
東京都　S43・11・25
勤1年11ヵ月　**〈千葉11区〉**

党国会対策委員長、国土交通委、決算行監委、会社経営、国学院大／54歳

〒297-0037　茂原市早野1342-1　☎0475(44)6750
〒107-0052　港区赤坂2-17-10、宿舎

比例代表 南関東 22人　有効投票数 7,414,308票

政党名	当選者数	得票数	得票率
	惜敗率 小選挙区		惜敗率 小選挙区

自民党 9人 2,590,787票 34.94%

当①星野 剛士 前(95.94)神12
当①甘利 明 前(95.75)神13
当①秋本 真利 前(95.73)千9
当①三谷 英弘 前(90.10)神8
当①義家 弘介 前(83.16)神16
当①中山 展宏 前(82.19)神9
当①門山 宏哲 前(77.71)千1
当①山本 朋広 前(71.08)神4
当①桜田 義孝 前(60.36)千8
①木村 哲也 前(54.93)千4
㉚出畑 実 前
㉛高橋 恭介 新
㉜文月 涼 新
㉝望月 忠彦 新
㉞高木 昭彦 新
㉟及川 博 新
【小選挙区での当選者】
①小林 鷹之 前 千2
①松野 博一 前 千3
①薗浦健太郎 前 千5
①渡辺 博道 前 千6
①斎藤 健 前 千7
①浜田 靖一 前 千12
①松本 尚 新 千13
①菅 義偉 前 神2
①中西 健治 新 神3
①坂井 学 前 神5
①古川 直季 新 神6
①鈴木 馨祐 前 神7
①田中 和徳 前 神10
①赤間 二郎 前 神14
①河野 太郎 前 神15
①牧島かれん 前 神17
①山際大志郎 前 神18
①中谷 真一 前 山1
①堀内 詔子 前 山2

立憲民主党 5人 1,651,562票 22.28%

当①中谷 一馬 前(96.63)神7
当①谷田川 元 前(96.60)千10
当①青柳陽一郎 前(95.10)神6
当①中島 克仁 前(94.34)山1
当①山崎 誠 前(87.04)神5
①長友 克洋 新(86.00)神14
①宮川 伸 前(79.51)千13
①三村 和也 元(75.10)神18
①神山 洋介 元(68.43)神17
①岡本 英子 元(63.54)神2
①矢崎堅太郎 新(62.41)千5
①岡島 一正 前(61.62)千3
①小林 丈人 新(57.43)神3
①竹内 千春 新(55.70)千7
①樋高 剛 元(46.06)千12
①黒田 雄 元(45.47)千2
①市来 伴子 新(40.76)山2
㉙小野 次郎 元
㉚金子 建一 元
【小選挙区での当選者】
①田嶋 要 前 千1
①野田 佳彦 前 千4
①本庄 知史 新 千8
①奥野総一郎 前 千9
①篠原 豪 前 神1
①早稲田夕季 前 神4
①江田 憲司 前 神8
①笠 浩史 前 神9
①阿部 知子 前 神12
①太 栄志 新 神13
①後藤 祐一 前 神16

日本維新の会 3人 863,897票 11.65%

当①金村 龍那 新(66.39)神10
当①藤巻 健太 新(60.46)千6
当①浅川 義治 新(46.22)神1
①清水 聖士 新(42.38)千13
①水戸 将史 元(39.73)神12
①横田 光弘 新(34.53)神18
①串田 誠一 前(30.53)神6
①吉田 大成 新(29.28)神9
①椎木 保 元(28.79)千5
①内山 晃 元(22.42)千7
▼①高谷 清彦 新(24.77)神4

公明党 2人 850,667票 11.47%

当①古屋 範子 前
当②角田 秀穂 元
③上田 勇 元
④江端 功一 新
⑤井川 泰雄 新

共産党 1人 534,493票 7.21%

当①志位 和夫 前
②畑野 君枝 前 神10
③斉藤 和子 元
④沼上 徳光 新
▼⑤寺尾 賢 新 千2

衆 略歴

比例南関東

国民民主党　1人　384,481票　5.19%

当①鈴木　敦 新(28.63) 神10　③長谷　康人 新
①鴇田　敦 新(21.71) 千5

れいわ新選組　1人　302,675票　4.08%

当①多ケ谷　亮 新　千11　②木下　隼 新

▼は小選挙区の得票が有効投票総数の10分の1未満で、復活当選の資格がない者

その他の政党の得票数・得票率は下記のとおりです。(当選者はいません)

政党名	得票数	得票率
社民党	124,447票	1.68%
NHKと裁判してる党弁護士法72条違反で	111,298票	1.50%

東京都1区　462,609　㊖56.27

千代田区、港区の一部(P171参照)、新宿区の一部(P171参照)

当99,133　山田美樹　自前(39.0)
比当90,043　海江田万里　立前(35.4)
比当60,230　小野泰輔　維新(23.7)
4,715　内藤久遠　無新(1.9)

やまだ　みき
山田美樹
自前[安]　当4
東京都　S49・3・15
勤10年10ヵ月(初/平24)

環境副大臣、党法務部会長、外務政務官、エルメス、BCG、通産省、東大法、コロンビア大／49歳

〒100-8982　千代田区永田町2-1-2、会館　☎03(3508)7037

東京都2区　463,165　㊖60.82

中央区、港区(第1区に属しない区域)(P171参照)、文京区、台東区の一部(P171参照)

当119,281　辻　清人　自前(43.4)
比90,422　松尾明弘　立前(32.9)
比45,754　木内孝胤　維元(16.7)
比14,487　北村　造　れ新(5.3)
4,659　出口紳一郎　無新(1.7)

つじ　きよと
辻　清人
自前[岸]　当4
東京都　S54・9・7
勤10年10ヵ月(初/平24)

党国会対策副委員長、予算委、外務委、文科委、倫選特委、拉致特委、憲法審委、党副幹事長、外務大臣政務官、京大、米コロンビア大院修了／43歳

〒111-0021　台東区日本堤2-23-13
深谷ビル　☎03(6802)4701

東京都3区　470,083　㊖59.87

品川区の一部(P171参照)、大田区の一部(P171参照)、大島・三宅・八丈・小笠原支庁管内

当124,961　松原　仁　立前(45.9)
比当116,753　石原宏高　自前(42.9)
30,648　香西克介　共新(11.3)

まつばら　じん
松原　仁
無前(立憲)　当8
東京都板橋区　S31・7・31
勤23年4ヵ月(初/平12)

決算行監委理、外務委、拉致特委、民進党国対委員長、党都連会長、国家公安委長、拉致担当大臣、消費者担当大臣、国交副大臣、拉致特委長、都議、松下政経塾、早大／67歳

〒140-0011　品川区東大井5-17-4
高山ビル402　☎03(5783)2511

東京都4区 474,029 ㊋54.43

大田区（第3区に属しない区域）（P171参照）

当128,708 平　将明 自前（51.5）
比62,286 谷川智行 共新（24.9）
比58,891 林　智興 維新（23.6）

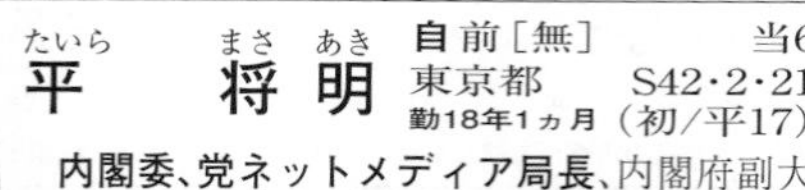

たいら　まさあき
平　将明 自前［無］ 当6
東京都 S42・2・21
勤18年1ヵ月（初／平17）

内閣委、党ネットメディア局長、内閣府副大臣、選対副委員長、消費者特委筆頭理事、経産政務官兼内閣府政務官、副幹事長、早大／56歳

〒144-0052 大田区蒲田5-30-15 第20下川ビル7F ☎03（5714）7071

東京都5区 464,694 ㊋60.03

目黒区の一部（P171参照）、世田谷区の一部（P171参照）

当111,246 手塚仁雄 立前（41.0）
比当105,842 若宮健嗣 自前（39.0）
比54,363 田淵正文 維新（20.0）

て づか よし お
手塚仁雄 立前 当5（初／平12）
東京都目黒区 S41・9・14
勤14年7ヵ月

党幹事長代理、党東京都連幹事長、科技特委長、議運野党筆頭理事、内閣総理大臣補佐官、都議、早大／56歳

〒152-0022 目黒区柿の木坂3-11-4-205 ☎03（3412）0440

東京都6区 467,339 ㊋60.36

世田谷区（第5区に属しない区域）（P171参照）

当110,169 落合貴之 立前（40.1）
比当105,186 越智隆雄 自前（38.3）
比59,490 碓井梨恵 維新（21.6）

おち あい たか ゆき
落合貴之 立前 当3
東京都世田谷区 S54・8・17
勤8年10ヵ月（初／平26）

経産委理、倫選特委、党副幹事長兼財務局長、党税制調査会副会長、党都連政調会長、元銀行員、慶大経済／44歳

〒156-0055 世田谷区船橋2-1-1 千歳第一マンション103号 ☎03（5938）1800
〒100-8982 千代田区永田町2-1-2、会館 ☎03（3508）7134

東京都7区 459,575 ㊋56.47

品川区（第3区に属しない区域）（P171参照）、目黒区（第5区に属しない区域）（P171参照）、渋谷区、中野区の一部（P171参照）、杉並区（方南1～2丁目）

当124,541 長妻　昭 立前（49.2）
比81,087 松本文明 自前（32.1）
比37,781 辻　健太郎 維新（14.9）
5,665 込山　洋 無新（2.2）
3,822 猪野恵司 N新（1.5）

なが つま　あきら
長妻　昭 立前 当8
東京都 S35・6・14
勤23年4ヵ月（初／平12）

党政調会長、党都連会長、党代表代行、党選対委員長、厚労委長、厚生労働大臣、日経ビジネス記者、NEC、慶大／63歳

〒164-0011 中野区中央4-11-13-101 ☎03（5342）6551

㊗略歴 東京

東京都8区 476,188 ㊤61.03

杉並区(第7区に属しない区域)(P172参照)

当137,341 吉田晴美 立新(48.4)
比105,381 石原伸晃 自前(37.2)
比40,763 笠谷圭司 維新(14.4)

よしだ 吉田はるみ

立新 当1
山形県 S47・1・1
勤1年11ヵ月 (初/令3)

法務委、予算委、憲法審委、党国際局副局長、外資系経営コンサルタント、法務大臣政務秘書官、大学特任教授、立教大卒、バーミンガム大学経営大学院修了/51歳

〒166-0001 杉並区阿佐谷北1-3-4
小堺ビル301 ☎03(5364)9620

東京都9区 478,743 ㊤57.71

練馬区の一部(P172参照)

当109,489 山岸一生 立新(40.9)
比95,284 安藤高夫 自前(35.6)
比47,842 南 純 維新(17.9)
15,091 小林興起 諸元(5.6)

やまぎしいっせい 山岸一生

立新 当1
東京都 S56・8・28
勤1年11ヵ月 (初/令3)

内閣委、議運委、原子力特委理、朝日新聞記者、東大法学部/42歳

〒177-0041 練馬区石神井町8-17-8-105 ☎03(6676)7318
〒100-8981 千代田区永田町2-2-1、会館 ☎03(3508)7124

東京都10区 479,088 ㊤56.50

新宿区(第1区に属しない区域)(P172参照)、中野区(第7区に属しない区域)(P172参照)、豊島区の一部(P172参照)、練馬区(第9区に属しない区域)

当115,122 鈴木隼人 自前(43.8)
比当107,920 鈴木庸介 立新(41.1)
比30,574 藤川隆史 維新(11.6)
4,684 小山徹 無新(1.8)
4,552 沢口祐司 諸新(1.7)

すずきはやと 鈴木隼人

自前[茂] 当3
東京都 S52・8・8
勤8年10ヵ月 (初/平26)

外務委、予算委、議運委、沖北特委、地・こ・デジ特委、党国会対策副委員長、前外務大臣政務官、経済産業省課長補佐、東大、東大院修/46歳

〒171-0022 豊島区南池袋2-35-7-602 ☎03(6908)1071
〒100-8982 千代田区永田町2-1-2、会館 ☎03(3508)7463

東京都11区 462,626 ㊤54.97

板橋区の一部(P172参照)

当122,465 下村博文 自前(50.0)
比87,635 阿久津幸彦 立前(35.8)
29,304 西之原修斗 共新(12.0)
5,639 桑島康文 無新(2.3)

しもむらはくぶん 下村博文

自前[安] 当9
群馬県 S29・5・23
勤27年1ヵ月 (初/平8)

党総務、党中央政治大学院長、党政調会長、党選対委員長、党憲法改正本部長、党幹事長代行、文科大臣、オリパラ大臣、内閣官房副長官、都議、早大/69歳

〒173-0024 板橋区大山金井町38-12
新大山ビル205 ☎03(5995)4491
〒100-8982 千代田区永田町2-1-2、会館 ☎03(3508)7084

東京都12区 462,732 投57.45

当101,020	岡本三成	公前	(39.9)
比当80,323	阿部　司	維新	(31.7)
比71,948	池内沙織	共元	(28.4)

豊島区(第10区に属しない区域)(P172参照)、北区、板橋区(第11区に属しない区域)(P172参照)、足立区の一部(P172参照)

おかもとみつなり 岡本三成

公前　当4
佐賀県　S40・5・5
勤10年10ヵ月　(初/平24)

議運委理事、党中央幹事、党国対委員長代理、財務副大臣、外務政務官、ゴールドマン・サックス証券、米国ケロッグ経営大学院(MBA)、創価大/58歳

〒116-0013　荒川区西日暮里5-32-5 ウシオビル2階　☎03(5604)5923
〒100-8981　千代田区永田町2-2-1、会館　☎03(3508)7147

東京都13区 480,247 投50.88

当115,669	土田　慎	自新	(49.3)
比78,665	北條智彦	立新	(33.5)
30,204	沢田真吾	共新	(12.9)
5,985	渡辺秀高	無新	(2.6)
4,039	橋本孫美	無新	(1.7)

足立区(第12区に属しない区域)(P172参照)

つちだしん 土田　慎

自新[麻]　当1
神奈川県茅ヶ崎市　H2・10・30
勤1年11ヵ月　(初/令3)

厚労委、経産委、消費者特委、党国会対策委員、党青年局次長、衆・参議員秘書、参議院議長参事、京大/32歳

〒121-0816　足立区梅島2-2-10 楠ビル201

東京都14区 465,702 投55.96

当108,681	松島みどり	自前	(43.3)
比80,932	木村剛司	立元	(32.2)
比49,517	西村恵美	維新	(19.7)
5,845	梁本和則	無新	(2.3)
3,364	竹本秀之	無新	(1.3)
2,772	大塚紀久雄	無新	(1.1)

台東区(第2区に属しない区域)(P172参照)、墨田区、荒川区

まつしま 松島みどり

自前[安]　当7
大阪府　S31・7・15
勤20年　(初/平12)

党住宅土地・都市政策調査会長、党中小企業・小規模事業者政策調査会長代理、消費者特委、安保委、法務大臣、経産副大臣、国交副大臣、外務政務官、朝日新聞記者、東大経/67歳

〒131-0045　墨田区押上1-24-2川新ビル2F　☎03(5610)5566
〒100-8981　千代田区永田町2-2-1、会館　☎03(3508)7065

東京都15区 424,125 投58.73

当76,261	柿沢未途	自前	(32.0)
比58,978	井戸正枝	立元	(24.7)
比44,882	金沢結衣	維新	(18.8)
26,628	今村洋史	無元	(11.2)
17,514	猪野　隆	無新	(7.3)
9,449	桜井　誠	諸新	(4.0)
4,608	吉田浩司	無新	(1.9)

江東区

かきざわみと 柿沢未途

自前　当5(初/平21)
ベルギー　S46・1・21
勤14年2ヵ月

党国対副委員長、国交委、厚労委、決算行監委、災害特委、消費者特委、予算委理事、東京都議、NHK記者、東大法/52歳

〒135-0047　江東区富岡1-26-21-3F　☎03(5620)3104

東京都16区 465,115 投51.58

江戸川区の一部(P173参照)

当88,758	大西英男	自前	(38.7)
比68,397	水野素子	立新	(29.8)
比39,290	中津川博郷	維元	(17.1)
26,819	太田彩花	共新	(11.7)
比6,264	田中　健	N新	(2.7)

大西英男（おおにしひでお）

自前［安］　当4

東京都江戸川区　S21・8・28

勤10年10ヵ月（初／平24）

衆議院内閣委員長、党副幹事長、国土交通副大臣、総務大臣政務官、江戸川区議会議長、都議会自民党幹事長、國學院大／77歳

〒132-0011　江戸川区瑞江2-6-19 6階　☎03(5666)7770

東京都17区 475,912 投53.06

葛飾区、江戸川区(本庁管内(上一色1～3丁目、本一色1～3丁目、興宮町)、小岩事務所管内)

当119,384	平沢勝栄	自前	(50.1)
比52,260	猪口幸子	維新	(22.0)
36,309	新井杉生	共新	(15.3)
比30,103	円より子	国新	(12.6)

平沢勝栄（ひらさわかつえい）

自前［二］　当9

岐阜県　S20・9・4

勤27年1ヵ月（初／平8）

外務委、予算委、党総務会副会長、復興大臣、党広報本部長、予算委理、党政調会長代理、外務委長、内閣府副大臣、拉致特委長、警察庁審議官、官房長官秘書官、東大／77歳

〒124-0012　葛飾区立石8-6-1-102　☎03(5670)1111

東京都18区 444,924 投59.86

武蔵野市、府中市、小金井市

当122,091	菅　直人	立前	(47.1)
比当115,881	長島昭久	自前	(44.7)
21,151	子安正美	無新	(8.2)

菅直人（かんなおと）

立前　当14

山口県　S21・10・10

勤43年5ヵ月（初／昭55）

党最高顧問、経産委、原子力特委、首相、副総理、財務相、厚相、民主党代表、さきがけ政調会長、社民連政審会長、弁理士、東工大／76歳

〒180-0006　武蔵野市中町1-2-9-302　☎0422(55)7010

東京都19区 439,147 投60.00

小平市、国分寺市、西東京市

当111,267	末松義規	立前	(43.0)
比当109,131	松本洋平	自前	(42.2)
比38,182	山崎英昭	維新	(14.8)

末松義規（すえまつよしのり）

立前　当7(初／平8)

福岡県北九州市　S31・12・5

勤22年3ヵ月

財金委筆頭理事、党NC財務金融副大臣、沖北特委長、元復興副大臣兼内閣府副大臣、内閣総理大臣補佐官、一橋大、米国プリンストン大学大学院／66歳

〒187-0002　小平市花小金井2-1-39　☎042(460)9050

東京都20区 418,245 投56.77

東村山市、東大和市、清瀬市、東久留米市、武蔵村山市

当121,621 木原誠二 自前(52.6)
比当66,516 宮本 徹 共前(28.8)
比43,089 前田順一郎 維新(18.6)

きはらせいじ
木原誠二 自前［岸］ 当5
東京都 S45・6・8
勤14年9ヵ月 (初/平17)

内閣官房副長官、内閣委員長、外務副大臣、外務政務官、議運委理事、党政調副会長、党情報調査局長、財務省、東大法／53歳

〒189-0025 東村山市廻田町4-3-4 ☎042(392)4105

東京都21区 438,466 投57.72

八王子市(東中野、大塚)、立川市、日野市、国立市、多摩市の一部(P173参照)、稲城市の一部(P173参照)

当112,433 小田原 潔 自前(45.5)
比当99,090 大河原雅子 立前(40.1)
比35,527 竹田光明 維元(14.4)

おだわら きよし
小田原 潔 自前［安］ 当4(初/平24)
大分県宇佐市 S39・5・23
勤10年10ヵ月

外務委理、震災復興特委、外務副大臣、モルガンスタンレー証券マネジングディレクター、富士銀行、東大／59歳

〒190-0011 立川市高松町3-14-11
マスターズオフィス立川 ☎042(548)0065

東京都22区 478,721 投60.01

三鷹市、調布市、狛江市、稲城市(第21区に属しない区域)(P173参照)

当131,351 伊藤達也 自前(46.9)
比112,393 山花郁夫 立前(40.1)
比31,981 櫛渕万里 れ元(11.4)
4,535 長谷川洋平 N新(1.6)

いとうたつや
伊藤達也 自前［茂］ 当9
東京都 S36・7・6
勤27年 (初/平5)

予算委、憲法審委、情報監視審委、党幹事長代理、中小企業調査会長、税調副会長、元金融相、総理大臣補佐官、衆財金委員長、慶大／62歳

〒182-0024 調布市布田1-3-1ダイヤビル2F ☎042(499)0501
〒107-0052 港区赤坂2-17-10、宿舎

東京都23区 458,998 投58.37

町田市、多摩市(第21区に属しない区域)(P173参照)

当133,206 小倉 将信 自前(51.2)
比当126,732 伊藤俊輔 立前(48.8)

おぐらまさのぶ
小倉將信 自前［二］ 当4
東京都 S56・5・30
勤10年10ヵ月 (初/平24)

少子化担当大臣、党青年局長、総務政務官、日本銀行職員、東大、オックスフォード大学院／42歳

〒194-0013 町田市原町田5-4-7 からかあさ101号 ☎042(710)1192

東京都24区 463,096 投56.77

八王子市（第21区に属しない区域）（P173参照）

当149,152	萩生田光一	自前	(58.5)
比44,546	佐藤由美	国新	(17.5)
44,474	吉川穂香	共新	(17.5)
比16,590	朝倉玲子	社新	(6.5)

はぎうだこういち
萩生田光一 自前［安］ 当6
東京都八王子市 S38・8・31
勤16年7ヵ月 （初／平15）

党政調会長、党都連会長、経済産業大臣、文科大臣、党幹事長代行、内閣官房副長官、党総裁特別補佐、党青年局長、都議、市議、明大／60歳

〒192-0046 八王子市明神町4-1-2 ストーク八王子205 ☎042(646)3008

東京都25区 413,266 投54.90

青梅市、昭島市、福生市、羽村市、あきる野市、西多摩郡

当131,430	井上信治	自前	(59.4)
比89,991	島田幸成	立新	(40.6)

いのうえしんじ
井上信治 自前［麻］ 当7
東京都 S44・10・7
勤19年11ヵ月 （初／平15）

党幹事長代理、環境・温暖化対策調査会長、国際博覧会担当大臣、内閣府特命担当大臣、環境副大臣、内閣委員長、国交省、東大／53歳

〒198-0024 青梅市新町3-39-1 ☎0428(32)8182
〒100-8981 千代田区永田町2-2-1、会館 ☎03(3508)7328

比例代表 東京都 17人 東京

たかぎけい
髙木啓 自前［安］ 当2
東京都北区 S40・3・16
勤6年 （初／平29）

外務大臣政務官、党北区総支部長、党内閣第一副部会長、国土建設団体副委員長、都議、北区議、立教大／58歳

〒114-0022 北区王子本町1-14-9-202 ☎03(5948)6790

まつもとようへい
松本洋平 自前［二］ 当5（初／平17）
東京都 S48・8・31
勤14年9ヵ月 〈東京19区〉

党政調副会長兼事務局長、衆倫選特委筆頭理事、経産副大臣、内閣府副大臣、党副幹事長、党青年局長、慶大経済学部／50歳

〒187-0003 小平市花小金井南町2-17-4 ☎042(461)6644
〒100-8981 千代田区永田町2-2-1、会館 ☎03(3508)7133

越智隆雄（おち たかお）

自前［安］ 当5(初/平17)
東京都 S39・2・27
勤14年9ヵ月 〈東京6区〉

財金委理、憲法審委、財金委長、内閣府副大臣、党国対副委長、党財金部会長、国務大臣秘書官、住友銀行、仏ESSEC大院、東大法院、慶大経／59歳

〒156-0052 世田谷区経堂2-2-11-2F ☎03(5799)4260

若宮健嗣（わかみや けんじ）

自前［茂］ 当5(初/平17)
東京都 S36・9・2
勤14年9ヵ月 〈東京5区〉

党経理局長、選対副委員長、内閣府特命担当大臣、外務副大臣、防衛副大臣、外務委長、安保委長、慶大／61歳

〒154-0004 世田谷区太子堂4-6-1 パークヒル6 ☎03(3795)8255
〒100-8982 千代田区永田町2-1-2、会館 ☎03(3508)7509

長島昭久（ながしま あきひさ）

自前［二］ 当7(初/平15)
神奈川県横浜市 S37・2・17
勤19年11ヵ月 〈東京18区〉

震災復興特委員長、安保委、防衛副大臣、総理補佐官、慶大院、米ジョンズホプキンス大院／61歳

〒183-0022 府中市宮西町4-12-11
モア府中2F ☎042(319)2118

石原宏高（いしはら ひろたか）

自前［岸］ 当5(初/平17)
神奈川県 S39・6・19
勤14年11ヵ月 〈東京3区〉

原子力特委筆頭理事、内閣委、環境委、災害特委、党報道局長、環境委員長、環境副大臣、内閣府副大臣、外務大臣政務官、銀行員、慶大／59歳

〒140-0014 品川区大井1-22-5
八木ビル7F ☎03(3777)2275
〒100-8981 千代田区永田町2-2-1、会館 ☎03(3508)7319

伊藤俊輔（いとう しゅんすけ）

立前 当2(初/平29)
東京都町田市 S54・8・5
勤6年 〈東京23区〉

UR住宅居住者を支援する議連事務局次長、全建総連懇話会幹事、小田急多摩線延伸促進議連顧問、安保委理、議運委、政倫審幹事、桐蔭高、北京大留学、中央大／44歳

〒194-0021 町田市中町2-6-11
サワダビル3F ☎042(723)0117

鈴木庸介（すずき ようすけ）

立新 当1(初/令3)
東京都 S50・11・21
勤1年11ヵ月 〈東京10区〉

法務委、情監審委、元NHK記者、立教大学経済学部兼任講師、コロンビア大院／47歳

〒170-0004 豊島区北大塚2-14-1
鈴矢ビル3F ☎03(6903)1544

㊮略歴 比例東京

かいえだばんり
海江田万里　**無**前　当8(初/平5)
東京都　S24・2・26
勤21年7ヵ月　**〈東京1区〉**

衆議院副議長、立憲民主党都連顧問、税制調査会顧問、前決算行監委長、元民主党代表、元経済産業大臣、元内閣府特命担当大臣、慶大／74歳

〒160-0004　新宿区四谷3-11山一ビル6F　☎03(5363)6015
〒160-0023　新宿区西新宿4-8-4-301(自宅)　☎03(3375)1445

おおかわら
大河原まさこ　**立**前　当2(初/平29)※
神奈川県横浜市　S28・4・8
勤12年1ヵ月(参6年1ヵ月)　**〈東京21区〉**

決算行監委理、消費者特委、党ジェンダー平等推進本部副事務局長、元参議院議員、東京都議、国際基督教大／70歳

〒190-0022　立川市錦町1-10-25
YS錦町ビル1F　☎042(529)5155
〒100-8981　千代田区永田町2-2-1、会館　☎03(3508)7261

あべ　つかさ
阿部　司　**維**新　当1(初/令3)
東京都大田区　S57・6・18
勤1年11ヵ月　**〈東京12区〉**

内閣委理、予算委、党代表付、国対副、青山社中株式会社(政策シンクタンク)、日本HP、早大／41歳

〒114-0022　北区王子本町1-13-9
KSKサンパール203　☎03(3908)3121

おのたいすけ
小野泰輔　**維**新　当1(初/令3)
東京都　S49・4・20
勤1年11ヵ月　**〈東京1区〉**

経産委理、憲法審委、党政調副会長、熊本県副知事、東大法／49歳

〒150-0012　渋谷区広尾5-16-1 北村60館 302号室
☎03(6824)6087
〒100-8981　千代田区永田町2-2-1、会館　☎03(3508)7340

たかぎようすけ
高木陽介　**公**前　当9
東京都　S34・12・16
勤26年7ヵ月　(初/平5)

党政調会長、党都本部代表、経産副大臣、衆総務委員長、国交政務官、党国対委員長、党選対委員長、毎日記者、創価大／63歳

〒190-0022　立川市錦町1-4-4
立川サニーハイツ301　☎042(540)1155

かさいこういち
河西宏一　**公**新　当1
神奈川県鎌倉市　S54・6・25
勤1年11ヵ月　(初/令3)

党青年副委員長、党都本部副代表、内閣委、安保委、震災復興特委、政党職員、電機メーカー社員、東大／44歳

〒100-8982　千代田区永田町2-1-2、会館　☎03(3508)7630

※平19参院初当選

かさい　あきら
笠井　亮
共前　当6(初/平17)*
大阪府　S27・10・15
勤24年2ヵ月（参6年1ヵ月）

党原発・気候変動・エネルギー対策委員会責任者、経産委、原子力特委、拉致特委、参院議員1期、東大／70歳

〒151-0053　渋谷区代々木1-44-11-1F　☎03(5304)5639
〒107-0052　港区赤坂2-17-10、宿舎

みやもと　とおる
宮本　徹
共前　当3(初/平26)
兵庫県三木市　S47・1・22
勤8年10ヵ月　〈東京20区〉

党中央委員、厚労委、予算委、東大教育／51歳

〒151-0053　渋谷区代々木1-44-11　☎03(5304)5639
〒100-8981　千代田区永田町2-2-1、会館　☎03(3508)7508

くしぶち　まり
櫛渕万里
れ元　繰当2(初/平21)
群馬県沼田市　S42・10・15
勤4年9ヵ月

予算委、党共同代表、国際交流NGO共同代表兼事務局長、立教大／55歳

〒182-0002　調布市国領町1-25-38-203　☎042(444)7188
〒100-8982　千代田区永田町2-1-2、会館　☎03(3508)7063

比例代表　東京都　17人　有効投票数　6,446,898票

政党名	当選者数	得票数	得票率
	惜敗率 小選挙区		惜敗率 小選挙区

自民党　6人　2,000,084票　31.02%

当①高木　啓 前
当②松本　洋平 前(98.08)東19
当②越智　隆雄 前(95.48)東6
当②若宮　健嗣 前(95.14)東5
当②長島　昭久 前(94.91)東18
当②石原　宏高 前(93.43)東3
②安藤　高夫 前(87.03)東9
②石原　伸晃 前(76.73)東8
②松本　文明 前(65.11)東7
㉓伊藤　智加 新
㉔松野　未佳 新
㉕小松　裕 前
㉖西田　譲 元
㉗和泉　武彦 新
㉘崎山　知尚 新

【小選挙区での当選者】
②山田　美樹 前　東1
②辻　清人 前　東2
②平　将明 前　東4
②鈴木　隼人 前　東10
②下村　博文 前　東11
②土田　慎 新　東13
②松島みどり 前　東14
②木原　誠二 前　東20
②小田原　潔 前　東21
②伊藤　達也 前　東22
②小倉　将信 前　東23
②萩生田光一 前　東24
②井上　信治 前　東25

立憲民主党　4人　1,293,281票　20.06%

当①伊藤　俊輔 前(95.14)東23
当①鈴木　庸介 新(93.74)東10
当①海江田万里 前(90.83)東1
当①大河原雅子 前(88.13)東21
①山花　郁夫 前(85.57)東22
①井戸　正枝 元(77.38)東15
①水野　素子 新(77.06)東16
①松尾　明弘 前(75.81)東2

※ 平7参院初当選

①木村　剛司 元(74.47)東14
①阿久津幸彦 前(71.56)東11
①島田　幸成 新(68.47)東25
①北條　智彦 新(68.01)東13
㉑高松　智之 新
㉒川島智太郎 元
㉓北出　美翔 新
【小選挙区での当選者】
①松原　仁 前　東3
①手塚　仁雄 前　東5
①落合　貴之 前　東6
①長妻　昭 前　東7
①吉田　晴美 新　東8
①山岸　一生 新　東9
①菅　直人 前　東18
①末松　義規 前　東19

日本維新の会　2人　858,577票　13.32%

当①阿部　司 新(79.51)東12
当①小野　泰輔 新(60.76)東1
①金沢　結衣 新(58.85)東15
①碓井　梨恵 新(54.00)東6
①田淵　正文 新(48.87)東5
①林　智興 新(45.76)東4
①西村　恵美 新(45.56)東14
①中津川博郷 元(44.27)東16
①猪口　幸子 新(43.77)東17
①南　純 新(43.70)東9
①木内　孝胤 元(38.36)東2
①前田順一郎 新(35.43)東20
①山崎　英昭 新(34.32)東19
①竹田　光明 元(31.60)東21
①辻　健太郎 新(30.37)東7
①笠谷　圭司 新(29.68)東8
①藤川　隆史 新(26.56)東10

公明党　2人　715,450票　11.10%

当①高木　陽介 前
当②河西　宏一 新
③藤井　伸城 新
④大沼　伸貴 新
(令4.6.15離党)

共産党　2人　670,340票　10.40%

当①笠井　亮 前
当②宮本　徹 前　東20
③池内　沙織 元　東12
④谷川　智行 新　東4

れいわ新選組　1人　360,387票　5.59%

当①山本　太郎 新
(令4.4.19辞職)
繰②櫛渕　万里 元(24.35)東22
(令4.4.27繰上)
▼②北村　造 新(12.15)東2
④渡辺　照子 新

▼は小選挙区の得票が有効投票総数の10分の1未満で、復活当選の資格がない者

その他の政党の得票数・得票率は下記のとおりです。(当選者はいません)

政党名	得票数	得票率
国民民主党	306,179票	4.75%
社民党	92,995票	1.44%
NHKと裁判してる党弁護士法72条違反で	92,353票	1.43%
日本第一党	33,661票	0.52%
新党やまと	16,970票	0.26%
政権交代によるコロナ対策強化新党	6,620票	0.10%

新潟県1区　434,016　投57.25

新潟市(北区・東区・中央区・江南区・南区・西区の一部)(P173参照)

当127,365 西村智奈美 立前(52.6)
比当96,591 塚田一郎 自新(39.9)
比18,333 石崎徹 維元(7.6)

西村智奈美(にしむら ちなみ)

立前　当6
新潟県　S42・1・13
勤17年11ヵ月 (初/平15)

党代表代行、予算委、厚労委、拉致特委、党県連代表、厚労副大臣、外務大臣政務官、新潟県議、新潟大院／56歳

〒950-0916 新潟市中央区米山2-5-8 米山プラザビル202　☎025(244)1173
〒107-0052 港区赤坂2-17-10、宿舎

衆 略歴　比例東京・新潟

新潟県２区 288,107 投62.66

当105,426 細田健一 自前(59.9)
比37,157 高倉 栄 国新(21.1)
比33,399 平あや子 共新(19.0)

新潟市(南区(味方・月潟出張所管内)、西区(第1区に属しない区域)、西蒲区)、長岡市の一部(P173参照)、柏崎市、燕市、佐渡市、西蒲原郡、三島郡、刈羽郡

ほそ だ けん いち
細田健一
自前[安] 当4(初/平24)
東京都 S39・7・11
勤10年10ヵ月

農水委、経産委理、原子力特委理、党国土建設関係団体委員長、経産副大臣、予算委理、農水政務官、経産省、京大法、米ハーバード大学院／59歳

〒959-1232 燕市井土巻4-21 ☎0256(47)1809
〒100-8982 千代田区永田町2-1-2、会館 ☎03(3508)7278

新潟県３区 298,289 投65.04

当102,564 斎藤洋明 自前(53.6)
比88,744 黒岩宇洋 立前(46.4)

新潟市(北区の一部(P173参照))、新発田市、村上市、五泉市、阿賀野市、胎内市、北蒲原郡、東蒲原郡、岩船郡

さい とう ひろ あき
斎藤洋明
自前[麻] 当4
新潟県村上市 S51・12・8
勤10年10ヵ月 (初/平24)

総務委理、党国土・建設関係団体委員長、総務大臣政務官、党総務部会長代理、文科部会長代理、内閣府、公正取引委員会、神戸大大学院、学習院大／46歳

〒957-0056 新発田市大栄町3-6-3 ☎0254(21)0003
〒100-8981 千代田区永田町2-2-1、会館 ☎03(3508)7155

新潟県４区 307,471 投64.17

当97,494 菊田真紀子 立前(50.1)
比当97,256 国定勇人 自新(49.9)

新潟市(北区・東区・中央区・江南区の一部、秋葉区、南区の一部(P173参照))、長岡市の一部(P173参照))、三条市、加茂市、見附市、南蒲原郡

きく た ま き こ
菊田真紀子
立前 当7
新潟県加茂市 S44・10・24
勤19年11ヵ月 (初/平15)

党「次の内閣」文科大臣・子ども政策担当大臣、拉致問題対策副本部長、外務政務官、市議(2期)、中国黒龍江大学留学、加茂高／53歳

〒955-0071 三条市本町6-13-3 ☎0256(35)6066
〒107-0052 港区赤坂2-17-10、宿舎

新潟県５区 275,224 投65.20

当79,447 米山隆一 無新(45.0)
比当60,837 泉田裕彦 自前(34.4)
36,422 森 民夫 無新(20.6)

長岡市(第2区及び第4区に属しない区域)、小千谷市、魚沼市、南魚沼市、南魚沼郡

よね やま りゅう いち
米山隆一
立新 当1
新潟県魚沼市 S42・9・8
勤1年11ヵ月 (初/令3)

法務委、原子力特委、決算行監委、前新潟県知事、医師、医学博士、弁護士、おおたか総合法律事務所代表弁護士、灘高校、東大医学部医学科／55歳

〒940-0072 魚沼市七日市新田127 ☎0258(89)8800
〒100-8982 千代田区永田町2-1-2、会館 ☎03(3508)7485

新潟県6区 272,966 投67.79

十日町市、糸魚川市、妙高市、上越市、中魚沼郡

当90,679 梅谷　守 立新(49.6)
比当90,549 高鳥修一 自前(49.5)
1,711 神鳥古賛 無新(0.9)

うめ たに まもる
梅谷　守

立新 当1
東京都 S48・12・9
勤1年11ヵ月 (初/令3)

党政調会長補佐、農水委、議運委、文科委、拉致特委理、新潟県議会議員、国会議員政策担当秘書、早大/49歳

〒943-0805 上越市木田1-8-14 ☎025(526)4211

富山県1区 267,782 投52.43

富山市の一部(P173参照)

当71,696 田畑裕明 自前(51.8)
比当45,411 吉田豊史 維元(32.8)
比14,563 西尾政英 立新(10.5)
6,800 青山了介 共新(4.9)

た ばた ひろ あき
田畑裕明

自前[安] 当4
富山県 S48・1・2
勤10年10ヵ月 (初/平24)

党厚労部会長、厚労委理、消費者特委、総務副大臣、文科委理、国対副委員長、厚労大臣政務官、県議、富山市議、獨協大学経済学部/50歳

〒930-0017 富山市東田地方町2-2-5 ☎076(471)6036
〒107-0052 港区赤坂2-17-10、宿舎

富山県2区 247,492 投54.22

富山市(第1区に属しない区域)、魚津市、滑川市、黒部市、中新川郡、下新川郡

当89,341 上田英俊 自新(68.4)
比41,252 越川康晴 立新(31.6)

うえ だ えい しゅん
上田英俊

自新[茂] 当1
富山県下新川郡入善町 S40・1・22
勤1年11ヵ月 (初/令3)

厚労委、農水委、党地方組織・議員総局長、富山県議会議員、早大政経学部/58歳

〒937-0051 魚津市駅前新町5-30 魚津サンプラザ3F ☎0765(22)6648
〒107-0052 港区赤坂2-17-10、宿舎 ☎03(5549)4671

富山県3区 364,742 投59.06

高岡市、氷見市、砺波市、小矢部市、南砺市、射水市

当161,818 橘　慶一郎 自前(78.5)
44,214 坂本洋史 共新(21.5)

たちばな けい いち ろう
橘　慶一郎

自前[無] 当5
富山県高岡市 S36・1・23
勤14年2ヵ月 (初/平21)

文科委筆頭理事、党組織本部団体総局長、社会的事業推進特別委長、復興副大臣、総務大臣政務官、高岡市長、北開庁、東大/62歳

〒933-0912 高岡市丸の内1-40 高岡商工ビル ☎0766(25)5780
〒107-0052 港区赤坂2-17-10、宿舎

石川県1区 376,122 投52.20			
金沢市	当88,321	小森　卓郎	自新(46.1)
	比48,491	荒井淳志	立新(25.3)
	比45,663	小林　誠	維新(23.9)
	8,930	亀田良典	共新(4.7)

こもり たくお
小森卓郎
自新[安]　当1
神奈川県　S45・5・21
勤1年11ヵ月　(初/令3)

総務委、経産委、地・こ・デジ特委、金融庁総合政策課長、防衛省会計課長、財務省主計局主査、石川県総務部長、プリンストン大院修了、東大法/53歳

〒920-8203　金沢市鞍月5-181　☎076(239)0102
〒100-8981　千代田区永田町2-2-1、会館　☎03(3508)7179

石川県2区 325,273 投56.13			
小松市、加賀市、白山市、能美市、野々市市、能美郡	当137,032	佐々木　紀	自前(78.4)
	27,049	坂本　浩	共新(15.5)
	10,632	山本保彦	無新(6.1)

さ さ き　はじめ
佐々木　紀
自前[安]　当4
石川県能美市　S49・10・18
勤10年10ヵ月　(初/平24)

衆議運委議事進行係、総務委、党国対副委員長、国交大臣政務官、党青年局長、会社役員、東北大法/48歳

〒923-0941　小松市城南町35番地　☎0761(21)1181
〒107-0052　港区赤坂2-17-10、宿舎　☎03(5549)4671

石川県3区 243,618 投66.09			
七尾市、輪島市、珠洲市、羽咋市、かほく市、河北郡、羽咋郡、鹿島郡、鳳珠郡	当80,692	西田昭二	自前(50.7)
	比当76,747	近藤和也	立前(48.3)
	1,588	倉知昭一	無新(1.0)

にし だ しょう じ
西田昭二
自前[岸]　当2
石川県七尾市　S44・5・1
勤6年　(初/平29)

国土交通・内閣府・復興大臣政務官、党総務、党国交副部会長、元県議会副議長、県議(3期)、市議(3期)、秘書、愛知学院大/54歳

〒926-0041　石川県七尾市府中町員外26　☎0767(58)6140
〒100-8981　千代田区永田町2-2-1、会館　☎03(3508)7139

福井県1区 375,210 投56.82			
福井市、大野市、勝山市、あわら市、坂井市、吉田郡	当136,171	稲田朋美	自前(65.5)
	比71,845	野田富久	立新(34.5)

いな だ とも み
稲田朋美
自前[安]　当6
福井県　S34・2・20
勤18年1ヵ月　(初/平17)

消費者特委長、経産委、党整備新幹線等鉄道調査会長、党幹事長代行、防衛大臣、党政調会長、内閣府特命担当相、弁護士、早大/64歳

〒910-0858　福井市手寄1-9-20　☎0776(22)0510
〒100-8982　千代田区永田町2-1-2、会館　☎03(3508)7035

衆 略歴　石川・福井

福井県2区　262,612 投59.12

当81,705　高木　毅　自前(53.9)
比69,984　斉木武志　立前(46.1)

敦賀市、小浜市、鯖江市、越前市、今立郡、南条郡、丹生郡、三方郡、大飯郡、三方上中郡

高木　毅（たかぎ　つよし）

自前［安］　当8
福井県敦賀市　S31・1・16
勤23年4ヵ月　(初/平12)

党国対委員長、議運委長、議運委筆頭理事、復興大臣、国交副大臣、防衛政務官、JC北信越会長、青山学院大学／67歳

〒914-0805　敦賀市鋳物師町4-8 森口ビル2F　☎0770(21)2244
〒100-8981　千代田区永田町2-2-1、会館　☎03(3508)7296

長野県1区　425,440 投59.74

当128,423　若林健太　自新(51.3)
比当121,962　篠原　孝　立前(48.7)

長野市の一部(P174参照)、須坂市、中野市、飯山市、上高井郡、下高井郡、下水内郡

若林健太（わかばやし　けんた）

自新［安］　当1(初/令3)※
長野県長野市　S39・1・11
勤8年(参6年1ヵ月)

農水委理、財金委、災害特委、党税調幹事、党総務、税理士・公認会計士、参農水委長、外務政務官、監査法人代表社員、長野JC理事長、慶大、早大院／59歳

〒380-0921　長野市栗田8-1　☎026(269)0330
〒107-0052　港区赤坂2-17-10、宿舎

長野県2区　382,123 投57.03

当101,391　下条みつ　立前(47.5)
比当68,958　務台俊介　自前(32.3)
比43,026　手塚大輔　維新(20.2)

長野市(第1区に属しない区域)、松本市、大町市、安曇野市、東筑摩郡、北安曇郡、上水内郡

下条みつ（しもじょう）

立前　当5
長野県松本市 S30・12・29
勤15年1ヵ月　(初/平15)

拉致特委長、国交委、防衛大臣政務官、予算委理、党総務、災害特委理、厚生大臣秘書官、富士銀行参事役、信州大／67歳

〒390-0877　松本市沢村2-13-9　☎0263(87)3280
〒100-8981　千代田区永田町2-2-1、会館　☎03(3508)7271

長野県3区　399,168 投59.32

当120,023　井出庸生　自前(51.5)
比当109,179　神津　健　立新(46.9)
比3,722　池　高生　N新(1.6)

上田市、小諸市、佐久市、千曲市、東御市、南佐久郡、北佐久郡、小県郡、埴科郡

井出庸生（いで　ようせい）

自前［麻］　当4
東京都　S52・11・21
勤10年10ヵ月　(初/平24)

文部科学副大臣、党厚生労働部会長代理、党司法制度調査会事務局長、NHK記者、東大／45歳

〒385-0022　佐久市岩村田638　☎0267(78)5515
〒100-8982　千代田区永田町2-1-2、会館　☎03(3508)7469

※平22参院初当選

長野県４区 240,401 投59.37

当86,962 後藤茂之 自前(62.6)
51,922 長瀬由希子 共新(37.4)

岡谷市、諏訪市、茅野市、塩尻市、諏訪郡、木曽郡

ごとう しげゆき 後藤茂之

自前［無］ 当7
東京都 S30・12・9
勤20年 (初/平12)

経済再生大臣、厚生労働大臣、党政調会長代理、社会保障制度調査会長、税調副(インナー)、法副相、国交政務官、厚労委長、大蔵省、東大法／67歳

〒392-0021 諏訪市上川3丁目2212-1 ☎0266(57)3370
〒100-8981 千代田区永田町2-2-1、会館 ☎03(3508)7702

長野県５区 280,123 投64.54

当97,730 宮下一郎 自前(54.9)
比80,408 曽我逸郎 立新(45.1)

飯田市、伊那市、駒ヶ根市、上伊那郡、下伊那郡

みやした いちろう 宮下一郎

自前［安］ 当6
長野県 S33・8・1
勤16年7ヵ月 (初/平15)

消費者特委筆頭理事、党政調会長代理、党農林・経産部会長、内閣府・財務副大臣、財金委員長、東大／65歳

〒396-0010 伊那市境1550-3 ☎0265(78)2828

比例代表 北陸信越 11人

新潟、富山、石川、福井、長野

わしお えいいちろう 鷲尾英一郎

自前［二］ 当6
新潟県 S52・1・3
勤18年1ヵ月 (初/平17)

党副幹事長、環境委理、予算委、外務副大臣、環境委長、党行革推進副本部長、農水政務官、公認会計士、税理士、行政書士、新日本監査法人、東大経／46歳

〒940-2023 長岡市蓮潟5-1-72 ☎0258(86)4900

たかとり しゅういち 髙鳥修一

自前［安］ 当5(初/平17)
新潟県上越市 S35・9・29
勤14年9ヵ月 〈新潟6区〉

災害特委理事、農水委、党政調会長代理、元党筆頭副幹事長・総裁特別補佐、元農水・内閣副大臣、元農水・厚労委員長、元厚労政務官、早大／62歳

〒943-0804 上越市新光町2-1-1 ☎025(521)0760

くに さだ いさ と
国定勇人

自 新［二］ 当1(初/令3)
東京都 S47・8・30
勤1年11ヵ月 **〈新潟4区〉**

環境大臣政務官、三条市長、総務省、一橋大商学部／51歳

〒955-0071 三条市本町4-9-27 ☎0256(47)1555
〒100-8981 千代田区永田町2-2-1、会館 ☎03(3508)7131

いずみ だ ひろ ひこ
泉田裕彦

自 前［無］ 当2(初/平29)
新潟県 S37・9・15
勤6年 **〈新潟5区〉**

農水委、国交委、原子力特委、国土交通・内閣府・復興大臣政務官、元新潟県知事、経産省、通産省、京大法／60歳

〒940-0082 長岡市千歳3-2-33 ☎0258(89)8506
〒100-8982 千代田区永田町2-1-2、会館 ☎03(3508)7640

つか だ いち ろう
塚田一郎

自 新［麻］ 当1(初/令3)※
新潟県新潟市 S38・12・27
勤14年1ヵ月(参12年2ヵ月)〈新潟1区〉

財務金融委員長、国土交通副大臣、復興副大臣、内閣府副大臣、党新潟県連会長、中央大、ボストン大院／59歳

〒950-0945 新潟市中央区女池上山2-22-7 ☎025(280)1016
〒107-0052 港区赤坂2-17-10、宿舎

む たい しゅん すけ
務台俊介

自 前［麻］ 当4(初/平24)
長野県安曇野市 S31・7・3
勤10年10ヵ月 **〈長野2区〉**

環境委理、総務委、憲法審委、党環境部会長代理、環境兼内閣府副大臣、消防庁防災課長、神奈川大教授、東大法／67歳

〒390-0863 松本市白板2-3-30 大永第三ビル101 ☎0263(33)0518
〒100-8981 千代田区永田町2-2-1、会館 ☎03(3508)7334

こん どう かず や
近藤和也

立 前 当3(初/平21)
石川県 S48・12・12
勤9年4ヵ月 **〈石川3区〉**

農水委理、復興特委、党副幹事長、党選対委員長代理、党拉致問題対策本部幹事、元野村證券(株)、京大経済学部／49歳

〒926-0054 七尾市川原町60-2 ☎0767(57)5717

しの はら たかし
篠原　孝

立 前 当7(初/平15)
長野県中野市 S23・7・17
勤19年11ヵ月 **〈長野1区〉**

環境委筆頭理事、経産委、憲法審委、農水副大臣、農水政策研究所長、OECD代表部、京大法、UW大修士／75歳

〒380-0928 長野市若里4-12-26 宮沢ビル2F ☎026(229)5777
〒100-8981 千代田区永田町2-2-1、会館 ☎03(3508)7268

※平19参院初当選

こうづ
神津たけし
立新　当1(初/令3)
神奈川県鎌倉市　S52・1・21
勤1年11ヵ月　〈長野3区〉

国交委、災害特委理、元JICA企画調査員(南アフリカ、ケニア、チュニジア、コートジボワール、ルワンダ駐在)、政策研究大学院大／46歳

〒386-0023　上田市中央西1-7-7 北大手ビル201号室　☎0268(71)5250
〒385-0011　佐久市猿久保668-1 ミニタウンA&A-2号室　☎0267(88)7866

よしだ　とよふみ
吉田豊史
無元　当2(初/平26)
富山県　S45・4・10
勤4年9ヵ月　〈富山1区〉

財金委、会社員、起業、会社役員、富山県議会議員(2期)、早大法／53歳

〒930-0975　富山市西長江3-6-32　☎076(495)8823

なかがわ　ひろまさ
中川宏昌
公新　当1
長野県塩尻市　S45・7・15
勤1年11ヵ月　(初/令3)

党中央幹事、党北陸信越方面本部長、党長野県代表、経産委、地・こ・デジ特委理事、長野県議、長野銀行、創価大／53歳

〒399-0006　松本市野溝西1-3-4 2F　☎0263(88)5550
〒106-0032　港区六本木7-1-3、宿舎

比例代表　北陸信越　11人
有効投票数　3,510,613票

政党名	当選者数 惜敗率 小選挙区	得票数	得票率 惜敗率 小選挙区

自民党　6人　1,468,380票　41.83%

当①鷲尾英一郎 前
当②高鳥　修一 前(99.86)新6
当②国定　勇人 新(99.76)新4
当②泉田　裕彦 前(76.58)新5
当②塚田　一郎 新(75.84)新1
当②務台　俊介 前(68.01)長2
　㉑山本　　拓 前
　㉒佐藤　　俊 新
　㉓工藤　昌克 新
　㉔滝沢　圭隆 新
　㉕近藤　真衣 新
【小選挙区での当選者】
　②細田　健一 前　新2
②斎藤　洋明 前　新3
②田畑　裕明 前　富1
②上田　英俊 新　富2
②橘　慶一郎 前　富3
②小森　卓郎 新　石1
②佐々木　紀 前　石2
②西田　昭二 前　石3
②稲田　朋美 前　福1
②高木　　毅 前　福2
②若林　健太 新　長1
②井出　庸生 前　長3
②後藤　茂之 前　長4
②宮下　一郎 前　長5

立憲民主党　3人　773,076票　22.02%

当①近藤　和也 前(95.11)石3
当①篠原　　孝 前(94.97)長1
当①神津　　健 新(90.97)長3
　①黒岩　宇洋 前(86.53)新3
　①斉木　武志 前(85.65)福2
　①曽我　逸郎 新(82.28)長5
　①荒井　淳志 新(54.90)石1
　①野田　富久 新(52.76)福1
①越川　康晴 新(46.17)富2
①西尾　政英 新(20.31)富1
⑮石本　伸二 新
【小選挙区での当選者】
①西村智奈美 前　新1
①菊田真紀子 前　新4
①梅谷　　守 新　新6
①下条　みつ 前　長2

日本維新の会　1人　361,476票　10.30%

当①吉田　豊史 元(63.34)富 1
①小林　　誠 新(51.70)石 1
①手塚　大輔 新(42.44)長 2
▼①石崎　　徹 元(14.39)新 1

公明党　1人　322,535票　9.19%

当①中川　宏昌 新
②小松　　実 新

▼は小選挙区の得票が有効投票総数の10分の1未満で、復活当選の資格がない者

その他の政党の得票数・得票率は下記のとおりです。
(当選者はいません)

政党名	得票数	得票率
共産党	225,551票	6.42%
国民民主党	133,599票	3.81%
れいわ新選組	111,281票	3.17%
社民党	71,185票	2.03%
NHKと裁判してる党弁護士法72条違反で	43,529票	1.24%

岐阜県1区　326,022　㊙52.31

岐阜市(本庁管内、西部・東部・北部・南部東・南部西・日光事務所管内)

当103,805　野田聖子　自前(62.5)
比48,629　川本慧佑　立新(29.3)
9,846　山越　徹　共新(5.9)
3,698　土田正光　諸新(2.2)

野田聖子(のだ　せいこ)　自前[無]　当10
岐阜県岐阜市　S35・9・3
勤30年4ヵ月　(初/平5)

党情報通信戦略調査会長、内閣府特命担当大臣、党幹事長代行、予算委員長、総務大臣、党総務会長、郵政大臣、県議、帝国ホテル、上智大/62歳

〒500-8367　岐阜市宇佐南4-14-20 2F　☎058(276)2601
〒100-8981　千代田区永田町2-2-1、会館　☎03(3508)7161

岐阜県2区　300,608　㊙56.09

大垣市、海津市、養老郡、不破郡、安八郡、揖斐郡

当108,755　棚橋泰文　自前(65.8)
比40,179　大谷由里子　国新(24.3)
16,374　三尾圭司　共新(9.9)

棚橋泰文(たなはし　やすふみ)　自前[麻]　当9
岐阜県大垣市　S38・2・11
勤27年1ヵ月　(初/平8)

党行政改革推進本部長、党総務副会長、国家公安委員長、予算委員長、党幹事長代理、内閣府特命担当大臣、党青年局長、通産省課長補佐、弁護士、東大/60歳

〒503-0904　大垣市桐ヶ崎町93　☎0584(73)3000
〒100-8982　千代田区永田町2-1-2、会館　☎03(3508)7429

岐阜県３区 422,993 ㊑54.55

当132,357 武藤容治 自前(58.6)
比93,616 阪口直人 立元(41.4)

岐阜市(第1区に属しない区域)、関市、美濃市、羽島市、各務原市、山県市、瑞穂市、本巣市、羽島郡、本巣郡

武藤容治（むとう ようじ）

自前［麻］ 当5
岐阜県 S30・10・18
勤14年9ヵ月（初／平17）

議運理事、党国対副委員長、農水委長、経産副大臣、外務副大臣、総務政務官、党政調副会長、会社会長、慶大商／67歳

〒504-0909 各務原市那加信長町1-91 ☎058(389)2711
〒100-8982 千代田区永田町2-1-2、会館 ☎03(3508)7482

岐阜県４区 330,497 ㊑66.37

当110,844 金子俊平 自前(51.2)
比91,354 今井雅人 立前(42.2)
比14,171 佐伯哲也 維新(6.5)

高山市、美濃加茂市、可児市、飛騨市、郡上市、下呂市、加茂郡、可児郡、大野郡

金子俊平（かねこ しゅんぺい）

自前［岸］ 当2
岐阜県高山市 S53・5・28
勤6年（初／平29）

財務大臣政務官、党副幹事長、党農林副部会長、党青年局次長、三井不動産、国交相秘書官、高山青年会議所理事長、日本青年会議所岐阜ブロック協議会長、慶大／45歳

〒506-0008 高山市初田町1-58-15 ☎0577(32)0395

岐阜県５区 273,847 ㊑62.72

当82,140 古屋圭司 自前(48.5)
比68,615 今井瑠々 立新(40.5)
比9,921 山田良司 維元(5.9)
8,736 小関祥子 共新(5.2)

多治見市、中津川市、瑞浪市、恵那市、土岐市

古屋圭司（ふるや けいじ）

自前［無］ 当11
岐阜県恵那市 S27・11・1
勤33年9ヵ月（初／平2）

党憲法改正実現本部長、予算委、憲法審委、党政調会長代行、議運委長、党選対委長、国家公安委長、拉致問題・国土強靭化・防災担当大臣、経産副大臣、成蹊大／70歳

〒509-7203 恵那市長島町正家1-1-25 ナカヤマプラザ2F ☎0573(25)7550
〒100-8982 千代田区永田町2-1-2、会館 ☎03(3508)7440

静岡県１区 387,132 ㊑50.99

当101,868 上川陽子 自前(52.4)
比53,974 遠藤行洋 立新(27.7)
比21,074 高橋美穂 国元(10.8)
比17,667 青山雅幸 維前(9.1)

静岡市(葵区・駿河区・清水区の一部(P175参照))

上川陽子（かみかわ ようこ）

自前［岸］ 当7
静岡県静岡市 S28・3・1
勤20年（初／平12）

党幹事長代理、憲法審幹事、法務大臣、党一億総活躍推進本部長、党司法制度調査会長、厚労委長、総務副大臣、内閣府特命大臣、公文書管理相、東大、ハーバード大院／70歳

〒420-0035 静岡市葵区七間町18-10 ☎054(251)8424
〒100-8982 千代田区永田町2-1-2、会館 ☎03(3508)7460

静岡県２区 388,436 投56.11	
島田市、焼津市、藤枝市、御前崎市(御前崎支所管内)、牧之原市、榛原郡	当131,082 井林辰憲 自前(61.1) 比71,032 福村　隆 立新(33.1) 12,396 山口祐樹 共新(5.8)

いばやし たつのり
井林辰憲 自前[麻] 当4
東京都 S51・7・18
勤10年10ヵ月 (初/平24)

財金委理、総務委、原子力特委、党副幹事長、党財務金融部会長、環境兼内閣府大臣政務官、国土交通省、京都大学工学部環境工学科、大学院／47歳

〒426-0037 藤枝市青木3-13-8 ☎054(639)5801
〒100-8981 千代田区永田町2-2-1、会館 ☎03(3508)7127

静岡県３区 371,830 投58.14	
浜松市(天竜区の一部(P175参照))、磐田市、掛川市、袋井市、御前崎市(第2区に属しない区域)、菊川市、周智郡	当112,464 小山展弘 立元(52.7) 比当100,775 宮沢博行 自前(47.3)

こ やま のぶ ひろ
小山展弘 立元 当3
静岡県掛川市 S50・12・26
勤8年1ヵ月 (初/平21)

農林水産委、災害特委筆頭理事、党森林林業政策WT座長、党静岡県連副代表、農林中央金庫職員、早大院／47歳

〒438-0078 磐田市中泉656-1 ☎0538(39)1234

静岡県４区 320,374 投50.07	
静岡市(葵区(第1区に属しない区域)、駿河区(第1区に属しない区域)、清水区(第1区に属しない区域))、富士宮市、富士市(木島、岩淵、中之郷、南松野、北松野、中野台1〜2丁目)	当84,154 深沢陽一 自前(53.3) 比当49,305 田中　健 国新(31.2) 比24,441 中村憲一 維新(15.5)

ふか ざわ よう いち
深澤陽一 自前[岸] 当2
静岡県静岡市 S51・6・21
勤3年6ヵ月 (初/令2)

国交委、法務委、災害特委、党財務金融副部会長、厚労政務官、党青年局・女性局次長、静岡県議、静岡市議、衆院議員秘書、信州大学／47歳

〒424-0817 静岡市清水区銀座14-17 ☎054(361)0615
〒107-0052 港区赤坂2-17-10、宿舎

静岡県５区 458,636 投54.39	
三島市、富士市(第4区に属しない区域)、御殿場市、裾野市、伊豆の国市(本庁管内)、田方郡、駿東郡(小山町)	当127,580 細野豪志 無前(51.8) 比当61,337 吉川　赳 自前(24.9) 比51,965 小野範和 立新(21.1) 5,350 千田　光 諸新(2.2)

ほその ごうし
細野豪志 自前[二] 当8
滋賀県 S46・8・21
勤23年4ヵ月 (初/平12)

安保委、復興特委、憲法審委、民主党政調会長、党幹事長、環境大臣、原発事故収束・再発防止担当大臣、内閣府特命担当大臣(原子力行政)、京大法／52歳

〒411-0847 三島市西本町4-6
コーア三島ビル2F ☎055(991)1269

静岡県6区 425,131 投53.77

当104,178 勝俣孝明 自前(46.1)
比当99,758 渡辺　周 立前(44.1)
比22,086 山下洸棋 維新(9.8)

沼津市、熱海市、伊東市、下田市、伊豆市、伊豆の国市(第5区に属しない区域)、賀茂郡、駿東郡(清水町、長泉町)

勝俣孝明(かつまた たかあき)

自前[二] 当4
静岡県沼津市 S51・4・7
勤10年10ヵ月 (初/平24)

農林水産副大臣、党政調副会長、環境大臣政務官、スルガ銀行、財団法人企業経営研究所、学習院大、慶大院修了/47歳

〒410-0062 静岡県沼津市宮前町13-3 ☎055(922)5526

静岡県7区 328,735 投58.72

当130,024 城内　実 自前(68.2)
比60,726 日吉雄太 立前(31.8)

浜松市(中区の一部(P175参照)、西区、南区の一部(P175参照)、北区、浜北区、天竜区(第3区に属しない区域))、湖西市

城内　実(きうち みのる)

自前[森] 当6
静岡県浜松市 S40・4・19
勤16年 (初/平15)

沖北特委筆頭理事、県連会長、外務委長、党国対副委員長、環境副大臣、党経産部会長、拉致特委長、外務副大臣、外務省、東大教養国際関係論/58歳

〒433-8112 浜松市北区初生町1288-1 ☎053(430)5789

静岡県8区 367,189 投56.47

当114,210 源馬謙太郎 立前(55.8)
比当90,408 塩谷　立 自前(44.2)

浜松市(中区(第7区に属しない区域)、東区、南区(第7区に属しない区域))

源馬謙太郎(げんま けんたろう)

立前 当2
静岡県浜松市 S47・12・21
勤6年 (初/平29)

外務・倫選特各理事、予算委、党副幹事長、国際局長、静岡県議、松下政経塾、成蹊大、American University大学院/50歳

〒430-0852 浜松市中区領家1-1-16 ☎053(464)0755

愛知県1区 400,338 投49.49

当94,107 熊田裕通 自前(48.8)
比当91,707 吉田統彦 立前(47.6)
6,988 門田節代 N新(3.6)

名古屋市(東区、北区、西区、中区)

熊田裕通(くまだ ひろみち)

自前[無] 当4
愛知県名古屋市 S39・8・28
勤10年10ヵ月 (初/平24)

予算委、法務委、倫選特委、憲法審委、党国対副、党法務部会長代理、安保調査会事務局長、総務副大臣、防衛大臣政務官、県議、総理秘書、神奈川大法/59歳

〒451-0061 名古屋市西区浄心1-1-41浄心ステーションビル北館102 ☎052(521)1144
〒107-0052 港区赤坂2-17-10、宿舎

愛知県２区 404,436 投53.44

当131,397 古 川 元 久 国前(62.3)
比当79,418 中 川 貴 元 自新(37.7)

名古屋市(千種区、守山区、名東区)

ふるかわもとひさ
古 川 元 久

国前 当9
愛知県名古屋市 S40・12・6
勤27年1ヵ月 (初/平8)

党国対委員長、企業団体委員長、国際局長、国交委、災害特委、内閣委長、国家戦略担当大臣、官房副長官、大蔵省、米国コロンビア大学院留学、東大/57歳

〒464-0075 名古屋市千種区内山3-8-16 トキワビル2F ☎052(733)8401
〒107-0052 港区赤坂2-17-10、宿舎

愛知県３区 417,728 投54.22

当121,400 近 藤 昭 一 立前(55.0)
比当99,489 池 田 佳 隆 自前(45.0)

名古屋市(昭和区、緑区、天白区)

こんどうしょういち
近 藤 昭 一

立前 当9
愛知県名古屋市 S33・5・26
勤27年1ヵ月 (初/平8)

環境委、憲法審委、党企業・団体交流委員会顧問、党副代表・選対委員長、環境副大臣、総務委員長、中日新聞社員、上智大/65歳

〒468-0058 名古屋市天白区植田西3-1207 ☎052(808)1181
〒100-8982 千代田区永田町2-1-2、会館 ☎03(3508)7402

愛知県４区 372,310 投48.95

当78,004 工 藤 彰 三 自前(43.7)
比当72,786 牧 義 夫 立前(40.8)
比27,640 中 田 千 代 維新(15.5)

名古屋市(瑞穂区、熱田区、港区、南区)

くどうしょうぞう
工 藤 彰 三

自前[麻] 当4
愛知県 S39・12・8
勤10年10ヵ月 (初/平24)

災害特委理事、内閣委、国交委、党選対副委員長、国土交通大臣政務官、名古屋市議、議員秘書、中央大商/58歳

〒456-0052 名古屋市熱田区二番2-2-24 ☎052(651)9591
〒107-0052 港区赤坂2-17-10、宿舎

愛知県５区 432,024 投48.63

当84,320 神 田 憲 次 自前(41.2)
比74,995 西 川 厚 志 立新(36.6)
比当45,540 岬 麻 紀 維新(22.2)

名古屋市(中村区、中川区)、清須市、北名古屋市、西春日井郡

かんだけんじ
神 田 憲 次

自前[安] 当4
大分県 S38・2・19
勤10年10ヵ月 (初/平24)

内閣委理、財金委、原子力特委、憲法審委、党内閣第二部会長、金融調査会副幹事長、内閣府大臣政務官、中京大院、愛知学院大院/60歳

〒453-0021 名古屋市中村区松原町5-64 ☎052(462)9872
〒107-0052 港区赤坂2-17-10、宿舎

愛知県６区 435,949 投54.83

当136,168 丹羽秀樹 自前(58.3)
比76,912 松田 功 立前(33.0)
20,299 内田 謙 共新(8.7)

瀬戸市の一部(P175参照)、春日井市、犬山市、小牧市

にわひでき
丹羽秀樹 自前［無］ 当6
愛知県 S47・12・20
勤16年5ヵ月 (初/平17)

議運委理事、党国対副委員長、文部科学副大臣兼内閣府副大臣、党広報戦略局長、厚労委員長、党副幹事長、玉川大／50歳

〒486-0844 春日井市鳥居松町4-68 シティ春日井ビル1階 ☎0568(87)6226
〒107-0052 港区赤坂2-17-10、宿舎

愛知県７区 455,656 投59.54

当144,725 鈴木淳司 自前(54.7)
比88,914 森本和義 立元(33.6)
30,956 須山初美 共新(11.7)

瀬戸市(第6区に属しない区域)、大府市、尾張旭市、豊明市、日進市、長久手市、愛知郡

すずきじゅんじ
鈴木淳司 自前［安］ 当6
愛知県瀬戸市 S33・4・7
勤16年7ヵ月 (初/平15)

原子力特委員長、経産委、党原子力規制特委員長、元総務・経産副大臣、法務委員長、瀬戸市議、松下政経塾、早大／65歳

〒489-0929 瀬戸市西長根町83 Kインタービル2F ☎0561(89)3611
〒100-8981 千代田区永田町2-2-1、会館 ☎03(3508)7264

愛知県８区 437,645 投56.53

当121,714 伊藤忠彦 自前(50.2)
比当120,649 伴野 豊 立元(49.8)

半田市、常滑市、東海市、知多市、知多郡

いとうただひこ
伊藤忠彦 自前［二］ 当5
愛知県 S39・7・11
勤14年9ヵ月 (初/平17)

衆法務委長、前震災復興特委長、前国土交通委理事、前国交部会長、前環境副大臣、県議、電通、早大法／59歳

〒478-0021 知多市岡田字向田61 ☎0562(55)5508
〒100-8982 千代田区永田町2-1-2、会館 ☎03(3508)7003

愛知県９区 432,760 投53.98

当120,213 長坂康正 自前(52.7)
比107,722 岡本充功 立前(47.3)

一宮市(本庁管内(P175参照))、津島市、稲沢市、愛西市、弥富市、あま市、海部郡

ながさかやすまさ
長坂康正 自前［麻］ 当4
愛知県 S32・4・10
勤10年10ヵ月 (初/平24)

国交委理、経産委、原子力特委、党国交部会長代理、党運輸交通関係団体委員長、経産兼内閣府副大臣、内閣府兼復興政務官、県連幹事長、県議6期、総理大臣秘書、内閣官房調査員、青山学院大学経済学部／66歳

〒496-0044 津島市立込町3-26-2 ☎0567(26)3339
〒100-8981 千代田区永田町2-2-1、会館 ☎03(3508)7043

愛知県10区 436,560 投54.49

一宮市(第9区に属しない区域)、江南市、岩倉市、丹羽郡

当81,107	江崎鉄磨	自前(35.0)
比当62,601	杉本和巳	維前(27.0)
比53,375	藤原規真	立新(23.0)
比20,989	安井美沙子	れ新(9.1)
13,605	板倉正文	共新(5.9)

江崎鐵磨（えさき てつま）

自前[二] 当8
愛知県 S18・9・17
勤23年7ヵ月 (初/平5)

決算行監委、党総務会長代理、元内閣府特命大臣(沖縄・北方・消費者等担当)、法務・消費者各委員長、国土交通副大臣、外務総括次官、立教大/79歳

〒491-0002 一宮市時之島字下奈良西2 ☎0586(77)8555
〒107-0052 港区赤坂2-17-10、宿舎 ☎03(5563)9732

愛知県11区 383,834 投62.80

豊田市(旭・足助・小原・上郷・挙母・猿投・下山・高岡・高橋・藤岡・松平地域自治区)、みよし市

当158,018	八木哲也	自前(69.1)
36,788	本多信弘	共新(16.1)
33,990	梅村忠司	無新(14.9)

八木哲也（やぎ てつや）

自前[無] 当4
愛知県豊田市 S22・8・10
勤10年10ヵ月 (初/平24)

予算委、環境委、復興特委、党国対副委員長、党経産副部会長、党副幹事長、環境大臣政務官、豊田市議長、中大理工/76歳

〒471-0868 豊田市神田町1-5-9 ☎0565(32)0048
〒107-0052 港区赤坂2-17-10、宿舎

愛知県12区 444,780 投61.97

岡崎市、西尾市

当142,536	重徳和彦	立前(52.7)
比当128,083	青山周平	自前(47.3)

重徳和彦（しげとく かずひこ）

立前 当4
愛知県 S45・12・21
勤10年10ヵ月 (初/平24)

党代表政務室長代理、総務委、安保委、総務省課長補佐、コロンビア大公共経営学修士、東大法/52歳

〒444-0858 岡崎市上六名3-13-13 浅井ビル3F西 ☎0564(51)1192
〒107-0052 港区赤坂2-17-10、宿舎

愛知県13区 422,731 投61.56

碧南市、刈谷市、安城市、知立市、高浜市

当134,033	大西健介	立前(52.7)
比当120,203	石井拓	自新(47.3)

大西健介（おおにし けんすけ）

立前 当5
奈良県 S46・4・13
勤14年2ヵ月 (初/平21)

予算委、厚労委、情報監視審査会委、党政調会長代理、元議員秘書、元外交官、元参院職員、京大法/52歳

〒446-0074 安城市井杭山町高見8-7-2F ☎0566(70)7122
〒100-8981 千代田区永田町2-2-1、会館 ☎03(3508)7108

愛知県14区 296,452 投62.26

当114,160	今枝宗一郎	自前	(63.0)
比59,462	田中克典	立新	(32.8)
7,689	野沢康幸	共新	(4.2)

豊川市、豊田市(第11区に属しない区域)、蒲郡市、新城市、額田郡、北設楽郡

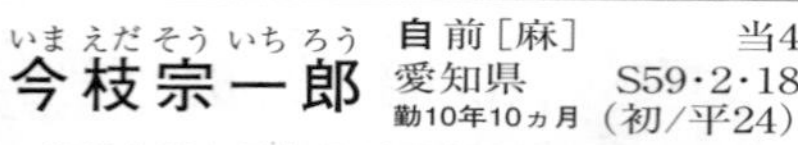

いまえだそういちろう
今枝宗一郎
自前[麻] 当4
愛知県 S59・2・18
勤10年10ヵ月 (初/平24)

党経産部会長代理、法務部会長代理、党青年局青年部長、経産委、党新型コロナ対策本部事務局長、財務大臣政務官、医師、名大医学部/39歳

〒442-0031 豊川市豊川西町64 ☎0533(89)9010
〒100-8981 千代田区永田町2-2-1、会館 ☎03(3508)7080

愛知県15区 348,761 投58.10

当104,204	根本幸典	自前	(52.4)
比80,776	関 健一郎	立前	(40.6)
比13,832	菅谷 竜	れ新	(7.0)

豊橋市、田原市

ね もと ゆき のり
根本幸典
自前[安] 当4
愛知県豊橋市 S40・2・21
勤10年10ヵ月 (初/平24)

文科委理、国交委、災害特委理、党農林部会長代理、党総務、国土交通政務官兼内閣府政務官、豊橋市議(2期)、一橋大経済/58歳

〒441-8032 豊橋市花中町63 ☎0532(35)0261
〒107-0052 港区赤坂2-17-10、宿舎

三重県1区 359,419 投54.88

当122,772	田村憲久	自前	(63.1)
比64,507	松田直久	立元	(33.1)
比7,329	山田いずみ	N新	(3.8)

津市、松阪市

た むら のり ひさ
田村憲久
自前[無] 当9
三重県松阪市 S39・12・15
勤27年1ヵ月 (初/平8)

党社会保障制度調査会長、元厚労大臣(2回)、元働き方改革大臣、元総務副大臣、元厚労委長、保育関係議連会長、千葉大/58歳

〒514-0053 津市博多町5-63 ☎059(253)2883
〒107-0052 港区赤坂2-17-10、宿舎 ☎03(3508)7163

三重県2区 408,281 投54.86

当110,155	川崎秀人	自新	(50.2)
比当109,165	中川正春	立前	(49.8)

四日市市(日永・四郷・内部・塩浜・小山田・河原田・水沢・楠地区市民センター管内)、鈴鹿市、名張市、亀山市、伊賀市

かわさき
川崎ひでと
自新[無] 当1
三重県伊賀市 S56・11・4
勤1年11ヵ月 (初/令3)

総務委、厚労委、倫選特委、党ネットメディア局次長、衆議院議員秘書、(株)NTTドコモ、法政大/41歳

〒518-0832 伊賀市上野車坂町821 ☎0595(21)3249
〒107-0052 港区赤坂2-17-10、宿舎 ☎03(5549)4671

三重県3区 414,312 投55.31

当144,688 岡田克也 立前(64.1)
比当81,209 石原正敬 自新(35.9)

四日市市(富洲原・富田・羽津・常磐・川島・神前・桜・三重・県・八郷・下野・大矢知・保々・海蔵・橋北・中部地区市民センター管内)、桑名市、いなべ市、桑名郡、員弁郡、三重郡

岡田克也（おかだ かつや）

立前 当11
三重県四日市市 S28・7・14
勤33年9ヵ月 (初/平2)

立憲民主党幹事長、民進党・民主党代表、副総理、外相、東大法／70歳

〒510-8121 三重郡川越町高松30-1 ☎059(361)6633
〒100-8981 千代田区永田町2-2-1、会館 ☎03(3508)7109

三重県4区 297,008 投60.76

当128,753 鈴木英敬 自新(72.4)
比41,311 坊農秀治 立新(23.2)
7,882 中川民英 共新(4.4)

伊勢市、尾鷲市、鳥羽市、熊野市、志摩市、多気郡、度会郡、北牟婁郡、南牟婁郡

鈴木英敬（すずき えいけい）

自新[安] 当1
兵庫県 S49・8・15
勤1年11ヵ月 (初/令3)

内閣府大臣政務官(経済再生、新型コロナ・健康危機管理、新しい資本主義、スタートアップ支援、全世代型社会保障)、内閣委、婚活・ブライダル振興議連事務局長、三重県知事、東大／49歳

〒516-0074 伊勢市本町4-3 サンフォレストビル ☎0596(22)7331
〒100-8981 千代田区永田町2-2-1、会館 ☎03(3508)7269

比例代表 東海 21人

岐阜、静岡、愛知、三重

青山周平（あおやま しゅうへい）

自前[安] 当4(初/平24)
愛知県岡崎市 S52・4・28
勤9年6ヵ月 〈愛知12区〉

文科委、財金委、復興特委、原子力特委、憲法審委、党国対副委員長、党青年局次長、幼教委次長、ラグビー少年団指導員、幼稚園園長、法政大／46歳

〒444-0038 岡崎市伝馬通5-63-1 ☎0564(25)2345
〒106-0032 港区六本木7-1-3、宿舎

石井拓（いしい たく）

自新[安] 当1(初/令3)
愛知県碧南市 S40・4・11
勤1年11ヵ月 〈愛知13区〉

財金委、経産委、党環境関係団体委・農水関係団体委各副委員長、国対委、愛知県議、碧南市議、立命館大学法学部／58歳

〒446-0039 愛知県安城市花ノ木町49-96 Actic HANANOKI D号 ☎0566(87)7407
〒107-0052 港区赤坂2-17-10、宿舎

みやざわひろゆき
宮澤博行　**自**前［安］当4（初/平24）
静岡県磐田郡龍山村　S50・1・10
勤10年10ヵ月　**〈静岡3区〉**

党副幹事長、安保委理事、原子力特委理、環境委、党国防部会長、防衛兼内閣府大臣政務官、磐田市議3期、東大法／48歳

〒438-0086　磐田市見付5738-13　☎0538（30）7701
〒100-8981　千代田区永田町2-2-1、会館　☎03（3581）5111 内51021

いけだよしたか
池田佳隆　**自**前［安］当4（初/平24）
愛知県　S41・6・20
勤10年10ヵ月　**〈愛知3区〉**

文科委理、拉致特委理、内閣委、文部科学副大臣、内閣府副大臣、党文部科学部会長代理、日本JC会頭、慶大院／57歳

〒468-0037　名古屋市天白区天白町野並上大塚124-1　☎052（838）6381
〒100-8982　千代田区永田町2-1-2、会館　☎03（3508）7616

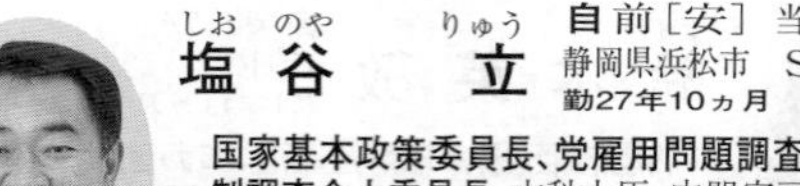

しおのやりゅう
塩谷立　**自**前［安］当10（初/平2）
静岡県浜松市　S25・2・18
勤27年10ヵ月　**〈静岡8区〉**

国家基本政策委員長、党雇用問題調査会長、党税制調査会小委員長、文科大臣、内閣官房副長官、国交委長、文科副大臣、総務政務次官、慶大／73歳

〒430-0928　浜松市中区板屋町605　☎053（455）3711
〒107-0052　港区赤坂2-17-10、宿舎

なかがわたかもと
中川貴元　**自**新［麻］当1（初/令3）
愛知県あま市　S42・2・25
勤1年11ヵ月　**〈愛知2区〉**

総務大臣政務官、総務委、党国対委、名古屋市議、名古屋市会議長、指定都市議長会会長、早大／56歳

〒464-0848　名古屋市千種区春岡1-4-8 805号　☎052（752）6255
〒107-0052　港区赤坂2-17-10、宿舎

いしはらまさたか
石原正敬　**自**新［岸］当1
三重県菰野町　S46・11・29
勤1年11ヵ月　**〈三重3区〉**

議運委、財金委、環境委、倫選特委、党中小企業小規模事業者政策調査会幹事、法務自治・国土建設団体副委員長、菰野町長、名古屋大院／51歳

〒510-1226　三重郡菰野町吉澤441-1　☎059（394）6533
〒510-8028　四日市市下之宮町345-1　☎059（324）0661

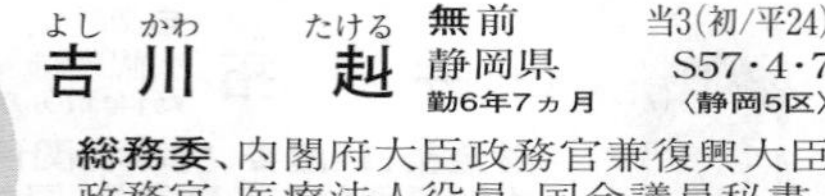

よしかわたける
吉川赳　**無**前　当3（初/平24）
静岡県　S57・4・7
勤6年7ヵ月　**〈静岡5区〉**

総務委、内閣府大臣政務官兼復興大臣政務官、医療法人役員、国会議員秘書、日大院博士前期課程修了／41歳

〒416-0923　静岡県富士市横割本町16-1　☎0545（62）3020
〒107-0052　港区赤坂2-17-10、宿舎

やま もと さ こん
山本左近
自新［麻］ 当1
愛知県 S57・7・9
勤1年11ヵ月 （初／令3）

文部科学大臣政務官兼復興大臣政務官、元F1ドライバー、医療法人・社会福祉法人理事、南山大学中退／41歳

〒440-0806 豊橋市八町通1-14-1 ☎0532(21)7008
〒100-8981 千代田区永田町2-2-1、会館 ☎03(3508)7302

ばん の ゆたか
伴野 豊
立元 当6(初/平12)
愛知県東海市 S36・1・1
勤17年3ヵ月 **〈愛知8区〉**

国土交通委筆頭理事、外務副大臣、国土交通副大臣、国土交通委員長、立憲民主党愛知県第8区総支部長、名古屋工業大学大学院修了／62歳

〒475-0836 半田市青山2-19-8
アンビシャス青山1F ☎0569(25)1888
〒107-0052 港区赤坂2-17-10、宿舎 ☎03(5549)4671

なか がわ まさ はる
中川正春
立前 当9(初/平8)
三重県 S25・6・10
勤27年1ヵ月 **〈三重2区〉**

憲法審幹事、法務委、党憲法調査会長、防災担当大臣、文部科学大臣、党外交・安保調査会長、NC財務大臣、三重県議、米ジョージタウン大／73歳

〒513-0801 鈴鹿市神戸7-1-5 ☎059(381)3513
〒100-8981 千代田区永田町2-2-1、会館 ☎03(3508)7128

よし だ つね ひこ
吉田統彦
立前 当3(初/平21)
愛知県名古屋市 S49・11・14
勤9年4ヵ月 **〈愛知1区〉**

厚労委、消費者特委理、党内閣部門NC副大臣(消費者問題)、党愛知県連副代表、医師・医博、愛知学院大歯学部眼科客員教授、名大、名大院修了／48歳

〒462-0810 名古屋市北区山田1-10-8 ☎052(508)8412

わた なべ しゅう
渡辺 周
立前 当9(初/平8)
静岡県沼津市 S36・12・11
勤27年1ヵ月 **〈静岡6区〉**

安保委、倫選特委理、党政治改革推進本部長、党代表政務室長、元総務・防衛副大臣、領土議連事務局長、拉致議連会長代行、早大／61歳

〒410-0888 沼津市末広町54 ☎055(951)1949

まき よし お
牧 義夫
立前 当7(初/平12)
愛知県名古屋市 S33・1・14
勤21年4ヵ月 **〈愛知4区〉**

政倫審幹事、文科委、議運委理、環境委員長、厚生労働委員長、厚生労働副大臣、衆議院議員秘書、上智大中退／65歳

〒456-0031 名古屋市熱田区神宮2-9-12 ☎052(681)0440
〒100-8981 千代田区永田町2-2-1、会館 ☎03(3508)7628

おおぐちよしのり
大口善徳
公前 当9
大阪府大阪市 S30・9・5
勤26年11ヵ月 (初/平5)

党政務調査会長代理、党中央幹事、党静岡県本部代表、党中部方面副本部長、党東海道方面本部長、法務委理、災害特委、情監審委、裁判官訴追委、厚労副大臣、弁護士、創価大/67歳

〒420-0067 静岡市葵区幸町11-1 1F ☎054(273)8739
〒107-0052 港区赤坂2-17-10、宿舎

いとう わたる
伊藤 渉
公前 当5
愛知県名古屋市 S44・11・13
勤14年9ヵ月 (初/平17)

党中央幹事、党政調会長代理、党税調事務局長、党中部方面本部長、財務副大臣、厚生労働大臣政務官、JR東海(新幹線運転免許所持)、防災士、阪大院/53歳

〒485-0031 小牧市若草町173 カーサフェリーチェ若草101 ☎0568(54)2231
〒100-8981 千代田区永田町2-2-1、会館 ☎03(3508)7187

なかがわやすひろ
中川康洋
公元 当2
三重県四日市市 S43・2・12
勤4年9ヵ月 (初/平26)

党中央幹事、党国対副委員長、党総務部会長、党三重県本部代表、環境大臣政務官、三重県議、四日市市議、衆・参議員秘書、創価大/55歳

〒510-0822 四日市市芝田1-10-29 新栄ビル ☎059(340)5341

すぎもとかずみ
杉本和巳
維前 当4(初/平21)
東京都 S35・9・17
勤11年4ヵ月 〈愛知10区〉

外務委、沖北特委理、元銀行員、英オックスフォード大院・米ハーバード大院修了、早大政経/62歳

〒491-0873 一宮市せんい4-5-1 ☎0586(75)5507
〒100-8981 千代田区永田町2-2-1、会館 ☎03(3508)7266

みさき まき
岬 麻紀
維新 当1(初/令3)
愛知県名古屋市 S43・12・26
勤1年11ヵ月 〈愛知5区〉

財務金融委、災害特委、フリーアナウンサー、愛知大学(中退)、早大eスクール在学中/54歳

〒453-0043 名古屋市中村区上ノ宮町1-2-2 藤井ビル1F ☎052(433)5778

もとむらのぶこ
本村伸子
共前 当3
愛知県豊田市 S47・10・20
勤8年10ヵ月 (初/平26)

党幹部会委員、党中央委員、法務委、消費者特委、八田ひろ子参院議員秘書、県立刈谷高、龍谷大院修士課程修了/50歳

〒460-0007 名古屋市中区新栄3-12-25 ☎052(264)0833
〒107-0052 港区赤坂2-17-10、宿舎

たなか けん
田中 健

国新 当1(初/令3)
静岡県 S52・7・18
勤1年11ヵ月 〈静岡4区〉

党国対副委員長、党税調副事務局長、党静岡県連代表、厚労委、消費者特委、東京都議、大田区議、銀行員、青学大／46歳

〒424-0872 静岡市清水区平川地6-50 ☎054(340)5256

比例代表 東海 21人

有効投票数 6,728,400票

政党名	当選者数	得票数	得票率
	惜敗率 小選挙区		惜敗率 小選挙区

自民党 9人 2,515,841票 37.39%

当選	順位・氏名	区分	惜敗率	小選挙区
当	①青山 周平	前	(89.86)	愛12
当	①石井 拓	新	(89.68)	愛13
当	①宮沢 博行	前	(89.61)	静3
当	①池田 佳隆	前	(81.95)	愛3
当	①塩谷 立	前	(79.16)	静8
当	①中川 貴元	新	(60.44)	愛2
当	①石原 正敬	新	(56.13)	三3
当	①吉川 赳	前	(48.08)	静5
当	㉛山本 左近	新		
	㉜木造 燿子	新		
	㉝森 由紀子	新		
	㉞松本 忠真	新		
	㉟岡本 康宏	新		

【小選挙区での当選者】

順位・氏名	区分	小選挙区
①野田 聖子	前	岐1
①棚橋 泰文	前	岐2
①武藤 容治	前	岐3
①金子 俊平	前	岐4
①古屋 圭司	前	岐5
①上川 陽子	前	静1
①井林 辰憲	前	静2
①深沢 陽一	前	静4
①勝俣 孝明	前	静6
①城内 実	前	静7
①熊田 裕通	前	愛1
①工藤 彰三	前	愛4
①神田 憲次	前	愛5
①丹羽 秀樹	前	愛6
①鈴木 淳司	前	愛7
①伊藤 忠彦	前	愛8
①長坂 康正	前	愛9
①今枝宗一郎	前	愛14
①根本 幸典	前	愛15
①田村 憲久	前	三1
①川崎 秀人	新	三2
①鈴木 英敬	新	三4

立憲民主党 5人 1,485,947票 22.08%

当選	順位・氏名	区分	惜敗率	小選挙区
当	①伴野 豊	元	(99.12)	愛8
当	①中川 正春	前	(99.10)	三2
当	①吉田 統彦	前	(97.45)	愛1
当	①渡辺 周	前	(95.76)	静6
当	①牧 義夫	前	(93.31)	愛4
	①岡本 充功	前	(89.61)	愛9
	①西川 厚志	新	(88.94)	愛5
	①今井 瑠々	新	(83.53)	岐5
	①今井 雅人	前	(82.42)	岐4
	①関 健一郎	前	(77.52)	愛15
	①阪口 直人	元	(70.73)	岐3
	①藤原 規真	新	(65.81)	愛10
	①森本 和義	元	(61.44)	愛7
	①松田 功	前	(56.48)	愛6
	①福村 隆	新	(54.19)	静2
	①遠藤 行洋	新	(52.98)	静1
	①松田 直久	元	(52.54)	三1
	①田中 克典	新	(52.09)	愛14
	①川本 慧佑	新	(46.85)	岐1
	①日吉 雄太	前	(46.70)	静7
	①小野 範和	新	(40.73)	静5
	①坊農 秀治	新	(32.09)	三4
	㉘芳野 正英	新		
	㉙大島 もえ	新		

【小選挙区での当選者】

順位・氏名	区分	小選挙区
①小山 展弘	元	静3
①源馬謙太郎	前	静8
①近藤 昭一	前	愛3
①重徳 和彦	前	愛12
①大西 健介	前	愛13

公明党 3人 784,976票 11.67%

当選	順位・氏名	区分
当	①大口 善徳	前
当	②伊藤 渉	前
当	③中川 康洋	元
	④国森 光信	新
	⑤越野 優一	新

日本維新の会　2人　694,630票　10.32%

当①杉本　和巳 前(77.18) 愛10
当①岬　　麻紀 新(54.01) 愛5
　①中田　千代 新(35.43) 愛4
　①中村　憲一 新(29.04) 静4
▼①山下　洸棋 新(21.20) 静6
▼①青山　雅幸 前(17.34) 静1
▼①佐伯　哲也 新(12.78) 岐4
▼①山田　良司 元(12.08) 岐5

共 産 党　1人　408,606票　6.07%

当①本村　伸子 前
　②島津　幸広 元
　③長内　史子 新

国民民主党　1人　382,733票　5.69%

当①田中　　健 新(58.59) 静4
　①大谷由里子 新(36.94) 岐2
　①高橋　美穂 元(20.69) 静1

【小選挙区での当選者】
①古川　元久 前　　愛2

▼は小選挙区の得票が有効投票総数の10分の1未満で、復活当選の資格がない者

その他の政党の得票数・得票率は下記のとおりです。
(当選者はいません)

政党名	得票数	得票率
れいわ新選組	273,208票	4.06%
NHKと裁判してる党弁護士法72条違反で	98,238票	1.46%
社民党	84,220票	1.25%

滋賀県1区　324,354　㊦58.90

大津市、高島市

当97,482　大岡敏孝　自前(52.2)
比当84,106　斎藤アレックス　国新(45.1)
比5,092　日高千穂　N新(2.7)

おお おか とし たか
大岡敏孝　自前[二]　当4
滋賀県　S47・4・16
勤10年10ヵ月 (初/平24)

厚労委理、安保委、原子力特委、環境副大臣、財務大臣政務官、静岡県議、浜松市議、中小企業診断士、スズキ(株)、早大政治経済学部／51歳

〒520-0026　大津市桜野町1-1-6
　西大津IS II 203　☎077(572)7770
〒106-0032　港区六本木7-1-3、宿舎

滋賀県2区　263,110　㊦56.93

彦根市、長浜市、東近江市(愛東・湖東支所管内)、米原市、愛知郡、犬上郡

当83,502　上野賢一郎　自前(56.6)
比64,119　田島一成　立元(43.4)

うえ の けん いち ろう
上野賢一郎　自前[森]　当5
滋賀県長浜市　S40・8・3
勤14年9ヵ月 (初/平17)

厚労委筆頭、党政調副会長、税調幹事、内閣委員長、財務副大臣、党経産部会長、党財金部会長、国交政務官、総務省、京大法／58歳

〒526-0021　長浜市八幡中山町88-11　☎0749(63)9977
〒100-8981　千代田区永田町2-2-1、会館　☎03(3508)7004

滋賀県3区 274,521 投57.43	当81,888	武村展英	自前(52.8)
草津市、守山市、栗東市、野洲市	比41,593	直山　仁	維新(26.8)
	20,423	佐藤耕平	共新(13.2)
	比11,227	高井崇志	れ前(7.2)

武村展英（たけむら のぶひで）

自前[無]　当4
滋賀県草津市　S47・1・21
勤10年10ヵ月　(初/平24)

消費者特委、総務委理事、環境委、党総務部会長、内閣府政務官、公認会計士、新日本監査法人、慶大／51歳

〒525-0025 草津市西渋川1-4-6 MAEDA第二ビル1F　☎077(566)5345
〒107-0052 港区赤坂2-17-10、宿舎　☎03(5549)4671

滋賀県4区 291,102 投55.83	当86,762	小寺裕雄	自前(54.6)
近江八幡市、甲賀市、湖南市、東近江市(第2区に属しない区域)、蒲生郡	比当72,116	徳永久志	立新(45.4)

小寺裕雄（こてら ひろお）

自前[二]　当2
滋賀県東近江市　S35・9・18
勤6年　(初/平29)

内閣委、農水委、復興特委、地・こ・デジ特委、党女性局次長、党教育・文化・スポーツ関係団体副委員長、内閣府大臣政務官、会社役員、滋賀県議会副議長、八日市青年会議所理事長、同志社大／62歳

〒527-0032 東近江市春日町3-1　☎0748(22)5001
〒106-0032 港区六本木7-1-3、宿舎

京都府1区 390,373 投55.90	当86,238	勝目　康	自新(40.4)
京都市(北区、上京区、中京区、下京区、南区)	比当65,201	穀田恵二	共前(30.5)
	比当62,007	堀場幸子	維新(29.1)

勝目　康（かつめ やすし）

自新[無]　当1
京都府　S49・5・17
勤1年11ヵ月　(初/令3)

党京都府第一選挙区支部長、文科委、厚労委、総務省室長、京都府総務部長、内閣官房副長官秘書官、在仏大使館書記官、東大法／49歳

〒600-8008 京都市下京区四条通東洞院角 フコク生命ビル3F　☎075(211)1889

京都府2区 264,808 投57.14	当72,516	前原誠司	国前(48.9)
京都市(左京区、東山区、山科区)	比43,291	繁本　護	自前(29.2)
	25,260	地坂拓晃	共新(17.0)
	比7,263	中　辰哉	れ新(4.9)

前原誠司（まえはら せいじ）

国前　当10
京都府京都市　S37・4・30
勤30年4ヵ月　(初/平5)

財金委、党代表代行、民進党代表、外相、国交相、国家戦略担当相、民主党代表、府議、松下政経塾、京大法／61歳

〒606-8007 京都市左京区山端壱町田町8-46　☎075(723)2751
〒100-8981 千代田区永田町2-2-1、会館

京都府３区　353,915 ㊜53.52

京都市(伏見区)、向日市、長岡京市、乙訓郡

当89,259　泉　健太　立前(48.2)
比61,674　木村弥生　自前(33.3)
比34,288　井上博明　維新(18.5)

泉　健太（いずみ　けんた）

立前　当8
北海道　S49・7・29
勤20年　(初/平15)

党代表、国家基本委、党政務調査会長、国民民主党国対委員長、議運筆頭理事、内閣府政務官、立命館大／49歳

〒612-8434　京都市伏見区深草加賀屋敷町3-6 ネクスト21 II 1F　☎075(646)5566
〒100-8981　千代田区永田町2-2-1、会館　☎03(3508)7005

京都府４区　396,960 ㊜56.21

京都市(右京区、西京区)、亀岡市、南丹市、船井郡

当96,172　北神圭朗　無元(44.2)
比当80,775　田中英之　自前(37.1)
40,603　吉田幸一　共新(18.7)

北神圭朗（きたがみ　けいろう）

無元(有志)　当4
東京都　S42・2・1
勤10年8ヵ月　(初/平17)

農水委、憲法審委、首相補佐官、経済産業大臣政務官、内閣府大臣政務官、経産委筆頭理事、大蔵省、金融庁、京大法／56歳

〒615-0055　京都市右京区西院西田町23 日新ビル2F　☎075(315)3487
〒100-8982　千代田区永田町2-1-2、会館　☎03(3508)7069

京都府５区　238,618 ㊜59.49

福知山市、舞鶴市、綾部市、宮津市、京丹後市、与謝郡

当68,693　本田太郎　自前(49.4)
比32,108　山本和嘉子　立前(23.1)
21,904　井上一徳　無前(15.7)
16,375　山内　健　共新(11.8)

本田太郎（ほんだ　たろう）

自前[無]　当2
京都府　S48・12・1
勤6年　(初/平29)

議運委、厚労委、倫選特委、政倫審委、党総務、外務大臣政務官、弁護士、府議、東大法／49歳

〒629-2251　京都府宮津市須津413-41　☎0772(46)5033
〒100-8982　千代田区永田町2-1-2、会館　☎03(3508)7012

京都府６区　460,284 ㊜56.81

宇治市、城陽市、八幡市、京田辺市、木津川市、久世郡、綴喜郡、相楽郡

当116,111　山井和則　立前(45.2)
82,004　清水鴻一郎　自元(32.0)
比58,487　中嶋秀樹　維新(22.8)

山井和則（やまのい　かずのり）

立前　当8
京都府京都市　S37・1・6
勤23年4ヵ月　(初/平12)

厚労委、党国対委長代理、民進党国対委長、厚生労働大臣政務官、高齢社会研究所長、大学講師、松下政経塾、京大工院／61歳

〒610-0101　城陽市平川茶屋裏58-1　☎0774(54)0703
〒100-8981　千代田区永田町2-2-1、会館　☎03(3508)7240

大阪府１区 427,637 ㊋53.27

大阪市(中央区、西区、港区、天王寺区、浪速区、東成区)

当110,120	井上英孝	維前(49.4)
比67,145	大西宏幸	自前(30.1)
比28,477	村上賀厚	立新(12.8)
17,194	竹内祥倫	共新(7.7)

いのうえひでたか
井上英孝 維前 当4
大阪府大阪市 S46・10・25
勤10年10ヵ月 (初/平24)

党会計監査人代表、選対本部長代行、懲罰委理事、科技特委員長、国交理事、大阪市議、近畿大／51歳

〒552-0011 大阪市港区南市岡1-7-24 1F ☎06(6581)0001
〒107-0052 港区赤坂2-17-10、宿舎 ☎03(5549)4671

大阪府２区 446,933 ㊋56.98

大阪市(生野区、阿倍野区、東住吉区、平野区)

当120,913	守島　正	維新(48.5)
比80,937	左藤　章	自前(32.5)
比47,487	尾辻かな子	立前(19.0)

もりしまただし
守島　正 維新 当1
大阪府 S56・7・15
勤1年11ヵ月 (初/令3)

総務委理事、沖北特委、党選挙対策班班長、大阪市議3期、中小企業診断士、同志社大商、大阪市大院創造都市修士／42歳

〒545-0011 大阪市阿倍野区昭和町2-1-26-6B
☎06(6195)4774

大阪府３区 367,518 ㊋53.87

大阪市(大正区、住之江区、住吉区、西成区)

当79,507	佐藤茂樹	公前(44.7)
比41,737	萩原　仁	立元(23.4)
38,170	渡部　結	共新(21.4)
18,637	中条栄太郎	無新(10.5)

さとうしげき
佐藤茂樹 公前 当10
滋賀県 S34・6・8
勤27年4ヵ月 (初/平5)

党国会対策委員長、党関西方面副本部長、厚生労働副大臣、文部科学委員長、国土交通大臣政務官、京大／64歳

〒557-0041 大阪市西成区岸里3-1-29 ☎06(6653)3630
〒100-8981 千代田区永田町2-2-1、会館 ☎03(3508)7200

大阪府４区 408,256 ㊋58.33

大阪市(北区、都島区、福島区、城東区)

当107,585	美延映夫	維前(46.1)
比72,835	中山泰秀	自前(31.2)
比28,254	吉田　治	立元(12.1)
比24,469	清水忠史	共前(10.5)

みのべてるお
美延映夫 維前 当2
大阪府大阪市北区 S36・5・23
勤3年6ヵ月 (初/令2)

安保委、拉致特委理事、大阪市会議長、大阪維新の会市会議員団幹事長2期、大阪市監査委員、大阪市議、会社役員、神戸学院大／62歳

〒530-0043 大阪市北区天満1-6-6 井上ビル3F ☎06(6351)1258
〒100-8981 千代田区永田町2-2-1、会館 ☎03(3508)7194

大阪府５区 431,558 ㊝52.98

大阪市（此花区、西淀川区、淀川区、東淀川区）

当106,508 国重　徹 公前（53.1）
比当48,248 宮本岳志 共元（24.1）
比当34,202 大石晃子 れ新（17.1）
11,458 籠池諄子 無新（5.7）

くにしげ　とおる
國重　徹　公前　当4
大阪府大阪市 S49・11・23
勤10年10ヵ月（初／平24）

党青年委員長、党広報局長、党内閣部会長、内閣委理、消費者特委、憲法審委、総務大臣政務官、弁護士、税理士、防災士、創価大／48歳

〒532-0023 大阪市淀川区十三東1-17-19 ファルコンビル5F ☎06(6885)6000
〒100-8982 千代田区永田町2-1-2、会館 ☎03(3508)7405

大阪府６区 391,045 ㊝54.27

大阪市（旭区、鶴見区）、守口市、門真市

当106,878 伊佐進一 公前（54.8）
比59,191 村上史好 立前（30.4）
28,895 星　健太郎 無新（14.8）

い さ しんいち
伊佐進一　公前　当4
大阪府 S49・12・10
勤10年10ヵ月（初／平24）

厚生労働副大臣兼内閣府副大臣、党厚生労働部会長、ジョンズホプキンス大院／48歳

〒570-0027 守口市桜町5-9-201 ☎06(6992)8881

大阪府７区 382,714 ㊝60.02

吹田市、摂津市

当102,486 奥下剛光 維新（45.3）
比71,592 渡嘉敷奈緒美 自前（31.7）
比24,952 乃木涼介 立新（11.0）
20,083 川添健真 共新（8.9）
比6,927 西川弘城 れ新（3.1）

おくした たけみつ
奥下剛光　維新　当1
大阪府 S50・10・4
勤1年11ヵ月（初／令3）

環境委、災害特委理、党国対副委員長、元大阪市長・元大阪府知事秘書、元外務副大臣秘書、元内閣総理大臣宮澤喜一秘書、専修大学／47歳

〒564-0032 吹田市内本町2-6-13 アイワステーションビルⅡ号館 ☎06(6381)7711

大阪府８区 337,105 ㊝59.75

豊中市

当105,073 漆間譲司 維新（53.2）
比53,877 高麗啓一郎 自新（27.3）
比38,458 松井博史 立新（19.5）

うるま じょうじ
漆間譲司　維新　当1
大阪府 S49・9・14
勤1年11ヵ月（初／令3）

環境委理事、法務委、東日本震災復興特委、党政調副会長、大阪府議3期、会社役員、銀行勤務、慶大商学部／48歳

〒561-0884 豊中市岡町北1-1-4 3F ☎06(6857)7770
〒107-0052 港区赤坂2-17-10、宿舎

大阪府９区 456,232 投59.08

池田市、茨木市、箕面市、豊能郡

当133,146	足立康史	維前	(50.3)
83,776	原田憲治	自前	(31.7)
比42,165	大椿裕子	社新	(15.9)
5,369	磯部和哉	無新	(2.0)

足立康史（あだち やすし）　維前　当4
大阪府　S40・10・14
勤10年10ヵ月（初/平24）

農水委理事、経産委、原子力特委、元経済産業省大臣官房参事官、米コロンビア大院、京大院、京大工学部／57歳

〒567-0883 茨木市大手町9-26 吉川ビル3F ☎072(623)5834
〒107-0052 港区赤坂2-17-10、宿舎 ☎03(5549)4671

大阪府10区 320,990 投63.32

高槻市、三島郡

当80,932	池下　卓	維新	(40.3)
比66,943	辻元清美	立前	(33.4)
比52,843	大隈和英	自前	(26.3)

池下　卓（いけした たく）　維新　当1
大阪府高槻市　S50・4・10
勤1年11ヵ月（初/令3）

厚生労働委理事、拉致特委、党会計監査人、大阪府府議、府健康福祉委員長、税理士、龍谷大院／48歳

〒569-1121 高槻市真上町1-1-18
Insist 3A ☎072(668)2013

大阪府11区 398,749 投60.57

枚方市、交野市

当105,746	中司　宏	維新	(44.7)
比70,568	佐藤ゆかり	自前	(29.8)
比60,281	平野博文	立前	(25.5)

中司　宏（なかつか ひろし）　維新　当1
大阪府枚方市　S31・3・11
勤1年11ヵ月（初/令3）

総務委、議運委、地・こ・デジ特委理事、党議員団代表補佐、国対委員長代理、党紀委員長、枚方市長、府議、産経記者、早大／67歳

〒573-0022 枚方市宮之阪1-22-10-101 ☎072(898)4567
〒107-0052 港区赤坂2-17-10、宿舎

大阪府12区 339,395 投55.00

寝屋川市、大東市、四條畷市

当94,003	藤田文武	維前	(51.2)
比59,304	北川晋平	自新	(32.3)
比17,730	宇都宮優子	立新	(9.7)
12,614	松尾正利	共新	(6.9)

藤田文武（ふじた ふみたけ）　維前　当2
大阪府寝屋川市　S55・12・27
勤4年6ヵ月（初/平31）

党幹事長、国家基本委、会社役員、筑波大／42歳

〒572-0838 寝屋川市八坂町24-6
ロイヤルライフ八坂101 ☎072(830)2620
〒107-0052 港区赤坂2-17-10、宿舎

大阪府13区 400,235 投53.43

東大阪市

当101,857 岩谷良平 維新(48.5)
比当85,321 宗清皇一 自前(40.6)
22,982 神野淳一 共新(10.9)

いわ たに りょう へい
岩谷良平

維新 当1
大阪府守口市 S55・6・7
勤1年11ヵ月 (初/令3)

憲法審委、内閣委、倫選特委、党副幹事長、党国対副委員長、行政書士、元会社経営者、早大法卒、京産大院修了「法務博士(専門職)」/43歳

〒577-0809 大阪府東大阪市永和1-25-14-2F ☎06(6732)4204

大阪府14区 421,826 投55.28

八尾市、柏原市、羽曳野市、藤井寺市

当126,307 青柳仁士 維新(55.7)
比70,029 長尾　敬 自前(30.9)
30,547 小松　久 共新(13.5)

あお やぎ ひと し
青柳仁士

維新 当1
埼玉県所沢市 S53・11・7
勤1年11ヵ月 (初/令3)

予算委理、外務委、党国会議員団政調会長代行、党国際局長、国連職員、JICA職員、早大政経、米デューク大修士/44歳

〒581-0081 八尾市南本町4-6-37 ☎072(992)2459
〒100-8981 千代田区永田町2-2-1、会館 ☎03(3508)7609

大阪府15区 390,415 投55.78

堺市(美原区)、富田林市、河内長野市、松原市、大阪狭山市、南河内郡

当114,861 浦野靖人 維前(54.1)
比67,887 加納陽之助 自新(32.0)
29,570 為　仁史 共新(13.9)

うら の やす と
浦野靖人

維前 当4
大阪府松原市 S48・4・4
勤10年10ヵ月 (初/平24)

党選挙対策本部長代理、内閣委、倫選特委、政倫審幹事、保育士、聖和大学(現関西学院大学)/50歳

〒580-0044 松原市田井城1-1-18 ☎072(330)6700
〒107-0052 港区赤坂2-17-10、宿舎

大阪府16区 326,278 投55.50

堺市(堺区、東区、北区)

当84,563 北側一雄 公前(50.8)
比当72,571 森山浩行 立前(43.6)
9,288 西脇京子 N新(5.6)

きた がわ かず お
北側一雄

公前 当10
大阪府 S28・3・2
勤30年5ヵ月 (初/平2)

党副代表・中央幹事会会長、党関西方面本部長、党憲法調査会長、憲法審幹事、国交委、元国土交通大臣、弁護士、税理士、創価大学法学部/70歳

〒590-0957 堺市堺区中之町西1-1-10 堀ビル2F ☎072(221)2706
〒107-0052 港区赤坂2-17-10、宿舎 ☎03(5549)4671

大阪府17区 330,263 投54.50

堺市(中区、西区、南区)

当94,398	馬場伸幸	維前(53.6)
比56,061	岡下昌平	自前(31.8)
25,660	森　流星	共新(14.6)

ばば のぶゆき 馬場伸幸

維前 当4
大阪府 S40・1・27
勤10年10ヵ月 (初/平24)

党代表、国家基本委理事、憲法審幹事、元堺市議会議長、衆院議員中山太郎秘書、「大阪維新の会」副代表、鳳高校/58歳

〒593-8325 堺市西区鳳南町5-711-5 ☎072(274)0771
〒107-0052 港区赤坂2-17-10、宿舎

大阪府18区 434,309 投52.91

岸和田市、泉大津市、和泉市、高石市、泉北郡

当118,421	遠藤　敬	維前(53.0)
比61,597	神谷　昇	自前(27.5)
比24,490	川戸康嗣	立新(11.0)
19,075	望月亮佑	共新(8.5)

えんどう たかし 遠藤　敬

維前 当4
大阪府 S43・6・6
勤10年10ヵ月 (初/平24)

党国対委員長、議運委理、(社)秋田犬保存会会長、日本青年会議所大阪ブロック協議会長、大産大附属高/55歳

〒592-0014 高石市綾園2-7-18 千代田ビル201号 ☎072(266)8228
〒107-0052 港区赤坂2-17-10、宿舎

大阪府19区 304,908 投53.96

貝塚市、泉佐野市、泉南市、阪南市、泉南郡

当68,209	伊東信久	維元(42.2)
比当52,052	谷川とむ	自前(32.2)
比32,193	長安　豊	立元(19.9)
9,258	北村みき	共新(5.7)

いとう のぶひさ 伊東信久

維元 当3
大阪府大阪市 S39・1・4
勤6年9ヵ月 (初/平24)

総務委、決算行監委、医療法人理事長、大阪大学大学院招聘教授、神戸大学/59歳

〒598-0055 泉佐野市若宮町7-13 田端ビル4F ☎072(463)8777
〒107-0052 港区赤坂2-17-10、宿舎 ☎03(5549)4671

兵庫県1区 393,494 投55.48

神戸市(東灘区、灘区、中央区)

当78,657	井坂信彦	立元(36.9)
比当64,202	盛山正仁	自前(30.1)
比当53,211	一谷勇一郎	維新(25.0)
9,922	高橋進吾	無新(4.7)
7,174	木原功仁哉	無新(3.4)

いさか のぶひこ 井坂信彦

立元 当3
東京都 S49・3・27
勤6年9ヵ月 (初/平24)

厚労委、消費者特委、党代表政務室副室長、党デジタルPT・フリーランスWT事務局長、行政書士、神戸市議、京大/49歳

〒651-0085 神戸市中央区八幡通4-2-14 トロア神戸ビル4F ☎078(271)3705

衆 略歴 大阪・兵庫

兵庫県2区 385,611 投50.97

神戸市（兵庫区、北区、長田区）、西宮市（塩瀬・山口支所管内）

当99,455 赤羽一嘉 公前（54.2）
比61,884 船川治郎 立新（33.7）
22,124 宮野鶴生 共新（12.1）

あかば かずよし
赤羽一嘉 公前 当9
東京都 S33・5・7
勤27年 （初／平5）

党幹事長代行、前国土交通大臣、経済産業委員長、経済産業副大臣（兼）内閣府副大臣、三井物産、慶大法学部／65歳

〒652-0803 神戸市兵庫区大開通2-3-6 メゾンユニベール203 ☎078（575）5139
〒107-0052 港区赤坂2-17-10、宿舎

兵庫県3区 315,484 投54.43

神戸市（須磨区、垂水区）

当68,957 関芳弘 自前（40.9）
比当59,537 和田有一朗 維新（35.4）
比22,765 佐藤泰樹 国新（13.5）
17,155 赤田勝紀 共新（10.2）

せき よしひろ
関 芳弘 自前［安］ 当5
徳島県 S40・6・7
勤14年9ヵ月 （初／平17）

経済産業委筆頭理事、経産副大臣、環境副大臣、三井住友銀行、関学大、英国ウェールズ大学院（MBA取得）／58歳

〒654-0026 神戸市須磨区大池町2-3-7 オルタンシア大池1F5号 ☎078（739）0904

兵庫県4区 421,086 投54.69

神戸市（西区）、西脇市、三木市、小野市、加西市、加東市、多可郡

当112,810 藤井比早之 自前（50.0）
比当59,143 赤木正幸 維新（26.2）
比53,476 今泉真緒 立新（23.7）

ふじい ひさゆき
藤井比早之 自前［無］ 当4
兵庫県西脇市 S46・9・11
勤10年10ヵ月 （初／平24）

内閣委理、党選対副委員長、党副幹事長、デジタル社会推進本部幹事長、内閣府副大臣、初代デジタル副大臣、初代ワクチン接種担当副大臣、国交大臣政務官、彦根市副市長、総務省、東大法／51歳

〒673-0404 兵庫県三木市大村530-1 ☎0794（81）1118
〒100-8981 千代田区永田町2-2-1、会館 ☎03（3508）7185

兵庫県5区 368,205 投61.59

豊岡市、川西市の一部（P175参照）、三田市、丹波篠山市、養父市、丹波市、朝来市、川辺郡、美方郡

当94,656 谷公一 自前（42.5）
比当65,714 遠藤良太 維新（29.5）
比62,414 梶原康弘 立元（28.0）

たに こういち
谷 公一 自前［二］ 当7
兵庫県 S27・1・28
勤19年11ヵ月 （初／平15）

国家公安委員長、防災担当大臣、党政調会長代理、過疎特委長、団体総局長、総務会副会長、衆国交委長、復興特委長、復興大臣補佐官、復興副大臣、国交政務官、明大／71歳

〒667-0024 養父市八鹿町朝倉49-1 ☎079（665）7070
〒107-0052 港区赤坂2-17-10、宿舎 ☎03（5549）4671

兵庫県6区 465,210 投55.58

伊丹市、宝塚市、川西市(第5区に属しない区域) (P175参照)

当89,571 市村浩一郎 維元(35.2)
比当87,502 大串正樹 自前(34.4)
比当77,347 桜井 周 立前(30.4)

いちむら こういちろう
市村浩一郎

維元 当4
福岡県福岡市 S39・7・16
勤11年 (初/平15)

党代議士会長、総務委、決算行政監視委、国土交通大臣政務官、松下政経塾9期生、一橋大/59歳

〒665-0035 宝塚市逆瀬川2-6-2 ☎0797(71)1111
〒106-0032 港区六本木7-1-3、宿舎 ☎03(3408)4911

兵庫県7区 441,775 投58.38

西宮市(本庁管内、甲東・瓦木・鳴尾支所管内)、芦屋市

当95,140 山田賢司 自前(37.5)
比当93,610 三木圭恵 維元(36.9)
比64,817 安田真理 立新(25.6)

やまだ けんじ
山田賢司

自前[麻] 当4
大阪府 S41・4・20
勤10年10ヵ月 (初/平24)

外務副大臣、党国対副委員長、議運委(議事進行係)、外務大臣政務官、三井住友銀行、神戸大法/57歳

〒662-0998 西宮市産所町4-8 村井ビル205号室 ☎0798(22)0340
〒107-0052 港区赤坂2-17-10、宿舎 ☎03(5549)4671

兵庫県8区 386,254 投48.83

尼崎市

当100,313 中野洋昌 公前(58.8)
比45,403 小村 潤 共新(26.6)
比24,880 辻 恵 れ元(14.6)

なかの ひろまさ
中野洋昌

公前 当4
京都府京都市 S53・1・4
勤10年10ヵ月 (初/平24)

党経産部会長、経産委理事、原子力特委理事、予算委、元経済産業・内閣府・復興大臣政務官、元国交省課長補佐、東大、米コロンビア大院修了/45歳

〒660-0052 尼崎市七松町3-17-20-201 ☎06(6415)0220

兵庫県9区 363,347 投53.23

明石市、洲本市、南あわじ市、淡路市

当141,973 西村康稔 自前(76.3)
44,172 福原由加利 共新(23.7)

にしむら やすとし
西村康稔

自前[安] 当7
兵庫県明石市 S37・10・15
勤19年11ヵ月 (初/平15)

経済産業大臣、原子力経済被害・GX実行推進・産業競争力・ロシア経済分野協力担当大臣、内閣府特命担当大臣(原子力損害賠償・廃炉等支援機構)、東大法/60歳

〒673-0882 明石市相生町2-8-21 ドール明石201号 ☎078(919)2320
〒107-0052 港区赤坂2-17-10、宿舎 ☎03(5549)4671(代)

兵庫県10区 347,835 投51.55
加古川市、高砂市、加古郡

当79,061 渡海紀三朗 自前(45.0)
比当57,874 掘井健智 維新(32.9)
比38,786 隠樹圭子 立新(22.1)

とかい きさぶろう
渡海紀三朗 自前[無] 当10
兵庫県高砂市 S23・2・11
勤30年3ヵ月 (初/昭61)

安保委、党科学技術・イノベーション戦略調査会長、元文科相、決算行監委長、総理補佐官、党政調会長代理、早大建築/75歳

〒676-0082 高砂市曽根町2248 ☎079(447)4353
〒107-0052 港区赤坂2-17-10、宿舎

兵庫県11区 399,029 投48.39
姫路市の一部(P175参照)

当92,761 松本剛明 自前(49.0)
比当78,082 住吉寛紀 維新(41.3)
18,363 太田清幸 共新(9.7)

まつ もと たけ あき
松本剛明 自前[麻] 当8
東京都 S34・4・25
勤23年4ヵ月 (初/平12)

総務大臣、党国協調会長、税調幹事、新しい資本主義本部、デジタル本部、情報調、金融調、政調会長代理、外相、議運委長、外務委長、旧民主党政調会長、興銀、東大法/64歳

〒670-0972 姫路市手柄1-124 ☎079(282)5516
〒100-8981 千代田区永田町2-2-1、会館 ☎03(3508)7214

兵庫県12区 284,813 投58.90
姫路市(第11区に属しない区域)、相生市、赤穂市、宍粟市、たつの市、神崎郡、揖保郡、赤穂郡、佐用郡

当91,099 山口壮 自前(55.6)
比当49,736 池畑浩太朗 維新(30.3)
比23,137 酒井孝典 立新(14.1)

やま ぐち つよし
山口壮 自前[二] 当7
兵庫県相生市 S29・10・3
勤21年6ヵ月 (初/平12)

環境委、拉致特委、環境大臣、党筆頭副幹事長、拉致特委長、安保委長、内閣府・外務各副大臣、外務省国際科学協力室長、国際政治学博士、東大法、米ジョンズ・ホプキンス大院/68歳

〒678-0005 相生市大石町19-10 西本ビル2F ☎0791(23)6122
〒107-0052 港区赤坂2-17-10、宿舎

奈良県1区 359,066 投61.30
奈良市(本庁管内、西部・北部・東部出張所管内、月ヶ瀬行政センター管内)、生駒市

当93,050 馬淵澄夫 立前(39.0)
比当83,718 小林茂樹 自前(35.1)
比当62,000 前川清成 維新(26.0)

ま ぶち すみ お
馬淵澄夫 立前 当7
奈良県奈良市 S35・8・23
勤18年7ヵ月 (初/平15)

内閣委、党国対委員長、党常任幹事、国土交通大臣、国土交通副大臣、内閣総理大臣補佐官、災害特委長、決算行政監視委員長、会社役員、横浜国大/63歳

〒631-0036 奈良市学園北1-11-10 森田ビル6F ☎0742(40)5531
〒100-8981 千代田区永田町2-2-1、会館 ☎03(3508)7122

奈良県２区 383,875 投58.69

奈良市(都祁行政センター管内)、大和郡山市、天理市、香芝市、山辺郡、生駒郡、磯城郡、北葛城郡

当141,858 高市早苗 自前(64.6)
比54,326 猪奥美里 立新(24.8)
23,285 宮本次郎 共新(10.6)

たかいち さなえ
高市早苗

自前［無］ 当9
奈良県奈良市 S36・3・7
勤28年6ヵ月 (初/平5)

経済安全保障担当大臣、党政調会長、総務大臣、科学技術担当大臣、経産副大臣、議運委員長、近畿大学教授、松下政経塾、神戸大／62歳

〒639-1123 大和郡山市筒井町940-1
〒107-0052 港区赤坂2-17-10、宿舎

奈良県３区 355,246 投57.19

大和高田市、橿原市、桜井市、五條市、御所市、葛城市、宇陀市、宇陀郡、高市郡、吉野郡

当114,553 田野瀬太道 自前(60.8)
34,334 西川正克 共新(18.2)
32,669 高見省次 無新(17.3)
6,824 加藤 孝 N新(3.6)

たのせ たいどう
田野瀬太道

自前［森］ 当4
奈良県五條市 S49・7・4
勤10年10ヵ月 (初/平24)

衆内閣委、文科委、憲法審委、党国対副委員長、前文部科学副大臣兼内閣府副大臣、議運理事、衆議事進行係、早大／49歳

〒634-0044 橿原市大軽町59-1 ☎0744(28)6699
〒107-0052 港区赤坂2-17-10、宿舎

和歌山県１区 307,817 投55.16

和歌山市
令和4年9月1日 岸本周平議員辞職

当103,676 岸本周平 国前(62.7)
比61,608 門 博文 自前(37.3)
補選(令和5.4.23)
当61,720 林 佑美 維新(47.5)
55,657 門 博文 自元(42.8)
11,178 国重秀明 共新(8.6)
1,476 山本貴平 政新(1.1)

はやし ゆみ
林 佑美

維新 補当1
京都府京都市中京区 S56・5・12
勤5ヵ月 (初/令5)

環境委、日本維新の会和歌山県総支部副代表、会社役員、和歌山市議、立命館大学大学院政策科学研究科修了／42歳

〒640-8158 和歌山市十二番丁31番地 雑賀ビル1階
☎073(488)9331

和歌山県２区 242,858 投57.94

海南市、橋本市、有田市、紀の川市、岩出市、海草郡、伊都郡

当79,365 石田真敏 自前(57.7)
比35,654 藤井幹雄 立新(25.9)
比19,735 所 順子 維新(14.4)
2,700 遠西愛美 N新(2.0)

いしだ まさとし
石田真敏

自前［岸］ 当8
和歌山県 S27・4・11
勤21年6ヵ月 (初/平14補)

党広報本部長、党税調小委員長代理、総務大臣、法務委員長、財務副大臣、国土交通大臣政務官、和歌山県議、海南市長、早大政経／71歳

〒649-6226 岩出市宮83 ホテルいとう1F ☎0736(69)0123
〒107-0052 港区赤坂2-17-10、宿舎

和歌山県3区 250,261 投62.32

御坊市、田辺市、新宮市、有田郡、日高郡、西牟婁郡、東牟婁郡

当102,834	二階俊博	自前	(69.3)
20,692	畑野良弘	共新	(14.0)
19,034	本間奈々	諸新	(12.8)
5,745	根来英樹	無新	(3.9)

にかい としひろ
二階俊博 自前[二] 当13
和歌山県 S14・2・17
勤39年11ヵ月 (初/昭58)

党国土強靭化推進本部長、元党幹事長、総務会長、予算委員長、元経産相・運輸相、(社)全国旅行業協会長、県議、中大／84歳

〒644-0003 御坊市島440-1 ☎0738(23)0123

比例代表 近畿 28人

滋賀、京都、大阪、兵庫、奈良、和歌山

みき けいえ
三木圭恵 維元 当2(初/平24)
兵庫県西宮市 S41・7・7
勤3年11ヵ月 〈兵庫7区〉

安保委理事、憲法審査会委、党幹事長代理及び政調副会長、兵庫維新の会幹事長、三田市議2期、関西大学社会学部／57歳

〒662-0837 西宮市広田町1-27 ☎0798(73)1825
〒100-8982 千代田区永田町2-1-2、会館 ☎03(3508)7638

わだ ゆういちろう
和田有一朗 維新 当1(初/令3)
兵庫県神戸市 S39・10・23
勤1年11ヵ月 〈兵庫3区〉

外務委理、情監審委、国会議員秘書、団体役員、神戸市議、兵庫県議、早大、神戸市外国語大学大学院／58歳

〒655-0894 神戸市垂水区川原4-1-1 ☎078(753)3533

すみよし ひろき
住吉寛紀 維新 当1(初/令3)
兵庫県神戸市 S60・1・24
勤1年11ヵ月 〈兵庫11区〉

財金委理、地・こ・デジ特委、党政調副会長、三菱UFJモルガン・スタンレー証券、兵庫県議、白陵高、名古屋大、東大院／38歳

〒670-0043 姫路市小姓町35-1 船場西ビル1F4号室 ☎079(293)7105
〒106-0032 港区六本木7-1-3、宿舎 ☎03(3508)7415

ほりい けんじ
掘井健智 維新 当1(初/令3)
兵庫県 S42・1・10
勤1年11ヵ月 〈兵庫10区〉

予算委、農水委、東日本大震災復興特別委員会、加古川市議、兵庫県議、大阪産業大学／56歳

〒675-0063 加古川市加古川町平野386 船原ビル1階 ☎079(423)7458
〒107-0052 港区赤坂2-17-10、宿舎 ☎03(5549)4671

ほり　ば　さち　こ
堀場幸子　**維新**　当1(初/令3)
北海道札幌市　S54・3・24
勤1年11ヵ月　**〈京都1区〉**

文科委理事、内閣委、党文科部会長、党政調副会長、アンガーマネジメントファシリテーター、フェリス女学院大学大学院修士号／44歳

〒601-8025　京都市南区東九条柳下町6-4　☎075(888)6045

えん　どう　りょう　た
遠藤良太　**維新**　当1(初/令3)
大阪府　S59・12・19
勤1年11ヵ月　**〈兵庫5区〉**

党国対副委員長、党代表付、厚労委、経産委、介護関連会社役員、追手門学院大／38歳

〒669-1529　兵庫県三田市中央町3-12
マスダビル3階　☎079(564)6156
〒107-0052　港区赤坂2-17-10、宿舎

いち たに ゆう いち ろう
一谷勇一郎　**維新**　当1(初/令3)
大阪府大阪市　S50・1・22
勤1年11ヵ月　**〈兵庫1区〉**

厚労委、国交委、原子力特委理、党政調副会長、柔道整復師、介護事業所経営、(一社)日本・ロシア経済友好協会理事、関西医療学園専門学校／48歳

〒650-0001　神戸市中央区加納町4-4-15
KGビル201　☎078(332)3536

まえ　かわ　きよ　しげ
前川清成　**維新**　当1(初/令3)※
奈良県橿原市　S37・12・22
勤14年1ヵ月(参12年2ヵ月)〈奈良1区〉

経産委、国交委、内閣府副大臣、復興副大臣、参議院議院運営委員会筆頭理事、参議院経済産業委員長、龍谷大理事、弁護士、関西大／60歳

〒630-8115　奈良市大宮町1-12-8　☎0742(32)3366
〒100-8982　千代田区永田町2-1-2、会館

いけ はた こう　た　ろう
池畑浩太朗　**維新**　当1(初/令3)
東京都港区　S49・9・26
勤1年11ヵ月　**〈兵庫12区〉**

農林水産委、予算委、消費者特委理、党国対副委員長、兵庫県議、衆院議員秘書、農業高校教員、岡山県立農業大学校／48歳

〒679-4167　兵庫県たつの市龍野町富永730-20
玉田ビル1F　☎0791(63)2814
〒106-0032　港区六本木7-1-3、宿舎

あか　ぎ　まさ　ゆき
赤木正幸　**維新**　当1(初/令3)
岡山県倉敷市　S50・2・22
勤1年11ヵ月　**〈兵庫4区〉**

党国会対策副委員長、国土交通委理事、IT会社代表、不動産会社代表、早大法学部、早大大学院政治学研究科博士課程修了／48歳

〒651-2243　神戸市西区井吹台西町2-2-1-602
☎050(3154)1117
〒100-8982　千代田区永田町2-1-2、会館　☎03(3508)7505

※平16参院初当選

おくの しんすけ
奥野信亮　**自**前［安］　当6
奈良県　S19・3・5
勤16年7ヵ月（初/平15）

倫選特委理、予算委、法務委、裁判官訴追委、党山村振興特別委員長、総務・法務副大臣、日産取締役、慶大／79歳

〒639-2212　御所市中央通り2-113-1　☎0745(62)4379
〒100-8982　千代田区永田町2-1-2、会館☎03(3581)5111
(内71001)

やなぎ もと あきら
柳本　顕　**自**新［麻］　当1
大阪府大阪市　S49・1・29
勤1年11ヵ月　（初/令3）

環境大臣政務官兼内閣府大臣政務官、大阪市会議員(5期)、大阪市議団幹事長、関西電力(株)、京大法学部／49歳

〒557-0034　大阪市西成区松1-1-6　☎06(4398)6090
〒107-0052　港区赤坂2-17-10、宿舎

おおぐし まさき
大串正樹　**自**前［無］　当4(初/平24)
兵庫県　S41・1・20
勤10年10ヵ月　**〈兵庫6区〉**

デジタル副大臣兼内閣府副大臣、党国対副委員長、厚労部会長代理、経産政務官、IHI、松下政経塾、JAIST(Ph.D.)助教、西武文理大准教授、東北大院／57歳

〒664-0851　伊丹市中央1-2-6
グランドハイツコーワ2-12　☎072(773)7601
〒100-8981　千代田区永田町2-2-1、会館☎03(3508)7191

こばやし しげき
小林茂樹　**自**前［二］　当3(初/平24)
奈良県奈良市　S39・10・9
勤8年　**〈奈良1区〉**

環境副大臣兼内閣府副大臣、党総務、国土交通大臣政務官、元奈良県議、奈良青年会議所理事長、慶大法／58歳

〒631-0827　奈良市西大寺小坊町1-6
西大寺ビル1F東　☎0742(52)6700

たなか ひでゆき
田中英之　**自**前［無］　当4(初/平24)
京都府　S45・7・11
勤10年10ヵ月　**〈京都4区〉**

国交委、地・こ・デジ特委理、決算行監委理、党副幹事長、文科副大臣、国交政務官、党農林部会長代理、京都市議、京都外大／53歳

〒615-0852　京都市右京区西京極西川町1-5
☎075(315)7500
〒107-0052　港区赤坂2-17-10、宿舎

むねきよ こういち
宗清皇一　**自**前［安］　当3(初/平26)
大阪府東大阪市　S45・8・9
勤8年10ヵ月　**〈大阪13区〉**

財金委理、経産委、震災復興特委、原子力特委、内閣府大臣政務官兼復興大臣政務官、経済産業大臣政務官兼内閣府大臣政務官(万博担当)、大阪府議、衆院議員秘書、龍谷大／53歳

〒577-0843　東大阪市荒川1-13-23　☎06(6726)0090
〒107-0052　港区赤坂2-17-10、宿舎

もり　やま　まさ　ひと
盛山正仁
自前［岸］　当5(初/平17)
大阪府大阪市　S28・12・14
勤14年9ヵ月　**〈兵庫1区〉**

議運委筆頭理、懲罰委理、国家基本委、政倫審筆頭幹事、党国対筆頭副委員長、厚労委長、法務兼内閣府副大臣、国交省部長、環境省課長、OECD職員、東大、神戸大院、法学・商学博士／69歳

〒650-0001　神戸市中央区加納町2-4-10
水木ビル601　☎078(231)5888

たに　がわ
谷川とむ
自前［安］　当3(初/平26)
兵庫県尼崎市　S51・4・27
勤8年10ヵ月　**〈大阪19区〉**

法務委理、国交委、復興特委理、地・こ・デジ特委、党副幹事長、総務大臣政務官、参院議員秘書、僧侶、俳優、阪大院修士／47歳

〒598-0007　大阪府泉佐野市上町1-1-35
1.3ビルディング2階　☎072(464)1416
〒107-0052　港区赤坂2-17-10、宿舎

たけ　うち　ゆずる
竹内　譲
公前　当6
京都府京都市　S33・6・25
勤17年5ヵ月　(初/平5)

経済産業委長、党中央幹事会会長代理、総務委長、厚労副大臣、党政調会長、京都市議、三和銀行、京大法／65歳

〒602-8442　京都市上京区今出川通大宮南西角
☎075(417)4440
〒100-8982　千代田区永田町2-1-2、会館　☎03(3508)7473

うき　しま　とも　こ
浮島智子
公前　当4(初/平24)※1
東京都　S38・2・1
勤16年11ヵ月(参6年1ヵ月)

総務委員長、党政調副会長、党文化芸術局長、党教育改革推進本部長、文部科学副大臣兼内閣府副大臣、環境政務官兼内閣府政務官、参院議員、東京立正高／60歳

〒540-0025　大阪市中央区徳井町2-4-15
タニイビル6F　☎06(6942)1150
〒107-0052　港区赤坂2-17-10、宿舎

わに　ぶち　よう　こ
鰐淵洋子
公前　当2(初/平29)※2
福岡県福岡市　S47・4・10
勤12年1ヵ月(参6年1ヵ月)

党女性委副委員長、党国対副委員長、文科委理、予算委、文科大臣政務官、党経産部会長、参議院議員、公明党本部、創価女子短大／51歳

〒550-0013　大阪市西区新町3-5-8
エーペック西長堀ビル401
〒107-0052　港区赤坂2-17-10、宿舎

さくら　い　しゅう
櫻井　周
立前　当2(初/平29)
兵庫県　S45・8・16
勤6年　**〈兵庫6区〉**

財金委理、倫選特委、党国際局副局長、政調副会長、兵庫県連幹事長、伊丹市議、弁理士、JBIC、京大、京大院、ブラウン大院／53歳

〒664-0858　伊丹市西台5-1-11　☎072(768)9260
〒107-0052　港区赤坂2-17-10、宿舎

※1 平16参院初当選　※2 平16参院初当選

もり　やま　ひろ　ゆき
森山浩行
立前　当3（初/平21）
大阪府堺市　S46・4・8
勤9年4ヵ月　〈大阪16区〉

文科委理、予算委、国家基本委理、党災害・緊急事態局長、国対副委員長、大阪府連代表、関西TV記者、堺市議、大阪府議、明大法／52歳

〒590-0078　堺市堺区南瓦町1-21
宏昌センタービル2F　☎072（233）8188

とく　なが　ひさ　し
徳永久志
無新　当1（初/令3）※1
滋賀県　S38・6・27
勤8年（参6年1ヵ月）〈滋賀4区〉

国家基本委、立憲民主党滋賀県連代表、参議院議員、外務大臣政務官、滋賀県議、松下政経塾、早大政経／60歳

〒523-0892　近江八幡市出町414-6
サツキビル　☎0748（31）3047
〒107-0052　港区赤坂2-17-10、宿舎

こく　た　けい　じ
穀田恵二
共前　当10（初/平5）
岩手県水沢市　S22・1・11
勤30年4ヵ月　〈京都1区〉

党国対委員長、党選挙対策委員長、党常任幹部会委員、外務委、政倫審、京都市議、立命館職員、立命館大／76歳

〒604-0092　京都市中京区丸太町
新町角大炊町186　☎075（231）5198
〒107-0052　港区赤坂2-17-10、宿舎　☎03（5549）3114

㊡略歴

比例近畿

みや　もと　たけ　し
宮本岳志
共元　当5（初/平21）※2
和歌山県和歌山市　S34・12・25
勤17年9ヵ月（参6年1ヵ月）〈大阪5区〉

党中央委員、総務委、文科委、和歌山大学教育学部除籍／63歳

〒537-0025　大阪市東成区中道1-10-10　☎06（6975）9111
〒100-8981　千代田区永田町2-2-1、会館　☎03（3508）7255

さいとう
斎藤アレックス
国新　当1（初/令3）
スペイン国マドリッド市　S60・6・30
勤1年11ヵ月　〈滋賀1区〉

党政調副会長、予算委、安保委、倫選特委、松下政経塾、米国議会フェロー、衆議員秘書、同志社大経済学部／38歳

〒520-0044　大津市京町3-2-11　☎077（525）5030
〒107-0052　港区赤坂2-17-10、宿舎

おおいし
大石あきこ
れ新　当1（初/令3）
大阪府大阪市　S52・5・27
勤1年11ヵ月　〈大阪5区〉

内閣委、元大阪府職員、大阪大／46歳

〒532-0011　大阪市淀川区西中島7-1-1 興北ビル2階
〒100-8982　千代田区永田町2-1-2、会館

※1 平19参院初当選　※2 平10参院初当選

比例代表　近畿　28 人

有効投票数　9,378,905票

政党名	当選者数	得票数	得票率
	惜敗率 小選挙区		惜敗率 小選挙区

日本維新の会　10人　3,180,219票　33.91%

当①三木　圭恵 元(98.39) 兵 7
当①和田有一朗 新(86.34) 兵 3
当①住吉　寛紀 新(84.18) 兵11
当①掘井　健智 新(73.20) 兵10
当①堀場　幸子 新(71.90) 京 1
当①遠藤　良太 新(69.42) 兵 5
当①一谷勇一郎 新(67.65) 兵 1
当①前川　清成 新(66.63) 奈 1
当①池畑浩太朗 新(54.60) 兵12
当①赤木　正幸 新(52.43) 兵 4
①直山　仁 新(50.79) 滋 3
①中嶋　秀樹 新(50.37) 京 6
①井上　博明 新(38.41) 京 3
①所　順子 新(24.87) 和 2
【小選挙区での当選者】
①井上　英孝 前 大 1
①守島　正 新 大 2
①美延　映夫 前 大 4
①奥下　剛光 新 大 7
①漆間　譲司 新 大 8
①足立　康史 前 大 9
①池下　卓 新 大10
①中司　宏 新 大11
①藤田　文武 前 大12
①岩谷　良平 新 大13
①青柳　仁士 新 大14
①浦野　靖人 前 大15
①馬場　伸幸 前 大17
①遠藤　敬 前 大18
①伊東　信久 元 大19
①市村浩一郎 元 兵 6

自 民 党　8 人　2,407,699票　25.67%

当①奥野　信亮 前
当②柳本　顕 新
当③大串　正樹 前(97.69) 兵 6
当③小林　茂樹 前(89.97) 奈 1
当③田中　英之 前(83.99) 京 4
当③宗清　皇一 前(83.77) 大13
当③盛山　正仁 前(81.62) 兵 1
当③谷川　とむ 前(76.31) 大19
③渡嘉敷奈緒美 前(69.86) 大 7
③木村　弥生 前(69.10) 京 3
③中山　泰秀 前(67.70) 大 4
③左藤　章 前(66.94) 大 2
③佐藤ゆかり 前(66.73) 大11
③大隈　和英 前(65.29) 大10
③北川　晋平 新(63.09) 大12
③大西　宏幸 前(60.97) 大 1
③繁本　護 前(59.70) 京 2
③門　博文 前(59.42) 和 1
③岡下　昌平 前(59.39) 大17
③加納陽之助 新(59.10) 大15
③長尾　敬 前(55.44) 大14
③神谷　昇 前(52.02) 大18
③高麗啓一郎 新(51.28) 大 8
㊴湯峯　理之 新
㊵野村　広志 新
【小選挙区での当選者】
③大岡　敏孝 前 滋 1
③上野賢一郎 前 滋 2
③武村　展英 前 滋 3
③小寺　裕雄 前 滋 4
③勝目　康 新 京 1
③本田　太郎 前 京 5
③関　芳弘 前 兵 3
③藤井比早之 前 兵 4
③谷　公一 前 兵 5
③山田　賢司 前 兵 7
③西村　康稔 前 兵 9
③松本　剛明 前 兵11
③山口　壮 前 兵12
③高市　早苗 前 奈 2
③石田　真敏 前 和 2

公 明 党　3 人　1,155,683票　12.32%

当①竹内　譲 前
当②浮島　智子 前
当③鰐淵　洋子 前
④浜村　進 前
⑤田丸　義高 新
⑥鷲岡　秀明 新
⑦田中　博之 新
⑧井上　幸作 新

立憲民主党　3 人　1,090,665票　11.63%

当①桜井　周 前(86.35) 兵 6
当①森山　浩行 前(85.82) 大16
当①徳永　久志 新(83.12) 滋 4
①辻元　清美 前(82.72) 大10
①田島　一成 元(76.79) 滋 2
①安田　真理 新(68.13) 兵 7
①梶原　康弘 元(65.94) 兵 5
①船川　治郎 新(62.22) 兵 2
①平野　博文 前(57.01) 大11
①村上　史好 前(55.38) 大 6
①萩原　仁 元(52.49) 大 3
①隠樹　圭子 新(49.06) 兵10
①今泉　真緒 新(47.40) 兵 4
①長安　豊 元(47.20) 大19
①山本和嘉子 前(46.74) 京 5
①藤井　幹雄 新(44.92) 和 2

①尾辻かな子 前(39.27)大2
①猪奥　美里 新(38.30)奈2
①松井　博史 新(36.60)大8
①吉田　　治 元(26.26)大4
①村上　賀厚 新(25.86)大1
①酒井　孝典 新(25.40)兵12
①乃木　涼介 新(24.35)大7
①川戸　康嗣 新(20.68)大18
▼①宇都宮優子 新(18.86)大12
㉚笹田　能美 新
㉛豊田潤多郎 元
【小選挙区での当選者】
①泉　　健太 前　　京3
①山井　和則 前　　京6
①井坂　信彦 元　　兵1
①馬淵　澄夫 前　　奈1

共産党　2人　736,156票　7.85%

当①穀田　恵二 前　　京1
当②宮本　岳志 元　　大5
③清水　忠史 前　　大4
④小村　　潤 新　　兵8
⑤武山　彩子 新
⑥西田佐枝子 新

国民民主党　1人　303,480票　3.24%

当①斎藤アレックス 新(86.28)滋1
①佐藤　泰樹 新(33.01)兵3
【小選挙区での当選者】
①岸本　周平 前　　和1
①前原　誠司 前　　京2

れいわ新選組　1人　292,483票　3.12%

当①大石　晃子 新(32.11)大5
①辻　　　恵 元(24.80)兵8
▼①高井　崇志 前(13.71)滋3
▼①中　　辰哉 新(10.02)京2
▼①西川　弘城 新(6.76)大7
⑥八幡　　愛 新

▼は小選挙区の得票が有効投票総数の10分の1未満で、復活当選の資格がない者

その他の政党の得票数・得票率は下記のとおりです。(当選者はいません)

政党名	得票数	得票率
NHKと裁判してる党弁護士法72条違反で	111,539票	1.19%
社民党	100,980票	1.08%

鳥取県1区　230,959　㊥56.10

当105,441　石破　茂　自前(84.1)
19,985　岡田正和　共新(15.9)

鳥取市、倉吉市、岩美郡、八頭郡、東伯郡(三朝町)

石破　茂(いしば　しげる)

自前[無]　当12
鳥取県八頭郡　S32・2・4
勤37年4ヵ月(初/昭61)

予算委、憲法審委、党総務、元地方創生担当相、党幹事長、政調会長、農林水産相、防衛相、防衛庁長官、運輸委長、三井銀行、慶大/66歳

〒680-0055　鳥取市戎町515-3　☎0857(27)4898
〒100-8982　千代田区永田町2-1-2、会館

鳥取県2区　234,420　㊥60.20

当75,005　赤沢亮正　自前(54.0)
比当63,947　湯原俊二　立元(46.0)

米子市、境港市、東伯郡(湯梨浜町、琴浦町、北栄町)、西伯郡、日野郡

赤澤亮正(あかざわ　りょうせい)

自前[無]　当6
東京都　S35・12・18
勤18年1ヵ月(初/平17)

内閣委、党文化立国調査会長代理、党政調会長代理、内閣府副大臣、国交大臣政務官、東大法/62歳

〒683-0823　米子市加茂町1-24　☎0859(38)7333
〒100-8982　千代田区永田町2-1-2、会館　☎03(3508)7490

島根県1区 268,337 投61.23

松江市、出雲市(平田支所管内)、安来市、雲南市(大東・加茂・木次総合センター管内)、仁多郡、隠岐郡

当90,638 細田博之 自前(56.0)
比66,847 亀井亜紀子 立前(41.3)
4,318 亀井彰子 無新(2.7)

ほそだひろゆき
細田博之 無前 当11
島根県松江市 S19・4・5
勤33年9ヵ月 (初/平2)

衆議院議長、憲法審査会長、自民党総務会長、党幹事長、党国対委員長、内閣官房長官、国務大臣、東大/79歳

〒690-0851 松江市堂形町881細田会館 ☎0852(21)6455

島根県2区 291,649 投61.85

浜田市、出雲市(第1区に属しない区域)、益田市、大田市、江津市、雲南市(第1区に属しない区域)、飯石郡、邑智郡、鹿足郡

当110,327 高見康裕 自新(62.4)
比52,016 山本誉 立新(29.4)
14,361 向瀬慎一 共新(8.1)

たかみやすひろ
高見康裕 自新[茂] 当1
島根県出雲市 S55・10・16
勤1年11ヵ月 (初/令3)

法務大臣政務官、法務委、党青年局顧問、島根県議、海上自衛隊、読売新聞、東大大学院/42歳

〒693-0058 出雲市矢野町941-4 ☎0853(23)8118
〒107-0052 港区赤坂2-17-10、宿舎

岡山県1区 364,162 投46.73

岡山市(北区の一部(P176参照)、南区の一部(P176参照))、加賀郡(吉備中央町(本庁管内(P176参照)、井原出張所管内)

当90,939 逢沢一郎 自前(55.0)
比65,499 原田謙介 立新(39.6)
8,990 余江雪央 共新(5.4)

あいさわいちろう
逢沢一郎 自前[無] 当12
岡山県岡山市 S29・6・10
勤37年4ヵ月 (初/昭61)

党選挙制度調査会長、政倫審会長、国家基本委長、議運委長、党国対委長、予算委長、幹事長代理、外務副大臣、通産政務次官、松下政経塾理事、慶大工/69歳

〒700-0933 岡山市北区奥田1-2-3 ☎086(233)0016
〒100-8981 千代田区永田町2-2-1、会館 ☎03(3508)7105

岡山県2区 289,071 投50.42

岡山市(北区(第1区に属しない区域)、中区、東区(本庁管内)、南区(第1区に属しない区域))、玉野市、瀬戸内市

当80,903 山下貴司 自前(56.4)
比62,555 津村啓介 立前(43.6)

やましたたかし
山下貴司 自前[茂] 当4
岡山県岡山市 S40・9・8
勤10年10ヵ月 (初/平24)

憲法審幹事、党副幹事長、党改革実行本部事務局長、党憲法改正実現本部事務局長、情報通信戦略調査会副会長、法務大臣、検事、外交官、弁護士、東大法/57歳

〒703-8282 岡山市中区平井6-3-13 ☎086(230)1570
〒100-8982 千代田区永田町2-1-2、会館 ☎03(3508)7057

岡山県3区 270,568 ㊒57.97	当68,631	平沼正二郎	無新(44.4)
岡山市(東区(第2区に属しない区域))、津山市、備前市、赤磐市、真庭市の一部(P176参照)、美作市、和気郡、真庭郡、苫田郡、勝田郡、英田郡、久米郡	比当54,930	阿部俊子	自前(35.5)
	比23,316	森本　栄	立新(15.1)
	7,760	尾崎宏子	共新(5.0)

ひらぬましょうじろう
平沼正二郎 自新[二] 当1
岡山県岡山市 S54・11・11
勤1年11ヵ月 (初/令3)

内閣委、農林水産委、消費者特委、党青年局次長、IT会社役員、学習院大学経済学部／43歳

〒708-0806 津山市大田81-11 ☎0868(24)0107

岡山県4区 381,828 ㊒48.04	当89,052	橋本　岳	自前(49.7)
倉敷市(本庁管内、児島・玉島・水島・庄・茶屋町支所管内)、都窪郡	比当83,859	柚木道義	立前(46.8)
	6,146	中川智晴	無新(3.4)

はしもと　がく
橋本　岳 自前[茂] 当5
岡山県総社市 S49・2・5
勤14年9ヵ月 (初/平17)

地域・こども・デジタル特別委員長、厚労委員長、党総務、厚労副大臣、党厚労部会長、党外交部会長、厚労政務官、三菱総研研究員、慶大院／49歳

〒710-0842 倉敷市吉岡552 ☎086(422)8410
〒107-0052 港区赤坂2-17-10、宿舎

岡山県5区 262,936 ㊒54.33	当102,139	加藤勝信	自前(72.6)
倉敷市(第4区に属しない区域)、笠岡市、井原市、総社市、高梁市、新見市、真庭市(第3区に属しない区域)、浅口市、浅口郡、小田郡、加賀郡(吉備中央町(第1区に属しない区域))	比31,467	はたともこ	立新(22.4)
	7,067	美見芳明	共新(5.0)

かとうかつのぶ
加藤勝信 自前[茂] 当7
東京都 S30・11・22
勤19年11ヵ月 (初/平15)

厚生労働大臣、党社会保障制度調査会長、官房長官、厚労相、党総務会長、一億総活躍・働き方改革相、元大蔵省、東大／67歳

〒714-0088 笠岡市中央町31-1 ☎0865(63)6800
〒100-8982 千代田区永田町2-1-2、会館 ☎03(3508)7459

広島県1区 332,001 ㊒50.81	当133,704	岸田文雄	自前(80.7)
広島市(中区、東区、南区)	比15,904	有田優子	社新(9.6)
	14,508	大西　理	共新(8.8)
	1,630	上出圭一	諸新(1.0)

きしだふみお
岸田文雄 自前[岸] 当10
東京都渋谷区 S32・7・29
勤30年4ヵ月 (初/平5)

内閣総理大臣、自民党総裁、党政調会長、外務大臣、防衛大臣、党国対委員長、内閣府特命担当大臣、厚労委員長、早大法／66歳

〒730-0013 広島市中区八丁堀6-3 和光八丁堀ビル ☎082(228)2411
〒100-8981 千代田区永田町2-2-1、会館 ☎03(3508)7279

広島県2区 404,009 投51.48

当133,126 平口　洋 自前(65.2)
比70,939 大井赤亥 立新(34.8)

広島市(西区、佐伯区)、大竹市、廿日市市、江田島市(本庁管内、能美・沖美支所管内、深江・柿浦連絡所管内)

ひらぐち　ひろし
平口　洋
自前[茂]　当5
広島県江田島市　S23・8・1
勤14年9ヵ月(初/平17)

倫選特委長、農水委長、党国土交通部会長、法務副大臣、法務委員長、党副幹事長、環境副大臣、国交省河川局次長、秋田県警本部長、東大法/75歳

〒733-0812 広島市西区己斐本町2-6-20 ☎082(527)2100
〒100-8982 千代田区永田町2-1-2、会館 ☎03(3508)7622

広島県3区 360,198 投51.07

当97,844 斉藤鉄夫 公前(55.1)
比53,143 ライアン真由美 立新(29.9)
比18,088 瀬木寛親 維新(10.2)
3,559 大山　宏 無新(2.0)
比2,789 矢島秀平 N新(1.6)
2,251 玉田憲勲 無新(1.3)

広島市(安佐南区、安佐北区)、安芸高田市、山県郡

さいとう　てつお
斉藤鉄夫
公前　当10
島根県　S27・2・5
勤30年4ヵ月(初/平5)

国交大臣、党副代表、党幹事長、党選対委長、党税制調査会長、党政調会長、環境大臣、文科委長、科技総括政務次官、プリンストン大研究員、清水建設、工博、技術士、東工大院/71歳

〒731-0103 広島市安佐南区緑井2-18-15 ☎082(870)0088
〒107-0052 港区赤坂2-17-10、宿舎 ☎03(5549)3145

広島県4区 309,781 投53.18

当78,253 新谷正義 自前(48.3)
比33,681 上野寛治 立新(20.8)
比当28,966 空本誠喜 維元(17.9)
21,112 中川俊直 無元(13.0)

広島市(安芸区)、三原市(大和支所管内)、東広島市(本庁管内、八本松・志和・高屋出張所管内、黒瀬・福富・豊栄・河内支所管内)、安芸郡

しんたに　まさよし
新谷正義
自前[茂]　当4
広島県　S50・3・8
勤10年10ヵ月(初/平24)

議運委理、党国対副委長、党副幹事長、総務副大臣、厚労政務官、衆厚労委理、衆総務委理、党国交副部会長、医師、病院長、帝京大医、東大経/48歳

〒739-0015 東広島市西条栄町9-21 ☎082(431)5177
〒100-8982 千代田区永田町2-1-2、会館 ☎03(3508)7604

広島県5区 242,034 投54.52

当87,434 寺田　稔 自前(67.7)
比41,788 野村功次郎 立新(32.3)

呉市、竹原市、三原市(本郷支所管内)、尾道市(瀬戸田支所管内)、東広島市(第4区に属しない区域)、江田島市(第2区に属しない区域)、豊田郡

てらだ　みのる
寺田　稔
自前[岸]　当6
広島県　S33・1・24
勤16年2ヵ月(初/平16補)

外務委、決算行監委、前総務大臣、総理大臣補佐官、党経理局長、総務副大臣兼内閣府副大臣、安保委長、内閣府副大臣、防衛政務官、内閣参事官、財務省主計官、ハーバード大院、東大法/65歳

〒737-0045 呉市本通4-3-15呉YSビル2F ☎0823(24)2358
〒100-8981 千代田区永田町2-2-1、会館 ☎03(3508)7606

広島県6区 294,154 投56.35

三原市(第4区及び第5区に属しない区域)、尾道市(第5区に属しない区域)、府中市、三次市、庄原市、世羅郡、神石郡

当83,796	佐藤公治	立前	(51.4)
比当79,158	小島敏文	自前	(48.6)

佐藤公治（さとう こうじ）

立前　当4(初/平12)※
広島県尾道市　S34・7・28
勤17年4ヵ月(参6年1ヵ月)

農水委、倫選特委、県連代表、元参外交防衛委員長、国務大臣秘書官(旧国土庁、旧北海道・沖縄開発庁)、電通、慶大法／64歳

〒722-0045　広島県尾道市久保2-26-2　☎0848(37)2100
〒100-8981　千代田区永田町2-2-1、会館　☎03(3508)7145

広島県7区 382,135 投49.35

福山市

当123,396	小林史明	自前	(66.4)
比45,520	佐藤広典	立新	(24.5)
11,580	村井明美	共新	(6.2)
5,207	橋本加代	無新	(2.8)

小林史明（こばやし ふみあき）

自前[岸]　当4
広島県福山市　S58・4・8
勤10年10ヵ月　(初/平24)

決算行監委理、国交委、災害特委、党副幹事長、党デジタル社会推進本部事務局長、デジタル副大臣兼内閣府副大臣、内閣府大臣補佐官、総務政務官兼内閣府政務官、党青年局長、上智大学／39歳

〒721-0958　福山市西新涯町2-23-34　☎084(959)5884
〒107-0052　港区赤坂2-17-10、宿舎

山口県1区 356,209 投48.50

山口市(山口・小郡・秋穂・阿知須・徳地総合支所管内)、防府市、周南市の一部(P176参照))

当118,882	高村正大	自前	(70.1)
比50,684	大内一也	立新	(29.9)

高村正大（こうむら まさひろ）

自前[麻]　当2
山口県周南市　S45・11・14
勤6年　(初/平29)

財金委、議運委、財務大臣政務官、党外交・国防副部会長、外務大臣秘書官、経企庁長官秘書官、会社員、慶大／52歳

〒745-0004　山口県周南市毛利町1-3　☎0834(31)4715
〒100-8981　千代田区永田町2-2-1、会館　☎03(3508)7113

山口県2区 283,552 投51.61

下松市、岩国市、光市、柳井市、周南市(第1区に属しない区域)、大島郡、玖珂郡、熊毛郡
令和5年2月7日　岸信夫議員辞職

当109,914	岸　信夫	自前	(76.9)
32,936	松田一志	共新	(23.1)
補選(令和5.4.23)			
当61,369	岸　信千世	自新	(52.5)
55,601	平岡秀夫	無元	(47.5)

岸　信千世（きし のぶちよ）

自新[安]　補当1
東京都　H3・5・16
勤5ヵ月　(初/令5)

文科委、財金委、消費者特委、党国対委員、党青年局次長、防衛大臣秘書官、衆議院議員秘書、フジテレビ、慶大商／32歳

〒742-1511　熊毛郡田布施町下田布施3391　☎0820(52)2003
〒100-8981　千代田区永田町2-2-1、会館　☎03(3508)1203

※ 平19参院初当選

山口県3区 256,039 投50.14

当96,983 林　芳正 自新(76.9)
比29,073 坂本史子 立新(23.1)

宇部市、山口市(第1区に属しない区域)、萩市、美祢市、山陽小野田市、阿武郡

はやし　よしまさ
林　芳正
自新[岸]　当1※
山口県　S36・1・19
勤28年5ヵ月(参26年6ヵ月)(初/令3)

外務大臣、参院憲法審査会長、文部科学大臣、農林水産大臣、党政調会長代理、経済財政担当大臣、防衛大臣、三井物産、東大法、ハーバード大院／62歳

〒755-0033 宇部市琴芝町2-1-30　☎0836(35)3333
〒100-8981 千代田区永田町2-2-1、会館　☎03(3508)7115

山口県4区 244,858 投48.64

当80,448 安倍晋三 自前(69.7)
比19,096 竹村克司 れ新(16.6)
15,836 大野頼子 無新(13.7)
補選(令和5.4.23)
当51,961 吉田真次 自新(63.5)
25,595 有田芳生 立新(31.3)
2,381 大野頼子 無新(2.9)
1,186 渡部亜衣 政新(1.4)
734 竹本秀之 無新(0.9)

下関市、長門市
令和4年7月8日　安倍晋三議員死去

よしだ　しんじ
吉田真次
自新[安]　補当1
山口県　S59・7・6
勤5ヵ月　(初/令5)

厚労委、経産委、復興特委、下関市議会議員3期、大阪府議会議員秘書、関西大学法学部政治学科／39歳

〒750-0066 下関市東大和町1-8-16　☎083(250)7311
〒100-8981 千代田区永田町2-2-1、会館　☎03(3508)7172

比例代表 中国 11人

鳥取、島根、岡山、広島、山口

いしばし りんたろう
石橋林太郎
自新[岸]　当1
広島県広島市　S53・5・2
勤1年11ヵ月　(初/令3)

文科委、法務委、党国会対策委員、青年局・女性局各次長、広島県議会議員(二期)、大阪外国語大学／45歳

〒731-0124 広島市安佐南区大町東2-15-7　☎082(836)3444
〒107-0052 港区赤坂2-17-10、宿舎

こじま　としふみ
小島敏文
自前[岸]　当4(初/平24)
広島県世羅町　S25・9・7
勤10年10ヵ月　〈広島6区〉

復興副大臣、党国土交通部会長、党厚労部会長代理、厚生労働大臣政務官、経産部会長代理、農林部会長代理、副幹事長、広島県議会副議長、大東文化大／72歳

〒722-1114 世羅郡世羅町東神崎368-21　☎0847(22)4055
〒107-0052 港区赤坂2-17-10、宿舎

※平7参院初当選

とし こ
あべ俊子

自前［無］ 当6(初/平17)
宮城県 S34・5・19
勤18年1ヵ月 **〈岡山3区〉**

農水委筆頭理事、外務副大臣、党副幹事長、農水副大臣、外務政務官、東京医科歯科大助教授、米イリノイ州立大院／64歳

〒708-0841 津山市川崎162-5 ☎0868(26)6711
〒100-8981 千代田区永田町2-2-1、会館 ☎03(3508)7136

たかがい え み こ
髙階恵美子

自新［安］ 当1(初/令3)※
宮城県 S38・12・21
勤13年4ヵ月(参11年5ヵ月)

復興特委理、厚労委、元厚労副大臣、元厚労大臣政務官、元参院文教委員長、元党女性局長、東京医科歯科大大学院／59歳

〒690-0873 松江市内中原町140-2
島根県政会館3F ☎0852(28)2158
〒100-8982 千代田区永田町2-1-2、会館 ☎03(3508)7518

すぎ た み お
杉田水脈

自前［安］ 当3
兵庫県神戸市 S42・4・22
勤8年 (初/平24)

内閣委、総務委、総務大臣政務官、党国土交通副部会長、党女性局次長、鳥取大学農学部／56歳

〒753-0067 山口市赤妻町3-1-102 ☎083(924)0588
〒107-0052 港区赤坂2-17-10、宿舎

あぜ もと しょう ご
畦元将吾

自前［岸］ 当2
広島県広島市 S33・4・30
勤4年3ヵ月 (初/令元)

厚生労働大臣政務官、党総務、党環境副部会長、東邦大医学部客員教授、診療放射線技師／65歳

〒730-0843 広島市中区舟入本町13-4
KAIZOビル202 ☎082(234)5130
〒100-8981 千代田区永田町2-2-1、会館 ☎03(3508)7710

ゆの き みち よし
柚木道義

立前 当6(初/平17)
岡山県倉敷市 S47・5・28
勤18年1ヵ月 **〈岡山4区〉**

文部科学委筆頭理事、決算行監委、財務大臣政務官、会社員、岡山大文学部／51歳

〒710-0052 倉敷市美和2-16-20 ☎086(430)2355
〒100-8982 千代田区永田町2-1-2、会館 ☎03(3508)7301

ゆ はら しゅん じ
湯原俊二

立元 当2(初/平21)
鳥取県米子市 S37・11・20
勤5年3ヵ月 **〈鳥取2区〉**

総務委、地・こ・デジ特委理事、立憲民主党鳥取県連代表、鳥取県議、米子市議、衆議員秘書、早大／60歳

〒683-0804 米子市米原5-3-20 ☎0859(21)2888

※平22参院初当選

ひら ばやし　あきら
平林　晃
公新　当1
愛知県名古屋市　S46・2・2
勤1年11ヵ月　(初/令3)

総務委、文科委、原子力特委、党組織局次長、デジタル社会推進本部事務局次長、立命館大学教授、山口大学准教授、博士(東工大)/52歳

〒732-0057　広島市東区二葉の里1-1-72-901

くさ か まさ き
日下正喜
公新　当1
和歌山県　S40・11・25
勤1年11ヵ月　(初/令3)

党組織局次長、広島県本部副代表、法務委、環境委、党広島県本部事務長、広大院中退、創大法(通信)卒/57歳

〒730-0854　広島市中区土橋町2-43-406
〒107-0052　港区赤坂2-17-10、宿舎

そら もと せい き
空本誠喜
維元　当2(初/平21)
広島県呉市　S39・3・11
勤5年3ヵ月　〈広島4区〉

党広島県総支部代表、環境委、原子力特委、技術指導会社代表、元東芝(原子力)、工学博士(原子力)、東大院/59歳

〒739-0044　東広島市西条町下見4623番地15
☎082(421)8146
〒107-0052　港区赤坂2-17-10、宿舎

比例代表　中国　11人　有効投票数 3,119,427票

政党名	当選者数	得票数	得票率
	惜敗率 小選挙区		惜敗率 小選挙区

自民党　6人　1,352,723票　43.36%

当①石橋林太郎 新
当②小島　敏文 前(94.47)広6
当②阿部　俊子 前(80.04)岡3
当⑱高階恵美子 新
当⑲杉田　水脈 前
当⑳畦元　将吾 前
㉑小林孝一郎 新
㉒徳村純一郎 新
【小選挙区での当選者】
②石破　茂 前　鳥1
②赤沢　亮正 前　鳥2
②高見　康裕 新　島2
②逢沢　一郎 前　岡1
②山下　貴司 前　岡2
②橋本　岳 前　岡4
②加藤　勝信 前　岡5
②新谷　正義 前　広4
②寺田　稔 前　広5
②小林　史明 前　広7
②高村　正大 前　山1
②岸　信夫 前　山2
②林　芳正 新　山3
②安倍　晋三 前　山4

立憲民主党　2人　573,324票　18.38%

当①柚木　道義 前(94.17)岡4
当①湯原　俊二 元(85.26)鳥2
①津村　啓介 前(77.32)岡2
①亀井亜紀子 前(73.75)島1
①原田　謙介 新(72.03)岡1
①ライアン真由美 新(54.31)広3
①大井　赤亥 新(53.29)広2
①野村功次郎 新(47.79)広5
①山本　誉 新(47.15)島2
①上野　寛治 新(43.04)広4

①大内　一也 新(42.63)山1
①佐藤　広典 新(36.89)広7
①森本　　栄 新(33.97)岡3
①はたともこ 新(30.81)岡5
①坂本　史子 新(29.98)山3
⑰加藤　寿彦 新
⑱姫井由美子 新
【小選挙区での当選者】
①佐藤　公治 前　広6

公明党　2人　436,220票　13.98%

当①平林　　晃 新
当②日下　正喜 新
③長谷川裕輝 新

日本維新の会　1人　286,302票　9.18%

当①空本　誠喜 元(37.02)広4
①瀬木　寛親 新(18.49)広3
③喜多　義典 新

その他の政党の得票数・得票率は下記のとおりです。(当選者はいません)

政党名	得票数	得票率
共産党	173,117票	5.55%
国民民主党	113,898票	3.65%
れいわ新選組	94,446票	3.03%
社民党	52,638票	1.69%
NHKと裁判してる党弁護士法72条違反で	36,758票	1.18%

徳島県1区　362,130 投55.93

徳島市、小松島市、阿南市、勝浦郡、名東郡、名西郡、那賀郡、海部郡

当99,474　仁木博文　無元(50.1)
比当77,398　後藤田正純　自前(38.9)
比当20,065　吉田知代　維新(10.1)
1,808　佐藤行俊　無新(0.9)

にき ひろぶみ
仁木博文　無元(有志)　当2
徳島県阿南市　S41・5・23
勤5年3ヵ月　(初/平21)

厚生労働委員、医療法人理事長、徳島大学大学院医学博士取得／57歳

〒770-0865　徳島市南末広町4-88-1　☎088(624)9350
〒107-0052　港区赤坂2-17-10、宿舎　☎03(5549)4671

徳島県2区　260,655 投50.99

鳴門市、吉野川市、阿波市、美馬市、三好市、板野郡、美馬郡、三好郡

当76,879　山口俊一　自前(59.5)
比43,473　中野真由美　立新(33.6)
8,851　久保孝之　共新(6.9)

やまぐち しゅんいち
山口俊一　自前[麻]　当11
徳島県　S25・2・28
勤33年9ヵ月　(初/平2)

議院運営委員長、元内閣府特命担当大臣、首相補佐官、総務・財務副大臣、郵政政務次官、青山学院大／73歳

〒771-0219　板野郡松茂町笹木野字八北開拓247-1　☎088(624)4851
〒107-0052　港区赤坂2-17-10、宿舎　☎03(5571)9512

香川県1区 313,296 投57.52

当90,267 小川淳也 立前(51.0)
比当70,827 平井卓也 自前(40.0)
比15,888 町川順子 維新(9.0)

高松市の一部(P176参照)、小豆郡、香川郡

おがわじゅんや 小川淳也

立前 当6
香川県 S46・4・18
勤18年1ヵ月 (初/平17)

厚労委筆頭理事、沖北特委、香川県連代表、国土審議会離島振興対策分科会長、総務政務官、総務省課長補佐、春日井市部長、自治省、東大/52歳

〒761-8083 高松市三名町569-3 ☎087(814)5600
〒107-0052 港区赤坂2-17-10、宿舎 ☎03(5549)4671

香川県2区 258,730 投58.53

当94,530 玉木雄一郎 国前(63.5)
比54,334 瀬戸隆一 自元(36.5)

高松市(第1区に属しない区域)、丸亀市(綾歌・飯山市民総合センター管内)、坂出市、さぬき市、東かがわ市、木田郡、綾歌郡

たまきゆういちろう 玉木雄一郎

国前 当5
香川県さぬき市寒川町 S44・5・1
勤14年2ヵ月 (初/平21)

党代表、国家基本委、憲法審査会委、元民進党幹事長代理、財務省主計局課長補佐、東大法、ハーバード大院修了/54歳

〒769-2321 さぬき市寒川町石田東甲814-1 ☎0879(43)0280
〒107-0052 港区赤坂2-17-10、宿舎

香川県3区 240,033 投51.60

当94,437 大野敬太郎 自前(79.8)
23,937 尾崎淳一郎 共新(20.2)

丸亀市(第2区に属しない区域)、善通寺市、観音寺市、三豊市、仲多度郡

おおのけいたろう 大野敬太郎

自前[無] 当4
香川県丸亀市 S43・11・1
勤10年10ヵ月 (初/平24)

党副幹事長、経済安全保障推進本部事務局長、内閣府副大臣、党副幹事長、防衛大臣政務官、米UCB客員フェロー、東大研究員、東大博士、東工大、同大学院修士/54歳

〒763-0082 丸亀市土器町東1-129-2 ☎0877(21)7711
〒100-8981 千代田区永田町2-2-1、会館 ☎03(3508)7132

愛媛県1区 385,321 投52.10

当119,633 塩崎彰久 自新(60.8)
比77,091 友近聡朗 立新(39.2)

松山市の一部(P176参照)

しおざきあきひさ 塩崎彰久

自新[安] 当1
愛媛県松山市 S51・9・9
勤1年11ヵ月 (初/令3)

厚労委、財金委、倫選特委、党国対委員、党Web3PT及びAIPT事務局長、長島・大野・常松法律事務所パートナー弁護士、内閣官房長官秘書官、東大/46歳

〒790-0003 松山市三番町4-7-2 ☎089(941)4843

愛媛県２区 249,121 ㊎52.73	当72,861	村上誠一郎	自前(57.5)
	比42,520	石井智恵	国新(33.5)
	11,358	片岡　朗	共新(9.0)

松山市(浮穴支所管内(北井門2丁目に属する区域を除く。)、久谷・北条・中島支所管内)、今治市、東温市、越智郡、伊予郡

むらかみせいいちろう
村上誠一郎
自前[無]　当12
愛媛県今治市　S27・5・11
勤37年4ヵ月　(初/昭61)

決算行監委、国務大臣・内閣府特命担当大臣、財務副大臣、大蔵・石炭委長、大蔵政務次官、東大法／71歳

〒794-0028　今治市北宝来町1-5-11　☎0898(31)2600
〒107-0052　港区赤坂2-17-10、宿舎　☎03(5549)4671

愛媛県３区 260,288 ㊎57.42	当76,263	井原　巧	自新(51.6)
	比当71,600	白石洋一	立前(48.4)

新居浜市、西条市、四国中央市

い　はら　たくみ
井原　巧
自新[安]　当1(初/令3)※
愛媛県四国中央市　S38・11・13
勤8年(参6年1ヵ月)

経産委理、総務委、党県連会長、党文科部会長代理、経産・内閣府・復興大臣政務官、参議院議員、四国中央市長、専修大／59歳

〒799-0413　四国中央市中曽根町411-5　☎0896(23)8650
〒100-8982　千代田区永田町2-1-2、会館　☎03(3508)7201

愛媛県４区 246,664 ㊎59.16	当81,015	長谷川淳二	自新(56.6)
	47,717	桜内文城	無元(33.3)
	11,555	西井直人	共新(8.1)
	1,547	藤島利久	無新(1.1)
	1,319	前田龍夫	無新(0.9)

宇和島市、八幡浜市、大洲市、伊予市、西予市、上浮穴郡、喜多郡、西宇和郡、北宇和郡、南宇和郡

はせがわじゅんじ
長谷川淳二
自新[無]　当1
岐阜県　S43・8・5
勤1年11ヵ月　(初/令3)

総務大臣政務官、総務委、党農林水産関係団体副委員長、総務省地域政策課長、内閣参事官、愛媛県副知事、東大／55歳

〒798-0040　宇和島市中央町2-3-30　☎0895(65)9410
〒100-8982　千代田区永田町2-1-2、会館　☎03(3508)7453

高知県１区 310,468 ㊎53.50	当104,837	中谷　元	自前(64.3)
	比50,033	武内則男	立前(30.7)
	比4,081	中島康治	N新(2.5)
	4,036	川田永二	無新(2.5)

高知市の一部(P176参照)、室戸市、安芸市、南国市、香南市、香美市、安芸郡、長岡郡、土佐郡

なかたにげん
中谷　元
自前[無]　当11
高知県高知市　S32・10・14
勤33年9ヵ月　(初/平2)

内閣総理大臣補佐官、防衛大臣、防衛庁長官、自治総括政務次官、郵政政務次官、衆総務委員長、中央政治大学院長、防衛大／65歳

〒781-5106　高知市介良乙278-1 タイシンビル2F　☎088(855)6678
〒107-0052　港区赤坂2-17-10、宿舎

※平25参院初当選

高知県２区 287,552 ㊋61.50

当117,810 尾崎正直 自新(67.2)
比55,214 広田一 立前(31.5)
2,171 広田晋一郎 N新(1.2)

高知市(第1区に属しない区域)、土佐市、須崎市、宿毛市、土佐清水市、四万十市、吾川郡、高岡郡、幡多郡

おざき まさなお 尾崎正直

自新［二］ 当1
高知県高知市 S42・9・14
勤1年11ヵ月 (初/令3)

デジタル大臣政務官兼内閣府大臣政務官、党組織運動本部地方組織議員総局長、地方創生・国土強靭化本部本部長補佐、前高知県知事、東大／55歳

〒781-8010 高知市桟橋通3-25-31 ☎088(855)9140
〒100-8982 千代田区永田町2-1-2、会館 ☎03(3508)7619

比例代表 四国 6人

徳島、香川、愛媛、高知

やまもとゆうじ 山本有二

自前［無］ 当11
高知県 S27・5・11
勤33年9ヵ月 (初/平2)

予算委、憲審委、党総務、党財務委員長、農林水産大臣、党道路調査会長、予算委員長、金融担当大臣、法務総括、弁護士、早大／71歳

〒781-8010 高知市桟橋通3-31-1 ☎088(803)7788
〒100-8981 千代田区永田町2-2-1、会館 ☎03(3508)7232

ひらいたくや 平井卓也

自前［岸］ 当8(初/平12)
香川県高松市 S33・1・25
勤23年4ヵ月 〈香川1区〉

内閣委、倫選特委、党デジタル社会推進本部長、初代デジタル大臣、デジタル改革担当相、党広報本部長、内閣委長、電通、上智大／65歳

〒760-0025 高松市古新町4-3 ☎087(826)2811
〒100-8981 千代田区永田町2-2-1、会館 ☎03(3508)7307

せとたかかず 瀬戸隆一

自元［麻］ 繰当3
香川県坂出市 S40・8・2
勤5年6ヵ月 (初/平24)

厚労委、総務省、岩手県警、郵政省、東京工業大学大学院／58歳

〒762-0007 坂出市室町2-5-20 ☎0877(44)1755
〒100-8981 千代田区永田町2-2-1、会館 ☎03(3508)7712

しらいしよういち 白石洋一

立前 当3(初/平21)
愛媛県 S38・6・25
勤9年4ヵ月 〈愛媛3区〉

文科委、党四国ブロック常任幹事、党国際局長代理、党政調副会長、米国監査法人、長銀、カリフォルニア大バークレー校MBA、東大法／60歳

〒793-0028 愛媛県西条市新田197-4 ☎0897(47)1000

※平16参院初当選

やま さき まさ やす
山崎正恭　公新　当1
高知県高知市　S46・3・5
勤1年11ヵ月　（初/令3）

党教育改革推進本部事務局次長、文部科学委、財務金融委、高知県議、中京大、鳴門教育大学院／52歳

〒781-8010　高知市桟橋通4-12-36　ウィンビル1F　☎088(805)0607
〒100-8982　千代田区永田町2-1-2、会館　☎03(3508)7472

よし だ　　よ
吉田とも代　維新　当1(初/令3)
兵庫県神戸市　S50・2・23
勤1年11ヵ月　〈徳島1区〉

党徳島県第1選挙区支部長、厚労委、災害特委、党政調副会長、党厚生労働部会長、丹波篠山市議、神戸松陰短大／48歳

〒770-0847　徳島市幸町3-48 賀川ビル　☎088(635)1718
〒100-8982　千代田区永田町2-1-2、会館　☎03(3508)7001

比例代表　四国　6人　有効投票数 1,698,487票

政党名	当選者数	得票数	得票率
	惜敗率 小選挙区		惜敗率 小選挙区

自民党　3人　664,805票　39.14%

当①山本　有二 前
当②平井　卓也 前(78.46)香1
当②後藤田正純 前(77.81)徳1
　（令5.1.5辞職）
繰②瀬戸　隆一 元(57.48)香2
　（令5.1.17繰上）
⑬福山　守 前
⑭福井　照 前
⑮二川　弘康 新
⑯井桜　康司 新

【小選挙区での当選者】
②山口　俊一 前　徳2
②大野敬太郎 前　香3
②塩崎　彰久 新　愛1
②村上誠一郎 前　愛2
②井原　巧 新　愛3
②長谷川淳二 新　愛4
②中谷　元 前　高1
②尾﨑　正直 新　高2

立憲民主党　1人　291,870票　17.18%

当①白石　洋一 前(93.89)愛3
①友近　聡朗 新(64.44)愛1
①中野真由美 新(56.55)徳2
①武内　則男 前(47.72)高1
①広田　一 前(46.87)高2
⑦長山　雅一 新
⑧小山田経子 新

【小選挙区での当選者】
①小川　淳也 前　香1

公明党　1人　233,407票　13.74%

当①山崎　正恭 新
②坂本　道応 新

日本維新の会　1人　173,826票　10.23%

当①吉田　知代 新(20.17)徳1
▼①町川　順子 新(17.60)香1
③佐藤　暁 新

▼は小選挙区の得票が有効投票総数の10分の1未満で、復活当選の資格がない者

その他の政党の得票数・得票率は下記のとおりです。（当選者はいません）

政党名	得票数	得票率
国民民主党	122,082票	7.19%
共産党	108,021票	6.36%
れいわ新選組	52,941票	3.12%
社民党	30,249票	1.78%
NHKと裁判してる党弁護士法72条違反で	21,285票	1.25%

衆 略歴　比例四国

福岡県1区 453,215 投47.56

福岡市(東区、博多区)

当99,430 井上貴博 自前(47.5)
比53,755 坪田　晋 立新(25.7)
比当37,604 山本剛正 維元(18.0)
18,487 木村拓史 共新(8.8)

井上貴博（いのうえ たかひろ）

自前[麻] 当4
福岡県福岡市 S37・4・2
勤10年10ヵ月 (初/平24)

財務副大臣、党副幹事長、財務大臣政務官、財務大臣補佐官、党国対副委員長、福岡県議、福岡JC理事長、獨協大法/61歳

〒812-0014 福岡市博多区比恵町2-1
博多エステートビル102号 ☎092(418)9898

福岡県2区 449,552 投53.81

福岡市(中央区、南区の一部(P177参照)、城南区の一部(P177参照))

当109,382 鬼木　誠 自前(46.0)
比当101,258 稲富修二 立前(42.6)
比27,302 新開崇司 維新(11.5)

鬼木　誠（おにき まこと）

自前[森] 当4
福岡県福岡市 S47・10・16
勤10年10ヵ月 (初/平24)

衆院安保委長、党税調幹事、前防衛副大臣、元衆院経産・国交・法務各委理事、環境大臣政務官、県議、銀行員、九大法/50歳

〒810-0014 福岡市中央区平尾2-3-15 ☎092(707)1972
〒107-0052 港区赤坂2-17-10、宿舎

福岡県3区 433,603 投54.42

福岡市(城南区(第2区に属しない区域)(P177参照)、早良区、西区)、糸島市

当135,031 古賀　篤 自前(57.9)
比98,304 山内康一 立前(42.1)

古賀　篤（こが あつし）

自前[岸] 当4
福岡県福岡市 S47・7・14
勤10年10ヵ月 (初/平24)

環境委員長、厚生労働副大臣、総務(兼)内閣府大臣政務官、国交委理事、金融庁課長補佐、財務省主計局主査、東大法/51歳

〒814-0015 福岡市早良区室見2-1-22 2F ☎092(822)5051
〒100-8982 千代田区永田町2-1-2、会館 ☎03(3508)7081

福岡県4区 369,215 投53.97

宗像市、古賀市、福津市、糟屋郡

当96,023 宮内秀樹 自前(49.4)
比49,935 森本慎太郎 立新(25.7)
比当36,998 阿部弘樹 維新(19.0)
比11,338 竹内信昭 社新(5.8)

宮内秀樹（みやうち ひでき）

自前[二] 当4
愛媛県 S37・10・19
勤10年10ヵ月 (初/平24)

文部科学委員長、党地方創生実行統合本部事務局長、元農林水産副大臣、党副幹事長、国土交通大臣政務官、青山学院大/60歳

〒811-3101 古賀市天神4-8-1 ☎092(942)5510
〒100-8981 千代田区永田町2-2-1、会館 ☎03(3508)7174

福岡県5区 454,493 投54.52

当125,315 堤　かなめ　立新(53.1)
110,706 原田義昭　自前(46.9)

福岡市(南区(第2区に属しない区域)(P177参照))、筑紫野市、春日市、大野城市、太宰府市、朝倉市、那珂川市、朝倉郡

堤　かなめ（つつみ）

立新　当1
福岡県　S35・10・27
勤1年11ヵ月　(初/令3)

環境委、地・こ・デジ特委、党政調会長補佐、党福岡県連副代表、福岡県議(3期)、大学教員、NPO法人、九州大学／62歳

〒818-0072　筑紫野市二日市中央2-7-17-2F　☎092(409)0077
〒100-8982　千代田区永田町2-1-2、会館　☎03(3508)7062

福岡県6区 374,631 投51.19

当125,366 鳩山二郎　自前(67.4)
比38,578 田辺　徹　立新(20.8)
12,565 河野一弘　共新(6.8)
5,612 組坂善昭　無新(3.0)
3,753 熊丸英治　N新(2.0)

久留米市、大川市、小郡市、うきは市、三井郡、三潴郡

鳩山二郎（はとやまじろう）

自前[二]　当3
東京都　S54・1・1
勤7年　(初/平28補)

総務委理、法務委、倫選特委、消費者特委、総務大臣政務官、国土交通大臣政務官兼内閣府大臣政務官、大川市長、法務大臣秘書官、杏林大／44歳

〒830-0018　久留米市通町1-1 2F　☎0942(39)2111
〒107-0052　港区赤坂2-17-10、宿舎

福岡県7区 288,733 投52.53

当92,233 藤丸　敏　自前(62.3)
比55,820 青木剛志　立新(37.7)

大牟田市、柳川市、八女市、筑後市、みやま市、八女郡

藤丸　敏（ふじまる さとし）

自前[岸]　当4
福岡県　S35・1・19
勤10年10ヵ月　(初/平24)

内閣府副大臣、党外交部会長代理、防衛政務官兼内閣府政務官、衆議院議員秘書、高校教師、東京学芸大学大学院中退／63歳

〒836-0842　大牟田市有明町2-1-16
ウドノビル4F　☎0944(57)6106

福岡県8区 349,058 投53.04

当104,924 麻生太郎　自前(59.6)
38,083 河野祥子　共新(21.6)
比32,964 大島九州男　れ新(18.7)

直方市、飯塚市、中間市、宮若市、嘉麻市、遠賀郡、鞍手郡、嘉穂郡

麻生太郎（あそうたろう）

自前[麻]　当14
福岡県飯塚市　S15・9・20
勤41年6ヵ月　(初/昭54)

党副総裁、前副総理・財務相・金融相、元首相、党幹事長、外相、総務相、党政調会長、経財相、経企庁長官、学習院大／82歳

〒820-0040　飯塚市吉原町10-7　☎0948(25)1121
〒100-8981　千代田区永田町2-2-1、会館　☎03(3508)7703

福岡県9区 380,277 投50.95			
当91,591	緒方林太郎	無元	(48.1)
76,481	三原朝彦	自前	(40.2)
比22,273	真島省三	共元	(11.7)

北九州市(若松区、八幡東区、八幡西区、戸畑区)

おがたりんたろう
緒方林太郎
無元(有志)　当3
福岡県　S48・1・8
勤8年1ヵ月　(初/平21)

内閣委、予算委、元外務省課長補佐、東大法中退/50歳

〒806-0045　北九州市八幡西区竹末2-2-21　☎093(644)7077

福岡県10区 408,059 投48.00			
当85,361	城井崇	立前	(44.5)
81,882	山本幸三	自前	(42.7)
比21,829	西田主税	維新	(11.4)
2,840	大西啓雅	無新	(1.5)

北九州市(門司区、小倉北区、小倉南区)

きい たかし
城井　崇
立前　当4
福岡県北九州市　S48・6・23
勤11年2ヵ月　(初/平15)

国交委、憲法審委、党政調会長代理、広報本部副本部長、子ども若者応援本部副本部長、憲法調査会副会長、県連代表、国交委理、文科委理、文科大臣政務官、社会福祉法人評議員、衆院議員秘書、京大/50歳

〒802-0072　北九州市小倉北区東篠崎1-4-1 TAKAビル片野2F　☎093(941)7767
〒100-8981　千代田区永田町2-2-1、会館　☎03(3508)7389

福岡県11区 256,676 投54.28			
当75,997	武田良太	自前	(55.8)
40,996	村上智信	無新	(30.1)
比19,310	志岐玲子	社新	(14.2)

田川市、行橋市、豊前市、田川郡、京都郡、築上郡

たけだりょうた
武田良太
自前[二]　当7
福岡県福智町(旧赤池町)　S43・4・1
勤19年11ヵ月　(初/平15)

党災害特委員長、総務大臣、国家公安委員長、内閣府特命担当大臣(防災)、幹事長特別補佐、防衛副大臣・政務官、安保委員長、早大院修了/55歳

〒826-0041　福岡県田川市大字弓削田3513-1　☎0947(46)0224
〒107-0052　港区赤坂2-17-10、宿舎

佐賀県1区 333,792 投56.19			
当92,452	原口一博	立前	(50.0)
比当92,319	岩田和親	自前	(50.0)

佐賀市、鳥栖市、神埼市、神埼郡、三養基郡

はらぐちかずひろ
原口一博
立前　当9
佐賀県　S34・7・2
勤27年1ヵ月　(初/平8)

財金委、決算行監委、党副代表、国会対策委員長代行、県連代表、国家基本委理、政倫審幹事、総務大臣、県議、松下政経塾、東大/64歳

〒849-0922　佐賀市高木瀬東2-5-41　☎0952(32)2321
〒107-0052　港区赤坂2-17-10、宿舎

佐賀県2区 340,930 投60.75	当106,608 大串博志 立前(52.0)
唐津市、多久市、伊万里市、武雄市、鹿島市、小城市、嬉野市、東松浦郡、西松浦郡、杵島郡、藤津郡	比当98,224 古川　康 自前(48.0)

おおぐし ひろし
大串博志
立前 当6
佐賀県白石町 S40・8・31
勤18年1ヵ月 (初/平17)

党選対委員長、懲罰委員長、党税調会長、首相補佐官、財務大臣政務官、財務省主計局主査、東大/58歳

〒849-0302 小城市牛津町柿樋瀬1062-1 セリオ2F ☎0952(66)5776
〒107-0052 港区赤坂2-17-10、宿舎 ☎03(5549)4671

長崎県1区 334,139 投55.25	当101,877 西岡秀子 国前(56.1)
長崎市(本庁管内、小ケ倉・土井首・小榊・西浦上・滑石・福田・深堀・日見・茂木・式見・東長崎・三重支所管内、香焼・伊王島・高島・野母崎・三和行政センター管内)	比69,053 初村滝一郎 自新(38.0) 10,754 安江綾子 共新(5.9)

にし おか ひで こ
西岡秀子
国前 当2
長崎県長崎市 S39・3・15
勤6年 (初/平29)

総務委、文科委、地・こ・デジ特委、党副幹事長、党政調会長代理、党第2部会長、党長崎県連代表、国会議員秘書、学習院大法/59歳

〒850-0842 長崎市新地町5-6 ☎095(821)2077
〒100-8982 千代田区永田町2-1-2、会館 ☎03(3508)7343

長崎県2区 293,298 投57.03	当95,271 加藤竜祥 自新(58.2)
長崎市(第1区に属しない区域)、島原市、諫早市、雲仙市、南島原市、西彼杵郡	比68,405 松平浩一 立前(41.8)

か とう りゅうしょう
加藤竜祥
自新[安] 当1
長崎県島原市 S55・2・10
勤1年11ヵ月 (初/令3)

農水委、法務委、倫選特委、党国対委、党政調農林部会畜産・酪農対策委事務局次長、党農水関係団体副委員長、党青年局副部長、衆議院議員秘書、日大経/43歳

〒854-0026 諫早市東本町2-4三央ビル2F ☎0957(35)1000
〒107-0052 港区赤坂2-17-10、宿舎 ☎03(5549)4671

長崎県3区 236,525 投60.93	当57,223 谷川弥一 自前(40.7)
佐世保市(早岐・三川内・宮支所管内)、大村市、対馬市、壱岐市、五島市、東彼杵郡、北松浦郡(小値賀町)、南松浦郡	比当55,189 山田勝彦 立新(39.2) 25,566 山田博司 無新(18.2) 2,750 石本啓之 諸新(2.0)

たに がわ や いち
谷川弥一
自前[安] 当7
長崎県五島市 S16・8・12
勤19年11ヵ月 (初/平15)

文科委、地・こ・デジ特委理、党長崎県連会長、党離島振興特別委員長、文科副大臣、農水政務官、県議長、長崎東高/82歳

〒856-0826 大村市東三城町6-1-2F ☎0957(50)1981

長崎県4区 250,004 投55.08	当55,968 北村誠吾 自前(42.1)
	比当55,577 末次精一 立新(41.8)
	16,860 萩原　活 無新(12.7)
	4,675 田中隆治 無新(3.5)

佐世保市(第3区に属しない区域)、平戸市、松浦市、西海市、北松浦郡(佐々町)

北村誠吾（きたむら せいご） 自民

死　去(令和5年5月20日)

※補選は令和5年10月22日の予定

熊本県1区 421,038 投52.91	当131,371 木原　稔 自前(61.0)
	比83,842 濱田大造 立新(39.0)

熊本市(中央区、東区、北区)

木原　稔（きはら みのる）

自前[茂]　当5
熊本県熊本市　S44・8・12
勤14年9ヵ月　(初/平17)

国土交通委員長、党安保調査会幹事長、政調副会長兼事務局長、選対副委員長、文科部会長、青年局長、総理補佐官、財務副大臣、防衛政務官、日本航空、早大/54歳

〒862-0976 熊本市中央区九品寺2-8-17 九品寺サンシャイン1F ☎096(273)6833
〒100-8982 千代田区永田町2-1-2、会館 ☎03(3508)7450

熊本県2区 314,184 投58.67	当110,310 西野太亮 無新(60.6)
	60,091 野田　毅 自前(33.0)
	11,521 橋田芳昭 共新(6.3)

熊本市(西区、南区)、荒尾市、玉名市、玉名郡

西野太亮（にしの だいすけ）

自新[無]　当1
熊本県熊本市　S53・9・22
勤1年11ヵ月　(初/令3)

総務委、農水委、震災復興特委、党青年局次長、財務省主計局主査、復興庁参事官補佐、コロンビア大学院、東大/44歳

〒861-4101 熊本市南区近見7-5-40 ☎096(355)5008
〒100-8981 千代田区永田町2-2-1、会館 ☎03(3508)7144

熊本県3区 315,296 投57.37	当125,158 坂本哲志 自前(71.2)
	比37,832 馬場功世 社新(21.5)
	12,909 本間明子 N新(7.3)

山鹿市、菊池市、阿蘇市、合志市、菊池郡、阿蘇郡、上益城郡

坂本哲志（さかもと てつし）

自前[森]　当7
熊本県菊池郡　S25・11・6
勤18年1ヵ月　(初/平15)

農水委、地・こ・デジ特委理、党副幹事長、党組織運動本部長代理、内閣府特命担当大臣、農林水産委員長、県議、新聞記者、中央大法学部/72歳

〒869-1235 菊池郡大津町室122-4 ☎096(293)7990
〒100-8982 千代田区永田町2-1-2、会館 ☎03(3508)7034

熊本県4区 404,286 投57.50

当155,572 金子恭之 自前(68.1)
比72,966 矢上雅義 立前(31.9)

八代市、人吉市、水俣市、天草市、宇土市、上天草市、宇城市、下益城郡、八代郡、葦北郡、球磨郡、天草郡

金子恭之（かねこやすし）

自前［岸］ 当8
熊本県あさぎり町 S36・2・27
勤23年4ヵ月 （初／平12）

災害特委筆頭理事、総務委、党総務会長代理、総務大臣、党政調会長代理、党副幹事長、国土交通副大臣、農水政務官、早大／62歳

〒866-0814 八代市東片町463-1 ☎0965(39)8366

大分県1区 385,469 投53.17

当97,117 吉良州司 無前(48.8)
比75,932 高橋舞子 自新(38.1)
15,889 山下魁 共新(8.0)
6,216 西宮重貴 無新(3.1)
4,001 野中美咲 N新(2.0)

大分市の一部(P177参照)

吉良州司（きらしゅうじ）

無前（有志） 当6
大分県 S33・3・16
勤17年11ヵ月 （初／平15）

外務委、国家基本委、有志の会（会派）代表、元外務副大臣、外務大臣政務官、沖北特委長、日商岩井ニューヨーク部長、東大法／65歳

〒870-0820 大分市西大道2-4-2 ☎097(545)7777
〒100-8982 千代田区永田町2-1-2、会館 ☎03(3508)7412

㊥略歴 熊本・大分

大分県2区 267,779 投60.45

当79,433 衛藤征士郎 自前(50.2)
比当78,779 吉川元 立前(49.8)

大分市(第1区に属しない区域)、日田市、佐伯市、臼杵市、津久見市、竹田市、豊後大野市、由布市、玖珠郡

衛藤征士郎（えとうせいしろう）

自前［安］ 当13(初/昭58)※
大分県 S16・4・29
勤46年（参6年1ヵ月）

予算委、党外交調査会長、党総務、衆議院副議長、予算委員長、外務副大臣、決算・大蔵委長、防衛庁長官、参院議員、玖珠町長、早大院／82歳

〒876-0833 佐伯市池船町21-1 ☎0972(24)0003
〒107-0052 港区赤坂2-17-10、宿舎

大分県3区 301,700 投59.67

当102,807 岩屋毅 自前(58.4)
比73,159 横光克彦 立前(41.6)

別府市、中津市、豊後高田市、杵築市、宇佐市、国東市、東国東郡、速見郡

岩屋毅（いわやたけし）

自前［麻］ 当9
大分県別府市 S32・8・24
勤26年9ヵ月 （初／平2）

予算委、憲法審、党治安テロ調査会長、防衛大臣、外務副大臣、防衛政務官、文科委員長、県議、早大政経／66歳

〒874-0933 別府市野口元町1-3 富士吉ビル2F ☎0977(21)1781
〒107-0052 港区赤坂2-17-10、宿舎 ☎03(5549)4671

※昭52参院初当選

宮崎県1区 354,691 投53.29	
当60,719	渡辺　創　立新(32.6)
比当59,649	武井俊輔　自前(32.0)
43,555	脇谷のりこ　無新(23.4)
比22,350	外山　斎　維新(12.0)

宮崎市、東諸県郡

わたなべ　そう
渡辺　創

立新　当1
宮崎県宮崎市　S52・10・3
勤1年11ヵ月　(初/令3)

予算委、農水委、災害特委、党県連代表、党組織委副委員長、党災害・緊急事態局事務局長、宮崎県議、毎日新聞記者、新潟大/45歳

〒880-0001　宮崎市橘通西5-5-19　☎0985(77)8777
〒107-0052　港区赤坂2-17-10、宿舎

宮崎県2区 273,071 投56.28	
当94,156	江藤　拓　自前(62.2)
比当57,210	長友慎治　国新(37.8)

延岡市、日向市、西都市、児湯郡、東臼杵郡、西臼杵郡

えとう　たく
江藤　拓

自前[無]　当7
宮崎県門川町　S35・7・1
勤19年11ヵ月　(初/平15)

災害特委員長、農水委、党政調会長代理、前農水大臣、内閣総理大臣補佐官、拉致特委長、農水委員長、農水副大臣、党農林部会長、成城大/63歳

〒883-0021　日向市大字財光寺233-1　☎0982(53)1367
〒100-8982　千代田区永田町2-1-2、会館　☎03(3508)7468

宮崎県3区 274,053 投51.53	
当111,845	古川禎久　自前(80.7)
20,342	松本　隆　共新(14.7)
6,347	重黒木優平　N新(4.6)

都城市、日南市、小林市、串間市、えびの市、北諸県郡、西諸県郡

ふるかわよしひさ
古川禎久

自前[茂]　当7
宮崎県串間市　S40・8・3
勤19年11ヵ月　(初/平15)

予算委理、憲法審委、党司法制度調査会長、税制調査会副会長、道路調査会事務総長、法務大臣、財務副大臣、東大法/58歳

〒885-0006　都城市吉尾町811-7　☎0986(47)1881
〒107-0052　港区赤坂2-17-10、宿舎

鹿児島県1区 358,070 投54.10	
当101,251	宮路拓馬　自前(53.2)
比89,232	川内博史　立前(46.8)

鹿児島市(本庁管内、伊敷・東桜島・吉野・吉田・桜島・松元・郡山支所管内)、鹿児島郡

みやじたくま
宮路拓馬

自前[森]　当3
鹿児島県南さつま市　S54・12・6
勤8年10ヵ月　(初/平26)

内閣委理、農水委、災害特委、地・こ・デジ特委、内閣府大臣政務官、元総務大臣政務官、総務省課長補佐、内閣官房参事官補佐、広島市財政課長、東大法/43歳

〒892-0838　鹿児島市新屋敷町16-422 公社ビル　☎099(295)4860
〒100-8981　千代田区永田町2-2-1、会館　☎03(3508)7206

鹿児島県2区 337,186 投 58.58	
鹿児島市(谷山・喜入支所管内)、枕崎市、指宿市、南さつま市、奄美市、南九州市、大島郡	当92,614 三反園 訓 無新(47.7) 80,469 金子万寿夫 自前(41.4) 比21,084 松崎真琴 共新(10.9)

みたぞの さとし
三反園 訓
無新(自民) 当1
鹿児島県指宿市 S33・2・13
勤1年11ヵ月 (初/令3)

決算行監委、鹿児島県知事、ニュースキャスター、政治記者、総理官邸各省庁キャップ、早大大学院非常勤講師、早大／65歳

〒891-0141 鹿児島市谷山中央3-4701-4 ☎099(266)3333
〒100-8982 千代田区永田町2-1-2、会館 ☎03(3508)7511

鹿児島県3区 318,530 投 61.39	
阿久根市、出水市、薩摩川内市、日置市、いちき串木野市、伊佐市、始良市、薩摩郡、出水郡、始良郡	当104,053 野間 健 立元(53.9) 比当89,110 小里泰弘 自前(46.1)

の ま たけし
野間 健
立元 当3
鹿児島県日置市 S33・10・8
勤6年9ヵ月 (初/平24)

厚労委、原子力特委理事、党国対副委員長、国民新党政調会長、国務大臣秘書官、商社員、松下政経塾、慶大／64歳

〒895-0061 薩摩川内市御陵下町27-23 ☎0996(22)1505
〒100-8982 千代田区永田町2-1-2、会館 ☎03(3508)7027

鹿児島県4区 325,670 投 57.16	
鹿屋市、西之表市、垂水市、曽於市、霧島市、志布志市、曽於郡、肝属郡、熊毛郡	当127,131 森山 裕 自前(69.5) 比49,077 米永淳子 社新(26.8) 6,618 宮川直輝 N新(3.6)

もり やま ひろし
森山 裕
自前[森] 当7(初/平16補)※
鹿児島県鹿屋市 S20・4・8
勤25年4ヵ月(参5年10ヵ月)

党選挙対策委員長、党国会対策委員長、党政調会長代理、農林水産大臣、財務副大臣、参議院議員、鹿児島市議会議長5期、日新高校(旧鶴丸高夜間課程)／78歳

〒893-0015 鹿屋市新川町671-2 ☎0994(31)1035
〒100-8981 千代田区永田町2-2-1、会館 ☎03(3508)7164

沖縄県1区 267,939 投 55.89	
那覇市、島尻郡(渡嘉敷村、座間味村、粟国村、渡名喜村、南大東村、北大東村、久米島町)	当61,519 赤嶺政賢 共前(42.2) 比当54,532 国場幸之助 自前(37.4) 29,827 下地幹郎 無前(20.4)

あか みね せい けん
赤嶺政賢
共前 当8
沖縄県那覇市 S22・12・18
勤23年4ヵ月 (初/平12)

党沖縄県委員長、党幹部会委員、安保委、沖北特委、憲法審委、那覇市議、東京教育大／75歳

〒900-0016 那覇市前島3-1-17 ☎098(862)7521
〒100-8981 千代田区永田町2-2-1、会館 ☎03(3508)7196

※平10参院初当選

沖縄県2区　294,848 投 54.82

宜野湾市、浦添市、中頭郡

当74,665	新垣邦男	社新	(47.4)
比当64,542	宮崎政久	自前	(41.0)
比15,296	山川泰博	維新	(9.7)
3,053	中村幸也	N新	(1.9)

新垣邦男（あらかき くにお）
社新　当1(初/令3)
沖縄県　S31・6・19
勤1年11ヵ月　〈沖縄2区〉

党副党首、政審会長、国対委員長、安保委、憲法審委、元北中城村長、日大／67歳

〒901-2212　宜野湾市長田4-16-11　☎098(892)2131
〒107-0052　港区赤坂2-17-10、宿舎

沖縄県3区　316,908 投 54.00

名護市、沖縄市、うるま市、国頭郡、島尻郡(伊平屋村、伊是名村)

当87,710	島尻安伊子	自新	(52.1)
比80,496	屋良朝博	立前	(47.9)

島尻安伊子（しまじり あいこ）
自新［茂］　当1(初/令3)※
宮城県仙台市　S40・3・4
勤11年4ヵ月(参9年5ヵ月)

沖北特委理、外務委、総務委、内閣府特命担当大臣、参院環境委員長、党沖縄県連会長、参議院議員、那覇市議、上智大／58歳

〒904-2172　沖縄市泡瀬4-24-16　☎098(921)3144
〒107-0052　港区赤坂2-17-10、宿舎

沖縄県4区　295,455 投 55.05

石垣市、糸満市、豊見城市、宮古島市、南城市、島尻郡(与那原町、南風原町、八重瀬町)、宮古郡、八重山郡

当87,671	西銘恒三郎	自前	(54.9)
比72,031	金城　徹	立新	(45.1)

西銘恒三郎（にしめ こうさぶろう）
自前［茂］　当6
沖縄県　S29・8・7
勤16年7ヵ月　(初/平15)

外務委筆理、沖北特委、復興・沖北担当大臣、沖北特筆理、安保・国交委員長、経産・総務副大臣、国交政務官、予算委理事、県議4期、上智大／69歳

〒901-1115　沖縄県島尻郡南風原町字山川286-1(2F)　☎098(888)5360
〒100-8982　千代田区永田町2-1-2、会館　☎03(3508)7218

比例代表　九州　20人

福岡、佐賀、長崎、熊本、大分、宮崎、鹿児島、沖縄

今村雅弘（いまむら まさひろ）
自前［二］　当9
佐賀県鹿島市　S22・1・5
勤27年1ヵ月　(初/平8)

党政調会長代理、党物流調査会長、予算委、元復興大臣、農林水産副大臣、国交・外務政務官、衆国交委長、JR九州、東大法／76歳

〒840-0032　佐賀市末広2-13-36　☎0952(27)8015
〒100-8982　千代田区永田町2-1-2、会館　☎03(3508)7610

※平19補参院初当選

やす おか ひろ たけ
保岡宏武 自新［無］ 当1
鹿児島県 S48・5・6
勤1年11ヵ月 （初/令3）

総務委、農水委、消費者特委、地・こ・デジ特委、衆議員保岡興治公設第一秘書、鹿児島事務所長、青山学院大法学部、鹿児島大学大学院農学研究科／50歳

〒890-0054 鹿児島市荒田1-10-8 ☎099(263)8666
〒106-0032 港区六本木7-1-3、宿舎

いわ た かず ちか
岩田和親 自前［岸］ 当4(初/平24)
佐賀県 S48・9・20
勤10年10ヵ月 〈佐賀1区〉

経産委理事、法務委、震災復興特委、党経産部会長、経産・内閣府・復興GX大臣政務官、防衛大臣政務官、佐賀県議、九大法／49歳

〒840-0045 佐賀市西田代2-3-14-1 ☎0952(23)7880
〒107-0052 港区赤坂2-17-10、宿舎

たけ い しゅん すけ
武井俊輔 自前［岸］ 当4(初/平24)
宮崎県宮崎市 S50・3・29
勤10年10ヵ月 〈宮崎1区〉

外務副大臣、党国対副委長、外務政務官、県水泳連盟会長、県議、早大院、中大／48歳

〒880-0805 宮崎市橘通東2-1-4
テヅカビル1F ☎0985(28)7608
〒100-8982 千代田区永田町2-1-2、会館 ☎03(3508)7388

衆 略歴

比例九州

ふる かわ やすし
古川 康 自前［茂］ 当3(初/平26)
佐賀県唐津市 S33・7・15
勤8年10ヵ月 〈佐賀2区〉

国土交通大臣政務官、党税調幹事、組織本部財政金融証券委員長、総務副部会長、農業基本政策検討委員会事務局次長、総務大臣政務官、佐賀県知事、東大／65歳

〒847-0052 唐津市呉服町1790 ☎0955(74)7888
〒107-0052 港区赤坂2-17-10、宿舎

こく ば こう の すけ
國場幸之助 自前［岸］ 当4(初/平24)
沖縄県 S48・1・10
勤10年10ヵ月 〈沖縄1区〉

安保委理、沖北特委、経産委、憲法審委、党国防部会長、中小企業・小規模事業者政策調査会事務局長、外務大臣政務官、党副幹事長、党沖縄県連会長、県議、会社員、早大卒、日大中退／50歳

〒900-0033 那覇市久米2-31-1
マリーナヴィスタ久米2F ☎098(861)6813
〒100-8982 千代田区永田町2-1-2、会館 ☎03(3508)7741

みや ざき まさ ひさ
宮崎政久 自前［茂］ 当4(初/平24)
長野県 S40・8・8
勤9年9ヵ月 〈沖縄2区〉

法務委理、消費者特委理、党法務部会長、法務大臣政務官、党経産部会長代理、国交部会長代理、弁護士、明大法／58歳

〒901-2211 宜野湾市宜野湾1-1-1 2F ☎098(893)2955
〒107-0052 港区赤坂2-17-10、宿舎 ☎03(5549)4671

おざと やすひろ
小里泰弘
自 前［無］ 当6（初/平17）
鹿児島県 S33・9・29
勤18年1ヵ月 **〈鹿児島3区〉**

党総務会長代理、党経済成長戦略委員長、災害特委員長、農水副大臣、農水委員長、環境（兼）内閣府副大臣、慶大／64歳

〒895-0012 鹿児島県薩摩川内市平佐1-10 ☎0996（23）5888
〒100-8981 千代田区永田町2-2-1、会館 ☎03（3508）7247

すえつぐ せいいち
末次精一
立 新 当1（初/令3）
長崎県 S37・12・2
勤1年11ヵ月 **〈長崎4区〉**

国土交通委、地・こ・デジ特委、長崎県議、衆議院議員秘書、NPO法人理事長、京大工学部／60歳

〒857-0016 佐世保市俵町6-21 ☎0956（37）3535

よしかわ はじめ
吉川 元
立 前 当4（初/平24）
香川県 S41・9・28
勤10年10ヵ月 **〈大分2区〉**

議運理事、文科委、党国対副委員長、社民党副党首、政策秘書、神戸大中退／56歳

〒875-0041 大分県臼杵市大字臼杵195 ☎0972（64）0370
〒107-0052 港区赤坂2-17-10、宿舎

やまだ かつひこ
山田勝彦
立 新 当1（初/令3）
長崎県長崎市 S54・7・19
勤1年11ヵ月 **〈長崎3区〉**

法務委、農水委、消費者特委理、障がい福祉施設代表、衆議員秘書、法政大／44歳

〒856-0805 大村市竹松本町859-1 ☎0957（46）3788
〒107-0052 港区赤坂2-17-10、宿舎

いなとみ しゅうじ
稲富修二
立 前 当3（初/平21）
福岡県 S45・8・26
勤9年4ヵ月 **〈福岡2区〉**

内閣委理事、災害特委、党政調副会長、丸紅、松下政経塾、東大法、米コロンビア大院修了／53歳

〒815-0041 福岡市南区野間4-1-35-107 ☎092（557）8501
〒100-8982 千代田区永田町2-1-2、会館 ☎03（3508）7515

はまち まさかず
濵地雅一
公 前 当4
福岡県福岡市 S45・5・8
勤10年10ヵ月 （初/平24）

安保委理事、拉致特委理事、党中央幹事、党福岡県本部代表、外務大臣政務官、弁護士、早大法学部／53歳

〒812-0023 福岡市博多区奈良屋町11-6 奈良屋ビル2F ☎092（262）6616
〒100-8981 千代田区永田町2-2-1、会館 ☎03（3508）7235

よしだ　のぶひろ
吉田宣弘
公前　当3
熊本県荒尾市　S42・12・8
勤5年6ヵ月　（初／平26）

党国対副委員長、外務委理事、災害特委理事、元福岡県議、元参院議員秘書、九州大学／55歳

〒862-0910　熊本市東区健軍本町26-10 村上ビル2F-A　☎096(285)3686
〒100-8981　千代田区永田町2-2-1、会館　☎03(3508)7276

きんじょう　やすくに
金城泰邦
公新　当1
沖縄県浦添市　S44・7・16
勤1年11ヵ月　（初／令3）

党地方議会局次長、党遊説局次長、党沖縄方面副本部長、党沖縄県本部代表代行、外務委、沖北特委理、沖縄県議、浦添市議、沖縄国際大／54歳

〒901-2114　浦添市安波茶1-6-5 3F　☎098(870)7120
〒107-0052　港区赤坂2-17-10、宿舎

よしだ　くみこ
吉田久美子
公新　当1
佐賀県鳥栖市　S38・7・19
勤1年11ヵ月　（初／令3）

党女性委員会副委員長、厚労委、決算委、消費者特委、佐賀大教育学部／60歳

〒818-0072　筑紫野市二日市中央6-3-1-202　☎092(929)2801
〒100-8982　千代田区永田町2-1-2、会館　☎03(3508)7055

あべ　ひろき
阿部弘樹
維新　当1(初／令3)
福岡県　S36・12・15
勤1年11ヵ月　〈福岡4区〉

法務委、福岡県議、津屋崎町長、厚生省課長補佐、保健所、医師、医博、熊本大学大学院／61歳

〒811-2207　福岡県糟屋郡志免町南里3-4-1　☎092(957)8760
〒100-8982　千代田区永田町2-1-2、会館　☎03(3508)7480

やまもと　ごうせい
山本剛正
維元　当2(初／平21)
東京都　S47・1・1
勤5年3ヵ月　〈福岡1区〉

国土交通委、倫選特委理事、商社員、会社役員、衆議院議員秘書、駒澤大学／51歳

〒812-0001　福岡市博多区大井2-13-23　☎092(621)0120

たむら　たかあき
田村貴昭
共前　当3(初／平26)
大阪府枚方市　S36・4・30
勤8年10ヵ月

党中央委員、農水委、財金委、災害特委、北九州市議、北九州大学法学部政治学科／62歳

〒810-0022　福岡市中央区薬院3-13-12 大場ビル3F　☎092(526)1933
〒107-0052　港区赤坂2-17-10、宿舎

なが　とも　しん　じ
長友慎治

国新　当1(初/令3)
宮崎県宮崎市　S52・6・22
勤1年11ヵ月　〈宮崎2区〉

農水委、沖北特委、党政調副会長、NPO法人フードバンク日向理事長、日向市産業支援センター長、㈱博報堂ケトル、早大法／46歳

〒882-0823　延岡市中町2-2-20　☎0982(20)2011
〒100-8982　千代田区永田町2-1-2、会館　☎03(3508)7212

比例代表　九州　20人　有効投票数 6,307,040票

政党名	当選者数	得票数	得票率
	惜敗率 小選挙区		惜敗率 小選挙区

自民党　8人　2,250,966票　35.69%

当①今村　雅弘 前
当②保岡　宏武 新
当③岩田　和親 前(99.86)佐1
当③武井　俊輔 前(98.24)宮1
当③古川　　康 前(92.14)佐2
当③国場幸之助 前(88.41)沖1
当③宮崎　政久 前(86.44)沖2
当③小里　泰弘 前(85.64)鹿3
③高橋　舞子 新(78.19)大1
③初村滝一郎 新(67.78)長1
㉘河野　正美 元
㉙新　　義明 新
㉚田畑　隆治 新
【小選挙区での当選者】
③井上　貴博 前　福1
③鬼木　　誠 前　福2
③古賀　　篤 前　福3
③宮内　秀樹 前　福4
③鳩山　二郎 前　福6
③藤丸　　敏 前　福7
③武田　良太 前　福11
③加藤　竜祥 新　長2
③木原　　稔 前　熊1
③坂本　哲志 前　熊3
③金子　恭之 前　熊4
③岩屋　　毅 前　大3
③江藤　　拓 前　宮2
③古川　禎久 前　宮3
③宮路　拓馬 前　鹿1
③島尻安伊子 新　沖3
③西銘恒三郎 前　沖4

立憲民主党　4人　1,266,801票　20.09%

当①末次　精一 新(99.30)長4
当①吉川　　元 前(99.18)大2
当①山田　勝彦 新(96.45)長3
当①稲富　修二 前(92.57)福2
①屋良　朝博 前(91.78)沖3
①川内　博史 前(88.13)鹿1
①金城　　徹 新(82.16)沖4
①山内　康一 前(72.80)福3
①松平　浩一 前(71.80)長2
①横光　克彦 前(71.16)大3
①濱田　大造 新(63.82)熊1
①青木　剛志 新(60.52)福7
①坪田　　晋 新(54.06)福1
①森本慎太郎 新(52.00)福4
①矢上　雅義 前(46.90)熊4
①田辺　　徹 新(30.77)福6
㉓出口慎太郎 新
㉔大川　富洋 新
㉕川西　義人 新
【小選挙区での当選者】
①堤　かなめ 新　福5
①城井　　崇 前　福10
①原口　一博 前　佐1
①大串　博志 前　佐2
①渡辺　　創 新　宮1
①野間　　健 元　鹿3

公明党　4人　1,040,756票　16.50%

当①浜地　雅一 前
当②吉田　宣弘 前
当③金城　泰邦 新
当④吉田久美子 新
⑤窪田　哲也 新
⑥中山　英一 新

日本維新の会　2人　540,338票　8.57%

当①阿部　弘樹 新(38.53)福4		①西田　主税 新(25.57)福10
当①山本　剛正 元(37.82)福1		①新開　崇司 新(24.96)福2
①外山　　斎 新(36.81)宮1		▼①山川　泰博 新(20.49)沖2

共産党　1人　365,658票　5.80%

当②田村　貴昭 前
③真島　省三 元　福9
④松崎　真琴 新　鹿2

【小選挙区での当選者】
①赤嶺　政賢 前　沖1

国民民主党　1人　279,509票　4.43%

当①長友　慎治 新(60.76)宮2
③前野真実子 新

【小選挙区での当選者】
①西岡　秀子 前　長1

▼は小選挙区の得票が有効投票総数の10分の1未満で、復活当選の資格がない者

その他の政党の得票数・得票率は下記のとおりです。
(当選者はいません)

政党名	得票数	得票率
れいわ新選組	243,284票	3.86%
社民党	221,221票	3.51%
NHKと裁判してる党弁護士法72条違反で	98,506票	1.56%

衆議院小選挙区区割り詳細（未掲載分）

【北海道1区の札幌市北区・西区の一部】（P53参照）

北区（本庁管内（北六条西1～9丁目、北七条西1～10丁目、北八条西1～11丁目、北九条西1～11丁目、北十条西1～11丁目、北十一条西1～11丁目、北十二条西5～12丁目、北十三条西5～12丁目、北十四条西5～13丁目、北十五条西6～13丁目、北十六条西6～13丁目、北十七条西7～13丁目））、**西区**（山の手一条1～13丁目、山の手二条1～12丁目、山の手三条1～12丁目、山の手四条1～11丁目、山の手五条1～10丁目、山の手六条1～9丁目、山の手七条5～8丁目、山の手、二十四軒一条1～7丁目、二十四軒二条1～7丁目、二十四軒三条1～7丁目、二十四軒四条1～7丁目、琴似一条1～7丁目、琴似二条1～7丁目、琴似三条1～7丁目、琴似四条1～7丁目、発寒六条14丁目、発寒七条14丁目、発寒八条13丁目（14番）、発寒八条14丁目、発寒九条13丁目（5番から7番まで）、発寒九条14丁目、小別沢、宮の沢一条1～5丁目、宮の沢二条1～5丁目、宮の沢三条2～5丁目、宮の沢四条3～5丁目、宮の沢、西町南1～21丁目、西町北1～20丁目、西野一条1～9丁目、西野二条1～10丁目、西野三条1～10丁目、西野四条1～10丁目、西野五条1～10丁目、西野六条1～10丁目、西野七条1～10丁目、西野八条1～10丁目、西野九条3～9丁目、西野十条6～9丁目、西野十一条7～9丁目、西野十二条8丁目、西野十三条8丁目、西野十四条8丁目、西野、福井1～10丁目、福井、平和一条2～11丁目、平和二条1～11丁目、平和三条4～10丁目、平和）

【北海道2区の札幌市北区（1区に属しない区域）】（P53参照）

本庁管内（北十二条西1～4丁目、北十三条西1～4丁目、北十四条西1～4丁目、北十五条西1～5丁目、北十六条西1～5丁目、北十七条西1～6丁目、北十八条西2～13丁目、北十九条西2～13丁目、北二十条西2～13丁目、北二十一条西2～13丁目、北二十二条西2～13丁目、北二十三条西2～14丁目、北二十四条西2～19丁目、北二十五条西2～9丁目、北二十五条西11～18丁目、北二十六条西2～9丁目、北二十六条西12～17丁目、北二十七条西2～16丁目、北二十八条西2～15丁目、北二十九条西2～15丁目、北三十条西2～14丁目、北三十一条西2～14丁目、北三十二条西2～13丁目、北三十三条西2～12丁目、北三十四条西2～11丁目、北三十五条西2～10丁目、北三十六条西2～10丁目、北三十七条西2～9丁目、北三十八条西2～8丁目、北三十九条西3～7丁目、北四十条西4～6丁目、新川一条1～6丁目、新川二条1～13丁目、新川三条1～20丁目、新川四条1～20丁目、新川五条1～6丁目、新川五条14～16丁目、新川五条20丁目、新川六条14～16丁目、新川六条20丁目、新川七条16丁目、新川八条17丁目、新川西一条1～4丁目、新川西一条6～7丁目、新川西二条1～7丁目、新川西三条1～7丁目、新川西四条3～4丁目、新川西五条4丁目、新川、新琴似一条1～13丁目、新琴似二条1～13丁目、新琴似三条1～13丁目、新琴似四条1～17丁目、新琴似五条1～17丁目、新琴似六条1～17丁目、新琴似七条1～17丁目、新琴似八条1～17丁目、新琴似九条1～16丁目、新琴似十条1～17丁目、新琴似十一条1～17丁目、新琴似十二条1～17丁目、新琴似町、屯田一条1～2丁目、屯田二条1～5丁目、屯田三条1～8丁目、屯田四条1～10丁目、屯田五条1～12丁目、屯田六条1～12丁目、屯田七条1～12丁目、屯田八条1～12丁目、屯田九条1～12丁目、屯田十条1～3丁目、屯田十一条1～3丁目、屯田町、麻生町1～9丁目）、篠路出張所管内

【北海道4区の札幌市西区（1区に属しない区域）】（P54参照）

八軒一条東1～5丁目、八軒二条東1～5丁目、八軒三条東1～5丁目、八軒四条東1～5丁目、八軒五条東1～5丁目、八軒六条東1～5丁目、八軒七条東1～5丁目、八軒八条東1～5丁目、八軒九条東1～5丁目、八軒十条東1～5丁目、八軒一条西1～4丁目、八軒二条西1～4丁目、八軒三条西1～5丁目、八軒四条西1～6丁目、八軒五条西1～6丁目、八軒五条西8～11丁目、八軒六条西1～11丁目、八軒七条西1～11丁目、八軒八条西1～10丁目、八軒九条西1～7丁目、八軒九条西9～11丁目、八軒十条西1～6丁目、八軒十条西9～13丁目、発寒一条2～4丁目、発寒二条1～5丁目、発寒三条1～6丁目、発寒四条1～7丁目、発寒五条2～8丁目、発寒六条3～5丁目、発寒六条7～13丁目、発寒七条4～5丁目、発寒七条7～13丁目、発寒八条5丁目、発寒八条7丁目、発寒八条9～12丁目、発寒八条13丁目（14番を除く。）、発寒九条9～12丁目、発寒九条13丁目（5番から7番までを除く。）、発寒十条1～6丁目、発寒十条11～14丁目、発寒十一条1～6丁目、発寒十一条11～12丁目、発寒十一条14丁目、発寒十二条1～5丁目、発寒十二条11～14丁目、発寒十三条2～5丁目、発寒十三条11～14丁目、発寒十四条1～5丁目、発寒十四条11～14丁目、発寒十五条1～4丁目、発寒十五条12～14丁目、発寒十六条1～4丁目、発寒十六条12～14丁目、発寒十七条3～4丁目、発寒十七条13～14丁目

【茨城県1区の下妻市の一部】（P67参照）

下妻、長塚、砂沼新田、坂本新田、大木新田、石の宮、堀篭、坂井、比毛、横根、平川戸、北大宝、大宝、大串、平沼、福田、下木戸、神明、若柳、下宮、数須、筑波島、下田、中郷、黒駒、江、平方、尻手、渋井、桐ヶ瀬、前河原、赤須、柴、半谷、大木、南原、上野、関本下、袋畑、古沢、小島、二本紀、今泉、中居指、新堀、加養、亀崎、樋橋、肘谷、山尻、谷田部、柳原、安食、高道祖、本城町1～3丁目、小野子町1～2丁目、本宿町1～2丁目、田町1～2丁目

【栃木県1区の下野市の一部】（P69参照）

薬師寺、成田、町田、谷地賀、下文狹、田中、仁良川、本吉田、別当河原、下吉田、磯部、中川島、上川島、上吉田、三王山、絹板、花田、下坪山、上坪山、東根、祇園1～5丁目、緑1～6丁目

【埼玉県1区のさいたま市見沼区の一部】（P71参照）

大字大谷、大和田町1～2丁目、卸町1～2丁目、大字加田屋新田、加田屋1～2丁目、大字片柳、片柳1～2丁目、片柳東、大字上山口新田、大字小深作、大字笹丸、大字島、島町、島町1～2丁目、大字新右ェ門新田、大字染谷、染谷1～3丁目、大字中川、大字新堤、大字西山新田、大字西山村新田、大字蓮沼、春岡1～3丁目、春野1～4丁目、大字東新井、東大宮1丁目、東大宮5～7丁目、大字東宮下、東宮下1～3丁目、大字東門前、大字膝子、大字深作、深作1～5丁目、大字風渡野、堀崎町、大字丸ヶ崎、丸ヶ崎町、大字御蔵、大字南中野、大字南中丸、大字宮ヶ谷塔、宮ヶ谷塔1～4丁目、大字見山、大字山

【埼玉県2区の川口市の一部】（P72参照）

本庁管内、新郷・神根支所管内、芝支所管内（芝中田1～2丁目、芝宮根町、芝

高木1〜2丁目、芝東町、芝1〜4丁目、芝下1〜3丁目、大字芝（3102番地から3198番地までを除く。）、芝西1丁目（1番から11番までを除く。）、芝西2丁目、芝塚原1丁目（1番及び4番を除く。）、芝塚原2丁目、大字伊刈、大字小谷場、柳崎1〜5丁目、北園町、柳根町）、安行・戸塚・鳩ヶ谷支所管内

【埼玉県3区の越谷市の一部】（P72参照）

赤山町1〜5丁目、赤山本町、東町1〜6丁目、伊原1〜2丁目、大字大里、大沢、大沢1〜4丁目、大字大杉、大字大泊、大字大林、大字大房、大字大松、大間野町1〜5丁目、大字大吉、大字小曽川、大字上間久里（976番地から1075番地までを除く。）、大字蒲生、蒲生1〜4丁目、蒲生茜町、蒲生旭町、蒲生愛宕町、蒲生寿町、蒲生西町1〜2丁目、蒲生東町、蒲生本町、蒲生南町、川柳町1〜6丁目、瓦曽根1〜3丁目、大字北後谷、大字北川崎、北越谷1〜5丁目、越ヶ谷、越ヶ谷1〜5丁目、越ヶ谷本町、御殿町、相模町1〜7丁目、七左町1丁目、七左町4〜8丁目、大字下間久里、新川町1〜2丁目、新越谷1〜2丁目、神明町1〜3丁目、大字砂原、千間台東1〜4丁目、大成町1〜8丁目、大字中島、中島1〜3丁目、大字長島、中町、大字西新井、大字西方、西方1〜2丁目、大字野島、登戸町、大字花田、花田1〜7丁目、東大沢1〜5丁目、東越谷1〜10丁目、東柳田町、大字平方、平方南町、大字袋山（671番地から679番地まで、681番地から687番地まで、696番地から699番地まで、704番地、728番地から753番地まで、761番地から805番地まで、811番地から837番地まで、843番地、856番地から888番地まで、899番地から952番地まで、978番地から1021番地まで、1081番地から1162番地まで、1164番地から1187番地まで、1191番地から1218番地まで、1677番地、1717番地、1718番地、1756番地、1757番地、1851番地から2001番地まで及び2004番地から2060番地まで）、大字船渡、大字増林、増林1〜3丁目、大字増森、増森1〜2丁目、大字南荻島（1番地から4013番地まで、4095番地、4096番地及び4131番地から4135番地まで）、南越谷1〜5丁目、南町1〜3丁目、宮前1丁目、宮本町1〜5丁目、大字向畑、元柳田町、弥栄町1〜4丁目、大字弥十郎、谷中町1〜4丁目、柳町、弥生町、流通団地1〜4丁目、レイクタウン1〜9丁目

【埼玉県13区の春日部市の一部、越谷市（3区に属しない区域）】（P74参照）

春日部市（赤沼、一ノ割、一ノ割1〜4丁目、牛島、内牧、梅田、梅田1〜3丁目、梅田本町1〜2丁目、大枝、大沼1〜7丁目、大場、大畑、粕壁、粕壁1〜4丁目、粕壁東1〜6丁目、上大増新田、上蛭田、小渕、栄町1〜3丁目、下大増新田、下蛭田、新川、薄谷、千間1丁目、中央1〜8丁目、銚子口、道口蛭田、道順川戸、豊野町1〜3丁目、武里中野、新方袋、西八木崎1〜3丁目、八丁目、花積、浜川戸1〜2丁目、樋掘、樋籠、備後西1〜5丁目、備後東1〜8丁目、藤塚、不動院野、本田町1〜2丁目、増富、増戸、増田新田、緑町1〜6丁目、南1〜5丁目、南栄町、南中曽根、八木崎町、谷原1〜3丁目、谷原新田、豊町1〜6丁目、六軒町）、**越谷市**（大字大竹、大字大道、大字恩間、大字恩間新田、大字上間久里（976番地から1075番地まで）、大字三野宮、千間台西1〜6丁目、大字袋山（671番地から679番地まで、681番地から687番地まで、696番地から699番地まで、704番地、728番地から753番地まで、761番地から805番地まで、811番地から837番地まで、843番地、856番地から888番地まで、899番地から952番地まで、978番地から1021番地まで、1081番地から1162番地まで、1164番地から1187番地まで、1191番地から1218番地まで、1677番地、1717番地、1718番地、1756番地、1757番地、1851番地から2001番地まで及び2004番地から2060番地までを除く。）、大字南荻島（1番地から4013番地まで、4095番地、4096番地及び4131番地から4135番地までを除く。））

【埼玉県15区の川口市の一部】（P75参照）

芝支所管内（芝新町、芝5丁目、芝樋ノ爪1〜2丁目、芝富士1〜2丁目、芝園町、大字芝（3102番地から3198番地まで）、芝西1丁目（1番から11番まで）、芝塚原1丁目（1番及び4番））

【千葉県5区の市川市本庁管内】（P81参照）

市川1〜3丁目、市川南1〜5丁目、真間1〜3丁目、新田1〜5丁目、平田1〜4丁目、大洲1〜4丁目、大和田1〜5丁目、東大和田1〜2丁目、稲荷木1〜3丁目、八幡1〜6丁目、南八幡1〜5丁目、菅野1〜6丁目、東菅野1〜3丁目、鬼越1〜2丁目、鬼高1〜4丁目、高石神、中山1〜4丁目、若宮1〜3丁目、北方1〜3丁目、本北方1〜3丁目、北方町4丁目、東浜1丁目、田尻、田尻1〜5丁目、高谷、高谷1〜3丁目、高谷新町、原木、原木1〜4丁目、二俣、二俣1〜2丁目、二俣新町、上妙典

【千葉県10区の横芝光町の一部】（P82参照）

篠本、新井、宝米、市野原、二又、小川台、台、傍示戸、富下、虫生、小田部、母子、芝崎、芝崎南、宮川、谷中、目篠、上原、原方、木戸、尾垂イ、尾垂ロ、篠本根切

【神奈川県7区の横浜市都筑区の一部】（P84参照）

あゆみが丘、池辺町、牛久保町、牛久保1〜3丁目、牛久保西1〜4丁目、牛久保東1〜3丁目、大熊町、大棚町、大棚西、折本町、加賀原1〜2丁目、勝田町、勝田南1〜2丁目、川向町、川和台、川和町、北山田1〜7丁目、葛が谷、佐江戸町、桜並木、新栄町、すみれが丘、高山、茅ケ崎町、茅ケ崎中央、茅ケ崎東1〜5丁目、茅ケ崎南1〜5丁目、中川1〜8丁目、中川中央1〜2丁目、長坂、仲町台1〜5丁目、二の丸、早渕1〜3丁目、東方町、東山田町、東山田1〜4丁目、平台、富士見が丘、南山田町、南山田1〜3丁目、見花山

【神奈川県10区の川崎市中原区の一部】（P85参照）

新丸子町、新丸子東1〜3丁目、丸子通1〜2丁目、上丸子山王町1〜2丁目、上丸子八幡町、上丸子天神町、小杉町1〜3丁目、小杉御殿町1〜2丁目、小杉陣屋町1〜2丁目、等々力、木月1〜4丁目、西加瀬、木月祇園町、木月伊勢町、木月大町、木月住吉町、苅宿、大倉町、市ノ坪、今井上町、今井仲町、今井南町、今井西町、井田1〜3丁目、井田中ノ町、上平間、田尻町、北谷町、中丸子、下沼部、上丸子、小杉

【神奈川県13区の座間市の一部】（P86参照）

入谷1〜5丁目、栗原、栗原中央1〜6丁目、小松原1〜2丁目、さがみ野1〜3丁目、座間、座間1〜2丁目、座間入谷、新田宿、相武台1〜4丁目、立野台1〜3丁目、

西栗原1～2丁目、東原1～5丁目、ひばりが丘1～5丁目、広野台1～2丁目、緑ケ丘1～6丁目、南栗原1～6丁目、明王、四ツ谷

【神奈川県14区の相模原市緑区・南区の一部】（P86参照）

緑区（相原、相原1～6丁目、大島、大山町、上九沢、下九沢、田名、西橋本1～5丁目、二本松1～4丁目、橋本1～8丁目、橋本台1～4丁目、東橋本1～4丁目、元橋本町）、**南区**（旭町、鵜野森1～3丁目、大野台1～8丁目、上鶴間1～8丁目、上鶴間本町1～9丁目、古淵1～6丁目、栄町、相模大野1～9丁目、相南1丁目（1番から18番まで）、相南2丁目（1番から12番まで、17番及び25番から28番まで）、相南3丁目（1番から26番まで及び34番から47番まで）、西大沼1～5丁目、東大沼1～4丁目、東林間1～8丁目、文京1～2丁目、御園1～3丁目、豊町、若松1～6丁目）

【神奈川県16区の相模原市南区（14区に属しない区域）】（P87参照）

麻溝台、麻溝台1～8丁目、新磯野、新磯野1～5丁目、磯部、上鶴間、北里1～2丁目、相模台1～7丁目、相模台団地、桜台、下溝、新戸、相南1丁目（19番から24番まで）、相南2丁目（13番から16番まで及び18番から24番まで）、相南3丁目（27番から33番まで）、相南4丁目、相武台1～3丁目、相武台団地1～2丁目、当麻、双葉1～2丁目、松が枝町、御園4～5丁目、南台1～6丁目

【神奈川県18区の川崎市中原区（10区に属しない区域）・宮前区（9区に属しない区域）】（P87参照）

中原区（宮内1～4丁目、新城、上新城1～2丁目、新城1～5丁目、新城中町、下新城1～3丁目、上小田中1～7丁目、下小田中1～6丁目、井田三舞町、井田杉山町）、**宮前区**（向ケ丘、けやき平、神木1～2丁目、馬絹、馬絹1～3丁目、小台1～2丁目、土橋1～7丁目、有馬1～9丁目、東有馬1～5丁目、野川、宮崎、宮崎1～6丁目、宮前平1～3丁目、鷺沼1～4丁目、梶ケ谷、菅生ケ丘、水沢1～3丁目、潮見台、初山1～2丁目、菅生1～6丁目、犬蔵1～3丁目、平1～6丁目、五所塚1～2丁目、南平台、白幡台1～2丁目）

【東京都1区の港区・新宿区の一部】（P93参照）

港区（芝地区総合支所管内（芝5丁目、三田1～3丁目）、麻布地区・赤坂地区・高輪地区総合支所管内、芝浦港南地区総合支所管内（芝浦4丁目、海岸3丁目（4番から13番まで、20番、21番及び31番から33番まで）、港南1～5丁目、台場1～2丁目））、**新宿区**（本庁管内、四谷・簞笥町・榎町・若松町・大久保・戸塚特別出張所管内、落合第一特別出張所管内（下落合1～4丁目、中落合2丁目、高田馬場3丁目）、柏木・角筈特別出張所管内）

【東京都2区の港区（1区に属しない区域）、台東区の一部】（P93参照）

港区（芝地区総合支所管内（芝1～4丁目、海岸1丁目、東新橋1～2丁目、新橋1～6丁目、西新橋1～3丁目、浜松町1～2丁目、芝大門1～2丁目、芝公園1～4丁目、虎ノ門1～5丁目、愛宕1～2丁目）、芝浦港南地区総合支所管内（芝浦1～3丁目、海岸2丁目、海岸3丁目（1番から3番まで、14番から19番まで及び22番から30番まで）））、**台東区**（台東1～4丁目、柳橋1～2丁目、浅草橋1～5丁目、鳥越1～2丁目、蔵前1～4丁目、小島1～2丁目、三筋1～2丁目、秋葉原、上野1～7丁目、東上野1～5丁目、元浅草1～4丁目、寿1～4丁目、駒形1～2丁目、北上野1～2丁目、下谷1丁目、下谷2丁目（1番から12番まで、13番6号から13番13号まで及び16番から23番まで）、下谷3丁目、根岸1～5丁目、入谷1丁目（4番から8番まで、15番から20番まで及び29番から31番まで）、入谷2丁目（34番から39番まで）、竜泉1～3丁目、西浅草1丁目、雷門1～2丁目、浅草1丁目、浅草2丁目（1番から12番まで及び28番から35番まで）、花川戸1～2丁目、千束2丁目（33番から36番まで）、日本堤2丁目（36番から39番まで）、三ノ輪1～2丁目、池之端1～4丁目、上野公園、上野桜木1～2丁目、谷中1～7丁目）

【東京都3区の品川区・大田区の一部】（P93参照）

品川区（品川第一・品川第二地域センター管内、大崎第一地域センター管内（東五反田1～3丁目、西五反田1丁目、西五反田2丁目（1番から21番まで）、西五反田8丁目（4番1号から4番13号まで、5番、6番10号から6番23号まで、7番及び8番）、小山台1丁目、小山1丁目、荏原1丁目）、大崎第二地域センター管内（西五反田6丁目及び西五反田7丁目に属する区域を除く。）、大井第一・大井第二・大井第三・荏原第一・荏原第二・荏原第三・荏原第四・荏原第五・八潮地域センター管内）、**大田区**（嶺町・田園調布特別出張所管内、鵜の木特別出張所管内（鵜の木2丁目及び鵜の木3丁目に属する区域に限る。）、久が原特別出張所管内（千鳥1丁目及び池上3丁目に属する区域を除く）、雪谷・千束特別出張所管内）

【東京都4区の大田区（3区に属しない区域）】（P94参照）

大森東・大森西・入新井・馬込・池上・新井宿特別出張所管内、鵜の木特別出張所管内（鵜の木2丁目及び鵜の木3丁目に属する区域を除く。）、久が原特別出張所管内（千鳥1丁目及び池上3丁目に属する区域に限る。）、糀谷・羽田・六郷・矢口・蒲田西・蒲田東特別出張所管内

【東京都5区の目黒区・世田谷区の一部】（P94参照）

目黒区（上目黒2丁目（47番から49番まで）、上目黒4丁目、中目黒5丁目、目黒4丁目（1番から5番まで、12番から26番まで）、下目黒4丁目（21番から23番まで）、下目黒5丁目（8番から37番まで）、下目黒6丁目、中町1～2丁目、五本木1～3丁目、祐天寺1～2丁目、中央町1～2丁目、目黒本町1～6丁目、原町1～2丁目、洗足1～2丁目、南1～3丁目、碑文谷1～6丁目、鷹番1～3丁目、平町1～2丁目、大岡山1～2丁目、緑が丘1～3丁目、自由が丘1～3丁目、中根1～2丁目、柿の木坂1～3丁目、八雲1～5丁目、東が丘1～2丁目）、**世田谷区**（池尻・太子堂・下馬・上馬・代沢・奥沢・九品仏・等々力・上野毛・用賀・深沢まちづくりセンター管内）

【東京都6区の世田谷区（5区に属しない区域）】（P94参照）

若林・上町・経堂・梅丘・新代田・北沢・松原・松沢・祖師谷・成城・船橋・喜多見・砧・上北沢・上祖師谷・烏山まちづくりセンター管内

【東京都7区の品川区（3区に属しない区域）、目黒区（5区に属しない区域）、中野区の一部】（P94参照）

品川区（大崎第一地域センター管内（上大崎1～4丁目、東五反田4～5丁目、西五反田2丁目（1番から21番までを除く。）、西五反田3～7丁目、西五反田8丁目（1番から3番まで））、大崎第二地域センター管内（西五反田6丁目及び西五反田7丁目に属する区域に限る。））、**目黒区**（駒場1～4丁目、青葉台1～4丁目、東山1～3丁目、大橋1～2丁目、上目黒1丁目、上目黒2丁目（1番から46番まで）、上目黒3丁目、上目黒5丁目、中目黒1～4丁目、三田1～2丁目、目黒1～3丁目、目黒4丁目（6番から11番まで）、下目黒1～3丁目、下目黒4丁目（1番から20番まで）、下目黒5丁目（1番から7番まで））、**中野区**（南台1～5丁目、弥生町1～6丁目、本町1～6丁目、中央1～5丁目、東中野1～5丁目、中野1～4丁目、中野5丁目（10番から68番まで）、新井1丁目（1番から35番まで）、新井2～3丁目、野方1丁目、野方2丁目（1番から31番まで及び41番から62番まで））

【東京都8区の杉並区(7区に属しない区域)】（P95参照）

井草1～5丁目、上井草1～4丁目、下井草1～5丁目、善福寺1～4丁目、今川1～4丁目、桃井1～4丁目、西荻北1～5丁目、上荻1～4丁目、清水1～3丁目、本天沼1～3丁目、天沼1～3丁目、阿佐谷北1～6丁目、阿佐谷南1～3丁目、高円寺北1～4丁目、高円寺南1～5丁目、和田1～3丁目、和泉1～4丁目、堀ノ内1～3丁目、松ノ木1～3丁目、大宮1～2丁目、梅里1～2丁目、久我山1～5丁目、高井戸西1～3丁目、上高井戸1～3丁目、永福1～4丁目、浜田山1～4丁目、下高井戸1～5丁目、高井戸東1～4丁目、成田東1～5丁目、成田西1～4丁目、荻窪1～5丁目、南荻窪1～4丁目、西荻南1～4丁目、松庵1～3丁目、宮前1～5丁目

【東京都9区の練馬区の一部】（P95参照）

豊玉上2丁目、豊玉中1～4丁目、豊玉南1～3丁目、豊玉北3～6丁目、中村1～3丁目、中村南1～3丁目、中村北1～4丁目、練馬1～4丁目、向山1～4丁目、貫井1～5丁目、春日町1～6丁目、高松1～6丁目、田柄3丁目（14番から30番までを除く。）、田柄5丁目（21番から28番までを除く。）、光が丘2～7丁目、旭町1～3丁目、土支田1～4丁目、富士見台1～4丁目、南田中1～5丁目、高野台1～5丁目、谷原1～6丁目、三原台1～3丁目、石神井町1～8丁目、石神井台1～8丁目、下石神井1～6丁目、東大泉1～7丁目、西大泉町、西大泉1～6丁目、南大泉1～6丁目、大泉町1～6丁目、大泉学園町1～9丁目、関町北1～5丁目、関町南1～4丁目、上石神井南町、立野町、上石神井1～4丁目、関町東1～2丁目

【東京都10区の新宿区(1区に属しない区域)、中野区(7区に属しない区域)、豊島区の一部】（P95参照）

新宿区（落合第一特別出張所管内（上落合1～2丁目、中落合1丁目、中落合3～4丁目、中井2丁目）、落合第二特別出張所管内）、**中野区**（東中野3丁目、中野5丁目（1番から9番まで）、中野6丁目、上高田1～5丁目、新井1丁目（36番から43番まで）、新井4～5丁目、沼袋1～4丁目、松が丘1～2丁目、江原町1～3丁目、江古田1～4丁目、丸山1～2丁目、野方2丁目（32番から40番まで及び63番から69番まで）、野方3～6丁目、大和町1～4丁目、若宮1～3丁目、白鷺1～3丁目、鷺宮1～6丁目、上鷺宮1～5丁目）、**豊島区**（本庁管内（東池袋1～5丁目、南池袋1～4丁目、西池袋1～5丁目、池袋1～4丁目、池袋本町1～4丁目、雑司が谷1～3丁目、高田1～3丁目、目白1～4丁目）、東部区民事務所管内（南大塚3丁目及び東池袋5丁目に属する区域に限る。）、西部区民事務所管内）

【東京都11区の板橋区の一部】（P95参照）

本庁管内（板橋1～4丁目、加賀1～2丁目、大山東町、大山金井町、熊野町、中丸町、南町、稲荷台、仲宿、氷川町、栄町、大山町、大山西町、幸町、中板橋、仲町、弥生町、本町、大和町、双葉町、富士見町、大谷口上町、大谷口北町、大谷口1～2丁目、向原1～3丁目、小茂根1～5丁目、常盤台1～4丁目、南常盤台1～2丁目、東新町1～2丁目、上板橋1～3丁目、清水町、蓮沼町、大原町、泉町、宮本町、志村1～3丁目、坂下1～3丁目、東坂下1～2丁目、小豆沢1～4丁目、西台1～4丁目、中台1～3丁目、若木1～3丁目、蓮根1～3丁目、相生町、前野町1～6丁目、三園2丁目、東山町、桜川1～3丁目、高島平1～9丁目、新河岸3丁目）、赤塚支所管内

【東京都12区の豊島区(10区に属しない区域)、板橋区(11区に属しない区域)、足立区の一部】（P96参照）

豊島区（本庁管内（西巣鴨1丁目、北大塚3丁目、上池袋1～4丁目）、東部区民事務所管内（南大塚3丁目及び東池袋5丁目に属する区域を除く。））、**板橋区**（本庁管内（新河岸1～2丁目、舟渡1～4丁目））、**足立区**（入谷1～9丁目、入谷町、扇2丁目、小台1～2丁目、加賀1～2丁目、江北1～7丁目、皿沼1～3丁目、鹿浜1～8丁目、新田1～3丁目、椿1～2丁目、舎人1～6丁目、舎人公園、舎人町、堀之内1～2丁目、宮城1～2丁目、谷在家2～3丁目）

【東京都13区の足立区(12区に属しない区域)】（P96参照）

青井1～6丁目、足立1～4丁目、綾瀬1～7丁目、伊興1～5丁目、伊興本町1～2丁目、梅島1～3丁目、梅田1～8丁目、大谷田1～5丁目、加平1～3丁目、北加平町、栗原1～4丁目、弘道1～2丁目、古千谷1～2丁目、古千谷本町1～4丁目、佐野1～2丁目、島根1～4丁目、神明1～3丁目、神明南1～2丁目、関原1～3丁目、千住1～5丁目、千住曙町、千住旭町、千住東1～2丁目、千住大川町、千住河原町、千住寿町、千住桜木1～2丁目、千住関屋町、千住龍田町、千住中居町、千住仲町、千住橋戸町、千住緑町1～3丁目、千住宮元町、千住元町、千住柳町、竹の塚1～7丁目、辰沼1～2丁目、中央本町1～5丁目、東和1～5丁目、中川1～5丁目、西綾瀬1～4丁目、西新井1～7丁目、西新井栄町1～2丁目、西伊興1～4丁目、西伊興町、西加平1～2丁目、西竹の塚1～2丁目、西保木間1～4丁目、花畑1～8丁目、東綾瀬1～3丁目、東伊興1～4丁目、東保木間1～2丁目、東六月町、一ツ家1～4丁目、日ノ出町、平野1～3丁目、保木間1～5丁目、保塚町、南花畑1～5丁目、六木1～4丁目、谷在家1丁目、谷中1～5丁目、柳原1～2丁目、六月1～3丁目、六町1～4丁目、扇1丁目、扇3丁目、興野1～2丁目、西新井栄町3丁目、西新井本町1～5丁目、本木1～2丁目、本木北町、本木西町、本木東町、本木南町

【東京都14区の台東区(2区に属しない区域)】（P96参照）

東上野6丁目、下谷2丁目（13番1号から13番5号まで、13番14号から13番24号まで、14番、15番及び24番）、入谷1丁目（1番から3番まで、9番から14番まで、

21番から28番まで、32番及び33番)、入谷2丁目(1番から33番まで)、松が谷1〜4丁目、西浅草2〜3丁目、浅草2丁目(13番から27番まで)、浅草3〜7丁目、千束1丁目、千束2丁目(1番から32番まで)、千束3〜4丁目、今戸1〜2丁目、東浅草1〜2丁目、橋場1〜2丁目、清川1〜2丁目、日本堤1丁目、日本堤2丁目(1番から35番まで)

【東京都16区の江戸川区の一部】(P97参照)

本庁管内(中央1〜4丁目、松島1〜4丁目、松江1〜7丁目、東小松川1〜4丁目、西小松川町、大杉1〜5丁目、西一之江1〜4丁目、春江町4丁目、一之江1〜8丁目、西瑞江4丁目、江戸川4丁目、松本1〜2丁目)、小松川・葛西・東部・鹿骨事務所管内

【東京都21区の多摩市・稲城市の一部】(P98参照)

多摩市(関戸、関戸1〜4丁目、関戸5丁目(1番から8番まで及び13番から31番まで)、連光寺、連光寺1〜6丁目、東寺方1丁目、一ノ宮、一ノ宮1〜4丁目、聖ヶ丘1丁目(1番から24番まで、35番及び44番)、聖ヶ丘2〜5丁目)、**稲城市**(坂浜、平尾、平尾1〜3丁目、長峰1〜3丁目、若葉台1〜4丁目)

【東京都22区の稲城市(21区に属しない区域)】(P98参照)

矢野口、東長沼、大丸、百村、押立、向陽台1〜6丁目

【東京都23区の多摩市(21区に属しない区域)】(P98参照)

関戸5丁目(1番から8番まで及び13番から31番までを除く。)、関戸6丁目、貝取、乞田、和田、百草、落川、東寺方、桜ヶ丘1〜4丁目、聖ヶ丘1丁目(1番から24番まで、35番及び44番を除く。)、馬引沢1〜2丁目、山王下、中沢、唐木田、諏訪1〜6丁目、永山1〜7丁目、貝取1〜5丁目、豊ヶ丘1〜6丁目、落合1〜6丁目、鶴牧1〜6丁目、南野1〜3丁目、東寺方3丁目、和田3丁目、愛宕1〜4丁目

【東京都24区の八王子市(21区に属しない区域)】(P99参照)

横山町、八日町、八幡町、八木町、追分町、千人町1〜4丁目、日吉町、元本郷町1〜4丁目、平岡町、本郷町、大横町、本町、元横山町1〜3丁目、田町、新町、明神町1〜4丁目、子安町1〜4丁目、東町、旭町、三崎町、中町、南町、寺町、万町、上野町、天神町、南新町、小門町、台町1〜4丁目、中野町、暁町1〜3丁目、中野山王1〜3丁目、中野上町1〜5丁目、大和田町1〜7丁目、富士見町、緑町、清川町、東浅川町、初沢町、高尾町、南浅川町、西浅川町、裏高尾町、廿里町、下柚木、下柚木2〜3丁目、上柚木、上柚木2〜3丁目、中山、越野、南陽台1〜3丁目、堀之内、堀之内2〜3丁目、鹿島、松が谷、鑓水、鑓水2丁目、南大沢1〜5丁目、松木、別所1〜2丁目、並木町、散田町1〜5丁目、山田町、めじろ台1〜4丁目、長房町、城山手1〜2丁目、狭間町、椚田町、館町、寺田町、大船町、大楽寺町、上壱分方町、諏訪町、四谷町、叶谷町、泉町、横川町、弐分方町、川町、元八王子町1〜3丁目、下恩方町、上恩方町、西寺方町、小津町、川口町、上川町、犬目町、楢原町、美山町、尾崎町、左入町、滝山町1〜2丁目、梅坪町、谷野町、みつい台1〜2丁目、丹木町1〜3丁目、加住町1〜2丁目、宮下町、戸吹町、高月町、小比企町、片倉町、西片倉1〜3丁目、宇津貫町、みなみ野1〜6丁目、兵衛1〜2丁目、七国1〜6丁目、北野町、打越町、北野台1〜5丁目、長沼町、絹ケ丘1〜3丁目、高倉町、石川町、宇津木町、平町、小宮町、久保山町1〜2丁目、大谷町、丸山町

【新潟県1区の新潟市北区・東区・中央区・江南区・南区・西区の一部】(P103参照)

北区(本庁管内(細山に属する区域に限る。)、北出張所管内(すみれ野4丁目に属する区域を除く。))、**東区**(本庁管内、石山出張所管内(亀田中島4丁目に属する区域を除く。))、**中央区**(本庁管内、東出張所管内、南出張所管内(鵜ノ子及び亀田早通に属する区域を除く。))、**江南区**(本庁管内(天野、天野1〜3丁目、粟山、姥ケ山、江口、大淵、祖父興野、嘉木、嘉瀬、上和田、北山、久蔵興野、蔵岡、酒屋町、笹山、三百地、鐘木、清五郎、曽川、楚川、曽野木1〜2丁目、太右エ門新田、俵柳、直り山、長潟、中野山、鍋潟新田、西野、西山、花ノ牧、平賀、細山、舞潟、松山、丸潟新田、丸山、丸山ノ内善之丞組、茗荷谷、山二ツ、両川1〜2丁目、和田、割野))、**南区**(本庁管内(天野に属する区域に限る。))、**西区**(本庁管内、西出張所管内(四ツ郷屋及び與兵衛野新田に属する区域を除く。)、黒埼出張所管内)

【新潟県2区の長岡市の一部】(P104参照)

本庁管内(西津町に属する区域のうち、平成17年3月31日において三島郡越路町の区域であった区域に限る。)、越路・三島・小国・和島・寺泊・与板支所管内

【新潟県3区の新潟市北区の一部】(P104参照)

本庁管内(細山、小杉、十二前及び横越に属する区域を除く。)、北出張所管内(すみれ野4丁目に属する区域に限る。)

【新潟県4区の新潟市北区・東区・中央区・江南区・南区の一部、長岡市の一部】(P104参照)

新潟市(**北区**(第1区及び第3区に属しない区域)、**東区**(第1区に属しない区域)、**中央区**(第1区に属しない区域)、**江南区**(第1区に属しない区域)、**南区**(第1区及び第2区に属しない区域))、**長岡市**(中之島支所管内(押切川原町に属する区域のうち、平成17年3月31日において長岡市の区域であった区域を除く。)、栃尾支所管内)

【富山県1区の富山市の一部】(P105参照)

相生町、綾田町1〜3丁目、青柳、青柳新、赤江町、赤田、秋ヶ島、秋吉、秋吉新町、悪王寺、曙町、朝日、旭町、安住町、愛宕町1〜2丁目、荒川、荒川1〜5丁目、荒川新町、荒町、新屋、有沢、有沢新町、粟島町1〜3丁目、安養寺、安養坊、飯野、池多、石金1〜3丁目、石倉町、石坂、石坂新、石坂東町、石田、石屋、泉町1〜2丁目、磯部町1〜4丁目、一番町、一本木、稲荷園町、稲荷町1〜4丁目、稲荷元町1〜3丁目、犬島1〜7丁目、犬島新町1〜2丁目、今泉、今泉西部町、今泉北部町、今市、今木町、岩瀬赤田町、岩瀬天池町、岩瀬池田町、岩瀬入船町、岩瀬梅本町、岩瀬御蔵町、岩瀬表町、岩瀬古志町、岩瀬諏訪町、岩瀬高畠町、岩瀬天神町、岩瀬萩浦町、岩瀬白山町、岩瀬文化町、岩瀬前田町、

岩瀬松原町、岩瀬港町、牛島新町、牛島町、牛島本町1～2丁目、打出、打出新、内幸町、梅沢町1～3丁目、上野、上野寿町、上野新、上野新町、永楽町、越前町、江本、荏原新町、蛯町、追分茶屋、大井、大泉、大泉北町、大泉中町、大泉東町1～2丁目、大泉本町1～2丁目、大泉町1～3丁目、大江干、大江干新町、大島1～4丁目、太田、太田口通り1～3丁目、於保多町、太田南町、大塚、大塚北、大塚西、大塚東、大塚南、大手町、大場、大町、大宮町、奥井町、奥田寿町、奥田新町、奥田双葉町、奥田本町、奥田町、押上、音羽町1～2丁目、雄山町、海岸通、開発、掛尾栄町、掛尾町、鹿島町1～2丁目、金代、金屋、金山新、金山新北、金山新桜ヶ丘、金山新中、金山新西、金山新東、金山新南、上赤江、上赤江町1～2丁目、上飯野、上飯野新町1～5丁目、上今町、上熊野、上栄、上庄町、上新保、上千俵町、上布目、上袋、上冨居、上冨居1～3丁目、上冨居新町、上堀南町、上本町、上八日町、願海寺、北押川、北新町1～2丁目、北代、北代新、北代中部、北代東部、北代北部、北二ツ屋、木場町、経田、経堂、経堂1～4丁目、経堂新町、経力、金泉寺、銀嶺町、久郷、草島、楠木、窪新町、窪本町、公文名、栗山、呉羽野田、呉羽町、呉羽町北、呉羽町西、黒崎、黒瀬、黒瀬北町1～2丁目、小泉町、興人町、高来、古志町1～6丁目、小島町、小杉、五艘、小中、小西、五番町、五福、五本榎、駒見、才覚寺、境野新、栄新町、栄町1～3丁目、坂下新、桜木町、桜谷みどり町1～2丁目、桜橋通り、桜町1～2丁目、山王町、三熊、三番町、七軒町、芝園町1～3丁目、島田、清水中町、清水町1～9丁目、清水元町、下赤江、下赤江町1～2丁目、下飯野、下奥井1～2丁目、下熊野、下新北町、下新西町、下新日曹町、下新本町、下新町、下野、下野新、下冨居、下冨居1～2丁目、下堀、城川原1～3丁目、庄高田、城北町、城村、城村新町、白銀町、新金代1～2丁目、新川原町、新桜町、新庄北町、新庄銀座1～3丁目、新庄本町1～3丁目、新庄町、新庄町1～4丁目、新総曲輪、新千原崎、神通本町1～2丁目、神通町1～3丁目、新富町1～2丁目、新根塚町1～3丁目、新冨居、新保、新名、杉瀬、杉谷、砂町、住友町、住吉、住吉町1～2丁目、諏訪川原1～3丁目、清風町、関、千石町1～6丁目、千成町、千俵町、総曲輪1～4丁目、惣在寺、双代町、高木、高木西、高木東、高木南、高島、高園町、高田、高畠町1～2丁目、高屋敷、宝町1～2丁目、田刈屋、館出町1～2丁目、辰尾、辰巳町1～2丁目、田中町1～5丁目、田尻、田尻西、田尻東、田尻南、田畑、珠泉西町、珠泉東町、手屋、手屋1～3丁目、太郎丸、太郎丸西町1～2丁目、太郎丸本町1～4丁目、千歳町1～3丁目、千原崎、千原崎1～2丁目、茶屋町、中央通り1～3丁目、中間島、中間島1～2丁目、千代田町、塚原、月岡新、月岡西緑町、月岡東緑町1～4丁目、月岡町1～7丁目、月見町1～7丁目、堤町通り1～2丁目、つばめ野1～3丁目、鶴ヶ丘町、寺島、寺町、寺町けや木台、天正寺、土居原町、問屋町1～3丁目、道正、任海、常盤台、常盤町、栃谷、利波、富岡町、友杉、豊丘町、豊川町、豊島町、豊城新町、豊城町、豊田、豊田本町1～4丁目、豊田町1～2丁目、豊若町1～3丁目、永久町、中市、中市1～2丁目、長江、長江1～5丁目、長江新町1～4丁目、長江東町1～3丁目、長江本町、長柄町1～3丁目、中老田、長岡、長岡新、中沖、中川原、中川原新町、中川原台1～2丁目、中島1～5丁目、中田、中田1～3丁目、中布目、中野新、中野新町1～2丁目、中冨居、中冨居新町、中屋、流杉、鍋田、南央町、西四十物町、西荒屋、西大泉、西押川、西金屋、西公文名、西公文名町、西山王町、西新庄、西町、西田地方町1～3丁目、西長江1～4丁目、西長江本町、西中野本町、西中野町1～2丁目、西野新、西番、西宮町、西二俣、西宮、蜷川、布市、布市新町、布瀬本町、布瀬町、布瀬町1～2丁目、布瀬町南1～3丁目、布目、布目北、布目西、根塚町1～4丁目、野口、野口南部、野口北部、野田、野中、野中新、野々上、野町、萩原、蓮町1～6丁目、旅籠町、畑中、八川、八人町、八ヶ山、八町、八町北、八町中、八町西、八町東、八町南、花園町1～4丁目、花木、羽根、浜黒崎、林崎、針日、針原中、針原中町、晴海台、東石金町、東岩瀬町、東岩瀬村、東老田、東田地方町1～2丁目、東富山寿町1～3丁目、東中野町1～3丁目、東流杉、東町1～3丁目、日方江、久方町、日之出町、日俣、百塚、鵯島、ひよどり南台、平榎、平岡、開、開ヶ丘、平吹町、福居、冨居栄町、不二越本町1～2丁目、不二越町、藤木、藤木新、藤木新町、藤の木園町、藤の木台1～3丁目、二口町1～5丁目、二俣、二俣新町、舟橋今町、舟橋北町、舟橋南町、古鍛冶町、古川、古沢、古寺、文京町1～3丁目、別名、星井町1～3丁目、堀、堀川小泉町、堀川小泉町1～2丁目、堀川本郷、堀川町、堀端町、本郷、本郷島、本郷新、本郷西部、本郷中部、本郷東部、本郷北部、本郷町、本町、本丸、牧田、町新、町袋、町村、町村1～2丁目、松浦町、松木、松木新、松若町、丸の内1～3丁目、三上、水落、水橋池田舘、水橋池田町、水橋石政、水橋石割、水橋伊勢屋、水橋伊勢領、水橋市江、水橋市田袋、水橋入江、水橋魚躬、水橋大町、水橋沖、水橋肘崎、水橋開発、水橋開発町、水橋鏡田、水橋堅田、水橋金尾、水橋金尾新、水橋金広、水橋上桜木、水橋上砂子坂、水橋川原町、水橋北馬場、水橋狐塚、水橋小池、水橋恋塚、水橋小出、水橋五郎丸、水橋桜木、水橋佐野竹、水橋山王町、水橋下段、水橋柴草、水橋清水堂、水橋下砂子坂、水橋下砂子坂新、水橋常願寺、水橋小路、水橋上条新町、水橋新保、水橋新堀、水橋専光寺、水橋大正、水橋高月、水橋高寺、水橋高堂、水橋舘町、水橋田伏、水橋辻ヶ堂、水橋中馬場、水橋中町、水橋中村、水橋中村町、水橋入部町、水橋畠等、水橋番頭名、水橋平榎、水橋平塚、水橋二杉、水橋二ッ屋、水橋曲淵、水橋町、水橋町袋、水橋的場、水橋柳寺、緑町1～2丁目、湊入船町、南金屋、南栗山、南新町、南田町1～2丁目、南中田、宮尾、宮条、宮園町、宮成、宮成新、宮保、宮町、向新庄、向新庄町1～8丁目、向川原町、室町通り1～2丁目、明輪町、元町1～2丁目、桃井町1～2丁目、森、森1～5丁目、森住町、森田、森若町、安田町、安野屋町1～3丁目、柳町1～4丁目、八幡、山岸、山室、山室荒屋、山室荒屋新町、山本、山本新、弥生町1～2丁目、八日町、四方、四方荒屋、四方一番町、四方恵比須町、四方北窪、四方新、四方新出町、四方神明町、四方田町、四方西岩瀬、四方二番町、四方野割町、四方港町、横内、横越、吉岡、吉倉、吉作、四ツ葉町、米田、米田すずかけ台1～3丁目、米田町1～3丁目、若竹町1～6丁目

【長野県1区の長野市の一部】（P107参照）

本庁管内、篠ノ井・松代・若穂・川中島・更北・七二会・信更・古里・柳原・浅川・大豆島・朝陽・若槻・長沼・安茂里・小田切・芋井・芹田・古牧・三輪・吉田支所管内

【静岡県1区の静岡市葵区・駿河区・清水区の一部】（P112参照）
葵区（本庁管内（瀬名川3丁目（5番25号及び5番50号から5番59号まで）に属する区域を除く。）、井川支所管内）、**駿河区**（本庁管内（谷田に属する区域のうち、平成15年3月31日において清水市の区域であつた区域を除く。）、長田支所管内）、**清水区**（本庁管内（楠（694番地1及び694番地3）に属する区域に限る。））

【静岡県3区の浜松市天竜区の一部】（P113参照）
春野町領家、春野町堀之内、春野町胡桃平、春野町和泉平、春野町砂川、春野町大時、春野町長蔵寺、春野町石打松下、春野町田黒、春野町筏戸大上、春野町五和、春野町越木平、春野町田河内、春野町牧野、春野町花島、春野町杉、春野町川上、春野町宮川、春野町気田、春野町豊岡、春野町石切、春野町小俣京丸

【静岡県7区の浜松市中区・南区の一部】（P114参照）
中区（西丘町及び花川町に属する区域に限る）、**南区**（高塚町、増楽町、若林町及び東若林町に属する区域に限る）

【愛知県6区の瀬戸市の一部】（P116参照）
川平町、本郷町（10番から1048番まで）、十軒町、鹿乗町、内田町1～2丁目、北みずの坂1～3丁目

【愛知県9区の一宮市本庁管内】（P116参照）
起、開明、上祖父江、北今、小信中島、三条、玉野、冨田、西五城、西中野、西中野番外、西萩原、蓮池、東五城、東加賀野井、明地、祐久、篭屋1～5丁目

【兵庫県5区の川西市の一部】（P132参照）
平野（字カキヲジ原）、西畦野（字丸山及び字東通りを除く。）、一庫、国崎、黒川、横路、大和東1～5丁目、大和西1～5丁目、美山台1～3丁目、丸山台1～3丁目、見野1～3丁目、東畦野、東畦野1～6丁目、東畦野山手1～2丁目、長尾町、西畦野1～2丁目、山原、山原1～2丁目、緑が丘1～2丁目、山下町、山下、笹部1～3丁目、笹部、下財町、一庫1～3丁目

【兵庫県6区の川西市(5区に属しない区域)】（P133参照）
中央町、小花1～2丁目、小戸1～3丁目、美園町、絹延町、出在家町、丸の内町、滝山町、鴬の森町、萩原1～3丁目、火打1～2丁目、松が丘町、霞ケ丘1～2丁目、日高町、栄町、花屋敷山手町、花屋敷1～2丁目、寺畑1～2丁目、栄根1～2丁目、南花屋敷1～4丁目、加茂1～6丁目、下加茂1～2丁目、久代1～6丁目、東久代1～2丁目、萩原台東1～2丁目、萩原台西1～3丁目、鴬が丘、新田1～3丁目、新田、平野1～3丁目、多田桜木1～2丁目、東多田1～3丁目、鼓が滝1～3丁目、矢問1～3丁目、矢問東町、西多田1～2丁目、錦松台、多田院1～2丁目、多田院多田所町、多田院西1～2丁目、満願寺町、満願寺、平野（字カキヲジ原を除く。）、東多田、西多田、多田院、石道、虫生、赤松、柳谷、芋生、若宮、緑台1～7丁目、向陽台1～3丁目、水明台1～4丁目、清和台東1～5丁目、清和台西1～5丁目、湯山台1～2丁目、鴬台1～2丁目、けやき坂1～5丁目、南野坂1～2丁目、西畔野(字丸山及び字東通り)、清流台

【兵庫県11区の姫路市の一部】（P134参照）
相野、青山、青山1～6丁目、青山北1～3丁目、青山西1～5丁目、青山南1～4丁目、朝日町、阿保、網干区（網干浜、大江島、大江島寺前町、大江島古川町、興浜、垣内北町、垣内中町、垣内西町、垣内東町、垣内本町、垣内南町、北新在家、坂出、坂上、新在家、田井、高田、津市場、浜田、福井、宮内、余子浜、和久）、嵐山町、飯田、飯田1～3丁目、生野町、石倉、市川台1～3丁目、市川橋通1～2丁目、市之郷、市之郷町1～4丁目、伊伝居、威徳寺町、井ノ口、今宿、岩端町、魚町、打越、梅ケ枝町、梅ケ谷町、駅前町、太市中、大塩町、大塩町汐咲1～3丁目、大塩町宮前、大津区（恵美酒町1～2丁目、大津町1～4丁目、勘兵衛町1～5丁目、北天満町、吉美、新町1～2丁目、天神町1～2丁目、天満、長松、西土井、平松、真砂町）、大野町、岡田、岡町、奥山、鍵町、柿山伏、鍛冶町、片田町、刀出、刀出栄立町、勝原区（朝日谷、大谷、勝原町、勝山町、熊見、下太田、宮田、山戸、丁）、金屋町、兼田、上大野1～7丁目、上片町、上手野、神屋町、神屋町1～6丁目、亀井町、亀山、亀山1～2丁目、川西、川西台、神田町1～4丁目、北今宿1～3丁目、北新在家1～3丁目、北原、北平野1～6丁目、北平野奥垣内、北平野台町、北平野南の町、北八代1～2丁目、北夢前台1～2丁目、木場、木場十八反町、木場前中町、木場前七反町、京口町、京町1～3丁目、楠町、久保町、栗山町、車崎1～3丁目、景福寺前、国府寺町、五軒邸1～4丁目、小姓町、琴岡町、古二階町、河間町、呉服町、米屋町、小利木町、五郎右衛門邸、紺屋町、西庄、材木町、幸町、堺町、坂田町、坂元町、定元町、三左衛門堀西の町、三左衛門堀東の町、三条町1～2丁目、塩町、飾磨区（英賀、英賀春日町1～2丁目、英賀清水町1～3丁目、英賀西町1～3丁目、英賀東町1～2丁目、英賀保駅前町、英賀宮台、英賀宮町1～2丁目、阿成、阿成植木、阿成鹿古、阿成下垣内、阿成中垣内、阿成渡場、今在家、今在家2～7丁目、今在家北1～3丁目、入船町、恵美酒、大浜、粕谷新町、構、構1～5丁目、鎌倉町、上野田1～6丁目、亀山、加茂、加茂北、加茂東、加茂南、御幸、栄町、三和町、思案橋、清水、清水1～3丁目、下野田1～4丁目、城南町1～3丁目、須加、高町、高町1～2丁目、蓼野町、玉地、玉地1丁目、付城、付城1～2丁目、天神、都倉1～3丁目、中島、中島1～3丁目、中野田1～4丁目、中浜町1～3丁目、西浜町1～3丁目、野田町、東堀、富士見ケ丘町、細江、堀川町、宮、三宅1～3丁目、妻鹿、妻鹿東海町、妻鹿常盤町、妻鹿日田町、矢倉町1～2丁目、山崎、山崎台、若宮町）、飾西、飾西台、飾東町大釜、飾東町大釜新、飾東町小原、飾東町小原新、飾東町唐端新、飾東町北野、飾東町北山、飾東町清住、飾東町佐良和、飾東町塩崎、飾東町志吹、飾東町庄、飾東町豊国、飾東町八重畑、飾東町山崎、飾東町夕陽ケ丘、四郷町明田、四郷町上鈴、四郷町坂元、四郷町中鈴、四郷町東阿保、四郷町本郷、四郷町見野、四郷町山脇、東雲町1～6丁目、忍町、実法寺、下手野1～6丁目、下寺町、十二所前町、庄田、城東町、城東町京口台、城東町五軒屋、城東町清水、城東町竹之門、城東町中河原、城東町野田、城東町毘沙門、城北新町1～3丁目、城北本町、書写、書写台1～3丁目、白国、白国1～5丁目、白浜町、白浜町宇佐崎北1～3丁目、白浜町宇佐崎中1～3丁目、白浜町宇佐崎南1～2丁目、白浜町神田1～2丁目、白浜町寺家1～2丁目、

白浜町灘浜、白銀町、城見台1～4丁目、城見町、新在家、新在家1～4丁目、新在家中の町、新在家本町1～6丁目、神和町、菅生台、総社本町、大黒壱丁町、大寿台1～2丁目、大善町、田井台、高岡新町、高尾町、鷹匠町、竹田町、龍野町1～6丁目、立町、田寺1～8丁目、田寺東1～4丁目、田寺山手町、玉手、玉手1～4丁目、地内町、中地、中地南町、町田、町坪、町坪南町、千代田町、継、佃町、辻井1～9丁目、土山1～7丁目、土山東の町、手柄、手柄1～2丁目、天神町、東郷町、同心町、豆腐町、砥堀、苫編、苫編南1～2丁目、豊沢町、豊富町甲丘1～4丁目、豊富町神谷、豊富町豊富、豊富町御蔭、名古山町、南条、南条1～3丁目、二階町、西今宿1～8丁目、西駅前町、西新在家1～3丁目、西新町、西大寿台、西中島、西二階町、西延末、西八代町、西夢前台1～3丁目、西脇、仁豊野、農人町、南畝町、南畝町1～2丁目、野里、野里上野町1～2丁目、野里慶雲寺前町、野里新町、野里月丘町、野里寺町、野里中町、野里東同心町、野里東町、野里堀留町、野里大和町、延末、延末1丁目、白鳥台1～3丁目、博労町、橋之町、花影町1～4丁目、花田町一本松、花田町小川、花田町加納原田、花田町上原田、花田町高木、花田町勅旨、林田町大堤、林田町奥佐見、林田町上伊勢、林田町上構、林田町口佐見、林田町久保、林田町下伊勢、林田町下構、林田町新町、林田町中構、林田町中山下、林田町林田、林田町林谷、林田町松山、林田町六九谷、林田町八幡、林田町山田、東今宿1～6丁目、東駅前町、東辻井1～4丁目、東延末、東延末1～5丁目、東山、東夢前台1～3丁目、日出町1～3丁目、平野町、広畑区（吾妻町1～3丁目、大町1～3丁目、蒲田、蒲田1～5丁目、北河原町、北野町1～2丁目、京見町、小坂、小松町1～4丁目、才、清水町1～3丁目、城山町、末広町1～3丁目、正門通1～4丁目、高浜町1～4丁目、鶴町1～2丁目、長町1～2丁目、西蒲田、西夢前台4～8丁目、則直、早瀬町1～3丁目、東新町1～3丁目、東夢前台4丁目、富士町、本町1～6丁目、夢前町1～4丁目、広峰1～2丁目、広嶺山、福居町、福沢町、福中町、福本町、藤ケ台、双葉町、船丘町、船津町、船橋町2～6丁目、別所町家具町、別所町北宿、別所町小林、別所町佐土、別所町佐土1～3丁目、別所町佐土新、別所町別所、別所町別所1～5丁目、北条、北条1丁目、北条梅原町、北条口1～5丁目、北条永良町、北条宮の町、保城、坊主町、峰南町、本町、増位新町1～2丁目、増位本町1～2丁目、的形町福泊、的形町的形、丸尾町、御国野町国分寺、御国野町御着、御国野町西御着、御国野町深志野、神子岡前1～4丁目、御立北1～4丁目、御立中1～8丁目、御立西1～6丁目、御立東1～6丁目、緑台1～2丁目、南今宿、南駅前町、南車崎1～2丁目、南新在家、南町、南八代町、宮上町1～2丁目、宮西町1～4丁目、睦町、元塩町、元町、八家、八木町、八代、八代東光寺町、八代本町1～2丁目、八代緑ケ丘町、八代宮前町、安田1～4丁目、柳町、山田町北山田、山田町多田、山田町西山田、山田町牧野、山田町南山田、山野井町、山畑新田、山吹1～2丁目、吉田町、米田町、余部区（上川原、上余部、下余部）、六角、若菜町1～2丁目、綿町

【岡山県1区の岡山市北区・南区の一部、吉備中央町本庁管内】（P143参照）

岡山市（**北区**（本庁管内（祇園、後楽園、中原及び牟佐に属する区域を除く。）、御津・建部支所管内）、**南区**（青江6丁目、あけぼの町、泉田、泉田1～5丁目、内尾、浦安西町、浦安本町、浦安南町、大福、海岸通1～2丁目、古新田、市場1～2丁目、下中野、新福1～2丁目、新保、洲崎1～3丁目、妹尾、妹尾崎、曽根、立川町、築港栄町、築港新町1～2丁目、築港ひかり町、築港緑町1～3丁目、築港元町、千鳥町、当新田、富浜町、豊成1～3丁目、豊浜町、中畦、並木町1～2丁目、南輝1～3丁目、西市、西畦、浜野1～4丁目、東畦、平福1～2丁目、福島1～4丁目、福田、福富中1～2丁目、福富西1～3丁目、福富東1～2丁目、福成1～3丁目、福浜町、福浜西町、福吉町、藤田、芳泉1～4丁目、松浜町、万倍、箕島、三浜町1～2丁目、山田、米倉、若葉町）、**吉備中央町**（広面、上加茂、下加茂、美原、加茂市場、高谷、平岡、上野、竹部、上田東、細田、三納谷、上田西、円城、案田、高富、神瀬、船津、小森）

【岡山県3区の真庭市の一部】（P144参照）

本庁管内、蒜山・落合・勝山・美甘・湯原振興局管内

【山口県1区の周南市の一部】（P146参照）

本庁管内、新南陽・鹿野総合支所管内、櫛浜・鼓南・久米・菊川・夜市・戸田・湯野・大津島・向道・長穂・須々万・中須・須金支所管内

【香川県1区の高松市の一部】（P151参照）

本庁管内、勝賀総合センター管内、山田支所管内、鶴尾・太田・木太・古高松・屋島・前田・川添・林・三谷・仏生山・一宮・多肥・川岡・円座・檀紙・女木・男木出張所管内

【愛媛県1区の松山市の一部】（P151参照）

本庁管内、桑原・道後・味生・生石・垣生・三津浜・久枝・潮見・和気・堀江・余土・興居島・久米・湯山・伊台・五明・小野支所管内、浮穴支所管内（北井門2丁目に属する区域に限る。）、石井支所管内

【高知県1区の高知市の一部】（P152参照）

上町1～5丁目、本丁筋、水通町、通町、唐人町、与力町、鷹匠町1～2丁目、本町1～5丁目、升形、帯屋町1～2丁目、追手筋1～2丁目、廿代町、永国寺町、丸ノ内1～2丁目、中の島、九反田、菜園場町、農人町、城見町、堺町、南はりまや町1～2丁目、弘化台、桜井町1～2丁目、はりまや町1～3丁目、宝永町、弥生町、丸池町、小倉町、東雲町、日の出町、知寄町1～3丁目、青柳町、稲荷町、若松町、高埇、杉井流、北金田、南金田、札場、南御座、北御座、南川添、北川添、北久保、南久保、海老ノ丸、中宝永町、南宝永町、二葉町、入明町、洞ケ島町、寿町、中水道、幸町、伊勢崎町、相模町、吉田町、愛宕町1～4丁目、大川筋1～2丁目、駅前町、相生町、江陽町、北本町1～4丁目、新本町1～2丁目、昭和町、和泉町、塩田町、比島町1～4丁目、栄田町1～3丁目、井口町、平和町、三ノ丸、宮前町、西町、大膳町、山ノ端町、桜馬場、城北町、北八反町、宝町、小津町、越前町1～2丁目、新屋敷1～2丁目、八反町1～2丁目、東城山町、城山町、東石立町、石立町、玉水町、縄手町、鏡川町、下島町、旭町1～3丁目、赤石町、中須賀町、旭駅前町、元町、南元町、旭上町、水源町、本宮町、上本

宮町、大谷、岩ケ淵、鳥越、塚ノ原、西塚ノ原、長尾山町、旭天神町、佐々木町、北端町、山手町、横内、口細山、尾立、蓮台、福井町、福井扇町、福井東町、池、仁井田、種崎、十津1〜6丁目、吸江、五台山、屋頭、高須、葛島1〜4丁目、高須新町1〜4丁目、高須砂地、高須本町、高須新木、高須1〜3丁目、高須東町、高須西町、高須絶海、高須大谷、高須大島、布師田、一宮、薊野、重倉、久礼野、薊野西町1〜3丁目、薊野北町1〜4丁目、薊野東町、薊野中町、薊野南町、一宮西町1〜4丁目、一宮しなね1〜2丁目、一宮南町1〜2丁目、一宮中町1〜3丁目、一宮東町1〜5丁目、一宮徳谷、愛宕山、前里、東秦泉寺、中秦泉寺、三園町、西秦泉寺、北秦泉寺、宇津野、三谷、七ツ淵、加賀野井1〜2丁目、愛宕山南町、秦南町1〜2丁目、東久万、中久万、西久万、南久万、万々、中万々、南万々、柴巻、円行寺、一ツ橋町1〜2丁目、みづき1〜3丁目、みづき山、大津甲、大津乙、介良甲、介良乙、介良丙、介良、潮見台1〜3丁目、鏡大河内、鏡小浜、鏡大利、鏡今井、鏡草峰、鏡白岩、鏡狩山、鏡吉原、鏡的渕、鏡去坂、鏡竹奈路、鏡敷ノ山、鏡柿ノ又、鏡横矢、鏡増原、鏡葛山、鏡梅ノ木、鏡小山、土佐山菖蒲、土佐山西川、土佐山梶谷、土佐山、土佐山高川、土佐山桑尾、土佐山都網、土佐山弘瀬、土佐山東川、土佐山中切

【福岡県2区の福岡市南区・城南区の一部】（P155参照）

南区（那の川1丁目、那の川2丁目（1番から4番まで）、大楠1〜3丁目、清水1〜4丁目、玉川町、塩原1〜4丁目、大橋団地、大橋1〜4丁目、高木1〜3丁目、五十川1〜2丁目、井尻1〜5丁目、折立町、横手1〜4丁目、横手南町、的場1〜2丁目、曰佐1〜2丁目、曰佐4〜5丁目、向新町1〜2丁目、高宮1〜5丁目、多賀1〜2丁目、向野1〜2丁目、筑紫丘1〜2丁目、野間1〜4丁目、若久団地、若久1〜6丁目、三宅1〜3丁目、南大橋1〜2丁目、和田1〜4丁目、野多目1〜3丁目、野多目4丁目（1番から13番まで、18番1号から18番14号まで、18番61号から18番82号まで及び19番から30番まで）、野多目5丁目、老司1丁目（1番1号から1番17号まで、1番26号から1番48号まで、2番から4番まで、5番18号から5番36号まで、6番及び7番9号から7番28号まで）、市崎1〜2丁目、大池1〜2丁目、平和1〜2丁目、平和4丁目、寺塚1〜2丁目、柳河内1〜2丁目、皿山1〜4丁目、中尾1〜3丁目、花畑1〜4丁目、屋形原1〜5丁目、鶴田4丁目（1番1号から1番8号まで、1番44号から1番47号まで、3番5号から3番24号まで及び3番38号から3番54号まで）、長丘1〜5丁目、長住1〜7丁目、西長住1〜3丁目、大字桧原、桧原1〜7丁目、大平寺1〜2丁目、大字柏原、柏原1丁目（1番から25番まで及び27番から53番まで）、柏原3〜7丁目）、**城南区**（鳥飼4〜7丁目、別府団地、別府1〜7丁目、城西団地、荒江団地、荒江1丁目、飯倉1丁目、田島1〜6丁目、茶山1〜6丁目、金山団地、七隈1〜2丁目、七隈3丁目（1番から5番まで、8番24号、8番31号から8番44号まで、15番から19番まで、20番1号から20番4号まで及び20番25号から20番67号まで）、松山1〜2丁目、友丘1〜6丁目、友泉亭、長尾1〜5丁目、樋井川1〜7丁目、宝台団地、堤団地、堤1〜2丁目、東油山1〜6丁目、大字東油山、大字片江、片江1〜5丁目、南片江1〜6丁目、西片江1〜2丁目、神松寺1〜3丁目）

【福岡県3区の福岡市城南区（2区に属しない区域）】（P155参照）

七隈3丁目（6番、7番、8番1号から8番23号まで、8番25号から8番30号まで、8番45号、8番46号、9番から14番まで、20番5号から20番24号まで及び21番から23番まで）、七隈4〜8丁目、干隈1〜2丁目、梅林1〜5丁目、大字梅林

【福岡県5区の福岡市南区（2区に属しない区域）】（P156参照）

曰佐3丁目、警弥郷1〜3丁目、柳瀬1〜2丁目、弥永1〜5丁目、弥永団地、野多目4丁目（14番から17番まで、18番15号から18番60号まで、31番及び32番）、野多目6丁目、老司1丁目（1番18号から1番25号まで、5番1号から5番17号まで、5番37号から5番53号まで、7番1号から7番8号まで、7番29号から7番39号まで及び8番から35番まで）、老司2〜5丁目、鶴田1〜3丁目、鶴田4丁目（1番9号から1番43号まで、2番、3番1号から3番4号まで、3番25号から3番37号まで、3番55号から3番60号まで及び4番から54番まで）、柏原1丁目（26番）、柏原2丁目

【大分県1区の大分市の一部】（P160参照）

本庁管内、鶴崎・大南支所管内、稙田支所管内（大字廻栖野（618番地から747番地2まで、830番地から832番地1まで、833番地1、833番地3から836番地3まで、838番地1から838番地2まで、841番地、1587番地、1591番地から1618番地まで及び1620番地）に属する区域を除く。）、大在・坂ノ市・明野支所管内

衆議院常任・特別委員一覧（令和5年7月18日現在）

【常任委員会】

内閣委員（40）

（自22）（立7）（維4）（公3）
（国1）（共1）（有1）（れ1）

(長) **大西英男** 自
(理) 井上信治 自
(理) 神田憲次 自
(理) 藤井比早之 自
(理) 宮路拓馬 自
(理) 青柳陽一郎 立
(理) 稲富修二 立
(理) 阿部司 維
(理) 國重徹 公
赤澤亮正 自
池田佳隆 自
石原宏高 自
尾﨑正直 自
大野敬太郎 自
工藤彰三 自
小寺裕雄 自
杉田水脈 自
鈴木英敬 自
田野瀬太道 自
平将明 自
中野英幸 自
中山展宏 自
平井卓也 自
平沼正二郎 自
牧島かれん 自
松本尚 自
中谷一馬 立
太栄志 立
本庄知史 立
馬淵澄夫 立
山岸一生 立
岩谷良平 維
浦野靖人 維
堀場幸子 維
河西宏一 公
福重隆浩 公
浅野哲 国
塩川鉄也 共
緒方林太郎 有
大石あきこ れ

総務委員（40）

（自22）（立8）（維4）（公3）
（国1）（共1）（無1）

(長) **浮島智子** 公
(理) あかま二郎 自
(理) 斎藤洋明 自
(理) 武村展英 自
(理) 鳩山二郎 自
(理) 石川香織 立
(理) 奥野総一郎 立
(理) 守島正 維
(理) 中川康洋 公
井林辰憲 自
井原巧 自
金子恭之 自
川崎ひでと 自
国光あやの 自
小森卓郎 自
佐々木紀 自
坂井学 自
島尻安伊子 自
杉田水脈 自
田所嘉徳 自
中川貴元 自
西野太亮 自
長谷川淳二 自
古川直季 自
務台俊介 自
保岡宏武 自
渡辺孝一 自
おおつき紅葉 立
岡本あき子 立
神谷裕 立
重徳和彦 立
道下大樹 立
湯原俊二 立
伊東信久 維
市村浩一郎 維
中司宏 維
輿水恵一 公
西岡秀子 国
宮本岳志 共
吉川赳 無

法務委員（35）

（自20）（立7）（維3）（公3）
（国1）（共1）

(長) **伊藤忠彦** 自
(理) 谷川とむ 自
(理) 藤原崇 自
(理) 牧原秀樹 自
(理) 宮﨑政久 自
(理) 鎌田さゆり 立
(理) 寺田学 立
(理) 沢田良 維
(理) 大口善徳 公
東国幹 自
五十嵐清 自
石橋林太郎 自
岩田和親 自
英利アルフィヤ 自
奥野信亮 自
加藤竜祥 自
熊田裕通 自
鈴木馨祐 自
田所嘉徳 自
高見康裕 自
鳩山二郎 自
平口洋 自
深澤陽一 自
山下貴司 自

(長)＝委員長・会長、(理)＝理事、(幹)＝幹事、議員氏名の右は会派名

鈴木庸介 立
中川正春 立
山田勝彦 立
吉田はるみ 立
米山隆一 立
阿部弘樹 維
漆間譲司 維
日下正喜 公
平林晃 公
鈴木義弘 国
本村伸子 共

外務委員(30)

(自17)(立5)(維3)(公2)(国1)(共1)(有1)

(長) **黄川田仁志** 自
(理) 小田原潔 自
(理) 鈴木馨祐 自
(理) 中川郁子 自
(理) 西銘恒三郎 自
(理) 源馬謙太郎 立
(理) 和田有一朗 維
(理) 吉田宣弘 公
秋本真利 自
伊藤信太郎 自
上杉謙太郎 自
城内実 自
島尻安伊子 自
新藤義孝 自
鈴木貴子 自
鈴木隼人 自
高木啓 自
辻清人 自
寺田稔 自
平沢勝栄 自
青山大人 立
篠原豪 立
松原仁 立
笠浩史 立
青柳仁士 維
杉本和巳 維
金城泰邦 公
鈴木敦 国
穀田恵二 共
吉良州司 有

財務金融委員(40)

(自23)(立8)(維3)(公3)(国1)(共1)(無1)

(長) **塚田一郎** 自
(理) 井林辰憲 自
(理) 越智隆雄 自
(理) 中西健治 自
(理) 宗清皇一 自
(理) 櫻井周 立
(理) 末松義規 立
(理) 住吉寛紀 維
(理) 稲津久 公
青山周平 自
石井拓 自
石原正敬 自
小田原潔 自
大塚拓 自
大野敬太郎 自
金子俊平 自
神田憲次 自
神田潤一 自
岸信千世 自
小泉龍司 自
高村正大 自
塩崎彰久 自
津島淳 自
中山展宏 自
葉梨康弘 自
藤原崇 自
若林健太 自
階猛 立
野田佳彦 立
福田昭夫 立
藤岡隆雄 立
道下大樹 立
米山隆一 立
藤巻健太 維
岬麻紀 維
伊藤渉 公
山崎正恭 公
前原誠司 国
田村貴昭 共
吉田豊史 無

文部科学委員(40)

(自23)(立8)(維4)(公3)(国1)(共1)

(長) **宮内秀樹** 自
(理) 池田佳隆 自
(理) 橘慶一郎 自
(理) 中村裕之 自
(理) 根本幸典 自
(理) 森山浩行 立
(理) 柚木道義 立
(理) 堀場幸子 維
(理) 鰐淵洋子 公
青山周平 自
石橋林太郎 自
上杉謙太郎 自
英利アルフィヤ 自
勝目康 自
岸信千世 自
柴山昌彦 自
鈴木貴子 自
田野瀬太道 自
谷川弥一 自
中曽根康隆 自
丹羽秀樹 自
船田元 自
古川直季 自
穂坂泰 自
山口晋 自
山本左近 自
義家弘介 自
荒井優 立
梅谷守 立
菊田真紀子 立

役職	氏名	会派
	白石洋一	立
	牧義夫	立
	吉川元	立
	金村龍那	維
	高橋英明	維
	早坂敦	維
	平林晃	公
	山崎正恭	公
	西岡秀子	国
	宮本岳志	共

厚生労働委員(45)

(自25)(立10)(維4)(公3)(国1)(共1)(有1)

役職	氏名	会派
長	**三ッ林裕巳**	自
理	上野賢一郎	自
理	大岡敏孝	自
理	田畑裕明	自
理	高木宏壽	自
理	小川淳也	立
理	中島克仁	立
理	池下卓	維
理	佐藤英道	公
	秋葉賢也	自
	畦元将吾	自
	上田英俊	自
	柿沢未途	自
	勝目康	自
	川崎ひでと	自
	小泉進次郎	自
	小林鷹之	自
	塩崎彰久	自
	新谷正義	自
	瀬戸隆一	自
	田村憲久	自
	髙階恵美子	自
	土田慎	自
	橋本岳	自
	堀内詔子	自
	本田太郎	自
	松本尚	自
	三谷英弘	自
	吉田真次	自
	阿部知子	立
	井坂信彦	立
	大西健介	立
	西村智奈美	立
	野間健	立
	山井和則	立
	吉田統彦	立
	早稲田ゆき	立
	一谷勇一郎	維
	遠藤良太	維
	吉田とも代	維
	古屋範子	公
	吉田久美子	公
	田中健	国
	宮本徹	共
	仁木博文	有

農林水産委員(40)

(自23)(立8)(維3)(公3)(国1)(共1)(有1)

役職	氏名	会派
長	**笹川博義**	自
理	あべ俊子	自
理	武部新	自
理	若林健太	自
理	渡辺孝一	自
理	近藤和也	立
理	緑川貴士	立
理	足立康史	維
理	庄子賢一	公
	東国幹	自
	五十嵐清	自
	伊東良孝	自
	泉田裕彦	自
	上田英俊	自
	江藤拓	自
	加藤竜祥	自
	神田潤一	自
	小寺裕雄	自
	坂本哲志	自
	高鳥修一	自
	西野太亮	自
	平沼正二郎	自
	細田健一	自
	宮路拓馬	自
	宮下一郎	自
	保岡宏武	自
	山口晋	自
	梅谷守	立
	金子恵美	立
	小山展弘	立
	佐藤公治	立
	山田勝彦	立
	渡辺創	立
	池畑浩太朗	維
	掘井健智	維
	稲津久	公
	角田秀穂	公
	長友慎治	国
	田村貴昭	共
	北神圭朗	有

経済産業委員(40)

(自23)(立8)(維4)(公3)(国1)(共1)

役職	氏名	会派
長	**竹内譲**	公
理	井原巧	自
理	岩田和親	自
理	関芳弘	自
理	細田健一	自
理	落合貴之	立
理	山崎誠	立
理	小野泰輔	維
理	中野洋昌	公
	石井拓	自
	石川昭政	自
	稲田朋美	自
	今枝宗一郎	自
	上川陽子	自

- 小宮山泰子 立
- 神津たけし 立
- 下条みつ 立
- 末次精一 立
- 一谷勇一郎 維
- 前川清成 維
- 山本剛正 維
- 北側一雄 公
- 中川康洋 公
- 古川元久 国
- 高橋千鶴子 共
- 福島伸享 有
- 櫛渕万里 れ

- 小森卓郎 自
- 國場幸之助 自
- 鈴木淳司 自
- 土田慎 自
- 冨樫博之 自
- 長坂康正 自
- 福田達夫 自
- 堀井学 自
- 牧島かれん 自
- 松本洋平 自
- 宗清皇一 自
- 山際大志郎 自
- 山下貴司 自
- 吉田真次 自
- 大島敦 立
- 菅直人 立
- 篠原孝 立
- 田嶋要 立
- 馬場雄基 立
- 山岡達丸 立
- 足立康史 維
- 遠藤良太 維
- 前川清成 維
- 中川宏昌 公
- 鈴木義弘 国
- 笠井亮 共

国土交通委員(45)

(自25)(立9)(維4)(公3)
(国1)(共1)(有1)(れ1)

- ㊤長 **木原稔** 自
- ㊤理 加藤鮎子 自
- ㊤理 津島淳 自
- ㊤理 中根一幸 自
- ㊤理 長坂康正 自
- ㊤理 伴野豊 立
- ㊤理 谷田川元 立
- ㊤理 赤木正幸 維
- ㊤理 伊藤渉 公
- 泉田裕彦 自
- 小里泰弘 自
- 柿沢未途 自
- 菅家一郎 自
- 工藤彰三 自
- 小林史明 自
- 櫻田義孝 自
- 田中英之 自
- 田中良生 自
- 谷川とむ 自
- 冨樫博之 自
- 土井亨 自
- 中川郁子 自
- 中村裕之 自
- 西田昭二 自
- 根本幸典 自
- 深澤陽一 自
- 古川康 自
- 宮崎政久 自
- 武藤容治 自
- 枝野幸男 立
- 小熊慎司 立
- 城井崇 立

環境委員(30)

(自17)(立7)(維4)(公2)

- ㊤長 **古賀篤** 自
- ㊤理 菅家一郎 自
- ㊤理 堀内詔子 自
- ㊤理 務台俊介 自
- ㊤理 鷲尾英一郎 自
- ㊤理 篠原孝 立
- ㊤理 森田俊和 立
- ㊤理 漆間譲司 維
- ㊤理 輿水恵一 公
- 石川昭政 自
- 石原宏高 自
- 石原正敬 自
- 今枝宗一郎 自
- 国定勇人 自
- 武村展英 自
- 中西健治 自
- 穂坂泰 自
- 宮澤博行 自
- 八木哲也 自
- 柳本顕 自
- 山口壮 自
- 近藤昭一 立
- 坂本祐之輔 立
- 堤かなめ 立
- 馬場雄基 立
- 松木けんこう 立
- 奥下剛光 維
- 空本誠喜 維
- 林佑美 維
- 日下正喜 公

安全保障委員(30)

(自17)(立6)(維3)
(公2)(国1)(共1)

- ㊤長 **鬼木誠** 自
- ㊤理 大塚拓 自
- ㊤理 國場幸之助 自
- ㊤理 宮澤博行 自
- ㊤理 若宮健嗣 自
- ㊤理 伊藤俊輔 立
- ㊤理 篠原豪 立
- ㊤理 三木圭恵 維
- ㊤理 濵地雅一 公
- 江渡聡徳 自
- 大岡敏孝 自

木村次郎 自
小泉進次郎 自
鈴木憲和 自
武田良太 自
渡海紀三朗 自
中曽根康隆 自
長島昭久 自
細野豪志 自
松島みどり 自
山本ともひろ 自
新垣邦男 立
玄葉光一郎 立
重徳和彦 立
渡辺周 立
浅川義治 維
美延映夫 維
河西宏一 公
斎藤アレックス 国
赤嶺政賢 共

国家基本政策委員(30)

(自17)(立6)(維2)(公1)
(国1)(共1)(有1)(無1)

(長) 塩谷立 自
(理) 石田真敏 自
(理) 小渕優子 自
(理) 佐藤勉 自
(理) 御法川信英 自
(理) 森山浩行 立
(理) 山井和則 立
(理) 馬場伸幸 維
(理) 石井啓一 公
麻生太郎 自
江渡聡徳 自
遠藤利明 自
梶山弘志 自
金田勝年 自
上川陽子 自
新藤義孝 自
高木毅 自
萩生田光一 自
茂木敏充 自
盛山正仁 自
森山裕 自
泉健太 立
岡田克也 立
中村喜四郎 立
長妻昭 立
藤田文武 維
玉木雄一郎 国
志位和夫 共
吉良州司 有
徳永久志 無

予算委員(50)

(自28)(立10)(維4)(公4)
(国1)(共1)(有1)(れ1)

(長) 根本匠 自
(理) 小林鷹之 自
(理) 中山展宏 自
(理) 古川禎久 自
(理) 堀井学 自
(理) 牧原秀樹 自
(理) 逢坂誠二 立
(理) 後藤祐一 立
(理) 青柳仁士 維
(理) 赤羽一嘉 公
伊藤達也 自
石破茂 自
今村雅弘 自
岩屋毅 自
衛藤征士郎 自
奥野信亮 自
金田勝年 自
亀岡偉民 自
熊田裕通 自
下村博文 自
鈴木隼人 自
田中和徳 自
辻清人 自
土屋品子 自
平沢勝栄 自
古屋圭司 自
牧島かれん 自
三谷英弘 自
宮下一郎 自
八木哲也 自
山本有二 自
鷲尾英一郎 自
大西健介 立
源馬謙太郎 立
西村智奈美 立
藤岡隆雄 立
本庄知史 立
森山浩行 立
吉田はるみ 立
渡辺創 立
阿部司 維
池畑浩太朗 維
掘井健智 維
庄子賢一 公
中野洋昌 公
鰐淵洋子 公
斎藤アレックス 国
宮本徹 共
緒方林太郎 有
櫛渕万里 れ

決算行政監視委員(40)

(自22)(立8)(維3)(公3)
(れ2)(欠2)

(長) 江田憲司 立
(理) 大野敬太郎 自
(理) 小林史明 自
(理) 田中英之 自
(理) 田中良生 自
(理) 大河原まさこ 立
(理) 谷田川元 立
(理) 金村龍那 維
(理) 福重隆浩 公
秋葉賢也 自
江﨑鐵磨 自
小野寺五典 自

加藤鮎子 自
柿沢未途 自
下村博文 自
鈴木憲和 自
高木宏壽 自
武部新 自
棚橋泰文 自
寺田稔 自
野田聖子 自
葉梨康弘 自
三反園訓 自
村上誠一郎 自
森英介 自
山際大志郎 自
吉野正芳 自
手塚仁雄 立
原口一博 立
松原仁 立
柚木道義 立
米山隆一 立
伊東信久 維
市村浩一郎 維
高木陽介 公
吉田久美子 公
櫛渕万里 れ
たがや亮 れ

議院運営委員(25)
(自14)(立6)(維2)
(公1)(国1)(共1)

(長) **山口俊一** 自
(理) 伊東良孝 自
(理) 新谷正義 自
(理) 丹羽秀樹 自
(理) 武藤容治 自
(理) 盛山正仁 自
(理) 吉川元 立
(理) 笠浩史 立
(理) 遠藤敬 維
(理) 岡本三成 公
石原正敬 自
高村正大 自
佐々木紀 自
鈴木隼人 自
穂坂泰 自
本田太郎 自
三谷英弘 自
若林健太 自
伊藤俊輔 立
梅谷守 立
太栄志 立
山岸一生 立
中司宏 維
浅野哲 国
塩川鉄也 共

懲罰委員(20)
(自11)(立6)(維1)
(公1)(欠1)

(長) **大串博志** 立
(理) 亀岡偉民 自
(理) 丹羽秀樹 自
(理) 林幹雄 自
(理) おおつき紅葉 立
(理) 井上英孝 維
逢沢一郎 自
甘利明 自
伊東良孝 自
菅義偉 自
二階俊博 自
額賀福志郎 自
武藤容治 自
盛山正仁 自
安住淳 立
泉健太 立
小沢一郎 立
岡田克也 立
佐藤茂樹 公

【特別委員会】

災害対策特別委員(35)
(自20)(立7)(維3)
(公3)(国1)(共1)

(長) **江藤拓** 自
(理) 金子恭之 自
(理) 工藤彰三 自
(理) 高鳥修一 自
(理) 根本幸典 自
(理) 小山展弘 立
(理) 神津たけし 立
(理) 奥下剛光 維
(理) 吉田宣弘 公
東国幹 自
石原宏高 自
小里泰弘 自
柿沢未途 自
金田勝年 自
菅家一郎 自
小林史明 自
坂井学 自
新谷正義 自
深澤陽一 自
三谷英弘 自
宮路拓馬 自
務台俊介 自
山口晋 自
若林健太 自
稲富修二 立
菊田真紀子 立
小宮山泰子 立
山崎誠 立
渡辺創 立
岬麻紀 維
吉田とも代 維
大口善徳 公
佐藤英道 公
古川元久 国
田村貴昭 共

政治倫理の確立及び公職選挙法改正に関する特別委員（35）

（自20）（立7）（維3）
（公3）（国1）（共1）

- (長) 平口 洋 自
- (理) 奥野 信亮 自
- (理) 冨樫 博之 自
- (理) 藤井 比早之 自
- (理) 松本 洋平 自
- (理) 源馬 謙太郎 立
- (理) 渡辺 周 立
- (理) 山本 剛正 維
- (理) 伊藤 渉 公
- 石原 正敬 自
- 加藤 竜祥 自
- 勝目 康 自
- 川崎 ひでと 自
- 神田 潤一 自
- 熊田 裕通 自
- 斎藤 洋明 自
- 塩崎 彰久 自
- 鈴木 憲和 自
- 辻 清人 自
- 中西 健治 自
- 鳩山 二郎 自
- 平井 卓也 自
- 古川 直季 自
- 本田 太郎 自
- 落合 貴之 立
- 佐藤 公治 立
- 櫻井 周 立
- 手塚 仁雄 立
- 山井 和則 立
- 岩谷 良平 維
- 浦野 靖人 維
- 岡本 三成 公
- 福重 隆浩 公
- 斎藤 アレックス 国
- 塩川 鉄也 共

沖縄及び北方問題に関する特別委員（25）

（自14）（立5）（維2）
（公2）（国1）（共1）

- (長) 松木 けんこう 立
- (理) 城内 実 自
- (理) 島尻 安伊子 自
- (理) 鈴木 貴子 自
- (理) 堀井 学 自
- (理) 神谷 裕 立
- (理) 道下 大樹 立
- (理) 杉本 和巳 維
- (理) 金城 泰邦 公
- 伊東 良孝 自
- 小渕 優子 自
- 小泉 進次郎 自
- 國場 幸之助 自
- 鈴木 隼人 自
- 高木 宏寿 自
- 武部 新 自
- 西銘 恒三郎 自
- 宮崎 政久 自
- 渡辺 孝一 自
- 小川 淳也 立
- 篠原 豪 立
- 守島 正 維
- 稲津 久 公
- 鈴木 敦 国
- 赤嶺 政賢 共

北朝鮮による拉致問題等に関する特別委員（25）

（自14）（立5）（維2）
（公2）（国1）（共1）

- (長) 下条 みつ 立
- (理) 池田 佳隆 自
- (理) 江渡 聡徳 自
- (理) 斎藤 洋明 自
- (理) 中川 郁子 自
- (理) 梅谷 守 立
- (理) 松原 仁 立
- (理) 美延 映夫 維
- (理) 濵地 雅一 公
- 加藤 鮎子 自
- 亀岡 偉民 自
- 高村 正大 自
- 佐々木 紀 自
- 櫻田 義孝 自
- 辻 清人 自
- 藤井 比早之 自
- 細田 健一 自
- 山口 壮 自
- 義家 弘介 自
- 西村 智奈美 立
- 太 栄志 立
- 池下 卓 維
- 中川 宏昌 公
- 鈴木 敦 国
- 笠井 亮 共

消費者問題に関する特別委員（35）

（自20）（立7）（維3）
（公3）（国1）（共1）

- (長) 稲田 朋美 自
- (理) 井原 巧 自
- (理) 堀内 詔子 自
- (理) 宮崎 政久 自
- (理) 宮下 一郎 自
- (理) 山田 勝彦 立
- (理) 吉田 統彦 立
- (理) 池畑 浩太朗 維
- (理) 古屋 範子 公
- 上杉 謙太郎 自
- 柿沢 未途 自
- 勝目 康 自
- 岸 信千世 自
- 小林 鷹之 自

氏名	会派
田畑裕明	自
武村展英	自
土田慎	自
中山展宏	自
鳩山二郎	自
平沼正二郎	自
船田元	自
牧原秀樹	自
松島みどり	自
保岡宏武	自
青山大人	立
井坂信彦	立
石川香織	立
大河原まさこ	立
早稲田ゆき	立
浅川義治	維
沢田良	維
國重徹	公
吉田久美子	公
田中健	国
本村伸子	共

東日本大震災復興特別委員(40)

(自22)(立8)(維4)(公3)(国1)(共1)(有1)

㊐	**長島昭久**	自
㊖	菅家一郎	自
㊖	坂井学	自
㊖	髙階恵美子	自
㊖	谷川とむ	自
㊖	小熊慎司	立
㊖	岡本あき子	立
㊖	早坂敦	維
㊖	庄子賢一	公
	伊藤信太郎	自
	岩田和親	自
	上杉謙太郎	自
	小田原潔	自
	小泉進次郎	自
	小寺裕雄	自
	津島淳	自
	冨樫博之	自
	中曽根康隆	自
	中野英幸	自
	西野太亮	自
	平沢勝栄	自
	藤原崇	自
	細野豪志	自
	宗清皇一	自
	八木哲也	自
	吉田真次	自
	荒井優	立
	金子恵美	立
	鎌田さゆり	立
	玄葉光一郎	立
	近藤和也	立
	馬場雄基	立
	赤木正幸	維
	漆間譲司	維
	掘井健智	維
	赤羽一嘉	公
	河西宏一	公
	鈴木敦	国
	高橋千鶴子	共
	福島伸享	有

原子力問題調査特別委員(35)

(自20)(立7)(維3)(公3)(国1)(共1)

㊐	**鈴木淳司**	自
㊖	石川昭政	自
㊖	石原宏高	自
㊖	細田健一	自
㊖	宮澤博行	自
㊖	野間健	立
㊖	山岸一生	立
㊖	一谷勇一郎	維
㊖	中野洋昌	公
	青山周平	自
	赤澤亮正	自
	井林辰憲	自
	泉田裕彦	自
	今村雅弘	自
	江渡聡徳	自
	大岡敏孝	自
	神田憲次	自
	神田潤一	自
	高木宏壽	自
	津島淳	自
	土井亨	自
	長坂康正	自
	穂坂泰	自
	宗清皇一	自
	阿部知子	立
	逢坂誠二	立
	菅直人	立
	田嶋要	立
	米山隆一	立
	足立康史	維
	空本誠喜	維
	中川康洋	公
	平林晃	公
	浅野哲	国
	笠井亮	共

地域活性化・こども政策・デジタル社会形成に関する特別委員(35)

(自20)(立7)(維3)(公3)(国1)(共1)

㊐	**橋本岳**	自
㊖	今枝宗一郎	自
㊖	坂本哲志	自
㊖	田中英之	自
㊖	谷川弥一	自
㊖	坂本祐之輔	立
㊖	湯原俊二	立
㊖	中司宏	維

理 中川宏昌 公
井原巧 自
石田真敏 自
今村雅弘 自
大野敬太郎 自
小寺裕雄 自
小森卓郎 自
鈴木隼人 自
谷川とむ 自
土屋品子 自
中川郁子 自
中曽根康隆 自
牧島かれん 自
宮路拓馬 自
保岡宏武 自
渡辺孝一 自
末次精一 立
堤かなめ 立
福田昭夫 立
緑川貴士 立
森田俊和 立
住吉寛紀 維
堀場幸子 維
輿水恵一 公
鰐淵洋子 公
西岡秀子 国
高橋千鶴子 共

【憲法審査会】

憲法審査会委員(50)

(自28)(立11)(維4)(公4)
(国1)(共1)(有1)

長 **森英介** 自
幹 伊藤信太郎 自
幹 上川陽子 自
幹 柴山昌彦 自
幹 新藤義孝 自
幹 山下貴司 自
幹 階猛 立
幹 中川正春 立
幹 馬場伸幸 維
幹 北側一雄 公
青山周平 自
伊藤達也 自
石破茂 自
岩屋毅 自
衛藤征士郎 自
越智隆雄 自
大塚拓 自
神田憲次 自
熊田裕通 自
小林鷹之 自
國場幸之助 自
下村博文 自
田野瀬太道 自
辻清人 自
中西健治 自
船田元 自
古川禎久 自
古屋圭司 自
細野豪志 自
務台俊介 自
山本有二 自
渡辺孝一 自
新垣邦男 立
大島敦 立
奥野総一郎 立
城井崇 立
近藤昭一 立
篠原孝 立
本庄知史 立
谷田川元 立
吉田はるみ 立
岩谷良平 維
小野泰輔 維
三木圭恵 維
國重徹 公
濵地雅一 公
吉田宣弘 公
玉木雄一郎 国
赤嶺政賢 共
北神圭朗 有

【情報監視審査会】

情報監視審査会委員(8)

(自4)(立2)(維1)(公1)

長 **小野寺五典** 自
伊東良孝 自
伊藤達也 自
田村憲久 自
大西健介 立
鈴木庸介 立
和田有一朗 維
大口善徳 公

【政治倫理審査会】

政治倫理審査会委員(25)

(自14)(立5)(維2)
(公2)(国1)(共1)

長 **逢沢一郎** 自
幹 伊東良孝 自
幹 丹羽秀樹 自
幹 武藤容治 自
幹 盛山正仁 自
幹 伊藤俊輔 立
幹 牧義夫 立
幹 浦野靖人 維
幹 佐藤茂樹 公
石原正敬 自
高村正大 自
佐々木紀 自
新谷正義 自
鈴木隼人 自
穂坂泰 自
本田太郎 自
三谷英弘 自
若林健太 自
岡田克也 立

松木けんこう 立
笠浩史 立
高橋英明 維
高木陽介 公
前原誠司 国
穀田恵二 共

会派名の表記は下記の通り。
自＝自由民主党・無所属の会
立＝立憲民主党・無所属
維＝日本維新の会
公＝公明党
国＝国民民主党・無所属クラブ
共＝日本共産党
有＝有志の会
れ＝れいわ新選組
無＝無所属
欠＝欠員

2005年以降の主な政党の変遷（数字は年月）

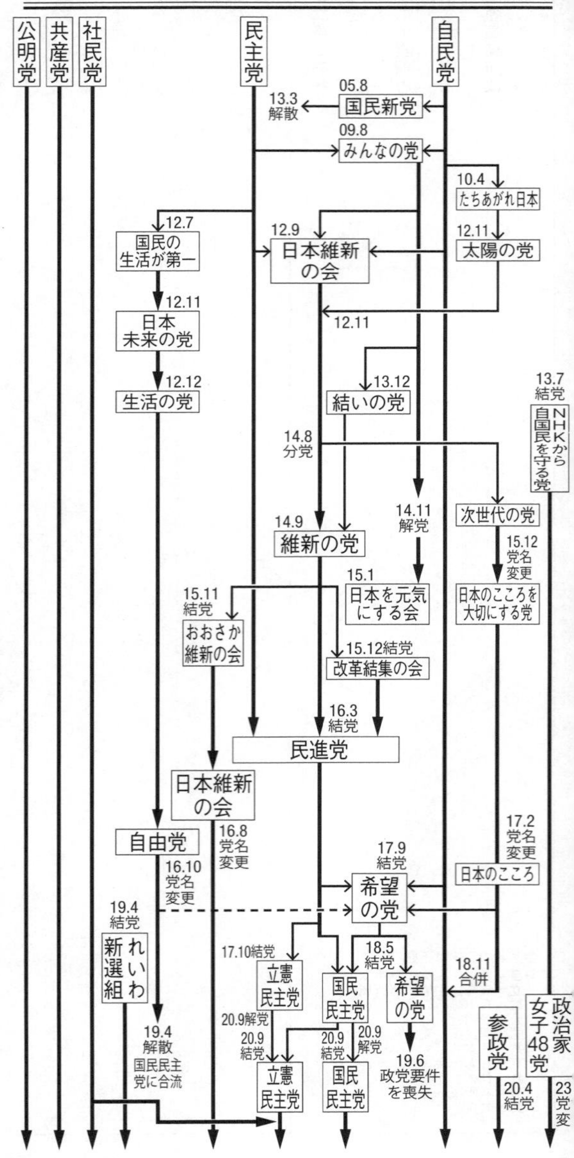

参議院

●凡例　記載内容は原則として令和5年7月18日現在。

選挙区　　定　数

第25回選挙得票数・得票率（令和元年7月21日）　第26回選挙得票数・得票率（令和4年7月10日）

得票数の左の▽印は繰り上げ当選者の資格を持つ法定得票数獲得者。

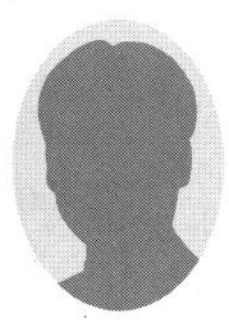

党派*（会派）［選挙年］当選回数
出身地　生年月日
勤続年数（うち㊥年数）（初当選年）
勤続年数は令和5年8月末現在

ふりがな
氏名

略歴（**現職はゴシック**。但し大臣・副大臣・政務官、委員会及び党役職のみ。年齢は令和5年8月末現在）

〒　地元　住所　☎
〒　中央　住所　☎

＊新…当選１回の議員。前…当選２回以上で、選出される選挙時点で参議院議員であった議員。元…当選２回以上で、選出される選挙時点では、参議院議員でなかった議員、または当選２回以上で、繰上補充もしくは、補欠選挙により選出された議員。

●編集要領

○住所に宿舎とあるのは議員宿舎、会館とあるのは議員会館。

○**党派名、自民党議員の派閥名（[　]で表示）を略称で表記した。**

自…自由民主党
立…立憲民主党
公…公明党
維…日本維新の会
共…日本共産党
国…国民民主党
れ…れいわ新選組
社…社会民主党
政…政治家女子48党
参…参政党
無…無所属

[安]…安倍派
[麻]…麻生派
[茂]…茂木派
[岸]…岸田派
[二]…二階派
[森]…森山派
[無]…無派閥

（　）内は会派名
立憲…立憲民主・社民
国民…国民民主党・新緑風会
沖縄…沖縄の風

○常任委員会

内閣委員会……**内閣委**
総務委員会……**総務委**
法務委員会……**法務委**
外交防衛委員会……**外交防衛委**
財政金融委員会……**財金委**
文教科学委員会……**文科委**
厚生労働委員会……**厚労委**
農林水産委員会……**農水委**
経済産業委員会……**経産委**
国土交通委員会……**国交委**
環境委員会……**環境委**
国家基本政策委員会……**国家基本委**
予算委員会……**予算委**
決算委員会……**決算委**
行政監視委員会……**行政監視委**
議院運営委員会……**議運委**
懲罰委員会……**懲罰委**

○特別委員会

災害対策特別委員会……**災害特委**
政府開発援助等及び沖縄・北方問題に関する特別委員会……**ODA・沖北特委**
政治倫理の確立及び選挙制度に関する特別委員会……**倫選特委**
北朝鮮による拉致問題等に関する特別委員会……**拉致特委**
地方創生及びデジタル社会の形成等に関する特別委員会……**地方・デジ特委**
消費者問題に関する特別委員会……**消費者特委**
東日本大震災復興特別委員会……**復興特委**

○調査会・審査会

外交・安全保障に関する調査会……**外交・安保調委**
国民生活・経済及び地方に関する調査会……**国民生活調委**
資源エネルギー・持続可能社会に関する調査会……**資源エネ調委**
憲法審査会……**憲法審委**
情報監視審査会……**情報監視審委**
政治倫理審査会……**政倫審委**

※所属の委員会名は、7月19日現在の委員部資料及び議員への取材に基づいて掲載しています。

参議院議員・秘書名一覧

	議員名	党派(会派)	選挙区選挙年	政策秘書名 第1秘書名 第2秘書名	号室	直通 FAX	略歴頁
あ	あだち としゆき 足立敏之	自 [岸]	比例④	大槻英二 本田俊二 中山麻友	501	6550-0501 6551-0501	227
	あだち まさし 阿達雅志	自 [無]	比例④	土屋達之介 長岐康平 安西直紀	309	6550-0309 6551-0309	228
	あおき あい 青木　愛	立	比例④	――― ――― ―――	507	6550-0507 6551-0507	231
	あおき かずひこ 青木一彦	自 [茂]	鳥取・島根④	吉武　崇 佐々木弘行 青戸哲哉	814	6550-0814 3502-8825	261
	あおしま けんた 青島健太	維	比例④	有働　正 劔持益美 高橋叔之	405	6550-0405 6551-0405	230
	あおやま しげはる 青山繁晴	自 [無]	比例④	出口　太 三浦麻未 入間川和美	1215	3581-3111(代)	226
	あかいけ まさあき 赤池誠章	自 [安]	比例㊄	中島朱美 ――― 松岡俊一	524	6550-0524 6551-0524	216
	あかまつ けん 赤松　健	自 [無]	比例④	広野文治 日高　周 中野梨紗	423	6550-0423 6551-0423	226
	あきの こうぞう 秋野公造	公	福岡④	中條壽信 前田　洋 和田和義	711	6550-0711 6551-0711	265
	あさお けいいちろう 浅尾慶一郎	自 [麻]	神奈川④	東海林　大 三谷智雄 長尾有祐	601	6550-0601 6551-0601	249
	あさだ ひとし 浅田　均	維	大阪④	熊谷　知 平岡紀志 坪内政史	621	6550-0621 6551-0621	258
	あさひ けんたろう 朝日健太郎	自 [無]	東京④	桑代真哉 門内　淳 宮部正紀	620	6550-0620 6551-0620	247
	あずま とおる 東　徹	維	大阪㊄	吉成正則 高野隆宏 柊谷龍哉	510	6550-0510 6551-0510	257
	ありむら はるこ 有村治子	自 [麻]	比例㊄	髙橋弘光 渡部桃子 田中三恵	1015	6550-1015 6551-1015	215
い	いのうえ さとし 井上哲士	共	比例㊄	児玉善彦 広井真光 藤浦修司	321	6550-0321 6551-0321	221
	いのうえ よしゆき 井上義行	自 [安]	比例④	小川雅幸 黒木乃梨子 梅澤恭徳	920	6550-0920 6551-0920	228
	いとう がく 伊藤　岳	共	埼玉㊄	石川健介 岡嵜拓也 磯ヶ谷理恵	609	6550-0609 6551-0609	243
	いとう たかえ 伊藤孝江	公	兵庫④	本孝　薫 園谷晃一 武田朋久	1014	6550-1014 6551-1014	259
	いとう たかえ 伊藤孝恵	国	愛知④	中島浩一 川井太司 吹原美樹	1008	6550-1008 6551-1008	255

※内線電話番号は、5＋室番号（3～9階は5のあとに0を入れる）

議員名	党派(会派)	選挙区選挙年	政策秘書名 第1秘書名 第2秘書名	号室	直通 FAX	略歴頁
いは よう いち 伊波洋一	無(沖縄)	沖縄④	末廣哲 伊波俊介 高江洲満子	519	6550-0519 6551-0519	269
いくいな あき こ 生稲晃子	自[安]	東京④	中平大開 斉藤道之 伊藤慎一	904	6550-0904 6551-0904	247
いしい あきら 石井章	維	比例④	――― ――― ―――	1204	6550-1204 6551-1204	229
いしい じゅんいち 石井準一	自[茂]	千葉㊡	森崎大輔 東野公俊 山田光男	506	6550-0506 5512-2606	244
いしい ひろ お 石井浩郎	自[茂]	秋田④	黒川茂雄 畑澤敦子 千葉淳一	713	6550-0713 6551-0713	240
いしい まさ ひろ 石井正弘	自[安]	岡山㊡	近藤儀道 田淵善一 石田真佐代	1214	6550-1214 6551-1214	261
いしい みつ こ 石井苗子	維	比例④	小島正徳 橋本範子 森本卓矢	1115	6550-1115 6551-1115	229
いしがき 石垣のりこ	立	宮城㊡	――― 青木まり子 ―――	813	6550-0813 6551-0813	239
いしかわ たい が 石川大我	立	比例㊡	榎本順一 浜原健伍 飛鳥斗亜	1113	6550-1113 6551-1113	218
いしかわ ひろ たか 石川博崇	公	大阪④	櫻井久美子 青木正伸 本浦正志	616	6550-0616 6551-0616	258
いしだ まさ ひろ 石田昌宏	自[安]	比例㊡	五反分正彦 大田京子 橋本祥太朗	1101	6550-1101 6551-1101	215
いしばし みち ひろ 石橋通宏	立	比例④	渡辺卓也 鈴木良知 伊藤淳子	523	6550-0523 6551-0523	231
いそざき よし ひこ 磯﨑仁彦	自[岸]	香川④	冨田久雄 後藤寿也 竹内康弘	624	6550-0624 6551-0624	264
いそざき てつ じ 礒﨑哲史	国	比例㊡	長谷康人 ――― ―――	1210	6550-1210 6551-1210	221
いのぐち くに こ 猪口邦子	自[麻]	千葉④	――― 末原功太郎 ―――	1105	6550-1105 6551-1105	245
いの せ なお き 猪瀬直樹	維	比例④	中嶋徳彦 椡澤悟 ―――	513	6550-0513 6551-0513	229
いまい え り こ 今井絵理子	自[麻]	比例④	神田信浩 柳澤浩美 吉川夏貴	315	6550-0315 6551-0315	228
いわぶち とも 岩渕友	共	比例④	安部由美子 阿部了 小島あずみ	1002	6550-1002 6551-1002	233
いわもと つよ ひと 岩本剛人	自[二]	北海道㊡	荒木真一 小林三奈子 原雅子	205	6550-0205 6551-0205	237
うえだ いさむ 上田勇	公	比例④	嶋林秀一 時田能行 大井源也	1212	6550-1212 6551-1212	232

※内線電話番号は、5＋室番号（3～9階は5のあとに0を入れる）

議員名	党派(会派)	選挙区 選挙年	政策秘書名 第1秘書名 第2秘書名	号室	直通 FAX	略歴頁
うえだきよし 上田清司	無(国民)	埼玉④	六川鉄平 池田麻里 西澤理	618	6550-0618 6551-0618	244
うえのみちこ 上野通子	自[安]	栃木④	齋藤淳 根本龍夫 横田地美佳	918	6550-0918 6551-0918	242
うすいしょういち 臼井正一	自[茂]	千葉④	江熊富美代 大森裕志 鹿嶋祐介	909	6550-0909 6551-0909	245
うちこしさくら 打越さく良	立	新潟(元)	山口希望 相墨武人 石田佳	901	6550-0901 6551-0901	249
うめむらさとし 梅村聡	維	比例(元)	北野大地 渡会静香 井内郁	326	6550-0326 6551-0326	220
うめむら 梅村みずほ	維	大阪(元)	― ― ―	1004	6550-1004 6551-1004	257
え　えじまきよし 江島潔	自[安]	山口④	三浦善一郎 稲田亮 亀永誉晃	1103	6550-1103 6551-1103	263
えとうせいいち 衛藤晟一	自[安]	比例(元)	北村賢一 柴原佳史 清水剛	1216	6550-1216 6551-1216	216
お　おざわまさひと 小沢雅仁	立	比例(元)	加藤陽子 ― 園田健人	1119	6550-1119 6551-1119	217
おぬまたくみ 小沼巧	立	茨城(元)	西恵美子 宮田康則 四倉茂	1012	6550-1012 6551-1012	241
おのだきみ 小野田紀美	自[茂]	岡山④	山口栄利香 石原千絵 狐塚多重	318	6550-0318 6551-0318	261
おつじひでひさ 尾辻秀久	無	鹿児島(元)	松尾有嗣 沼田実香 竹内和香	515	6550-0515 3595-1127	268
おちとしゆき 越智俊之	自[岸]	比例④	― 皆川洋平 張富栄偉	821	6550-0821 5512-5121	229
おおいえさとし 大家敏志	自[麻]	福岡④	石田麻子 伊原隆敏 柴田泰夫	518	6550-0518 6551-0518	265
おおしまくすお 大島九州男	れ	比例④繰	― ― ―	714	6550-0714 6551-0714	233
おおつかこうへい 大塚耕平	国	愛知(元)	河本安子 岩崎孝史 川越崇史	1121	6550-1121 6551-1121	254
おおつばき 大椿ゆうこ	社	比例(元)繰	野崎哲 ― 小野寺葉月	906	6550-0906 6551-0906	222
おおのやすただ 大野泰正	自[安]	岐阜(元)	岩田佳子 髙井雅之 高木まゆみ	503	6550-0503 6551-0503	252
おおたふさえ 太田房江	自[安]	大阪(元)	郷千鶴子 川端威臣 星神裕希枝	308	6550-0308 6551-0308	257
おかだなおき 岡田直樹	自[安]	石川④	丹後智浩 下田学 大畠央三	807	6550-0807 6551-0807	250

※内線電話番号は、５＋室番号（３～９階は５のあとに０を入れる）

議員名	党派(会派)	選挙区 選挙年	政策秘書名 第1秘書名 第2秘書名	号室	直通 FAX	略歴頁
おときた しゅん 音喜多 駿	維	東京(元)	小林優輔 濵 あやこ 下山達人	612	6550-0612 6551-0612	246
おにき まこと 鬼木 誠	立	比例④	鳥越保浩 三木みどり ――	511	6550-0511 6551-0511	230
か かだ ひろゆき 加田裕之	自 [安]	兵庫(元)	福田聖也 藤本哲也 宇都宮祥一郎	819	6550-0819 6551-0819	259
かとう あきよし 加藤明良	自 [茂]	茨城④	大塚典子 前田拓哉 雨澤陸希	414	6550-0414 6551-0414	241
かだゆきこ 嘉田由紀子	国	滋賀(元)	安部秀行 五月女彩子 古谷桂信	815	6550-0815 6551-0815	256
かじはら だいすけ 梶原大介	自 [二]	比例④	吉澤昌樹 泉 栄恵 宍戸麻里子	201	6550-0201 6551-0201	226
かたやま 片山さつき	自 [安]	比例④	源平尚人 山下英二 山崎規恵	420	6550-0420 6551-0420	227
かたやま だいすけ 片山大介	維	兵庫④	―― 三井敏弘 近藤純子	721	6550-0721 6551-0721	259
かつべ けんじ 勝部賢志	立	北海道(元)	田中信彦 片桐 眞 花田雅昭	608	6550-0608 6551-0608	237
かねこ みちひと 金子道仁	維	比例④	宮田宗冬 米内宏明 ――	1013	6550-1013 6551-1013	230
かみや そうへい 神谷宗幣	参	比例④	上原千可子 浅井英彦 西野瑞季	520	6550-0520 6551-0520	234
かみや まさゆき 神谷政幸	自 [麻]	比例④	栗原 健 五十嵐哲也 ――	1218	6550-1218 6551-1218	228
かみ ともこ 紙 智子	共	比例(元)	田井共生 小松正英 ――	710	6550-0710 6551-0710	221
かわい たかのり 川合孝典	国	比例④	平澤幸子 海保順一 ――	1223	6550-1223 6551-1223	233
かわだ りゅうへい 川田龍平	立	比例(元)	岩渕宏美 ―― ――	508	6550-0508 6551-0508	218
かわの よしひろ 河野義博	公	比例(元)	新保正則 矢野久枝 芝田博子	720	6550-0720 6551-0720	219
き きむら えいこ 木村英子	れ	比例(元)	入野田智也 堤 昌也 ――	314	6550-0314 6551-0314	222
きら こ 吉良よし子	共	東京(元)	加藤昭宏 菊田由佳 恒川京子	509	6550-0509 6551-0509	246
きし まきこ 岸 真紀子	立	比例(元)	岸野ミチル 米田由美子 渡邉 武	611	6550-0611 6551-0611	217
きたむら つねお 北村経夫	自 [安]	山口(元)補	菅田 誠 渡部仁志 黒坂陽子	1109	6550-1109 6551-1109	262

※内線電話番号は、5＋室番号（3～9階は5のあとに0を入れる）

	議員名	党派(会派)	選挙区 選挙年	政策秘書名 第1秘書名 第2秘書名	号室	直通 FAX	略歴頁
く	くしだ せいいち 串田誠一	維	比例④	―――― 大塚莉沙 新山美香	1203	6550-1203 6551-1203	230
	くぼた てつや 窪田哲也	公	比例④	細田千鶴子 仮屋雄一 ――――	202	6550-0202 6551-0202	232
	くまがい ひろと 熊谷裕人	立	埼玉(元)	上原広 ―――― 野口浩	1217	6550-1217 6551-1217	243
	くらばやし あきこ 倉林明子	共	京都(元)	増田優子 山本裕太 佐藤萌海	1021	6550-1021 6551-1021	256
こ	たかし こやり隆史	自 [岸]	滋賀④	増田綾子 田村敏一 田中里佳子	716	6550-0716 6551-0716	256
	こいけ あきら 小池晃	共	比例(元)	丸井龍平 小山田智枝 槐島明香	1208	6550-1208 6551-1208	220
	こにし ひろゆき 小西洋之	立	千葉④	千葉章 鈴木宏明 小野寺章	915	6550-0915 6551-0915	245
	こばやし かずひろ 小林一大	自 [岸]	新潟④	橋本美奈子 ―――― 石山肇	416	6550-0416 6551-0416	249
	こが ちかげ 古賀千景	立	比例④	前川浩司 安西仁美 ――――	409	6550-0409 6551-0409	230
	こが ゆういちろう 古賀友一郎	自 [岸]	長崎(元)	高田久美子 葉山史織 坂爪ひとみ	1206	6550-1206 6551-1206	266
	こが ゆきひと 古賀之士	立	福岡④	鈴木加世子 片山浩 大井ゆかり	1108	6550-1108 6551-1108	265
	こしょう はるとも 古庄玄知	自 [安]	大分④	原敬一 川口純男 古庄はるか	907	6550-0907 6551-0907	267
	こうづき りょうすけ 上月良祐	自 [茂]	茨城(元)	岸田礼子 平島剛 瀧幸彦	704	6550-0704 6551-0704	241
さ	ささき 佐々木さやか	公	神奈川(元)	長岡光明 古屋伸一 高木和明	514	6550-0514 6551-0514	248
	さとう けい 佐藤啓	自 [安]	奈良④	榎本政子 寺内清智 岩本有子	708	6550-0708 6551-0708	260
	さとう のぶあき 佐藤信秋	自 [茂]	比例(元)	玉村貴 安和博 富山明彦	722	6550-0722 6551-0722	215
	さとう まさひさ 佐藤正久	自 [茂]	比例(元)	木下俊治 橋谷田洋介 野口マキ	705	6550-0705 6551-0705	215
	さいとう けんいちろう 齊藤健一郎	政女	比例④繰	渡辺文久 本間明子 田岡加夢伊	304	6550-0304 6551-0304	234
	さいとう よしたか 斎藤嘉隆	立	愛知④	石田敏高 市川晶 若松善幸	707	6550-0707 6551-0707	255
	さかい やすゆき 酒井庸行	自 [安]	愛知(元)	忽那薫 鈴木秀二 歌川純子	723	6550-0723 6551-0723	254

※内線電話番号は、５＋室番号（３～９階は５のあとに０を入れる）

議員名	党派(会派)	選挙区 選挙年	政策秘書名 第1秘書名 第2秘書名	号室	直通 FAX	略歴頁
さくらい みつる 櫻井 充	自 [無]	宮城④	―――― 尾形幸子 庄子真央	512	6550-0512 6551-0512	239
さとみ りゅうじ 里見隆治	公	愛知④	黒田泰広 山下高明 長尾稔	301	6550-0301 6551-0301	254
さんとう あきこ 山東昭子	自 [麻]	比例(元)	勝保岳人 島田好隆 京谷政春	310	6550-0310 6551-0310	216
しみず たかゆき 清水貴之	維	兵庫(元)	上杉真子 小濱丈弥 福西こころ	404	6550-0404 6551-0404	258
しみず まさと 清水真人	自 [二]	群馬(元)	三留哲郎 佐藤始 神田彩	923	6550-0923 6551-0923	242
じみ 自見はなこ	自 [二]	比例④	讃岐浩士 佐藤裕之 大畑成美	504	6550-0504 6551-0504	227
しおた ひろあき 塩田博昭	公	比例(元)	橋本正博 菊地淑子 尾形康彦	1117	6550-1117 6551-1117	219
しおむら 塩村あやか	立	東京(元)	石井茂 丸子知奈美 ――――	706	6550-0706 6551-0706	246
しば しんいち 柴 愼一	立	比例④	高木智章 加藤久美子 ――――	1009	6550-1009 6551-1009	231
しばた たくみ 柴田 巧	維	比例(元)	吉岡彩乃 富田道康 牧毅	816	6550-0816 6551-0816	220
しまむら だい 島村 大	自 [無]	神奈川(元)	中大窪佳子 桜木長利 ――――	415	6550-0415 6551-0415	248
しもの ろくた 下野六太	公	福岡(元)	奈須野文麿 成松明 清川通貴	913	6550-0913 6551-0913	265
しらさか あき 白坂亜紀	自 [安]	大分(元)補	―――― ―――― 大塚久美	419	6550-0419 6551-0419	267
しんどう かねひこ 進藤金日子	自 [二]	比例④	豊輝久 知花正博 佐々木理恵	719	6550-0719 6551-0719	228
しんば かづや 榛葉賀津也	国	静岡(元)	堀池厚志 日高由佳 松浦恭輔	1011	6550-1011 6551-0026	253
すどう げんき 須藤元気	無	比例(元)	―――― 西悦蔵 御子貝浩太	914	6550-0914 6551-0914	218
すえまつ しんすけ 末松信介	自 [安]	兵庫④	荒金美保 中根健治 末松真帆	905	6550-0905 5512-2616	259
すぎ ひさたけ 杉 久武	公	大阪(元)	小神輝高 川久保一司 井崎光城	615	6550-0615 6551-0615	257
すぎお ひでや 杉尾秀哉	立	長野④	山根睦弘 松原秀吉 小林直樹	724	6550-0724 6551-0724	252
すずき むねお 鈴木宗男	維	比例(元)	赤松真次 飯島翔 堀居和美	1219	6550-1219 6551-1219	220

※内線電話番号は、5＋室番号（3～9階は5のあとに0を入れる）

	議員名	党派（会派）	選挙区 選挙年	政策秘書名 第1秘書名 第2秘書名	号室	直通 FAX	略歴頁
せ	せこう ひろしげ 世耕弘成	自［安］	和歌山(元)	佐藤拓治 福井康司 —	1017	6550-1017 6551-1017	260
	せきぐち まさかず 関口昌一	自［茂］	埼玉④	多田政弘 関口恵太 齋藤亮	1104	6550-1104 6551-1104	244
た	たじま まいこ 田島麻衣子	立	愛知(元)	矢下雄介 河合利弘 長谷川圭亮	410	6550-0410 6551-0410	254
	たなか まさし 田中昌史	自［無］	比例(元)(繰)	上野裕子 内藤貴司 —	505	6550-0505 6551-0505	217
	たなぶ まさよ 田名部匡代	立	青森④	大谷佳子 八木歳博 —	1106	6550-1106 6551-1106	238
	たむら ともこ 田村智子	共	比例④	岩藤智彦 栫浩一 寺下真	908	6550-0908 6551-0908	232
	たむら 田村まみ	国	比例(元)	堺知美 林公太郎 岡光隆	910	6550-0910 6551-0910	221
	たかぎ 高木かおり	維	大阪④	近藤晶久 — —	306	6550-0306 6551-0306	258
	たかぎ まり 高木真理	立	埼玉④	— 細川千恵子 森千代子	317	6550-0317 6551-0317	244
	たかの こうじろう 高野光二郎		徳島・高知(元)	（令和5年6月22日辞職）			263
	たかはし かつのり 高橋克法	自［麻］	栃木(元)	網野辰男 阿久津伸之 市村綾子	324	6550-0324 6551-0324	242
	たかはし 高橋はるみ	自［安］	北海道(元)	— 小野隼人 三上静	303	6550-0303 6551-0303	237
	たかはし みつお 高橋光男	公	兵庫(元)	深田知行 青木勇人 —	614	6550-0614 6551-0614	259
	たから てつみ 髙良鉄美	無（沖縄）	沖縄(元)	— 新澤有 知念祐紀	712	6550-0712 6551-0712	269
	たきさわ もとめ 滝沢求	自［麻］	青森(元)	平岡久宣 野月法文 細谷真理子	522	6550-0522 6551-0522	238
	たきなみ ひろふみ 滝波宏文	自［安］	福井(元)	磯村圭一 — 橋本純子	307	6550-0307 6551-0307	251
	たけうち しんじ 竹内真二	公	比例④	金田守正 半沢拓巳 中村純一	801	6550-0801 6551-0801	231
	たけづめ ひとし 竹詰仁	国	比例④	小池ひろみ 井上徹 塚越深雪	406	6550-0406 6551-0406	233
	たけや こ 竹谷とし子	公	東京④	池田奈保美 松下秋子 萩野谷明子	517	6550-0517 6551-0517	247
	たけみ けいぞう 武見敬三	自［麻］	東京(元)	牧野能治 田中真一 新通一弘	413	6550-0413 6206-1502	246

※内線電話番号は、５＋室番号（３〜９階は５のあとに０を入れる）

	議員名	党派 (会派)	選挙区 選挙年	政策秘書名 第1秘書名 第2秘書名	号室	直通 FAX	略歴頁
	たに あい まさ あき 谷合正明	公	比例④	木倉谷　靖 田村　智 尾上健太	922	6550-0922 6551-0922	232
つ	つ げ よし ふみ 柘植芳文	自 [無]	比例(元)	辰巳知宏 田丸方敏 水野真梨	1114	6550-1114 6551-1114	214
	つじ もと きよ み 辻元清美	立	比例④	長谷川哲也 辻元一之 岩崎雅子	613	6550-0613 6551-0613	230
	つる ほ よう すけ 鶴保庸介	自 [二]	和歌山④	― 山本　明 小川　哲	313	6550-0313 6551-0313	260
て	てら た しずか 寺田　静	無	秋田(元)	反田麻理 桑原　愛 荒木裕美子	204	6550-0204 6551-0204	240
	てん ばた だい すけ 天畠大輔	れ	比例④	中島　浩 黒田宗矢 篠田　恵	316	6550-0316 6551-0316	233
と	どう こ しげる 堂故　茂	自 [茂]	富山(元)	深津　登 亀谷忠宏 関　由加	1003	6550-1003 6551-1003	250
	どうごみ ま き こ 堂込麻紀子	無	茨城④	荒木有子 武田宏司 黒田　誠	607	6550-0607 6551-0607	242
	とく なが 徳永エリ	立	北海道④	岡内隆博 鈴木敬行 矢野信彦	701	6550-0701 6551-0701	238
	とも のう り お 友納理緒	自 [安]	比例④	池田達郎 星井孝之 セイク千亜紀	1116	6550-1116 6551-1116	227
	とよ だ とし ろう 豊田俊郎	自 [麻]	千葉(元)	木村慎一 松崎和也 鶴岡瑛右	1213	6550-1213 6551-1213	245
な	たか こ ながえ孝子	無	愛媛(元)	林　弘樹 福田　剛 藤田一成	709	6550-0709 6551-0709	264
	なかじょう 中条きよし	維	比例④	進藤慶子 園田弘幸 畠中和昭	805	6550-0805 6551-0805	229
	なか そ ね ひろふみ 中曽根弘文	自 [二]	群馬④	上屋勝哉 望月美樹 米岡輝和	1224	6550-1224 3592-2424	243
	なか だ ひろし 中田　宏	自 [無]	比例(元)繰	奈良俊幸 ― 神田真樹	1102	6550-1102 6551-1102	217
	なか にし ゆう すけ 中西祐介	自 [麻]	徳島・ 高知④	平岡英士 喜多村　旬 ―	622	6550-0622 6551-0622	263
	なが い まなぶ 永井　学	自 [茂]	山梨④	玉木武彦 吉峰佳世 折山俊樹	516	6550-0516 6551-0516	251
	なが はま ひろ ゆき 長浜博行	無	千葉(元)	鈴木浩暢 大滝奈央 山田由美子	606	6550-0606 6551-0606	245
	なが みね まこと 長峯　誠	自 [安]	宮崎(元)	早川健一郎 持永隆大 栗山真也	802	6550-0802 6551-0802	268
に	に ひ そう へい 仁比聡平	共	比例④	加藤紀男 園山あゆみ 韮澤　彰	408	6550-0408 6551-0408	232

※内線電話番号は、５＋室番号（３～９階は５のあとに０を入れる）

	議員名	党派(会派)	選挙区 選挙年	政策秘書名 第1秘書名 第2秘書名	号室	直通 FAX	略歴頁
	にいづま ひでき 新妻秀規	公	比例(元)	萱原信英 松浦美喜子 ――	1112	6550-1112 6551-1112	219
	にしだ しょうじ 西田昌司	自 [安]	京都(元)	安藤髙士 柿本大輔 ――	1110	6550-1110 3502-8897	256
	にしだ まこと 西田実仁	公	埼玉④	吉田正 関谷富士男 大間博昭	1005	6550-1005 6551-1005	244
の	のがみ こうたろう 野上浩太郎	自 [安]	富山④	野村隆宏 小林靖 白川智也	1010	6550-1010 6551-1010	250
	のだ くによし 野田国義	立	福岡(元)	大谷正人 林卓也 ――	323	6550-0323 6551-0323	265
	のむら てつろう 野村哲郎	自 [茂]	鹿児島④	―― 留奥敦義 田畑雅代	1120	6550-1120 6551-1120	268
は	はた じろう 羽田次郎	立	長野(元)補	辻甲子郎 濵貴紀 横山志保	818	6550-0818 6551-0818	252
	はにゅうだ たかし 羽生田俊	自 [安]	比例(元)	安部和之 ―― 星野彩	319	6550-0319 6551-0319	216
	はが みちや 芳賀道也	無 (国民)	山形(元)	戸次貴彦 相馬準 関井美喜男	917	6550-0917 6551-0917	240
	はせがわ がく 長谷川岳	自 [安]	北海道④	前島英希 牛間由美子 森越正也	619	6550-0619 6550-0055	237
	はせがわ ひではる 長谷川英晴	自 [無]	比例④	坪根輝彦 藤澤信行 渡辺明子	1020	6550-1020 6551-1020	226
	ばば せいし 馬場成志	自 [岸]	熊本(元)	山内祐子 登耕太 柴田啓介	1016	6550-1016 6551-1016	267
	はしもと せいこ 橋本聖子	自 [安]	比例(元)	宮内榮子 藤原清美 甲斐将裕	803	6550-0803 6551-0803	215
	はまぐち まこと 浜口誠	国	比例④	―― 石綿慶子 井上香織	1022	6550-1022 6551-1022	233
	はまだ さとし 浜田聡	政女	比例(元)繰	大瀧靖峰 末永友香梨 重黒木優平	403	6550-0403 6551-0403	222
	はまの よしふみ 浜野喜史	国	比例(元)	下橋佑治 片岡健太 小林和未	521	6550-0521 6551-0521	221
ひ	ひが なつみ 比嘉奈津美	自 [茂]	比例(元)繰	岡田英 ―― 齋藤正純	1221	6550-1221 6551-1221	217
	ひら きだいさく 平木大作	公	比例(元)	田中大作 麻生賢一 遠藤彰子	422	6550-0422 6551-0422	219
	ひらやま さちこ 平山佐知子	無	静岡④	細井貴光 宮﨑隆司 篠原倫太郎	822	6550-0822 6551-0822	253
	ひろせ 広瀬めぐみ	自 [麻]	岩手④	泰田和明 本宿将大 本宿静香	418	6550-0418 6551-0418	239

※内線電話番号は、5＋室番号（3～9階は5のあとに0を入れる）

議員名	党派（会派）	選挙区 選挙年	政策秘書名 第1秘書名 第2秘書名	号室	直通 FAX	略歴頁
ふ ふくおかたかまろ 福岡資麿	自［茂］	佐賀④	岩永幸雄 吉田勇一 相澤晃二	919	6550-0919 6551-0919	266
ふくしま 福島みずほ	社	比例④	石川顕 露木佳代 鍋野哲	1111	6550-1111 6551-1111	234
ふくやまてつろう 福山哲郎	立	京都④	― 正木幸一 ―	808	6550-0808 6551-0808	257
ふじいかずひろ 藤井一博	自［無］	比例④	伊勢田暁子 浅井政厚 上杉和輝	605	6550-0605 6551-0605	226
ふじかわまさひと 藤川政人	自［麻］	愛知④	松本由紀子 藤原勝彦 小林祐太	717	6550-0717 6550-0057	254
ふじきしんや 藤木眞也	自［岸］	比例④	池上知子 石黒もも子 ―	1006	6550-1006 6551-1006	227
ふなやまやすえ 舟山康江	国	山形④	中田兼司 伊藤一洋 齊藤秀昭	810	6550-0810 6551-0810	240
ふなごやすひこ 舩後靖彦	れ	比例(元)	岡田哲扶 蒔田備憲 小林律子	302	6550-0302 6551-0302	222
ふなはしとしみつ 船橋利実	自［麻］	北海道④	戸田玄 三浦祐子 船橋真典	424	6550-0424 6551-0424	238
ふるかわとしはる 古川俊治	自［安］	埼玉(元)	森本義久 池上聰 高橋利典	718	6550-0718 6551-0718	243
ほ ほし ほくと 星 北斗	自［無］	福島④	― 漆畑佑 ―	322	6550-0322 6551-0322	241
ほりい いわお 堀井 巌	自［安］	奈良(元)	平田勝紀 米田憲司 吉田悠亮	417	6550-0417 6551-0417	260
ほんだあきこ 本田顕子	自［無］	比例(元)	関野秀人 我妻理子 ―	1001	6550-1001 6551-1001	216
ま まいたちしょうじ 舞立昇治	自［無］	鳥取・島根(元)	中園めぐみ 浅井威厚 中ノ森早苗	603	6550-0603 6551-0603	261
まきの 牧野たかお	自［茂］	静岡(元)	渡辺恵美 鷲見正親 土屋行男	812	6550-0812 6551-0812	253
まきやま 牧山ひろえ	立	神奈川(元)	平澤和也 柴田明良 渡辺真也	1007	6550-1007 6551-1007	248
まつかわ 松川るい	自［安］	大阪④	津坂光継 清水康弘 秋山真美	407	6550-0407 6551-0407	258
まつざわしげふみ 松沢成文	維	神奈川④	千葉修平 神田友輔 矢頭祐典	903	6550-0903 6551-0903	248
まつしたしんぺい 松下新平	自［無］	宮崎④	児玉勝 大出浩己 松浦克哉	824	6550-0824 6551-0824	268
まつのあけみ 松野明美	維	比例④	― 金光雅美 ―	912	6550-0912 6551-0912	229

※内線電話番号は、５＋室番号（３～９階は５のあとに０を入れる）

	議員名	党派（会派）	選挙区 選挙年	政策秘書名 第１秘書名 第２秘書名	号室	直通 FAX	略歴頁
	まつむらよしふみ 松村祥史	自 ［茂］	熊本④	下四日市郁夫 古賀正秋 畑山登	1023	6550-1023 6551-1023	267
	まつやままさじ 松山政司	自 ［岸］	福岡(元)	中島基彰 佐々木久之 ――	1124	6550-1124 6551-1124	264
	まるかわたまよ 丸川珠代	自 ［安］	東京(元)	三浦基広 山田孝次 美坂勇輝	902	6550-0902 6551-0902	246
み	みうらのぶひろ 三浦信祐	公	神奈川④	山本大三郎 浪川健太郎 薗部幸広	804	6550-0804 6551-0804	249
	みうらやすし 三浦靖	自 ［茂］	比例(元)	小林一已 長尾広志 森山真吉	811	6550-0811 6551-0811	214
	みかみ 三上えり	無 （立憲）	広島④	石橋鉄也 槙埜秀樹 川田海栄	320	6550-0320 6551-0320	262
	みはらこ 三原じゅん子	自 ［無］	神奈川④	宮崎達也 関根千里 武原美佐	823	6550-0823 6551-0823	248
	みやけしんご 三宅伸吾	自 ［無］	香川(元)	須山義正 ―― ――	604	6550-0604 6551-0604	263
	みずおかしゅんいち 水岡俊一	立	比例(元)	平野和子 藤野花菜 濵田彦丸	305	6550-0305 6551-0305	217
	みずのもとこ 水野素子	立	神奈川④*	鈴木智 東使義浩 西塔謙志	1209	6550-1209 6551-1209	249
	みやぐちはるこ 宮口治子	立	広島(元)再	片山哲生 江田洋一 山田洋満	206	6550-0206 6551-0206	262
	みやざきまさお 宮崎雅夫	自 ［二］	比例(元)	木村充 津田澄男 大竹晃子	610	6550-0610 6551-0610	216
	みやざきまさる 宮崎勝	公	比例④繰	廣野光夫 青木正美 ――	1118	6550-1118 6551-1118	232
	みやざわよういち 宮沢洋一	自 ［岸］	広島④	小川修一 髙島淳子 有本悦子	820	6550-0820 6551-0820	262
	みやもとしゅうじ 宮本周司	自 ［安］	石川(元)補	不破行大 中嶋友紀 南野祥恵	1018	6550-1018 6551-1018	250
む	むらたきょうこ 村田享子	立	比例④	井出智則 田中美佐江 ――	1222	6550-1222 6551-1222	231
	むろいくにひこ 室井邦彦	維	比例(元)	藤生賢哉 ―― 能島知英	1122	6550-1122 6551-1122	220
も	もり 森まさこ	自 ［安］	福島(元)	―― 吉田佳代 小池康之	924	6550-0924 6551-0924	241
	もりもとしんじ 森本真治	立	広島(元)	八木橋美千代 古賀寛三 百田正則	311	6550-0311 6551-0311	262
	もりやたかし 森屋隆	立	比例(元)	大澤祥文 瀬森理介 古城戸美奈	1211	6550-1211 6551-1211	218

※内線電話番号は、５＋室番号（３～９階は５のあとに０を入れる）
＊水野素子議員の任期は令和7年まで。

議員名	党派（会派）	選挙区 選挙年	政策秘書名 第１秘書名 第２秘書名	号室	直通 FAX	略歴頁
もりや ひろし 森屋　宏	自 ［岸］	山梨(元)	漆原大介 小泉文彦 髙橋賢治	502	6550-0502 6551-0502	251
や　やくら かつお 矢倉克夫	公	埼玉(元)	―― 中居俊夫 久富礼子	401	6550-0401 6551-0401	243
やすえ のぶお 安江伸夫	公	愛知(元)	大﨑順一 髙橋直樹 鐘ヶ江義之	312	6550-0312 6551-0312	254
やながせ ひろふみ 柳ヶ瀬裕文	維	比例(元)	―― 大岡貴志 吉岡美智子	703	6550-0703 6551-0703	220
やまぐち なつお 山口那津男	公	東京(元)	山下千秋 出口俊夫 大川満里子	806	6550-0806 6551-0806	246
やまざき まさあき 山崎正昭	自 ［安］	福井④	石山秀樹 松山康代 岸本成美	1201	6550-1201 6551-1201	251
やました ゆうへい 山下雄平	自 ［茂］	佐賀(元)	永石浩視 水谷秀美 中原　茂	916	6550-0916 6551-0916	266
やました よしき 山下芳生	共	比例(元)	中村哲也 中島敬介 松井朋子	1123	6550-1123 6551-1123	221
やまぞえ たく 山添　拓	共	東京④	阿戸知則 佐藤祐実 折原知子	817	6550-0817 6551-0817	247
やまだ たろう 山田太郎	自 ［無］	比例(元)	小山紘一 荒井理沙 小寺直子	623	6550-0623 6551-0623	214
やまだ としお 山田俊男	自 ［森］	比例(元)	村瀬弘美 森田謙三 卜部隼太	809	6550-0809 6551-0809	215
やまだ ひろし 山田　宏	自 ［安］	比例④	新良　薫 大島康之 田中晴司	1205	6550-1205 6551-1205	227
やまたに えりこ 山谷えり子	自 ［安］	比例④	速水美智子 福元亮次 渡辺智彦	1107	6550-1107 6551-1107	228
やまもと かなえ 山本香苗	公	比例(元)	小谷恵美子 中村広美 ――	1024	6550-1024 6551-1024	218
やまもと けいすけ 山本啓介	自 ［岸］	長崎④	太田久晴 前田浩章 吉田安秀	1202	6550-1202 6551-1202	266
やまもと さちこ 山本佐知子	自 ［茂］	三重④	―― ―― ――	203	6550-0203 6551-0203	255
やまもと じゅんぞう 山本順三	自 ［安］	愛媛④	能登祐克 髙岡直宏 近藤華菜子	1019	6550-1019 6551-1019	264
やまもと たろう 山本太郎	れ	東京④	―― ―― ――	602	6550-0602 6551-0602	247
やまもと ひろし 山本博司	公	比例(元)	梅津秀宣 鈴木孝久 髙井　彰	911	6550-0911 6551-0911	219
よ　よこさわ たかのり 横沢高徳	立	岩手(元)	平野　優 ―― 丸山亜里	702	6550-0702 6551-0702	239

※内線電話番号は、５＋室番号（３～９階は５のあとに０を入れる）

	議員名	党派(会派)	選挙区 選挙年	政策秘書名 第1秘書名 第2秘書名	号室	直通 FAX	略歴頁
	よこやましんいち 横山信一	公	比例④	八木橋広宣 小田秀路 吉井透	402	6550-0402 6551-0402	231
	よしいあきら 吉井章	自［岸］	京都④	木本和宜 佐藤愛 堀憲人	921	6550-0921 6551-0921	256
	よしかわさおり 吉川沙織	立	比例㊄	浅野英之 ―― 狩野恵理	617	6550-0617 6551-0617	218
	よしかわ 吉川ゆうみ	自［安］	三重㊄	岸田直樹 菊池知子 ――	412	6550-0412 6551-0412	255
れ	れんほう 蓮舫	立	東京④	倉田顕 鈴木綾子 北嶋昭廣	411	6550-0411 6551-0411	247
わ	わだまさむね 和田政宗	自［無］	比例㊄	浜崎博 髙田彌 千葉富士男	1220	6550-1220 6551-1220	214
	わかばやしようへい 若林洋平	自［二］	静岡④	佐々木俊夫 勝亦好美 ――	715	6550-0715 6551-0715	253
	わかまつかねしげ 若松謙維	公	比例㊄	恩田祐将 佐藤大作 柳沼明美	1207	6550-1207 6551-1207	219
	わたなべたけゆき 渡辺猛之	自［茂］	岐阜④	長谷川英樹 大東由幸 榊原美穂	325	6550-0325 6551-0325	252

参議院議員会館案内図

参議院議員会館２階

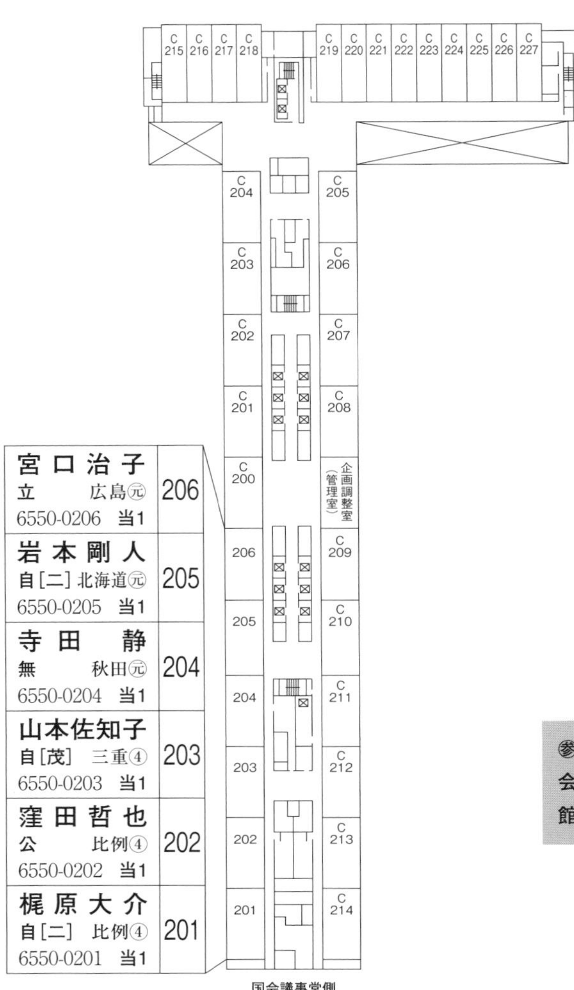

宮口治子 立　広島㊁ 6550-0206　当1	206
岩本剛人 自[二]　北海道㊁ 6550-0205　当1	205
寺田　静 無　秋田㊁ 6550-0204　当1	204
山本佐知子 自[茂]　三重④ 6550-0203　当1	203
窪田哲也 公　比例④ 6550-0202　当1	202
梶原大介 自[二]　比例④ 6550-0201　当1	201

参議院議員会館3階

梅村　聡 維　比例㊋ 6550-0326 当2	326			
渡辺猛之 自[茂] 岐阜④ 6550-0325 当3	325			
安江伸夫 公　愛知㊋ 6550-0312 当1	312	喫煙室	313	鶴保庸介 自[二] 和歌山④ 6550-0313 当5
森本真治 立　広島㊋ 6550-0311 当2	311	WC(男) WC(女)	314	木村英子 れ　比例㊋ 6550-0314 当1
山東昭子 自[麻] 比例㊋ 6550-0310 当8	310		315	今井絵理子 自[麻] 比例④ 6550-0315 当2
阿達雅志 自[無] 比例④ 6550-0309 当3	309	EVホール	316	天畠大輔 れ　比例④ 6550-0316 当1
太田房江 自[安] 大阪㊋ 6550-0308 当2	308		317	高木真理 立　埼玉④ 6550-0317 当1
滝波宏文 自[安] 福井㊋ 6550-0307 当2	307		318	小野田紀美 自[茂] 岡山④ 6550-0318 当2
高木かおり 維　大阪④ 6550-0306 当2	306		319	羽生田　俊 自[安] 比例㊋ 6550-0319 当2
水岡俊一 立　比例㊋ 6550-0305 当3	305	EVホール	320	三上えり 無(立憲) 広島④ 6550-0320 当1
齊藤健一郎 政女 比例④繰 6550-0304 当1	304	EV	321	井上哲士 共　比例㊋ 6550-0321 当4
高橋はるみ 自[安] 北海道㊋ 6550-0303 当1	303		322	星　北斗 自[無] 福島④ 6550-0322 当1
舩後靖彦 れ　比例㊋ 6550-0302 当1	302	WC(男) WC(女)	323	野田国義 立　福岡㊋ 6550-0323 当2
里見隆治 公　愛知④ 6550-0301 当2	301		324	高橋克法 自[麻] 栃木㊋ 6550-0324 当2

国会議事堂側

㊫ 会館

参議院議員会館4階

議員	室	中央	室	議員
吉川ゆうみ 自[安]　三重㊄ 6550-0412　当2	412	喫煙室	413	武見敬三 自[麻]　東京㊄ 6550-0413　当5
蓮　舫 立　東京④ 6550-0411　当4	411	WC(男) WC(女)	414	加藤明良 自[茂]　茨城④ 6550-0414　当1
田島麻衣子 立　愛知㊄ 6550-0410　当1	410		415	島村　大 自[無]神奈川㊄ 6550-0415　当2
古賀千景 立　比例④ 6550-0409　当1	409	EV ホール	416	小林一大 自[岸]　新潟④ 6550-0416　当1
仁比聡平 共　比例④ 6550-0408　当3	408		417	堀井　巌 自[安]　奈良㊄ 6550-0417　当2
松川るい 自[安]　大阪④ 6550-0407　当2	407		418	広瀬めぐみ 自[麻]　岩手④ 6550-0418　当1
竹詰　仁 国　比例④ 6550-0406　当1	406	EV ホール	419	白坂亜紀 自[安]大分㊄補 6550-0419　当1
青島健太 維　比例④ 6550-0405　当1	405		420	片山さつき 自[安]　比例④ 6550-0420　当3
清水貴之 維　兵庫㊄ 6550-0404　当2	404	EV	421	議員予備室
浜田　聡 政女　比例㊄ 6550-0403　当1	403		422	平木大作 公　比例㊄ 6550-0422　当2
横山信一 公　比例④ 6550-0402　当3	402	WC(男) WC(女)	423	赤松　健 自[無]　比例④ 6550-0423　当1
矢倉克夫 公　埼玉㊄ 6550-0401　当2	401		424	船橋利実 自[麻]北海道④ 6550-0424　当1

国会議事堂側

参議院議員会館５階

議員	室	中央	室	議員
櫻井　充 自[無]　宮城④ 6550-0512　当5	512	喫煙室	513	猪瀬直樹 維　比例④ 6550-0513　当1
鬼木　誠 立　比例④ 6550-0511　当1	511	WC(男) WC(女)	514	佐々木さやか 公　神奈川㊲ 6550-0514　当2
東　徹 維　大阪㊲ 6550-0510　当2	510		515	尾辻秀久 無　鹿児島㊲ 6550-0515　当6
吉良よし子 共　東京㊲ 6550-0509　当2	509	EVホール	516	永井　学 自[茂]　山梨④ 6550-0516　当1
川田龍平 立　比例㊲ 6550-0508　当3	508		517	竹谷とし子 公　東京④ 6550-0517　当3
青木　愛 立　比例④ 6550-0507　当3	507		518	大家敏志 自[麻]　福岡④ 6550-0518　当3
石井準一 自[茂]　千葉㊲ 6550-0506　当3	506		519	伊波洋一 無(沖縄)　沖縄④ 6550-0519　当2
田中昌史 自[無]比例㊲繰 6550-0505　当1	505	EVホール	520	神谷宗幣 参(無所属)比例④ 6550-0520　当1
自見はなこ 自[二]　比例④ 6550-0504　当2	504		521	浜野喜史 国　比例㊲ 6550-0521　当2
大野泰正 自[安]　岐阜㊲ 6550-0503　当2	503	EV	522	滝沢　求 自[麻]　青森㊲ 6550-0522　当2
森屋　宏 自[岸]　山梨㊲ 6550-0502　当2	502	WC(男) WC(女)	523	石橋通宏 立　比例④ 6550-0523　当3
足立敏之 自[岸]　比例④ 6550-0501　当2	501		524	赤池誠章 自[安]　比例㊲ 6550-0524　当2

国会議事堂側

参議院議員会館6階

議員	室	通路	室	議員
音喜多　駿 維　東京㊀ 6550-0612　当1	612	喫煙室	613	辻元清美 立　比例④ 6550-0613　当1
岸　真紀子 立　比例㊀ 6550-0611　当1	611	WC(男) WC(女)	614	高橋光男 公　兵庫㊀ 6550-0614　当1
宮崎雅夫 自[二]　比例㊀ 6550-0610　当1	610		615	杉　久武 公　大阪㊀ 6550-0615　当2
伊藤　岳 共　埼玉㊀ 6550-0609　当1	609	EVホール	616	石川博崇 公　大阪④ 6550-0616　当3
勝部賢志 立　北海道㊀ 6550-0608　当1	608		617	吉川沙織 立　比例㊀ 6550-0617　当3
堂込麻紀子 無　茨城④ 6550-0607　当1	607		618	上田清司 無(国民)埼玉④ 6550-0618　当2
長浜博行 無　千葉㊀ 6550-0606　当3	606		619	長谷川　岳 自[安]北海道④ 6550-0619　当3
藤井一博 自[無]　比例④ 6550-0605　当1	605	EVホール	620	朝日健太郎 自[無]　東京④ 6550-0620　当2
三宅伸吾 自[無]　香川㊀ 6550-0604　当2	604	EV	621	浅田　均 維　大阪④ 6550-0621　当2
舞立昇治 自[無]鳥取・島根㊀ 6550-0603　当2	603		622	中西祐介 自[麻]徳島・高知④ 6550-0622　当3
山本太郎 れ　東京④ 6550-0602　当2	602	WC(男) WC(女)	623	山田太郎 自[無]　比例㊀ 6550-0623　当2
浅尾慶一郎 自[麻]神奈川④ 6550-0601　当3	601		624	磯﨑仁彦 自[岸]　香川④ 6550-0624　当3

国会議事堂側

参議院議員会館７階

議員	室	中央	室	議員
高良鉄美 無(沖縄)　沖縄(元) 6550-0712　当1	712	喫煙室	713	石井浩郎 自[茂]　秋田④ 6550-0713　当3
秋野公造 公　福岡④ 6550-0711　当3	711	WC(男) WC(女)	714	大島九州男 れ　比例④繰 6550-0714　当3
紙　智子 共　比例(元) 6550-0710　当4	710		715	若林洋平 自[二]　静岡④ 6550-0715　当1
ながえ孝子 無　愛媛(元) 6550-0709　当1	709	EV ホール	716	こやり隆史 自[岸]　滋賀④ 6550-0716　当2
佐藤　啓 自[安]　奈良④ 6550-0708　当2	708		717	藤川政人 自[麻]　愛知④ 6550-0717　当3
斎藤嘉隆 立　愛知④ 6550-0707　当3	707		718	古川俊治 自[安]　埼玉(元) 6550-0718　当3
塩村あやか 立　東京(元) 6550-0706　当1	706	EV ホール	719	進藤金日子 自[二]　比例④ 6550-0719　当2
佐藤正久 自[茂]　比例(元) 6550-0705　当3	705		720	河野義博 公　比例(元) 6550-0720　当2
上月良祐 自[茂]　茨城(元) 6550-0704　当2	704	EV	721	片山大介 維　兵庫④ 6550-0721　当2
柳ヶ瀬裕文 維　比例(元) 6550-0703　当1	703		722	佐藤信秋 自[茂]　比例(元) 6550-0722　当3
横沢高徳 立　岩手(元) 6550-0702　当1	702	WC(男) WC(女)	723	酒井庸行 自[安]　愛知(元) 6550-0723　当2
徳永エリ 立　北海道④ 6550-0701　当3	701		724	杉尾秀哉 立　長野④ 6550-0724　当2

国会議事堂側

参議院議員会館８階

議員	室		室	議員
牧野たかお 自[茂]　静岡㊇ 6550-0812　当3	812	喫煙室	813	石垣のりこ 立　宮城㊇ 6550-0813　当1
三浦　靖 自[茂]　比例㊇ 6550-0811　当1	811	WC(男) WC(女)	814	青木一彦 自[茂] 鳥取・島根④ 6550-0814　当3
舟山康江 国　山形④ 6550-0810　当3	810		815	嘉田由紀子 国　滋賀㊇ 6550-0815　当1
山田俊男 自[森]　比例㊇ 6550-0809　当3	809	EVホール	816	柴田　巧 維　比例㊇ 6550-0816　当2
福山哲郎 立　京都④ 6550-0808　当5	808		817	山添　拓 共　東京④ 6550-0817　当2
岡田直樹 自[安]　石川④ 6550-0807　当4	807		818	羽田次郎 立　長野㊇ 6550-0818　当1
山口那津男 公　東京㊇ 6550-0806　当4	806		819	加田裕之 自[安]　兵庫㊇ 6550-0819　当1
中条きよし 維　比例④ 6550-0805　当1	805	EVホール	820	宮沢洋一 自[岸]　広島④ 6550-0820　当3
三浦信祐 公　神奈川④ 6550-0804　当2	804	EV	821	越智俊之 自[岸]　比例④ 6550-0821　当1
橋本聖子 自[安]　比例㊇ 6550-0803　当5	803		822	平山佐知子 無　静岡④ 6550-0822　当2
長峯　誠 自[安]　宮崎㊇ 6550-0802　当2	802	WC(男) WC(女)	823	三原じゅん子 自[無] 神奈川④ 6550-0823　当3
竹内真二 公　比例④ 6550-0801　当2	801		824	松下新平 自[無]　宮崎④ 6550-0824　当4

国会議事堂側

参議院議員会館９階

議員	室		室	議員
松野明美 維 比例④ 6550-0912 当1	912	喫煙室	913	下野六太 公 福岡㊀ 6550-0913 当1
山本博司 公 比例㊀ 6550-0911 当3	911	WC(男) WC(女)	914	須藤元気 無 比例㊀ 6550-0914 当1
田村まみ 国 比例㊀ 6550-0910 当1	910		915	小西洋之 立 千葉④ 6550-0915 当3
臼井正一 自[茂] 千葉④ 6550-0909 当1	909	EV ホール	916	山下雄平 自[茂] 佐賀㊀ 6550-0916 当2
田村智子 共 比例④ 6550-0908 当3	908		917	芳賀道也 無(国民) 山形㊀ 6550-0917 当1
古庄玄知 自[安] 大分④ 6550-0907 当1	907		918	上野通子 自[安] 栃木④ 6550-0918 当3
大椿ゆうこ 社 比例㊀繰 6550-0906 当1	906		919	福岡資麿 自[茂] 佐賀④ 6550-0919 当3
末松信介 自[安] 兵庫④ 6550-0905 当4	905	EV ホール	920	井上義行 自[安] 比例④ 6550-0920 当2
生稲晃子 自[安] 東京④ 6550-0904 当1	904	EV	921	吉井章 自[岸] 京都④ 6550-0921 当1
松沢成文 維 神奈川④ 6550-0903 当3	903		922	谷合正明 公 比例④ 6550-0922 当4
丸川珠代 自[安] 東京㊀ 6550-0902 当3	902	WC(男) WC(女)	923	清水真人 自[二] 群馬㊀ 6550-0923 当1
打越さく良 立 新潟㊀ 6550-0901 当1	901		924	森まさこ 自[安] 福島㊀ 6550-0924 当3

国会議事堂側

参議院議員会館 10 階

議員	部屋		部屋	議員
小沼　巧 立　茨城㊦ 6550-1012　当1	1012	喫煙室	1013	金子道仁 維　比例④ 6550-1013　当1
榛葉賀津也 国　静岡㊦ 6550-1011　当4	1011	WC（男）WC（女）	1014	伊藤孝江 公　兵庫④ 6550-1014　当2
野上浩太郎 自［安］　富山④ 6550-1010　当4	1010		1015	有村治子 自［麻］　比例㊦ 6550-1015　当4
柴　愼一 立　比例④ 6550-1009　当1	1009	EVホール	1016	馬場成志 自［岸］　熊本㊦ 6550-1016　当2
伊藤孝恵 国　愛知④ 6550-1008　当2	1008		1017	世耕弘成 自［安］和歌山㊦ 6550-1017　当5
牧山ひろえ 立　神奈川㊦ 6550-1007　当3	1007		1018	宮本周司 自［安］石川㊦補 6550-1018　当3
藤木眞也 自［岸］　比例④ 6550-1006　当2	1006		1019	山本順三 自［安］　愛媛④ 6550-1019　当4
西田実仁 公　埼玉④ 6550-1005　当4	1005	EVホール	1020	長谷川英晴 自［無］　比例④ 6550-1020　当1
梅村みずほ 維　大阪㊦ 6550-1004　当1	1004	EV	1021	倉林明子 共　京都㊦ 6550-1021　当2
堂故　茂 自［茂］　富山㊦ 6550-1003　当2	1003		1022	浜口　誠 国　比例④ 6550-1022　当2
岩渕　友 共　比例④ 6550-1002　当2	1002	WC（男）WC（女）	1023	松村祥史 自［茂］　熊本④ 6550-1023　当4
本田顕子 自［無］　比例㊦ 6550-1001　当1	1001		1024	山本香苗 公　比例㊦ 6550-1024　当4

国会議事堂側

参議院議員会館 11 階

議員	室	中央	室	議員
新妻秀規 公　比例(元) 6550-1112　当2	1112	喫煙室	1113	石川大我 立　比例(元) 6550-1113　当1
福島みずほ 社　比例④ 6550-1111　当5	1111	WC(男) WC(女)	1114	柘植芳文 自[無]　比例(元) 6550-1114　当2
西田昌司 自[安]　京都(元) 6550-1110　当3	1110		1115	石井苗子 維　比例④ 6550-1115　当2
北村経夫 自[安]山口(元)補 6550-1109　当3	1109	EVホール	1116	友納理緒 自[安]　比例④ 6550-1116　当1
古賀之士 立　福岡④ 6550-1108　当2	1108		1117	塩田博昭 公　比例(元) 6550-1117　当1
山谷えり子 自[安]　比例④ 6550-1107　当4	1107		1118	宮崎勝 公　比例④繰 6550-1118　当2
田名部匡代 立　青森④ 6550-1106　当2	1106		1119	小沢雅仁 立　比例(元) 6550-1119　当1
猪口邦子 自[麻]　千葉④ 6550-1105　当3	1105	EVホール	1120	野村哲郎 自[茂]鹿児島④ 6550-1120　当4
関口昌一 自[茂]　埼玉④ 6550-1104　当5	1104	EV	1121	大塚耕平 国　愛知(元) 6550-1121　当4
江島潔 自[安]　山口④ 6550-1103　当3	1103		1122	室井邦彦 維　比例(元) 6550-1122　当3
中田宏 自[無]比例(元)繰 6550-1102　当1	1102	WC(男) WC(女)	1123	山下芳生 共　比例(元) 6550-1123　当4
石田昌宏 自[安]　比例(元) 6550-1101　当2	1101		1124	松山政司 自[岸]　福岡(元) 6550-1124　当4

国会議事堂側

参議院議員会館 12 階

議員	部屋	共用部	部屋	議員
上田　勇 公　比例④ 6550-1212　当1	1212	喫煙室	1213	**豊田俊郎** 自[麻]　千葉(元) 6550-1213　当2
森屋　隆 立　比例(元) 6550-1211　当1	1211	WC(男) WC(女)	1214	**石井正弘** 自[安]　岡山(元) 6550-1214　当2
礒﨑哲史 国　比例(元) 6550-1210　当2	1210		1215	**青山繁晴** 自[無]　比例④ 3581-3111(代)　当2
水野素子 立　神奈川④ 6550-1209　当1	1209	EV ホール	1216	**衛藤晟一** 自[安]　比例(元) 6550-1216　当3
小池　晃 共　比例(元) 6550-1208　当4	1208		1217	**熊谷裕人** 立　埼玉(元) 6550-1217　当1
若松謙維 公　比例(元) 6550-1207　当2	1207		1218	**神谷政幸** 自[麻]　比例④ 6550-1218　当1
古賀友一郎 自[岸]　長崎(元) 6550-1206　当2	1206		1219	**鈴木宗男** 維　比例(元) 6550-1219　当1
山田　宏 自[安]　比例④ 6550-1205　当2	1205	EV ホール	1220	**和田政宗** 自[無]　比例(元) 6550-1220　当2
石井　章 維　比例④ 6550-1204　当2	1204	EV	1221	**比嘉奈津美** 自[茂]　比例(元) 6550-1221　当1
串田誠一 維　比例④ 6550-1203　当1	1203		1222	**村田享子** 立　比例④ 6550-1222　当1
山本啓介 自[岸]　長崎④ 6550-1202　当1	1202	WC(男) WC(女)	1223	**川合孝典** 国　比例④ 6550-1223　当3
山崎正昭 自[安]　福井④ 6550-1201　当6	1201		1224	**中曽根弘文** 自[二]　群馬④ 6550-1224　当7

国会議事堂側

参議院議員写真・略歴・宿所一覧

議　長　尾辻秀久（おつじひでひさ）　秘書　尾辻　朋実　石原　淳　☎3581-1481

副議長　長浜博行（ながはまひろゆき）　秘書　副島　浩　外川　裕之　☎3586-6741

勤続年数は**令和5年8月末現在**です。

参議院比例代表

第25回選挙

（令和元年7月21日施行／令和7年7月28日満了）

三浦　靖（みうら やすし）　**自**新［茂］R1当1（初/令元）※

島根県大田市　S48・4・9

勤6年（衆1年10ヵ月）

総務委理、資源エネ調理、行政監視委、倫選特委、総務大臣政務官、衆議院議員、大田市議、衆議院議員秘書、神奈川大／50歳

〒690-0873　島根県松江市内中原町140-2　☎0852(61)2828

〒100-8962　千代田区永田町2-1-1、会館　☎03(6550)0811

柘植芳文（つげよしふみ）　**自**前［無］　R1 当2

岐阜県　S20・10・11

勤10年3ヵ月（初／平25）

総務副大臣、総務委、国家基本委、元党総務副会長、元全国郵便局長会会長、愛知大／77歳

〒100-8962　千代田区永田町2-1-1、会館　☎03(6550)1114

山田太郎（やまだたろう）　**自**元［無］　R1 当2

東京都　S42・5・12

勤7年10ヵ月（初／平24）

内閣委理、地方・デジ特委理、党デジ本事務局長代理、党こどもDX小委員長、党知財小委事務局長、デジタル兼内閣府大臣政務官、上場企業社長、東工大特任教授、東大非常勤講師、慶大経、早大院／56歳

〒100-8962　千代田区永田町2-1-1、会館　☎03(6550)0623

和田政宗（わだまさむね）　**自**前［無］　R1 当2

東京都　S49・10・14

勤10年3ヵ月（初／平25）

決算委理、法務委、復興特委理、党国際局次長、元国土交通大臣政務官兼内閣府大臣政務官、元NHKアナウンサー、慶大／48歳

〒980-0011　仙台市青葉区上杉1-5-13 3-B　☎022(263)3005

〒102-0083　千代田区麹町4-7、宿舎

比例代表　㊂略歴

※平29衆院初当選

さとう まさひさ
佐藤正久
自 前［茂］ R1 当3
福島県 S35・10・23
勤16年4ヵ月 （初／平19）

外防委理、参国対委員長代行、国防議連事務局長、元外務副大臣・防衛政務官、元自衛官・イラク先遣隊長、防衛大／62歳

〒162-0845 新宿区市谷本村町3-20新盛堂ビル4F ☎03(5206)7668
〒100-8962 千代田区永田町2-1-1、会館 ☎03(6550)0705

さとう のぶあき
佐藤信秋
自 前［茂］ R1 当3
新潟県 S22・11・8
勤16年4ヵ月 （初／平19）

決算委員長、党地方行政調査会長、党国土強靱化推進本部本部長代理、元国交事務次官、技監、道路局長、京大院／75歳

〒951-8062 新潟市中央区西堀前通11番町1645-4 ☎025(226)7686
〒100-8962 千代田区永田町2-1-1、会館 ☎03(6550)0722

はしもと せいこ
橋本聖子
自 前［安］ R1 当5
北海道 S39・10・5
勤28年6ヵ月 （初／平7）

文科委、行監委、党両院議員総会長、元東京オリンピック・パラリンピック担当大臣、自民党参院議員会長、外務副大臣、北開総括政務次官、駒苫高／58歳

〒060-0001 札幌市中央区北1条西5丁目2番 札幌興銀ビル6F ☎011(222)7275
〒100-8962 千代田区永田町2-1-1、会館 ☎03(6550)0803

やまだ としお
山田俊男
自 前［森］ R1 当3
富山県小矢部市 S21・11・29
勤16年4ヵ月 （初／平19）

農水委、予算委、党総務会副会長、党人事局長、都市農業対策委員長、ODA特委員長、農水委員長、全国農協中央会専務理事、早大政経／76歳

〒932-0836 富山県小矢部市埴生352-2 ☎0766(67)8882
〒100-8962 千代田区永田町2-1-1、会館 ☎03(6550)0809

ありむら はるこ
有村治子
自 前［麻］ R1 当4
滋賀県 S45・9・21
勤22年5ヵ月 （初／平13）

情報監視審査会会長、予算委、内閣委、ODA・沖北特委、党中央政治大学院学院長、裁判官弾劾裁判長、女性活躍担当大臣、米SIT大院修士／52歳

〒100-8962 千代田区永田町2-1-1、会館 ☎03(6550)1015

いしだ まさひろ
石田昌宏
自 前［安］ R1 当2
奈良県大和郡山市 S42・5・20
勤10年3ヵ月 （初／平25）

議運委理、厚労委、参党国対副委員長、厚労委員長、党副幹事長、党財務金融副部会長、日本看護連盟幹事長、東大応援部／56歳

〒100-8962 千代田区永田町2-1-1、会館 ☎03(6550)1101

ほんだ あきこ
本田顕子
自新［無］ R1 当1
熊本県熊本市 S46・9・29
勤4年2ヵ月 （初/令元）

厚生労働大臣政務官兼内閣府大臣政務官、党副幹事長、党女性局長代理、財金副部会長、日本薬剤師会顧問・薬剤師連盟顧問、星薬科大学／51歳

〒860-0072 熊本市西区花園7-12-16 ☎096(325)4470
〒100-8962 千代田区永田町2-1-1、会館 ☎03(6550)1001

えとう せいいち
衛藤晟一
自前［安］ R1 当3(初/平19)※1
大分県大分市 S22・10・1
勤28年7ヵ月（衆12年3ヵ月）

党紀委員長、党少子化対策調査会長、一億総活躍・少子化対策担当大臣、元内閣総理大臣補佐官、厚労副大臣、大分大／75歳

〒870-0042 大分市豊町1-2-6 ☎097(534)2015
〒100-8962 千代田区永田町2-1-1、会館 ☎03(6550)1216

はにゅうだ たかし
羽生田 俊
自前［安］ R1 当2
群馬県 S23・3・28
勤10年3ヵ月 （初/平25）

厚生労働副大臣、厚生労働委員長、党厚労部会長代理、副幹事長、元日本医師会副会長、医師、東京医科大学／75歳

〒371-0022 前橋市千代田町2-10-13 ☎027(289)8680
〒100-8962 千代田区永田町2-1-1、会館 ☎03(6550)0319

みやざき まさお
宮崎雅夫
自新［二］ R1 当1
兵庫県神戸市 S38・12・3
勤4年2ヵ月 （初/令元）

農水委理、決算委、災害特委、資源エネ調委、参党副幹事長、党農林副部会長、党水産総合調査会副会長、元農水省地域整備課長、神戸大学農学部／59歳

〒100-8962 千代田区永田町2-1-1、会館 ☎03(6550)0610

さんとう あきこ
山東昭子
自前［麻］ R1 当8
東京都 S17・5・11
勤41年11ヵ月（初/昭49）

法務委、前参議院議長、前党党紀委員長・党食育調査会長、元参議院副議長・科技庁長官・環境政務次官、文化学院／81歳

〒100-8962 千代田区永田町2-1-1、会館 ☎03(6550)0310

あかいけ まさあき
赤池誠章
自前［安］ R1 当2(初/平25)※2
山梨県甲府市 S36・7・19
勤14年2ヵ月（衆3年11ヵ月）

文科委筆頭理事、党政調副会長、内閣府副大臣、党文科部会長3期、文科委員長、文科大臣政務官、衆議院議員、明治大学／62歳

〒400-0032 山梨県甲府市中央1-1-11-2F ☎055(237)5523

※1 平2衆院初当選 ※2 平17衆院初当選

ひ が な つ み
比嘉奈津美
自新［茂］ R1 繰当1
沖縄県沖縄市 S33・10・3
勤6年9ヵ月（衆4年10ヵ月）（初/令3）※1

厚労委理、決算委、倫選特委理、参院党国対副委員長、環境大臣政務官、衆議院議員、歯科医師、福岡歯科大／64歳

〒904-0004 沖縄市中央1-18-6-101 ☎098(938)0070
〒102-0094 千代田区紀尾井町1-15、宿舎

なか だ ひろし
中田 宏
自新［無］ R1 繰当1
神奈川県横浜市 S39・9・20
勤12年3ヵ月（衆10年10ヵ月）（初/令4）※2

経済産業委理、衆議院議員4期、横浜市長2期、松下政経塾、青山学院大経済学部／58歳

〒222-0033 横浜市港北区新横浜2-14-14
新弘ビル7階 ☎045(548)4488

た なか まさ し
田中昌史
自新［無］ R1 繰当1
北海道札幌市 S40・10・11
勤8ヵ月 （初/令5）

法務委、消費者特委、国民生活調委、党厚労関係団体副委、日本理学療法士協会政策参与、日本理学療法士連盟顧問、理学療法士、北翔大院修／57歳

〒100-8962 千代田区永田町2-1-1、会館 ☎03(6550)0505

きし まきこ
岸 真紀子
立新 R1 当1
北海道岩見沢市 S51・3・24
勤4年2ヵ月 （初/令元）

総務委、地方・デジ特委、資源エネ調委理、党参幹事長代理、党参比例第13総支部長、自治労特別中央執行委員、岩見沢緑陵高／47歳

〒100-8962 千代田区永田町2-1-1、会館 ☎03(6550)0611

みず おか しゅん いち
水岡俊一
立元 R1 当3
兵庫県豊岡市 S31・6・13
勤16年4ヵ月 （初/平16）

環境委、懲罰委、党参院議員会長、内閣総理大臣補佐官、内閣委員長、兵庫県教組役員、中学校教員、奈良教育大／67歳

〒102-0083 千代田区麴町4-7、宿舎

お ざわ まさ ひと
小沢雅仁
立新 R1 当1
山梨県甲府市 S40・8・13
勤4年2ヵ月 （初/令元）

総務委理、行監委、消費者特委、日本郵政グループ労働組合中央副執行委員長、山梨県立甲府西高／58歳

〒102-0083 千代田区麴町4-7、宿舎

※1 平24衆院初当選 ※2 平5衆院初当選

よしかわ さおり
吉川沙織　**立**前　R1 当3
徳島県　S51・10・9
勤16年4ヵ月　（初/平19）

経産委員長、災害特委、議運委筆頭理事、党組織委員長、NTT元社員、同志社大院（博士前期）修了／46歳

〒100-8962　千代田区永田町2-1-1、会館　☎03(6550)0617

もりや たかし
森屋　隆　**立**新　R1 当1
東京都　S42・6・28
勤4年2ヵ月　（初/令元）

国交委理、倫選特委、資源エネ調委、私鉄総連交通対策局長、西東京バス（株）、都立多摩工業高校／56歳

〒100-8962　千代田区永田町2-1-1、会館　☎03(6550)1211

かわだ りゅうへい
川田龍平　**立**前　R1 当3
東京都　S51・1・12
勤16年4ヵ月　（初/平19）

党両院議員総会長、厚労委筆頭理事、消費者特委筆頭理事、薬害エイズ訴訟原告、岩手医科大学客員教授、東経大／47歳

〒100-8962　千代田区永田町2-1-1、会館　☎03(6550)0508

いしかわ たいが
石川大我　**立**新　R1 当1
東京都豊島区　S49・7・3
勤4年2ヵ月　（初/令元）

法務委、倫選特委理、憲法審、NPO法人代表理事、早大大学院修了／49歳

〒100-8962　千代田区永田町2-1-1、会館　☎03(6550)1113

すどう げんき
須藤元気　**無**新　R1 当1
東京都江東区　S53・3・8
勤4年2ヵ月　（初/令元）

農水委、元格闘家、中央大学レスリング部ゼネラルマネージャー、拓殖大学レスリング部アドバイザー、会社役員、アーティスト、調理師、拓殖大学大学院／45歳

〒100-8962　千代田区永田町2-1-1、会館　☎03(6550)0914

やまもと かなえ
山本香苗　**公**前　R1 当4
広島県　S46・5・14
勤22年5ヵ月　（初/平13）

厚労委理事、予算委、憲法審委、党中央幹事、参議院副会長、関西方面副本部長、大阪府本部代表代行、元厚労副大臣、元総務委員長、外務省、京大／52歳

〒590-0957　堺市堺区中之町西1-1-10 堀ビル501号室　☎072(225)0102
〒100-8962　千代田区永田町2-1-1、会館　☎03(6550)1024

やま　もと　ひろ　し
山本博司
公前　R1 当3
愛媛県八幡浜市　S29・12・9
勤16年4ヵ月　(初／平19)

総務委理、党中央幹事、党中央規律副委員長、厚生労働副大臣兼内閣府副大臣、総務委員長、財務大臣政務官、日本IBM、慶大／68歳

〒760-0080　香川県高松市木太町607-1
クリエイト木太201　☎087(868)3607
〒152-0022　目黒区柿の木坂3-11-15　☎03(3418)9838

わか　まつ　かね　しげ
若松謙維
公前　R1 当2(初/平25)※
福島県石川町　S30・8・5
勤20年8ヵ月(衆10年5ヵ月)

党中央幹事・機関紙推進委員長、厚労委、予算委、復興特委理、元復興副大臣、元総務副大臣、公認会計士、税理士、行政書士、防災士、中央大／68歳

〒960-8107　福島県福島市浜田町4-16
富士ビル1F2号　☎024(572)5567

かわ　の　よし　ひろ
河野義博
公前　R1 当2
福岡県　S52・12・1
勤10年3ヵ月　(初／平25)

総務委員長、ODA・沖北特委、資源エネ調委、党中央幹事、農林水産大臣政務官、丸紅、東京三菱銀行、慶大経済／45歳

〒810-0045　福岡市中央区草香江1-4-34
エーデル大濠202　☎092(753)6491

にい　づま　ひで　き
新妻秀規
公前　R1 当2
埼玉県越谷市　S45・7・22
勤10年3ヵ月　(初／平25)

党国際局次長、愛知県本部副代表、環境委、震災復興特委、復興副大臣、元文部科学・内閣府・復興政務官、東大院(工学系研究科)／53歳

〒460-0008　名古屋市中区栄1-14-15
RSビル203号室　☎052(253)5085
〒102-0094　千代田区紀尾井町1-15、宿舎　☎03(6550)1112

ひら　き　だい　さく
平木大作
公前　R1 当2
長野県　S49・10・16
勤10年3ヵ月　(初／平25)

党外交部会長・広報委員長代理、外交防衛委理、経産・内閣府・復興大臣政務官、東大法、スペイン・イエセ・ビジネススクール経営学修士／48歳

〒273-0011　船橋市湊町1-7-4 B号室　☎047(404)3202
〒100-8962　千代田区永田町2-1-1、会館　☎03(6550)0422

しお　た　ひろ　あき
塩田博昭
公新　R1 当1
徳島県阿波市　S37・1・19
勤4年2ヵ月　(初／令元)

党中央幹事、東京都本部副代表、秋田・山梨県本部顧問、内閣委理、予算委、災害特委、資源エネ調理、元党政調事務局長、秋田大／61歳

〒154-0004　世田谷区太子堂2-14-20-205　☎03(6805)3946
〒100-8962　千代田区永田町2-1-1、会館　☎03(6550)1117

※平5衆院初当選

すずき　むねお
鈴木宗男
維新　R1 当1(初/令元)[※1]
北海道足寄町　S23・1・31
勤29年2ヵ月(衆25年)

懲罰委員長、法務委、ODA・沖北特委、衆議院議員8期、元国務大臣、元外務委員長、拓殖大／75歳

〒060-0061　札幌市中央区南1条西5丁目17-2
プレジデント松井ビル1205　☎011(251)5351

むろい　くにひこ
室井邦彦
維前　R1 当3(初/平19)[※2]
兵庫県　S22・4・10
勤18年(衆1年10ヵ月)

国家基本委員長、国交委、災害特委、党参院会長代行、国交大臣政務官、衆院議員、兵庫県議2期、尼崎市議1期、追手門学院大1期生／76歳

〒660-0892　尼崎市東難波町5-7-17
中央ビル1F　☎06(6489)1001
〒102-0083　千代田区麹町4-7、宿舎

うめむら　さとし
梅村　聡
維元　R1 当2
大阪府　S50・2・13
勤10年3ヵ月(初/平19)

行監委理、財金委、消費者特委、党コロナ対策本部長、元厚労政務官、医師、大阪大学医学部／48歳

〒563-0055　大阪府池田市菅原町2-17
Wind. hill池田2F　☎072(751)2000
〒100-8962　千代田区永田町2-1-1、会館　☎03(6550)0326

しばた　たくみ
柴田　巧
維元　R1 当2
富山県　S35・12・11
勤10年3ヵ月(初/平22)

決算委理、内閣委、災害特委、党参院国対委員長代理、富山県議、衆議院議員秘書、早大院／62歳

〒932-0113　富山県小矢部市岩武1051　☎0766(61)1315

やながせ　ひろふみ
柳ヶ瀬裕文
維新　R1 当1
東京都大田区　S49・11・8
勤4年2ヵ月(初/令元)

総務委、決算委、地方・デジ特委、党総務会長、東京都議会議員(3期)、大田区議会議員、議員秘書・会社員、早大／48歳

〒146-0083　東京都大田区千鳥3-11-19
第2桜ビル3F　☎03(6459)8706
〒100-8962　千代田区永田町2-1-1、会館　☎03(6550)0703

こいけ　あきら
小池　晃
共前　R1 当4
東京都　S35・6・9
勤22年5ヵ月(初/平10)

党書記局長、財金委、国家基本委、党政策委員長、東北大医／63歳

〒151-0053　渋谷区代々木1-44-11-1F　☎03(5304)5639

※1 昭58衆院初当選　※2 平15衆院初当選

やま した よし き
山下芳生
共前 [R1] 当4
香川県 S35・2・27
勤22年5ヵ月 (初／平7)

党筆頭副委員長、環境委理、政倫審委、党書記局長、鳥取大／63歳

〒537-0025 大阪市東成区中道1-10-10 102号 ☎06(6975)9111
〒100-8962 千代田区永田町2-1-1、会館 ☎03(6550)1123

いの うえ さと し
井上哲士
共前 [R1] 当4
京都府 S33・5・5
勤22年5ヵ月 (初／平13)

党参院幹事長・国対委長、党幹部会委員、内閣委、懲罰委、倫選特委、拉致特委、「赤旗」記者、京大／65歳

〒604-0092 京都市中京区丸太町新町角大炊町186 ☎075(231)5198
〒102-0083 千代田区麹町4-7、宿舎

かみ とも こ
紙 智子
共前 [R1] 当4
北海道 S30・1・13
勤22年5ヵ月 (初／平13)

党常任幹部会委員、党農林・漁民局長、農水委、行監委、ODA・沖北特委、復興特委、民青同盟副委員長、国会議員団総会会長、北海道女短大／68歳

〒065-0012 札幌市東区北12条東2丁目3-2 ☎011(750)6677
〒102-0083 千代田区麹町4-7、宿舎 ☎03(3237)0804

た むら
田村まみ
国新 [R1] 当1
広島県広島市 S51・4・23
勤4年2ヵ月 (初／令元)

厚労委、議運委、消費者特委、UAゼンセン、イオン労働組合、イオンリテール(株)、同志社大／47歳

〒100-8962 千代田区永田町2-1-1、会館 ☎03(6550)0910

いそ ざき てつ じ
礒﨑哲史
国前 [R1] 当2(初/平25)
東京都世田谷区 S44・4・7
勤10年3ヵ月 (初／平25)

経産委、予算委、憲法審委、党参国対委員長、広報局長、元日産自動車(株)、東京電機大工学部／54歳

〒100-8962 千代田区永田町2-1-1、会館 ☎03(6550)1210

はま の よし ふみ
浜野喜史
国前 [R1] 当2
兵庫県高砂市 S35・12・21
勤10年3ヵ月 (初／平25)

議運委理、環境委、党副代表、労働組合役員、神戸大／62歳

〒102-0083 千代田区麹町4-7、宿舎

ふなご やすひこ
舩後靖彦

れ新　R1 当1
岐阜県岐阜市加納御車町 S32・10・4
勤4年2ヵ月　（初／令元）

文科委、拉致特委、(株)アース顧問、酒田時計貿易(株)、拓殖大学政経学部卒業／65歳

〒102-0083　千代田区麹町4-7、宿舎

き むら えい こ
木村英子

れ新　R1 当1
神奈川県横浜市 S40・5・11
勤4年2ヵ月　（初／令元）

国交委、国家基本委、国民生活調委、自立ステーションつばさ事務局長、神奈川県立平塚養護学校高等部／58歳

〒100-8962　千代田区永田町2-1-1、会館　☎03(6550)0314

おおつばき
大椿ゆうこ

社新　R1 繰当1
岡山県高梁市 S48・8・14
勤5ヵ月　（初／令5）

農水委、党全国連合副党首、障害者支援コーディネーター、労組専従役員、社会福祉士、精神保健福祉士、保育士、四国学院大学社会学部／50歳

〒567-0816　茨木市永代町5-116 ソシオⅠ-1階　☎072(648)7846
〒100-8962　千代田区永田町2-1-1、会館　☎03(6550)0906

はまだ さとし
浜田　聡

政女新　R1 繰当1
京都府京都市 S52・5・11
勤3年11ヵ月　（初／令元）

党政調会長、総務委、日本医学放射線学会放射線科専門医、東大教育学部、同大学院修士課程、京大医学部医学科／46歳

〒710-0056　倉敷市鶴形1-5-33-1001　☎03(6550)0403
〒102-0094　千代田区紀尾井町-15、宿舎　☎03(3264)1351

参議院比例代表（第25回選挙・令和元年7月21日施行）

全国有権者数	105,886,064人	全国投票者数	51,666,697人
男　〃	51,180,755人	男　〃	25,288,059人
女　〃	54,705,309人	女　〃	26,378,638人
		有効投票数	50,072,352

党別当選者数・党別個人別得票数・党別得票率

（※小数点以下の得票数は按分票です）

自民党　19人　17,712,373.119票　35.37％

政党名得票　12,712,515.344　個人名得票　4,999,857.775

	氏名		得票
当	三木　亨	現	特定枠
	（令5.1.13辞職）		
当	三浦　靖	新	特定枠
当	柘植　芳文	現	600,189.903
当	山田　太郎	元	540,077.960
当	和田　政宗	現	288,080
当	佐藤　正久	現	237,432.095
当	佐藤　信秋	現	232,548.956
当	橋本　聖子	現	225,617
当	山田　俊男	現	217,619.597
当	有村　治子	現	206,221
当	宮本　周司	現	202,122
	（令4.4.7失職）		
当	石田　昌宏	現	189,893
当	北村　経夫	現	178,210
	（令3.10.7失職）		
当	本田　顕子	新	159,596.151
当	衛藤　晟一	現	154,578
当	羽生田　俊	現	152,807.948
当	宮崎　雅夫	新	137,502
当	山東　昭子	現	133,645.785
当	赤池　誠章	現	131,727.208
繰	比嘉奈津美	新	114,596
	（令3.10.20繰上）		
繰	中田　宏	新	112,581.303
	（令4.4.14繰上）		
繰	田中　昌史	新	100,005.187
	（令5.1.17繰上）		
	尾立　源幸	元	92,882
	木村　義雄	現	92,419.856
	井上　義行	元	87,946.669
	（令4.7.10当選）		
	小川　眞史	新	85,266.022
	山本　左近	新	78,236.224
	（令3.10.31衆院議員当選）		
	角田　充由	新	75,241.505
	丸山　和也	現	58,587
	糸川　正晃	新	36,311.527
	熊田　篤嗣	新	29,961
	水口　尚人	新	24,504.222
	森本　勝也	新	23,450.657

立憲民主党　8人　7,917,720.945票　15.81％

政党名得票　6,697,707.000　個人名得票　1,220,013.945

	氏名		得票
当	岸　真紀子	新	157,849
当	水岡　俊一	元	148,309
当	小沢　雅仁	新	144,751
当	吉川　沙織	現	143,472
当	森屋　隆	新	104,339.413
当	川田　龍平	現	94,702
当	石川　大我	新	73,799
当	須藤　元気	新	73,787
	市井紗耶香	新	50,415.298
	奥村　政佳	新	32,024
	若林　智子	新	31,683.757
	おしどりマコ	新	29,072
	藤田　幸久	現	28,919.215
	斉藤　里恵	新	23,002
	佐藤　香	新	20,200.177
	中村　起子	新	13,422.369
	今泉　真緒	新	11,991
	小俣　一平	新	10,140
	白沢　みき	新	9,483.260
	真野　哲	新	9,008.343
	塩見　俊次	新	5,115
	深貝　亨	新	4,529.113

公明党　7人　6,536,336.451票　13.05%

政党名得票　4,283,918.000　個人名得票　2,252,418.451

当選	氏名	区分	得票
当	山本　香苗	現	594,288.947
当	山本　博司	現	471,759.555
当	若松　謙維	現	342,356
当	河野　義博	現	328,659
当	新妻　秀規	現	281,832
当	平木　大作	現	183,869
当	塩田　博昭	新	15,178
	高橋　次郎	新	7,577
	奈良　直記	新	5,413
	西田　義光	新	3,986
	藤井　伸城	新	3,249
	竹島　正人	新	3,106
	角田健一郎	新	2,924.278
	坂本　道応	新	2,438
	村中　克也	新	2,163.335
	塩崎　剛	新	1,996.336
	国分　隆作	新	1,623

日本維新の会　5人　4,907,844.388票　9.80%

政党名得票　4,218,454.000　個人名得票　689,390.388

当選	氏名	区分	得票
当	鈴木　宗男	新	220,742.675
当	室井　邦彦	現	87,188
当	梅村　聡	元	58,269.522
当	柴田　巧	元	53,938
当	柳ヶ瀬裕文	新	53,086
	藤巻　健史	現	51,619.511
	山口　和之	現	42,231.776
	串田　久子	新	32,296
	桑原久美子	新	20,721
	奥田　真理	新	20,478
	森口あゆみ	新	19,333.904
	空本　誠喜	新	12,772
	（令3.10.31衆院議員当選）		
	荒木　大樹	新	8,577
	岩渕美智子	新	8,137

共産党　4人　4,483,411.183票　8.95%

政党名得票　4,051,700.000　個人名得票　431,711.183

当選	氏名	区分	得票
当	小池　晃	現	158,621
当	山下　芳生	現	48,932.480
当	井上　哲士	現	42,982.440
当	紙　智子	現	34,696.013
	仁比　聡平	現	33,360
	（令4.7.10当選）		
	山本　訓子	新	32,816.665
	椎葉　寿幸	新	16,728.218
	梅村早江子	新	15,357.129
	山本千代子	新	7,573.462
	船山　由美	新	5,364
	佐藤ちひろ	新	4,199.426
	原　純子	新	3,671
	藤本　友里	新	3,414
	伊藤理智子	新	3,079.612
	有坂ちひろ	新	2,787.721
	田辺　健一	新	2,677
	青山　了介	新	2,600.721
	松崎　真琴	新	2,581
	大野　聖美	新	2,170.469
	島袋　恵祐	新	2,162
	伊藤　達也	新	2,152.164
	小久保剛志	新	1,200.134
	下奥　奈歩	新	936
	沼上　徳光	新	647
	住寄　聡美	新	582.529
	鎌野　祥二	新	419

国民民主党　3人　3,481,078.400票　6.95%

政党名得票　2,174,706.000　個人名得票　1,306,372.400

当選	氏名	区分	得票
当	田村　麻美	新	260,324
当	礒崎　哲史	現	258,507
当	浜野　喜史	現	256,928.785
	石上　俊雄	現	192,586.679
	田中　久弥	新	143,492.942
	大島九州男	現	87,740
	（令5.1.17れいわで繰上）		
	山下　容子	新	35,938.867
	円　より子	元	24,709
	姫井由美子	元	21,006
	小山田経子	新	8,306
	鈴木　覚	新	5,923.855
	酒井　亮介	新	4,379.272
	中沢　健	新	4,058
	藤川　武人	新	2,472

れいわ新選組　2人　2,280,252.750票　4.55%

政党名得票　1,226,412.714　個人名得票　1,053,840.036

当選	氏名	区分	得票
当	舩後　靖彦	新	特定枠
当	木村　英子	新	特定枠
	山本　太郎	現	991,756.597
	（令4.7.10当選）		
	蓮池　透	新	20,557.200
	大西　恒樹	新	19,842
	安冨　歩	新	8,632.076
	渡辺　照子	新	5,073.675
	辻村　千尋	新	4,070.549
	三井　義文	新	3,907.939

社民党　1人　1,046,011.520票　2.09%

政党名得票　761,207.000　個人名得票　284,804.520

当	吉田　忠智 元 （令5.3.30辞職）	149,287		矢野　敦子 新 （離党）	21,391
	仲村　未央 新 （離党）	98,681.520	繰	大椿　裕子 新 （令5.4.6繰上）	15,445

NHKから国民を守る党　1人　987,885.326票　1.97%

政党名得票　841,224.000　個人名得票　146,661.326

当	立花　孝志 新 （令元.10.10退職）	130,233.367		岡本　介伸 新	4,269
				熊丸　英治 新	2,850
繰	浜田　聡 新 （令元.10.21繰上）	9,308.959			

その他の政党の得票総数・得票率等は下記のとおりです。（当選者はいません。個人名得票の内訳は省略しました）

安楽死制度を考える会　得票総数　269,052.000票（0.54%）
政党名得票　233,441.000　個人名得票　35,611.000

幸福実現党　得票総数　202,278.772票（0.40%）
政党名得票　158,954.000　個人名得票　43,324.772

オリーブの木　得票総数　167,897.997票（0.34%）
政党名得票　136,873.000　個人名得票　31,024.997

労働の解放をめざす労働者党　得票総数　80,054.927票（0.16%）
政党名得票　57,891.999　個人名得票　22,163.928

第26回選挙

（令和4年7月10日施行／令和10年7月25日満了）

ふじ い かず ひろ
藤井一博　自新［無］　R4 当1
鳥取県　S52・12・23
勤1年2ヵ月　（初／令4）

厚労委、行監委、倫選特委、党青年局・報道局次長、社会医療法人仁厚会理事長、医師、鳥取県議会議員、鳥取大／45歳

〒682-0023 鳥取県倉吉市山根572-4 サンクピエスビル2F201号室 ☎0858(26)6081
〒100-8982 千代田区永田町2-1-1、会館 ☎03(6550)0605

かじ はら だい すけ
梶原大介　自新［二］　R4 当1
高知県香南市　S48・10・29
勤1年2ヵ月　（初／令4）

国土交通委、議運委、災害特委、党国土・建設関係団体副委長、高知県連幹事長、県議(4期)、参議院議員秘書、国立高知高専／49歳

〒780-0861 高知市升形2-1 升形ビル2F ☎088(803)9600

あか まつ けん
赤松　健　自新［無］　R4 当1
愛知県名古屋市　S43・7・5
勤1年2ヵ月　（初／令4）

文科委、議運委、消費者特委、外交・安保調委、漫画家、(公社)日本漫画家協会常務理事、(株)Jコミックテラス取締役、中央大／55歳

〒100-8962 千代田区永田町2-1-1、会館 ☎03(6550)0423

は せ がわ ひで はる
長谷川英晴　自新［無］　R4 当1
千葉県いすみ市　S34・5・7
勤1年2ヵ月　（初／令4）

総務委、行監委、地方・デジ特委、外交・安保調委、全国郵便局長会相談役、千葉県山田郵便局長、全国郵便局長会副会長、東北大／64歳

〒100-8962 千代田区永田町2-1-1、会館 ☎03(6550)1020

あお やま しげ はる
青山繁晴　自前［無］　R4 当2
兵庫県神戸市　S27・7・25
勤7年3ヵ月　（初／平28）

経産委理事、ODA・沖北特委、憲法審委、党経産部会長代理、(株)独立総合研究所社長、共同通信社、早大／71歳

〒100-8962 千代田区永田町2-1-1、会館

片山さつき（かたやま さつき）

自 前［安］R4 当3（初/平22）※1
埼玉県 S34・5・9
勤17年3ヵ月（衆3年11ヵ月）

党副幹事長、予算委理、経産委、党金融調査会長、元国務大臣（地方創生・規制改革・女性活躍）、衆院議員、財務省主計官、東大法／64歳

〒432-8069 浜松市西区志都呂1-32-15 ☎053（581）7151
〒100-8962 千代田区永田町2-1-1、会館 ☎03（6550）0420

足立敏之（あだち としゆき）

自 前［岸］ R4 当2
京都府福知山市 S29・5・20
勤7年3ヵ月 （初／平28）

予算委理、災害特委理、国土交通委、参党国会対策副委員長、国土交通省元技監、元水管理・国土保全局長、京大大学院修了／69歳

〒100-8962 千代田区永田町2-1-1、会館 ☎03（6550）0501

自見はなこ（じみ はなこ）

自 前［二］ R4 当2
福岡県北九州市 S51・2・15
勤7年3ヵ月 （初／平28）

内閣府大臣政務官、日医連参与、前党女性局長、元厚生労働大臣政務官、東海大医学部客員教授、東大・虎の門病院小児科、筑波大・東海大医／47歳

〒802-0077 北九州市小倉北区馬借2-7-28-2F ☎093（513）0875
〒100-8962 千代田区永田町2-1-1、会館 ☎03（6550）0504

藤木眞也（ふじき しんや）

自 前［岸］ R4 当2
熊本県 S42・2・25
勤7年3ヵ月 （初／平28）

農林水産大臣政務官、党農林副部会長、JAかみましき組合長、JA全青協会長、農業生産法人社長、熊本農高／56歳

〒861-3101 熊本県上益城郡嘉島町大字鯰2792 ☎096（282）8856
〒100-8962 千代田区永田町2-1-1、会館 ☎03（6550）1006

山田 宏（やまだ ひろし）

自 前［安］R4 当2（初/平28）※2
東京都八王子市 S33・1・8
勤12年6ヵ月（衆5年3ヵ月）

厚労委員長、憲法審委、防衛大臣政務官、衆院議員2期、杉並区長3期、東京都議2期、松下政経塾第2期生、京大／65歳

〒102-0093 千代田区平河町2-16-5-602
〒100-8962 千代田区永田町2-1-1、会館 ☎03（6550）1205

友納理緒（ともの うりお）

自 新［安］ R4 当1
東京都世田谷区 S55・11・18
勤1年2ヵ月 （初／令4）

厚労委、議運委、地方・デジ特委、国民生活調委、看護師、弁護士、元日本看護協会参与、早大院法務研究科、東京医科歯科大院修士／42歳

〒100-8962 千代田区永田町2-1-1、会館 ☎03（6550）1116

※1 平17衆院初当選　※2 平5衆院初当選

やまたに　えりこ
山谷えり子
自 前［安］R4 当4(初/平16)※
福井県 S25・9・19
勤22年10ヵ月(衆3年5ヵ月)

拉致特委長、倫選特委長、国家公安委員長・拉致問題担当大臣、参党政審会長、首相補佐官、サンケイリビング編集長、聖心女子大／72歳

〒100-8962 千代田区永田町2-1-1、会館 ☎03(6550)1107

いのうえ　よしゆき
井上義行
自 元［安］ R4 当2
神奈川県小田原市 S38・3・12
勤7年2ヵ月 (初/平25)

総務委、行監委、第一次安倍内閣総理大臣秘書官、日大経済学部(通信)／60歳

〒250-0011 小田原市栄町1-14-48
ジャンボーナックビル706 ☎0465(20)8357

しんどう　かねひこ
進藤金日子
自 前［二］ R4 当2
秋田県協和町(現大仙市) S38・7・7
勤7年3ヵ月 (初/平28)

環境委理、決算委、参党国対副委員長、党水産調査会副会長、元農水省中山間地域振興課長、全国水土里ネット会長会議顧問、岩手大／60歳

〒100-8962 千代田区永田町2-1-1、会館 ☎03(6550)0719

いまい　えりこ
今井絵理子
自 前［麻］ R4 当2
沖縄県那覇市 S58・9・22
勤7年3ヵ月 (初/平28)

文科委理、ODA・沖北特委、決算委、元内閣府大臣政務官、党国会対策副委員長、歌手、八雲学園高校／39歳

〒100-8962 千代田区永田町2-1-1、会館 ☎03(6550)0315

あだち　まさし
阿達雅志
自 前［無］ R4 当3
京都府 S34・9・27
勤8年11ヵ月 (初/平26繰)

外交防衛委員長、災害特委、前総理補佐官、元国交政務官、元党外交部会長、NY州弁護士、住友商事、東大法／63歳

〒100-8962 千代田区永田町2-1-1、会館 ☎03(6550)0309

かみや　まさゆき
神谷政幸
自 新［麻］ R4 当1
愛知県豊橋市 S54・1・6
勤1年2ヵ月 (初/令4)

厚労委、議運委、資源エネ調委、党青年局次長、党厚生関係団体委副委員長、党新聞出版局次長、薬剤師、福山大薬学部／44歳

〒100-8962 千代田区永田町2-1-1、会館 ☎03(6550)1218

※平12衆院初当選

おち　としゆき
越智俊之
自新［岸］　R4 当1
広島県江田島市　S53・3・9
勤1年2ヵ月　（初／令4）

経産委、決算委、全国商工会連合会顧問、三興建設(株)専務取締役、全国商工会青年部連合会第22代会長、法政大／45歳

〒730-0051 広島市中区大手町3-3-27 1F ☎082(545)5500
〒100-8962 千代田区永田町2-1-1、会館 ☎03(6550)0821

いしい　あきら
石井　章
維前　R4 当2(初/平28)※
茨城県取手市　S32・5・6
勤10年7ヵ月（衆3年4ヵ月）

経産委理、行監委、倫選特委理、元衆議院議員、社会福祉法人理事長、専修大法学部／66歳

〒300-1513 茨城県取手市片町296 ☎0297(83)8900
〒100-8962 千代田区永田町2-1-1、会館 ☎03(6550)1204

いしい　みつこ
石井苗子
維前　R4 当2
東京都　S29・2・25
勤7年3ヵ月　（初／平28）

国交委理、決算委、震災復興特委理、保健師、看護師、女優、民放キャスター、心療内科勤務、聖路加大・東大院／69歳

〒100-8962 千代田区永田町2-1-1、会館 ☎03(6550)1115
〒102-0083 千代田区麹町4-7、宿舎

まつの　あけみ
松野明美
維新　R4 当1
熊本県　S43・4・27
勤1年2ヵ月　（初／令4）

厚労委、復興特委、外交・安保調委、元オリンピック選手、元熊本市議会議員、元熊本県議会議員、県立鹿本高校／55歳

〒861-0141 熊本市北区植木町投刀塚101 ☎096(272)1534

なかじょう
中条きよし
維新　R4 当1
岐阜県岐阜市　S21・3・4
勤1年2ヵ月　（初／令4）

文教科学委、倫選特委、歌手、俳優、岐阜東高中退／77歳

〒100-8962 千代田区永田町2-1-1、会館 ☎03(6550)0805

いのせ　なおき
猪瀬直樹
維新　R4 当1
長野県長野市　S21・11・20
勤1年2ヵ月　（初／令4）

経産委、地方・デジ特委、憲法審委、党参院幹事長、作家、元東京都副知事、知事、道路公団民営化委員、信州大、明大院／76歳

〒100-8962 千代田区永田町2-1-1、会館 ☎03(6550)0513

※平21衆院初当選

かねこみちひと
金子道仁
維新
神奈川県横浜市
勤1年2ヵ月
R4 当1
S45・2・20
(初/令4)

外交防衛委、拉致特委、キリスト教会牧師、社会福祉法人理事長、外務省、東大法／53歳

〒666-0251 兵庫県川辺郡猪名川町若葉1-137-22 ☎072(767)6004
〒102-0083 千代田区麹町4-7、宿舎

くしだせいいち
串田誠一
維新
東京都大田区
勤5年3ヵ月(衆4年1ヵ月)
R4 当1
S33・6・20
(初/令4)※1

予算委、農水委、党政調副会長、前衆議院議員、弁護士、法政大学／65歳

〒231-0012 横浜市中区相生町2-27 宇田川ビル3F ☎045(212)3327
〒100-8962 千代田区永田町2-1-1、会館 ☎03(6550)1203

あおしまけんた
青島健太
維新
新潟県新潟市
勤1年2ヵ月
R4 当1
S33・4・7
(初/令4)

予算委、環境委理、資源エネ調理、元プロ野球選手、スポーツライター、慶大／65歳

〒340-0023 埼玉県草加市谷塚町952 関マンション104号 ☎048(954)6641
〒100-8962 千代田区永田町2-1-1、会館 ☎03(6550)0405

つじもときよみ
辻元清美
立新
奈良県
勤22年11ヵ月(衆21年9ヵ月)
R4 当1
S35・4・28
(初/令4)※2

予算委、環境委、憲法審委、党副代表、衆予算委野党筆頭理事、党国対委員長、首相補佐官、国交副大臣、早大／63歳

〒100-8962 千代田区永田町2-1-1、会館 ☎03(6550)0613

おにきまこと
鬼木誠
立新
福岡県筑紫野市
勤1年2ヵ月
R4 当1
S38・12・7
(初/令4)

国交委、決算委、震災復興特委、自治労本部書記長、福岡県職員労働組合委員長、福岡県職員、福岡県立筑紫高校／59歳

〒102-0083 千代田区麹町4-7、宿舎

こがちかげ
古賀千景
立新
福岡県久留米市
勤1年2ヵ月
R4 当1
S41・11・25
(初/令4)

文科委、予算委、倫選特委、憲法審委、党参議院比例第16総支部長、日教組特別中央執行委員、小学校教諭、熊本大／56歳

〒100-8962 千代田区永田町2-1-1、会館 ☎03(6550)0409

※1 平29衆院初当選 ※2 平8衆院初当選

しば　しんいち
柴　慎一　**立**新　神奈川県　勤1年2ヵ月　R4 当1　S39・9・14　(初／令4)

財金委、行監委、震災復興特委、国民生活調委、元JP労組中央副執行委員長、柿生高校／58歳

〒100-8962　千代田区永田町2-1-1、会館　☎03(6550)1009

むらた きょうこ
村田享子　**立**新　鹿児島県鹿児島市　勤1年2ヵ月　R4 当1　S58・5・16　(初／令4)

予算委、経産委、消費者特委、基幹労連職員、参院議員秘書、東大／40歳

〒100-8962　千代田区永田町2-1-1、会館　☎03(6550)1222

あおき　あい
青木　愛　**立**前　東京都　勤16年7ヵ月(衆7年2ヵ月)　R4 当3(初／平19)※　S40・8・18

行政監視委員長、元復興特委員長、元消費者特委員長、元国交委筆頭理事、保育士、社会福祉法人理事、千葉大院修了／58歳

〒114-0021　北区岸町1-2-9　☎03(5948)5038
〒100-8962　千代田区永田町2-1-1、会館　☎03(6550)0507

いしばし みちひろ
石橋通宏　**立**前　島根県　勤13年4ヵ月　R4 当3　S40・7・1　(初／平22)

党国会対策委員長代理、予算委筆頭理事、ODA・沖北特委筆頭理事、厚労委、情報労連、元ILO専門官、米アラバマ大院、中大法／58歳

〒100-8962　千代田区永田町2-1-1、会館　☎03(6550)0523

たけうち しんじ
竹内真二　**公**前　東京都　勤6年　R4 当2　S39・3・19　(初／平29繰)

文科委、行監委、国民生活調理、拉致特委理、党遊説局長、団体局次長、公明新聞編集局次長、早大／59歳

〒102-0094　千代田区紀尾井町1-15、宿舎

よこやま しんいち
横山信一　**公**前　北海道　勤13年4ヵ月　R4 当3　S34・7・21　(初／平22)

党北海道本部代表代行、党東北方面副本部長、参国会対策委員長、党復興・防災部会長、復興副大臣、法務委員長、総務委員長、北大院／64歳

〒060-0001　札幌市中央区北1条西19丁目緒方ビル3F　☎011(688)6222
〒102-0083　千代田区麹町4-7、宿舎

※平15衆院初当選

たに　あい　まさ　あき
谷合正明

公前　R4 当4
埼玉県　S48・4・27
勤19年5ヵ月　(初/平16)

党幹事長代理・参幹事長・広報委員長・中国方面本部長・岡山県本部代表、法務委理、倫選特委理、農水副大臣、NGO職員、京大院／50歳

〒702-8031　岡山市南区福富西1-20-48
クボタビル2F ☎086(262)3611
〒102-0094　千代田区紀尾井町1-15、宿舎

くぼ　た　てつ　や
窪田哲也

公新　R4 当1
愛媛県　S40・11・2
勤1年2ヵ月　(初/令4)

党参国対副委員長、党団体局次長、党沖縄21世紀委員会事務局次長、厚労委、議運委、元公明新聞九州支局長、明治大／57歳

〒100-8962　千代田区永田町2-1-1、会館　☎03(6550)0202

うえ　だ　いさむ
上田　勇

公新　R4 当1
神奈川県横浜市　S33・8・5
勤22年2ヵ月(衆21年)　(初/令4)※

党政調会長代理、財金委理、決算委、衆院議員7期、財務副大臣、法務総括政務次官、農水省、東大、米コーネル大学大学院／65歳

〒422-8077　静岡市駿河区大和1-5-26-101　☎054(291)7600

みや　ざき　まさる
宮崎　勝

公元　R4 繰当2
埼玉県　S33・3・18
勤7年　(初/平28)

環境委、予算委、消費者特委、党埼玉県本部副代表、党税調事務局次長、元環境大臣政務官、元公明新聞編集局長、埼玉大／65歳

〒330-0063　さいたま市浦和区高砂3-7-4 2F
〒102-0083　千代田区麹町4-7、宿舎

た　むら　とも　こ
田村智子

共前　R4 当3
東京都　S40・7・4
勤13年4ヵ月　(初/平22)

党副委員長、党政策委員長、国交委、予算委、元党東京都副委員長、参議院議員秘書、早大第一文学部／58歳

〒151-0053　渋谷区代々木1-44-11　☎03(5304)5639
〒100-8962　千代田区永田町2-1-1、会館　☎03(6550)0908

に　ひ　そう　へい
仁比聡平

共元　R4 当3
福岡県北九州市　S38・10・16
勤13年4ヵ月　(初/平16)

法務委、議運理事、災害特委、憲法審委、党参院国対副委員長、党中央委員、弁護士、京大法／59歳

〒810-0022　福岡市中央区薬院3-13-12-3F　☎092(526)1933
〒102-0083　千代田区麹町4-7、宿舎

※平5衆院初当選

いわ　ぶち　　　とも
岩渕　友
共前　R4 当2
福島県喜多方市　S51・10・3
勤7年3ヵ月　（初／平28）

党中央委員、党国会対策副委員長、経産委、復興特委、外交・安保調理、日本民主青年同盟福島県委員長、福島大／46歳

〒960-0112　福島市南矢野目字谷地65-3　☎024(555)0550
〒100-8962　千代田区永田町2-1-1、会館　☎03(6550)1002

たけ　づめ　　ひとし
竹詰　仁
国新　R4 当1
東京都　S44・2・6
勤1年2ヵ月　（初／令4）

総務委、決算委、復興特委、東電労組中央執行委員長、全国電力総連副会長、在タイ日本大使館一等書記官、慶大経／54歳

〒100-8962　千代田区永田町2-1-1、会館　☎03(6550)0406

はま　ぐち　　まこと
浜口　誠
国前　R4 当2
三重県松阪市　S40・5・18
勤7年3ヵ月　（初／平28）

国交委、ODA・沖北特委、外交・安保調理、情監審委、党役員室長、政調会長代理、自動車総連顧問、トヨタ自動車、筑波大／58歳

〒100-8962　千代田区永田町2-1-1、会館　☎03(6550)1022

かわ　い　たか　のり
川合孝典
国前　R4 当3
京都府京都市　S39・1・29
勤13年4ヵ月（初／平19）

法務委理、拉致特委、党幹事長代行、党拉致問題対策本部長、UAゼンセン政治顧問、立命館大法学部／59歳

〒152-0004　目黒区鷹番3-4-5(自宅)

てん　ばた　だい　すけ
天畠大輔
れ新　R4 当1
広島県呉市　S56・12・29
勤1年2ヵ月　（初／令4）

厚労委、倫選特委、重度障がい者支援団体代表理事、ルーテル大、立命館大院(博士)／41歳

〒100-8962　千代田区永田町2-1-1、会館　☎03(6550)0316

おおしま　く　す　お
大島九州男
れ元　R4 繰当3
福岡県直方市　S36・6・11
勤12年10ヵ月（初／平19）

内閣委、行監委、ODA・沖北特委、内閣委員長、予算委理、民主党副幹事長、直方市議3期、全国学習塾協会常任理事、日大法学部／62歳

〒902-0062　沖縄県那覇市松川2-16-1
〒100-8962　千代田区永田町2-1-1、会館　☎03(6550)0714

神谷宗幣（かみや そうへい）　参新　福井県　勤1年2ヵ月　R4 当1　S52・10・12　（初/令4）

財政金融委、参政党副代表、会社役員、吹田市議、関西大法科大学院／45歳

〒920-0967 金沢市菊川2-24-3　☎076(255)0177
〒102-0083 千代田区麹町4-7、宿舎

福島みずほ（ふくしま）　社前　宮崎県　勤25年6ヵ月　R4 当5　S30・12・24　（初/平10）

党首、法務委、予算委、憲法審委、前副党首、消費者庁・男女共同参画・少子化・食品安全担当大臣、弁護士、東大／67歳

〒100-8962 千代田区永田町2-1-1、会館　☎03(6550)1111

齊藤健一郎（さいとう けんいちろう）　政女新　兵庫県尼崎市　勤6ヵ月　R4 繰当1　S55・12・25　（初/令5）

総務委、政治家女子48党党首、一般社団法人EXPEDITION STYLE理事、奈良産業大学法学部／42歳

〒660-0892 尼崎市東難波町1-1-1-1412
〒102-0083 千代田区麹町4-7、宿舎

参議院比例代表（第26回選挙・令和4年7月10日施行）

全国有権者数	105,019,203人	全国投票者数	54,655,446人
男 〃	50,740,309人	男 〃	26,517,077人
女 〃	54,278,894人	女 〃	28,138,369人
		有効投票数	53,027,260

党別当選者数・党別個人別得票数・党別得票率

（※小数点以下の得票数は按分票です）

自民党　18人　18,256,245.412票　34.43%

政党名得票　13,713,427.488　個人名得票　4,542,817.924

当	藤井　一博	新	特定枠
当	梶原　大介	新	特定枠
当	赤松　健	新	528,053
当	長谷川英晴	新	414,371.020
当	青山　繁晴	現	373,786
当	片山さつき	現	298,091.510
当	足立　敏之	現	247,755.055
当	自見　英子	現	213,369
当	藤木　真也	現	187,740.202
当	山田　宏	現	175,871.715
当	友納　理緒	新	174,335
当	山谷えり子	現	172,640.169
当	井上　義行	元	165,062.175
当	進藤金日子	現	150,759
当	今井絵理子	現	148,630.162
当	阿達　雅志	現	138,994.642
当	神谷　政幸	新	127,188.459
当	越智　俊之	新	118,710.034
	小川　克巳	現	118,222.945
	木村　義雄	元	113,873.825
	宇都　隆史	現	101,840.710
	園田　修光	現	93,380
	水落　敏栄	現	82,920
	藤末　健三	元	74,972
	岩城　光英	元	63,714
	河村　建一	新	59,007.679
	吉岡伸太郎	新	55,804
	英利アルフィヤ	新	54,646
	尾立　源幸	元	24,576
	向山　淳	新	20,638
	有里　真穂	新	18,561
	高原　朗子	新	17,542.622
	遠藤奈央子	新	7,762

日本維新の会　8人　7,845,995.352票　14.80%

政党名得票　7,086,854.000　個人名得票　759,141.352

	氏名		得票
当	石井　章	現	123,279.274
当	石井　苗子	現	74,118.112
当	松野　明美	新	55,608
当	中条きよし	新	47,420
当	猪瀬　直樹	新	44,211.978
当	金子　道仁	新	36,944
当	串田　誠一	新	35,842
当	青島　健太	新	33,553
	上野　蛍	新	29,095
	神谷　ゆり	新	27,215.249
	後藤　斎	新	24,874.182
	森口あゆみ	新	23,664.322
	岸口　実	新	22,399
	松浦　大悟	元	20,222
	飯田　哲史	新	19,522
	井上　一徳	新	18,370.158
	山口　和之	元	18,175.008
	石田　隆史	新	17,408.867
	西川　鎮央	新	16,722
	中川　健一	新	14,986.577
	水ノ上成彰	新	11,701
	木内　孝胤	新	11,313
	小林　悟	新	9,370
	西郷隆太郎	新	8,637
	八田　盛茂	新	8,346
	中村　悠基	新	6,143.625

立憲民主党　7人　6,771,945.011票　12.77%

政党名得票　5,204,394.497　個人名得票　1,567,550.514

	氏名		得票
当	辻元　清美	新	428,859.769
当	鬼木　誠	新	171,619.697
当	古賀　千景	新	144,344
当	柴　慎一	新	127,382.292
当	村田　享子	新	125,340.850
当	青木　愛	現	123,742
当	石橋　通宏	現	111,703
	白　真勲	現	84,242
	石川　雅俊	新	48,702.805
	有田　芳生	現	46,715
	堀越　啓仁	新	39,631
	栗下　善行	新	39,555
	はたともこ	元	18,208.635
	要　友紀子	新	17,529
	森永　美樹	新	10,055
	河野　麻美	新	7,941
	沢邑　啓子	新	7,602
	木村　正弘	新	7,101.466
	田中　勝一	新	4,503
	菅原　美香	新	2,773

公明党　6人　6,181,431.937票　11.66%

政党名得票　4,048,585.000　個人名得票　2,132,846.937

	氏名		得票
当	竹内　真二	現	437,228
当	横山　信一	現	415,178.606
当	谷合　正明	現	351,413
当	窪田　哲也	新	349,359.320
当	熊野　正士	現	269,048
	（令4.9.30辞職）		
当	上田　勇	新	268,403
繰	宮崎　勝	現	9,695
	（令4.10.6繰上）		
	中北　京子	新	9,640.398
	水島　春香	新	9,058
	河合　綾	新	5,417.599
	中嶋　健二	新	2,786
	塩野　正貴	新	1,717
	深沢　淳	新	1,212
	伊大知孝一	新	797
	奈良　直記	新	738.014
	淀屋　伸雄	新	730
	光延　康治	新	426

共産党　3人　3,618,342.792票　6.82%

政党名得票　3,321,097.000　個人名得票　297,245.792

	氏名		得票
当	田村　智子	現	112,132.341
当	仁比　聡平	元	36,098.530
当	岩渕　友	現	35,392
	大門実紀史	現	31,570
	武田　良介	現	23,370.641
	山本　訓子	新	11,736.820
	小山　早紀	新	6,618
	今村あゆみ	新	5,768.646
	片山　和子	新	4,646.951
	佐々木とし子	新	4,635
	吉田　恭子	新	4,174.277
	西田佐枝子	新	3,674
	丸本由美子	新	2,654
	渡辺喜代子	新	2,199
	上里　清美	新	2,141.184
	花木　則彰	新	1,488
	片岡　朗	新	1,453
	高橋真生子	新	1,416.760
	赤田　勝紀	新	1,258
	冨田　直樹	新	1,164.007
	西沢　博	新	968.268
	細野　真理	新	872
	堀川　朗子	新	736.367
	深田　秀美	新	583
	来田　時子	新	495

国民民主党　3人　3,159,625.890票　5.96%

政党名得票　2,234,837.672　個人名得票　924,788.218

	氏名		得票
当	竹詰　仁	新	238,956.023
当	浜口　誠	現	234,744.965
当	川合　孝典	現	211,783.997
	矢田　稚子	現	159,929.004
	山下　容子	新	22,311
	上松　正和	新	20,790
	榛井　良和	元	16,373.229
	城戸　佳織	新	16,078
	河辺　佳朗	新	3,822

れいわ新選組　2人　2,319,156.016票　4.37%

政党名得票　2,074,146.801　個人名得票　245,009.215

	氏名		得票
当	天畠　大輔	新	特定枠
当	水道橋博士（令5.1.16辞職）	新	117,794
繰	大島九州男（令5.1.17繰上）	元	28,123
	長谷川羽衣子	新	21,826.374
	辻　恵	新	18,393
	蓮池　透	新	17,684
	依田　花蓮	新	14,821
	高井　崇志	新	13,326.841
	金　泰泳	新	13,041

参政党　1人　1,768,385.409票　3.33%

政党名得票　1,370,215.000　個人名得票　398,170.409

	氏名		得票
当	神谷　宗幣	新	159,433.516
	武田　邦彦	新	128,257.022
	松田　学	新	73,672.871
	吉野　敏明	新	25,463
	赤尾　由美	新	11,344

社民党　1人　1,258,501.715票　2.37%

政党名得票　963,899.000　個人名得票　294,602.715

	氏名		得票
当	福島　瑞穂	現	216,984
	宮城　一郎	新	22,309
	岡崎　彩子	新	17,466
	山口わか子	新	13,793.548
	大椿　裕子	新	10,390
	秋葉　忠利	新	6,623
	久保　孝喜	新	4,518
	村田　峻一	新	2,519.167

NHK党　1人　1,253,872.467票　2.36%

政党名得票　834,995.000　個人名得票　418,877.467

	氏名		得票
当	東谷　義和（令5.3.15除名）	新	287,714.767
	山本　太郎（離党）	新	53,351.732
	黒川　敦彦（離党）	新	22,595
繰	斉藤健一郎（令5.3.23繰上）	新	22,426.130
	久保田　学	新	17,947.257
	西村　斉	新	6,564.622
	添田　真也	新	4,555.701
	高橋　理洋	新	2,905.258
	上妻　敬二	新	817

その他の政党の得票総数・得票率等は下記のとおりです。（当選者はいません。個人名得票の内訳は省略しました）

ごぼうの党　得票総数　193,724.387票（0.37%）
政党名得票　184,285.075　個人名得票　9,439.312

幸福実現党　得票総数　148,020.000票（0.28%）
政党名得票　129,662.000　個人名得票　18,358.000

日本第一党　得票総数　109,045.614票（0.21%）
政党名得票　76,912.000　個人名得票　32,133.614

新党くにもり　得票総数　77,861.000票（0.15%）
政党名得票　61,907.000　個人名得票　15,954.000

維新政党・新風　得票総数　65,107.000票（0.12%）
政党名得票　56,949.000　個人名得票　8,158.000

参議院選挙区

第25回選挙
（令和元年7月21日施行／令和7年7月28日満了）

第26回選挙
（令和4年7月10日施行／令和10年7月25日満了）

北海道　6人

令和元年選挙得票数

	得票数	氏名	党派	(%)
当	828,220	高橋はるみ	自新	(34.4)
当	523,737	勝部　賢志	立新	(21.7)
当	454,285	岩本　剛人	自新	(18.8)
▽	265,862	畠山　和也	共新	(11.0)
▽	227,174	原谷　那美	国新	(9.4)
	63,308	山本　貴平	諸新	(2.6)

以下は P270 に掲載

令和4年選挙得票数

	得票数	氏名	党派	(%)
当	595,033	長谷川　岳	自現	(25.5)
当	455,057	徳永　エリ	立現	(19.5)
当	447,232	船橋　利実	自新	(19.1)
▽	422,392	石川　知裕	立新	(18.1)
▽	163,252	畠山　和也	共新	(7.0)
	91,127	臼木　秀剛	国新	(3.9)
	75,299	大村小太郎	参新	(3.2)
	23,039	斉藤　忠行	N新	(1.0)
	18,831	石井　良恵	N新	(0.8)
	18,760	浜田　智	N新	(0.8)
	16,006	沢田　英一	諸新	(0.7)
	11,625	森山　佳則	諸新	(0.5)

高橋はるみ（たかはし はるみ）

自新［安］　R1 当1
富山県富山市　S29・1・6
勤4年2ヵ月　（初／令元）

党副幹事長、予算委理、ODA・沖北特委理、文科委、北海道知事(4期)、北海道経済産業局長、一橋大学経済学部／69歳

〒060-0042　札幌市中央区大通西10丁目
南大通ビル4F　☎011(200)8066

勝部賢志（かつべ けんじ）

立新　R1 当1
北海道千歳市　S34・9・6
勤4年2ヵ月　（初／令元）

議運委理、財金委、ODA・沖北特委、党副幹事長、道議会副議長、道議会議員、小学校教員、北海道教育大札幌分校／63歳

〒060-0042　札幌市中央区大通西5丁目8番
昭和ビル5F　☎011(596)7339
〒100-8962　千代田区永田町2-1-1、会館　☎03(6550)0608

岩本剛人（いわもと つよひと）

自新［二］　R1 当1
北海道札幌市　S39・10・19
勤4年2ヵ月　（初／令元）

外交防衛委理、決算委、災害特委、北海道議会議員(5期)、元防衛大臣政務官、淑徳大学社会福祉学科／58歳

〒060-0041　札幌市中央区大通東2丁目3-1
第36桂和ビル7F　☎011(211)8185
〒100-8962　千代田区永田町2-1-1、会館　☎03(6550)0205

長谷川岳（はせがわ がく）

自前［安］　R4 当3
愛知県　S46・2・16
勤13年4ヵ月　（初／平22）

国交委筆頭理事、党副幹事長、農水委員長、党政調副会長、前総務副大臣、党法務部会長、財政金融委員長、党水産部会長、総務大臣政務官、北大／52歳

〒060-0004　札幌市中央区北4条西4丁目
ニュー札幌ビル7F　☎011(223)7708
〒100-8962　千代田区永田町2-1-1、会館　☎03(6550)0619

※選挙区別の当日有権者数・投票者数・投票率は 271 頁

とく なが
徳永エリ

立前 R4 当3
北海道札幌市 S37・1・1
勤13年4ヵ月 （初/平22）

農林水産委理、国家基本委、震災復興特委、党常任幹事会議長、政調会長代理、TVリポーター、法大中退／61歳

〒060-0042 札幌市中央区大通西5-8 昭和ビル9F ☎011(218)2133
〒100-8962 千代田区永田町2-1-1、会館 ☎03(6550)0701

ふな はし とし みつ
船橋利実

自新［麻］ R4 当1(初/令4)※1
北海道北見市 S35・11・20
勤7年3ヵ月（衆6年1ヵ月）

農水委理、予算委、参党国対副委長、党農水関係団体副委長、衆議院2期、財務大臣政務官、北海道議、北見市議、北海商科大学大学院商学研究科修了／62歳

〒060-0042 札幌市中央区大通西8丁目2-32 ダイヤモンドビル ☎011(272)0171
〒100-8962 千代田区永田町2-1-1、会館 ☎03(6550)0424

青森県 2人

令和元年選挙得票数

	得票数	氏名	党派	得票率
当	239,757	滝沢　求	自現	(51.5)
▽	206,582	小田切　達	立新	(44.4)
	19,310	小山日奈子	諸新	(4.1)

令和4年選挙得票数

	得票数	氏名	党派	得票率
当	277,009	田名部匡代	立現	(53.5)
▽	216,265	斉藤直飛人	自新	(41.7)
	13,607	中条栄太郎	参新	(2.6)
	11,335	佐々木　晃	N新	(2.2)

たき さわ もとめ
滝沢　求

自前［麻］ R1 当2
青森県 S33・10・11
勤10年3ヵ月 （初/平25）

環境委員長、復興特委、党環境部会長、党環境関係団体委員長、副幹事長、外務大臣政務官、元県議会副議長、中大法／64歳

〒031-0057 八戸市上徒士町15-1 ☎0178(45)5858
〒100-8962 千代田区永田町2-1-1、会館 ☎03(6550)0522

た な ぶ まさ よ
田名部匡代

立前 R4 当2(初/平28)※2
青森県八戸市 S44・7・10
勤14年10ヵ月（衆7年7ヵ月）

農水委、行監委理、党参院幹事長、党幹事長代理、党つながる本部参与、党農林水産部会長、元農水政務官、衆議員秘書、玉川学園女子短大／54歳

〒031-0088 八戸市岩泉町4-7 ☎0178(44)1414
〒100-8962 千代田区永田町2-1-1、会館

岩手県 2人

令和元年選挙得票数

	得票数	氏名	党派	得票率
当	288,239	横沢　高徳	無新	(49.0)
▽	272,733	平野　達男	自現	(46.3)
	27,658	梶谷　秀一	諸新	(4.7)

令和4年選挙得票数

	得票数	氏名	党派	得票率
当	264,422	広瀬めぐみ	自新	(47.2)
▽	242,174	木戸口英司	立現	(43.2)
	26,960	白鳥　顕志	参新	(4.8)
	13,637	大越　裕子	無新	(2.4)
	13,352	松田　隆嗣	N新	(2.4)

※1 平24衆院初当選　※2 平15衆院初当選

よこ さわ たか のり
横沢高徳
立新 R1 当1
岩手県矢巾町 S47・3・6
勤4年2ヵ月 (初/令元)

財金委理、議運委、震災復興特委、モトクロス選手、バンクーバー・パラリンピックアルペンスキー日本代表、盛岡工業高校/51歳

〒020-0022 盛岡市大通3-1-24
第三菱和ビル5F ☎019(625)6601

ひろ せ
広瀬めぐみ
自新[麻] R4 当1
岩手県 S41・6・27
勤1年2ヵ月 (初/令4)

内閣委、予算委、震災復興特委、弁護士、上智大学外国語学部英文科/57歳

〒020-0024 盛岡市薬園1-11-4
樋下建設ビル3F ☎019(681)6686

宮城県 2人

令和元年選挙得票数

当	474,692	石垣のり子	立新	(48.6)
▽	465,194	愛知 治郎	自現	(47.7)
	36,321	三宅 紀昭	諸新	(3.7)

令和4年選挙得票数

当	472,963	桜井 充	自現	(51.9)
▽	271,455	小畑 仁子	立新	(29.8)
	91,924	平井みどり	維新	(10.1)
	52,938	ローレンス綾子	参新	(5.8)
	21,286	中江 友哉	N新	(2.3)

いしがき
石垣のりこ
立新 R1 当1
宮城県仙台市 S49・8・1
勤4年2ヵ月 (初/令元)

農水委、予算委、震災復興特委理、ラジオ局アナウンサー、宮城県第二女子高等学校、宮城教育大学/49歳

〒980-0014 仙台市青葉区本町3丁目5-21
アーカス本町ビル1F ☎022(355)9737
〒102-0083 千代田区麹町4-7、宿舎

さくらい みつる
櫻井 充
自前[無] R4 当5
宮城県仙台市 S31・5・12
勤25年6ヵ月 (初/平10)

復興特委理、文科委、厚労副大臣、財務副大臣、医学博士、東北大院/67歳

〒980-0811 仙台市青葉区一番町1-1-30
南町通有楽館ビル2F ☎022(723)4077
〒102-0083 千代田区麹町4-7、宿舎

秋田県 2人

令和元年選挙得票数

当	242,286	寺田 静	無新	(50.5)
▽	221,219	中泉 松司	自現	(46.1)
	16,683	石岡 隆治	諸新	(3.5)

令和4年選挙得票数

当	194,949	石井 浩郎	自現	(42.7)
▽	162,889	村岡 敏英	無新	(35.6)
	62,415	佐々百合子	無新	(13.7)
	19,983	藤本 友里	共新	(4.4)
	10,329	伊東万美子	参新	(2.3)
	6,368	本田 幸久	N新	(1.4)

※選挙区別の当日有権者数・投票者数・投票率は 271 頁

寺田　静（てらた　しずか）　無新　R1　当1
秋田県横手市　S50・3・23
勤4年2ヵ月　（初/令元）

農水委、元議員秘書、早大／48歳

〒010-1424　秋田市御野場1-1-9　☎018(853)9226

石井浩郎（いしい　ひろお）　自前［茂］　R4　当3
秋田県八郎潟町　S39・6・21
勤13年4ヵ月　（初/平22）

国交・内閣府・復興副大臣、国交委、国家基本委、復興特委、党副幹事長、党人事局長、倫選特委員長、文科委長、早大中退／59歳

〒010-0951　秋田市山王3-1-15　☎018(883)1711
〒100-8962　千代田区永田町2-1-1、会館　☎03(6550)0713

山形県　2人

令和元年選挙得票数

当	279,709	芳賀　道也	無新	(50.2)
▽	263,185	大沼　瑞穂	自現	(47.3)
	13,800	小野沢健至	諸新	(2.5)

令和4年選挙得票数

当	269,494	舟山　康江	国現	(49.0)
▽	242,433	大内　理加	自新	(44.0)
	19,767	石川　渉	共新	(3.6)
	11,481	黒木　明	参新	(2.1)
	7,217	小泉　明	N新	(1.3)

芳賀道也（はが　みちや）　無新（国民）　R1　当1
山形県　S33・3・2
勤4年2ヵ月　（初/令元）

厚労委、決算委、地方・デジ特委、政倫審委、キャスター、アナウンサー、日本大学文理学部／65歳

〒990-0825　山形市城北町1-24-15 2A　☎023(676)5115
〒100-8962　千代田区永田町2-1-1、会館　☎03(6550)0917

舟山康江（ふなやま　やすえ）　国前　R4　当3
埼玉県　S41・5・26
勤13年4ヵ月　（初/平19）

党参議院議員会長、農水委理、憲法審委、消費者特委員長、元党政調会長、元農水大臣政務官、農水省職員、北海道大／57歳

〒990-0039　山形市香澄町3-2-1 山交ビル8F　☎023(627)2780
〒102-0083　千代田区麹町4-7、宿舎

福島県　2人

令和元年選挙得票数

当	445,547	森　雅子	自現	(54.1)
▽	345,001	水野さち子	無新	(41.9)
	33,326	田山　雅仁	諸新	(4.0)

令和4年選挙得票数

当	419,701	星　北斗	自新	(51.6)
▽	320,151	小野寺彰子	無新	(39.3)
	30,913	佐藤　早苗	無新	(3.8)
	23,027	窪山紗和子	参新	(2.8)
	19,829	皆川真紀子	N新	(2.4)

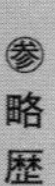

もり
森　まさこ　自前［安］　R1 当3
福島県いわき市 S39・8・22
勤16年4ヵ月 （初／平19）

内閣総理大臣補佐官、法務大臣、国務大臣、環境・行政監視委員長、党環境・法務部会長、女性活躍推進本部長、弁護士、東北大／59歳

〒970-8026 いわき市平五色町1-103 ☎0246(21)3700
〒100-8962 千代田区永田町2-1-1、会館 ☎03(6550)0924

ほし　ほくと
星　北斗　自新［無］　R4 当1
福島県郡山市 S39・3・18
勤1年2ヵ月 （初／令4）

厚労委、行監委、復興特委、国民生活調委、（公財）星総合病院理事長、福島県医師会参与、旧厚生省医系技官、東邦大学医学部／59歳

〒963-8071 郡山市富久山町久保田字久保田227-1 ☎024(953)4711
〒100-8962 千代田区永田町2-1-1、会館 ☎03(6550)0322

茨城県　4人

令和元年選挙得票数

当	507,260	上月　良祐	自現	(47.9)
当	237,614	小沼　巧	立新	(22.4)
▽	129,151	大内久美子	共新	(12.2)
▽	125,542	海野　徹	維新	(11.9)
	58,978	田中　健	諸新	(5.6)

令和4年選挙得票数

当	544,187	加藤　明良	自新	(49.9)
当	197,292	堂込麻紀子	無新	(18.1)
▽	159,017	佐々木里加	維新	(14.6)
▽	105,735	大内久美子	共新	(9.7)
	48,582	菊池　政也	参新	(4.5)
	16,966	村田　大地	N新	(1.6)
	14,724	丹羽　茂之	N新	(1.3)
	4,866	仲村渠哲勝	無新	(0.4)

こう づき りょう すけ
上月良祐　自前［茂］　R1 当2
兵庫県神戸市 S37・12・26
勤10年3ヵ月 （初／平25）

内閣委理事、党副幹事長、党農産物輸出促進対策委員長、農水委員長、農林水産大臣政務官、元総務省、茨城県副知事、東大法／60歳

〒310-0063 水戸市五軒町1-3-4
渡辺ビル301 ☎029(291)7231

お ぬま　たくみ
小沼　巧　立新　R1 当1
茨城県鉾田市 S60・12・21
勤4年2ヵ月 （初／令元）

内閣委理、国民生活調理、地方・デジ特委、党参国対筆頭副委員長、ボストン・コンサルティング、経産省、タフツ大院、早大／37歳

〒310-0851 水戸市千波町1150-1
石川ビル105 ☎029(350)1815
〒100-8962 千代田区永田町2-1-1、会館 ☎03(6550)1012

か とう あき よし
加藤明良　自新［茂］　R4 当1
茨城県水戸市 S43・2・7
勤1年2ヵ月 （初／令4）

農林水産委、憲法審委、災害特委、議運委、茨城県議会議員（3期）、参議院議員秘書、専修大商学部／55歳

〒310-0817 水戸市柳町2-7-10 ☎029(306)7778

※選挙区別の当日有権者数・投票者数・投票率は 271 頁

どうごみ まきこ
堂込麻紀子
無新 R4 当1
茨城県阿見町 S50・9・16
勤1年2ヵ月 (初/令4)

財金委、連合茨城執行委員、UAゼンセン、イオンリテールワーカーズユニオン、流通経済大/47歳

〒310-0022 水戸市梅香2-1-39
茨城県労働福祉会館3階 ☎029(306)6444
〒100-8962 千代田区永田町2-1-1、会館 ☎03(6550)0607

栃木県 2人

令和元年選挙得票数

当	373,099	高橋　克法	自現	(53.5)
▽	285,681	加藤　千穂	立新	(41.0)
	38,508	町田　紀光	諸新	(5.5)

令和4年選挙得票数

当	414,456	上野　通子	自現	(56.2)
▽	127,628	板倉　京	立新	(17.3)
	100,529	大久保裕美	維新	(13.6)
	44,310	岡村　恵子	共新	(6.0)
	30,864	大隈　広郷	参新	(4.2)
	19,090	高橋真佐子	N新	(2.6)

たか はし かつ のり
高橋克法
自前[麻] R1 当2
栃木県 S32・12・7
勤10年3ヵ月 (初/平25)

文教科学委員長、参党国対筆頭副委員長、議運委理事、国交政務官、予算委理事、高根沢町長、栃木県議、参院議員秘書、明大/65歳

〒329-1232 栃木県塩谷郡高根沢町光陽台1-1-2 ☎028(675)6500
〒100-8962 千代田区永田町2-1-1、会館 ☎03(6550)0324

うえ の みち こ
上野通子
自前[安] R4 当3
栃木県宇都宮市 S33・4・21
勤13年4ヵ月 (初/平22)

文科委理事、ODA・沖北特委、党広報本部副本部長、党総務、文科副大臣、文科委員長、党女性局長、栃木県議、共立女子大/65歳

〒320-0034 宇都宮市泉町6-22 ☎028(627)8801
〒100-8962 千代田区永田町2-1-1、会館 ☎03(6550)0918

群馬県 2人

令和元年選挙得票数

当	400,369	清水　真人	自新	(53.9)
▽	286,651	斎藤　敦子	立新	(38.6)
	55,209	前田みか子	諸新	(7.4)

令和4年選挙得票数

当	476,017	中曽根弘文	自現	(63.8)
▽	138,429	白井　桂子	無新	(18.6)
	69,490	高橋　保	共新	(9.3)
	39,523	新倉　哲郎	参新	(5.3)
	22,276	小島　糾史	N新	(3.0)

し みず まさ と
清水真人
自新[二] R1 当1
群馬県高崎市 S50・2・26
勤4年2ヵ月 (初/令元)

国土交通大臣政務官、参党副幹事長、内閣第二副部会長、群馬県議2期、高崎市議2期、明治学院大/48歳

〒371-0805 前橋市南町2-38-4
AMビル1F ☎027(212)9366
〒100-8962 千代田区永田町2-1-1、会館 ☎03(6550)0923

中曽根弘文（なかそね ひろふみ）

自 前［二］　R4　当7
群馬県前橋市　S20・11・28
勤37年8ヵ月（初／昭61）

憲法審査会長、外防委、党総務、予算委長、党参院議員会長、外務大臣、文相、科技長官、慶大／77歳

〒371-0801　前橋市文京町1-1-14　☎027(221)1133
〒100-8962　千代田区永田町2-1-1、会館　☎03(6550)1224

埼玉県　8人

（令和元、4年選挙で定数各1増）

令和元年選挙得票数

	得票数	氏名	党派	得票率
当	786,479	古川　俊治	自現	(28.2)
当	536,338	熊谷　裕人	立新	(19.3)
当	532,302	矢倉　克夫	公現	(19.1)
当	359,297	伊藤　岳	共新	(12.9)
▽	244,399	宍戸　千絵	国新	(8.8)
	204,075	沢田　良	維新	(7.3)

以下はP270に掲載

令和4年選挙得票数

	得票数	氏名	党派	得票率
当	727,232	関口　昌一	自現	(24.1)
当	501,820	上田　清司	無現	(16.6)
当	476,642	西田　実仁	公現	(15.8)
当	444,567	高木　真理	立新	(14.7)
▽	324,476	加来　武宜	維新	(10.7)
▽	236,899	梅村早江子	共新	(7.8)
	121,769	西　美友加	れ新	(4.0)
	89,693	坂上　仁志	参新	(3.0)
	22,613	高橋　易資	無新	(0.7)
	18,194	河合　悠祐	N新	(0.6)
	15,389	湊　侑子	諸新	(0.5)
	13,966	小林　宏	N新	(0.5)
	12,279	宮川　直輝	N新	(0.4)
	8,588	堀切　笹美	諸新	(0.3)
	7,178	池　高生	N新	(0.2)

古川俊治（ふるかわ としはる）

自 前［安］　R1　当3
埼玉県　S38・1・14
勤16年4ヵ月（初／平19）

倫選特委員長、財金委、医師、弁護士、慶大教授、博士(医学)、慶大医・文・法卒、オックスフォード大院修／60歳

〒330-0063　さいたま市浦和区高砂3-12-24
小峰ビル3F　☎048(788)8887

熊谷裕人（くまがい ひろと）

立 新　R1　当1
埼玉県さいたま市　S37・3・23
勤4年2ヵ月（初／令元）

文科委理、倫選特委、憲法審幹事、党政調副会長、党埼玉県連合代表代行、さいたま市議、国会議員政策担当秘書、中央大／61歳

〒330-0841　さいたま市大宮区東町2-289-2　☎048(640)5977

矢倉克夫（やくら かつお）

公 前　R1　当2
神奈川県横浜市　S50・1・11
勤10年3ヵ月（初／平25）

党青年委員会顧問、埼玉県本部副代表、予算委理、ODA・沖北特委理、国交委、憲法審委、弁護士、元経済産業省参事官補佐、東大／48歳

〒331-0815　さいたま市北区大成町4-81-201
〒100-8962　千代田区永田町2-1-1、会館　☎03(6550)0401

伊藤岳（いとう がく）

共 新　R1　当1
埼玉県　S35・3・6
勤4年2ヵ月（初／令元）

総務委、地方・デジ特委、党中央委員、文教大学人間科学部卒／63歳

〒330-0835　さいたま市大宮区北袋町1-171-1　☎048(658)5551
〒102-0083　千代田区麹町4-7、宿舎

※選挙区別の当日有権者数・投票者数・投票率は 271 頁

関口昌一（せきぐち まさかず）

自前［茂］ R4 当5
埼玉県 S28・6・4
勤20年3ヵ月（初/平15補）

党参院議員会長、環境委、政倫審委、党参国対委員長、地方創生特委員長、総務副大臣兼内閣府副大臣、外務政務官、城西歯大／70歳

〒369-1412 埼玉県秩父郡皆野町皆野2391-9 ☎0494(62)3535
〒102-0083 千代田区麹町4-7、宿舎 ☎03(3237)0341

上田清司（うえだ きよし）

無前(国民) R4 当2(初/令元)※
福岡県福岡市 S23・5・15
勤14年3ヵ月(衆10年3ヵ月)

内閣委、行監委理、国家基本委員長、埼玉県知事4期、全国知事会会長、衆議院議員3期、建設省建設大学校非常勤講師、早大院／75歳

〒100-8962 千代田区永田町2-1-1、会館 ☎03(6550)0618

西田実仁（にしだ まこと）

公前 R4 当4
東京都旧田無市 S37・8・27
勤19年5ヵ月（初/平16）

総務委、憲法審幹事、党参議院会長、税調会長、選対委員長、埼玉県本部代表、経済週刊誌副編集長、慶大経／61歳

〒330-0063 さいたま市浦和区高砂3-7-4 2F
〒102-0094 千代田区紀尾井町1-15、宿舎

高木真理（たかぎ まり）

立新 R4 当1
栃木県 S42・8・12
勤1年2ヵ月 （初/令4）

厚労委、決算委、災害特委、国民生活調委、党県連副代表、さいたま市議、埼玉県議、衆院議員秘書、東大／56歳

〒331-0812 さいたま市北区宮原町3-364-1 ☎048(654)2559

千葉県 6人

令和元年選挙得票数

	得票数	氏名		党派	(%)
当	698,993	石井	準一	自現	(30.5)
当	661,224	長浜	博行	立現	(28.9)
当	436,182	豊田	俊郎	自現	(19.1)
▽	359,854	浅野	史子	共新	(15.7)
	89,941	平塚	正幸	諸新	(3.9)
	42,643	門田	正則	諸新	(1.9)

令和4年選挙得票数

	得票数	氏名		党派	(%)
当	656,952	臼井	正一	自新	(25.9)
当	587,809	猪口	邦子	自現	(23.1)
当	473,175	小西	洋之	立現	(18.6)
▽	251,416	佐野	正人	維新	(9.9)
▽	194,475	斉藤	和子	共新	(7.7)
▽	161,648	礒部	裕和	国新	(6.4)
	86,147	椎名	亮太	参新	(3.4)
	28,295	中村	典子	N新	(1.1)
	22,834	七海	ひろこ	諸新	(0.9)
	18,791	宇田	桜子	諸新	(0.7)
	18,329	梓	まり	諸新	(0.7)
	17,511	渡辺	晋宏	N新	(0.7)
	13,016	須田	良	N新	(0.5)
	10,922	記内	恵	諸新	(0.4)

石井準一（いしい じゅんいち）

自前［茂］ R1 当3
千葉県 S32・11・23
勤16年4ヵ月 （初/平19）

議運委員長、憲法審会長、予算委員長、国交委員長、党幹事長代理、党選対委員長代理、党国対委員長代行、県議5期、長生高／65歳

〒297-0035 茂原市下永吉964-2 ☎0475(25)2311
〒100-8962 千代田区永田町2-1-1、会館 ☎03(6550)0506

※平5衆院初当選

ながはま　ひろゆき
長浜博行　**無**前　R1 当3(初/平19)※1
東京都　S33・10・20
勤26年9ヵ月（衆10年5ヵ月）

参議院副議長、前環境委員長、元環境大臣、内閣官房副長官、厚労副大臣、国交委員長、衆院4期、松下政経塾、早大政経／64歳

〒277-0021　柏市中央町5-21-705　☎04(7166)8333
〒100-8962　千代田区永田町2-1-1、会館　☎03(6550)0606

とよだ　としろう
豊田俊郎　**自**前［麻］　R1 当2
千葉県　S27・8・21
勤10年3ヵ月（初/平25）

国土交通副大臣、内閣府大臣政務官、千葉県議、八千代市長、中央工学校／71歳

〒276-0046　八千代市大和田新田310　☎047(480)7777
〒100-8962　千代田区永田町2-1-1、会館　☎03(6550)1213

うすい　しょういち
臼井正一　**自**新［茂］　R4 当1
千葉県習志野市　S50・1・8
勤1年2ヵ月（初/令4）

文科委、予算委、ODA・沖北特委、憲法審委、千葉県議5期、(公財)千葉県肢体不自由児協会理事長、株式会社オリエンタルランド、日本大学／48歳

〒261-0004　千葉市美浜区高洲1-9-7-2　☎043(244)0033

いのぐち　くにこ
猪口邦子　**自**前［麻］　R4 当3(初/平22)※2
千葉県　S27・5・3
勤17年3ヵ月（衆3年11ヵ月）

外交・安保調査会長、予算委、外防委、党一億総活躍推進本部長、上智大名誉教授、元少子化・男女共同参画大臣、ジュネーブ軍縮大使、エール大博士号(Ph.D.)／71歳

〒260-0027　千葉市中央区新田町14-5 大野ビル101　☎043(307)9001
〒100-8962　千代田区永田町2-1-1、会館　☎03(6550)1105

こにし　ひろゆき
小西洋之　**立**前　R4 当3
徳島県　S47・1・28
勤13年4ヵ月（初/平22）

外防委筆頭理、倫選特委、弾劾裁判所裁判員、党外務・安保副部会長、総務省・経産課長補佐、徳島大医、東大、コロンビア大院修、東大医療人材講座／51歳

〒260-0012　千葉市中央区本町2-2-6 パークサイド小柴102　☎043(441)3011
〒100-8962　千代田区永田町2-1-1、会館　☎03(6550)0915

東京都　12人

令和元年選挙得票数

当	1,143,458	丸川　珠代	自現	(19.9)
当	815,445	山口那津男	公現	(14.2)
当	706,532	吉良　佳子	共現	(12.3)
当	688,234	塩村　文夏	立新	(12.0)
当	526,575	音喜多　駿	維新	(9.2)
当	525,302	武見　敬三	自現	(9.1)
▽	496,347	山岸　一生	立新	(8.6)

以下は P270 に掲載

令和4年選挙得票数

当	922,793	朝日健太郎	自現	(14.7)
当	742,968	竹谷とし子	公現	(11.8)
当	685,224	山添　拓	共現	(10.9)
当	670,339	蓮　舫	立現	(10.6)
当	619,792	生稲　晃子	自新	(9.8)
当	565,925	山本　太郎	れ元	(9.0)
▽	530,361	海老沢由紀	維新	(8.4)
▽	372,064	松尾　明弘	立新	(5.9)
▽	322,904	乙武　洋匡	無新	(5.1)
▽	284,629	荒木　千陽	諸新	(4.5)

以下は P270 に掲載

※1 平5衆院初当選　※2 平17衆院初当選

まるかわ たまよ
丸川珠代
自前［安］ R1 当3
兵庫県 S46・1・19
勤16年4ヵ月 （初／平19）

参党幹事長代行、党都連会長代行、憲法審委、元東京オリパラ大臣、元広報本部長、前参拉致特委長、元環境大臣、厚労委員長、党厚労部会長、厚労政務官、元テレ朝アナ、東大／52歳

〒160-0004 新宿区四谷1-9-3
新盛ビル4F B室 ☎03(3350)9504

やまぐち なつお
山口那津男
公前 R1 当4(初／平13)※
茨城県 S27・7・12
勤29年1ヵ月（衆6年8ヵ月）

党代表、外防委、国家基本委、党政務調査会長、参行政監視委員長、予算委理事、防衛政務次官、弁護士、東大／71歳

〒100-8962 千代田区永田町2-1-1、会館 ☎03(6550)0806

きら こ
吉良よし子
共前 R1 当2
高知県高知市 S57・9・14
勤10年3ヵ月 （初／平25）

文教科学委、決算委、党青年・学生委員会責任者、早大第一文学部／40歳

〒151-0053 渋谷区代々木1-44-11 ☎03(5302)6511

しおむら
塩村あやか
立新 R1 当1
広島県 S53・7・6
勤4年2ヵ月 （初／令元）

予算委、内閣委、ODA・沖北特委、外交・安保調理、党青年局長代理、国際局副局長、東京都議、元放送作家、共立女子短大／45歳

〒154-0017 世田谷区世田谷4-18-3-202
〒100-8962 千代田区永田町2-1-1、会館 ☎03(6550)0706

おときた しゅん
音喜多 駿
維新 R1 当1
東京都北区 S58・9・21
勤4年2ヵ月 （初／令元）

党政調会長、東京維新の会幹事長、予算委、外交防衛委理、憲法審幹事、元東京都議、早大／39歳

〒100-8962 千代田区永田町2-1-1、会館 ☎03(6550)0612

東京

参 略歴

たけみ けいぞう
武見敬三
自前［麻］ R1 当5
東京都 S26・11・5
勤23年1ヵ月 （初／平7）

外防委、党参院議員副会長、党国際保健戦略特委長、参院党政審会長、厚労副大臣、外務政務次官、ハーバード公衆衛生大学院研究員、慶大院／71歳

〒100-8962 千代田区永田町2-1-1、会館 ☎03(6550)0413

※平2衆院初当選

あさひ けんたろう
朝日健太郎　**自**前［無］　R4 当2
熊本県　S50・9・19
勤7年3ヵ月　（初／平28）

予算委、環境委理、ODA・沖北特委、外交・安保調理、党政審副会長・国土交通部会長代理、法政大、早大院／47歳

〒100-8962　千代田区永田町2-1-1、会館　☎03(6550)0620

たけや としこ
竹谷とし子　**公**前　R4 当3
北海道　S44・9・30
勤13年4ヵ月　（初／平22）

復興副大臣、党女性局長、党都本部副代表、法務委長、総務委長、財務政務官、公認会計士、創価大／53歳

〒100-8962　千代田区永田町2-1-1、会館　☎03(6550)0517

やまぞえ たく
山添　拓　**共**前　R4 当2
京都府京都市　S59・11・20
勤7年3ヵ月　（初／平28）

予算委、外交防衛委、憲法審幹事、党常任幹部会委員、弁護士、東大法、早大院／38歳

〒151-0053　渋谷区代々木1-44-11　☎03(5302)6511
〒102-0094　千代田区紀尾井町1-15、宿舎

れん ほう
蓮　舫　**立**前　R4 当4
東京都目黒区　S42・11・28
勤19年5ヵ月　（初／平16）

国交委員長、党代表代行、国民運動・広報本部長、民進党代表、内閣府特命担当大臣、総理補佐官、報道キャスター、青学大／55歳

〒100-8962　千代田区永田町2-1-1、会館　☎03(6550)0411

いくいな あきこ
生稲晃子　**自**新［安］　R4 当1
東京都小金井市　S43・4・28
勤1年2ヵ月　（初／令4）

厚労委、決算委、消費者特委、外交・安保調委、参党国対委、党女性局次長、党新聞局次長、恵泉女学園短大／55歳

〒100-8962　千代田区永田町2-1-1、会館　☎03(6550)0904

やまもと たろう
山本太郎　**れ**元　R4 当2
兵庫県宝塚市　S49・11・24
勤7年10ヵ月(衆7ヵ月)　（初／平25）※

れいわ新選組代表、環境委、予算委、震災復興特委、憲法審、箕面自由学園高等学校中退／48歳

〒100-8962　千代田区永田町2-1-1、会館　☎03(6550)0602

※令3衆院初当選

神奈川県　8人

令和元年選挙得票数

当	917,058	島村　大	自現	(25.2)
当	742,658	牧山　弘恵	立現	(20.4)
当	615,417	佐々木さやか	公現	(16.9)
当	575,884	松沢　成文	維現	(15.8)
▽	422,603	浅賀　由香	共新	(11.6)
	126,672	乃木　涼介	国新	(3.5)

以下は P270 に掲載

令和4年選挙得票数

当	807,300	三原じゅん子	自現	(19.7)
当	605,248	松沢　成文	維元	(14.8)
当	547,028	三浦　信祐	公現	(13.4)
当	544,597	浅尾慶一郎	自元	(13.3)
当	394,303	水野　素子	立新	(9.6)
▽	354,456	浅賀　由香	共新	(8.7)
▽	253,234	深作ヘスス	国新	(6.2)
▽	210,016	寺崎　雄介	立新	(5.1)
	120,471	藤村　晃子	参新	(2.9)
	49,787	内海　洋一	社新	(1.2)
	25,784	重黒木優平	N新	(0.6)
	24,389	秋田　恵	無新	(0.6)
	22,043	グリスタン・エズズ	諸新	(0.5)

以下は P270 に掲載

島村　大（しまむら　だい）

自 前［無］　R1　当2
千葉県　S35・8・11
勤10年3ヵ月（初／平25）

厚労委筆頭理事、予算委、厚生労働大臣政務官、厚労委員長、東京歯科大客員教授、元日本歯科医師連盟理事長、東京歯科大／63歳

〒231-0012　横浜市中区相生町4-76-1-3F　☎045(306)5500
〒100-8962　千代田区永田町2-1-1、会館　☎03(6550)0415

牧山ひろえ（まきやま）

立 前　R1　当3
東京都　S39・9・29
勤16年4ヵ月（初／平19）

法務委理、党ネクスト法務大臣、党参議院議員会長代行、米国弁護士、TBSディレクター、ICU、トーマス・クーリー法科大学院／58歳

〒231-0012　横浜市中区相生町1-7
和同ビル403号　☎045(226)2393

佐々木さやか（ささき）

公 前　R1　当2
青森県八戸市　S56・1・18
勤10年3ヵ月（初／平25）

議運委理、法務委、憲法審委、党参国会対策筆頭副委員長、女性委副委員長、青年委副委員長、災害対策特委員長、文科大臣政務官、弁護士、税理士、創価大、同法科大学院修了／42歳

〒231-0002　横浜市中区海岸通4-22
関内カサハラビル3F　☎045(319)4945
〒100-8962　千代田区永田町2-1-1、会館　☎03(6550)0514

三原じゅん子（みはら　こ）

自 前［無］　R4　当3
東京都　S39・9・13
勤13年4ヵ月（初／平22）

ODA・沖北特委員長、環境委、内閣府大臣補佐官、厚生労働副大臣、党女性局長、厚労委員長、女優／58歳

〒231-0013　横浜市中区住吉町5-64-1
VELUTINA馬車道704　☎045(228)9520
〒100-8962　千代田区永田町2-1-1、会館　☎03(6550)0823

松沢成文（まつざわ　しげふみ）

維 元　R4　当3(初／平25)※
神奈川県川崎市　S33・4・2
勤19年3ヵ月（衆9年10ヵ月）

消費者特委員長、文科委、聖マリアンナ医科大客員教授、神奈川大法学部非常勤講師、松下政経塾、慶大／65歳

〒231-0048　横浜市中区蓬莱町2-4-5
関内DOMONビル6階　☎045(594)6991

※平5衆院初当選

みうらのぶひろ
三浦信祐
公前 R4 当2
宮城県仙台市 S50・3・5
勤7年3ヵ月 (初/平28)

災害特委員長、内閣委、決算委、党青年局長、党安全保障部会長代理、県本部代表、博士(工学)、千葉工大/48歳

〒231-0033 横浜市中区長者町5-48-2 トローヂャンビル303 ☎045(341)3751
〒100-8962 千代田区永田町2-1-1、会館 ☎03(6550)0804

あさおけいいちろう
浅尾慶一郎
自元[麻] R4 当3
東京都 S39・2・11
勤20年7ヵ月(衆8年2ヵ月) (初/平10)※1

財金委理、憲法審幹事、行監委、党国際局長代理、参財金委員長、外防委、衆予算委、決算行監委、銀行員、東大、スタンフォード院修了/59歳

〒247-0036 鎌倉市大船1-23-11 松岡ビル5F ☎0467(47)5682

みずのもとこ
水野素子
立新 R4※2 当1
埼玉県久喜市 S45・4・9
勤1年2ヵ月 (初/令4)

内閣委、行監委、ODA・沖北特委、JAXA、東大非常勤講師、慶大非常勤講師、中小企業診断士、東大法、蘭ライデン大国際法修士/53歳

〒231-0014 横浜市中区常盤町3-21-501 ☎050(8883)8488

新潟県 2人

令和元年選挙得票数				
当	521,717	打越さく良	無新	(50.5)
▽	479,050	塚田 一郎	自現	(46.4)
	32,628	小島 糾史	諸新	(3.2)

令和4年選挙得票数				
当	517,581	小林 一大	自新	(51.0)
▽	448,651	森 裕子	立現	(44.2)
	32,500	遠藤 弘樹	参新	(3.2)
	17,098	越智 寛之	N新	(1.7)

うちこし ら
打越さく良
立新 R1 当1
北海道旭川市 S43・1・6
勤4年2ヵ月 (初/令元)

厚労委、拉致特委理、憲法審委、弁護士、東大大学院教育学研究科博士課程中途退学/55歳

〒950-0916 新潟市中央区米山2-5-8米山プラザビル201 ☎025(250)5915
〒100-8962 千代田区永田町2-1-1、会館 ☎03(6550)0901

こばやしかずひろ
小林一大
自新[岸] R4 当1
新潟県新潟市 S48・6・12
勤1年2ヵ月 (初/令4)

経産委、予算委、拉致特委、憲法審委、新潟県議、党新潟県連政調会長、普談寺副住職、東京海上日動火災保険(株)、東大/50歳

〒950-0941 新潟市中央区女池5-9-19 Charites1-2 ☎025(383)6696
〒100-8962 千代田区永田町2-1-1、会館 ☎03(6550)0416

※1 平21衆院初当選　※2 任期は令和7年まで

富山県　2人

令和元年選挙得票数

当	270,000	堂故　　茂	自現	(66.7)
▽	134,625	西尾　政英	国新	(33.3)

令和4年選挙得票数

当	302,951	野上浩太郎	自現	(68.8)
	43,177	京谷　公友	維新	(9.8)
	40,735	山　登志浩	立新	(9.2)
	26,493	坂本　洋史	共新	(6.0)
	20,970	海老　克昌	参新	(4.8)
	6,209	小関　真二	N新	(1.4)

堂故　茂（どうこ　しげる）

自前［茂］　R1 当2
富山県氷見市　S27・8・7
勤10年3ヵ月　(初／平25)

農水委筆頭理事、行監委、国際経済調委、参党政審副会長、文科政務官、農水委長、代議士秘書、県議、氷見市長、慶大／71歳

〒930-0095　富山市舟橋南町3-15
県自由民主会館4F　☎076(432)1217
〒100-8962　千代田区永田町2-1-1、会館 ☎03(6550)1003

野上浩太郎（のがみこうたろう）

自前［安］　R4 当4
富山県富山市　S42・5・20
勤19年5ヵ月　(初／平13)

参党国会対策委員長、農林水産大臣、内閣官房副長官、国交副大臣、財務政務官、文教科学委長、三井不動産、県議、慶大／56歳

〒939-8272　富山市太郎丸本町3-1-12　☎076(491)7500

石川県　2人

令和元年選挙得票数

当	288,040	山田　修路	自現	(67.2)
▽	140,279	田辺　　徹	国新	(32.8)

山田修路議員 令和3年12月24日辞職 補選(令和4.4.24)

当	189,503	宮本　周司	自現	(68.4)
	59,906	小山田経子	立新	(21.6)
	18,158	西村　祐士	共新	(6.6)
	9,430	斉藤健一郎	N新	(3.4)

令和4年選挙得票数

当	274,253	岡田　直樹	自現	(64.5)
▽	83,766	小山田経子	立新	(19.7)
	23,119	西村　祐士	共新	(5.4)
	21,567	先沖　仁志	参新	(5.1)
	12,120	山田　信一	N新	(2.9)
	10,188	針原　崇志	諸新	(2.4)

宮本周司（みやもとしゅうじ）

自前［安］　R1 補当3
石川県能美市　S46・3・27
勤10年4ヵ月　(初／平25)

財務大臣政務官、参院党国会対策副委員長、経済産業大臣政務官、全国商工会連合会顧問、東経大／52歳

〒920-8203　石川県金沢市鞍月3-127　☎076(256)5623
〒100-8962　千代田区永田町2-1-1、会館 ☎03(6550)1018

岡田直樹（おかだなおき）

自前［安］　R4 当4
石川県金沢市　S37・6・9
勤19年5ヵ月　(初／平16)

地方創生・沖縄・北方大臣、参党国対委員長、内閣官房副長官、参党幹事長代行、財務副大臣、国交委員長、国交大臣政務官、県議、北國新聞記者・論説委、東大／61歳

〒920-8203　金沢市鞍月4-115
金沢ジーサイドビル4F　☎076(255)1931
〒102-0094　千代田区紀尾井町1-15、宿舎

福井県　2人

令和元年選挙得票数

当	195,515	滝波　宏文	自現	(66.1)
▽	77,377	山田　和雄	共新	(26.2)
	22,719	嶋谷　昌美	諸新	(7.7)

令和4年選挙得票数

当	135,762	山崎　正昭	自現	(39.7)
▽	122,389	斉木　武志	無新	(35.8)
	31,228	笹岡　一彦	無新	(9.1)
	26,042	砂畑まみ恵	参新	(7.6)
	17,044	山田　和雄	共新	(5.0)
	9,203	ダニエル益資	N新	(2.7)

たき なみ ひろ ふみ
滝波宏文
自前［安］　R1 当2
福井県　S46・10・20
勤10年3ヵ月　(初/平25)

党水産部会長、拉致特委筆頭理事、党原子力規制特委幹事長、経産政務官、党青年局長代理、財務省広報室長、早大院博士、シカゴ大院修士、東大法/51歳

〒910-0854　福井市御幸4-20-18 オノダニビル御幸5F　☎0776(28)2815
〒100-8962　千代田区永田町2-1-1、会館　☎03(6550)0307

やま ざき まさ あき
山崎正昭
自前［安］　R4 当6
福井県大野市　S17・5・24
勤31年7ヵ月　(初/平4)

法務委、参院議長、参院副議長、党参院幹事長、ODA特委長、内閣官房副長官、議運委長、大蔵政務次官、県議長、日大/81歳

〒912-0043　大野市国時町1205(自宅)　☎0779(65)3000
〒102-0083　千代田区麹町4-7、宿舎　☎03(5211)0248

山梨県　2人

令和元年選挙得票数

当	184,383	森屋　宏	自現	(53.0)
▽	150,327	市来　伴子	無新	(43.2)
	13,344	猪野　恵司	諸新	(3.8)

令和4年選挙得票数

当	183,073	永井　学	自新	(48.9)
▽	163,740	宮沢　由佳	立現	(43.8)
	20,291	渡辺　知彦	参新	(5.4)
	7,006	黒木　一郎	N新	(1.9)

もり や ひろし
森屋　宏
自前［岸］　R1 当2
山梨県　S32・7・21
勤10年3ヵ月　(初/平25)

内閣委筆頭理事、党内閣第一部会長、党県連会長、党副幹事長、内閣委員長、総務大臣政務官、県議会議長、北海道教育大、山梨学院大院/66歳

〒400-0031　山梨県甲府市丸の内1-17-18 東山ビル2F　☎055(298)6357
〒102-0083　千代田区麹町4-7、宿舎

なが い まなぶ
永井　学
自新［茂］　R4 当1
山梨県甲府市　S49・5・7
勤1年2ヵ月　(初/令4)

国土交通委、拉致特委、党運輸交通関係団体副委員長、FM富士記者、旅行会社役員、県議、議員秘書、国学院大学法学部/49歳

〒400-0034　甲府市宝2-27-5　☎055(267)6626
〒102-0083　千代田区麹町4-7、宿舎

※選挙区別の当日有権者数・投票者数・投票率は 271 頁

長野県　2人

令和元年選挙得票数				
当	512,462	羽田雄一郎	国現	(55.1)
▽	366,810	小松　裕	自新	(39.5)
	31,137	古谷　孝	諸新	(3.3)
	19,211	斎藤　好明	諸新	(2.1)

令和2年12月27日羽田雄一郎議員死去 補選(令和3.4.25)

当	415,781	羽田　次郎	立新	(54.8)
	325,826	小松　裕	自元	(42.9)
	17,559	神谷幸太郎	N新	(2.3)

令和4年選挙得票数				
当	433,154	杉尾　秀哉	立現	(44.6)
▽	376,028	松山三四六	自新	(38.7)
	102,223	手塚　大輔	維新	(10.5)
	31,644	秋山　良治	参新	(3.3)
	16,646	日高　千穂	N新	(1.7)
	10,978	サルサ岩渕	無新	(1.1)

はた じろう
羽田次郎
立新　R1　補当1
東京　S44・9・7
勤2年5ヵ月　(初/令3)

外防委、決算委、消費者特委、外交・安保調委、党参院国対副委員長、会社社長、衆議院議員秘書、米ウェイクフォレスト大学留学／53歳

〒386-0014　上田市材木町1-1-13　☎0268(22)0321
〒102-0094　千代田区紀尾井町1-15、宿舎

すぎお ひでや
杉尾秀哉
立前　R4　当2
兵庫県明石市　S32・9・30
勤7年3ヵ月　(初/平28)

内閣委、予算委理、地方・デジ特委筆頭理事、元TBSテレビキャスター、東大文／65歳

〒380-0936　長野市中御所岡田102-28　☎026(236)1517
〒100-8962　千代田区永田町2-1-1、会館　☎03(6550)0724

岐阜県　2人

令和元年選挙得票数				
当	467,309	大野　泰正	自現	(56.4)
▽	299,463	梅村　慎一	立新	(36.1)
	61,975	坂本　雅彦	諸新	(7.5)

令和4年選挙得票数				
当	452,085	渡辺　猛之	自現	(52.8)
▽	257,852	丹野みどり	国新	(30.1)
	74,072	三尾　圭司	共新	(8.7)
	49,350	広江めぐみ	参新	(5.8)
	22,648	坂本　雅彦	N新	(2.6)

おおの やすただ
大野泰正
自前［安］　R1　当2
岐阜県　S34・5・31
勤10年3ヵ月　(初/平25)

予算委理、災害特委筆頭理事、国交委、党国対副委員長、前党副幹事長、元国土交通大臣政務官、県議、全日空(株)、慶大法／64歳

〒501-6244　羽島市竹鼻町丸の内3-25-1　☎058(391)0273
〒100-8962　千代田区永田町2-1-1、会館　☎03(6550)0503

わたなべ たけゆき
渡辺猛之
自前［茂］　R4　当3
岐阜県　S43・4・18
勤13年4ヵ月　(初/平22)

議運委筆頭理事、環境委、国土交通副大臣兼内閣府副大臣兼復興副大臣、元県議、名古屋大経／55歳

〒505-0027　美濃加茂市本郷町6-11-12　☎0574(23)1511
〒100-8962　千代田区永田町2-1-1、会館　☎03(6550)0325

静岡県　4人

令和元年選挙得票数

当	585,271	牧野　京夫	自現	(38.5)
当	445,866	榛葉賀津也	国現	(29.4)
▽	301,895	徳川　家広	立新	(19.9)
▽	136,623	鈴木　千佳	共新	(9.0)
	48,739	畑山　浩一	諸新	(3.2)

令和4年選挙得票数

当	622,141	若林　洋平	自新	(39.5)
当	446,185	平山佐知子	無現	(28.4)
▽	250,391	山崎真之輔	無現	(15.9)
▽	137,835	鈴木　千佳	共新	(8.8)
	72,662	山本　貴史	参新	(4.6)
	19,023	堀川　圭輔	N新	(1.2)
	14,640	舟橋　夢人	N新	(0.9)
	10,666	船川　淳志	無新	(0.7)

まきの
牧野たかお
自前［茂］　R1　当3
静岡県島田市　S34・1・1
勤16年4ヵ月　（初／平19）

総務委、党幹事長代理、国交副大臣、外務政務官、議運筆頭理事、党副幹事長、県議3期、民放記者、早大／64歳

〒422-8056　静岡市駿河区津島町11-25
山形ビル1F　☎054(285)9777

しんば かづや
榛葉賀津也
国前　R1　当4
静岡県　S42・4・25
勤22年5ヵ月　（初／平13）

党幹事長、外交防衛委、外務副大臣、防衛副大臣、党参国対委長、内閣委長、外防委長、議運筆頭理事、予算委理、米オタバイン大／56歳

〒436-0022　掛川市上張862-1 FGKビル　☎0537(62)3355
〒100-8962　千代田区永田町2-1-1、会館　☎03(6550)1011

わかばやし ようへい
若林洋平
自新［二］　R4　当1
茨城県　S46・12・24
勤1年2ヵ月　（初／令4）

予算委、農水委、震災復興特委、参党国対委員、御殿場市長、医療法人事務長、御殿場JC副理事長、埼玉大理学部／51歳

〒422-8065　静岡市駿河区宮本町1-9　☎054(272)1137

ひらやま さちこ
平山佐知子
無前　R4　当2
静岡県　S46・1・3
勤7年3ヵ月　（初／平28）

経産委、フリーアナウンサー、元NHK静岡放送局キャスター、日本福祉大学女子短大部／52歳

〒422-8061　静岡市駿河区森下町1-23　☎054(287)5511
〒100-8962　千代田区永田町2-1-1、会館　☎03(6550)0822

愛知県　8人

令和元年選挙得票数

当	737,317	酒井　庸行	自現	(25.7)
当	506,817	大塚　耕平	国現	(17.7)
当	461,531	田島麻衣子	立新	(16.1)
当	453,246	安江　伸夫	公新	(15.8)
▽	269,081	岬　麻紀	維新	(9.4)
▽	216,674	須山　初美	共新	(7.6)
	85,262	末永友香梨	諸新	(3.0)

以下はP270に掲載

令和4年選挙得票数

当	878,403	藤川　政人	自現	(28.4)
当	443,250	里見　隆治	公現	(14.3)
当	403,027	斎藤　嘉隆	立現	(13.0)
当	391,757	伊藤　孝恵	国現	(12.7)
▽	351,840	広沢　一郎	維新	(11.4)
▽	198,962	須山　初美	共新	(6.4)
	108,922	我喜屋宗司	れ新	(3.5)
	107,387	伊藤　正哉	参新	(3.5)
	40,868	石川　昭彦	諸新	(1.3)
	39,569	塚崎　海緒	社新	(1.3)

以下はP270に掲載

※選挙区別の当日有権者数・投票者数・投票率は271頁

さかい やすゆき
酒井庸行　**自**前［安］　R1 当2
愛知県刈谷市　S27・2・14
勤10年3ヵ月（初／平25）

財金委員長、内閣委員長、参党国対副委員長、党政調副会長、内閣府大臣政務官、愛知県議、刈谷市議、日大芸術学部／71歳

〒448-0003　刈谷市一ツ木町8-11-14　☎0566(25)3071
〒102-0083　千代田区麹町4-7、宿舎

おおつか こうへい
大塚耕平　**国**前　R1 当4
愛知県　S34・10・5
勤22年5ヵ月（初／平13）

党代表代行、政調会長、税調・経済調査会長、早大・藤田医科大客員教授、元民進党代表、厚労・内閣府副大臣、日銀、早大院／63歳

〒464-0841　名古屋市千種区覚王山通9-19
覚王山プラザ2F　☎052(757)1955
〒100-8962　千代田区永田町2-1-1、会館　☎03(6550)1121

たじま まいこ
田島麻衣子　**立**新　R1 当1
東京都大田区　S51・12・20
勤4年2ヵ月（初／令元）

経産委理、行監委、ODA・沖北特委、党副幹事長、党県連副代表、国連世界食糧計画（WFP）、英オックスフォード大院／46歳

〒461-0003　名古屋市東区筒井3-26-10
リムファースト5F　☎052(937)0151
〒100-8962　千代田区永田町2-1-1、会館　☎03(6550)0410

やすえ のぶお
安江伸夫　**公**新　R1 当1
愛知県　S62・6・26
勤4年2ヵ月（初／令元）

農水委、消費者特委理、憲法審委、党学生局長、青年委副委員長、県本部副代表、弁護士、創価大法科大学院／36歳

〒462-0044　名古屋市北区元志賀町1-68-1
ヴェルドミール志賀　☎052(908)3955
〒100-8962　千代田区永田町2-1-1、会館　☎03(6550)0312

ふじかわ まさひと
藤川政人　**自**前［麻］　R4 当3
愛知県丹羽郡　S35・7・8
勤13年4ヵ月（初／平22）

予算委筆頭理事、参党国対委員長代理、財務副大臣、総務大臣政務官、財金委長、党愛知県連会長、愛知県議、南山大／63歳

〒451-0042　名古屋市西区那古野2-23-21
デラ・ドーラ6C　☎052(485)8361
〒102-0094　千代田区紀尾井町1-15、宿舎

さとみ りゅうじ
里見隆治　**公**前　R4 当2
京都府　S42・10・17
勤7年3ヵ月（初／平28）

経済産業兼内閣府兼復興大臣政務官、党愛知県本部代表、日本語教育推進議連事務局長、協同労働推進議連事務局長、党労働局長、厚労省参事官、東大／55歳

〒451-0031　名古屋市西区城西1-9-5
寺島ビル1F　☎052(522)1666
〒100-8962　千代田区永田町2-1-1、会館　☎03(6550)0301

さいとう よしたか
斎藤嘉隆

立 前 R4 当3
愛知県 S38・2・18
勤13年4ヵ月 (初/平22)

文科委、国家基本委、党参院国対委員長、党県連代表、国土交通委員長、経産委員長、環境委員長、連合愛知副会長、愛教組委員長、愛知教育大/60歳

〒454-0976 名古屋市中川区服部3-507 ☎052(439)0550
〒100-8962 千代田区永田町2-1-1、会館 ☎03(6550)0707

いとう たかえ
伊藤孝恵

国 前 R4 当2
愛知県犬山市 S50・6・30
勤7年3ヵ月 (初/平28)

文科委理、国民生活調理、倫選特委、党副幹事長、金城学院大非常勤講師、テレビ大阪、リクルート、金城学院大/48歳

〒456-0002 名古屋市熱田区金山町1-5-3 トーワ金山ビル7F ☎052(683)1101
〒100-8962 千代田区永田町2-1-1、会館 ☎03(6550)1008

三重県 2人

令和元年選挙得票数

当	379,339	吉川 有美	自現	(50.3)
▽	334,353	芳野 正英	無新	(44.3)
	40,906	門田 節代	諸新	(5.4)

令和4年選挙得票数

当	403,630	山本佐知子	自新	(53.4)
▽	278,508	芳野 正英	無新	(36.9)
	51,069	堀江 珠恵	参新	(6.8)
	22,128	門田 節代	N新	(2.9)

よしかわ
吉川ゆうみ

自 前[安] R1 当2
三重県桑名市 S48・9・4
勤10年3ヵ月 (初/平25)

外務大臣政務官、経産大臣政務官、文科委員長、党女性局長、三井住友銀行、東京農工大院/49歳

〒510-0821 四日市市久保田2-8-1-103 ☎059(356)8060
〒100-8962 千代田区永田町2-1-1、会館 ☎03(6550)0412

やまもとさちこ
山本佐知子

自 新[茂] R4 当1
三重県桑名市 S42・10・24
勤1年2ヵ月 (初/令4)

国交委、議運委、三重県議、旅行会社員、住友銀行、神戸大学法学部、米オハイオ大学院修士/55歳

〒511-0836 三重県桑名市江場554 ☎0594(86)7200
〒100-8962 千代田区永田町2-1-1、会館 ☎03(6550)0203

滋賀県 2人

令和元年選挙得票数

当	291,072	嘉田由紀子	無新	(49.4)
▽	277,165	二之湯武史	自現	(47.0)
	21,358	服部 修	諸新	(3.6)

令和4年選挙得票数

当	315,249	小鑓 隆史	自現	(51.6)
▽	190,700	田島 一成	無新	(31.2)
	51,742	石堂 淳士	共新	(8.5)
	35,839	片岡 真	参新	(5.9)
	16,980	田野上勇人	N新	(2.8)

※選挙区別の当日有権者数・投票者数・投票率は 271 頁

かだゆきこ
嘉田由紀子
国新 R1 当1
埼玉県本庄市 S25・5・18
勤4年2ヵ月 (初/令元)

予算委、国交委、災害特委、資源エネ調委、環境社会学者、滋賀県知事、びわこ成蹊スポーツ大学長、博士(農学)、京大/73歳

〒520-0044 滋賀県大津市京町2-4-23 ☎077(509)7206
〒102-0083 千代田区麹町4-7、宿舎

たかし
こやり隆史
自前[岸] R4 当2
滋賀県大津市 S41・9・9
勤7年3ヵ月 (初/平28)

厚労委理、消費者特委理、外交・安保調理、情報監視審委、党副幹事長、厚労政務官、経産省職員、京大院、インペリアルカレッジ大学院/56歳

〒520-0043 滋賀県大津市中央3-2-1
セザール大津森田ビル7F ☎077(523)5048
〒102-0094 千代田区紀尾井町1-15、宿舎

京都府 4人

令和元年選挙得票数

当	421,731	西田 昌司	自現	(44.2)
当	246,436	倉林 明子	共現	(25.8)
▽	232,354	増原 裕子	立新	(24.4)
	37,353	山田 彰久	諸新	(3.9)
	16,057	三上 隆	諸新	(1.7)

令和4年選挙得票数

当	293,071	吉井 章	自新	(28.2)
当	275,140	福山 哲郎	立現	(26.5)
▽	257,852	楠井 祐子	維新	(24.8)
▽	130,260	武山 彩子	共新	(12.5)
	40,500	安達 悠司	参新	(3.9)
	21,614	橋本 久美	諸新	(2.1)
	8,946	星野 達也	N新	(0.9)
	7,181	近江 政彦	N新	(0.7)
	5,414	平井 基之	諸新	(0.5)

にしだしょうじ
西田昌司
自前[安] R1 当3
京都府 S33・9・19
勤16年4ヵ月 (初/平19)

財金委理、党政調会長代理、党税調幹事、政調整備新幹線等鉄道調査会副会長、財金委員長、税理士、京都府議、滋賀大/64歳

〒601-8031 京都市南区烏丸通り十条上ル西側 ☎075(661)6100
〒102-0083 千代田区麹町4-7、宿舎

くらばやしあきこ
倉林明子
共前 R1 当2
福島県 S35・12・3
勤10年3ヵ月 (初/平25)

厚労委、行監委理、党副委員長、ジェンダー平等委員会責任者、看護師、京都府議、京都市議、京都市立看護短大/62歳

〒604-0092 京都市中京区丸太町新町角大炊町186 ☎075(231)5198

よしいあきら
吉井章
自新[岸] R4 当1
京都府京都市 S42・1・2
勤1年2ヵ月 (初/令4)

国交委、議運委、拉致特委、参党国会対策委、党女性局次長、京都市会議員(4期)、衆院議員秘書、京都産業大学中退/56歳

〒600-8177 京都市下京区大坂町391 第10長谷ビル6階 ☎075(341)5800
〒100-8962 千代田区永田町2-1-1、会館 ☎03(6550)0921

ふく やま てつ ろう
福山哲郎

立前 R4 当5
東京都 S37・1・19
勤25年6ヵ月（初/平10）

国民生活調査会長、外交防衛委、党幹事長、内閣官房副長官、外務副大臣、外防委長、環境委長、松下政経塾、大和証券、京大院／61歳

〒602-0873 京都市上京区河原町通丸太町下ル伊勢屋町406 マツヲビル1F ☎075(213)0988
〒100-8962 千代田区永田町2-1-1、会館 ☎03(6550)0808

大阪府　8人

令和元年選挙得票数

当	729,818	梅村みずほ	維新	(20.9)
当	660,128	東　　徹	維現	(18.9)
当	591,664	杉　久武	公現	(16.9)
当	559,709	太田　房江	自現	(16.0)
▽	381,854	辰巳孝太郎	共現	(10.9)
▽	356,177	亀石　倫子	立新	(10.2)

以下はP270に掲載

令和4年選挙得票数

当	862,736	高木佳保里	維現	(23.1)
当	725,243	松川　るい	自現	(19.4)
当	598,021	浅田　均	維現	(16.0)
当	586,940	石川　博崇	公現	(15.7)
▽	337,467	辰巳孝太郎	共元	(9.0)
▽	197,975	石田　敏高	立新	(5.3)
	110,767	八幡　愛	れ新	(3.0)
	103,052	大谷由里子	国新	(2.8)
	97,426	油谷聖一郎	参新	(2.6)

以下はP270に掲載

うめ むら
梅村みずほ

維新 R1 当1
愛知県名古屋市 S53・9・10
勤4年2ヵ月（初/令元）

環境委、ODA・沖北特委、資源エネ調査会、フリーアナウンサー、立命館大／44歳

〒532-0011 大阪市淀川区西中島5-1-4 モジュール新大阪1002号室 ☎06(6379)3183
〒102-0094 千代田区紀尾井町1-15、宿舎

あずま とおる
東　徹

維前 R1 当2
大阪府大阪市住之江区 S41・9・16
勤10年3ヵ月（初/平25）

議運委理、厚労委、拉致特委、参国対委員長、大阪府議3期、社会福祉士、福祉専門学校副学科長、東洋大院修士課程修了／56歳

〒559-0012 大阪市住之江区東加賀屋4-5-19 ☎06(6681)0350
〒100-8962 千代田区永田町2-1-1、会館 ☎03(6550)0510

すぎ ひさ たけ
杉　久武

公前 R1 当2
大阪府大阪市 S51・1・4
勤10年3ヵ月（初/平25）

法務委員長、予算委理事、議運委理、財務大臣政務官、党参院国対副委員長、公認会計士、米国公認会計士、税理士、創価大／47歳

〒543-0033 大阪市天王寺区堂ヶ芝1-9-2-3B ☎06(6773)0234
〒102-0083 千代田区麹町4-7、宿舎

おお た ふさ え
太田房江

自前［安］ R1 当2
広島県 S26・6・26
勤10年3ヵ月（初/平25）

経産副大臣兼内閣府副大臣、党内閣第二部会長、党女性局長、厚労政務官、大阪府知事、通産省大臣官房審議官、岡山県副知事、通産省、東大／72歳

〒541-0046 大阪市中央区平野町2-5-14 FUKUビル三休橋502号室 ☎06(4862)4822
〒102-0094 千代田区紀尾井町1-15、宿舎 ☎03(3264)1351

※選挙区別の当日有権者数・投票者数・投票率は271頁

高木かおり（たかぎ かおり）
維前　R4　当2
大阪府堺市　S47・10・10
勤7年3ヵ月　（初／平28）

内閣委、情監審委、党政調副会長、内閣部会長、ダイバーシティ推進局長、元堺市議2期、京都女子大／50歳

〒593-8311　堺市西区上439-8　☎072(349)3295
〒100-8962　千代田区永田町2-1-1、会館　☎03(6550)0306

松川るい（まつかわ るい）
自前［安］　R4　当2
奈良県　S46・2・26
勤7年3ヵ月　（初／平28）

外交防衛委、党女性局長、党大阪関西万博推進本部事務局長、党外交部会長代理、防衛大臣政務官、外務省、東大法／52歳

〒571-0030　門真市末広町8-13-6階　☎06(6908)6677
〒100-8962　千代田区永田町2-1-1、会館　☎03(6550)0407

浅田　均（あさだ ひとし）
維前　R4　当2
大阪府大阪市　S25・12・29
勤7年3ヵ月　（初／平28）

財金委、国家基本委、憲法審委、日本維新の会参議院会長、大阪府議、OECD日本政府代表、スタンフォード大院／72歳

〒536-0005　大阪市城東区中央1-13-13-218　☎06(6933)2300
〒102-0094　千代田区紀尾井町1-15、宿舎

石川博崇（いしかわ ひろたか）
公前　R4　当3
大阪府　S48・9・12
勤13年4ヵ月　（初／平22）

決算委理、経産委、情報監視審委、党中央幹事、市民活動委員長、決算行政監視部会長、法務委員長、外務省職員、創価大／49歳

〒543-0021　大阪市天王寺区東高津町1-28　☎06(6766)1458
〒102-0083　千代田区麴町4-7、宿舎

兵庫県　6人

令和元年選挙得票数

	得票数	氏名	党派	(%)
当	573,427	清水　貴之	維現	(26.1)
当	503,790	高橋　光男	公新	(22.9)
当	466,161	加田　裕之	自新	(21.2)
▽	434,846	安田　真理	立新	(19.8)
▽	166,183	金田　峰生	共新	(7.6)
	54,152	原　博義	諸新	(2.5)

令和4年選挙得票数

	得票数	氏名	党派	(%)
当	652,384	片山　大介	維現	(28.3)
当	562,853	末松　信介	自現	(24.5)
当	454,962	伊藤　孝江	公現	(19.8)
▽	260,496	相崎佐和子	立新	(11.3)
▽	150,040	小村　潤	共新	(6.5)
	88,231	西村しのぶ	参新	(3.8)
	33,870	黒田　秀高	諸新	(1.5)
	27,057	山崎　藍子	N新	(1.2)
	25,113	木原功仁哉	無新	(1.1)
	16,324	中曽千鶴子	N新	(0.7)
	14,323	速水　肇	N新	(0.6)
	8,989	稲垣　秀哉	諸新	(0.4)
	7,263	里村　英一	諸新	(0.3)

清水貴之（しみず たかゆき）
維前　R1　当2
福岡県筑紫野市　S49・6・29
勤10年3ヵ月　（初／平25）

法務委、議運委、ODA・沖北特委理、朝日放送アナウンサー、早大、関西学院大学大学院修士／49歳

〒651-0088　神戸市中央区小野柄通5-1-27
甲南アセット三宮ビル5C　☎078(221)4455
〒102-0094　千代田区紀尾井町1-15、宿舎

たかはしみつお
高橋光男　**公**新　R1 当1
兵庫県宝塚市　S52・2・15
勤4年2ヵ月　(初/令元)

国土交通委理事、決算委、外交・安保調委、党青年委副委員長、党国際局次長、国土交通部会長代理、元外務省職員、中央大学法/46歳

〒650-0015　神戸市中央区多聞通3-3-16-1102　☎078(367)6755
〒100-8962　千代田区永田町2-1-1、会館　☎03(6550)0614

かだひろゆき
加田裕之　**自**新[安]　R1 当1
兵庫県神戸市　S45・6・8
勤4年2ヵ月　(初/令元)

法務委理、決算委、災害特委、国民生活調理、法務大臣政務官、兵庫県議会副議長、兵庫県議(4期)、甲南大/53歳

〒650-0001　神戸市中央区加納町2-4-10-603　☎078(262)1666
〒100-8962　千代田区永田町2-1-1、会館　☎03(6550)0819

かたやまだいすけ
片山大介　**維**前　R4 当2
岡山県　S41・10・6
勤7年3ヵ月　(初/平28)

予算委理、総務委、倫選特委、党国会議員団政調副会長、兵庫維新の会代表、NHK記者、慶大理工学部、早大院公共経営研究科修了/56歳

〒650-0022　神戸市中央区元町通3-17-8
TOWA神戸元町ビル202号室　☎078(332)4224

すえまつしんすけ
末松信介　**自**前[安]　R4 当4
兵庫県　S30・12・17
勤19年5ヵ月　(初/平16)

予算委員長、文科委、文部科学大臣、参党国対委員長、議運委員長、国土交通・内閣府・復興副大臣、財務政務官、県議、全日空(株)、関学大/67歳

〒655-0044　神戸市垂水区舞子坂3-15-9　☎078(783)8682
〒102-0094　千代田区紀尾井町1-15、宿舎

いとうたかえ
伊藤孝江　**公**前　R4 当2
兵庫県尼崎市　S43・1・13
勤7年3ヵ月　(初/平28)

文部科学大臣政務官、党女性委員会副委員長、弁護士、税理士、関西大/55歳

〒650-0015　神戸市中央区多聞通3-3-16
甲南第1ビル812号室　☎078(599)6619
〒102-0083　千代田区麹町4-7、宿舎

奈良県　2人

令和元年選挙得票数

	得票数	氏名	党派	(%)
当	301,201	堀井　巌	自現	(55.3)
▽	219,244	西田　一美	無新	(40.2)
	24,660	田中　孝子	諸新	(4.5)

令和4年選挙得票数

	得票数	氏名	党派	(%)
当	256,139	佐藤　啓	自現	(41.7)
▽	180,124	中川　崇	維新	(29.3)
	98,757	猪奥　美里	立新	(16.1)
	42,609	北野伊津子	共新	(6.9)
	28,919	中村　麻美	参新	(4.7)
	8,161	冨田　哲之	N新	(1.3)

※選挙区別の当日有権者数・投票者数・投票率は 271 頁

ほり　い　いわお
堀井　巌
自前［安］　R1　当2
奈良県橿原市　S40・10・22
勤10年3ヵ月　（初/平25）

党外交部会長、外防委、予算委、参党副幹事長、外務政務官、総務省、SF領事、内閣官房副長官秘書官、岡山県総務部長、東大/57歳

〒630-8114　奈良市芝辻町1-2-27乾ビル2F ☎0742(30)3838
〒100-8962　千代田区永田町2-1-1、会館　☎03(6550)0417

さ　とう　けい
佐藤　啓
自前［安］　R4　当2
奈良県奈良市　S54・4・7
勤7年3ヵ月　（初/平28）

総務委理、資源エネ調筆頭理事、参党国対副委員長、党税調幹事、経産兼内閣府兼復興大臣政務官、首相官邸、総務省、東大/44歳

〒630-8012　奈良市二条大路南1-2-7 松岡ビル301
〒100-8962　千代田区永田町2-1-1、会館 ☎03(6550)0708

和歌山県　2人

令和元年選挙得票数

当	295,608	世耕　弘成	自現	(73.8)
▽	105,081	藤井　幹雄	無新	(26.2)

令和4年選挙得票数

当	283,965	鶴保　庸介	自現	(72.1)
	57,522	前　久	共新	(14.6)
	22,967	加藤　充也	参新	(5.8)
	15,420	遠西　愛美	N新	(3.9)
	14,200	谷口　尚大	諸新	(3.6)

せ　こう　ひろ　しげ
世耕弘成
自前［安］　R1　当5
大阪府　S37・11・9
勤25年2ヵ月（初/平10補）

参党幹事長、経済産業大臣、官房副長官、参自政審会長、党政調会長代理、参自国対委長代理、総理補佐官、NTT、早大/60歳

〒640-8232　和歌山市南汀丁22 汀ビル2F ☎073(427)1515
〒100-8962　千代田区永田町2-1-1、会館　☎03(6550)1017

つる　ほ　よう　すけ
鶴保庸介
自前［二］　R4　当5
大阪府大阪市　S42・2・5
勤25年6ヵ月（初/平10）

地方・デジ特委員長、国交委、党捕鯨対策特委長、国際経済調会長、沖北大臣、党参政審会長、国交副大臣、党水産部会長、議運・決算・厚労委長、国交政務官2期、東大法/56歳

〒640-8341　和歌山市黒田107-1-503　☎073(472)3311
〒100-8962　千代田区永田町2-1-1、会館　☎03(6550)0313

鳥取県・島根県　2人

令和元年選挙得票数

当	328,394	舞立　昇治	自現	(62.3)
▽	167,329	中林　佳子	無新	(31.7)
	31,770	黒瀬　信明	諸新	(6.0)

令和4年選挙得票数

当	326,750	青木　一彦	自現	(62.5)
▽	118,063	村上泰二朗	立新	(22.6)
	37,723	福住　英行	共新	(7.2)
	26,718	前田　敬孝	参新	(5.1)
	13,517	黒瀬　信明	N新	(2.6)

まい たち しょう じ
舞 立 昇 治
自 前［無］ R1 当2
鳥取県日吉津村 S50・8・13
勤10年3ヵ月 （初/平25）

総務委、行監委筆頭理、倫選特委、参党国対副委長、党水産総合調査会副会長、党過疎対策特委幹事、党副幹事長、前水産部会長、元内閣府政務官、総務省、東大/48歳

〒683-0067 米子市東町177 東町ビル1F ☎0859(37)5016
〒100-8962 千代田区永田町2-1-1、会館 ☎03(6550)0603

あお き かず ひこ
青 木 一 彦
自 前［茂］ R4 当3
島根県 S36・3・25
勤13年4ヵ月 （初/平22）

参党筆頭副幹事長・党副幹事長、国交委理事、ODA・沖北特委理事、議運委、予算委筆頭理事、国交副大臣、水産部会長代理、早大/62歳

〒690-0873 松江市内中原町140-2 ☎0852(22)0111
〒100-8962 千代田区永田町2-1-1、会館 ☎03(6550)0814

岡山県 2人

令和元年選挙得票数

当	415,968	石井 正弘	自現	(59.5)
▽	248,990	原田 謙介	立新	(35.6)
	33,872	越智 寛之	諸新	(4.8)

令和4年選挙得票数

当	392,553	小野田紀美	自現	(54.7)
▽	211,419	黒田 晋	無新	(29.5)
	59,481	住寄 聡美	共新	(8.3)
	37,281	高野由里子	参新	(5.2)
	16,441	山本 貴平	N新	(2.3)

いし い まさ ひろ
石 井 正 弘
自 前［安］ R1 当2
岡山県岡山市 S20・11・29
勤10年3ヵ月 （初/平25）

経産委理、党政調副・参政審副・税調幹事、経産兼内閣府副大臣、党国交部会長代理、内閣委員長、岡山県知事4期、建設省大臣官房審議官、東大法/77歳

〒700-0824 岡山市北区内山下1-9-15 ☎086(233)6600
〒100-8962 千代田区永田町2-1-1、会館 ☎03(6550)1214

お の だ き み
小野田紀美
自 前［茂］ R4 当2
岡山県 S57・12・7
勤7年3ヵ月 （初/平28）

防衛大臣政務官、党政調副会長、参党政審副会長、党農林副部会長、法務大臣政務官、党過疎特委次長、党青年局次長、都北区議、CD・ゲーム制作会社、拓殖大/40歳

〒700-0927 岡山市北区西古松2-2-27 ☎086(243)8000
〒100-8962 千代田区永田町2-1-1、会館 ☎03(6550)0318

広島県 4人

令和元年選挙得票数

当	329,792	森本 真治	無現	(32.3)
当	295,871	河井 案里	自新	(29.0)
▽	270,183	溝手 顕正	自現	(26.5)

以下は P270 に掲載

令和3年2月3日河井あんり議員辞職再選挙(令和3.4.25)

当	370,860	宮口 治子	諸新	(48.4)
	336,924	西田 英範	自新	(43.9)

以下は P270 に掲載

令和4年選挙得票数

当	530,375	宮沢 洋一	自現	(50.3)
当	259,363	三上 絵里	無新	(24.6)
▽	114,442	森川 央	維新	(10.9)
	58,461	中村 孝江	共新	(5.5)
	52,969	浅井 千晴	参新	(5.0)
	11,087	渡辺 敏光	N新	(1.1)
	7,335	玉田 憲勲	無新	(0.7)
	7,149	野村 昌央	諸新	(0.7)
	6,717	産原 稔文	無新	(0.6)
	5,846	猪飼 規之	N新	(0.6)

※選挙区別の当日有権者数・投票者数・投票率は 271 頁

もり　もと　しん　じ
森本真治　**立**前　R1 当2
広島県広島市　S48・5・2
勤10年3ヵ月（初／平25）

議運委理、経産委、政倫審幹事、党組織委員長、会派国対委員長代理、広島市議3期、弁護士秘書、松下政経塾、同志社大学文／50歳

〒739-1732　広島市安佐北区落合南1-3-12　☎082(840)0801

みや　ぐち　はる　こ
宮口治子　**立**新　R1 再当1
広島県福山市　S51・3・5
勤2年5ヵ月（初／令3）

文科委、行監委、倫選特委、元ＴＶ局キャスター、フリーアナウンサー、声楽家、ヘルプマーク普及団体代表、大阪音大／47歳

〒720-0032　福山市三吉町南1-7-17　☎084(926)4878
〒100-8962　千代田区永田町2-1-1、会館　☎03(6550)0206

みや　ざわ　よう　いち
宮沢洋一　**自**前［岸］R4 当3(初/平22)※
広島県福山市　S25・4・21
勤22年6ヵ月（衆9年2ヵ月）

資源エネ調査会長、財金委、党税調会長、党総務、経済産業大臣、党政調会長代理、元内閣府副大臣、元首相首席秘書官、大蔵省企画官、東大法／73歳

〒730-0017　広島市中区鉄砲町8-24
にしたやビル401号☎082(511)5541
〒100-8962　千代田区永田町2-1-1、会館☎03(6550)0820

み　かみ
三上えり　**無**新（立憲）R4 当1
広島県　S45・6・11
勤1年2ヵ月（初／令4）

国交委、決算委、拉致特委、外交・安保調委、TSSテレビ新広島アナウンサー、米サザンセミナリーカレッジ／53歳

〒732-0816　広島市南区比治山本町3-22 大保ビル201
☎082(250)8811
〒100-8962　千代田区永田町2-1-1、会館☎03(6550)0320

山口県　2人

令和元年選挙得票数

当	374,686	林　芳正	自現	(70.0)

以下はP270に掲載

令3.8.16林議員辞職、補選(令3.10.24)

当	307,894	北村　経夫	自現	(75.6)
	92,532	河合　喜代	共新	(22.7)
	6,809	へずまりゅう	N新	(1.7)

令和4年選挙得票数

当	327,153	江島　潔	自現	(63.0)
	61,853	秋山　賢治	立新	(11.9)
	53,990	大内　一也	国新	(10.4)
	32,390	吉田　達彦	共新	(6.2)
	20,441	大石　健一	参新	(3.9)
	15,410	佐々木信夫	諸新	(3.0)
	8,298	二矢川珠紀	N新	(1.6)

きた　むら　つね　お
北村経夫　**自**前［安］R1 補当3
山口県田布施町　S30・1・5
勤10年4ヵ月（初／平25）

経産委、拉致特委理、党国防部会長代理、党安全保障調査会長、参外防委員長、経産政務官、産経新聞政治部長、中央大、ペンシルベニア大学院／68歳

〒753-0064　山口市神田町5-11　☎083(928)8071
〒100-8962　千代田区永田町2-1-1、会館　☎03(6550)1109

※平12衆院初当選

えじま　きよし
江島　潔　自前［安］ R4 当3
山口県下関市　S32・4・2
勤10年7ヵ月（初/平25補）

党総務会副会長、元経産・内閣府副大臣、農水委員長、復興特委員長、党水産部会長、国交政務官、下関市長、東大院／66歳

〒754-0002　山口市小郡下郷2912-3　☎083(976)4318
〒102-0083　千代田区麹町4-7、宿舎

徳島県・高知県　2人

令和元年選挙得票数

当	253,883	高野光二郎	自現	(50.3)
▽	201,820	松本　顕治	無新	(40.0)
	33,764	石川新一郎	諸新	(6.7)
	15,014	野村　秀邦	無新	(3.0)

令和4年選挙得票数

当	287,609	中西　祐介	自現	(52.8)
▽	103,217	松本　顕治	共新	(19.0)
	62,001	藤本　健一	維新	(11.4)
	49,566	前田　強	国新	(9.1)
	28,195	荒牧　国晴	参新	(5.2)
	14,006	中島　康治	N新	(2.6)

たかのこうじろう
高野光二郎　自民

辞　職（令和5年6月22日）

※補選は令和5年10月22日の予定

なかにし　ゆうすけ
中西祐介　自前［麻］ R4 当3
徳島県　S54・7・12
勤13年4ヵ月（初/平22）

総務委筆頭理事、総務副大臣、参党国対筆頭副委員長、財政金融委員長、党水産部会長、党青年局長代理、財務大臣政務官、銀行員、松下政経塾、慶大法／44歳

〒770-8056　徳島市問屋町31　☎088(655)8852
〒100-8962　千代田区永田町2-1-1、会館　☎03(6550)0622

香川県　2人

令和元年選挙得票数

当	196,126	三宅　伸吾	自現	(54.0)
▽	151,107	尾田美和子	無新	(41.6)
	15,970	田中　邦明	諸新	(4.4)

令和4年選挙得票数

当	199,135	磯崎　仁彦	自現	(51.5)
	59,614	三谷　祥子	国新	(15.4)
	52,897	茂木　邦夫	立新	(13.7)
	33,399	町川　順子	維新	(8.6)
	18,070	石田　真優	共新	(4.7)
	13,528	小林　直美	参新	(3.5)
	7,116	池田　順一	N新	(1.8)
	2,890	鹿島日出喜	諸新	(0.7)

みやけしんご
三宅伸吾　自前［無］ R1 当2
香川県さぬき市 S36・11・24
勤10年3ヵ月（初/平25）

内閣委、地方・デジ特委理、決算委理、党環境部会長、党安全保障関係団体委員長、外務大臣政務官、日本経済新聞社記者、編集委員、東大大学院／61歳

〒760-0080　高松市木太町2343-4
木下産業ビル2F　☎087(802)3845

磯﨑仁彦（いそざき よしひこ）

自前［岸］ R4 当3
香川県 S32・9・8
勤13年4ヵ月 （初／平22）

内閣官房副長官、内閣委、党政調会長代理、経産副大臣兼内閣府副大臣、環境委員長、東大法／65歳

〒760-0068 高松市松島町1-13-14
九十九ビル4F ☎087（834）6301
〒102-0094 千代田区紀尾井町1-15、宿舎

愛媛県 2人

令和元年選挙得票数

	得票数	氏名	党派	得票率
当	335,425	永江　孝子	無新	(56.0)
▽	248,616	らくさぶろう	自新	(41.5)
	14,943	椋本　薫	諸新	(2.5)

令和4年選挙得票数

	得票数	氏名	党派	得票率
当	318,846	山本　順三	自現	(59.0)
▽	173,229	高見　知佳	無新	(32.1)
	27,912	八木　邦靖	参新	(5.2)
	12,724	吉原　弘訓	N新	(2.4)
	7,350	松木　崇	諸新	(1.4)

ながえ孝子（たかこ）

無新 R1 当1（初／令元）※
愛媛県 S35・6・15
勤7年6ヵ月（衆3年4ヵ月）

環境委、衆議院議員1期、南海放送アナウンサー、神戸大学法学部／63歳

〒790-0802 松山市喜与町1-5-4 ☎089（941）8007

山本順三（やまもと じゅんぞう）

自前［安］ R4 当4
愛媛県今治市 S29・10・27
勤19年5ヵ月 （初／平16）

参党議員副会長、予算委員長、国家公安委員長、内閣府特命担当大臣、議運委員長、党県連会長、国交・内閣府・復興副大臣、幹事長代理、決算委員長、国交政務官、県議、早大／68歳

〒794-0005 今治市大新田町2-2-50 ☎0898（31）7800
〒102-0094 千代田区紀尾井町1-15、宿舎

福岡県 6人

令和元年選挙得票数

	得票数	氏名	党派	得票率
当	583,351	松山　政司	自現	(33.2)
当	401,495	下野　六太	公新	(22.8)
当	365,634	野田　国義	立現	(20.8)
▽	171,436	河野　祥子	共新	(9.8)
▽	143,955	春田久美子	国新	(8.2)
	46,362	川口　尚宏	諸新	(2.6)

以下は P270 に掲載

令和4年選挙得票数

	得票数	氏名	党派	得票率
当	586,217	大家　敏志	自現	(29.2)
当	438,876	古賀　之士	立現	(21.9)
当	348,700	秋野　公造	公現	(17.4)
▽	158,772	龍野真由美	維新	(7.9)
▽	133,900	大田　京子	国新	(6.7)
	98,746	真島　省三	共新	(4.9)
	82,333	奥田芙美代	れ新	(4.1)
	72,263	野中しんすけ	参新	(3.6)

以下は P270 に掲載

松山政司（まつやま まさじ）

自前［岸］ R1 当4
福岡県福岡市 S34・1・20
勤22年5ヵ月 （初／平13）

参党政審会長、弾劾裁判長、環境委理、ODA・沖北特委、党外労特委長、少子化相、議運委長、参党国対委長、外務副大臣、経産政務官、日本JC会頭、明治大商／64歳

〒810-0001 福岡市中央区天神3-8-20-1F ☎092（725）7739
〒100-8962 千代田区永田町2-1-1、会館 ☎03（6550）1124

※平21衆院初当選

しもの ろくた
下野六太 **公**新 R1 当1
福岡県北九州市八幡西区 S39・5・1
勤4年2ヵ月 (初/令元)

農水委、党農林水産部会長、農水大臣政務官、中学校保健体育科教諭、国立福岡教育大学大学院修士課程/59歳

〒812-0873 福岡市博多区西春町3-2-21 島田ビル2F ☎092(558)8910
〒100-8962 千代田区永田町2-1-1、会館 ☎03(6550)0913

のだ くによし
野田国義 **立**前 R1 当2(初/平25)※
福岡県 S33・6・3
勤13年7ヵ月(衆3年4ヵ月)

決算委理、総務委、災害特委理、行政監視委員長、衆院議員、八女市長(4期)、日大法/65歳

〒834-0031 福岡県八女市本町2-81 ☎0943(24)4630
〒102-0094 千代田区紀尾井町1-15、宿舎

おおいえ さとし
大家敏志 **自**前[麻] R4 当3
福岡県 S42・7・17
勤13年4ヵ月 (初/平22)

財金委筆頭理事、党政調会長代理、財務副大臣、議運筆頭理事、財金委員長、財務大臣政務官、予算理事、県議、北九州大/56歳

〒805-0019 北九州市八幡東区中央3-8-24 ☎093(681)5500
〒100-8962 千代田区永田町2-1-1、会館 ☎03(6550)0518

こが ゆきひと
古賀之士 **立**前 R4 当2
福岡県久留米市 S34・4・9
勤7年3ヵ月 (初/平28)

震災復興特委員長、総務委、党県連副代表、前国土交通委員長、FBS福岡放送キャスター、明治大政経/64歳

〒814-0015 福岡市早良区室見5-13-21 アローズ室見駅前201号 ☎092(833)2288
〒102-0094 千代田区紀尾井町1-15、宿舎

あきの こうぞう
秋野公造 **公**前 R4 当3
兵庫県 S42・7・11
勤13年4ヵ月 (初/平22)

財務副大臣、党九州方面本部長、党参国対委員長、総務・法務委員長、環境・内閣府大臣政務官、厚労省、医師、長崎大院/56歳

〒804-0066 北九州市戸畑区初音町6-7 中西ビル201 ☎093(873)7550
〒102-0083 千代田区麹町4-7、宿舎

佐賀県 2人

令和元年選挙得票数

	票数	氏名	党派	得票率
当	186,209	山下 雄平	自現	(61.6)
▽	115,843	犬塚 直史	国元	(38.4)

令和4年選挙得票数

	票数	氏名	党派	得票率
当	218,425	福岡 資麿	自現	(65.2)
▽	78,802	小野 司	立新	(23.5)
	18,008	稲葉 継男	参新	(5.4)
	13,442	上村 泰稔	共新	(4.0)
	6,383	真喜志雄一	N新	(1.9)

※平21衆院初当選

やま　した　ゆう　へい
山下雄平

自前［茂］　R1 当2
佐賀県唐津市　S54・8・27
勤10年3ヵ月　(初/平25)

農林水産委員長、倫選特委、党副幹事長、党新聞出版局長、内閣府大臣政務官、日本経済新聞社記者、時事通信社記者、慶大／44歳

〒840-0801　佐賀市駅前中央3-6-11　☎0952(37)8290
〒102-0083　千代田区麹町4-7、宿舎　☎03(3237)0341

ふく　おか　たか　まろ
福岡資麿

自前［茂］R4 当3(初/平22)※
佐賀県　S48・5・9
勤17年3ヵ月(衆3年11ヵ月)

党人事局長、法務委理、倫選特委、議運委員長、党厚労部会長、内閣府副大臣、党政調・総務会長代理、衆院議員、慶大法／50歳

〒840-0826　佐賀市白山1-4-18　☎0952(20)0111
〒100-8962　千代田区永田町2-1-1、会館　☎03(6550)0919

長崎県　2人

令和元年選挙得票数

当	258,109	古賀友一郎	自現	(51.5)
▽	224,022	白川　鮎美	国新	(44.7)
	19,240	神谷幸太郎	諸新	(3.8)

令和4年選挙得票数

当	261,554	山本　啓介	自新	(50.1)
▽	152,473	白川　鮎美	立新	(29.2)
	53,715	山田　真美	維新	(10.3)
	26,281	安江　綾子	共新	(5.0)
	21,363	尾方　綾子	参新	(4.1)
	6,969	大熊　和人	N新	(1.3)

こ　が　ゆう いち ろう
古賀友一郎

自前［岸］　R1 当2
長崎県諫早市　S42・11・2
勤10年3ヵ月　(初/平25)

内閣委員長、消費者特委、党中央政治大学院副学院長、党政調副会長、総務大臣政務官兼内閣府大臣政務官、長崎市副市長、総務省室長、東大法／55歳

〒850-0033　長崎市万才町2-7松本ビル301　☎095(832)6061
〒102-0083　千代田区麹町4-7、宿舎

やま　もと　けい　すけ
山本啓介

自新［岸］　R4 当1
長崎県壱岐市　S50・6・21
勤1年2ヵ月　(初/令4)

農林水産委、議運委、党長崎県連幹事長、長崎県議会議員、衆議院議員秘書、皇學館大學文学部／48歳

〒850-0033　長崎市万才町7-1 TBM長崎ビル10階
☎095(818)6588

熊本県　2人

令和元年選挙得票数

当	379,223	馬場　成志	自現	(56.4)
▽	262,664	阿部　広美	無新	(39.1)
	30,539	最勝寺辰也	諸新	(4.5)

令和4年選挙得票数

当	426,623	松村　祥史	自現	(62.2)
▽	149,780	出口慎太郎	立新	(21.8)
	78,101	高井　千歳	参新	(11.4)
	31,734	本間　明子	N新	(4.6)

※平17衆院初当選

ばば せいし
馬場成志

自前［岸］ R1 当2
熊本県熊本市 S39・11・30
勤10年3ヵ月 （初／平25）

議運委理事、財金委、党副幹事長、厚労大臣政務官、党国対副委員長、熊本県議会議長、全国都道府県議長会副会長、市議、県立熊工／58歳

〒861-8045 熊本市東区小山6-2-20 ☎096(388)8855
〒102-0083 千代田区麴町4-7、宿舎

まつむら よしふみ
松村祥史

自前［茂］ R4 当4
熊本県 S39・4・22
勤19年5ヵ月 （初／平16）

党総務会長代理、経産委、議運委員長、経済産業副大臣、党水産部会長、環境委員長、全国商工会顧問、専修大／59歳

〒862-0950 熊本市中央区水前寺6-41-5
千代田レジデンス県庁東101 ☎096(384)4423
〒100-8962 千代田区永田町2-1-1、会館 ☎03(6550)1023

大分県 2人

令和元年選挙得票数

当	236,153	安達　澄	無新	(49.6)
▽	219,498	礒崎　陽輔	自現	(46.1)
	20,909	牧原慶一郎	諸新	(4.4)

令和5年3月10日安達澄議員辞職
補選（令和5.4.23）

当	196,122	白坂　亜紀	自新	(50.0)
▽	195,781	吉田　忠智	立前	(50.0)

令和4年選挙得票数

当	228,417	古庄　玄知	自新	(46.6)
▽	183,258	足立　信也	国現	(37.4)
	35,705	山下　魁	共新	(7.3)
	21,723	重松　雄子	参新	(4.4)
	10,770	二宮　大造	N新	(2.2)
	10,512	小手川裕市	無新	(2.1)

しらさか あき
白坂亜紀

自新［安］ R1 補当1
大分県 S41・7・20
勤5ヵ月 （初／令5）

財政金融委、行政監視委、ODA・沖北特委、国民生活調委、会社役員、早大(一文)／57歳

〒870-0036 大分市寿町5-24 ☎097(533)8585

こしょう はるとも
古庄玄知

自新［安］ R4 当1
大分県国東市 S32・12・23
勤1年2ヵ月 （初／令4）

予算委、法務委、憲法審、災害特委、元大分県弁護士会会長、元大分県暴力追放運動推進センター理事長、早大法／65歳

〒870-0047 大分市中島西2-5-20 ☎097(540)6255
〒100-8962 千代田区永田町2-1-1、会館 ☎03(6550)0907

宮崎県 2人

令和元年選挙得票数

当	241,492	長峯　誠	自現	(64.4)
▽	110,782	園生　裕造	立新	(29.5)
	23,002	河野　一郎	諸新	(6.1)

令和4年選挙得票数

当	200,565	松下　新平	自現	(48.0)
▽	150,911	黒田　奈々	立新	(36.1)
	30,162	黒木　章光	国新	(7.2)
	15,670	今村　幸史	参新	(3.8)
	12,260	白江　好友	共新	(2.9)
	8,255	森　大地	N新	(2.0)

※選挙区別の当日有権者数・投票者数・投票率は 271 頁

ながみね まこと
長峯　誠
自前［安］ R1 当2
宮崎県都城市 S44・8・2
勤10年3ヵ月（初／平25）

経産大臣政務官兼内閣府大臣政務官、党水産部会長、外防委員長、財務大臣政務官、都城市長、県議、早大政経／54歳

〒880-0805 宮崎市橘通東1-8-11 3F ☎0985(27)7677
〒100-8962 千代田区永田町2-1-1、会館 ☎03(6550)0802

まつしたしんぺい
松下新平
自前［無］ R4 当4
宮崎県宮崎市(旧高岡町) S41・8・18
勤19年5ヵ月（初／平16）

政倫審会長、党財金・外交・総務部会長、総務兼内閣府副大臣、国交政務官、倫選特・ODA特・災害特委長、県議、県職員、法大／57歳

〒880-0813 宮崎市丸島町5-18
平和ビル丸島1F ☎0985(61)1501
〒102-0083 千代田区麹町4-7、宿舎

鹿児島県　2人

令和元年選挙得票数				
当	290,844	尾辻　秀久	自現	(47.4)
▽	211,301	合原　千尋	無新	(34.4)
▽	112,063	前田　終止	無新	(18.2)

令和4年選挙得票数				
当	291,169	野村　哲郎	自現	(46.0)
▽	185,055	柳　誠子	立新	(29.2)
	93,372	西郷　歩美	無新	(14.8)
	47,479	昇　拓真	参新	(7.5)
	15,770	草尾　敦	N新	(2.5)

お つじ ひで ひさ
尾辻秀久
無前 R1 当6
鹿児島県 S15・10・2
勤34年7ヵ月（初／平1）

参議院議長、自民党両院議員総会長、元参議院副議長、党参院議員会長、予算委員長、厚労大臣、財務副大臣、県議、防大、東大中退／82歳

〒890-0064 鹿児島市鴨池新町6-5-603 ☎099(214)3754

の むら てつ ろう
野村哲郎
自前［茂］ R4 当4
鹿児島県霧島市 S18・11・20
勤19年5ヵ月（初／平16）

農林水産大臣、前参党議員副会長、決算委員長、党農林部会長、党政調会長代理、農水委長、参議運庶務小委長、農水政務官、鹿児島県農協中央会常務、ラ・サール高／79歳

〒890-0064 鹿児島市鴨池新町6-5-404 ☎099(206)7557
〒100-8962 千代田区永田町2-1-1、会館 ☎03(6550)1120

沖縄県　2人

令和元年選挙得票数				
当	298,831	高良　鉄美	無新	(53.6)
▽	234,928	安里　繁信	自新	(42.1)
	12,382	玉利　朝輝	無新	(2.2)
	11,662	磯山　秀夫	諸新	(2.1)

令和4年選挙得票数				
当	274,235	伊波　洋一	無現	(46.9)
▽	271,347	古謝　玄太	自新	(46.4)
	22,585	河野　禎史	参新	(3.9)
	11,034	山本　圭	N新	(1.9)
	5,644	金城　竜郎	諸新	(1.0)

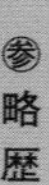

たから てつみ
髙良鉄美 無新（沖縄） R1 当1
沖縄県那覇市 S29・1・15
勤4年2ヵ月 （初／令元）

外防委、ODA・沖北特委、琉球大学名誉教授、琉球大学法科大学院院長、琉球大法文学部教授、九州大大学院博士課程／69歳

〒903-0803 沖縄県那覇市首里平良町1-18-102 ☎098(885)7171
〒100-8962 千代田区永田町2-1-1、会館 ☎03(6550)0712

いは よういち
伊波洋一 無前（沖縄） R4 当2
沖縄県宜野湾市 S27・1・4
勤7年3ヵ月 （初／平28）

外交防衛委、行政監視委、倫選特委、外交・安保調委、宜野湾市長、沖縄県議、宜野湾市職員、琉球大／71歳

〒901-2203 沖縄県宜野湾市野嵩2-1-8-101 ☎098(892)7734
〒100-8962 千代田区永田町2-1-1、会館 ☎03(6550)0519

※選挙区別の当日有権者数・投票者数・投票率は271頁

参議院議員選挙得票数（続き）

第25回選挙（令和元年）

北海道（P237 より）

	得票数	氏名	党派	%
	23,785	中村　治	諸新	(1.0)
	13,724	森山　佳則	諸新	(0.6)
	10,108	岩瀬　清次	無新	(0.4)

埼玉県（P243 より）

	得票数	氏名	党派	%
	80,741	佐藤恵理子	諸新	(2.9)
	21,153	鮫島　良司	諸新	(0.8)
	19,515	小島　一郎	諸新	(0.7)

東京都（P245 より）

	得票数	氏名	党派	%
▽	214,438	野原　善正	諸新	(3.7)
▽	186,667	水野　素子	国新	(3.2)
	129,628	大橋　昌信	諸新	(2.3)
	91,194	野末　陳平	無元	(1.6)
	86,355	朝倉　玲子	社新	(1.5)
	34,121	七海ひろこ	諸新	(0.6)
	26,958	佐藤　均	諸新	(0.5)
	23,582	横山　昌弘	諸新	(0.4)
	18,123	溝口　晃一	諸新	(0.3)
	15,475	森　純	無新	(0.3)
	9,686	関口　安弘	無新	(0.2)
	9,562	西野　貞吉	無新	(0.2)
	3,586	大塚紀久雄	諸新	(0.1)

神奈川県（P248 より）

	得票数	氏名	党派	%
	79,208	林　大祐	諸新	(2.2)
	61,709	相原　倫子	社新	(1.7)
	22,057	森下　正勝	無新	(0.6)
	21,755	壹岐　愛子	諸新	(0.6)
	21,598	加藤　友行	諸新	(0.6)
	17,170	榎本　太志	諸新	(0.5)
	11,185	渋谷　貢	無新	(0.3)
	8,514	圷　孝行	諸新	(0.2)

愛知県（P253 より）

	得票数	氏名	党派	%
	43,756	平山　良平	社新	(1.5)
	32,142	石井　均	無新	(1.1)
	25,219	牛田　宏幸	諸新	(0.9)
	17,905	古川　均	諸新	(0.6)
	16,425	橋本　勉	諸新	(0.6)

大阪府（P257 より）

	得票数	氏名	党派	%
	129,587	にしゃんた	国新	(3.7)
	43,667	尾崎　全紀	諸新	(1.2)
	14,732	浜田　健	諸新	(0.4)
	11,203	数森　圭吾	諸新	(0.3)
	9,314	足立美生代	諸新	(0.3)
	7,252	佐々木一郎	諸新	(0.2)

広島県（P261 より）

	得票数	氏名	党派	%
	70,886	高見　篤己	共新	(6.9)
	26,454	加陽　輝実	諸新	(2.6)
	15,253	玉田　憲勲	無新	(1.5)
	12,327	泉　安政	諸新	(1.2)

広島県再選挙（P261 より）

	得票数	氏名	党派	%
	20,848	佐藤　周一	無新	(2.7)
	16,114	山本　貴平	N新	(2.1)
	13,363	大山　宏	無新	(1.7)
	8,806	玉田　憲勲	無新	(1.1)

山口県（P262 より）

	得票数	氏名	党派	%
▽	118,491	大内　一也	国新	(22.1)
	24,131	河井美和子	諸新	(4.5)
	18,177	竹本　秀之	無新	(3.4)

福岡県（P264 より）

	得票数	氏名	党派	%
	15,511	本藤　昭子	諸新	(0.9)
	15,380	江夏　正敏	諸新	(0.9)
	14,586	浜武　振一	諸新	(0.8)

第26回選挙（令和4年）

東京都（P245 より）

得票数	氏名	党派	%
137,692	河西　泉緒	参新	(2.2)
59,365	服部　良一	社新	(0.9)
53,032	松田　美樹	N新	(0.8)
50,661	斎木　陽平	諸新	(0.8)
46,641	沓沢　亮治	諸新	(0.7)
27,110	田村　真菜	諸新	(0.4)
25,209	及川　幸久	諸新	(0.4)
22,306	河野　憲二	諸新	(0.4)
20,758	安藤　裕	諸新	(0.3)
19,287	田中　健	N新	(0.3)
19,100	後藤　輝樹	諸新	(0.3)
17,020	菅原　深雪	諸新	(0.3)
14,845	青山　雅幸	諸新	(0.2)
13,431	長谷川洋平	N新	(0.2)
10,150	猪野　恵司	N新	(0.2)
9,658	セッタケンジ	N新	(0.2)
7,417	中村　高志	無新	(0.1)
7,203	中川　智晴	無新	(0.1)
5,408	込山　洋	諸新	(0.1)
3,559	内藤　久遠	諸新	(0.1)
3,370	油井　史正	無新	(0.1)
3,283	小畑　治彦	諸新	(0.1)
3,043	中村　之菊	諸新	(0.0)
1,913	桑島　康文	諸新	(0.0)

神奈川県（P248 より）

得票数	氏名	党派	%
19,920	橋本　博幸	N新	(0.5)
19,867	針谷　大輔	諸新	(0.5)
19,155	藤沢あゆみ	無新	(0.5)
17,609	飯田富和子	N新	(0.4)
13,904	首藤　信彦	諸新	(0.3)
11,623	小野塚清仁	N新	(0.3)
11,073	壹岐　愛子	諸新	(0.3)
10,268	久保田　京	諸新	(0.3)
8,099	萩山あゆみ	諸新	(0.2)

愛知県（P253 より）

得票数	氏名	党派	%
36,370	山下　俊輔	無新	(1.2)
27,497	末永友香梨	N新	(0.9)
21,629	山下　健次	N新	(0.7)
16,359	平岡真奈美	N新	(0.5)
12,459	曽我　周作	諸新	(0.4)
9,841	斎藤　幸成	N新	(0.3)
8,071	伝　三樹雄	諸新	(0.3)

大阪府（P257 より）

得票数	氏名	党派	%
37,088	西谷　久美	諸新	(1.0)
21,663	吉田　宏之	N新	(0.6)
13,234	西脇　京子	N新	(0.4)
11,220	丸吉　孝文	N新	(0.3)
9,138	本多　香織	諸新	(0.2)
8,111	数森　圭吾	諸新	(0.2)
7,254	高山純三朗	N新	(0.2)
6,217	後藤　住弘	諸新	(0.2)
2,440	押越　清悦	諸新	(0.1)

福岡県（P264 より）

得票数	氏名	党派	%
30,190	福本　貴紀	社新	(1.5)
14,513	真島加央理	N新	(0.7)
9,309	熊丸　英治	N新	(0.5)
8,917	和田　昌子	N新	(0.4)
7,962	江夏　正敏	諸新	(0.4)
7,186	対馬　一誠	無新	(0.4)
4,908	先崎　玲	諸新	(0.2)
3,868	組坂　善昭	諸新	(0.2)

参議院議員選挙 選挙区別当日有権者数・投票者数・投票率

選挙区	第25回選挙（令和元年7月21日）			第26回選挙（令和４年７月10日）		
	当日有権者数	投票者数	投票率（%）	当日有権者数	投票者数	投票率（%）
北海道	4,569,237	2,456,307	53.76	4,465,577	2,410,392	53.98
青森県	1,109,105	476,241	42.94	1,073,060	531,101	49.49
岩手県	1,066,495	603,115	56.55	1,034,059	572,696	55.38
宮城県	1,942,518	993,990	51.17	1,921,486	937,723	48.80
秋田県	864,562	486,653	56.29	833,368	463,040	55.56
山形県	925,158	561,961	60.74	899,997	556,859	61.87
福島県	1,600,928	839,115	52.41	1,564,668	835,510	53.40
茨城県	2,431,531	1,094,580	45.02	2,409,541	1,137,768	47.22
栃木県	1,634,678	721,568	44.14	1,620,720	761,353	46.98
群馬県	1,630,505	785,514	48.18	1,608,605	780,048	48.49
埼玉県	6,121,021	2,845,047	46.48	6,146,072	3,088,514	50.25
千葉県	5,244,929	2,374,964	45.28	5,261,370	2,631,296	50.01
東京都	11,396,789	5,900,049	51.77	11,454,822	6,477,709	56.55
神奈川県	7,651,249	3,728,103	48.73	7,696,783	4,195,301	54.51
新潟県	1,919,522	1,061,606	55.31	1,866,525	1,032,469	55.32
富山県	891,171	417,762	46.88	875,460	449,734	51.37
石川県	952,304	447,560	47.00	941,362	436,850	46.41
福井県	646,976	308,201	47.64	635,127	351,323	55.32
山梨県	693,775	357,741	51.56	684,292	384,777	56.23
長野県	1,744,373	947,069	54.29	1,721,369	993,314	57.70
岐阜県	1,673,778	853,555	51.00	1,646,587	882,366	53.59
静岡県	3,074,712	1,551,423	50.46	3,037,295	1,608,958	52.97
愛知県	6,119,143	2,948,450	48.18	6,113,878	3,189,927	52.18
三重県	1,496,659	773,570	51.69	1,473,183	777,571	52.78
滋賀県	1,154,433	599,882	51.96	1,154,141	629,993	54.59
京都府	2,126,435	987,180	46.42	2,094,931	1,066,437	50.91
大阪府	7,311,131	3,555,053	48.63	7,299,848	3,828,471	52.45
兵庫県	4,603,272	2,237,085	48.60	4,558,268	2,352,776	51.62
奈良県	1,149,183	569,173	49.53	1,129,608	631,480	55.90
和歌山県	816,550	411,689	50.42	796,272	417,419	52.42
鳥取県・島根県	1,048,600	547,406	52.20	1,019,771	540,376	52.99
鳥取	474,342	237,076	49.98	463,109	226,580	48.93
島根	574,258	310,330	54.04	556,662	313,796	56.37
岡山県	1,587,953	715,907	45.08	1,562,505	737,981	47.23
広島県	2,346,879	1,048,374	44.67	2,313,406	1,082,510	46.79
山口県	1,162,683	550,186	47.32	1,132,957	539,213	47.59
徳島県・高知県	1,247,237	528,657	42.39	1,213,323	564,520	46.53
徳島	636,739	245,745	38.59	619,194	283,122	45.72
高知	610,498	282,912	46.34	594,129	281,398	47.36
香川県	825,466	373,999	45.31	808,630	398,021	49.22
愛媛県	1,161,978	608,817	52.39	1,135,046	554,056	48.81
福岡県	4,225,217	1,810,510	42.85	4,221,251	2,058,417	48.76
佐賀県	683,956	309,459	45.25	672,782	343,894	51.12
長崎県	1,137,066	516,939	45.46	1,107,592	539,595	48.72
熊本県	1,471,767	695,050	47.23	1,450,229	712,381	49.12
大分県	969,453	489,974	50.54	950,511	503,627	52.98
宮崎県	920,474	384,656	41.79	898,598	427,017	47.52
鹿児島県	1,371,428	627,480	45.75	1,337,184	650,267	48.63
沖縄県	1,163,784	570,305	49.00	1,177,144	595,192	50.56
合計	105,886,063	51,671,922	48.80	105,019,203	54,660,242	52.05

参議院常任・特別委員一覧（令和5年7月19日現在）

【常任委員会】

内閣委員(22)

(自11)(立4)(公2)(維2)
(国1)(共1)(れ1)

㊥	**古賀　友一郎**	自
㊣	上月　良祐	自
㊣	森屋　宏	自
㊣	山田　太郎	自
㊣	小沼　巧	立
㊣	塩田　博昭	公
	有村　治子	自
	磯﨑　仁彦	自
	衛藤　晟一	自
	自見　はなこ	自
	広瀬　めぐみ	自
	三宅　伸吾	自
	山谷　えり子	自
	塩村　あやか	立
	杉尾　秀哉	立
	水野　素子	立
	三浦　信祐	公
	柴田　巧	維
	高木　かおり	維
	上田　清司	国
	井上　哲士	共
	大島　九州男	れ

総務委員(25)

(自11)(立4)(公3)(維2)
(国1)(共1)(政女2)(欠1)

㊥	**河野　義博**	公
㊣	佐藤　啓	自
㊣	中西　祐介	自
㊣	三浦　靖	自
㊣	小沢　雅仁	立
㊣	山本　博司	公
	井上　義行	自
	江島　潔	自
	柘植　芳文	自
	長谷川　英晴	自
	舞立　昇治	自
	牧野　たかお	自
	松下　新平	自
	山本　順三	自
	岸　真紀子	立
	古賀　之士	立
	野田　国義	立
	西田　実仁	公
	片山　大介	維
	柳ヶ瀬　裕文	維
	竹詰　仁	国
	伊藤　岳	共
	齊藤　健一郎	政女
	浜田　聡	政女

法務委員(21)

(自9)(立3)(公3)(維2)
(国1)(共1)(無2)

㊥	**杉　久武**	公
㊣	加田　裕之	自
㊣	福岡　資麿	自
㊣	牧山　ひろえ	立
㊣	谷合　正明	公
㊣	川合　孝典	国
	古庄　玄知	自
	山東　昭子	自
	世耕　弘成	自
	田中　昌史	自
	森　まさこ	自
	山崎　正昭	自
	和田　政宗	自
	石川　大我	立
	福島　みずほ	立
	佐々木　さやか	公
	清水　貴之	維
	鈴木　宗男	維
	仁比　聡平	共
	尾辻　秀久	無
	長浜　博行	無

外交防衛委員(21)

(自10)(立3)(公2)(維2)
(国1)(共1)(沖2)

㊥	**阿達　雅志**	自
㊣	岩本　剛人	自
㊣	佐藤　正久	自
㊣	小西　洋之	立
㊣	平木　大作	公
㊣	音喜多　駿	維
	猪口　邦子	自
	小野田　紀美	自
	武見　敬三	自
	中曽根　弘文	自
	堀井　巌	自
	松川　るい	自
	吉川　ゆうみ	自
	羽田　次郎	立
	福山　哲郎	立
	山口　那津男	公
	金子　道仁	維
	榛葉　賀津也	国
	山添　拓	共
	伊波　洋一	沖
	髙良　鉄美	沖

㊥＝委員長・会長、㊣＝理事、㊍＝幹事、議員氏名の右は会派名

財政金融委員(25)
(自13)(立3)(公3)(維2)
(国1)(共1)(無2)

㊤長	酒井 庸行	自
㊤理	浅尾 慶一郎	自
㊤理	大家 敏志	自
㊤理	西田 昌司	自
㊤理	横沢 高徳	立
㊤理	上田 勇	公
	岡田 直樹	自
	佐藤 信秋	自
	白坂 亜紀	自
	野上 浩太郎	自
	馬場 成志	自
	藤川 政人	自
	古川 俊治	自
	宮沢 洋一	自
	宮本 周司	自
	勝部 賢志	立
	柴 愼一	立
	秋野 公造	公
	横山 信一	公
	浅田 均	維
	梅村 聡	維
	大塚 耕平	国
	小池 晃	共
	神谷 宗幣	無
	堂込 麻紀子	無

厚生労働委員(25)
(自12)(立4)(公3)(維2)
(国2)(共1)(れ1)

㊤長	山田 宏	自
㊤理	こやり 隆史	自
㊤理	島村 大	自
㊤理	比嘉 奈津美	自
㊤理	川田 龍平	立
㊤理	山本 香苗	公
	生稲 晃子	自
	石田 昌宏	自
	神谷 政幸	自
	友納 理緒	自
	羽生田 俊	自
	藤井 一博	自
	星 北斗	自
	本田 顕子	自
	石橋 通宏	立
	打越 さく良	立
	高木 真理	立
	窪田 哲也	公
	若松 謙維	公
	東 徹	維
	松野 明美	維
	田村 まみ	国
	芳賀 道也	国
	倉林 明子	共
	天畠 大輔	れ

文教科学委員(21)
(自10)(立4)(公2)(維2)
(国1)(共1)(れ1)

㊤長	高橋 克法	自
㊤理	赤池 誠章	自
㊤理	今井 絵理子	自
㊤理	上野 通子	自
㊤理	熊谷 裕人	立
㊤理	伊藤 孝恵	国
	赤松 健	自
	臼井 正一	自
	櫻井 充	自
	末松 信介	自
	高橋 はるみ	自
	橋本 聖子	自
	古賀 千景	立
	斎藤 嘉隆	立
	宮口 治子	立
	伊藤 孝江	公
	竹内 真二	公
	中条 きよし	維
	松沢 成文	維
	吉良 よし子	共
	舩後 靖彦	れ

農林水産委員(21)
(自10)(立4)(公2)(維1)
(国1)(共1)(無2)

㊤長	山下 雄平	自
㊤理	堂故 茂	自
㊤理	船橋 利実	自
㊤理	宮崎 雅夫	自
㊤理	徳永 エリ	立
㊤理	舟山 康江	国
	加藤 明良	自
	滝波 宏文	自
	藤木 眞也	自
	山田 俊男	自
	山本 啓介	自
	若林 洋平	自
	石垣 のりこ	立
	大椿 ゆうこ	立
	田名部 匡代	立
	下野 六太	公
	安江 伸夫	公
	串田 誠一	維
	紙 智子	共
	須藤 元気	無
	寺田 静	無

経済産業委員(21)
(自10)(立4)(公2)(維2)
(国1)(共1)(無1)

長	**吉川沙織**	立
理	青山繁晴	自
理	石井正弘	自
理	中田宏	自
理	田島麻衣子	立
理	石井章	維
	越智俊之	自
	太田房江	自
	片山さつき	自
	北村経夫	自
	小林一大	自
	長峯誠	自
	松村祥史	自
	村田享子	立
	森本真治	立
	石川博崇	公
	里見隆治	公
	猪瀬直樹	維
	礒崎哲史	国
	岩渕友	共
	平山佐知子	無

環境委員(21)
(自10)(立3)(公2)(維2)
(国1)(共1)(れ1)(無1)

長	**滝沢求**	自
理	朝日健太郎	自
理	進藤金日子	自
理	松山政司	自
理	青島健太	維
理	山下芳生	共
	石井準一	自
	関口昌一	自
	野村哲郎	自
	丸川珠代	自
	三原じゅん子	自
	渡辺猛之	自
	青木愛	立
	辻元清美	立
	水岡俊一	立
	新妻秀規	公
	宮崎勝	公
	梅村みずほ	維
	浜野喜史	国
	山本太郎	れ
	ながえ孝子	無

国土交通委員(25)
(自12)(立4)(公3)(維2)
(国2)(共1)(れ1)

長	**蓮舫**	立
理	青木一彦	自
理	長谷川岳	自
理	森屋隆	立
理	高橋光男	公
理	石井苗子	維
	足立敏之	自
	石井浩郎	自
	大野泰正	自
	梶原大介	自
	清水真人	自
	鶴保庸介	自
	豊田俊郎	自
	永井学	自
	山本佐知子	自
	吉井章	自
	鬼木誠	立
	三上えり	立
	竹谷とし子	公
	矢倉克夫	公
	室井邦彦	維
	嘉田由紀子	国
	浜口誠	国
	田村智子	共
	木村英子	れ

国家基本政策委員(20)
(自10)(立2)(公2)(維2)
(国2)(共1)(れ1)

長	**室井邦彦**	維
理	櫻井充	自
	石井浩郎	自
	太田房江	自
	自見はなこ	自
	武見敬三	自
	柘植芳文	自
	豊田俊郎	自
	羽生田俊	自
	宮本周司	自
	吉川ゆうみ	自
	斎藤嘉隆	立
	徳永エリ	立
	谷合正明	公
	山口那津男	公
	浅田均	維
	大塚耕平	国
	榛葉賀津也	国
	小池晃	共
	木村英子	れ

予算委員(45)
(自23)(立8)(公5)(維4)
(国2)(共2)(れ1)

長	**末松信介**	自
理	足立敏之	自
理	大野泰正	自
理	片山さつき	自
理	高橋はるみ	自

(理) 藤川 政人 自
(理) 石橋 通宏 立
(理) 杉尾 秀哉 立
(理) 矢倉 克夫 公
(理) 片山 大介 維
朝日 健太郎 自
有村 治子 自
猪口 邦子 自
臼井 正一 自
小林 一大 自
古庄 玄知 自
島村 大 自
田中 昌史 自
中田 宏 自
長谷川 岳 自
広瀬 めぐみ 自
船橋 利実 自
堀井 巌 自
松川 るい 自
松下 新平 自
山田 俊男 自
若林 洋平 自
石垣 のりこ 立
古賀 千景 立
塩村 あやか 立
辻元 清美 立
福島 みずほ 立
村田 享子 立
塩田 博昭 公
宮崎 勝 公
山本 香苗 公
若松 謙維 公
青島 健太 維
音喜多 駿 維
串田 誠一 維
礒崎 哲史 国
嘉田 由紀子 国
田村 智子 共
山添 拓 共
山本 太郎 れ

決算委員(30)

(自15)(立5)(公4)(維3)(国2)(共1)

(長) **佐藤 信秋** 自
(理) 滝波 宏文 自
(理) 三宅 伸吾 自
(理) 和田 政宗 自
(理) 野田 国義 立
(理) 石川 博崇 公
(理) 柴田 巧 維
生稲 晃子 自
今井 絵理子 自
岩本 剛人 自
越智 俊之 自
加田 裕之 自
佐藤 啓 自
進藤 金日子 自
比嘉 奈津美 自
宮崎 雅夫 自
森屋 宏 自
山田 太郎 自
鬼木 誠 立
高木 真理 立
羽田 次郎 立
三上 えり 立
上田 勇 公
高橋 光男 公
三浦 信祐 公
石井 苗子 維
柳ヶ瀬 裕文 維
竹詰 仁 国
芳賀 道也 国
吉良 よし子 共

行政監視委員(35)

(自17)(立7)(公4)(維2)(国1)(共2)(れ1)(沖1)

(長) **青木 愛** 立
(理) 舞立 昇治 自
(理) 松村 祥史 自
(理) 田名部 匡代 立
(理) 新妻 秀規 公
(理) 梅村 聡 維
(理) 上田 清司 国
(理) 倉林 明子 共
青山 繁晴 自
浅尾 慶一郎 自
井上 義行 自
石井 正弘 自
上野 通子 自
こやり 隆史 自
白坂 亜紀 自
堂故 茂 自
永井 学 自
長谷川 英晴 自
橋本 聖子 自
藤井 一博 自
星 北斗 自
三浦 靖 自
山谷 えり子 自
小沢 雅仁 立
柴 愼一 立
田島 麻衣子 立
水野 素子 立
宮口 治子 公
竹内 真二 公
平木 大作 公
山本 博司 維
石井 章 維
紙 智子 共
大島 九州男 れ
伊波 洋一 沖

議院運営委員(25)
(自13)(立4)(公3)
(維2)(国2)(共1)

(長) **石井 準一 自**
(理) 石田 昌宏 自
(理) 馬場 成志 自
(理) 渡辺 猛之 自
(理) 勝部 賢志 立
(理) 森本 真治 立
(理) 佐々木 さやか 公
(理) 東 徹 維
(理) 浜野 喜史 国
(理) 仁比 聡平 共
青木 一彦 自
赤松 健 自
加藤 明良 自
梶原 大介 自
神谷 政幸 自
友納 理緒 自
山本 啓介 自
山本 佐知子 自
吉井 章 自
牧山 ひろえ 立
横沢 高徳 立
窪田 哲也 公
下野 六太 公
清水 貴之 維
田村 まみ 国

懲罰委員(10)
(自5)(立1)(公1)
(維1)(国1)(共1)

(長) **鈴木 宗男 維**
(理) 牧野 たかお 自
佐藤 正久 自
世耕 弘成 自
野上 浩太郎 自
松山 政司 自
水岡 俊一 立
横山 信一 公
舟山 康江 国
井上 哲士 共

【特別委員会】

災害対策特別委員(20)
(自10)(立3)(公3)
(維2)(国1)(共1)

(長) **三浦 信祐 公**
(理) 足立 敏之 自
(理) 大野 泰正 自
(理) 野田 国義 立
(理) 下野 六太 公
阿達 雅志 自
岩本 剛人 自
小野田 紀美 自
加田 裕之 自
加藤 明良 自
梶原 大介 自
古庄 玄知 自
宮崎 雅夫 自
高木 真理 立
吉川 沙織 立
塩田 博昭 公
柴田 巧 維
室井 邦彦 維
嘉田 由紀子 国
仁比 聡平 共

政府開発援助等及び沖縄・北方問題に関する特別委員(35)
(自17)(立6)(公4)(維3)
(国2)(共1)(れ1)(沖1)

(長) **三原 じゅん子 自**
(理) 青木 一彦 自
(理) 江島 潔 自
(理) 高橋 はるみ 自
(理) 石橋 通宏 立
(理) 矢倉 克夫 公
(理) 清水 貴之 維
青山 繁晴 自
朝日 健太郎 自
有村 治子 自
今井 絵理子 自
上野 通子 自
臼井 正一 自
大家 敏志 自
酒井 庸行 自
白坂 亜紀 自
高橋 克法 自
中西 祐介 自
本田 顕子 自
松山 政司 自
勝部 賢志 立
塩村 あやか 立
田島 麻衣子 立
牧山 ひろえ 立
水野 素子 立
秋野 公造 公
河野 義博 公
窪田 哲也 公
梅村 みずほ 維
鈴木 宗男 維
上田 清司 国
浜口 誠 国
紙 智子 共
大島 九州男 れ
高良 鉄美 沖

政治倫理の確立及び選挙制度に関する特別委員(35)
(自17)(立6)(公4)(維3)
(国2)(共1)(れ1)(沖1)

(長) **古川 俊治 自**

(理) 石井正弘 自
(理) 西田昌司 自
(理) 比嘉奈津美 自
(理) 堀井巌 自
(理) 石川大我 立
(理) 谷合正明 公
(理) 石井章 維
上月良祐 自
佐藤啓 自
中田宏 自
長峯誠 自
福岡資麿 自
藤井一博 自
舞立昇治 自
松川るい 自
松下新平 自
三浦靖 自
森屋宏 自
山下雄平 自
熊谷裕人 立
小西洋之 立
古賀千景 立
宮口治子 立
森屋隆 立
伊藤孝江 公
杉久武 公
山本博司 公
片山大介 維
中条きよし 維
伊藤孝恵 国
浜野喜史 国
井上哲士 共
天畠大輔 れ
伊波洋一 沖

北朝鮮による拉致問題等に関する特別委員(20)

(自10)(立3)(公2)(維2)(国1)(共1)(れ1)

(長) **山谷えり子** 自
(理) 北村経夫 自
(理) 滝波宏文 自
(理) 打越さく良 立
(理) 竹内真二 公
赤池誠章 自
衛藤晟一 自
小林一大 自
清水真人 自
永井学 自
丸川珠代 自
吉井章 自
青木愛 立
三上えり 立
里見隆治 公
東徹 維
金子道仁 維
川合孝典 国
井上哲士 共
舩後靖彦 れ

地方創生及びデジタル社会の形成等に関する特別委員(20)

(自10)(立3)(公2)(維2)(国1)(共2)

(長) **鶴保庸介** 自
(理) 三宅伸吾 自
(理) 山田太郎 自
(理) 杉尾秀哉 立
(理) 平木大作 公
浅尾慶一郎 自
越智俊之 自
友納理緒 自
長谷川英晴 自
船橋利実 自
山本啓介 自
山本佐知子 自
小沼巧 立
岸真紀子 立
上田勇 公
猪瀬直樹 維
柳ヶ瀬裕文 維
芳賀道也 国
伊藤岳 共
山下芳生 共

消費者問題に関する特別委員(20)

(自10)(立4)(公2)(維2)(国1)(共1)

(長) **松沢成文** 維
(理) こやり隆史 自
(理) 中田宏 自
(理) 川田龍平 立
(理) 安江伸夫 公
赤松健 自
生稲晃子 自
神谷政幸 自
古賀友一郎 自
島村大 自
田中昌史 自
宮本周司 自
山田太郎 自
小沢雅仁 立
羽田次郎 立
村田享子 立
宮崎勝 公
梅村聡 維
田村まみ 国
倉林明子 共

東日本大震災復興特別委員(35)

(自18)(立6)(公4)(維2)(国2)(共2)(れ1)

(長) **古賀之士** 立
(理) 上月良祐 自

理	櫻井　充	自
理	松村祥史	自
理	和田政宗	自
理	石垣のりこ	立
理	若松謙維	公
理	石井苗子	維
	石井浩郎	自
	江島　潔	自
	梶原大介	自
	進藤金日子	自
	滝沢　求	自
	豊田俊郎	自
	羽生田俊	自
	橋本聖子	自
	広瀬めぐみ	自
	藤木眞也	自
	星　北斗	自
	宮沢洋一	自
	森まさこ	自
	若林洋平	自
	鬼木　誠	立
	柴　愼一	立
	徳永エリ	立
	横沢高徳	立
	竹谷とし子	公
	新妻秀規	公
	横山信一	公
	松野明美	維
	榛葉賀津也	国
	竹詰　仁	国
	岩渕　友	共
	紙　智子	共
	山本太郎	れ

【調査会】

外交・安全保障に関する調査会委員（25）

（自12）（立5）（公2）（維3）（国1）（共1）（沖1）

長	**猪口邦子**	自
理	朝日健太郎	自
理	こやり隆史	自
理	松川るい	自
理	塩村あやか	立
理	平木大作	公
理	串田誠一	維
理	浜口　誠	国
理	岩渕　友	共
	赤松　健	自
	生稲晃子	自
	今井絵理子	自
	上野通子	自
	永井　学	自
	長谷川英晴	自
	森まさこ	自
	吉川ゆうみ	自
	羽田次郎	立
	三上えり	立
	水野素子	立
	宮口治子	立
	高橋光男	公
	金子道仁	維
	松野明美	維
	伊波洋一	沖

国民生活・経済及び地方に関する調査会委員（25）

（自13）（立4）（公3）（維2）（国1）（共1）（れ1）

長	**福山哲郎**	立
理	加田裕之	自
理	上月良祐	自
理	小沼　巧	立
理	竹内真二	公
理	高木かおり	維
理	伊藤孝恵	国
理	山添　拓	共
	岩本剛人	自
	越智俊之	自
	白坂亜紀	自
	田中昌史	自
	堂故　茂	自
	友納理緒	自
	星　北斗	自
	山本啓介	自
	山本佐知子	自
	和田政宗	自
	若林洋平	自
	柴　愼一	立
	高木真理	立
	窪田哲也	公
	杉　久武	公
	中条きよし	維
	木村英子	れ

資源エネルギー・持続可能社会に関する調査会委員（25）

（自12）（立4）（公3）（維2）（国2）（共1）（れ1）

長	**宮沢洋一**	自
理	佐藤　啓	自
理	滝波宏文	自
理	三浦　靖	自
理	岸真紀子	立
理	塩田博昭	公
理	青島健太	維
理	竹詰　仁	国
理	吉良よし子	共
	有村治子	自
	神谷政幸	自
	自見はなこ	自
	高橋はるみ	自
	広瀬めぐみ	自
	藤井一博	自
	船橋利実	自

宮崎　雅夫　**自**
鬼木　誠　**立**
村田　享子　**立**
森屋　隆　**立**
河野　義博　**公**
新妻　秀規　**公**
梅村　みずほ　**維**
嘉田　由紀子　**国**
舩後　靖彦　**れ**

【憲法審査会】

憲法審査会委員(45)

(自22)(立8)(公5)(維4)(国3)(共2)(れ1)

㊐ **中曽根　弘文**　**自**
㊦ 浅尾　慶一郎　**自**
㊦ 片山　さつき　**自**
㊦ 堀井　巌　**自**
㊦ 牧野　たかお　**自**
㊦ 山本　順三　**自**
㊦ 熊谷　裕人　**立**
㊦ 杉尾　秀哉　**立**
㊦ 西田　実仁　**公**
㊦ 音喜多　駿　**維**
㊦ 大塚　耕平　**国**
㊦ 山添　拓　**共**
青山　繁晴　**自**
赤池　誠章　**自**
臼井　正一　**自**
衛藤　晟一　**自**
加藤　明良　**自**
小林　一大　**自**
古庄　玄知　**自**
佐藤　正久　**自**
進藤　金日子　**自**
中西　祐介　**自**
松川　るい　**自**
松下　新平　**自**
松山　政司　**自**
丸川　珠代　**自**
山田　宏　**自**
山谷　えり子　**自**
石川　大我　**立**
打越　さく良　**立**
小西　洋之　**立**
古賀　千景　**立**
辻元　清美　**立**
福島　みずほ　**立**
佐々木　さやか　**公**
矢倉　克夫　**公**
安江　伸夫　**公**
山本　香苗　**公**
浅田　均　**維**
東　徹　**維**
猪瀬　直樹　**維**
礒﨑　哲史　**国**
舟山　康江　**国**
仁比　聡平　**共**

山本　太郎　**れ**

【情報監視審査会】

情報監視審査会委員(8)

(自4)(立1)(公1)(維1)(国1)

㊐ **有村　治子**　**自**
上野　通子　**自**
こやり　隆史　**自**
堀井　巌　**自**
牧山　ひろえ　**立**
石川　博崇　**公**
高木　かおり　**維**
浜口　誠　**国**

【政治倫理審査会】

政治倫理審査会委員(15)

(自8)(立2)(公2)(維1)(国1)(共1)

㊐ **松下　新平**　**自**
㊦ 佐藤　正久　**自**
㊦ 丸川　珠代　**自**
㊦ 森本　真治　**立**
世耕　弘成　**自**
関口　昌一　**自**
西田　昌司　**自**
野上　浩太郎　**自**
松山　政司　**自**
蓮舫　**立**
谷合　正明　**公**
横山　信一　**公**
室井　邦彦　**維**
芳賀　道也　**国**
山下　芳生　**共**

会派名の表記は下記の通り。
自＝自由民主党
立＝立憲民主・社民
公＝公明党
維＝日本維新の会
国＝国民民主党・新緑風会
共＝日本共産党
れ＝れいわ新選組
政＝政治家女子48党
沖＝沖縄の風
無＝各派に属しない議員
欠＝欠員

各政党役員一覧

（令和5年7月18日現在）

自由民主党

（昭和30年11月15日結成）

〒100-8910 千代田区永田町1-11-23
☎03-3581-6211

総　　裁　岸田文雄
副総裁　麻生太郎
幹事長　茂木敏充
幹事長代行　梶山弘志
幹事長代理　伊藤達也
同　上川陽子
同　井上信治
同　牧野たかお
副幹事長　福田達夫（筆頭）、坂本哲志、鷲尾英一郎、あかま二郎、井林辰憲、大野敬太郎、小林鷹之、小林史明、鈴木貴子、田中英之、堀内詔子、宮澤博行、山下貴司、谷川とむ、青木一彦、片山さつき、長谷川岳、上月良祐、馬場成志、こやり隆史、高橋はるみ
人事局長　福岡資麿
経理局長　若宮健嗣
情報調査局長　平　将明
国際局長　伊藤信太郎
財務委員長　林　幹雄
両院議員総会長　橋本聖子
衆議院議員総会長　船田　元
党紀委員長　衛藤晟一
中央政治大学院長　有村治子
組織運動本部長　小渕優子
同本部長代理　金子恭之、奥野信亮、松下新平
団体総局長　橘　慶一郎
法務・自治関係団体委員長　今枝宗一郎
財政・金融・証券関係団体委員長　中山展宏
教育・文化・スポーツ関係団体委員長　井原　巧
社会教育・宗教関係団体委員長　堀井　学
厚生関係団体委員長　加藤鮎子
環境関係団体委員長　朝日健太郎
労働関係団体委員長　田所嘉徳
農林水産関係団体委員長　宮路拓馬
商工・中小企業関係団体委員長　冨樫博之
運輸・交通関係団体委員長　長坂康正
情報・通信関係団体委員長　藤井比早之
国土・建設関係団体委員長　細田健一
安全保障関係団体委員長　三宅伸吾
生活安全関係団体委員長　高木宏壽
NPO・NGO関係団体委員長　石川昭政
地方組織・議員総局長　上田英俊
女性局長　松川るい
青年局長　鈴木憲和
労政局長　森　英介
遊説局長　三谷英弘
広報本部長　石田真敏
同本部長代理　土屋品子、平井卓也、島村　大
広報戦略局長　関　芳弘
ネットメディア局長　平　将明
新聞出版局長　上野通子
報道局長　石原宏高
国会対策委員長　高木　毅
委員長代理　御法川信英
副委員長　盛山正仁（筆頭）、丹羽秀樹、武藤容治、伊東良孝、柿沢未途、小泉進次郎、八木哲也、熊田裕通、田野瀬太道、佐々木紀、新谷正義、牧島かれん、辻　清人、青山周平、三谷英弘、鈴木隼人、佐藤正久、藤川政人
総務会長　遠藤利明
会長代行　江渡聡徳
会長代理　小里泰弘、金子恭之、義家弘介、松村祥史
副会長　土屋品子、平沢勝栄、江島　潔、山田俊男
総　　務　東　国幹、五十嵐清、石破　茂、衛藤征士郎、下村博文、寺田　稔、根本幸典、本田太郎、山本有二、若林健太、有村治子、上野通子、中曽根弘文、宮沢洋一、山本順三

政務調査会長　萩生田　光　一
会長代行　新藤義孝
会長代理　今村雅弘、平井卓也、宮下一郎、赤澤亮正、西田昌司、大家敏志
副会長　上野賢一郎、坂井　学、大塚　拓、松本洋平、鈴木馨祐、中西祐介、赤池誠章、石井正弘

部会長

内閣第一部会長　森屋　宏
〃部会長代理　渡辺孝一、高木宏壽、山田太郎
内閣第二部会長　神田憲次
〃部会長代理　工藤彰三、こやり隆史
国防部会長　國場幸之助
〃部会長代理　小田原潔、大岡敏孝、北村経夫
総務部会長　武村展英
〃部会長代理　斎藤洋明、鳩山二郎、堂故　茂
法務部会長　宮﨑政久
〃部会長代理　今枝宗一郎
外交部会長　堀井　巌
〃部会長代理　若林健太、中川郁子、松川るい
財務金融部会長　中西健治
〃部会長代理　中山展宏、宗清皇一
文部科学部会長　中村裕之
〃部会長代理　堀井　学、井原巧、今井絵理子
厚生労働部会長　田畑裕明
〃部会長代理　加藤鮎子、島村大
農林部会長　武部　新
〃部会長代理　根本幸典、宮路拓馬、馬場成志
水産部会長　滝波宏文
〃部会長代理　宮路拓馬
経済産業部会長　岩田和親
〃部会長代理　今枝宗一郎、冨樫博之、青山繁晴
国土交通部会長　津島　淳
〃部会長代理　菅家一郎、長坂康正、朝日健太郎
環境部会長　三宅伸吾
〃部会長代理　務台俊介

調査会長

税制調査会長　宮沢洋一
選挙制度調査会長　逢沢一郎
科学技術・イノベーション戦略調査会長　渡海紀三朗
ITS推進・道路調査会長　金子恭之
治安・テロ対策調査会長　岩屋　毅
沖縄振興調査会長　小渕優子
消費者問題調査会長　船田　元
障害児者問題調査会長　上川陽子
雇用問題調査会長　塩谷　立
総合農林政策調査会長　江藤　拓
水産総合調査会長　石破　茂
金融調査会長　片山さつき
知的財産戦略調査会長　小林鷹之
中小企業・小規模事業者政策調査会長　伊藤達也
国際協力調査会長　牧島かれん
司法制度調査会長　古川禎久
スポーツ立国調査会長　橋本聖子
環境・温暖化対策調査会長　井上信治
住宅土地・都市政策調査会長　松島みどり
文化立国調査会長　山谷えり子
食育調査会長　土屋品子
観光立国調査会長　林　幹雄
青少年健全育成推進調査会長　中曽根弘文
外交調査会長　衛藤征士郎
安全保障調査会長　小野寺五典
社会保障制度調査会長　田村憲久
総合エネルギー戦略調査会長　額賀福志郎
情報通信戦略調査会長　野田聖子
整備新幹線等鉄道調査会長　稲田朋美
競争政策調査会長　若宮健嗣
地方行政調査会長　佐藤信秋
教育・人材力強化調査会長　柴山昌彦
物流調査会長　今村雅弘
少子化対策調査会長　衛藤晟一

特別委員長

過疎対策特別委員長　宮下一郎
外国人労働者等特別委員長　松山政司
たばこ特別委員長　江渡聡徳

捕鯨対策特別委員長	鶴保庸介
災害対策特別委員長	武田良太
再犯防止推進特別委員長	田中和徳
国際保健戦略特別委員長	武見敬三
宇宙・海洋開発特別委員長	新藤義孝
超電導リニア鉄道に関する特別委員長	古屋圭司
航空政策特別委員長	梶山弘志
海運・造船対策特別委員長	石田真敏
都市公園緑地対策特別委員長	江﨑鐵磨
山村振興特別委員長	奥野信亮
離島振興特別委員長	谷川弥一
半島振興特別委員長	
インフラシステム輸出総合戦略特別委員長	二階俊博
原子力規制に関する特別委員長	鈴木淳司
鳥獣被害対策特別委員長	武藤容治
奄美振興特別委員長	森山裕
クールジャパン戦略推進特別委員長	世耕弘成
領土に関する特別委員長	猪口邦子
北海道総合開発特別委員長	伊東良孝
交通安全対策特別委員長	田中和徳
下水道・浄化槽対策特別委員長	山本有二
社会的事業推進特別委員長	橋慶一郎
所有者不明土地等に関する特別委員長	土井亨
女性活躍推進特別委員長	丸川珠代

特命委員長

郵政事業に関する特命委員長	森山裕
戦没者遺骨帰還に関する特命委員長	福岡資麿
日本の名誉と信頼を確立するための特命委員長	有村治子
性的マイノリティに関する特命委員長	髙階恵美子
虐待等に関する特命委員長	平沢勝栄
安全保障と土地法制に関する特命委員長	北村経夫
医療情報政策・ゲノム医療推進特命委員長	古川俊治
差別問題に関する特命委員長	堀井巌
日本Well-being計画推進特命委員長	上野通子
孤独・孤立対策特命委員長	坂本哲志
2027横浜国際園芸博覧会(花博)推進特命委員長	坂井学
PFI推進特命委員長	上野賢一郎
全世代型社会保障に関する特命委員長	田村憲久
令和の教育人材確保に関する特命委員長	萩生田光一
防衛関係費の財源検討に関する特命委員長	萩生田光一

本部長・ＰＴ座長

財政政策検討本部長	西田昌司
新型コロナウイルス等感染症対策本部長	山際大志郎
経済安全保障推進本部長	甘利明
デジタル社会推進本部長	平井卓也
自由で開かれたインド太平洋戦略本部長	麻生太郎
社会機能移転分散型国づくり推進本部長	古屋圭司
サイバーセキュリティ対策本部長	下村博文
有明海・八代海再生ＰＴ座長	金子恭之
終末期医療に関する検討ＰＴ座長	山口俊一
子どもの元気！農村漁村で育むＰＴ座長	橋慶一郎
二輪車問題対策ＰＴ座長	三原じゅん子
国民皆歯科健診実現ＰＴ座長	古屋圭司
女性の生涯の健康に関するＰＴ座長	髙階恵美子
佐渡島の金山世界遺産登録実現ＰＴ座長	橋慶一郎
フリーランスに関する検討ＰＴ座長	新藤義孝
選挙対策委員長	森山裕

〔参議院自由民主党〕

参議院議員会長 関口昌一
副会長 武見敬三
同 山本順三
参議院幹事長 世耕弘成
幹事長代行 丸川珠代
幹事長代理 牧野たかお
副幹事長 青木一彦(筆頭)、片山さつき、長谷川岳、上月良祐、馬場成志、堀井 巌、こやり隆史、高橋はるみ、宮崎雅夫
参議院政策審議会長 松山政司
会長代理 西田昌司
同 大家敏志
副会長 中西祐介、赤池誠章、石井正弘、堂故 茂、森屋 宏、朝日健太郎、山田太郎
参議院国会対策委員長 野上浩太郎
委員長代行 佐藤正久
委員長代理 藤川政人
副委員長 大野泰正、石田昌宏、舞立昇治、足立敏之、進藤金日子、佐藤 啓、比嘉奈津美、船橋利実、加田裕之
会計 上月良祐
会計監査 山谷えり子

特別機関

憲法改正実現本部長	古屋圭司
党改革実行本部長	茂木敏充
行政改革推進本部長	棚橋泰文

新しい資本主義実行本部長	岸田文雄
「こども・若者」輝く未来創造本部長	茂木敏充
東日本大震災復興加速化本部長	額賀福志郎
地方創生実行統合本部長	林　幹雄
国土強靭化推進本部長	二階俊博
財政健全化推進本部長	額賀福志郎
2025年大阪・関西万博推進本部長	二階俊博
TPP・日EU・日米TAG等経済協定対策本部長	森山　裕
北朝鮮核実験・ミサイル問題対策本部長	江渡聡徳
北朝鮮による拉致問題対策本部長	山谷えり子
ウクライナ問題に関する対策本部長	茂木敏充
GX実行本部長	萩生田光一

立憲民主党 立憲民主党

（令和2年9月15日結成）

〒100-0014 千代田区永田町1-11-1 三宅坂ビル ☎03-3595-9988

最高顧問	菅　直人
同	野田佳彦
代表	泉　健太
代表代行	西村智奈美
同	逢坂誠二
幹事長	岡田克也
幹事長代理	手塚仁雄
同	田名部匡代
総務局長／副幹事長	山岡達丸
財務局長／副幹事長	落合貴之
青年局長／副幹事長	青山大人
災害・緊急事態局長／副幹事長	森山浩行
国際局長／副幹事長	源馬謙太郎
人材局長／副幹事長	荒井　優
副幹事長	石川香織、本庄知史、勝部賢志、田島麻衣子
国民運動局長	森本真治
常任幹事会議長	徳永エリ
参議院議員会長	水岡俊一
両院議員総会長	川田龍平
代表政務室長	渡辺　周
選挙対策委員長	大串博志
政務調査会長	長妻　昭
政務調査会長代理	大西健介（筆頭代理）、城井崇
政務調査会副会長	小熊慎司、稲富修二、篠原　豪、山崎　誠、岡本あき子、櫻井　周、中谷一馬、小沼　巧、岸　真紀子、熊谷裕人
国会対策委員長	安住　淳
国会対策委員長代理	山井和則
同	斎藤嘉隆
国会対策副委員長	笠　浩史（筆頭）、後藤祐一、吉川　元、森山浩行、野間　健、源馬謙太郎、森田俊和、おおつき紅葉
代議士会長	寺田　学
組織委員長	森本真治
企業・団体交流委員長	大島　敦
参議院幹事長	田名部匡代
参議院議員会長代行	牧山ひろえ
参議院国会対策委員長	斎藤嘉隆
参議院政策審議会長	
総合選挙対策本部長	泉　健太
つながる本部本部長	泉　健太
ジェンダー平等推進本部長	西村智奈美
政治改革推進本部長	渡辺　周
広報本部長	逢坂誠二
拉致問題対策本部長	
東日本大震災復興対策本部長	玄葉光一郎
新型コロナウイルス対策本部長	小川淳也
子ども・若者応援本部長	泉　健太
倫理委員長	菊田真紀子
会計監査	金子恵美
同	野田国義
ハラスメント対策委員長	金子恵美
旧統一教会被害対策本部長	西村智奈美
沖縄協議会座長	福山哲郎
北海道ブロック常任幹事	岸　真紀子
東北ブロック常任幹事	石垣のりこ
北関東ブロック常任幹事	福田昭夫
南関東ブロック常任幹事	田嶋　要
東京ブロック常任幹事	手塚仁雄
北陸信越ブロック常任幹事	近藤和也
東海ブロック常任幹事	渡辺　周
近畿ブロック常任幹事	
中国ブロック常任幹事	湯原俊二
四国ブロック常任幹事	白石洋一
九州ブロック常任幹事	稲富修二

自治体議員ネットワーク代表　遊佐美由紀

立憲民主党「次の内閣」

ネクスト総理大臣　泉　健太
ネクスト内閣官房長官　長妻　昭
ネクスト内閣府担当大臣　杉尾秀哉
ネクスト総務大臣　野田国義
ネクスト法務大臣　牧山ひろえ
ネクスト外務・安全保障大臣　玄葉光一郎
ネクスト財務金融大臣　階　猛
ネクスト文部科学大臣・ネクスト子ども政策担当大臣　菊田真紀子
ネクスト厚生労働大臣　早稲田ゆき
ネクスト農林水産大臣　金子恵美
ネクスト経済産業大臣　田嶋　要
ネクスト国土交通・復興大臣　小宮山泰子
ネクスト環境大臣　近藤昭一
憲法調査会長　中川正春
税制調査会長　小川淳也
SOGIに関するPT座長　大河原まさこ
障がい・難病PT座長　横沢高徳
外国人受け入れ制度及び多文化共生社会のあり方に関する検討PT座長　石橋通宏
デジタル政策PT座長　中谷一馬
生殖補助医療PT座長　西村智奈美
外交・安全保障戦略PT座長　玄葉光一郎
公務員制度改革PT座長　大島　敦
環境エネルギーPT座長　田嶋　要
公文書管理PT座長　逢坂誠二
雇用問題対策PT座長　西村智奈美

日本維新の会

（※1、P287参照）

〒542-0082 大阪市中央区島之内1-17-16
三栄長堀ビル ☎06-4963-8800

代表　馬場伸幸
共同代表　吉村洋文
副代表　辻　淳子
幹事長・選挙対策本部長　藤田文武
選挙対策本部長代行　井上英孝
選挙対策本部長代理　浦野靖人
幹事長代行　河崎大樹
政務調査会長　音喜多　駿
政務調査会長代行　藤田　暁
総務会長　柳ヶ瀬裕文
総務会長代行　岡崎　太
改革実行本部長　東　徹
常任役員　森　和臣、山下昌彦、横山英幸、黒田征樹、宮本一孝
非常任役員　松沢成文
同　天野　浩
学生局長　松本常広
ダイバーシティ推進局長　高木かおり
国際局長　青柳仁士
広報局長　伊良原　勉
財務局長　高見りょう
党紀委員長　横倉廉幸
維新政治塾名誉塾長　馬場伸幸
維新政治塾塾長　音喜多　駿
会計監査人代表　井上英孝

〔国会議員団〕

代表　馬場伸幸
副代表　鈴木宗男
幹事長　藤田文武
幹事長代理　三木圭恵
広報局長　柳ヶ瀬裕文
学生局長　沢田　良
ダイバーシティ推進局長　高木かおり
政務調査会長　音喜多　駿
政務調査会長代行　青柳仁士
政務調査会副会長　梅村　聡、三木圭恵、小野泰輔、片山大介、高木かおり、沢田　良、住吉寛紀、堀場幸子、吉田とも代、串田誠一、一谷勇一郎、漆間譲司
国会対策委員長　遠藤　敬
国会対策委員長代行　東　徹
国会対策委員長代理　中司　宏
国会対策副委員長　柴田　巧、奥下剛光、金村龍那、遠藤良太、阿部　司、岩谷良平、池畑浩太朗、赤木正幸
代議士会長　市村浩一郎
参議院会長　浅田　均
参議院会長代行　室井邦彦
参議院幹事長　猪瀬直樹
参議院国会対策委員長　東　徹
参議院国会対策委員長代理　柴田　巧
参議院政策審議会長　音喜多　駿

両院議員総会長　石井　章
党紀委員長　中司　宏
党紀委員　浦野靖人、三木圭恵、柴田　巧、小野泰輔
選挙対策本部長代行　井上英孝

公　明　党

(※2、P287参照)

〒160-0012 新宿区南元町17
☎03-3353-0111

代表　山口那津男
副代表　北側一雄、古屋範子、斉藤鉄夫
幹事長　石井啓一
中央幹事会会長　北側一雄
政務調査会長　高木陽介
中央幹事　竹内　譲(会長代理)、大口善徳、稲津　久、庄子賢一、塩田博昭、中川宏昌、中川康洋、山本香苗、山本博司、濵地雅一、河野義博、中島義雄、松葉多美子、山口広治、若松謙維、伊藤渉、石川博崇、岡本三成、國重徹、土岐恭生、千葉宣男
中央規律委員長　浮島智子
中央会計監査委員　佐々木さやか
同　杉　久武
幹事長代行　赤羽一嘉
幹事長代理　稲津　久
同　谷合正明
政務調査会長代理　大口善徳、古屋範子、伊藤　渉、上田　勇
国会対策委員長　佐藤茂樹
国会対策委員長代理　岡本三成
国対筆頭副委員長　中野洋昌
選挙対策委員長　西田実仁
組織委員長　大口善徳
組織局長　稲津　久
地方議会局長　輿水恵一
遊説局長　竹内真二
広報委員長　谷合正明
広報局長　國重　徹
宣伝局長　佐々木さやか
総務委員長　高鍋博之
財務委員長　石井啓一
機関紙委員長　吉本正史
機関紙推進委員長　若松謙維
国際委員長　岡本三成
国際局長　濵地雅一
団体渉外委員長　伊藤　渉
団体局長　中野洋昌
労働局長　佐藤英道
市民活動委員長　石川博崇
市民活動局長　石川博崇
文化芸術局長　浮島智子
NPO局長　鰐淵洋子
女性委員長　古屋範子
女性局長　竹谷とし子
青年委員長　國重　徹
青年局長　三浦信祐
学生局長　安江伸夫
常任顧問　太田昭宏、井上義久
アドバイザー　石田祝稔、桝屋敬悟、高木美智代、浜田昌良
参議院会長　西田実仁
参議院副会長　山本香苗
参議院幹事長　谷合正明
参院国会対策委員長　横山信一
参院国対筆頭副委員長　佐々木さやか
参院政策審議会長　石川博崇
全国地方議員団会議議長　中島義雄

日本共産党

(大正11年7月15日結成)

〒151-8586 渋谷区千駄ヶ谷4-26-7
☎03-3403-6111

幹部会委員長　志位和夫
書記局長　小池　晃
幹部会副委員長　山下芳生(筆頭)、市田忠義、緒方靖夫、倉林明子、田村智子、浜野忠夫
常任幹部会委員　市田忠義、岩井鐵也、浦田宣昭、太田善作、岡嵜郁子、緒方靖夫、笠井　亮、紙　智子、吉良よし子、倉林明子、小池　晃、小木曽陽司、穀

田恵二、志位和夫、高橋千鶴子、田中　悠、田村智子、寺沢亜志也、中井作太郎、浜野忠夫、広井暢子、藤田　文、不破哲三、山下芳生、山添　拓、若林義春

書記局次長　中井作太郎（筆頭）、田中　悠、若林義春、土井洋彦

訴願委員会責任者　太田善作
規律委員会責任者　田邊　進
監査委員会責任者　広井暢子
中央機関紙編集委員会責任者　小木曽陽司
政策委員会委員長　田村智子
経済・社会保障政策委員会責任者　垣内　亮
人権委員会責任者　倉林明子
ジェンダー平等委員会責任者　倉林明子
子どもの権利委員会責任者　梅村早江子
障害者の権利委員会責任者　高橋千鶴子
先住民（アイヌ）の権利委員会責任者　紙　智子
在日外国人の権利委員会責任者　田川　実
宣伝局長　田村一志
広報部長　植木俊雄
国民の声室責任者　藤原忠雄
国民運動委員会責任者　浦田宣昭
労働局長　大幡基夫
農林・漁民局長　紙　智子
市民・住民運動・中小企業局長　堤　文俊
平和運動局長　川田忠明
基地対策委員会責任者　小泉親司
災害問題対策委員会責任者　太田善作
学術・文化委員会責任者　土井洋彦
文教委員会責任者　藤森　毅
宗教委員会責任者　土井洋彦
スポーツ委員会責任者　畑野君枝
選挙対策局長　中井作太郎
選挙対策委員長　穀田恵二
自治体局長　岡嵜郁子
国際委員会責任者　緒方靖夫
党建設委員会責任者　山下芳生
組織局長　土方明果
機関紙活動局長　田中　悠
学習・教育局長　山谷富士雄
青年・学生委員会責任者　吉良よし子
中央党学校運営委員会責任者　山下芳生
法規対策部長　柳沢明夫
人事局長　浜野忠夫
財務・業務委員会責任者　岩井鐵也
財政部長　大久保健三
機関紙誌業務部長　佐藤正美
管理部長　結城久志
厚生部長　三輪　慎
コンピュータ・システム開発管理部長　田中芳樹
赤旗まつり実行委員長　小木曽陽司
社会科学研究所長　不破哲三
出版企画委員会責任者　岩井鐵也
出版局長　田代忠利
雑誌刊行委員会責任者　田代忠利
資料室責任者　菅原正伯
党史資料室責任者　岡　宏輔
中央委員会事務室責任者　工藤　充
第二事務室責任者　高宮正芳
赤旗編集局長　小木曽陽司
原発・気候変動・エネルギー問題対策委員会責任者　笠井　亮
国会議員団総会長　紙　智子
衆議院議員団長　高橋千鶴子
参議院議員団長　紙　智子
参議院幹事長　井上哲士
国会対策委員長　穀田恵二
衆議院国会対策委員長　穀田恵二
参議院国会対策委員長　井上哲士
国会議員団事務局長　藤井正人

国民民主党

（令和2年9月15日結成）

〒100-0014 千代田区永田町2-17-17
JBS永田町 ☎03-3593-6229

代表　玉木雄一郎
代表代行　前原誠司
代表代行兼政務調査会長　大塚耕平
副代表兼選挙対策委員長代理　浜野喜史
幹事長兼選挙対策委員長　榛葉賀津也
幹事長代行　川合孝典
国会対策委員長兼企業団体委員長　古川元久
参議院議員会長兼両院議員総会長　舟山康江
役員室長　浜口　誠
副代表　浜野喜史

同	礒﨑哲史
幹事長代理	鈴木義弘
副幹事長	西岡秀子
同	伊藤孝恵
国会対策委員長代理	浅野哲
国会対策副委員長	鈴木敦
同	田中健
組織委員長	伊藤孝恵
広報局長	礒﨑哲史
財務局長兼総務局長	浜口誠
倫理委員長	西岡秀子
国民運動局長	田村まみ
青年局長	浅野哲
国際局長	古川元久
参議院議員会長	舟山康江
参議院幹事長	川合孝典
参議院国会対策委員長	礒﨑哲史
政治改革・行政改革推進本部長	古川元久
男女共同参画推進本部長兼LGBT担当	矢田わか子
拉致問題対策本部長	川合孝典
新型コロナウイルス対策本部長	玉木雄一郎
災害対策本部長	榛葉賀津也
政務調査会長代理	西岡秀子
同	浜口誠

れいわ新選組

（平成31年4月1日結成）

〒102-0083 千代田区麴町2-5-20
押田ビル4F ☎03-6384-1974

代表	山本太郎
共同代表	櫛渕万里
同	大石あきこ
副代表兼参議院会長	舩後靖彦
副代表兼参議院国会対策副委員長	木村英子
国会対策委員長	たがや亮
政策審議会長	大石あきこ
政策審議会長代理兼衆議院会長	櫛渕万里
参議院国会対策委員長	大島九州男
幹事長	高井たかし
幹事	天畠大輔
両院議員総会長	舩後靖彦
選挙対策委員長	山本太郎

社会民主党

（※3、P287参照）

〒104-0043 中央区湊3-18-17
マルキ榎本ビル5F ☎03-3553-3731

党首	福島みずほ
副党首	新垣邦男
副党首	大椿裕子
幹事長	服部良一
国会対策委員長(兼)	新垣邦男
政策審議会長(兼)	新垣邦男
選挙対策委員長(兼)	服部良一
総務企画局長	中島修
組織団体局長	渡辺英明
機関紙宣伝局長(兼)	中島修
常任幹事	山城博治、伊地智恭子、伊是名夏子

政治家女子48党

（平成25年6月17日結成）

〒100-8962 千代田区永田町2-1-1
参議院議員会館403号 ☎03-6550-0403

党首	齊藤健一郎
副党首	丸山穂高
幹事長/政策調査会長	浜田聡
選挙対策委員長/次期選挙戦略本部長	立花孝志

参政党

（令和2年4月11日結成）

〒106-0041 港区麻布台2-2-12
三貴ビル3F ☎03-6807-4228

代表	松田学
副代表・事務局長	神谷宗幣

※1 平成27年10月31日、おおさか維新の会結党。平成28年8月23日、日本維新の会へ党名変更
※2 昭和39年11月17日旧公明党結党。平成10年11月7日、「公明」と「新党平和」が合流して、新しい現在の「公明党」結成
※3 昭和20年11月2日、日本社会党結成。昭和30年10月13日、左右再統一。平成8年1月19日、社会民主党へ党名変更

衆議院議員勤続年数・当選回数表

（令和5年8月末現在）

氏名の前の（　）内の数字は参議院の通算在職年数、端数は切り上げてあります。
○内の数字は衆議院議員としての当選回数です。

54年（1人）
小沢 一郎⑱

46年（1人）
(7)衛藤 征士郎⑬

45年（1人）
中村 喜四郎⑮

44年（1人）
菅 直人⑭

42年（1人）
麻生 太郎⑭

40年（3人）
甘利 明⑬
二階 俊博⑬
額賀 福志郎⑬

38年（4人）
逢沢 一郎⑫
石破 茂⑫
船田 元⑬
村上 誠一郎⑫

34年（7人）
岡田 克也⑪
中谷 元⑪
古屋 圭司⑪
細田 博之⑪
森 英介⑪
山口 俊一⑪
山本 有二⑪

31年（15人）
石井 啓一⑩
枝野 幸男⑩
岸田 文雄⑩
北側 一雄⑩
玄葉 光一郎⑩
穀田 恵二⑩
斉藤 鉄夫⑩
志位 和夫⑩
鈴木 俊一⑩
渡海 紀三朗⑩
野田 聖子⑩
浜田 靖一⑩
林 幹雄⑩
前原 誠司⑩
茂木 敏充⑩

29年（2人）
高市 早苗⑨
(27)林 芳正①

28年（17人）
安住 淳⑨
今村 雅弘⑨
河野 太郎⑨
近藤 昭一⑨
佐藤 茂樹⑩
佐藤 勉⑨
塩谷 立⑩
下村 博文⑨
菅 義偉⑨
田中 和徳⑨
田村 憲久⑨
棚橋 泰文⑨
中川 正春⑨
原口 一博⑨
平沢 勝栄⑨
古川 元久⑨
渡辺 周⑨

27年（9人）
赤羽 一嘉⑨
伊藤 達也⑨
岩屋 毅⑨
遠藤 利明⑨
大口 善徳⑨
(13)金田 勝年⑤
高木 陽介⑨
根本 匠⑨
野田 佳彦⑨

26年（2人）
新藤 義孝⑧
(6)森山 裕⑦

25年（1人）
(7)笠井 亮⑥

24年（21人）
阿部 知子⑧
赤嶺 政賢⑧
江﨑 鐵磨⑧
江渡 聡徳⑧
小渕 優子⑧
大島 敦⑧
梶山 弘志⑧
金子 恭之⑧
櫻田 義孝⑧
塩川 鉄也⑧
高木 毅⑧
土屋 品子⑧
長妻 昭⑧
平井 卓也⑧
細野 豪志⑧
松野 博一⑧
松原 仁⑧
松本 剛明⑧
山井 和則⑧
吉野 正芳⑧
渡辺 博道⑧

23年（1人）
末松 義規⑦

22年（5人）
石田 真敏⑧
小野寺 五典⑧
海江田 万里⑧
牧 義夫⑦
山口 壯⑦

20年（23人）
井上 信治⑦
泉 健太⑧
江田 憲司⑦
江藤 拓⑦
加藤 勝信⑦
上川 陽子⑦
菊田 真紀子⑦
小泉 龍司⑦
小宮山 泰子⑦
後藤 茂之⑦
篠原 孝⑦
柴山 昌彦⑦
田嶋 要⑦
高橋 千鶴子⑦
武田 良太⑦
谷 公一⑦
谷川 弥一⑦
長島 昭久⑦
西村 康稔⑦
古川 禎久⑦
古屋 範子⑦

松島 みどり ⑦
笠 浩史 ⑦

19年（15人）

あべ 俊子 ⑥
赤澤 亮正 ⑥
秋葉 賢也 ⑦
伊藤 信太郎 ⑦
稲田 朋美 ⑥
小川 淳也 ⑥
小里 泰弘 ⑥
大串 博志 ⑥
坂本 哲志 ⑦
平 将明 ⑥
永岡 桂子 ⑥
福田 昭夫 ⑥
馬淵 澄夫 ⑦
柚木 道義 ⑥
鷲尾 英一郎 ⑥

18年（7人）

吉良 州司 ⑥
(7)佐藤 公治 ④
竹内 譲 ⑥
寺田 学 ⑥
西村 智奈美 ⑥
伴野 豊 ⑥
(7)宮本 岳志 ⑤

17年（15人）

(7)浮島 智子 ④
逢坂 誠二 ⑤
奥野 信亮 ⑥
階 猛 ⑥
鈴木 淳司 ⑥
寺田 稔 ⑥
丹羽 秀樹 ⑥
西村 明宏 ⑥
西銘 恒三郎 ⑥
葉梨 康弘 ⑥
萩生田 光一 ⑥
御法川 信英 ⑥
宮下 一郎 ⑥
山際 大志郎 ⑥
(6)義家 弘介 ④

16年（2人）

城内 実 ⑥
下条 みつ ⑤

15年（40人）

あかま 二郎 ⑤
伊東 良孝 ⑤
伊藤 忠彦 ⑤
伊藤 渉 ⑤
石原 宏高 ⑤
稲津 久 ⑤
上野 賢一郎 ⑤
越智 隆雄 ⑤
大塚 拓 ⑤
大西 健介 ⑤
奥野 総一郎 ⑤
柿沢 未途 ⑤
(7)金子 恵美 ③
亀岡 偉民 ⑤
木原 誠二 ⑤
木原 稔 ⑤
小泉 進次郎 ⑤
後藤 祐一 ⑤
齋藤 健 ⑤
坂井 学 ⑤
鈴木 馨祐 ⑤
関 芳弘 ⑤
田中 良生 ⑤
髙鳥 修一 ⑤
橘 慶一郎 ⑤
玉木 雄一郎 ⑤
(13)塚田 一郎 ①
手塚 仁雄 ⑤
土井 亨 ⑤
中根 一幸 ⑤
橋本 岳 ⑤
平口 洋 ⑤
(13)前川 清成 ①
牧原 秀樹 ⑤
松木 けんこう ⑥
松本 洋平 ⑤
武藤 容治 ⑤
盛山 正仁 ⑤
山本 ともひろ ⑤
若宮 健嗣 ⑤

14年（3人）

(3)小熊 慎司 ④
(12)髙階 恵美子 ①
(12)中西 健治 ①

13年（2人）

(7)大河原 まさこ ②
(7)鰐淵 洋子 ②

12年（3人）

城井 崇 ④
(10)島尻 安伊子 ①
杉本 和巳 ④

11年（87人）

足立 康史 ④
青柳 陽一郎 ④
秋本 真利 ④
井出 庸生 ④
井野 俊郎 ④
井上 貴博 ④
井上 英孝 ④
井林 辰憲 ④
伊佐 進一 ④
池田 佳隆 ④
石川 昭政 ④
市村 浩一郎 ④
今枝 宗一郎 ④
岩田 和親 ④
浦野 靖人 ④
遠藤 敬 ④
小倉 將信 ④
小田原 潔 ④
大岡 敏孝 ④
大串 正樹 ④
大西 英男 ④
大野 敬太郎 ④
岡本 三成 ④
鬼木 誠 ④
勝俣 孝明 ④
門山 宏哲 ④
神田 憲次 ④
菅家 一郎 ④
黄川田 仁志 ④
北神 圭朗 ④
工藤 彰三 ④
國重 徹 ④
熊田 裕通 ④
小島 敏文 ④
小林 鷹之 ④
小林 史明 ④
古賀 篤 ④
國場 幸之助 ④
佐々木 紀 ④
佐藤 英道 ④
斎藤 洋明 ④
笹川 博義 ④
重徳 和彦 ④
新谷 正義 ④
鈴木 貴子 ④
鈴木 憲和 ④
田所 嘉德 ④
田中 英之 ④

㊥勤続年数

田野瀬 太道 ④
田畑 裕明 ④
武井 俊輔 ④
武部 新 ④
武村 展英 ④
津島 淳 ④
辻 清人 ④
冨樫 博之 ④
中島 克仁 ④
中谷 真一 ④
中野 洋昌 ④
中村 裕之 ④
中山 展宏 ④
長坂 康正 ④
根本 幸典 ④
野中 厚 ④
馬場 伸幸 ④
濵地 雅一 ④
福田 達夫 ④
藤井 比早之 ④
藤丸 敏 ④
藤原 崇 ④
星野 剛士 ④
細田 健一 ④
堀井 学 ④
堀内 詔子 ④
牧島 かれん ④
三ッ林 裕巳 ④
宮内 秀樹 ④
宮澤 博行 ④
務台 俊介 ④
村井 英樹 ④
八木 哲也 ④
簗 和生 ④
山下 貴司 ④
山田 賢司 ④
山田 美樹 ④
吉川 元 ④
渡辺 孝一 ④

10年（9人）

青山 周平 ④
稲富 修二 ③
近藤 和也 ③
白石 洋一 ③
宮﨑 政久 ④
森山 浩行 ③
山岡 達丸 ③
山崎 誠 ③
吉田 統彦 ③

9年（15人）

尾身 朝子 ③
緒方 林太郎 ③
落合 貴之 ③
加藤 鮎子 ③
小山 展弘 ③
篠原 豪 ③
鈴木 隼人 ③
田村 貴昭 ③
谷川 とむ ③
福島 伸享 ③
古川 康 ③
宮路 拓馬 ③
宮本 徹 ③
宗清 皇一 ③
本村 伸子 ③

8年（8人）

(7)井原 巧 ①
小林 茂樹 ③
杉田 水脈 ③
(7)徳永 久志 ①
三谷 英弘 ③
谷田川 元 ③
和田 義明 ③
(7)若林 健太 ①

7年（11人）

井坂 信彦 ③
伊東 信久 ③
鎌田 さゆり ③
輿水 恵一 ③
坂本 祐之輔 ③
鈴木 義弘 ③
高木 宏壽 ③
中川 郁子 ③
野間 健 ③
鳩山 二郎 ③
吉川 赳 ③

6年（32人）

青山 大人 ②
浅野 哲 ②
伊藤 俊輔 ②
石川 香織 ②
泉田 裕彦 ②
上杉 謙太郎 ②
岡本 あき子 ②
金子 俊平 ②
神谷 裕 ②
木村 次郎 ②
国光 あやの ②
源馬 謙太郎 ②
小寺 裕雄 ②
高村 正大 ②
櫻井 周 ②
瀬戸 隆一 ③
空本 誠喜 ②
髙木 啓 ②
中曽根 康隆 ②
中谷 一馬 ②
仁木 博文 ②
西岡 秀子 ②
西田 昭二 ②
穂坂 泰 ②
本田 太郎 ②
道下 大樹 ②
緑川 貴士 ②
森田 俊和 ②
山本 剛正 ②
湯原 俊二 ②
吉田 宣弘 ③
早稲田 ゆき ②

5年（6人）

畦元 将吾 ②
櫛渕 万里 ②
角田 秀穂 ②
中川 康洋 ②
藤田 文武 ②
吉田 豊史 ②

4年（3人）

深澤 陽一 ②
三木 圭恵 ②
美延 映夫 ②

2年（87人）

阿部 司 ①
阿部 弘樹 ①
青柳 仁士 ①
赤木 正幸 ①
浅川 義治 ①
東 国幹 ①
荒井 優 ①
新垣 邦男 ①
五十嵐 清 ①
池下 卓 ①
池畑 浩太朗 ①
石井 拓 ①
石橋 林太郎 ①
石原 正敬 ①
一谷 勇一郎 ①
岩谷 良平 ①

上田 英俊 ①
梅谷 守 ①
漆間 譲司 ①
遠藤 良太 ①
おおつき 紅葉 ①
小野 泰輔 ①
尾崎 正直 ①
大石 あきこ ①
奥下 剛光 ①
加藤 竜祥 ①
河西 宏一 ①
勝目 康 ①
金村 龍那 ①
川崎 ひでと ①
神田 潤一 ①
金城 泰邦 ①
日下 正喜 ①
国定 勇人 ①
小森 卓郎 ①
神津 たけし ①
斎藤 アレックス ①
沢田 良 ①
塩崎 彰久 ①
庄子 賢一 ①
末次 精一 ①
鈴木 敦 ①
鈴木 英敬 ①
鈴木 庸介 ①
住吉 寛紀 ①
たがや 亮 ①
田中 健 ①
高橋 英明 ①
高見 康裕 ①
土田 慎 ①
堤 かなめ ①
中川 貴元 ①
中川 宏昌 ①
中司 宏 ①
中野 英幸 ①
長友 慎治 ①
西野 太亮 ①
長谷川 淳二 ①
馬場 雄基 ①
早坂 敦 ①
平沼 正二郎 ①
平林 晃 ①
福重 隆浩 ①
藤岡 隆雄 ①
藤巻 健太 ①
太 栄志 ①
古川 直季 ①
堀場 幸子 ①
掘井 健智 ①
本庄 知史 ①
松本 尚 ①
三反園 訓 ①
岬 麻紀 ①
守島 正 ①
保岡 宏武 ①
柳本 顕 ①
山岸 一生 ①
山口 晋 ①
山崎 正恭 ①
山田 勝彦 ①
山本 左近 ①
吉田 久美子 ①
吉田 とも代 ①
吉田 はるみ ①
米山 隆一 ①
和田 有一朗 ①
渡辺 創 ①

1年（4人）

英利 アルフィヤ ①
岸 信千世 ①
林 佑美 ①
吉田 真次 ①

参議院議員勤続年数・当選回数表

（令和5年8月末現在）

氏名の前の（　）内の数字は衆議院の通算在職年数、端数は切り上げてあります。
○内の数字は参議院議員としての当選回数。

42年（1人）

山東昭子 ⑧

38年（1人）

中曽根弘文 ⑦

35年（1人）

尾辻秀久 ⑥

32年（1人）

山崎正昭 ⑥

30年（2人）

(25)鈴木宗男 ①
(7)山口那津男 ④

29年（2人）

(13)衛藤晟一 ③
橋本聖子 ⑤

27年（1人）

(11)長浜博行 ③

26年（5人）

櫻井充 ⑤
世耕弘成 ⑤
鶴保庸介 ⑤
福島みずほ ⑤
福山哲郎 ⑤

24年（1人）

武見敬三 ⑤

23年（13人）

有村治子 ④
井上哲士 ④
(21)上田勇 ①
大塚耕平 ④
紙智子 ④
小池晃 ④
榛葉賀津也 ④
(22)辻元清美 ①
松山政司 ④
(10)宮沢洋一 ③
山下芳生 ④
(4)山谷えり子 ④
山本香苗 ④

21年（3人）

(9)浅尾慶一郎 ③
関口昌一 ⑤
(11)若松謙維 ②

20年（11人）

岡田直樹 ④
末松信介 ④
谷合正明 ④
西田実仁 ④
野上浩太郎 ④
野村哲郎 ④
(10)松沢成文 ③
松下新平 ④
松村祥史 ④
山本順三 ④
蓮舫 ④

18年（4人）

(4)猪口邦子 ③
(4)片山さつき ③
(4)福岡資麿 ③
(2)室井邦彦 ③

17年（15人）

(8)青木愛 ③
石井準一 ③
川田龍平 ③
佐藤信秋 ③
佐藤正久 ③
西田昌司 ③
古川俊治 ③
牧野たかお ③
牧山ひろえ ③
丸川珠代 ③
水岡俊一 ③
森まさこ ③
山田俊男 ③
山本博司 ③
吉川沙織 ③

15年（3人）

(4)赤池誠章 ②
(11)上田清司 ②
(8)田名部匡代 ②

14年（23人）

青木一彦 ③
秋野公造 ③
石井浩郎 ③
石川博崇 ③
石橋通宏 ③
磯﨑仁彦 ③
上野通子 ③
大家敏志 ③
川合孝典 ③
小西洋之 ③
斎藤嘉隆 ③
田村智子 ③
竹谷とし子 ③
徳永エリ ③
中西祐介 ③
仁比聡平 ③
(4)野田国義 ②
長谷川岳 ③
藤川政人 ③
舟山康江 ③
三原じゅん子 ③
横山信一 ③
渡辺猛之 ③

13年（3人）

大島九州男 ③
(11)中田宏 ①
(6)山田宏 ②

11年（43人）

東徹 ②
(4)石井章 ②
石井正弘 ②
石田昌宏 ②
礒﨑哲史 ②
梅村聡 ②
江島潔 ③
大野泰正 ②
太田房江 ②
河野義博 ②
吉良よし子 ②
北村経夫 ③
倉林明子 ②
古賀友一郎 ②
上月良祐 ②
佐々木さやか ②
酒井庸行 ②
清水貴之 ②
柴田巧 ②
島村大 ②
杉久武 ②
高橋克法 ②
滝沢求 ②
滝波宏文 ②

柘植芳文②
堂故茂②
豊田俊郎②
長峯誠②
新妻秀規②
羽生田俊②
馬場成志②
浜野喜史②
平木大作②
堀井巌②
舞立昇治②
三宅伸吾②
宮本周司③
森本真治②
森屋宏②
矢倉克夫②
山下雄平②
吉川ゆうみ②
和田政宗②

9年（1人）

阿達雅志③

8年（31人）

足立敏之②
青山繁晴②
浅田均②
朝日健太郎②
井上義行②
伊藤孝江②
伊藤孝恵②
伊波洋一②
石井苗子②
今井絵理子②
岩渕友②
小野田紀美②
片山大介②
こやり隆史②
古賀之士②
佐藤啓②
里見隆治②
自見はなこ②
進藤金日子②
杉尾秀哉②
高木かおり②
(4)ながえ孝子①
浜口誠②
平山佐知子②
藤木眞也②
(7)船橋利実①
松川るい②
三浦信祐②
山添拓②
山田太郎②
(1)山本太郎②

7年（2人）

(5)比嘉奈津美①
宮崎勝②

6年（3人）

(5)串田誠一①
竹内真二②
(2)三浦靖①

5年（34人）

伊藤岳①
石垣のりこ①
石川大我①
岩本剛人①
打越さく良①
梅村みずほ①
小沢雅仁①
小沼巧①
音喜多駿①
加田裕之①
嘉田由紀子①
勝部賢志①
木村英子①
岸真紀子①
熊谷裕人①
清水真人①
塩田博昭①
塩村あやか①
下野六太①
須藤元気①
田島麻衣子①
田村まみ①
高橋はるみ①
高橋光男①
髙良鉄美①
寺田静①
芳賀道也①
舩後靖彦①
本田顕子①
宮崎雅夫①
森屋隆①
安江伸夫①
柳ヶ瀬裕文①
横沢高徳①

4年（1人）

浜田聡①

3年（2人）

羽田次郎①
宮口治子①

2年（36人）

青島健太①
赤松健①
生稲晃子①
猪瀬直樹①
臼井正一①
越智俊之①
鬼木誠①
加藤明良①
梶原大介①
金子道仁①
神谷宗幣①
神谷政幸①
窪田哲也①
小林一大①
古賀千景①
古庄玄知①
柴愼一①
高木真理①
竹詰仁①
天畠大輔①
堂込麻紀子①
友納理緒①
中条きよし①
永井学①
長谷川英晴①
広瀬めぐみ①
藤井一博①
星北斗①
松野明美①
三上えり①
水野素子①
村田享子①
山本啓介①
山本佐知子①
吉井章①
若林洋平①

1年（4人）

大椿ゆうこ①
齊藤健一郎①
白坂亜紀①
田中昌史①

党派別国会議員一覧

（令和5年7月18日現在）

※衆参の正副議長は無所属に含む。○内は当選回数・無所属には諸派を含む。衆議院議員の（ ）内は参議院の当選回数。参議院議員の（ ）内は衆議院の当選回数。

自民党　379人

（衆議院261人）

麻生 太郎 ⑭
甘利 明 ⑬
衛藤 征士郎 ⑬(1)
二階 俊博 ⑬
額賀 福志郎 ⑬
船田 元 ⑬
逢沢 一郎 ⑫
石破 茂 ⑫
村上 誠一郎 ⑫
中谷 元 ⑪
古屋 圭司 ⑪
森 英介 ⑪
山口 俊一 ⑪
山本 有二 ⑪
岸田 文雄 ⑩
塩谷 立 ⑩
鈴木 俊一 ⑩
渡海 紀三朗 ⑩
野田 聖子 ⑩
浜田 靖一 ⑩
林 幹雄 ⑩
茂木 敏充 ⑩
伊藤 達也 ⑨
今村 雅弘 ⑨
岩屋 毅 ⑨
遠藤 利明 ⑨
河野 太郎 ⑨
佐藤 勉 ⑨
下村 博文 ⑨
菅 義偉 ⑨
田中 和徳 ⑨
田村 憲久 ⑨
高市 早苗 ⑨
棚橋 泰文 ⑨
根本 匠 ⑨
平沢 勝栄 ⑨
石田 真敏 ⑧
江﨑 鐵磨 ⑧
江渡 聡徳 ⑧
小野寺 五典 ⑧
小渕 優子 ⑧
梶山 弘志 ⑧
金子 恭之 ⑧
櫻田 義孝 ⑧
新藤 義孝 ⑧
髙木 毅 ⑧
土屋 品子 ⑧
平井 卓也 ⑧
細野 豪志 ⑧
松野 博一 ⑧
松本 剛明 ⑧
吉野 正芳 ⑧
渡辺 博道 ⑧
秋葉 賢也 ⑦
井上 信治 ⑦
伊藤 信太郎 ⑦
江藤 拓 ⑦
加藤 勝信 ⑦
上川 陽子 ⑦
小泉 龍司 ⑦
後藤 茂之 ⑦
坂本 哲志 ⑦
柴山 昌彦 ⑦
武田 良太 ⑦
谷 公一 ⑦
谷川 弥一 ⑦
長島 昭久 ⑦
西村 康稔 ⑦
古川 禎久 ⑦
松島 みどり ⑦
森山 裕 ⑦(1)
山口 壯 ⑦
あべ 俊子 ⑥
赤澤 亮正 ⑥
稲田 朋美 ⑥
小里 泰弘 ⑥
奥野 信亮 ⑥
城内 実 ⑥
鈴木 淳司 ⑥
平 将明 ⑥
寺田 稔 ⑥
永岡 桂子 ⑥
丹羽 秀樹 ⑥
西村 明宏 ⑥
西銘 恒三郎 ⑥
葉梨 康弘 ⑥
萩生田 光一 ⑥
御法川 信英 ⑥
宮下 一郎 ⑥
山際 大志郎 ⑥
鷲尾 英一郎 ⑥
あかま 二郎 ⑤
伊東 良孝 ⑤
伊藤 忠彦 ⑤
石原 宏高 ⑤
上野 賢一郎 ⑤
越智 隆雄 ⑤
大塚 拓 ⑤
柿沢 未途 ⑤
金田 勝年 ⑤(2)
亀岡 偉民 ⑤
木原 誠二 ⑤
木原 稔 ⑤
小泉 進次郎 ⑤
齋藤 健 ⑤
坂井 学 ⑤
鈴木 馨祐 ⑤
関 芳弘 ⑤
田中 良生 ⑤
髙鳥 修一 ⑤
橘 慶一郎 ⑤
土井 亨 ⑤
中根 一幸 ⑤
橋本 岳 ⑤
平口 洋 ⑤
牧原 秀樹 ⑤
松本 洋平 ⑤
武藤 容治 ⑤
盛山 正仁 ⑤
山本 ともひろ ⑤
若宮 健嗣 ⑤
青山 周平 ④
秋本 真利 ④
井出 庸生 ④
井野 俊郎 ④
井上 貴博 ④

井林辰憲④
池田佳隆④
石川昭政④
今枝宗一郎④
岩田和親④
小倉將信④
小田原潔④
大岡敏孝④
大串正樹④
大西英男④
大野敬太郎④
鬼木誠④
勝俣孝明④
門山宏哲④
神田憲次④
菅家一郎④
黄川田仁志④
工藤彰三④
熊田裕通④
小島敏文④
小林鷹之④
小林史明④
古賀篤④
國場幸之助④
佐々木紀④
斎藤洋明④
笹川博義④
新谷正義④
鈴木貴子④
鈴木憲和④
田所嘉德④
田中英之④
田野瀬太道④
田畑裕明④
武井俊輔④
武部新④
武村展英④
津島淳④
辻清人④
冨樫博之④
中谷真一④
中村裕之④
中山展宏④
長坂康正④
根本幸典④
野中厚④
福田達夫④
藤井比早之④
藤丸敏④
藤原崇④
星野剛士④
細田健一④
堀井学④
堀内詔子④
牧島かれん④
三ッ林裕巳④
宮内秀樹④
宮﨑政久④
宮澤博行④
務台俊介④
村井英樹④
八木哲也④
簗和生④
山下貴司④
山田賢司④
山田美樹④
義家弘介④(1)
渡辺孝一④
尾身朝子③
加藤鮎子③
小林茂樹③
杉田水脈③
鈴木隼人③
瀬戸隆一③
高木宏壽③
谷川とむ③
中川郁子③
鳩山二郎③
古川康③
三谷英弘③
宮路拓馬③
宗清皇一③
和田義明③
畦元将吾②
泉田裕彦②
上杉謙太郎②
金子俊平②
木村次郎②
国光あやの②
小寺裕雄②
高村正大②
髙木啓②
中曽根康隆②
西田昭二②
深澤陽一②
穂坂泰②
本田太郎②
東国幹①
五十嵐清①
井原巧①(1)
石井拓①
石橋林太郎①
石原正敬①
上田英俊①
英利アルフィヤ①
尾﨑正直①
加藤竜祥①
勝目康①
川崎ひでと①
神田潤一①
岸信千世①
国定勇人①
小森卓郎①
塩崎彰久①
島尻安伊子①(2)
鈴木英敬①
髙階恵美子①(2)
高見康裕①
塚田一郎①(2)
土田慎①
中川貴元①
中西健治①(2)
中野英幸①
西野太亮①
長谷川淳二①
林芳正①(5)
平沼正二郎①
古川直季①
松本尚①
保岡宏武①
柳本顕①
山口晋①
山本左近①
吉田真次①
若林健太①(1)

(参議院118人)
(任期 R7.7.28)

山東昭子⑧
世耕弘成⑤
武見敬三⑤
橋本聖子⑤
有村治子④
松山政司④
石井準一③

衛藤晟一 ③(4)
北村経夫 ③
佐藤信秋 ③
佐藤正久 ③
西田昌司 ③
古川俊治 ③
牧野たかお ③
丸川珠代 ③
森まさこ ③
山田俊男 ③
赤池誠章 ②(1)
石井正弘 ②
石田昌宏 ②
大野泰正 ②
太田房江 ②
古賀友一郎 ②
上月良祐 ②
酒井庸行 ②
島村大 ②
高橋克法 ②
滝沢求 ②
滝波宏文 ②
柘植芳文 ②
堂故茂 ②
豊田俊郎 ②
長峯誠 ②
羽生田俊 ②
馬場成志 ②
堀井巌 ②
舞立昇治 ②
三宅伸吾 ②
宮本周司 ②
森屋宏 ②
山下雄平 ②
山田太郎 ②
吉川ゆうみ ②
和田政宗 ②
岩本剛人 ①
加田裕之 ①
清水真人 ①
白坂亜紀 ①
田中昌史 ①
高橋はるみ ①
中田宏 ①(4)
比嘉奈津美 ①(2)
本田顕子 ①
三浦靖 ①(1)
宮崎雅夫 ①

（任期　R10.7.25）

中曽根弘文 ⑦
山崎正昭 ⑥
櫻井充 ⑤
関口昌一 ⑤
鶴保庸介 ⑤
岡田直樹 ④
末松信介 ④
野上浩太郎 ④
野村哲郎 ④
松下新平 ④
松村祥史 ④
山谷えり子 ④(1)
山本順三 ④
阿達雅志 ③
青木一彦 ③
浅尾慶一郎 ③(3)
石井浩郎 ③
磯﨑仁彦 ③
猪口邦子 ③(1)
上野通子 ③
江島潔 ③
大家敏志 ③
片山さつき ③(1)
中西祐介 ③
長谷川岳 ③
福岡資麿 ③(1)
藤川政人 ③
三原じゅん子 ③
宮沢洋一 ③(3)
渡辺猛之 ③
足立敏之 ②
青山繁晴 ②
朝日健太郎 ②
井上義行 ②
今井絵理子 ②
小野田紀美 ②
こやり隆史 ②
佐藤啓 ②
自見はなこ ②
進藤金日子 ②
藤木眞也 ②
松川るい ②
山田宏 ②(2)
赤松健 ①
生稲晃子 ①
臼井正一 ①
越智俊之 ①

加藤明良 ①
梶原大介 ①
神谷政幸 ①
小林一大 ①
古庄玄知 ①
友納理緒 ①
永井学 ①
長谷川英晴 ①
広瀬めぐみ ①
藤井一博 ①
船橋利実 ①(2)
星北斗 ①
山本啓介 ①
山本佐知子 ①
吉井章 ①
若林洋平 ①

立憲民主党 131人
（衆議院94人）

小沢一郎 ⑱
中村喜四郎 ⑮
菅直人 ⑭
岡田克也 ⑪
枝野幸男 ⑩
玄葉光一郎 ⑩
安住淳 ⑨
近藤昭一 ⑨
中川正春 ⑨
野田佳彦 ⑨
原口一博 ⑨
渡辺周 ⑨
阿部知子 ⑧
泉健太 ⑧
大島敦 ⑧
長妻昭 ⑧
山井和則 ⑧
江田憲司 ⑦
菊田真紀子 ⑦
小宮山泰子 ⑦
篠原孝 ⑦
末松義規 ⑦
田嶋要 ⑦
馬淵澄夫 ⑦
牧義夫 ⑦
笠浩文 ⑦
小川淳也 ⑥
大串博志 ⑥
階猛 ⑥

党派別一覧

寺田学⑥
西村智奈美⑥
伴野豊⑥
福田昭夫⑥
松木けんこう⑥
柚木道義⑥
大西健介⑤
逢坂誠二⑤
奥野総一郎⑤
後藤祐一⑤
下条みつ⑤
手塚仁雄⑤
青柳陽一郎④
小熊慎司④(1)
城井崇④
佐藤公治④(1)
重徳和彦④
中島克仁④
吉川元④
井坂信彦③
稲富修二③
落合貴之③
金子恵美③(1)
鎌田さゆり③
小山展弘③
近藤和也③
坂本祐之輔③
篠原豪③
白石洋一③
野間健③
森山浩行③
谷田川元③
山岡達丸③
山崎誠③
吉田統彦③
青山大人②
伊藤俊輔②
石川香織②
大河原まさこ②(1)
岡本あき子②
神谷裕②
源馬謙太郎②
櫻井周②
中谷一馬②
道下大樹②
緑川貴士②
森田俊和②
湯原俊二②

早稲田ゆき②
荒井優①
梅谷守①
おおつき紅葉①
神津たけし①
末次精一①
鈴木庸介①
堤かなめ①
馬場雄基①
藤岡隆雄①
太栄志①
本庄知史①
山岸一生①
山田勝彦①
吉田はるみ①
米山隆一①
渡辺創①

（参議院37人）

（任期　R7.7.28）

川田龍平③
牧山ひろえ③
水岡俊一③
吉川沙織③
野田国義②(1)
森本真治②
石垣のりこ①
石川大我①
打越さく良①
小沢雅仁①
小沼巧①
勝部賢志①
岸真紀子①
熊谷裕人①
塩村あやか①
田島麻衣子①
羽田次郎①
水野素子①
宮口治子①
森屋隆①
横沢高徳①

（任期　R10.7.25）

福山哲郎⑤
蓮舫④
青木愛③(3)
石橋通宏③
小西洋之③
斎藤嘉隆③
徳永エリ③

古賀之士②
杉尾秀哉②
田名部匡代②(3)
鬼木誠①
古賀千景①
柴愼一①
高木真理①
辻元清美①(7)
村田享子①

日本維新の会　62人

（衆議院41人）

足立康史④
井上英孝④
市村浩一郎④
浦野靖人④
遠藤敬④
杉本和巳④
馬場伸幸④
伊東信久③
空本誠喜②
藤田文武②
三木圭恵②
美延映夫②
山本剛正②
阿部司①
阿部弘樹①
青柳仁士①
赤木正幸①
浅川義治①
池下卓①
池畑浩太朗①
一谷勇一郎①
岩谷良平①
漆間譲司①
遠藤良太①
小野泰輔①
奥下剛光①
金村龍那①
沢田良①
住吉寛紀①
高橋英明①
中司宏①
早坂敦①
林佑美①
藤巻健太①
堀場幸子①
掘井健智①

党派別一覧

前川　清成 ①(2)
岬　麻紀 ①
守島　正 ①
吉田　とも代 ①
和田　有一朗 ①

(参議院21人)
(任期　R7.7.28)

室井　邦彦 ③(1)
東　徹 ②
梅村　聡 ②
清水　貴之 ②
柴田　巧 ②
梅村　みずほ ①
音喜多　駿 ①
鈴木　宗男 ①(8)
柳ヶ瀬　裕文 ①

(任期　R10.7.25)

松沢　成文 ③(3)
浅田　均 ②
石井　章 ②(1)
石井　苗子 ②
片山　大介 ②
高木　かおり ②
青島　健太 ①
猪瀬　直樹 ①
金子　道仁 ①
串田　誠一 ①(1)
中条　きよし ①
松野　明美 ①

公明党　59人

(衆議院32人)

石井　啓一 ⑩
北側　一雄 ⑩
佐藤　茂樹 ⑩
斉藤　鉄夫 ⑩
赤羽　一嘉 ⑨
大口　善德 ⑨
高木　陽介 ⑨
古屋　範子 ⑦
竹内　譲 ⑥
伊藤　渉 ⑤
稲津　久 ⑤
伊佐　進一 ④
浮島　智子 ④(1)
岡本　三成 ④
國重　徹 ④
佐藤　英道 ④
中野　洋昌 ④
濵地　雅一 ④
輿水　恵一 ③
吉田　宣弘 ③
角田　秀穂 ②
中川　康洋 ②
鰐淵　洋子 ②(1)
河西　宏一 ①
金城　泰邦 ①
日下　正喜 ①
庄子　賢一 ①
中川　宏昌 ①
平林　晃 ①
福重　隆浩 ①
山崎　正恭 ①
吉田　久美子 ①

(参議院27人)
(任期　R7.7.28)

山口　那津男 ④(2)
山本　香苗 ④
山本　博司 ③
河野　義博 ②
佐々木　さやか ②
杉　久武 ②
新妻　秀規 ②
平木　大作 ②
矢倉　克夫 ②
若松　謙維 ②(3)
塩田　博昭 ①
下野　六太 ①
高橋　光男 ①
安江　伸夫 ①

(任期　R10.7.25)

谷合　正明 ④
西田　実仁 ④
秋野　公造 ③
石川　博崇 ③
竹谷　とし子 ③
横山　信一 ③
伊藤　孝江 ②
里見　隆治 ②
竹内　真二 ②
三浦　信祐 ②
宮崎　勝 ②
上田　勇 ①(7)
窪田　哲也 ①

共産党　21人

(衆議院10人)

穀田　恵二 ⑩
志位　和夫 ⑩
赤嶺　政賢 ⑧
塩川　鉄也 ⑧
高橋　千鶴子 ⑦
笠井　亮 ⑥(1)
宮本　岳志 ⑤(1)
田村　貴昭 ③
宮本　徹 ③
本村　伸子 ③

(参議院11人)
(任期　R7.7.28)

井上　哲士 ④
紙　智子 ④
小池　晃 ④
山下　芳生 ④
吉良　よし子 ②
倉林　明子 ②
伊藤　岳 ①

(任期　R10.7.25)

田村　智子 ③
仁比　聡平 ③
岩渕　友 ②
山添　拓 ②

国民民主党　21人

(衆議院10人)

前原　誠司 ⑩
古川　元久 ⑨
玉木　雄一郎 ⑤
鈴木　義弘 ③
浅野　哲 ②
西岡　秀子 ②
斎藤アレックス ①
鈴木　敦 ①
田中　健 ①
長友　慎治 ①

(参議院11人)
(任期　R7.7.28)

大塚　耕平 ④
榛葉　賀津也 ④
礒﨑　哲史 ②
浜野　喜史 ②
嘉田　由紀子 ①
田村　まみ ①

（任期　R10.7.25）

川合孝典③
舟山康江③
伊藤孝恵②
浜口誠②
竹詰仁①

れいわ新選組　8人

（衆議院3人）

櫛渕万里②
大石あきこ①
たがや亮①

（参議院5人）

（任期　R7.7.28）

木村英子①
舩後靖彦①

（任期　R10.7.25）

大島九州男③
山本太郎②(1)
天畠大輔①

社民党　3人

（衆議院1人）

新垣邦男①※2

（参議院2人）

（任期　R7.7.28）

大椿ゆうこ①※4

（任期　R10.7.28）

福島みずほ④※4

政治家女子48党　2人

（参議院2人）

（任期　R7.7.28）

浜田聡①

（任期　R10.7.25）

齊藤健一郎①

参政党　1人

（参議院1人）

（任期　R10.7.25）

神谷宗幣①
（会派は無所属）

無所属　24人

（衆議院12人）

細田博之⑪
海江田万里⑧
松原仁⑧※2
吉良州司⑥※3
北神圭朗④※3
緒方林太郎③※3
福島伸享③※3
吉川赳③
仁木博文②※3
吉田豊史②
徳永久志①(1)
三反園訓①※1

（参議院12人）

（任期　R7.7.28）

尾辻秀久⑥
長浜博行③(4)
須藤元気①
髙良鉄美①※6
寺田静①
ながえ孝子①
芳賀道也①※5

（任期　R10.7.25）

伊波洋一②※6
上田清司②(3)※5
平山佐知子②
堂込麻紀子①
三上えり①※4

※の議員の所属会派は以下の通り。

衆議院

※1 自由民主党・無所属の会
※2 立憲民主党・無所属
※3 有志の会

参議院

※4 立憲民主・社民
※5 国民民主党・新緑風会
※6 沖縄の風

自由民主党内派閥一覧

（令和5年7月18日現在）

○内は当選回数・他派との重複及び自民党系議員を含む。衆議院議員の( )内は参議院の当選回数。参議院議員の（ ）内は衆議院の当選回数。

安倍派　100人

（衆議院60人）

- 衛藤征士郎 ⑬(1)
- 塩谷立 ⑩
- 下村博文 ⑨
- 高木毅 ⑧
- 松野博一 ⑧
- 吉野正芳 ⑧
- 柴山昌彦 ⑦
- 谷川弥一 ⑦
- 西村康稔 ⑦
- 松島みどり ⑦
- 稲田朋美 ⑥
- 奥野信亮 ⑥
- 鈴木淳司 ⑥
- 西村明宏 ⑥
- 萩生田光一 ⑥
- 宮下一郎 ⑥
- 越智隆雄 ⑤
- 大塚拓 ⑤
- 亀岡偉民 ⑤
- 関芳弘 ⑤
- 高鳥修一 ⑤
- 土井亨 ⑤
- 中根一幸 ⑤
- 青山周平 ④
- 池田佳隆 ④
- 小田原潔 ④
- 大西英男 ④
- 神田憲次 ④
- 菅家一郎 ④
- 佐々木紀 ④
- 田畑裕明 ④
- 根本幸典 ④
- 福田達夫 ④
- 藤原崇 ④
- 細田健一 ④
- 堀井学 ④
- 三ッ林裕巳 ④
- 宮澤博行 ④
- 簗和生 ④
- 山田美樹 ④
- 義家弘介 ④(1)
- 尾身朝子 ③
- 杉田水脈 ③
- 谷川とむ ③
- 宗清皇一 ③
- 和田義明 ③
- 上杉謙太郎 ②
- 木村次郎 ②
- 高木啓 ②
- 井原巧 ①(1)
- 石井拓 ①
- 加藤竜祥 ①
- 岸信千世 ①
- 小森卓郎 ①
- 塩崎彰久 ①
- 鈴木英敬 ①
- 髙階恵美子 ①(2)
- 松本尚 ①
- 吉田真次 ①
- 若林健太 ①(1)

（参議院40人）

（任期　R7.7.28）

- 世耕弘成 ⑤
- 橋本聖子 ⑤
- 衛藤晟一 ③(4)
- 北村経夫 ③
- 西田昌司 ③
- 古川俊治 ③
- 丸川珠代 ③
- 宮本周司 ③
- 森まさこ ③
- 赤池誠章 ②(1)
- 石井正弘 ②
- 石田昌宏 ②
- 大野泰正 ②
- 太田房江 ②
- 酒井庸行 ②
- 滝波宏文 ②
- 長峯誠 ②
- 羽生田俊 ②
- 堀井巌 ②
- 吉川ゆうみ ②
- 加田裕之 ①
- 白坂亜紀 ①
- 高橋はるみ ①

（任期　R10.7.25）

- 山崎正昭 ⑥
- 岡田直樹 ④
- 末松信介 ④
- 野上浩太郎 ④
- 山谷えり子 ④(1)
- 山本順三 ④
- 上野通子 ③
- 江島潔 ③
- 片山さつき ③(1)
- 長谷川岳 ③
- 井上義行 ②
- 佐藤啓 ②
- 松川るい ②
- 山田宏 ②(2)
- 生稲晃子 ①
- 古庄玄知 ①
- 友納理緒 ①

麻生派　55人

（衆議院40人）

- 麻生太郎 ⑭
- 甘利明 ⑬
- 森英介 ⑪
- 山口俊一 ⑪
- 鈴木俊一 ⑩
- 岩屋毅 ⑨
- 河野太郎 ⑨
- 田中和徳 ⑨
- 棚橋泰文 ⑨
- 江渡聡徳 ⑧
- 松本剛明 ⑧
- 井上信治 ⑦
- 伊藤信太郎 ⑦
- 永岡桂子 ⑥
- 山際大志郎 ⑥
- あかま二郎 ⑤
- 鈴木馨祐 ⑤
- 武藤容治 ⑤
- 井出庸生 ④
- 井上貴博 ④
- 井林辰憲 ④
- 今枝宗一郎 ④
- 工藤彰三 ④
- 斎藤洋明 ④
- 中村裕之 ④
- 中山展宏 ④
- 長坂康正 ④
- 牧島かれん ④
- 務台俊介 ④
- 山田賢司 ④
- 瀬戸隆一 ③
- 中川郁子 ③
- 高村正大 ②
- 英利アルフィヤ ①
- 塚田一郎 ①(2)

土田 慎 ①
中川 貴元 ①
中西 健治 ①(2)
柳本 顕 ①
山本 左近 ①

(参議院15人)
(任期 R7.7.28)

山東 昭子 ⑧
武見 敬三 ⑤
有村 治子 ④
高橋 克法 ②
滝沢 求 ②
豊田 俊郎 ②

(任期 R10.7.25)

浅尾 慶一郎 ③(3)
猪口 邦子 ③(1)
大家 敏志 ③
中西 祐介 ③
藤川 政人 ③
今井 絵理子 ②
神谷 政幸 ①
広瀬 めぐみ ①
船橋 利実 ①(2)

茂木派 54人

(衆議院33人)

額賀 福志郎 ⑬
船田 元 ⑬
茂木 敏充 ⑩
伊藤 達也 ⑨
小渕 優子 ⑧
新藤 義孝 ⑧
渡辺 博道 ⑧
秋葉 賢也 ⑦
加藤 勝信 ⑦
古川 禎久 ⑦
西銘 恒三郎 ⑥
木原 稔 ⑤
橋本 岳 ⑤
平口 洋 ⑤
若宮 健嗣 ⑤
井野 俊郎 ④
笹川 博義 ④
新谷 正義 ④
鈴木 貴子 ④
鈴木 憲和 ④
津島 淳 ④
中谷 真一 ④
野中 厚 ④
宮崎 政久 ④
山下 貴司 ④
鈴木 隼人 ③
古川 康 ③
東 国幹 ①
五十嵐 清 ①
上田 英俊 ①
島尻 安伊子 ①(2)
高見 康裕 ①
山口 晋 ①

(参議院21人)
(任期 R7.7.28)

石井 準一 ③
佐藤 信秋 ③
佐藤 正久 ③
牧野 たかお ③
上月 良祐 ②
堂故 茂 ②
山下 雄平 ②
比嘉 奈津美 ①(2)
三浦 靖 ①(1)

(任期 R10.7.25)

関口 昌一 ⑤
野村 哲郎 ④
松村 祥史 ④
青木 一彦 ③
石井 浩郎 ③
福岡 資麿 ③(1)
渡辺 猛之 ③
小野田 紀美 ②
臼井 正一 ①
加藤 明良 ①
永井 学 ①
山本 佐知子 ①

岸田派 45人

(衆議院32人)

岸田 文雄 ⑩
根本 匠 ⑨
石田 真敏 ⑧
小野寺 五典 ⑧
金子 恭之 ⑧
平井 卓也 ⑧
上川 陽子 ⑦
寺田 稔 ⑥
葉梨 康弘 ⑥
石原 宏高 ⑤
木原 誠二 ⑤
盛山 正仁 ⑤
岩田 和親 ④
小島 敏文 ④
小林 史明 ④
古賀 篤 ④
國場 幸之助 ④
武井 俊輔 ④
辻 清人 ④
藤丸 敏 ④
堀内 詔子 ④
村井 英樹 ④
渡辺 孝一 ④
畦元 将吾 ②
金子 俊平 ②
国光 あやの ②
西田 昭二 ②
深澤 陽一 ②
石橋 林太郎 ①
石原 正敬 ①
神田 潤一 ①
林 芳正 ①(5)

(参議院13人)
(任期 R7.7.28)

松山 政司 ④
古賀 友一郎 ②
馬場 成志 ②
森屋 宏 ②

(任期 R10.7.25)

磯﨑 仁彦 ③
宮沢 洋一 ③(3)
足立 敏之 ②
こやり 隆史 ②
藤木 眞也 ②
越智 俊之 ①
小林 一大 ①
山本 啓介 ①
吉井 章 ①

二階派 41人

(衆議院32人)

二階 俊博 ⑬
林 幹雄 ⑩
今村 雅弘 ⑨
平沢 勝栄 ⑨
江﨑 鐵磨 ⑧
櫻田 義孝 ⑧
細野 豪志 ⑧
小泉 龍司 ⑦
武田 良太 ⑦
谷 公一 ⑦
長島 昭久 ⑦
山口 壯 ⑦
鷲尾 英一郎 ⑥
伊東 良孝 ⑤
伊藤 忠彦 ⑤
金田 勝年 ⑤(2)
松本 洋平 ⑤
小倉 將信 ④
大岡 敏孝 ④
勝俣 孝明 ④
小林 鷹之 ④
武部 新 ④

宮内秀樹 ④
小林茂樹 ③
高木宏壽 ③
鳩山二郎 ③
小寺裕雄 ②
中曽根康隆 ②
尾﨑正直 ①
国定勇人 ①
中野英幸 ①
平沼正二郎 ①

（参議院9人）

（任期　R7.7.28）

岩本剛人 ①
清水真人 ①
宮崎雅夫 ①

（任期　R10.7.25）

中曽根弘文 ⑦
鶴保庸介 ⑤
自見はなこ ②
進藤金日子 ②
梶原大介 ①
若林洋平 ①

森山派　8人

（衆議院7人）

森山裕 ⑦(1)
坂本哲志 ⑦
城内実 ⑥
上野賢一郎 ⑤
鬼木誠 ④
田野瀬太道 ④
宮路拓馬 ③

（参議院1人）

（任期　R7.7.28）

山田俊男 ③

無派閥　77人

（衆議院58人）

逢沢一郎 ⑫
石破茂 ⑫
村上誠一郎 ⑫
中谷元 ⑪
古屋圭司 ⑪
山本有二 ⑪
渡海紀三朗 ⑩
野田聖子 ⑩
浜田靖一 ⑩
遠藤利明 ⑨
佐藤勉 ⑨
菅義偉 ⑨
田村憲久 ⑨
高市早苗 ⑨
梶山弘志 ⑧
土屋品子 ⑧
江藤拓 ⑦
後藤茂之 ⑦
あべ俊子 ⑥
赤澤亮正 ⑥
小里泰弘 ⑥
平将明 ⑥
丹羽秀樹 ⑥
御法川信英 ⑥
小泉進次郎 ⑤
齋藤健 ⑤
坂井学 ⑤
田中良生 ⑤
橘慶一郎 ⑤
牧原秀樹 ⑤
山本ともひろ ⑤
秋本真利 ④
石川昭政 ④
大串正樹 ④
大野敬太郎 ④
門山宏哲 ④
黄川田仁志 ④
熊田裕通 ④
田所嘉德 ④
田中英之 ④
武村展英 ④
冨樫博之 ④
藤井比早之 ④
星野剛士 ④
八木哲也 ④
山下貴司 ④
加藤鮎子 ③
三谷英弘 ③
泉田裕彦 ②
穂坂泰 ②
本田太郎 ②
石原正敬 ①
勝目康 ①
川崎ひでと ①
西野太亮 ①
長谷川淳二 ①
古川直季 ①
保岡宏武 ①

（参議院19人）

（任期　R7.7.28）

島村大 ②
柘植芳文 ②
舞立昇治 ②
三宅伸吾 ②
山田太郎 ②
和田政宗 ②
田中昌史 ①
中田宏 ①(4)
本田顕子 ①

（任期　R10.7.25）

櫻井充 ⑤
松下新平 ④
阿達雅志 ③
三原じゅん子 ③
青山繁晴 ②
朝日健太郎 ②
赤松健 ①
長谷川英晴 ①
藤井一博 ①
星北斗 ①

自民党派閥

自由民主党各派閥役員一覧 （令和5年7月1日現在）

清和政策研究会（安倍派）

〒102-0093 千代田区平河町2-7-1 塩崎ビル ☎03-3265-2941

最高顧問 衛藤征士郎
同 山崎正昭
会長
座長 山谷えり子
会長代理 塩谷立
同 下村博文
清風会会長 世耕弘成
副会長 髙木毅（事務総長）、吉野正芳、松島みどり（政策委員長）、末松信介、山本順三
常任幹事 柴山昌彦（事務総長代理）、稲田朋美（事務局長）、萩生田光一、福田達夫（事務総長代理）、野上浩太郎（事務総長代理）、森まさこ

志公会（麻生派）

〒102-0093 千代田区平河町2-5-5 全国旅館会館3F ☎03-3237-1121

特別顧問 高村正彦
顧問 山東昭子
同 甘利明
会長 麻生太郎
会長代理 森英介、田中和德、江渡聡徳
副会長 山口俊一、鈴木俊一、武見敬三
事務総長（兼） 森英介
事務局長 井上信治
事務局次長 山際大志郎、鈴木馨祐、薗浦健太郎、藤川政人

平成研究会（茂木派）

〒100-0014 千代田区永田町1-11-32 全国町村会館西館3F ☎03-3580-1311

最高顧問 額賀福志郎
顧問 船田元
会長 茂木敏充
参院会長 関口昌一
副会長 渡辺博道、加藤勝信、野村哲郎、松村祥史
政策委員長 木原稔
団体委員長 牧野たかお
事務総長 新藤義孝
事務総長代理 小渕優子
同 石井準一
事務局長 若宮健嗣
事務局次長 笹川博義、井野俊郎、堂故茂

宏池会（岸田派）

〒100-0014 千代田区永田町1-11-32 全国町村会館西館6F ☎03-3508-0551

会長 岸田文雄
座長 林芳正
会長代行兼事務総長 根本匠
副会長 平井卓也、金子恭之、石田真敏、上川陽子
事務総長代行 小野寺五典
同 松山政司
政策委員長 宮沢洋一
事務局長 木原誠二
事務局長代理 古賀篤

志帥会（二階派）

〒102-0093 千代田区平河町2-7-4 砂防会館別館3F ☎03-3263-3001

最高顧問 伊吹文明
会長 二階俊博
会長代行 林幹雄
同 中曽根弘文
副会長 江﨑鐵磨
同 鶴保庸介
事務総長 武田良太
政策委員長 細野豪志

近未来政治研究会（森山派）

〒102-0093 千代田区平河町2-5-7 ヒルクレスト平河町204号室 ☎03-3288-9055

会長 森山裕
事務総長 坂本哲志

省庁幹部職員抄録

●編集要領

○ゴシック書体は、両院議長、同副議長、常任・特別委員長並びに大臣・副大臣・政務官及び各省庁の役職名称。
○明朝書体は上記以外の氏名及び住所・電話番号。
○各主要ポジションについては緊急電話連絡用として**夜間電話**を記載。
○記載内容は原則として令和5年7月14日現在。

●目　次

国　会

〔衆議院〕

〒100-8960 千代田区永田町1-7-1
☎03(3581)5111

議長　細田博之
　秘書　椎名雄一
　同　石川真一
副議長　海江田万里
　秘書　清家弘司
　同　落合友子

〔常任委員長〕

内閣　大西英男
総務　浮島智子
法務　伊藤忠彦
外務　黄川田仁志
財務金融　塚田一郎
文部科学　宮内秀樹
厚生労働　三ッ林裕巳
農林水産　笹川博義
経済産業　竹内譲
国土交通　木原稔
環境　古賀篤
安全保障　鬼木誠
国家基本政策　塩谷立
予算　根本匠
決算行政監視　江田憲司
議院運営　山口俊一
懲罰　大串博志

〔特別委員長〕

災害対策　江藤拓
倫理公選　平口洋
沖縄・北方問題　松木けんこう
拉致問題　下条みつ
消費者問題　稲田朋美
東日本大震災復興　長島昭久
原子力問題調査　鈴木淳司
地域活性化・こども政策・デジタル社会形成　橋本岳

〔憲法審査会〕

会長　森英介

〔情報監視審査会〕

会長　小野寺五典

〔政治倫理審査会〕

会長　逢沢一郎

〔衆議院事務局〕

事務総長　岡田憲治
事務次長　築山信彦
秘書課長事務取扱　中居健吾
　統括監　佐藤浩
　議長公邸長　田家裕一郎
　副議長公邸長　森重達也
議事部長　石塚公彦
副部長　片岡義隆
　大場誉之　中居健吾
　議事課長　日高孝一
　議案課長　高橋裕介
　請願課長　東山哲道
　資料課長事務取扱　大場誉之
委員部長　小林英樹
副部長　木口克浩
　総務課長　飯嶋正雄
　総務主幹　鴻巣正博
　議院運営課長　近藤弘康
　議院運営主幹　濵島幸男
　第一課長事務取扱　木口克浩
　第二課長　平井俊紀
　第三課長(兼)　平井俊紀
　調整主幹　饗庭建司
　第四課長　小関隆史
　第五課長(兼)　小関隆史
　調整主幹　杉本守
　第六課長　近藤英之
　第七課長(兼)　近藤英之
　調整主幹　佐々木伸之
　調査課長　野一色裕二
　調査主幹　中川浩史
記録部長　山本麻美
副部長　森田千賀子
　総務主幹　稲吉明子
　第一課長事務取扱　森田千賀子
　会議録データ管理室長　中村有起子
　第二課長　志田和子
　第三課長　森川雅也
　第四課長　渋谷竜男
警務部長　野口幸彦
副部長　藤森隆
　警備主幹　宮内剛
　警務課長事務取扱　藤森隆
　警備課長　我妻勝好

調整課長　宮市和明
防災課長　臼井俊二
防災主幹(兼)　宮内　剛
庶務部長　梶田　秀
副部長　瀬良田祥二
柊平　健
南　圭次
元尾竜一
議員課長　竹内聡子
企画調整主幹　平子由美
文書課長　内藤義人
総務主幹　大戸優子
広報課長　佐藤　順
人事課長　吉田一路
企画室長　荒金麻夕美
会計課長事務取扱　元尾竜一
監査主幹　井門麻子
営繕課長　才木　潤
契約監理主幹　山田弘明
PFI推進室長　今井芳子
電気施設課長　寺田　稔
契約監理主幹　草野知洋
情報管理監(兼)　瀬良田祥二
情報基盤整備室長　秋山幸司
管理部長　吉田早樹人
副部長　宮田正雄
松本邦義
牛丸禎之
管理課長事務取扱　宮田正雄
議員会館課長事務取扱　松本邦義
総務主幹　貞弘浩太郎
自動車課長　本山啓登
総務主幹　長島義明
印刷課長　渡辺　豊
厚生課長事務取扱　牛丸禎之
厚生主幹　髙野順二
業務課長　小久保尚一
国際部長　山本浩慎
副部長　永窪方明
同　佐々木利明
総務課長事務取扱　佐々木利明
総務主幹(兼)　鴻巣正博
議員外交支援室長　三田大樹
渉外課長　四方明子
調整主幹(兼)　中川浩史
渉外主幹　田中勇毅
国際会議課長　藤田博光
国際会議主幹　二見　輝
憲政記念館長　菊田幸夫
副館長　青山卯女
資料管理課長事務取扱　青山卯女
総務主幹　神薗直子
調整主幹　押越嘉満
憲法審査会事務局長　神﨑一郎
事務局次長　白藤知木
総務課長　髙森雅樹
情報監視審査会事務局長　寳寺　浩
総務課長　本多基宏

〔調査局〕

調査局長　近藤博人
総括調整監　仲宗根　一
総務課長　辻岡美夏
総務主幹　辻本考一
調査情報課長(兼)　南　圭次
内閣調査室長　尾本高広
首席調査員　田中　仁
次席調査員　志村慶太郎
総務調査室長　阿部哲也
首席調査員　相原克哉
次席調査員　山口雅之
法務調査室長　三橋善一郎
首席調査員　勝部　雄
同　及川英宣
外務調査室長　大野雄一郎
首席調査員　近藤真由美
次席調査員　河上恵子
財務金融調査室長　二階堂　豊
首席調査員　相川雅樹
次席調査員　小室芳昭
文部科学調査室長　中村　清
首席調査員　藤井　晃
次席調査員　髙橋　剛
厚生労働調査室長　若本義信
首席調査員　須澤卓士
同　青木修二
次席調査員　大内　亘
農林水産調査室長　飯野伸夫
首席調査員　千葉　諭
次席調査員　奈良誠悦
経済産業調査室長　藤田和光
首席調査員　中川博史
次席調査員　深谷陵子

国土交通調査室長	鈴木鉄夫
首席調査員	國廣勇人
次席調査員	竹田優司
環境調査室長	吉田はるみ
首席調査員	鈴木　努
次席調査員	荒井コスモ
安全保障調査室長	奥　克彦
首席調査員	小池洋子
次席調査員	今井一晶
国家基本政策調査室長	那須　茂
首席調査員	水谷一博
同	塩野　剛
予算調査室長	齋藤育子
首席調査員	奥川陽一
次席調査員	花田和命
決算行政監視調査室長	花島克臣
首席調査員	原田健成
次席調査員	内田和正
第一特別調査室長	菅野　亨
首席調査員(沖縄・北方、消費者)	周藤　英
次席調査員	安堂恭子
第二特別調査室長	森　源二
首席調査員(倫理・選挙)	花房久美
次席調査員	山岸雅広
第三特別調査室長	野﨑政栄
首席調査員(災害)	本部実香
次席調査員	小林和彦
北朝鮮による拉致問題等に関する特別調査室長(兼)	那須　茂
首席調査員(兼)	水谷一博
同(兼)	塩野　剛
東日本大震災復興特別調査室長(兼)	野﨑政栄
首席調査員(兼)	本部実香
次席調査員(兼)	小林和彦
原子力問題調査特別調査室長(兼)	吉田はるみ
首席調査員(兼)	鈴木　努
次席調査員(兼)	荒井コスモ
地域活性化・こども政策・デジタル社会形成に関する特別調査室長(兼)	阿部哲也
首席調査員(兼)	田中　仁
同(兼)	相原克哉
次席調査員(兼)	山口雅之

〔常任委員会専門員〕

内閣委員会専門員	尾本高広
総務委員会専門員	阿部哲也
法務委員会専門員	三橋善一郎
外務委員会専門員	大野雄一郎
財務金融委員会専門員	二階堂　豊
文部科学委員会専門員	中村　清
厚生労働委員会専門員	若本義信
農林水産委員会専門員	飯野伸夫
経済産業委員会専門員	藤田和光
国土交通委員会専門員	鈴木鉄夫
環境委員会専門員	吉田はるみ
安全保障委員会専門員	奥　克彦
国家基本政策委員会専門員	那須　茂
予算委員会専門員	齋藤育子
決算行政監視委員会専門員	花島克臣

〔衆議院法制局〕

法制局長	橘　幸信
法制次長	笠井真一
法制企画調整部長	吉澤紀子
企画調整監	尾形孝史
副部長	吉田尚弘
企画調整課長事務取扱	吉田尚弘
基本法制課長	牛山　敦
総務課長	中谷幸司
調査課長事務取扱	吉澤紀子
第一部長	森　恭子
副部長	栗原理恵
第一課長事務取扱	栗原理恵
第二課長	笠松珠美
第二部長	藤井宏治
第一課長	窪島春樹
第二課長	氏家正喜
第三部長	望月　譲
副部長	正木寛也
第一課長事務取扱	正木寛也
第二課長	中司光紀
第四部長	片山敦嗣
副部長	津田樹見宗
第一課長事務取扱	片山敦嗣
調整主幹	小野寺容資
第二課長事務取扱	津田樹見宗
第五部長	白川弘基
副部長	仁田山義明
第一課長事務取扱	仁田山義明
第二課長	中島　陽
法案審査部長	石原隆史
審査第一課長	梶山知唯
審査第二課長(兼)	梶山知唯

法制主幹　浅見剛成

〔参議院〕

〒100-8961 千代田区永田町1-7-1
☎03(3581)3111

議長　尾辻秀久
秘書　尾辻朋実
同　石原淳
副議長　長浜博行
秘書　副島浩
同　外川裕之

〔常任委員長〕

内閣　古賀友一郎
総務　河野義博
法務　杉久武
外交防衛　阿達雅志
財政金融　酒井庸行
文教科学　高橋克法
厚生労働　山田宏
農林水産　山下雄平
経済産業　吉川沙織
国土交通　蓮舫
環境　滝沢求
国家基本政策　室井邦彦
予算　末松信介
決算　佐藤信秋
行政監視　青木愛
議院運営　石井準一
懲罰　鈴木宗男

〔特別委員長〕

災害対策　三浦信祐
政府開発援助及び沖縄北方　三原じゅん子
倫理選挙　古川俊治
拉致問題　山谷えり子
地方創生及びデジタル社会の形成　鶴保庸介
消費者問題　松沢成文
東日本大震災復興　古賀之士

〔調査会長〕

外交・安全保障　猪口邦子
国民生活・経済　福山哲郎
資源エネルギー・持続可能社会　宮沢洋一

〔憲法審査会〕

会長　中曽根弘文

〔情報監視審査会〕

会長　有村治子

〔政治倫理審査会〕

会長　松下新平

〔参議院事務局〕

事務総長　小林史武
事務次長　伊藤文靖
秘書課長事務取扱　松下和史
秘書主幹　頓所要介
議長公邸長　蜂谷勉
副議長公邸長　金子まゆみ
議事部長　八鍬敬嗣
副部長　松下和史
議事課長　内田衡純
議事主幹　松井新介
議案課長　篠窪有恒
請願課長　橋本泰治
委員部長　金子真実
副部長　藤原直幸
調整課長　森下伊三夫
議院運営課長　鶴岡貴子
調整主幹　小松由季
第一課長　柴崎敦史
第二課長　橋本貴義
第三課長　桐谷淳司
第四課長　林晋
第五課長(兼)　林晋
第六課長　鈴木克洋
第七課長　宇津木真也
第八課長(兼)　上村隆行
記録部長　森黒土
記録企画課長　大井田淳
記録企画主幹　大矢博昭
速記第一課長　町井直子
速記第二課長　馬場葉子
速記第三課長　鳥井晃子
警務部長　光地壱朗
警務課長　石塚雅人
警務主幹　丸健治
警備第一課長　石井剛
警備第二課長　高橋健
警備第三課長　佐藤宏
庶務部長　黒川和良
副部長　高嶋久志
加來賢一　富士由將

文書課長　大里慶子
調整主幹　松本良起
総務主幹　宮澤幸正
広報課長　鎌田純一
議員課長　加藤方五
人事課長事務取扱　富士由將
会計課長　折茂建
会計主幹　渡邊啓輝
厚生課長　野澤大介
厚生主幹　栗原理恵
情報システム安全管理室長　小林孝明
管理部長　相澤達也
副部長　高橋武男
管理課長　正木裕二
麹町議員宿舎長　小林一芳
清水谷議員宿舎長　後藤隆博
企画室長　東岳大
議員会館監理室長　佐久間讓
業務室長　高橋修
営繕課長　山田剛
電気施設課長　平田哲人
電気施設主幹　鈴木智道
自動車課長　高橋力
総務主幹　櫻井真司
国際部長　大村周太郎
国際交流課長　小野浩隆
国際企画室長　佐藤靖
国際会議課長　木暮雅和

〔企画調整室〕

企画調整室長　金澤真志
企画調整室次長　三瓶朋秀
調査情報担当室長　福嶋博之
総合調査担当室長　坂本太郎
次席調査員　大澤敦

〔常任委員会調査室〕

常任委員会専門員内閣委員会調査室長　岩波祐子
首席調査員　新井賢治
次席調査員　柿沼重志
常任委員会専門員総務委員会調査室長　荒井透雅
首席調査員　皆川健一
同　三角政勝
次席調査員　牛上直行
同　鈴木友紀
常任委員会専門員法務委員会調査室長　久保田正志
首席調査員　有安洋樹
次席調査員　鈴木達也
常任委員会専門員外交防衛委員会調査室長　中内康夫
首席調査員　宮崎雅史
同　沓脱和人
次席調査員　森秀勲
常任委員会専門員財政金融委員会調査室長　小松康志
首席調査員　藤井一裁
次席調査員　伊田賢司
常任委員会専門員文教科学委員会調査室長　武蔵誠憲
首席調査員　北脇達也
次席調査員　吉田博光
常任委員会専門員厚生労働委員会調査室長　佐伯道子
首席調査員　寺澤泰大
同　長谷明弘
常任委員会専門員農林水産委員会調査室長　笹口裕二
首席調査員　西村尚敏
次席調査員　安藤利昭
常任委員会専門員経済産業委員会調査室長　山田千秀
首席調査員　高野智子
次席調査員　星友佳
常任委員会専門員国土交通委員会調査室長　清野和彦
首席調査員　藤乘一道
次席調査員　瀬戸山順一
常任委員会専門員環境委員会調査室長　金子和裕
首席調査員　杉山綾子
常任委員会専門員予算委員会調査室長　星正彦
首席調査員　崎山建樹
次席調査員　大石夏樹
常任委員会専門員決算委員会調査室長　亀澤宏徳
首席調査員　澤井勇人
次席調査員　松本英樹
常任委員会専門員行政監視委員会調査室長　有薗裕章
首席調査員　根岸隆史

〔特別調査室〕

第一特別調査室長　中西渉
首席調査員　和喜多裕一
第二特別調査室長　村田和彦
首席調査員　廣松彰彦
第三特別調査室長　泉水健宏
首席調査員　新妻健一

〔憲法審査会事務局〕

事務局長　加賀谷ちひろ

事務局次長　本多恵美
総務課長　上村隆行

〔情報監視審査会事務局〕

事務局長　神戸敬行
総務課長　鎌野慎一

〔参議院法制局〕

〒100-0014 千代田区永田町1-11-16
参議院第二別館内

法制局長　川崎政司
法制次長　村上たか
第一部長　加藤敏博
副部長　滝川雄一
第一課長事務取扱　滝川雄一
第二課長　高澤和也
第二部長　小野寺理
第一課長　齋藤陽夫
第二課長　下野久欣
第三部長　井上勉
第一課長　桑原明
第二課長　伊庭みのり
第四部長　宮澤宏幸
第一課長　小沼敦
第二課長　又木奈菜子
第五部長　海野耕太郎
第一課長　坂本光
第二課長　尾崎陽一
法制主幹　宇田川令子
総務課長　伊藤正規
調査課長　岩井美奈
情報管理主幹　奈良優憲

裁判官弾劾裁判所

〒100-0014 千代田区永田町1-11-16
参議院第二別館内 ☎03(5521)7738

裁判長　船田元
第一代理裁判長　松山政司
第二代理裁判長　階猛
裁判員　山本有二
田中和徳　山下貴司
杉本和巳　北側一雄
浅尾慶一郎　福岡資麿
藤川政人　小西洋之
安江伸夫　片山大介

〔事務局〕

事務局長　鈴木千明
総務課長　縄田康光
訟務課長　光安陽子

裁判官訴追委員会

〒100-8982 千代田区永田町2-1-2
衆議院第二議員会館内 ☎03(3581)5111

委員長　新藤義孝
第一代理委員長　牧野たかお
第二代理委員長　近藤昭一
委員　越智隆雄
奥野信亮　柴山昌彦
松島みどり　盛山正仁
中川正春　美延映夫
大口善徳　片山さつき
佐藤正久　中西祐介
古川俊治　打越さく良
新妻秀規　石井章
上田清司　浜野喜史

〔事務局〕

事務局長　中村実
事務局次長　樫野一穂
総務・事案課長　江成友幸

国立国会図書館

〒100-8924 千代田区永田町1-10-1
☎03(3581)2331(代)
(国会分館)
〒100-8961 千代田区永田町1-7-1
(国会議事堂内) ☎03(3581)9123

館長　吉永元信
副館長　片山信子

〔総務部〕

部長　山地康志
副部長　川西晶大
藤本和彦　兼松芳之
田中智子
司書監　諏訪康子
本夛真紀子　渡邉斉志
主任参事　織本尚志
小沼里子　関根美穂
田中敏　樋口早苗
総務課長事務取扱　川西晶大
企画課長　小澤弘太
人事課長事務取扱　兼松芳之
人事課厚生室長(兼)　樋口早苗
会計課長事務取扱　田中智子
管理課長　阿部泰

支部図書館・協力課長　白石郁子

〔調査及び立法考査局〕

局長　松浦茂
次長　紫藤美子
専門調査員総合調査室主任　秋山勉
専門調査員総合調査室付　小澤隆
主幹　遠藤真弘
主任調査員　伊藤淑子
同　廣瀬信己
同　松本保
専門調査員議会官庁資料調査室主任　塚田洋
主任調査員　長谷川卓
専門調査員憲法調査室主任　小林公夫
主任調査員　越田崇夫
専門調査員政治議会調査室主任(兼)　小林公夫
主幹　南亮一
主任調査員　佐藤令
専門調査員行政法務調査室主任　塩田智明
専門調査員外交防衛調査室主任　松山健二
専門調査員財政金融調査室主任　深澤映司
専門調査員経済産業調査室主任　奥山裕之
専門調査員農林環境調査室主任　樋口修
専門調査員国土交通調査室主任　内田竜雄
専門調査員文教科学技術調査室主任　森田倫子
主任調査員　東弘子
専門調査員社会労働調査室主任　福井祥人
主任調査員　鈴木智之
専門調査員海外立法情報調査室主任　ローラーミカ
主幹　内海和美
調査企画課長　小熊美幸
調査企画課連携協力室長(兼)　廣瀬信己
国会レファレンス課長　小笠原美喜
議会官庁資料課長　石井俊行
憲法課長　鳥澤孝之
政治議会課長事務取扱　南亮一
行政法務課長　苅込照彰
外交防衛課長　樋山千冬
財政金融課長　鎌倉治子
経済産業課長　笹子正成
農林環境課長　福田毅
国土交通課長　梶善登
文教科学技術課長　河合美穂
文教科学技術課科学技術室長(兼)　東弘子
社会労働課長　恩田裕之
海外立法情報課長　芦田淳

国会分館長　中川透

〔収集書誌部〕

部長　竹内秀樹
副部長　上保佳穂
司書監　川鍋道子
主任司書　大柴忠彦
大原裕子　竹林晶子
永井善一
収集・書誌調整課長事務取扱　上保佳穂
国内資料課長　幡谷祐子
逐次刊行物・特別資料課長　水戸部由美
外国資料課長(兼)　川鍋道子
資料保存課長　村本聡子

〔利用者サービス部〕

部長　木藤淳子
副部長　立松真希子
司書監　倉橋哲朗
小林裕之　林直樹
主任司書　胡龍子
田中譲　堀越敬祐
山﨑幹子
サービス企画課長事務取扱　立松真希子
サービス運営課長(兼)　林直樹
図書館資料整備課長　髙品盛也
図書館資料整備課図書整備室長(兼)　山﨑幹子
複写課長　小坂昌
人文課長　小柏良輔
科学技術・経済課長　福林靖博
政治史料課長　大沼宜規
音楽映像資料課長　金井ゆき

〔電子情報部〕

部長　大場利康
副部長　木目沢司
主任司書　井上佐知子
今野篤　德原直子
西中山隆　村上浩介
電子情報企画課長　伊東敦子
電子情報企画課資料デジタル化推進室長(兼)　村上浩介
電子情報企画課次世代システム開発研究室長(兼)　德原直子
電子情報流通課長　大島康作
電子情報サービス課長　竹鼻和夫
システム基盤課長　足立潔

〔関西館〕

〒619-0287 京都府相楽郡精華町精華台8-1-3 ☎0774(98)1200(代)

館長	伊藤克尚
次長	野口貴弘
主任司書	津田深雪
総務課長	辰巳公一
文献提供課長(兼)	本夛真紀子
アジア情報課長	前田直俊
収集整理課長	大橋邦生
図書館協力課長(兼)	渡邉斉志
電子図書館課長	上綱秀治

〔国際子ども図書館〕

〒110-0007 台東区上野公園12-49
☎03(3827)2053(代)

館長	三浦良文
主任司書	清水悦子
企画協力課長	堀内夏紀
資料情報課長	北村弥生
児童サービス課長	伊藤りさ

内閣

〒100-0014 千代田区永田町2-3-1
総理官邸 ☎03(3581)0101

内閣総理大臣	岸田文雄
総務大臣	松本剛明
法務大臣	齋藤健
外務大臣	林芳正
財務大臣 内閣府特命担当大臣（金融） デフレ脱却担当	鈴木俊一
文部科学大臣 教育未来創造担当	永岡桂子
厚生労働大臣	加藤勝信
農林水産大臣	野村哲郎
経済産業大臣 原子力経済被害担当 GX実行推進担当 産業競争力担当 ロシア経済分野協力担当 内閣府特命担当大臣（原子力損害賠償・廃炉等支援機構）	西村康稔
国土交通大臣 水循環政策担当 国際園芸博覧会担当	斉藤鉄夫
環境大臣 内閣府特命担当大臣（原子力防災）	西村明宏
防衛大臣	浜田靖一
内閣官房長官 沖縄基地負担軽減担当 拉致問題担当 ワクチン接種推進担当	松野博一
デジタル大臣 内閣府特命担当大臣（デジタル改革 消費者及び食品安全） 国家公務員制度担当	河野太郎
復興大臣 福島原発事故再生総括担当	渡辺博道
国家公安委員会委員長 国土強靭化担当 領土問題担当 内閣府特命担当大臣（防災 海洋政策）	谷公一
内閣府特命担当大臣（こども政策 少子化対策 若者活躍 男女共同参画） 女性活躍担当 共生社会担当 孤独・孤立対策担当	小倉將信
経済再生担当 新しい資本主義担当 スタートアップ担当 新型コロナ対策・健康危機管理担当 全世代型社会保障改革担当 内閣府特命担当大臣（経済財政政策）	後藤茂之
経済安全保障担当 内閣府特命担当大臣（知的財産戦略 科学技術政策 宇宙政策 経済安全保障）	高市早苗
内閣府特命担当大臣（沖縄及び北方対策 地方創生 規制改革 クールジャパン戦略 アイヌ施策） デジタル田園都市国家構想担当 国際博覧会担当 行政改革担当	岡田直樹

〔内閣官房〕

〒100-8968 千代田区永田町1-6-1
〒100-8970 千代田区霞が関3-1-1
合同庁舎4号館
☎03(5253)2111

内閣総理大臣	岸田文雄
内閣官房長官	松野博一
内閣官房副長官	木原誠二
同	磯﨑仁彦
同	栗生俊一
内閣危機管理監	村田隆
国家安全保障局長	秋葉剛男
内閣官房副長官補	藤井健志
同	岡野正敬
同	髙橋憲一
内閣広報官	四方敬之
内閣情報官	原和也
内閣官房副長官 内閣総理大臣補佐官（国家安全保障に関する重要政策及び核軍縮・不拡散問題担当）	木原誠二
内閣総理大臣補佐官（国際人権問題担当）	中谷元
内閣総理大臣補佐官（国内経済その他特命事項担当）	村井英樹
内閣総理大臣補佐官（女性活躍及びLGBT理解増進担当）	森まさこ
内閣総理大臣補佐官（国土強靭化及び復興等の社会資本整備並びに科学技術イノベーション政策その他特命事項担当）	森昌文
内閣総理大臣秘書官	嶋田隆
山本高義	上田幸司
一松旬	伊藤禎則
大鶴哲也	中山光輝
逢阪貴士	
内閣官房長官秘書官	小澤貴仁
同 事務取扱	川埜周
南順子	原昌史
田中勇人	安中健
堺瑞崇	中原廣道
安藤誠	

〔内閣総務官室〕

内閣総務官　松田浩樹
内閣審議官　溝口　洋
須藤明夫　(併)佐藤正一
内閣参事官　戸梶晃輔
西澤能之　山田章平
小林伸行　(併)坂口常明
(併)吉田勝夫　(併)山本元一
(併)千葉　均　(併)中嶋　護
(併)三木忠一　(併)松尾友彦
(併)浅賀　崇　(併)北村　実
(併)中里正明　(併)三浦靖彦
(併)杉本留三　(併)泉　吉顕
(併)田中駒子　(併)藤條　聡
(併)中尾　学　(併)村山直和
(併)吉田　慎　(併)山田章平
企画官　小林伸行
御厩敷　寛　(併)錦織　誠
(併)大久保敦　(併)高野　仁
(併)高橋敏明　(併)岡野武司
(併)萩原玲子　(併)石川廉郷
(併)堀江典宏　(併)門　寛子
調査官　西牧則和

(皇室典範改正準備室)

室長　溝口　洋
副室長　黒田秀郎
審議官(併)　古賀浩史
参事官　戸梶晃輔
内閣参事官　西澤能之
参事官　(併)坂口常明
(併)瀧川聡史　(併)菅　潤一郎
(併)三浦靖彦

(公文書監理官室)

室長　黒田秀郎
参事官　西澤能之

(総理大臣官邸事務所)

所長　菅原　強
副所長　春日英二

〔国家安全保障局〕

局長　秋葉剛男
次長(内閣官房副長官補)　岡野正敬
同　(同)　髙橋憲一
内閣審議官　小杉裕一
彦谷直克　高村泰夫
泉　恒有　德永勝彦
室田幸靖　飯田陽一
(併)伊藤哲也　(併)宮坂祐介
(併)品川高浩
内閣参事官　早田　豪
米山栄一　柏原　裕
髙井良浩　貝沼　諭
長谷部　潤　川上直人
岡井隼人　河野　太
松尾智樹　(併)惠谷　修
(併)北廣雅之　(併)山路栄作
(併)江原康雄　(併)小新井友厚
(併)石原雄介　(併)田中　博
(併)田村亮平　(併)有田　純
(併)大塚慎太郎　(併)品川高浩
(併)萩原貞洋　(併)小松克行
企画官　長野将光
山本武臣　阪口琢磨
中島　健　富田晃弘
土井千春　堀江雅司
武田　学　(併)佐々木渉
(併)杉浦史朗　(併)舟津龍一
(併)是永基樹　(併)金子尚也
(併)近藤亮治　(併)中村晋士
(併)小森貴文　(併)梅村元史
(併)伊藤　拓　(併)三宅隆悟
(併)森田健司　(併)髙田康弘
(併)松澤理恵子

〔内閣官房副長官補〕

内閣官房副長官補　藤井健志
同　岡野正敬
同　髙橋憲一
内閣審議官　新原浩朗
滝崎成樹　道井緑一郎
武藤功哉　松尾泰樹
山本麻里　林　学
渡部良一　柳樂晃洋
大西友弘　内田欽也
深井敦夫　齋藤秀生
寺﨑秀俊　宮﨑敦文
岩松　潤　七條浩二
出口和宏　坂本修一
中島朗洋　佐々木啓介

内閣

長﨑敏志　西　経子　
小柳誠二　福本茂伸
岡村次郎　鈴木信也
小林　靖　岡村次郎
中村博治　河西康之
八幡道典　鷲見　学
熊木正人　吉川浩民
横田信孝　秡川直也
福島秀生　須藤明裕
萬浪　学　泉　恒有
須藤明夫　(併)田和　宏
(併)福島靖正　(併)井上裕之
(併)瀧本　寛　(併)牛草哲朗
(併)長谷川秀司　(併)林　幸宏
(併)船越健裕　(併)松尾剛彦
(併)飯田祐二　(併)井上諭一
(併)吾郷俊樹　(併)鯰　博行
(併)平井康夫　(併)杉浦久弘
(併)水野政義　(併)吾郷進平
(併)桐山伸夫　(併)岡田恵子
(併)岩成博夫　(併)五味裕一
(併)堀本善雄　(併)鹿沼　均
(併)柏原恭子　(併)竹谷　厚
(併)村上敬亮　(併)朝堀泰明
(併)石川泰三　(併)長野裕子
(併)中村英正　(併)中村広樹
(併)寺門成真　(併)内山博之
(併)鳥井陽一　(併)原口　剛
(併)宮本悦子　(併)井上　学
(併)黒田昌義　(併)佐久間正哉
(併)品川　武　(併)榊原　毅
(併)三橋一彦　(併)内野洋次郎
(併)野村知司　(併)森光敬子
(併)飯田健太　(併)片岡宏一郎
(併)佐脇紀代志　(併)成田達治
(併)星野光明　(併)橋本　幸
(併)保坂和人　(併)田村公一
(併)浅野敦行　(併)小林万里子
(併)西條正明　(併)山口潤一郎
(併)田中哲也　(併)西村秀隆
(併)茂木　陽　(併)畠山貴晃
(併)吉田健一郎　(併)小林浩史
(併)福原道雄　(併)畠山陽二郎
(併)井上惠嗣　(併)上田幸司
(併)清浦　隆　(併)秦　康之

(併)市川篤志　(併)迫井正深
(併)髙橋一郎　(併)山下隆一
(併)江島一彦　(併)木村　聡
(併)坂本　基　(併)小善真司
(併)中石斉孝　(併)堀井奈津子
(併)渡邊昇治　(併)門松　貴
(併)青山桂子　(併)阿久澤孝
(併)石垣健彦　(併)岩間　浩
(併)内野洋次郎　(併)岡本直樹
(併)片貝敏雄　(併)坂　勝浩
(併)坂本里和　(併)佐々木昌弘
(併)柴田智樹　(併)竹林悟史
(併)中原裕彦　(併)宮本直樹
(併)山口博之　(併)山本和徳
(併)宮崎敦文　(併)小八木大成
(併)江浪武志　(併)片桐一幸
(併)加藤　進　(併)恩田　馨
(併)福田　毅　(併)笠尾卓朗
(併)大村真一　(併)馬場　健
(併)大森一顕　(併)濱田厚史
(併)松浦克巳　(併)丸山秀治
(併)米山栄一　(併)飯島秀俊

内閣参事官　古矢一郎
岡　素彦　梶山正司
河合宏一　田中　徹
神谷　隆　小泉秀親
井関至康　田中伸彦
大田泰介　今野　治
山下　護　三上卓矢
冨安健一郎　青野正志
館　圭輔　岡野智晃
前田彰久　中井邦尚
横堀直子　井上圭介
小浦克之　綱川浩章
野口　久　松下美帆
三戸雅文　宮腰奏子
吉田　誠　渡　三佳
上手研治　片桐義博
仁井谷興史　和田雅晴
玉越崇志　奥田隆則
(併)齊藤幸司　(併)中山知子
(併)川村謙一　(併)梶本洋之
(併)山内孝一郎　(併)山田正人
(併)松下　徹　(併)籠康太郎
(併)渡部保寿　(併)岸本哲哉

(併)澤瀬正明　(併)髙橋一成
(併)堂薗俊多　(併)今福孝男
(併)三木清香　(併)深町正徳
(併)今西　淳　(併)岸本織江
(併)金澤正尚　(併)三浦良平
(併)藪中克一　(併)中山裕司
(併)町田鉄男　(併)有吉孝史
(併)大畠　大　(併)田村真一
(併)山影雅良　(併)八木俊樹
(併)清水浩太郎　(併)太田哲生
(併)菱山　大　(併)河野琢次郎
(併)本針和幸　(併)川野真稔
(併)吉田　綾　(併)河邑忠昭
(併)高田英樹　(併)中野理美
(併)渡邉倫子　(併)眞鍋　馨
(併)猪上誠介　(併)尾室幸子
(併)川上敏寛　(併)飛田　章
(併)日置潤一　(併)大野　祥
(併)中村武浩　(併)野村宗成
(併)山下智也　(併)井上睦子
(併)岡　英範　(併)姫野泰啓
(併)宮原光穂　(併)石川　悟
(併)塩手能景　(併)永澤　剛
(併)大辻　統　(併)奈良裕信
(併)武田憲昌　(併)岩橋　保
(併)深堀　亮　(併)岩渕秀樹
(併)笠松淳也　(併)水谷忠由
(併)川村朋哉　(併)大山　修
(併)池田　満　(併)小林　稔
(併)大西一義　(併)篠田智志
(併)小西香奈江　(併)鈴木健二
(併)吉田暁郎　(併)大貫繁樹
(併)寺本恒昌　(併)宮本康宏
(併)平井　滋　(併)小柳津直哉
(併)平岡泰幸　(併)山本庸介
(併)吉住秀夫　(併)板倉　寛
(併)上田尚弘　(併)川口俊徳
(併)平岡宏一　(併)堀　泰雄
(併)鮫島大幸　(併)山形成彦
(併)佐藤勇輔　(併)前田勇太
(併)見次正樹　(併)白水伸英
(併)加藤　淳　(併)原田朋弘
(併)菱谷文彦　(併)谷　直哉
(併)平野雄介　(併)阿部一貴
(併)北川伸太郎　(併)横山　玄

(併)富田建蔵　(併)福永佳史
(併)島津裕紀　(併)田中彰子
(併)小笠原　靖　(併)稲盛久人
(併)大平真嗣　(併)鵜鶴昌二
(併)髙田裕介　(併)中山卓映
(併)奥田修司　(併)荻野　剛
(併)西前幸則　(併)山﨑　潤
(併)山口正行　(併)森谷明浩
(併)金井　誠　(併)西尾利哉
(併)福岡洋志　(併)伊藤　賢
(併)生田知子　(併)菱田泰弘
(併)岡　貴子　(併)多田昌弘
(併)小長谷章人　(併)奥村徳仁
(併)豊嶋太朗　(併)井上和也
(併)川越久史　(併)荒木裕人
(併)磯野哲也　(併)奥田誠子
(併)門口訓央　(併)小山陽一郎
(併)北間美穂　(併)黒須利彦
(併)清水　巌　(併)渡眞利　諭
(併)吉村直泰　(併)真田晃宏
(併)阿部雄介　(併)小島裕章
(併)阿部一郎　(併)刀禰正樹
(併)石ケ休剛志　(併)大熊規義
(併)立石祐子　(併)松瀬貴裕
(併)宮下雅行　(併)伊佐　寛
(併)河田敦弥　(併)川村尚永
(併)平林　剛　(併)西岡　隆
(併)平嶋壮州　(併)清水　充
(併)奥山　剛　(併)石川　靖
(併)久保麻紀子　(併)山下　護
(併)武尾伸隆　(併)奥村　豪
(併)高村　信　(併)坂本隆哉
(併)小林知也　(併)村川奏支
(併)黒田忠司　(併)藤野武広
(併)形岡拓文　(併)吉田　修
(併)井田俊輔　(併)高橋太朗
(併)景山忠史　(併)松本圭介
(併)吉田武司　(併)金籠史彦
(併)墳﨑正俊　(併)南部晋太郎
(併)山田雅彦　(併)海江田達也
(併)堀　裕行　(併)山本　要
(併)野村政樹　(併)小林剛也

企画官　新川俊一
倭人岳彦　福田和樹
西川宜宏　北原加奈子

(併)渡邉慎二
(併)奥出吉規
(併)田公和幸
(併)中村充男
(併)上野裕大
(併)松田真吾
(併)川島 均
(併)竹中大剛
(併)下川徹也
(併)小西慶典
(併)村上真祥
(併)齋藤康平
(併)西澤洋行
(併)髙木悠子
(併)栗原正明
(併)是永基樹
(併)大塚久司
(併)西村 卓
(併)河村玲央
(併)櫻井理寛
(併)西村泰子
(併)小澤幸生
(併)土肥 学
(併)中原茂仁
(併)吉田弘毅
(併)赤間圭祐
(併)髙見暁子
(併)朝比奈祥子
(併)宮本賢一
(併)永山玲奈
(併)鴨下 誠
(併)藤野武広
(併)三宅隆悟
(併)西田光宏
(併)森田健司
(併)東 善博
(併)羽野嘉朗
(併)納富史仁
(併)大石知広
(併)岡田 陽
(併)長宗豊和
(併)岩谷 卓
(併)野田博之

(併)石井芳明
(併)吉行 崇
(併)久保倉修
(併)渡部 崇
(併)生田目尚美
(併)藤山健人
(併)山下弘史
(併)宇田川徹
(併)福田一博
(併)古田暁人
(併)谷川知実
(併)中村 希
(併)岡田博己
(併)原田 貴
(併)川上悟史
(併)安川 聡
(併)工藤健一
(併)藤沼広一
(併)真弓智也
(併)佐々木明彦
(併)今泉 愛
(併)西澤栄晃
(併)魚井宏泰
(併)田上陽也
(併)立石浩司
(併)北野 允
(併)髙見英樹
(併)喜名明子
(併)多田 聡
(併)岩﨑林太郎
(併)伊藤 拓
(併)鈴木優香
(併)野坂佳伸
(併)富田晃弘
(併)佐藤 司
(併)島田志帆
(併)筑紫正宏
(併)吉田貴典
(併)角田憲亮
(併)田代 毅
(併)池田陽子
(併)笹尾一洋

(空港・港湾水際危機管理チーム)

参事官 髙木正人
上手研治 (併)坂本誠志郎
(併)西山 良 (併)片山敏宏
(併)神谷昌文 (併)松尾真治
(併)早川剛史 (併)谷川仁彦
(併)小林 稔 (併)永瀬賢介
(併)西川健士 (併)谷 直哉
空港危機管理官(併) 泉澤 一
山口育也 奥田栄男
港湾危機管理官(併) 髙橋亮司
相馬 淳 杉浦 毅
増田克樹 宮本順之
玉越哲治

(アイヌ総合政策室)

〒107-0052 港区赤坂1-9-13
三会堂ビル9F ☎03(5575)1044

室長(併) 吉井 浩
室長代理(併) 橋本 幸
同(併) 杉浦久弘
次長 佐々木啓介
同(併) 田村公一
参事官(併) 田仲教泰
梶本洋之 江口幹太
岸本哲哉 寺本耕一
八木俊樹 寺本恒昌
髙澤令則
企画官(併) 中村 希
北海道分室長(併) 池下一文

(郵政民営化推進室)

〒100-0014 千代田区永田町1-11-39
永田町合同庁舎3F ☎03(5251)8748

室長 鈴木信也
副室長(併) 吾郷俊樹
同(併) 牛山智弘
参事官(併) 中山裕司
松田昇剛 小林知也
平岡泰幸
企画官(併) 納富史仁

(沖縄連絡室)

室長(内閣官房副長官) 栗生俊一
室長代理(内閣官房副長官補) 藤井健志
室員 出口和宏
廣瀬健司 梶山正司

内閣

井関至康　水野敦志
三上卓矢　冨安健一郎
後沢彰宏　(併)宮本康宏
(併)小玉大輔

(沖縄連絡室沖縄分室)

分室長(併)　田中愛智朗
室員(併)　宮崎　順
同(併)　梶田拓磨

(原子力発電所事故による経済被害対応室)

室長(併)　片岡宏一郎
参事官(併)　松浦重和
同(併)　梅北栄一

(国土強靭化推進室)

室長(内閣官房副長官)　栗生俊一
次長　岡村次郎
審議官(併)　五味裕一
同(併)　英　浩道
参事官(併)　堂薗俊多
神谷将広　朝田　将
馬場裕子　山口博史
企画官(併)　藤山健人
西澤洋行　工藤健一
土肥　学

(拉致問題対策本部事務局)

☎03(3581)3885

事務局長　福本茂伸
審議官(併)　船越健裕
平井康夫　石川泰三
参事官(併)　難波正樹
深堀　亮　前田勇太
情報室長(併)　松下　徹
総務・拉致被害者等支援室長　大田泰介
政策企画室長(併)　大野　祥
総務・拉致被害者等支援室企画官(併)　小西慶典
政策企画室企画官(併)　藤沼広一
情報室企画官(併)　渡部　崇

(行政改革推進本部事務局)

事務局長　横田信孝
事務局次長　七條浩二
同(併)　湯下敦史
参事官(併)　山田正人
平泉　洋　尾原淳之
三ツ本晃代　中村武浩
川村朋哉　見次正樹
山形成彦　渡邉洋平
髙松忠介　金井　誠
企画官(併)　宮本賢一
同(併)　角田憲亮

(領土・主権対策企画調整室)

室長　渡部良一
審議官(併)　伊藤　信
参事官　古矢一郎
同(併)　富永健嗣
企画官(併)　北川公也
同(併)　齋藤康平

(健康・医療戦略室)

室長(内閣官房副長官補)　藤井健志
室長代理(併)　福島靖正
次長(併)　森　晃憲
西辻　浩　八神敦雄
赤堀　毅　榎本健太郎
城　克文　長野裕子
浅沼一成　佐原康之
西村秀隆　茂木　正
鈴木健彦　田中一成
日下英司　大坪寛子
参事官　木庭　愛
渡　三佳　(併)三木清香
(併)大畠　大　(併)姫野泰啓
(併)宮原光穂　(併)笠松淳也
(併)江副　聡
企画官(併)　西村　卓
同(併)　野坂佳伸

(TPP(環太平洋パートナーシップ)等政府対策本部)

本部長(経済再生担当大臣)　**後藤茂之**
首席交渉官　滝崎成樹
国内調整統括官　武藤功哉
企画・推進審議官　道井緑一郎
審議官(併)　桐山伸夫
同(併)　谷村栄二
交渉官(併)　山口潤一郎
部員(併)　牛草哲朗
諏訪園健司　松尾剛彦
鯰　博行　水野政義
竹谷　厚　柴田敬司

内閣

柏原恭子
交渉官(併) 河邑忠昭
尾﨑道 大西一義
田村英康 福永佳史
部員 小泉秀親
(併)齊藤幸司 (併)猪上誠介
(併)田中耕太郎
交渉官(併) 上野裕大
松田真吾 古田暁人
原田貴 安川聡
佐々木明彦 西村泰子
西澤栄晃 永山玲奈
部員(併) 中村充男
同(併) 生田目尚美

(水循環政策本部事務局)
事務局長(併) 朝堀泰明
審議官(併) 永井春信
参事官(併) 緒方和之
川村謙一 向野陽一郎
名倉良雄 中川雅章
森本輝 大井通博
企画官(併) 谷川知実

(産業遺産の世界遺産登録推進室)
室長(併) 淡野博久
次長 西経子
(併)小林万里子 (併)岡野結城子
参事官(併) 中野穣治
岸本織江 今井新
大辻統 俣野敏道
企画官(併) 森山昌人
村上真祥 青山紘悦

(観光立国推進室)
室長(内閣官房副長官) 栗生俊一
室長代理(内閣官房副長官補) 藤井健志
同(併) 和田浩一
次長 佐々木啓介
同(併) 秡川直也
審議官(併) 大村慎一
堀本善雄 黒田昌義
星野光明 池光崇
中村広樹 井上諭一
蓮井智哉
参事官(併) 河南正幸
大村真一 則久雅司
影山義人 杉山忠継
西中隆 河西修
真鍋英樹 桃井謙祐
鈴木章一郎 田島聖一
田部真史 高橋徹
上原龍 齋藤敬一郎
永瀬賢介 白鳥綱重
高宮裕介 指田徹
高橋泰史 廣田健久
柿沼宏明 富田建蔵
俣野敏道 井関至康
岩渕秀樹 梶山正司
菊川人吾 冨安健一郎
吉住秀夫
企画官(併) 大塚久司
仲澤純 佐藤司

(特定複合観光施設区域整備推進室)
室長(併) 和田浩一
次長(併) 秡川直也
参事官(併) 岩橋保
小林秀幸 佐藤克文
箭野拓士 堀信太朗

(地理空間情報活用推進室)
室長(併) 小林靖
室長代理 佐々木啓介
(併)川野豊 (併)坂口昭一郎
参事官 後沢彰宏
(併)東出成記 (併)河瀬和重
(併)見坂茂範 (併)岩渕秀樹
(併)上田光幸 (併)上野麻子
(併)奥田誠子
企画官(併) 武馬慎
同(併) 伊奈康二

(ギャンブル等依存症対策推進本部事務局)
事務局長(内閣官房副長官) 栗生俊一
事務局長代行(内閣官房副長官補) 藤井健志
ギャンブル等依存症対策総括官(併) 黒田岳士
審議官 出口和宏
(併)清水雄策 (併)榊原毅
参事官 廣瀬健司
山下護 (併)秋田未樹
(併)神門純一 (併)水野秀信

(併)小林秀幸　(併)加藤卓生
(併)小西香奈江　(併)松下和彦
(併)安里賀奈子　(併)平野雄介
(併)小林隼人
企画官(併)　満永俊典
橋爪優文　小澤幸生

(就職氷河期世代支援推進室)
室長(内閣官房副長官補)　藤井健志
室長代理(併)　中村博治
同　(併)　村瀬佳史
次長　中島朗洋
(併)吉岡秀弥　(併)田中佐智子
参事官　岡野智晃
(併)大村真一　(併)駒木賢司
(併)蒔苗浩司　(併)弓　信幸
(併)西中　隆　(併)堤　洋介
(併)神山　弘　(併)長良健二
(併)尾室幸子　(併)井上誠一郎
(併)松本圭介　(併)吉住秀夫
(併)松井拓郎　(併)島津裕紀
企画官(併)　喜名明子

(デジタル市場競争本部事務局)
局長(内閣官房副長官補)　藤井健志
局長代理　新原浩朗
次長(併)　濱島秀夫
佐久間正哉　成田達治
三浦章豪
参事官(併)　尾原知明
深町正徳　河野琢次郎
岡本剛和　高村　信
亀井明紀　吉屋拓之
須賀千鶴
企画官(併)　日置純子
安藤元太　杉原光俊
稲葉僚太　岩谷　卓

(新型コロナウイルス等感染症対策推進室)
室長　中村博治
次長　柳樂晃洋
審議官　大西友弘
菊池善信　宮崎敦文
岩松　潤　小池信之
田原芳幸　田中仁志
實國慎一　鷲見　学
八幡道典　須藤明裕
(併)辻　貴博
参事官　麻山健太郎
田中　徹　本田康秀
芹生太郎　大場寛之
梶野友樹　田中良斉
山下　護　松岡輝昌
横山博一　前田彰久
小浦克之　三戸雅文
(併)上野有子　(併)赤井久宣
(併)谷　直哉
企画官　新川俊一
倭島岳彦　福田和樹
西川宜宏　北原加奈子
(併)府川秀樹　(併)杉田香子
(併)田上陽也　(併)鴨下　誠
(併)藤野武広

(新型コロナウイルス等感染症対策推進室 新型インフルエンザ等対策室)
室長　大西友弘
参事官　田中　徹
山下　護　前田彰久
(併)谷　直哉
企画官　西川宜宏
北原加奈子　(併)野田博之

(国際博覧会推進本部事務局)
局長　新原浩朗
局長代理(併)　茂木　正
次長　長﨑敏志
福島秀生　(併)竹谷　厚
(併)井上　学
参事官(併)　齊藤幸司
中山知子　三浦良平
有吉孝史　川上敏寛
土屋博史　吉住秀夫
小柳津直哉

(孤独・孤立対策担当室)
室長　山本麻里
室長代理(併)　中村博治
同　(併)　笹川　武
次長　出口和宏
(併)榊原　毅
参事官　廣瀬健司
岡野智晃　(併)清重隆信

内閣

(併)上森康幹　(併)澤瀬正明
(併)蒔苗浩司　(併)田村真一
(併)藤吉尚之　(併)筒井誠二
(併)石川賢司　(併)中條絵里
(併)三好　圭　(併)鈴木あおい
(併)前田奈歩子　(併)安里賀奈子
(併)中橋宗一郎　(併)山口正行
企画官(併)　安田正人
同　(併)　多田　聡

(新しい資本主義実現本部事務局)
事務局長(内閣官房副長官)　**木原誠二**
事務局長代行(同)　**磯崎仁彦**
同　(同)　栗生俊一
事務局長代理　藤井健志
新原浩朗　松尾泰樹
河西康之　(併)田和　宏
事務局次長　佐々木啓介
中島朗洋　(併)井上裕之
(併)林　幸宏　(併)大西証史
(併)野村　裕　(併)彦谷直克
(併)堀本善雄　(併)村瀬佳史
(併)井上諭一　(併)宮本悦子
(併)三浦章豪
参事官(併)　齊藤幸司
籠　康太郎　深町正徳
横山　直　今西　淳
本間和義　上田淳二
山影雅良　真鍋英樹
菱山　大　奥家敏和
正田　聡　神山　弘
高田英樹　伊藤正雄
岡　英範　宇野禎晃
峯村英児　垣見直彦
髙橋俊博　渡辺正道
平井　滋　山本庸介
吉住秀夫　堀　泰雄
鮫島大幸　菱谷文彦
磯貝敬智　安藤元太
島津裕紀　伊藤　賢
岡　貴子
企画官(併)　岡田博己
川上悟史　吉田弘毅
鈴木優香　眞柳秀人
筑紫正宏　岡田　陽
田代　毅　長宗豊和
池田陽子

(新しい資本主義実現本部事務局私的独占禁止法特例法担当室)
室長　新原浩朗
次長(併)　堀本善雄
参事官(併)　深町正徳
同　(併)　倉石誠司

(新しい資本主義実現本部事務局フリーランス取引適正化法制準備室)
室長　岩成博夫
室長代理(併)　村山　誠
飯田健太　三浦章豪
次長(併)　吾郷進平
宮本悦子　品川　武
蓮井智哉　小林浩史
参事官　鮫島大幸
渡辺正道　堀　泰雄
島津裕紀
企画官(併)　岡田博己

(デジタル田園都市国家構想実現会議事務局)
局長　吉川浩民
事務局長代行　松尾泰樹
次長　村手　聡
市川篤志　小林　靖
秡川直也　(併)村上敬亮
審議官　坂本修一
西　経子　(併)野村　裕
(併)井上諭一　(併)内田幸雄
(併)布施田英生　(併)中村広樹
(併)黒田昌義　(併)佐脇紀代志
(併)西條正明　(併)吉田健一郎
(併)井上惠嗣　(併)浅野敦行
参事官(併)　田邉　仁
髙橋一成　金澤正尚
吉田恭子　太田哲生
中野理美　田島聖一
日置潤一　山下智也
石川　悟　塩手能景
永澤　剛　奈良裕信
飯嶋威夫　髙橋俊博
篠田智志　鈴木健二
平岡宏一　倉石誠司
中島　薫　白水伸英

内閣

久山淳爾　富田建蔵
中橋宗一郎　西尾利哉
福岡洋志　佐藤勇輔
企画官(併)　角南　巌
木村　剛　大塚久司
菊田逸平　阪場進一
笹尾一洋

(経済安全保障法制準備室)
室長　泉　恒有
次長　髙村泰夫
佐々木啓介　品川高浩
参事官　神谷　隆
田中伸彦　髙井良浩
早田　豪　(併)北廣雅之
(併)西山英将　(併)小新井友厚
(併)田中　博　(併)田村亮平
(併)有田　純　(併)岡井隼人
企画官(併)　是永基樹
伊藤　拓　三宅隆悟
富田晃弘　森田健司

(令和4年物価・賃金・生活総合対策世帯給付金及び令和3年経済対策世帯給付金等事業企画室)
室長(併)　井上裕之
次長(併)　奥　達雄
同(併)　村瀬佳史
審議官(併)　長谷川秀司
的井宏樹　野村知司
吉岡秀弥
参事官　水野敦志
(併)菱山　大　(併)尾﨑輝宏
(併)吉住秀夫　(併)野崎　彰
企画官(併)　櫻井理寛
今泉　愛　吉田貴典

(教育未来創造会議担当室)
室長(併)　瀧本　寛
次長(併)　寺門成真
参事官(併)　川野真稔
尾室幸子　白鳥綱重
吉田暁郎　島津裕紀
伊藤　賢　菱田泰弘
企画官(併)　渡邉慎二
川上悟史　河村玲央
赤間圭祐　髙見英樹

(全世代型社会保障構築本部事務局)
局長(併)　中村博治
審議官　中島朗洋
熊本正人　(併)朝川知昭
(併)北波　孝　(併)的井宏樹
(併)中村英正　(併)田中佐智子
(併)野村知司
参事官(併)　山内孝一郎
蒔苗浩司　石川賢司
大沢元一　中野孝浩
三好　圭　近藤貴幸
端本秀夫　横山　玄
漆畑有浩　尾崎守正
熊木正人　端本秀夫
八幡道典　丸山浩二
山口正行
企画官(併)　安田正人

(船舶医療活用推進本部設立準備室)
室長　内田欽也
次長(併)　五味裕一
茂木　陽　大坪寛子
参事官　河合宏一
企画官(併)　島田志帆

(GX実行推進室)
室長(併)　飯田祐二
次長(併)　松澤　裕
奥　達雄　保坂　伸
畠山陽二郎　龍崎孝嗣
参事官　冨安健一郎
(併)菊川人吾　(併)清水浩太郎
(併)西村治彦　(併)髙田英樹
(併)光安達也　(併)大貫繁樹
(併)山本庸介　(併)吉住秀夫
(併)加藤　淳　(併)小笠原　靖
企画官(併)　西田光宏

(海外ビジネス投資支援室)
室長　大矢俊雄
次長(併)　戸髙秀史
参事官　中井邦尚
横堀直子　(併)渡部保寿
(併)西脇　修　(併)吉田　陵
企画官(併)　田公和幸
同(併)　下川徹也

(グローバル・スタートアップ・キャンパス構想推進室)

室長 松尾泰樹
次長(併) 奈須野太
審議官 渡邊昇治
坂本修一 (併)田中哲也
(併)清浦隆
参事官(併) 渡邉倫子
井上睦子 武田憲昌
生田知子
企画官(併) 石井芳明
宇田川徹 北野允
大石知広

(技能実習制度及び特定技能制度の在り方に関する検討室)

室長(併) 西山卓爾
次長 中島朗洋
審議官(併) 原口剛
同(併) (併)福原道雄
参事官 岡野智晃
(併)本針和幸 (併)吉田暁郎
(併)川口俊徳 (併)小玉大輔
(併)菱田泰弘

(サイバー安全保障体制整備準備室)

室長 小柳誠二
次長 上田幸司
木村公彦 飯田陽一
参事官 貝沼諭
川上直人 稲盛久人
大平直嗣 鳩鵜昌二
髙田裕介 中山卓映
堀内隆広 奥田修司
荻野剛 西前幸則

〔内閣広報室〕

内閣広報官 四方敬之
内閣審議官(併)
内閣副広報官(併) 足立秀彰
内閣参事官 小八木大成
坂入倫之 難波康修
飯田修章 小林明生
(併)吉田充志 (併)中島薫
(併)杉本昌英
企画官 松山理然
(併)林慎一郎 (併)宮野光一郎
調査官 佐藤忠美

(国際広報室)

室長(併) 足立秀彰
室員 齋藤康平
飯田修章 松山理然

(総理大臣官邸報道室)

室長 難波康修
調査官 佐藤忠美

〔内閣情報調査室〕

内閣情報官 原和也
次長(内閣審議官) 七澤淳
内閣審議官 福本茂伸
河野真 立﨑正夫
濵田隆 山田好孝
(併)遠藤顕史 (併)大隅洋
内閣情報分析官(内閣審議官) 加藤達也
同(内閣参事官) 梅田直嗣
竹端昌宏 高瀬光将
(併)髙坂久夫 (併)丹野博信
(併)佐藤隆司
内閣参事官 上田泰宏
矢野幸雄 海野敦史
遠藤幹夫 水廣佳典
保坂啓介 (併)松田光央
(併)吉田知明 (併)髙橋裕昌
(併)蔵原智行
調査官 服部重夫
(併)高橋真仁 (併)原大輔
(併)森充広 (併)津村優介

(総務部門)

内閣参事官 鶴代隆造
苧坂壮栄 岡本亜理博
野田哲之 (併)横田和道
(併)吉野成一朗 (併)圖師執二
(併)山内恭子 (併)安田貴司
調査官 小林良弘
島倉善広 鈴木亮作
玉川達也 三野元靖
(併)柳川浩介 (併)石川光泰

(国内部門)

内閣参事官 野本祐二
(併)知花宏樹
調査官 川越政雄
山田修 (併)花岡一央

内閣

（国際部門）

内閣参事官　金子直行
（併）大山和伸　（併）山本幹二
（併）松吉慎一郎　（併）吉越清人
（併）鳩村康　（併）北村吉崇
調査官　佐藤義実
同　高瀬光将

（経済部門）

内閣参事官　門井誠
澤井景子　西野健
（併）降井寮治

（内閣情報集約センター）

内閣参事官（併）　舟橋清次
山本豊　三浦宏

（カウンターインテリジェンス・センター）

センター長（内閣情報官）　原和也
副センター長　山田好孝
（併）遠藤顕史
参事官　鶴代隆造
水廣佳典　保坂啓介
（併）横田和道　（併）吉野成一朗
（併）加門俊彦　（併）金柿正志

（国際テロ情報集約室）

室長（内閣官房副長官）　栗生俊一
室長代理（内閣情報官）　原和也
情報収集統括官　河野真
次長　七澤淳
濵田隆　山田好孝
（併）横尾洋一　（併）栗田照久
（併）白石昌己　（併）諏訪園健司
（併）増田和夫　（併）安藤俊英
（併）新居雄介　（併）木村聡
（併）宮澤康一　（併）大隅洋
（併）田野尻猛　（併）西山卓爾
参事官　鶴代隆造
苧坂壮栄　野田哲之
保坂啓介　（併）佐藤隆司
（併）圖師執二　（併）榎下健司
調査官　島倉善広
鈴木亮作　玉川達也
（併）滝澤庸子　（併）石川光泰

〔国際テロ対策・経済安全保障等情報共有センター〕

センター長（併）　圖師執二
副センター長　鈴木亮作
同（併）　石川光泰

〔内閣衛星情報センター〕

所長　納冨中
次長　植田秀人
管理部長　市川道夫
総務課長　高橋美佐子
会計課長　角田哲也
運用情報管理課長　安田貴司
分析部長　中村耕一郎
管理課長　西野聰
主任分析官　西山孝行
佐藤卓也　見田達也
安藤暁史　小野理沙
割澤広一
技術部長　木村賢二
企画課長　古賀康之
管制課長　唐澤宏喜
主任開発官　三木清香
森實克　大井勝義
総括開発官　小野寺健一
副センター所長　小寺章
北受信管制局長　森山真也
南受信管制局長　野呂真悦

（内閣サイバーセキュリティセンター）

センター長（内閣官房副長官補）　髙橋憲一
副センター長（内閣審議官）　中溝和孝
（併）遠藤顕史　（充）下田隆文
内閣審議官（併）　豊嶋基暢
内閣参事官　垣見直彦
寺岡秀礼　村田健太郎
（併）加門俊彦　（併）山口勇
（併）金柿正志　（併）紺野博行
（併）積田北辰　（併）横田一磨
企画官　中川和信
（併）服部重夫　（併）松本崇
（併）坪郷聡　（併）齋藤康裕
（併）鈴木健太郎　（併）渡邊修宏
（併）山田隆裕　（併）谷澤厚志

内閣

〔内閣人事局〕

〒100-8914 千代田区永田町1-6-1
中央合同庁舎8号館 ☎03(6257)3731

内閣人事局長(内閣官房副長官) 栗生俊一
人事政策統括官 窪田修
阪本克彦 松田浩樹
内閣審議官 野村謙一郎
黒田秀郎 滝澤依子
(併)平池栄一
内閣参事官 阿南哲也
山村和也 後藤友宏
中里吉孝 西澤能之
越尾淳 五百籏頭千奈美
鈴木邦夫 浅尾久美子
宮﨑孝一 浅賀崇
佐藤隆夫 菅潤一郎
荒木太郎 谷中謙一
植松利紗 (併)川口真友美
(併)辻恭介
企画官 山本隆之
今井由紀子 西川奈緒
大堀芳文 神保一徳
田中智史 渡邉瑠美子
本田英章 市川のり恵
(併)御厩敷寛
調査官 深野淳一
長野浩二 石川義浩

(郵政民営化委員会事務局)

局長 鈴木信也
次長(併) 吾郷俊樹
同(併) 中山裕司
参事官(併) 松田昇剛
平岡泰幸 小林知也
企画官(併) 納富史仁

(原子力防災会議事務局)

次長(併) 荒木真一
同(併) 秦康之
審議官(併) 松下整
同(併) 針田哲
参事官(併) 小山田巧
新田晃 根木桂三
野口康成 鈴木章記
馬場康弘 髙橋裕輔

(特定複合観光施設区域整備推進本部事務局)

局長(併) 髙橋一郎
次長(併) 加藤進
参事官(併) 岩橋保
山本要 阿部雄介
飛田章 形岡拓文

〔内閣法制局〕

〒100-0013 千代田区霞が関3-1-1
中央合同庁舎4号館 ☎03(3581)7271

内閣法制局長官 近藤正春
内閣法制次長 岩尾信行
長官秘書官 五十嵐光
総務主幹 嶋一哉
総務課長 照屋敦
会計課長 久下富雄
調査官 北村茂
公文書監理官(兼) 北村茂
第一部長 木村陽一
参事官 畑佳秀
古渡善幸 中澤吉博
山田勝土 中井孝一
法令調査官 宇田川利夫
憲法資料調査室長事務取扱 嶋一哉
参事官(兼) 中井孝一
第二部長 平川薫
参事官 衣斐瑞穂
渡邊哲至 長谷浩之
大野敬 門元政治
吉田誠
第三部長 佐藤則夫
参事官 佐々木克之
伊藤直人 中田響
野田恒平 髙橋慶太
永田将一
第四部長 栗原秀忠
参事官 髙鹿秀明
安倍暢宏 森大輔
堀和匡 久野克人

〔国家安全保障会議〕

〒100-0014 千代田区永田町2-4-12
☎03(5253)2111

議長(内閣総理大臣) **岸田文雄**
議員
総務大臣 **松本剛明**

外務大臣　林　芳正
財務大臣　鈴木俊一
経済産業大臣　西村康稔
国土交通大臣　斉藤鉄夫
防衛大臣　浜田靖一
内閣官房長官　松野博一
国家公安委員長　谷公一

人事院

〒100-8913 千代田区霞が関1-2-3
中央合同庁舎5号館別館
☎03(3581)5311

総裁　川本裕子
人事官　古屋浩明
同　伊藤かつら
総裁秘書官　芦田麻里衣

〔事務総局〕

事務総長　柴崎澄哉
総括審議官　米村猛
審議官　箕浦正人
公文書監理官(併)　長谷川一也
サイバーセキュリティ・情報化審議官　長谷川一也
政策立案参事官　宮川豊治
事務総局付　森谷明浩
総務課長　野口孝宏
企画法制課長　澤田晃一
人事課長　髙尾憲司
会計課長　佐藤昌博
国際課長　前田聡子
国際人事行政専門官　徳山淳記
公文書監理室長(併)　伊東千尋
情報管理室長　太田和樹

〔職員福祉局〕

局長　荻野剛
次長事務取扱　荻野剛
職員団体審議官　大滝俊則
職員福祉課長　西桜子
審査課長　柳田健一
補償課長　荒竹宏之
職員団体審議官付参事官　早乙女潤一

〔人材局〕

局長　幸清聡
審議官　原田三嘉
試験審議官　府川陽子
参事官　髙田悠二
企画課長　神宮司英弘
試験課長　住吉威彦
研修推進課長　森川武
首席試験専門官　秋庭能久
池田繭樹　矢島恵理子
伊藤真澄

〔給与局〕

局長　佐々木雅之
次長　役田平
参事官　本間あゆみ
給与局付(併)　大滝俊則
同(併)　早乙女潤一
給与第一課長　植村隆生
給与第二課長　中西佳子
給与第三課長　井手亮
生涯設計課長　藤原知朗

〔公平審査局〕

局長　荒井仁志
審議官　鈴木敏之
調整課長　木村秀崇
職員相談課長　木下清利
首席審理官　田中玄弥
奈良間貴洋　原田佳澄

〔公務員研修所〕

〒358-0014 入間市宮寺3131
☎04(2934)1291

所長　岩崎敏
副所長　鈴木秀雄
同(併)　原田三嘉
主任教授　岸本康雄
教授　山本朗
(併)石水修　(併)前田聡子
(併)森川武
教務部長　石水修
教務部政策研修分析官　岩崎克則
西山理行　萩本猛

〔国家公務員倫理審査会〕

会長　秋吉淳一郎
委員　青山佳世
上野幹夫　潜道文子
伊藤かつら
事務局長　練合聡
首席参事官　阿部健郎
参事官　森奈美

内閣府

〒100-8914 千代田区永田町1-6-1
〒100-8914 千代田区永田町1-6-1
中央合同庁舎8号館
〒100-8970 千代田区霞が関3-1-1
中央合同庁舎4号館(分館)
☎03(5253)2111

内閣総理大臣 岸田文雄
内閣官房長官 松野博一
内閣府特命担当大臣(金融) 鈴木俊一
内閣府特命担当大臣(原子力損害賠償・廃炉等支援機構) 西村康稔
内閣府特命担当大臣(原子力防災) 西村明宏
内閣府特命担当大臣(デジタル改革 消費者及び食品安全) 河野太郎
内閣府特命担当大臣(防災 海洋政策) 谷公一
内閣府特命担当大臣(こども政策 少子化対策 若者活躍 男女共同参画) 小倉將信
内閣府特命担当大臣(経済財政政策) 後藤茂之
内閣府特命担当大臣(知的財産戦略 科学技術政策 宇宙政策 経済安全保障) 高市早苗
内閣府特命担当大臣(沖縄及び北方対策 地方創生 規制改革 クールジャパン戦略 アイヌ施策) 岡田直樹
副大臣 藤丸敏
同 星野剛士
同 和田義明
同(兼) 大串正樹
同(兼) 伊佐進一
同(兼) 中谷真一
同(兼) 太田房江
同(兼) 石井浩郎
同(兼) 小林茂樹
同(兼) 井野俊郎
大臣政務官 鈴木英敬
同 自見はなこ
同 中野英幸
同(兼) 尾﨑正直
同(兼) 本田顕子
同(兼) 長峯誠
同(兼) 里見隆治
同(兼) 西田昭二
同(兼) 柳本顕
同(兼) 木村次郎
事務次官 田和宏
内閣府審議官 大塚幸寛
同 井上裕之

〔大臣官房〕
大臣官房長 原宏彰
官房政策立案総括審議官 岡本直樹
官房公文書監理官(併) 矢作修己
官房サイバーセキュリティ・情報化審議官 佐藤正一
官房審議官(官房担当) 原典久
(併)笹川武 (併)岡本直樹
(併)坂本里和 (併)小八木大成
(併)野村裕 (併)矢作修己
官房審議官(公文書監察担当) 原典久
官房審議官(拉致被害者等支援担当)(併) 平井康夫
総務課長 中嶋護
参事官(総務課)(併) 冨岡勇哉
伊藤誠一 千葉均
久保大輔 村山直和
前川紘一郎 菱山大
泉吉顕 富永健嗣
野竹司郎
管理室長(併) 堀江典宏
西村国務大臣秘書官事務取扱 日暮正毅
大川正人 小林祐紀
松野国務大臣秘書官事務取扱 吉田真晃
河野国務大臣秘書官事務取扱 阪口理司
内野宏人 岩谷邦明
柳生正毅 梅城崇師
谷国務大臣秘書官事務取扱 佐々木舞
小倉国務大臣秘書官 棟方舞衣
同 事務取扱 田中麻理
同 事務取扱 前田茂人
後藤国務大臣秘書官 波多野泰史
同 事務取扱 永原伯武
内藤景一朗 小園英俊
小柳聡志
高市国務大臣秘書官 髙市知嗣
同 事務取扱 有田純
山下浩司 梅田裕介
岡田国務大臣秘書官 谷端臣文
同 事務取扱 中野浩二
大瀧洋 橘髙徹哉
谷口雄介
人事課長 水田豊
参事官(人事課) 南順子
会計課長 田中駒子
参事官(会計課) 北村実
企画調整課長 伊藤誠一
参事官(企画調整課) 酒巻浩
(併)山影雅良 (併)佐々木明

(併)山岸圭輔　(併)岡本信一
同(拉致被害者等支援担当)(併)　大田泰介
合理的根拠政策立案推進室長(併)　伊藤誠一
政策評価広報課長　盛谷幸一郎
参事官(政策評価広報課担当)(併)　千葉均
同　(同)(併)　菱山大
公文書管理課長　坂本眞一
参事官(公文書管理課担当)(併)　佐々木奈佳
政府広報室長　廣瀬健司
参事官(政府広報室担当)　中島薫
鎌田修弘　(併)杉本昌英
(併)吉田充志　(併)小林明生
(併)飯田修章　(併)古矢一郎
(併)足立秀彰
厚生管理官　中里正明
拉致被害者等支援担当室長(併)　大田泰介
サイバーセキュリティ・情報化推進室長(併)　高橋敏明
孤独・孤立対策推進法施行準備室長(併)　山本麻里
同室長代理(併)　笹川武
同次長(併)　江浪武志
同　(併)　滝澤幹滋
同参事官(併)　澤瀬正明
同　(併)　田村真一

〔政策統括官〕

〔政策統括官(経済財政運営担当)〕

政策統括官(経済財政運営担当)　木村聡
官房審議官(経済財政運営担当)　畠山貴晃
江浪武志　茂呂賢吾
(併)三橋一彦　(併)福田毅
(併)永井克郎
参事官(総括担当)　菱山大
(併)髙橋洋明　(併)阿部一郎
(併)尾﨑輝宏　(併)野崎彰
(併)水野敦志　(併)田中義高
参事官(経済対策・金融担当)　赤井久宣
同　(同)(併)　菱山大
同(企画担当)(併)　吉中孝
同(経済見通し担当)　木村順治
同(産業・雇用担当)　阿部一郎
(併)淺井洋介　(併)髙橋洋明
(併)原田朋弘　(併)酒巻浩
同(予算編成基本方針担当)　髙橋洋明
同(国際経済担当)　田中茂樹
同(地域経済活性化支援機構担当)(併)　髙橋洋明
同　(同)(併)　加藤光伸
政府調達苦情処理対策室長(併)　茂呂賢吾
同次長(併)　髙橋洋明
対日直接投資推進室長(併)　永井克郎
同次長(併)　阿部一郎
経済財政国際室長(併)　松多秀一
同参事官(併)　石橋英宣
同　(併)　田中茂樹
道州制特区担当室長(併)　恩田馨
同参事官(併)　髙橋洋明
地域経済活性化支援機構担当室室長(併)　岡田大
同次長(併)　田部真史
同参事官(併)　西中隆
加藤光伸　髙橋洋明
地域就職氷河期世代支援加速化事業推進室長(併)　木村聡
同次長(併)　畠山貴晃
小宅栄作　福田毅
同参事官(併)　阿部一郎
原田朋弘　髙橋洋明
酒巻浩
令和4年物価・賃金・生活総合対策世帯給付金及び令和3年経済対策世帯給付金等事業担当室長(併)　木村聡
審議官(併)　野村知司
岡本直樹　濱田厚史
参事官(併)　山本庸介
吉住秀夫　小長谷章人
水野敦志　菱山大

〔政策統括官(経済社会システム担当)〕

政策統括官(経済社会システム担当)　林幸宏
官房審議官(経済社会システム担当)　笠尾卓朗
福田毅　江浪武志
阿久澤孝　(併)後藤一也
(併)中澤信吾　(併)渡辺公徳
参事官(総括担当)　横山直
同　(同)(併)　大塚久司
同(企画担当)　平井滋
同(社会システム担当)　中野孝浩
同　(同)(併)　山口顕
同(社会基盤担当)(併)　奈良裕信
同(市場システム担当)　木尾修文
(併)麻山晃邦　(併)松本博明
(併)山口顕　(併)宮本賢一
同(財政運営基本担当)　高橋太朗
同(共助社会づくり推進担当)　小川敦之
同(民間資金等活用事業・成果連動型事業推進担当)　中井川季央

民間資金等活用事業推進室長（併） 笠尾卓朗
同参事官（併） 大塚久司
同　（併） 中井川季央
規制改革推進室長（併） 林　幸宏
同次長（併） 渡辺公徳
河村直樹　後藤一也
阿久澤　孝
同参事官（併） 麻山晃邦
川村尚永　木尾修文
松本博明　宮本賢一
休眠預金等活用担当室室長（併） 福田　毅
同参事官（併） 小川敦之
同　（併） 高橋太朗
成果連動型事業推進室長（併） 笠尾卓朗
同参事官（併） 中井川季央
特定非営利活動法人に係る持続化給付金事前確認連絡調整室長（併） 林　幸宏
同室長代理（併） 福田　毅
同参事官（併） 横山　直
同　（併） 高橋太朗

〔政策統括官（経済財政分析担当）〕

政策統括官（経済財政分析担当） 林　伴子
官房審議官（経済財政分析担当） 上野有子
堤　雅彦　（併）河村直樹
（併）中澤信吾
参事官（総括担当） 多田洋介
同（企画担当） 吉中　孝
同（同）（併） 多田洋介
同（地域担当）（併） 吉田充志
同（海外担当） 石橋英宣
計量分析室長（併） 中澤信吾
同参事官事務代理 前田佐恵子

（地方創生推進室）

〒100-0014 千代田区永田町1-11-39
永田町合同庁舎 ☎03（5510）2151
地方創生推進室長（併） 市川篤志
同室長代理（併） 河村直樹
同次長（併） 秡川直也
安良岡　武　岩間　浩
井上博雄　黒田昌義
渡辺公徳　奥山祐矢
大森一顕　佐脇紀代志
小林　靖　吉田健一郎
中村広樹　木村宗敬
西　経子　井上諭一
深井敦夫
同参事官（併） 塩手能景
川越久史　山下智也
菅原晋也　谷　浩
大辻　統　喜多功彦
鈴木健二　今野　治
西山茂樹　伊佐　寛
正田　聡　大塚久司
白水伸英　岸本織江
石川　悟　津田陽子
中野理美　篠田智志
西尾利哉　真田晃宏
墳﨑正俊　河田敦弥
金澤正尚　福岡洋志
景山忠史　平林　剛

〔政策統括官（防災担当）〕

政策統括官（防災担当） 高橋謙司
官房審議官（防災担当） 五味裕一
上村　昇　（併）瀧澤　謙
参事官（総括担当） 中尾晃史
同（災害緊急事態対処担当） 北澤　剛
同（調査・企画担当） 朝田　将
同（防災計画担当） 山口博史
同（普及啓発・連携担当） 村上威夫
同（防災デジタル・物資支援担当） 松本真太郎
同（避難生活担当） 小野雄大
同（被災者生活再建担当）（併） 飯沼宏規
同（復旧・復興担当） 伊藤光弘
同　（併） 末満章悟
後藤隆昭　西園勝英
清瀬一浩　鈴木　毅
木原栄治

〔政策統括官（原子力防災担当）〕

政策統括官（原子力防災担当） 松下　整
官房審議官（原子力防災担当）（併） 森下　泰
針田　哲　師田晃彦
吉田健一郎　新居泰人
川合　現　鈴木啓之
参事官（総括担当）（併） 野口康成
同（同） 小山田　巧
同（企画・国際担当） 髙橋裕輔
同（地域防災担当）（併） 根木桂三
同（総合調整・訓練担当）（併） 小山田　巧

〔政策統括官（沖縄政策担当）〕

政策統括官（沖縄政策担当）　水野　敦
参事官（総括担当）　久保大輔
同（政策調整担当）（併）　國武正大
同　（企画担当）　田村一郎
同（産業振興担当）（併）　中島義人

〔政策統括官（政策調整担当）〕

政策統括官（政策調整担当）　笹川　武
官房審議官（政策調整担当）　滝澤幹滋
（併）石田晋也　（併）徳増伸二
由布和嘉子
参事官（総括担当）　杉田和暁
参事官事務代理（総合調整担当）　魚井宏泰
参事官（青年国際交流担当）（併）　田中駒子
参事官事務代理（高齢社会対策担当）（併）　魚井宏泰
参事官（障害者施策担当）（併）　小林　淳
同（交通安全対策担当）　児玉克敏
参事官事務代理（性的指向・ジェンダーアイデンティティ理解増進担当）　魚井宏泰
参事官（金融担当）（併）　太田原和房
参事官　大條成太
山嵜泰徳　（併）寺本久幸
（併）細田大造　（併）平沢克俊
（併）中野晶子　（併）在津謙作
（併）阿部一貴　（併）田中昇治
（併）坂本隆哉　（併）山村和也
（併）大西一禎　（併）泉　聡子
（併）進藤和澄　（併）梅北栄一
（併）平林　剛　（併）阿部康幸
官房審議官兼遺棄化学兵器処理担当室長（併）　伊藤茂樹
同参事官（併）　大條成太
同　（併）　山嵜泰徳
同参事官事務代理　沼舘　建
原子力損害賠償・廃炉等支援機構担当室長（併）　渡邊昇治
同次長（併）　徳増伸二
片岡宏一郎　林　孝浩
松山泰浩
同参事官（併）　進藤和澄
梅北栄一　阿部康幸
大臣官房審議官（地方分権改革担当）地方分権改革推進室長（併）　恩田　馨
大臣官房審議官（地方分権改革担当）地方分権改革推進室次長（併）　三橋一彦
大臣官房審議官（地方分権改革担当）地方分権改革推進室次長（併）　福田　毅
同参事官（併）　寺本久幸
中野晶子　泉　聡子
細田大造　平沢克俊
山村和也　大西一禎
阿部一貴　田中昇治
在津謙作　坂本隆哉
平林　剛
同参事官事務代理　齋藤　修
青年国際交流担当室室長（併）　由布和嘉子
同参事官（併）　田中駒子

〔政策統括官（重要土地担当）〕

政策統括官（重要土地担当）　宮坂祐介
官房審議官（重要土地担当）　伊藤哲也
参事官（総括担当）（併）　小松克行
同（防衛施設担当）（併）　小松克行
同（生活関連施設等担当）　惠谷　修
同（国境離島等担当）（併）　鈴木俊朗
同（調査分析担当）（併）　惠谷　修
参事官（併）　伊藤　大

〔政策統括官（経済安全保障担当）〕

政策統括官（経済安全保障担当）（併）　飯田陽一
官房審議官（経済安全保障担当）　（併）飯田陽一
品川高浩　（併）高村泰夫
（併）佐々木啓介
参事官（総括・企画担当）（併）　神谷　隆
小新井友厚　早田　豪
岡井隼人　髙井良浩
有田　純
同（特定重要物資担当）（併）　田村亮平
同（特定社会基盤役務担当）　田中　博
同（特定重要技術担当）（併）　田中伸彦
萩原貞洋　河野　太
同（特許出願非公開担当）（併）　北廣雅之
独立公文書管理監（併）　森本加奈
独立公文書管理監付（併）　原　典久
同参事官　阿部正興
髙橋徳嗣　（併）坂本眞一
公文書監察室長（併）　森本加奈
同次長（併）　原　典久
同参事官（併）　坂本眞一
情報保全監察室長（併）　森本加奈
同参事官（併）　阿部正興
同　（併）　髙橋徳嗣

〔賞勲局〕

局長　伊藤　信

総務課長　馬場純郎
審査官(賞勲局)　澤　繁樹
本田啓一郎

〔男女共同参画局〕

局長　岡田恵子
官房審議官(男女共同参画局担当)(併)　小八木大成
同　(同)(併)　永井克郎
総務課長　大森崇利
推進課長　上田真由美
男女間暴力対策課長　田中宏和
仕事と生活の調和推進室長(併)　岡田恵子
同参事官(併)　花咲恵乃

〔沖縄振興局〕

局長　望月明雄
官房審議官(沖縄科学技術大学院大学担当)(併)　井上惠嗣
総務課長　西尾尚記
参事官(振興第一担当)　野本英伸
同(振興第二担当)　小林清史
同(振興第三担当)　小澤康彦
同(調査金融担当)　山崎善久

〔食品安全委員会〕

〒107-6122 港区赤坂5-2-20
赤坂パークビル22F
☎03(6234)1166

委員長　山本茂貴
事務局長　中　裕伸
事務局次長　及川　仁
総務課長　重元博道
評価第一課長　紀平哲也
評価第二課長　前間　聡
情報・勧告広報課長　浜谷直史

〔国会等移転審議会〕

〒100-8918 千代田区霞が関2-1-2
中央合同庁舎2号館
(国土交通省国土政策局総合計画課内)
☎03(3501)5480

事務局次長(併)　小善真司
参事官(併)　秋山公城

〔公益認定等委員会〕

〒105-0001 港区虎ノ門3-5-1
虎ノ門37森ビル12F
☎03(5403)9555

委員長　佐久間総一郎
事務局長兼大臣官房公益法人行政担当室長　北川　修
事務局次長兼大臣官房公益法人行政担当室次長　髙角健志
総務課長兼大臣官房公益法人行政担当室参事官　真弓智也
審査監督官兼大臣官房公益法人行政担当室参事官(併)　大野　卓
同　(併)　花島康夫

〔再就職等監視委員会〕

〒100-0004 千代田区大手町1-3-3
大手町合同庁舎3号館9F
☎03(6268)7657

委員長　井上弘通
事務局長　吉田德幸
参事官　酒井元康
再就職等監察官　中川知三
同　(併)　植月良典

〔消費者委員会〕

〒100-8970 千代田区霞が関3-1-1
中央合同庁舎4号館
☎03(3581)9176

委員長　後藤巻則
事務局長(併)　小林真一郎
官房審議官(消費者委員会担当)(併)　岡本直樹
同　(同)(併)　後藤一也
参事官　友行啓子

〔経済社会総合研究所〕

〒100-8914 千代田区永田町1-6-1
中央合同庁舎8号館
☎03(5253)2111

所長　村山　裕
次長　野村　裕
総括政策研究官　河村直樹
後藤一也　信濃正範
松多秀一　永井克郎
中澤信吾　小八木大成
総務部長　丸山達也
上席主任研究官　出口恭子
山岸圭輔　萩野　覚
小島宗一郎
主任研究官　飯村久美子
情報研究交流部長　田村裕昭
景気統計部長　谷本信賢
国民経済計算部長　尾﨑真美子
経済研修所総務部長　小林真一郎

〔迎賓館〕

〒107-0051 港区元赤坂2-1-1
☎03(3478)1111

館長 三上明輝
次長 岡本信一
総務課長 佐々木明
接遇課長 荒池克彦
運営課長 髙妻博之
京都事務所長 押切哲夫

〔地方創生推進事務局〕

〒100-0014 千代田区永田町1-11-39
永田町合同庁舎6F・7F・8F
☎03(5510)2151

事務局長 市川篤志
事務局次長(併) 河村直樹
審議官(併) 黒田昌義
岩間浩 井上博雄
渡辺公徳 奥山祐矢
大森一顕 佐脇紀代志
吉田健一郎 安良岡武
中村広樹 西経子
井上諭一 西條正明
参事官(併) 木村宗敬
同(総括担当)(併) 正田聡
大辻統 西山茂樹
大塚久司 中野理美
同(中心市街地活性化担当)(併) 谷浩
同(同)(併) 西山茂樹
同(都市再生担当)(併) 喜多功彦
同(同)(併) 真田晃宏
同(構造改革特別区域担当)(併) 田中聡明
曽我明裕 菅原晋也
杉山忠継 正田聡
元木要
同(地域再生担当)(併) 塩手能景
市川紀幸 川村尚永
山下智也 喜多功彦
影山義人 今野治
西山茂樹 伊佐寛
白水伸英 津田陽子
石川悟 金澤正尚
川島正治 冨田晋司
伊藤康行 富田建蔵
則久雅司 篠田智志
西尾利哉 川越久史
田中禎彦 景山忠史
平林剛 久山淳爾
吉田暁郎
同(総合特別区域担当)(併) 田中聡明
曽我明裕 菅原晋也
杉山忠継 正田聡
元木要
同(国家戦略特別区域担当)(併) 田中聡明
曽我明裕 菅原晋也
杉山忠継 正田聡
元木要
同(産業遺産担当)(併) 今井新
大辻統 俣野敏道
岸本織江 真田晃宏
同(地方大学・産業創生担当)(併) 中野理美

〔知的財産戦略推進事務局〕

〒100-0014 千代田区永田町1-6-1
内閣府本府庁舎3F
☎03(3581)0324

事務局長 奈須野太
事務局次長(併) 澤川和宏
佐野究一郎 植松利夫
参事官(総括担当)(併) 池谷巌
同(産業競争力強化担当)(併) 山本英一
同(コンテンツ振興担当)(併) 塩原誠志
同(同)(併) 白鳥綱重
同(クールジャパン戦略推進担当)(併) 塩原誠志
同(同)(併) 白鳥綱重
同(国際標準化戦略推進担当)(併) 小川祥直
渡辺真幸 山本英一
中里学 平尾禎秀
橋本雅道 次田彰
日置潤一 川村竜児

〔科学技術・イノベーション推進事務局〕

事務局長(併) 松尾泰樹
統括官 渡邊昇治
審議官 徳増伸二
川上大輔 井上惠嗣
(併)林孝浩 (併)松山泰浩
(併)坂本修一 (併)佐野究一郎
(併)坂口昭一郎 (併)清浦隆
(併)木原晋一 (併)吾郷進平
参事官(総括担当) 武田憲昌
(併)山田哲也
同(統合戦略担当) (併)永澤剛

(併)根本朋生 (併)山下恭徳
(併)若月一泰 (併)塩原誠志
(併)白鳥綱重 (併)滝澤 豪
(併)川野真稔 (併)伯野春彦
(併)今野 聡 (併)橋本雅道
(併)森 幸子 (併)辻原 浩
(併)倉田佳奈江 (併)宅間裕子
(併)下田裕和 (併)工藤雄之
(併)稲田剛毅 (併)日置潤一
(併)岡田智裕 梅原徹也
参事官事務代理(同) 赤池伸一
参事官(イノベーション推進担当)(併) 井上睦子
同 (同) 有賀 理
同(研究環境担当)(併) 松木秀彰
平野 誠 髙橋憲一郎
同(教育・人材担当)(併) 有賀 理
同(大学改革・ファンド担当)(併) 渡邉倫子
西平賢哉 有賀 理
同(重要課題担当)(併) 根本朋生
木村裕明 伯野春彦
髙嶺研一 森 幸子
辻原 浩 廣田光恵
梅原徹也 朝田 将
大土井 智 宅間裕子
西川和見 日置潤一
河野 太 田中伸彦
笠間太介 萩原貞洋
同(事業推進総括担当)(併) 根本朋生
梅原徹也 萩原貞洋
同(未来革新研究推進担当) 龍澤直樹
同 (同)(併) 中川尚志
同(原子力担当) 進藤和澄
(併)梅北栄一 (併)二村英介
(併)山田哲也
参事官(併) 北神 裕
三木清香 宮原光穂
池谷 巌 渡邉 淳
谷口礼史
原子力政策担当室長(併) 渡邊昇治
次長(併) 徳増伸二
同 (併) 林 孝浩
参事官(併) 進藤和澄
同 (併) 梅北栄一
大学改革・ファンド担当室長(併) 渡邊昇治
次長(併) 坂本修一
参事官(併) 渡邉倫子
西平賢哉 有賀 理
日本医療研究開発機構担当室室長(併) 中石斉孝
次長(併) 長野裕子
竹林経治 内山博之
森田健太郎
参事官(併) 三木清香
宮原光穂 大畠 大
笠松淳也
標準活用推進室長(併) 奈須野 太
次長(併) 佐野究一郎
参事官(併) 池谷 巌
山本英一 小川祥直

〔健康・医療戦略推進事務局〕

事務局長 中石斉孝
事務局次長(併) 長野裕子
竹林経治 内山博之
森田健太郎
参事官(併) 三木清香
宮原光穂 笠松淳也
姫野泰啓 渡 三佳
大畠 大

〔宇宙開発戦略推進事務局〕

〒100-0013 千代田区霞が関3-7-1
霞が関東急ビル16F
☎03(6205)7036

事務局長 風木 淳
審議官(併) 坂口昭一郎
参事官 渡邉 淳
(併)滝澤 豪 (併)加藤勝俊
(併)三上建治 (併)山口真吾
(併)荒 心平 (併)沼田健二
(併)上田光幸 (併)藤田健一
(併)吉田邦伸
準天頂衛星システム戦略室長(併) 三上建治
同室長代理(併) 沼田健二

〔北方対策本部〕

〒100-8914 千代田区永田町1-6-1
中央合同庁舎8号館
☎03(5253)2111

本部長(特命担当大臣) **岡田直樹**
審議官 矢作修己
参事官 富永健嗣

〔総合海洋政策推進事務局〕

〒100-0013 千代田区霞が関3-7-1
霞が関東急ビル16F
☎03(6257)1767

事務局長　宮澤康一
事務局次長(併)　木原晋一
同(併)　筒井智紀
参事官(総括担当)(併)　谷口礼史
同(安全保障・国際担当)(併)　本城浩
同(資源・エネルギー担当)(併)　粕谷直樹
同(研究開発・人材育成担当)(併)　川口悦生
同(大陸棚・海洋調査担当)(併)　山尾理
同(水産・環境保全担当)(併)　横山純
同(離島(保全・管理)・沿岸域管理担当)(併)　鈴木俊朗
同(離島(地域社会維持)担当)(併)　鮎澤良史
同(併)　中林茂
大井通博　中川研造
稲邑拓馬　能村幸輝
有人国境離島政策推進室長(併)　筒井智紀
同参事官(併)　鮎澤良史
同(併)　鈴木俊朗

〔国際平和協力本部〕

〒100-8970 千代田区霞が関3-1-1
中央合同庁舎4号館8F
☎03(3581)2550

事務局長　加納雄大
事務局次長　池松英浩
参事官　宮野理子
同　植草泰彦

〔日本学術会議〕

〒106-8555 港区六本木7-22-34
☎03(3403)3793

会長　梶田隆章
副会長　望月眞弓
菱田公一　髙村ゆかり
事務局長　相川哲也
事務局次長　熊谷勝美
企画課長　上村秀紀
管理課長心得　大久保敦
参事官(審議第一担当)　根来恭子
同(審議第二担当)　佐々木亨
同(国際業務担当)　寺内彩子

〔官民人材交流センター〕

〒100-0004 千代田区大手町1-3-3
大手町合同庁舎3号館9F
☎03(6268)7675

副センター長　平池栄一
審議官事務取扱　平池栄一
総務課長　荒木健司

〔沖縄総合事務局〕

〒900-0006 那覇市おもろまち2-1-1
那覇第2地方合同庁舎2号館 ☎098(866)0031

事務局長　田中愛智朗
事務局次長(総務等担当)　水本圭祐
事務局次長　河南正幸
総務部長　中村敏昭
財務部長　村上勝彦
農林水産部長　福島央
経済産業部長　中村浩一郎
開発建設部長　坂井功
運輸部長　星明彦

〔経済財政諮問会議〕

議長　岸田文雄
議員　松野博一
後藤茂之　松本剛明
鈴木俊一　西村康稔
植田和男　十倉雅和
中空麻奈　新浪剛史
柳川範之

〔総合科学技術・イノベーション会議〕

議長　岸田文雄
議員　松野博一
高市早苗　松本剛明
鈴木俊一　永岡桂子
西村康稔　上山隆大
梶原ゆみ子　佐藤康博
篠原弘道　菅裕明
波多野睦子　藤井輝夫
梶田隆章

〔国家戦略特別区域諮問会議〕

議長　岸田文雄
議員　岡田直樹
松野博一　鈴木俊一
後藤茂之　垣内俊哉
越塚登　菅原晶子

中川雅之　南場智子

〔中央防災会議〕

会長　岸田文雄
委員　谷　公一
松本剛明　齋藤　健
林　芳正　鈴木俊一
永岡桂子　加藤勝信
野村哲郎　西村康稔
斉藤鉄夫　西村明宏
浜田靖一　松野博一
河野太郎　渡辺博道
小倉將信　後藤茂之
高市早苗　岡田直樹
村田　隆　植田和男
清家　篤　稲葉延雄
大西佐知子　大原美保
小室広佐子　黒岩祐治
植田和生　松本吉郎

〔男女共同参画会議〕

議長　松野博一
議員　松本剛明
齋藤　健　林　芳正
鈴木俊一　永岡桂子
加藤勝信　野村哲郎
西村康稔　斉藤鉄夫
西村明宏　谷　公一
小倉將信　小西聖子
佐々木かをり　清水　博
白波瀬佐和子　鈴木　準
内藤佐和子　納米惠美子
細川珠生　山口慎太郎
山田昌弘　山本隆司
芳野友子

〔規制改革推進会議〕

議長　大槻奈那
議長代理　武井一浩
委員　岩下直行
佐藤主光　菅原晶子
杉本純子　中室牧子
御手洗瑞子

宮内庁

〒100-8111 千代田区千代田1-1
☎03(3213)1111

長官　西村泰彦
次長　池田憲治
長官秘書官　中川　一

〔長官官房〕

審議官　五嶋青也
宮務主管　諸橋省明
皇室経済主管　古賀浩史
皇室医務主管　永井良三
参事官　朝賀　浩
同　金子雄樹彦
同　瀧川聡史
秘書課長　藤田雅史
調査企画室長　川路利治
総務課長　鈴木敏夫
広報室長　藤原麻衣子
報道室長　中村克祥
宮務課長　荻野修司
主計課長　木村藍子
用度課長　小林勝也

〔侍従職〕

侍従長　別所浩郎
侍従次長　坂根工博
侍従(事務主管)　松永賢誕
侍医長　井上　暁
女官長　西宮幸子

〔上皇職〕

上皇侍従長　河相周夫
上皇侍従次長　髙橋美佐男
上皇侍従(事務主管)　岩井一郎
上皇侍医長　市倉　隆
上皇女官長　伊東典子

〔皇嗣職〕

皇嗣職大夫　加地隆治
皇嗣職宮務官長　小山永樹
皇嗣職宮務官(事務主管)　河野太郎
皇嗣職侍医長　加藤秀樹

〔式部職〕

式部官長　伊原純一
式部副長(儀式)　櫛田泰宏
同(外事)　飯島俊郎
式部官(儀式)　武田誠司
同(外事)　宮澤保貴

同　(同)	犬飼明美

〔書陵部〕

部長	藤田穣
図書課長	梶ケ谷洋一
編修課長	髙田義人
陵墓課長	小野美佐子

〔管理部〕

部長	野村護
管理課長	久我直樹
工務課長	西澤一憲
庭園課長	田邉仁
大膳課長	伊藤良治
車馬課長	西尾招久
宮殿管理官	野村元一

公正取引委員会

〒100-8987 千代田区霞が関1-1-1
中央合同庁舎6号館B棟 ☎03(3581)5471

委員長	古谷一之
委員	三村晶子
青木玲子	吉田安志
泉水文雄	

〔事務総局〕

事務総長	藤本哲也
審判官	宮本信彦
同	本村理絵
同	黒木美帆
官房総括審議官	大胡勝
官房政策立案総括審議官	品川武
官房審議官(国際)	田中久美子
官房審議官(企業結合)	塚田益徳
官房サイバーセキュリティ・情報化参事官	宮本信彦
官房参事官	河野琢次郎
同	田邊貴紀
総務課長	稲熊克紀
会計室長	多田修
企画官	松風宏幸
同	栗谷康正
訟務研究官	石谷直久
経済研究官	菱沼功
人事課長	向井康二
企画官	香城尚子
国際課長	五十嵐俊子
企画官	島袋功一
同	片岡克俊
経済取引局長	岩成博夫
総務課長	深町正徳
企画室長	笠原慎吾
デジタル市場企画調査室長	稲葉僚太
調整課長	天田弘人
企画官	鈴木健太
企業結合課長	横手哲二
上席企業結合調査官	中島菜子
同	相澤央枝
同	
取引部長	片桐一幸
取引企画課長	西川康一
取引調査室長	吉川泰宇
相談指導室長	久保田卓哉
企業取引課長	亀井明紀
企画官	山本慎
下請取引調査室長	藤谷義秀
上席下請取引検査官	大澤一之
菅野善文	藤岡賢史
審査局長	田辺治
審査管理官	藤井宣明
同	齋藤隆明
管理企画課長	堀内悟
企画室長	岡田博己
情報管理室長	神田哲也
公正競争監視室長	清水敬
課徴金減免管理官	朝倉真一
上席審査専門官	鈴木芳久
第一審査長	遠藤光
上席審査専門官	
同(国際カルテル担当)	高橋佑美子
第二審査長	小室尚彦
上席審査専門官	十川雅彦
第三審査長	福田誠
上席審査専門官	萩原泰斗
第四審査長	岩下生知
上席審査専門官	岩渕権
同(デジタルプラットフォーマー担当)	寺西直子
第五審査長	池田卓郎
訟務官	山口正行
犯則審査部長	大元慎二
第一特別審査長	南雅晴
第二特別審査長	大矢一夫

国家公安委員会

〒100-8974 千代田区霞が関2-1-2
中央合同庁舎2号館 ☎03(3581)0141

国家公安委員会委員長	谷 公一
秘書官	磯 篤志
同 事務取扱	大門雅弘
委員	櫻井敬子
横畠裕介	宮崎 緑
竹部幸夫	野村裕知

警察庁

〒100-8974 千代田区霞が関2-1-2
中央合同庁舎2号館 ☎03(3581)0141

長官	露木康浩
次長	緒方禎己

〔長官官房〕

官房長	楠 芳伸
総括審議官	谷 滋行
技術総括審議官	島崎俊隆
政策立案総括審議官兼公文書監理官	飯利雄彦
審議官(国際担当)	筒井洋樹
同(犯罪被害者等施策担当)	佐野裕子
同(生活安全局担当)	友井昌宏
同(刑事局・犯罪収益対策担当)	親家和仁
同 (交通局担当)	小林 豊
同(警備局・調整担当)	早川智之
同(サイバー警察局担当)	大橋一夫
参事官(総合調整・刑事手続のIT化・統計総括担当)	岩田康弘
同 (国際担当)	秋本泰志
同(情報化及び技術革新に関する総合調整担当)	小鷲達也
同(犯罪被害者等施策担当)	関口真美
同(高度道路交通政策担当)	池内久晃
同(拉致問題対策担当)	髙岩直樹
同(サイバー情報担当)	丸山 潤
同	岡本慎一郎
同	前田勇太
首席監察官	原田義久
総務課長	遠藤 剛
広報室長	重成浩司
情報公開・個人情報保護室長	
留置管理室長	畠山雅英
企画課長	小堀龍一郎
政策企画管	
国際協力室長	石井 龍
技術企画課長	飯濱 誠
先端技術導入企画室長	古川英晴
情報処理センター所長	沖田 誠
情報セキュリティ対策室長	來山信康
情報セキュリティ監査官	薗田治永
人事課長	土屋暁胤
人事総括企画官	森国浩輔
人材戦略企画室長	
監察官	森国浩輔
同	髙橋俊章
会計課長	重永達矢
会計企画官	永山貴大
監査室長	遠藤健二
装備室長	関口悟史
教養厚生課長	櫻井美香
厚生管理室長	
犯罪被害者支援室長	藤田有祐
通信基盤課長	工藤健一
通信運用室長	山本紀幸
国家公安委員会会務官	羽石千代

〔生活安全局〕

局長	山本 仁
生活安全企画課長	山口寛峰
生活安全企画官	関口澄夫
犯罪抑止対策室長	
地域警察指導室長	桝野龍太
人身安全・少年課長	阿波拓洋
人身安全対策室長	作道英文
少年保護対策室長	助川 隆
保安課長	松下和彦
風俗環境対策室長	
生活経済対策管理官	平居秀一

〔刑事局〕

局長	渡邊国佳
刑事企画課長	松田哲也
刑事指導室長	石井啓介
捜査第一課長	中山 仁
重大被害犯罪捜査企画官	
検視指導室長	
特殊事件捜査室長	山本哲也
捜査第二課長	宮島広成
捜査支援分析管理官	野村朋美
犯罪鑑識官	金澤正和
指紋鑑定指導官	佐藤勝彦
DNA型鑑定指導官	附属鑑定所主任研究官兼務
資料鑑定指導官	佐久間久喜

〔組織犯罪対策部〕
部長　猪原誠司
組織犯罪対策第一課長　宇田川佳宏
犯罪組織情報官
暴力団排除対策官　澁谷正樹
国際連携対策官
組織犯罪対策第二課長　森下元雄
特殊詐欺対策室長　田中靖之
国際捜査管理官　篠原英樹

〔交通局〕
局長　太刀川浩一
交通企画課長　日下真一
交通安全企画官　稲垣吉博
自動運転企画室長　伊藤健一
交通指導課長　杉　俊弘
交通規制課長　岩瀬　聡
交通管制技術室長　渋谷秀悦
特別交通対策室長　平松伸二
運転免許課長　今井宗雄
高齢運転者等支援室長

〔警備局〕
局長　迫田裕治
警備企画課長　聖成竜太
公安課長　大嶌正洋
公安対策企画官　角田秀人

〔外事情報部〕
部長　宮沢忠孝
外事課長　則包卓嗣
外事情報調整室長　谷井義正
経済安全保障室長　山田雅史
国際テロリズム対策課長　工藤陽代
国際テロリズム情報官　西尾慎二郎

〔警備運用部〕
部長　今村　剛
警備第一課長　早川剛史
警備第二課長　中島　寛
警衛指導室長　田﨑仁史
警護指導室長　宮川恵三
警備第三課長　増田美希子
事態対処調整官　矢作将人
災害対策室長　黒川清彦

〔サイバー警察局〕
局長　河原淳平
サイバー企画課長　佐野朋毅
サイバー捜査課長　阿久津正好
国際サイバー捜査調整官　間仁田裕美
情報技術解析課長　野本靖之
高度情報技術解析センター所長　仲伏達雄

個人情報保護委員会

〒100-0013 千代田区霞が関3-2-1
霞が関コモンゲート西館32F
☎03(6457)9680

委員長　丹野美絵子
委員(常勤)　小川克彦
中村玲子　大島周平
浅井祐二
同(非常勤)　加藤久和
藤原静雄　梶田恵美子
髙村　浩
専門委員(非常勤)　麻田尚人
山地　昇　中湊　晃
石井夏生利　神田雅透
事務局長　松元照仁
事務局次長　三原祥二
審議官　山澄　克
同　大槻大輔
総務課長　森川世紀
参事官　香月健太郎
吉屋拓之　石田　聡
小嶋道人
政策立案参事官　片岡秀実

カジノ管理委員会

〒105-6090 港区虎ノ門4-3-1
城山トラストタワー12F、13F ☎03(6453)0201

委員長　北村道夫
委員　氏兼裕之
同　渡　路子
同　北村博文
同(非常勤)　石川恵子
事務局長　坂口拓也
事務局次長　嶋田俊之
監察官　岩橋　保
総務企画部長　中山隆介
公文書監理官(併)　形岡拓文
総務課長　形岡拓文
企画官　小林正史
企画課長　阿部雄介
企画官　谷村千栄子
依存対策課長　山本　要

監督調査部長	和田　薫
監督総括課長	河村憲明
企画官	鈴木　豪
規制監督課長	水庭誠一郎
犯罪収益移転防止対策室長	村瀬剛太
機器技術監督室長	今村真教
調査課長	岡野泰大
企画官	辻　貴則
調査官	石崎靖浩
同	佐藤正尚
財務監督課長	出口岳人

金融庁

〒100-8967 千代田区霞が関3-2-1
中央合同庁舎7号館 ☎03(3506)6000

大臣	鈴木俊一
副大臣	藤丸　敏
大臣政務官	鈴木英敬
秘書官	鈴木俊太郎
同　事務取扱	玉川英資
長官	栗田照久
金融国際審議官	有泉　秀

〔総合政策局〕

局長	由布志行

(官房部門)

総括審議官	石田晋也
審議官(兼)公文書監理官(兼)	川﨑　暁
秘書課長	島崎征夫
人事企画室長 開発研修室長(兼)	反町泰貴
人事調査官 職員相談サポート室長(兼)	柳原栄市
管理室長	西山香織
情報化統括室長 組織戦略監理官(兼)	鳩間正也
総務課長	山下正通
総括企画官 広報室長(兼)	矢野翔平
総括管理官	本田幸一
総括管理官 公文書管理室長(兼) 情報公開・個人情報保護室長(兼)	矢野真弘
法令審査室長	太田昌男
国会連絡室長	大澤清司
審判手続室長 法務支援室長(兼)	宇根靖子
審判官	日浅さやか
高津戸朱子	城處琢也
美濃口真琴	
政策立案総括審議官	堀本善雄
総合政策課長	高田英樹
チーフ・サステナブルファイナンス・オフィサー(兼)	池田賢志
金融経済教育推進室長	桑田　尚
総合政策監理官	松田泰幸
総合政策企画室長 研究開発室長(兼)	犬塚誠也
サステナブルファイナンス推進室長	西田勇樹

(国際部門)

国際総括官 審議官(兼)	三好敏之
審議官	長岡　隆
審議官	川﨑　暁
参事官	池田賢志
国際政策管理官(兼)	椎名　康
同	山下裕司
国際室長	永山玲奈
国際資金洗浄対策室長	羽渕貴秀

(モニタリング部門)

審議官	屋敷利紀
参事官	柳瀬　護
リスク分析総括課長	大城健司
マネーローンダリング・テロ資金供与対策企画室長	齋藤　豊
健全性基準室長	青崎　稔
フィンテック参事官	清水　茂
イノベーション推進室長 チーフフィンテックオフィサー(兼)	牛田遼介
暗号資産モニタリング室長	前田茂輝
資金決済モニタリング室長 金融サービス仲介業室長(兼) 電子決済等代行業室長(兼)	松島義光
コンダクト監理官	伊藤公祐
金融トラブル解決制度推進室長	中尾　誠
金融サービス利用者相談室長	青木利和
貸金業室長	小畠貴志
ITサイバー・経済安全保障監理官 サイバーセキュリティ対策企画調整室長(兼) 経済安全保障室長(兼)	齊藤　剛
検査監理官	野村俊之
リスク管理検査室長	山崎勝行
大手銀行モニタリング室長	佐藤雅之
主任統括検査官	小笠原規人
田邊亮二	麻生賀寿夫
山下治久	山田靖昭
統括検査官	坂井平典
同	松村昭男
マクロデータ分析監理官 データ分析室長(兼) チーフ・データ・オフィサー(兼)	宮本孝男
情報・分析室長	宇根賢治

〔企画市場局〕

局長	井藤英樹
参事官	新発田龍史
参事官	太田原和房
参事官 総務課長(兼)	若原幸雄

金融庁

調査室長 保険企画室長(兼)　赤井啓人
信用制度参事官　大来志郎
信用法制企画調整官　宮部大輝
信用制度企画室長　和田良隆
信用機構企画室長　家根田正美
デジタル・分散型金融企画室長　久永拓馬
市場課長　齊藤将彦
市場機能強化室長　古角壽雄
市場企画室長 資産運用改革室長(兼)　今泉宣親
市場業務監理官　中島康夫
企業開示課長　野崎彰
国際会計調整室長　倉持亘一郎
開示業務室長　齊藤貴文
企業財務調査官　大谷潤
企業統治改革推進管理官　谷口達哉

〔監督局〕

局長　伊藤豊
審議官　尾﨑有
参事官　岡田大
同　野崎英司
総務課長　森拡光
監督調査室長　慶野吉則
地域金融支援室長(兼)　村木圭
信用機構対応室長 企画調整室長(兼) RRP室長(兼)　岸本学
監督管理官　山﨑彩
郵便貯金・保険監督総括参事官　澤飯敦
郵便保険監督参事官　松島研
監督企画官　佐藤栄一
銀行第一課長　下井善博
銀行第二課長　田部真史
地域金融生産性向上支援室長 地域金融企画室長(兼)　村木圭
地域銀行調整官　柴田幹司
協同組織金融室長　金ケ﨑郁弘
地域金融監理官 主任統括検査官(兼)　加藤光伸
曽根康司　町井智
橋本康司
統括検査官　中島偉全
板倉健太郎　黒沼進
保険課長 保険モニタリング室長(兼)　三浦知宏
損害保険・少額短期保険監督室長　政平英雄
保険商品室長(兼)　佐藤欣也
主任統括検査官　清水洋一
証券課長　椎名康
大手証券等モニタリング室長(兼)　藤岡由佳子
参事官　中川彩子
監督企画官 市場仲介モニタリング室長(兼) 資産運用モニタリング室長(兼)　東原都男

〔証券取引等監視委員会〕

委員長　中原亮一
委員　加藤さゆり
同　橋本尚
事務局長　井上俊剛
次長　石村幸三
同　大西勝滋
市場監視総括官　原田尚之
総務課長　眞下利春
情報解析室長 IT戦略室長(兼)　稲田拓司
市場監視管理官　岡崎洋太郎
市場分析審査課長 市場モニタリング室長(兼)　横尾則幸
統括特別調査官　湯ノ上竜典
証券検査課長 国際証券検査室長(兼)　萩藤博之
統括検査官　五十嵐俊樹
坂部一夫　緒方敬也
西澤伸彦
取引調査課長　竹内肇
統括調査官　小椋良紀
統括調査官 国際取引等調査室長(兼)　田中賢次
開示検査課長　森島英之
統括調査官　芳賀裕司
特別調査課長　細田均
特別調査管理官　今井誠
統括特別調査官　渡辺朋彦
同　澤田幸利

〔公認会計士・監査審査会〕

会長　松井隆幸
委員　青木雅明
浅見裕子　上田亮子
古布薫　玉井裕子
千葉通子　徳賀芳弘
皆川邦仁　吉田慶太
事務局長(兼)　長岡隆
総務試験課長　繁本賢也
審査検査課長　八木原栄二
公認会計士監査検査室長　八木寛志
金融研究センター長　吉野直行
同顧問　大庫直樹
同顧問　柳川範之
副センター長　高田英樹

消費者庁

〒100-8958 千代田区霞が関3-1-1
中央合同庁舎4号館 ☎03(3507)8800

大臣 河野太郎
副大臣 大串正樹
大臣政務官 尾崎正直
長官 新井ゆたか
次長 吉岡秀弥
政策立案総括審議官 藤本武士
審議官 相本浩志
真渕博 植田広信
依田学
参事官(人事・会計等担当) 小堀厚司
同(デジタル・業務改革等担当) 遠山明
同(企画調整担当) 久保浩
総務課長 安東高徳
消費者政策課長 尾原知明
消費者制度課長 黒木理恵
消費者教育推進課長 山地あつ子
地方協力課長 加藤卓生
消費者安全課長 小堀厚司
取引対策課長 伊藤正雄
表示対策課長 高居良平
食品表示企画課長 清水正雄
参事官事務代理(調査研究・国際担当) 爲藤里英子
参事官(公益通報・協働担当) 浪越祐介
参事官 古川剛

〔消費者安全調査委員会〕

委員長 中川丈久
委員長代理 持丸正明
委員 小川武史
河村真紀子 小塚荘一郎
宗林さおり 東畠弘子

こども家庭庁

〒100-6090 千代田区霞が関3-2-5
霞が関ビルディング14F、20F、21F、22F
☎03(6771)8030

内閣府特命担当大臣(こども政策 少子化対策 若者活躍 男女共同参画) 小倉將信
内閣府副大臣 和田義明
内閣府大臣政務官 自見はなこ
長官 渡辺由美子

〔長官官房〕

官房長 小宮義之
審議官(成育局担当) 黒瀬敏文
審議官(支援局担当) 野村知司
審議官(総合政策等担当) 浅野敦行
支援金制度等準備室長 熊木正人
総務課長 伊澤知法
企画官(広報・文書担当) 中村明恵
サイバーセキュリティ・情報化企画官 東善博
企画官(地方自治体連携等担当) 岩﨑林太郎
人事調査官 久保倉修
経理室長 吉行崇
参事官(会計担当) 吉田武司
参事官(総合政策担当) 佐藤勇輔
少子化対策企画官 中原茂仁
参事官(日本版DBS担当) 羽柴愛砂
参事官(支援金制度等担当) 田中義高
参事官(支援金制度等(数理)担当) 西岡隆

〔成育局〕

局長 藤原朋子
総務課長 斎藤潔
保育政策課長 本後健
認可外保育施設担当室長 伊藤涼子
成育基盤企画課長 高木秀人
成育環境課長 山口正行
児童手当管理室長 小澤幸生
母子保健課長 木庭愛
安全対策課長 鈴木達也
参事官(事業調整担当) 里平倫行

〔支援局〕

局長 吉住啓作
総務課長 尾崎守正
企画官(いじめ・不登校防止担当) 菊地史晃
虐待防止対策課長 河村のり子
企画官(こども若者支援担当) 上野友靖
家庭福祉課長 小松秀夫
企画官(ひとり親家庭等支援担当) 宮崎千晶
障害児支援課長 栗原正明

デジタル庁

〒102-0094 千代田区紀尾井町1-3
東京ガーデンテラス紀尾井町19F・20F
☎03(4477)6775

大臣 河野太郎
副大臣 大串正樹
大臣政務官 尾崎正直
秘書官 盛純二
デジタル監 浅沼尚

デジタル審議官 二宮清治
顧問 村井純
参与 遠藤紘一
同 向井治紀
同 伊藤伸

〔CxO〕

Chief Architect 本丸達也
Chief Information Security Officer 坂明
Chief Product Officer 水島壮太
Chief Strategy Officer 徳生裕人
Chief Technology Officer 藤本真樹

〔シニアエキスパート〕

シニアエキスパート(アーキテクチャ) 江崎浩
同(カスタマーサクセス戦略) 住田智子
同(クラウドコンピューティング) 山本教仁
同(経営企画戦略) 岩澤俊典
同(シビックテック) 関治之
同(人材採用) 齋藤正樹
同(組織文化) 唐澤俊輔
同(デジタルエデュケーション) 中室牧子
戦略・組織グループ長 冨安泰一郎
次長 奥田直彦
同 蓮井智哉
同 早瀬千善
デジタル社会共通機能グループ長 楠正憲
次長 阿部知明
国民向けサービスグループ長 村上敬亮
次長 榊原毅
同 座間敏如
省庁業務サービスグループ長 布施田英生
次長 藤田清太郎
統括官付 上村昌博
鳥井陽一 中島朗洋
渡辺公徳
統括官付参事官 淺岡孝充
麻山健太郎 阿部文彦
上仮屋尚 上田尚弘
内海隆明 大上明子
大澤健 片桐義博
亀山慎之介 北神裕
北間俊秀 志田太郎
澁谷弘一 白井宏幸
須賀千鶴 枚浦維勝
野崎彰 古川易史
帆足雅史 松田昇剛
松田洋平 水口幸司
宮西健至 村上貴将
森寛敬 山崎琢矢
山本寛繁 吉田恭子
吉中孝 吉村直泰
吉浜隆雄 渡辺琢也
統括官付参事官付企画官 安藤功一
五十棲浩二 占部祥
岡部弘 小川力也
小田裕也 梶山百合枝
加藤博之 城戸格
楠目聖 久芳全晴
黒籔誠 鈴木康郎
関直樹 谷渕見介
外山雅暁 根本深
根本学 輪倉真也
能城均 羽田翔
松下和正 三田哲也
三好哲也 目黒麻生子
安田英司 吉田泰己
渡邊修宏

復興庁

〒100-0013 千代田区霞が関3-1-1
中央合同庁舎4号館 ☎03(6328)1111

大臣 渡辺博道
副大臣 小島敏文
副大臣 竹谷とし子
副大臣(兼) 石井浩郎
大臣政務官(兼) 中野英幸
大臣政務官(兼) 山本左近
大臣政務官(兼) 里見隆治
大臣政務官(兼) 西田昭二
秘書官 井本昇
同 事務取扱 大滝祥生
同 事務取扱(併) 沖川弘毅
事務次官 角田隆
統括官 宇野善昌
同 桜町道雄
統括官付審議官 森田稔
同 瀧澤謙
同 (併) 寺﨑秀俊
同 (併) 岡田大
統括官付参事官 大武喜勝
小田原雄一 鹿嶋弘律

児玉泰明
西園勝秀
渡邊貴和
(併)石崎憲寛
(併)井上圭介
(併)金谷雅也
(併)佐藤将年
(併)末満章悟
(併)道菅　稔
(併)中原健一
(併)原　　崇
(併)宮下正己
(併)矢澤祐一

中田和幸
山崎光輝
(併)石垣和子
(併)市川康雄
(併)大木雅文
(併)後藤隆昭
(併)信夫秀紀
(併)杉田雅嗣
(併)中西賢也
(併)西村　学
(併)光安達也
(併)守山宏道
(併)芳田直樹

総務省

〒100-8926 千代田区霞が関2-1-2
中央合同庁舎2号館 ☎03(5253)5111

大臣　松本剛明
副大臣　柘植芳文
副大臣　尾身朝子
大臣政務官　国光あやの
大臣政務官　中川貴元
大臣政務官　長谷川淳二
事務次官　内藤尚志
総務審議官　堀江宏之
同　竹内芳明
同　吉田博史
秘書官　梅津徳之
同 事務取扱　松本浩典
濱里要　安藤良将

〔大臣官房〕

夜間(5253)5085(総務課)

官房長　竹村晃一
官房総括審議官(地方DX推進、政策企画(副)担当)　海老原諭
官房総括審議官(広報、政策企画(主)担当)　藤野克
官房総括審議官(情報通信担当)　湯本博信
官房政策立案総括審議官 併:大臣官房公文書監理官　武藤真郷
官房地域力創造審議官(併)　山越伸子
官房サイバーセキュリティ・情報化審議官　犬童周作
官房審議官(大臣官房調整部門、行政管理局担当)(併:行政不服審査会事務局長)　河合暁
秘書課長　中井亨
官房参事官　風早正毅
同　柴山佳徳
総務課長　菊地健太郎
官房参事官 併:大臣官房総務課公文書監理室長　栗原淳
官房参事官 併:大臣官房総務課管理室長　加藤剛
官房参事官 併:大臣官房企画課政策室長　島田勝則
官房参事官 併:行政管理局管理官　須﨑和馬
会計課長 併:大臣官房会計課予算執行調査室長　赤阪晋介
企画課長　近藤玲子
政策評価広報課長 併:大臣官房政策立案支援室長　山口真矢
広報室長　村上仰志
官房審議官(行政評価局担当)(併:情報公開・個人情報保護審査会事務局長)　植山克郎
官房付(併:内閣官房内閣審議官(内閣官房副長官補付) 併:内閣府本府地方創生推進室次長 併:地方創生推進事務局審議官 命 内閣官房デジタル田園都市国家構想実現会議事務局審議官)　大森一顕
官房付(併:内閣府本府地方分権改革推進室長)　恩田馨
官房付(併:内閣官房内閣審議官(内閣官房副長官補付) 命 内閣官房デジタル市場競争本部事務局次長)　大村真一
官房付(併:デジタル庁統括官付審議官)　藤田清太郎
官房付(併:内閣官房内閣参事官(内閣官房副長官補付)　池田満
官房付(併:内閣官房内閣参事官(内閣総務官室))　德大寺祥宏
官房付(併:デジタル庁統括官付参事官)　北神裕
官房付(併:デジタル庁統括官付参事官)　大澤健
官房付(併:デジタル庁統括官付参事官)　枚浦維勝
官房付(併:デジタル庁統括官付参事官)　名越一郎
官房付(併:デジタル庁統括官付参事官)　山本寛繁
官房付(併:デジタル庁統括官付参事官)　古川易史
官房付(併:内閣官房内閣参事官(内閣官房副長官補付) 命 内閣官房郵政民営化推進室参事官併:郵政民営化委員会事務局参事官)　中山裕司
官房付(併:内閣官房内閣参事官(内閣官房副長官補付) 命 内閣官房郵政民営化推進室副室長 併:郵政民営化委員会事務局副室長)　小林知也
官房付(併:内閣官房内閣参事官(内閣官房副長官補付) 命 内閣官房新しい資本主義実現本部事務局参事官)　本間和義
官房付(併:内閣官房内閣参事官(内閣官房副長官補付) 命 内閣官房行政改革推進本部事務局参事官)　見次正樹
官房付(併:内閣官房内閣参事官(内閣官房副長官補付) 命 内閣官房行政改革推進本部事務局参事官)　金井誠
官房付(併:内閣官房内閣参事官(内閣官房副長官補付) 命 内閣官房デジタル田園都市国家構想実現会議事務局参事官)　白水伸英
官房付(併:内閣官房内閣参事官(内閣官房副長官補付) 命 内閣官房デジタル田園都市国家構想実現会議事務局参事官)　景山忠史
官房付 併:統計改革実行推進室参事官(併:内閣官房内閣参事官(内閣官房副長官補付) 命 内閣官房行政改革推進本部事務局参事官)　黒田忠司
官房付(併:内閣官房内閣参事官(内閣官房副長官補付) 命:内閣官房デジタル市場競争評価体制準備室参事官)　井田俊輔
官房付(併:内閣官房内閣参事官(内閣官房副長官補付) 命:内閣官房サイバー安全保障体制整備準備室参事官 併:内閣官房国家安全保障局)　高村信
官房付(併:内閣官房内閣参事官(内閣官房副長官補付) 命:内閣官房サイバー安全保障体制整備準備室参事官 併:内閣官房国家安全保障局)　髙田裕介
官房付(併:内閣府参事官(市場システム担当)(政策統括官(経済社会システム担当)付)併:内閣府本府規制改革推進室参事官)　麻山晃邦

官房付（併：内閣府公益認定等委員会事務局審査監督官 併：内閣府大臣官房公益法人行政担当室参事官）	大野　卓
官房付（併：内閣府科学技術・イノベーション推進事務局参事官（事業推進総括担当、統合戦略担当、重要課題担当））	根本朋生
官房付（併：内閣府地方創生推進事務局参事官 併：内閣府本府地方創生推進室次長	木村宗敬
官房付（併：内閣府本府地方分権改革推進室参事官）	田中昇治
官房付（併：内閣府本府地方分権改革推進室参事官）	平沢克俊
官房付（併：内閣府本府地方分権改革推進室参事官）	坂本隆哉
官房付（併：内閣府本府地方分権改革推進室参事官）	阿部一貴
官房付（併：内閣府本府地方分権改革推進室参事官）	泉　聡子
官房付（併：内閣府科学技術・イノベーション推進事務局参事官（重要課題担当））	木村裕明
官房付（併：内閣府官民人材交流センター　併：内閣府大臣官房参事官）	野竹司郎
官房付（併：内閣府本府宇宙開発戦略推進事務局参事官）	山口真吾
官房付（併：復興庁統括官付参事官）	中原健一
官房付（併：復興庁統括官付参事官）	田中雄章

〔行政管理局〕

夜間（5253）5308（企画調整課）

局長	松本敦司
業務改革特別研究官	澤田稔一
企画調整課長	大西一禎
調査法制課長	津村　晃
管理官（業務改革総括）（併）	須﨑和馬
管理官（独法制度総括・特殊法人総括、外務）（併）	佐藤隆夫
管理官（独法評価総括）	谷口謙治
管理官（内閣（復興庁を除く）・内閣府本府・金融・総務・公調委・財務）（併）	越尾　淳
管理官（消費者・経済産業・環境・国公委・法務）（併）	五百旗頭千奈美
管理官（文部科学・農水・防衛・公取委・個人情報保護委員会）	川口真友美
管理官（国土交通・復興・カジノ管理委員会）（併）	荒木太郎
管理官（厚生労働・宮内・こども家庭）	辻　恭介

〔行政評価局〕

夜間（5253）5411（総務課）

局長	菅原　希
官房審議官（行政評価局担当）	阿向泰二郎
官房審議官（行政評価局担当）	原嶋清次
総務課長	渡邉浩之
企画課長	渡邉洋平
政策評価課長	折田裕幸
行政相談企画課長	徳満純一
評価監視官（内閣、総務等担当）	平野欧里絵
同（法務、外務、経済産業等担当）	玉置　賢
同（財務、文部科学等担当）	山本宏樹
同（厚生労働等担当）	方　健児
同（農水、防衛担当）	清水久子
同（復興、国土交通担当）	尾原淳之
同（連携調査、環境等担当）	谷道正太郎
行政相談管理官	柏尾倫哉

〔自治行政局〕

夜間（5253）5508（行政課）

局長	山野　謙
新型コロナ対策地方連携総括官	山越伸子
官房審議官（地方行政・個人番号制度、地方公務員制度、選挙担当）	三橋一彦
行政課長	田中聖也
住民制度課長	植田昌也
市町村課長（併）	田中聖也
地域政策課長	西中　隆
地域自立応援課長	川島正治
参事官	浦上哲朗
公務員部長	小川康則
公務員課長	細田大造
福利課長	笹野　健
選挙部長	笠置隆範
選挙課長	清田浩史
管理課長	北村朋生
政治資金課長	長谷川　孝

〔自治財政局〕

夜間（5253）5611（総務室）

局長	大沢　博
官房審議官（財政制度・財務担当）	濱田厚史
官房審議官（公営企業担当）	中井幹晴
財政課長	新田一郎
調整課長	近藤貴幸
交付税課長	赤岩弘智
地方債課長	神門純一
公営企業課長	末永洋之
財務調査課長	上坊勝則

〔自治税務局〕

夜間（5253）5658（企画課）

局長	池田達雄
官房審議官（税務担当）	鈴木　清
企画課長	山口最丈
都道府県税課長	市川靖之
市町村税課長	寺田雅一
固定資産税課長	水野敦志

〔国際戦略局〕

夜間（5253）5718（情報通信政策課）

局長	田原康生
次長	野村栄悟

官房審議官（国際技術、サイバーセキュリティ担当）　豊嶋基暢
国際戦略課長　井幡晃三
技術政策課長　川野真稔
通信規格課長　中越一彰
宇宙通信政策課長　扇　慎太郎
国際経済課長　岡本剛和
国際展開課長　嶋田信哉
国際協力課長　寺村行生
参事官　山路栄作

〔情報流通行政局〕

夜間(5253)5709(総務課)

局長　小笠原陽一
官房審議官（情報流通行政局担当）　山碕良志
官房審議官（情報流通行政局担当）　西泉彰雄
総務課長　金澤直樹
情報通信政策課長　吉田宏平
情報流通振興課長　田邊光男
情報通信作品振興課長　飯村由香理
地域通信振興課長　佐々木明彦
放送政策課長　飯倉主税
放送技術課長　山口修治
地上放送課長　佐伯宜昭
衛星・地域放送課長　飯嶋威夫
参事官　山野哲也
郵政行政部長　玉田康人
企画課長　三島由佳
郵便課長　折笠史典
信書便事業課長　藤井信英

〔総合通信基盤局〕

夜間(5253)5825(総務課)

局長　今川拓郎
総務課長　渋谷闘志彦
電気通信事業部長　木村公彦
事業政策課長　飯村博之
料金サービス課長　井上　淳
データ通信課長　西潟暢央
電気通信技術システム課長　五十嵐大和
安全・信頼性対策課長　大塚康裕
基盤整備推進課長　堀内隆広
利用環境課長　中村朋浩
電波部長　荻原直彦
電波政策課長　中村裕治
基幹・衛星移動通信課長　廣瀬照隆
移動通信課長　小川裕之
電波環境課長　内藤新一

〔統計局〕

夜間(5273)1117(総務課)

局長　岩佐哲也
総務課長　上田　聖
事業所情報管理課長(併)　上田　聖
統計情報利用推進課長　辻　寛起
統計情報システム管理官　伊藤正一
統計調査部長　永島勝利
調査企画課長　小松　聖
国勢統計課長　中村英昭
経済統計課長　岡　宏記
消費統計課長　田村彰浩

〔政策統括官〕

政策統括官（統計制度担当）（恩給担当）命統計改革実行推進室長　北原　久
官房審議官（統計局、統計制度、統計情報戦略推進、恩給担当）命 統計改革実行推進室次長　佐藤紀明
統計企画管理官　併：統計品質管理推進室参事官（政策統括官付）　重里佳宏
統計審査官　内山昌也
統計審査官　熊谷友成
統計審査官　併：統計品質管理推進室参事官（政策統括官付）（併：内閣官房内閣参事官（内閣官房副長官補付）命 内閣官房行政改革推進本部事務局参事官）　山形成彦
統計調整官　併：統計委員会担当室次長（政策統括官付）　植松良和
国際統計管理官　佐伯美穂
恩給管理官　併：統計品質管理推進室参事官（政策統括官付）　柿原謙一郎

〔サイバーセキュリティ統括官〕

サイバーセキュリティ統括官　山内智生
参事官(総括担当)　小川久仁子
参事官(政策担当)　酒井雅之

〔審議会等〕

行政不服審査会事務局長(併)　河合　暁
行政不服審査会事務局総務課長　柴沼雄一朗
情報公開・個人情報保護審査会事務局長（併）　植山克郎
情報公開・個人情報保護審査会事務局総務課長　谷輪浩二
官民競争入札等監理委員会事務局長　後藤一也
官民競争入札等監理委員会事務局参事官　黛　孝次
統計委員会担当室長(併)　萩野　覚
電気通信紛争処理委員会事務局長（併）　藤野　克
電気通信紛争処理委員会事務局参事官　小津　敦
審理官(電波監理審議会)　村上　聡

〔自治大学校〕

〒190-8581 立川市緑町10-1
☎042(540)4500

校長　宮地俊明

総務省

〔情報通信政策研究所〕

〒185-8795 国分寺市泉町2-11-16
☎042(320)5800

所長 林 弘郷

〔統計研究研修所〕

〒185-0024 国分寺市泉町2-11-16
☎042(320)5870

所長 水野靖久

〔政治資金適正化委員会〕

委員長 伊藤鉄男
委員 小見山 満
日出雄平 大竹邦実
田中秀明
事務局長 荒井陽一
同参事官 西野博之

公害等調整委員会

〒100-0013 千代田区霞が関3-1-1
中央合同庁舎4号館 ☎03(3581)9601

委員長 永野厚郎
委員 上家和子
都築政則 若生俊彦
委員(非常勤) 大橋洋一
野中智子 加藤一実
事務局長 小原邦彦
事務局次長 岡田輝彦
総務課長 福田 勲
公害紛争処理制度研究官 山内達矢
審査官 長澤真吾
佐藤宏昭 角田リサ
池田英貴 吉川和身
生田直樹 (併)松川春佳
(併)田之脇崇洋 (併)鈴木和孝
調査官 高橋直也
同 大塚周平

消防庁

〒100-8927 千代田区霞が関2-1-2
中央合同庁舎2号館 ☎03(5253)5111

長官 原 邦彰
次長 澤田史朗
審議官 鈴木建一
総務課長 門前浩司
総務課政策評価広報官 山澤謙一
消防・救急課長 畑山栄介
救急企画室長 高野一樹
予防課長 渡辺剛英
危険物保安室長 加藤晃一
特殊災害室長 大嶋文彦
国民保護・防災部長 田辺康彦
防災課長 笹野 健
国民保護室長 福西竜也
国民保護運用室長 荒関大輔
地域防災室長 志賀真幸
広域応援室長 土屋直毅
防災情報室長 守谷謙一
応急対策室長 古本顕光
参事官 小泉 誠
(併)廣瀬照隆 (併)新田一郎

〔消防大学校〕

〒182-8508 調布市深大寺東町4-35-3
☎0422(46)1711

校長 青山忠幸
副校長 大石正年
消防研究センター所長 鈴木康幸

法務省

〒100-8977 千代田区霞が関1-1-1
中央合同庁舎6号館 ☎03(3580)4111

大臣 齋藤 健
副大臣 門山宏哲
大臣政務官 高見康裕
事務次官 川原隆司
秘書官 清水道郎
同 事務取扱 中村明日香

〔大臣官房〕

夜間(3592)7002(秘書課)

官房長 佐藤 淳
政策立案総括審議官 上原 龍
公文書監理官 大竹宏明
サイバーセキュリティ・情報化審議官 中村功一
官房審議官(国際・人権担当) 柴田紀子
同 (民事局) 松井信憲
同 (刑事局) 吉田雅之
同 (矯正局) 小山定明
同 (訟務局) 松本 真
同 (訟務局) 古宮久枝
官房参事官 小林隼人
杉原隆之 笹井朋昭
白鳥智彦 森田強司
岡村佳明 兼田加奈子
鈴木和孝

秘書課長　内野宗揮
人事課長　佐藤　剛
会計課長　村松秀樹
国際課長　松本　剛
施設課長　隄　良行
厚生管理官　池田　仁
司法法制部長　竹内　努
司法法制課長　加藤経将
審査監督課長　本多康昭
参事官　渡邊英夫
同　中野浩一

〔民事局〕
夜間(3581)1713(総務課)
局長　金子　修
総務課長　藤田正人
民事第一課長　櫻庭　倫
民事第二課長　大谷　太
商事課長　土手敏行
民事法制管理官　竹林俊憲
参事官　北村治樹
国分貴之　佐藤隆幸
渡辺　諭　福田　敦
脇村真治　齊藤恒久

〔刑事局〕
夜間(3581)1048(総務課)
局長　松下裕子
総務課長　是木　誠
刑事課長　関　善貴
公安課長　白井美果
刑事法制管理官　玉本将之
国際刑事管理官　渡部直希
参事官　棚瀬　誠
浅沼雄介　鷦鷯昌二
仲戸川武人

〔矯正局〕
夜間(3592)7365(総務課)
局長　花村博文
総務課長　細川隆夫
成人矯正課長　森田裕一郎
少年矯正課長　山本宏一
更生支援管理官　谷口哲也
矯正医療管理官　宮本哲也
参事官　西岡慎介
同　煙山　明

〔保護局〕
夜間(3581)1895(総務課)
局長　押切久遠
総務課長　瀧澤千都子
更生保護振興課長　杉山弘晃
観察課長　滝田裕士
参事官　中臣裕之

〔人権擁護局〕
夜間(3581)1558(総務課)
局長　鎌田隆志
総務課長　江口幹太
調査救済課長　齊藤雄一
人権啓発課長　三宅義寛
参事官　川副万代

〔訟務局〕
局長　春名　茂
訟務企画課長　澁谷勝海
民事訟務課長　新谷貴昭
行政訟務課長　藤澤裕介
租税訟務課長　吉田俊介
訟務支援課長　田原浩子
参事官　中山大輔
同　脇村真治

〔法務総合研究所〕
法務省内 ☎03(3580)4111
所長　瀬戸　毅
総務企画部長　東山太郎
研究部長　熊澤貴士
研修第一部長　河原誉子
研修第二部長　鵜野澤　亮
研修第三部長　鳥丸忠彦
国際連合研修協力部長　森永太郎
国際協力部長　内藤晋太郎

〔矯正研修所〕
〒196-8580 昭島市もくせいの杜2-1-20
☎042(500)5261
所長　大串　建

〔検察官適格審査会〕
法務省大臣官房人事課内 ☎03(3580)4111
会長　井上正仁
委員　**金田勝年**
牧原秀樹　**稲富修二**
遠藤　敬　**西田昌司**
牧山ひろえ　安浪亮介
小林元治　川出敏裕
大野恒太郎

〔中央更生保護審査会〕
法務省保護局総務課内 ☎03(3580)4111
委員長 小川秀樹
委員 小野正弘
山脇晴子 伊藤冨士江
岡田幸之

〔公安審査委員会〕
法務省内 ☎03(3580)4111
委員長 貝阿彌誠
委員 外井浩志
遠藤みどり 和田洋
秋山信将 鵜瀞惠子
西村篤子
事務局長 安藤博光

出入国在留管理庁

〒100-8973 千代田区霞が関1-1-1
☎03(3580)4111
長官 菊池浩
次長 丸山秀治
審議官 公文書監理官 福原道雄
審議官 中川勉
総務課長 大原義宏
出入国在留監査指導室長 柴田芳博
情報システム管理室長 岡部昌一郎
政策課長 本針和幸
外国人施策推進室長 平林毅
出入国管理部長 君塚宏
出入国管理課長 西山良
難民認定室長 竹内悠介
審判課長 堀越健二
警備課長 簾内友之
在留管理支援部長 福原申子
在留管理課長 菱田泰弘
在留管理業務室長 安東健太郎
在留支援課長 渡邉浩司
情報分析官 東郷康弘
参事官 伊藤純史
参事官 猪股正貴
参事官 稲垣貴裕

公安調査庁

〒100-0013 千代田区霞が関1-1-1
中央合同庁舎6号館 ☎03(3592)5711
長官 浦田啓一
次長 田野尻猛
総務部長 霜田仁
総務課長 吉田純平
人事課長 武田雅之
参事官 公文書監理官 菊地真二
調査第一部長 福田守雄
第一課長 小野寺聡
第二課長 森田秀人
公安調査管理官 近智徳
同 吉倉粒太
調査第二部長 平石積明
第一課長 神保玲子
第二課長 今井正
公安調査管理官 瀬下政行
横川智之 小川哲兵
研修所長 宍倉崇夫

最高検察庁

〒100-0013 千代田区霞が関1-1-1
中央合同庁舎6号館 ☎03(3592)5611
検事総長 甲斐行夫
次長検事 齋藤隆博
総務部長 加藤俊治
監察指導部長(兼) 松本裕
刑事部長 森本宏
公安部長 松本裕
公判部長 鈴木眞理子
検事 工藤恭裕
澤田潤 西山卓爾
野下智之 石山宏樹
小池隆 作原大成
岸毅 自見武士
干川亜紀 宮地佐都季
山下裕之 横井朗
白井智之 鈴木慎二郎
民野健治 佐久間進
検事総長秘書官 髙橋かおり
事務局長 鈴石勝彦
総務課長 笠原健一
会計課長 佐藤聖也
企画調査課長 西川聡
検務課長 粟崎伸之
情報システム管理室長 北澤洋志
監察指導課長 上田一朗
刑事事務課長 立山敬太郎
公安事務課長 金原淳

公判事務課長　原　宏明

外務省

〒100-8919 千代田区霞が関2-2-1
☎03(3580)3311

大臣　林　芳正
副大臣　山田賢司
副大臣　武井俊輔
大臣政務官　秋本真利
大臣政務官　髙木　啓
大臣政務官　吉川ゆうみ
事務次官　森　健良
大臣秘書官　宮本賢一
外務審議官(政務)　山田重夫
外務審議官(経済)　小野啓一
2025年日本国際博覧会政府代表〔大使〕　羽田浩二
特命全権大使(沖縄担当)　宮川　学
特命全権大使(関西担当)　姫野　勉
特命全権大使(アフリカ開発会議(TICAD)担当兼アフリカの角地域関連担当、国連安保理改革担当、安保理非常任理事国選挙担当)　清水信介
特命全権大使(広報外交担当兼国際保健担当、メコン協力担当)　伊藤直樹
特命全権大使(国際テロ対策・組織犯罪対策協力担当)　杉山　明
特命全権大使(北極担当兼国際貿易・経済担当)　竹若敬三
特命全権大使(人権担当兼国際平和貢献担当)　橋本尚文

〔大臣官房〕

官房長　志水史雄
公文書監理官(兼)　石瀬素行
監察査察官　石原香代
官房審議官(総括担当)　石瀬素行
官房審議官　宮下匡之
官房審議官(危機管理担当)(兼)　實生泰介
官房政策立案参事官(兼)　岡野結城子
サイバーセキュリティ・情報化参事官(兼)　大槻耕太郎
官房参事官(危機管理担当)(兼)　西永知史
同　(同)(兼)　池上正喜
同　(同)(兼)　松尾裕敬
大臣秘書官事務取扱　江碕智三郎
「改革推進本部」事務局長(兼)　三宅史人
考査・政策評価室長　木村泰次郎
国際機関評価室長(兼)　木村泰次郎
ODA評価室長(兼)　西野恭子
総務課長　三宅史人
危機管理調整室長(兼)　柿原基男
地方連携推進室長　菱山　聡
情報防護対策室長　北川　洋
新型インフルエンザ対策調整室長(兼)　池上正喜
業務合理化推進室長　池田真亮
監察査察室長　林　達郎
国会業務支援室長　小野龍生
国会連絡調整室長　齋藤彰敏
公文書監理室長　松原一樹
外交史料館長　和田　潔
図書館長　佐藤　誠
人事課長　門脇仁一
調査官　横田賢司
人事企画室長　渋谷尚久
情報通信課長　森田光枝
デジタル化推進室長(兼)　森田光枝
会計課長　貝原健太郎
福利厚生室長　上田　晋
在外公館課長　吉田昌弘
在外勤務支援室長　大山信幸
警備対策室長　角田剛隆
儀典長〔大使〕　島田丈裕
儀典総括官　石川　勇
儀典調整官兼儀典外国公館室長　八木浩治
儀典官兼儀典賓客室長　鍛治宗能恵
儀典官兼儀典外国訪問室長　足立博美
G7広島サミット事務局長〔大使〕
副事務局長(兼)　有吉孝史
同　(兼)　安部憲明
外務報道官　小野日子
国際文化交流審議官〔大使〕　金井正彰
政策立案参事官/外務副報道官(報道・広報・文化交流担当)　岡野結城子
広報文化外交戦略課長　小野　健
国内広報室長　難波　敦
IT広報室長　山本大介
広聴室長　川本幸徳
戦略的対外発信拠点室長　折原茂晴
報道課長　安部憲明
文化交流・海外広報課長　津田陽子
対日理解促進交流室長(兼)　髙水英郎
国際文化協力室長　中島英登
人物交流室長　渡邉慎二
国際報道官　溝渕将史

〔総合外交政策局〕

局長　市川恵一
審議官〔大使〕　石月英雄
参事官〔大使〕(兼)　片平　聡
参事官〔大使〕　今福孝男

外務省

総務課長	藤本健太郎
主任外交政策調整官	中井裕一
政策企画室長	横田直文
新興国外交推進室長(兼)	横田直文
安全保障政策課長	高羽陽
国際安全・治安対策協力室長	山田哲也
国際平和・安全保障協力室長	佐藤大輔
宇宙・海洋安全保障政策室長	塚田淳
経済安全保障政策室長	舟津龍一
円滑化協定担保法整備室長(兼)	山田哲也
安全保障協力室長(兼)	高羽陽
国連企画調整課長	安藤重実
国際機関人事センター室長	山口忠彦
国連政策課長	野々村海太郎
国連制裁室長	徳聡子
人権人道課長	高澤令則
人権条約履行室長(兼)	松井宏樹
女性参画推進室長(兼)	古本建彦
軍縮不拡散・科学部長〔大使〕	海部篤
審議官〔大使〕	北川克郎
審議官	林美都子
参事官(兼)	中村仁威
軍備管理軍縮課長	石井良実
生物・化学兵器禁止条約室長	清水翔太
通常兵器室長(兼)	石井良実
不拡散・科学原子力課長	石井秀明
国際科学協力室長	石川勝利
国際原子力協力室長	佐藤慎市

〔アジア大洋州局〕

局長	船越健裕
審議官	實生泰介
審議官〔大使〕	岩本桂一
参事官	林誠
政策立案参事官(兼)	岡野結城子
地域政策参事官	富山未来仁
地域協力室長	高水英郎
北東アジア第一課長	吉廣朋子
日韓請求権関連問題対策室長	
日韓交流室長(兼)	鈴木正人
北東アジア第二課長	深堀亮
中国・モンゴル第一課長	有馬孝典
中国・モンゴル第二課長	園田庸
大洋州課長	神保諭
南部アジア部長	有馬裕
審議官(兼)	竹谷厚
審議官(兼)	實生泰介
審議官(兼)	岩本桂一
参事官(兼)	北村俊博
参事官(兼)	林誠
南東アジア第一課長	大塚建吾
南東アジア第二課長	太田学
南西アジア課長	堤太郎

〔北米局〕

局長〔大使〕	河邉賢裕
参事官	宮本新吾
北米第一課長	入谷貴之
北米交流室長(兼)	播本幸子
北米第二課長	森尊俊
北米経済調整室長代行	荻原宏
日米安全保障条約課長	前田修司
日米地位協定室長	馬場隆治

〔中南米局〕

局長〔大使〕	小林麻紀
審議官	中村和彦
参事官(兼)	松尾裕敬
中米カリブ課長	清水知足
カリブ室長(兼)	清水知足
南米課長	塚本康弘
中南米日系社会連携推進室長(兼)	塚本康弘

〔欧州局〕

局長	中込正志
参事官〔大使〕	池上正喜
参事官〔大使〕	中村仁威
政策課長	齋藤敦
アジア欧州協力室長	水野光明
西欧課長	秋山麻里
中・東欧課長	近藤紀文
ロシア課長	山田欣幸
中央アジア・コーカサス室長	市場裕昭
日露経済室長(兼)	石川亘
ロシア交流室長(兼)	石川亘
日露共同経済活動推進室長(兼)	石川亘

〔中東アフリカ局〕

局長〔大使〕	長岡寛介
審議官(兼)	原圭一
参事官	西永知史
中東第一課長	小長谷英揚
中東第二課長	黒宮貴義
アフリカ部長〔大使〕	齋田伸一
審議官(兼)	原圭一

審議官　松林健一郎
参事官(兼)　西永知史
アフリカ第一課長　間瀬博幸
アフリカ第二課長　古平充

〔経済局〕

局長　鯰博行
審議官〔大使〕　竹谷厚
審議官(兼)　日下部英紀
審議官〔大使〕(兼)　中村和彦
参事官〔大使〕　大河内昭博
政策課長　有吉孝史
官民連携推進室長　田公和幸
資源安全保障室長　菊地信之
漁業室長　中村安志
2025年日本国際博覧会室長(兼)　田公和幸
国際デジタル経済室長(兼)　原田貴
国際経済課長　中村浩平
欧州連合経済室長　小山武
経済協力開発機構室長　石川真由美
国際貿易課長　豊田尚吾
サービス貿易室長　原田貴
知的財産室長　桝田祥子
経済連携課長　大西一義
南東アジア経済連携協定交渉室長　西村泰子
アジア太平洋経済協力室長　永吉昭一
投資政策室長(兼)　上野裕大

〔国際協力局〕

局長　遠藤和也
審議官　日下部英紀
審議官　原圭一
審議官(兼)　松林健一郎
参事官〔大使〕　北村俊博
政策課長　上田肇
国際協力事業安全対策室長(兼)　角田崇成
民間援助連携室長　松田俊夫
開発協力総括課長　山﨑文夫
開発協力企画室長　森健朗
事業管理室長　角田崇成
緊急・人道支援課長　井上和志
国別開発協力第一課長　石丸淳
国別開発協力第二課長　時田裕士
国別開発協力第三課長　西野修一
地球規模課題審議官〔大使〕　赤堀毅
地球規模課題総括課長　松本好一朗
専門機関室長　佐藤仁美
国際保健戦略官　江副聡
地球環境課長　小林保幸
気候変動課長　加藤淳

〔国際法局〕

局長　御巫智洋
参事官　片平聡
国際法課長　大平真嗣
海洋法室長　杉浦雅俊
国際裁判対策室長　長沼善太郎
条約課長　菅原清行
経済条約課長　大西進一
経済紛争処理課長　神田鉄平
経済紛争対策官　渡邊真知子
社会条約官　久賀百合子

〔領事局〕

局長　安藤俊英
審議官(兼)　石月英雄
参事官　松尾裕敬
政策課長　長尾成敏
領事サービス室長　成嶌秀男
ハーグ条約室長　谷垣博保
領事デジタル化推進室長(兼)　廣渡活幸
領事体制強化室長(兼)　髙橋宗生
在外選挙室長(兼)　白鳥和彦
海外邦人マイナンバーカード支援室長(兼)　白鳥和彦
領事サービスセンター室長(兼)　成嶌秀男
海外邦人安全課長　三角崇人
邦人テロ対策室長　鴨下誠
旅券課長　廣瀬愛子
外国人課長　永瀬賢介

〔国際情報統括官組織〕

国際情報統括官　新居雄介
参事官　大槻耕太郎
国際情報官(第一担当)　堀田亨
同　(第二担当)(兼)　堀田亨
同　(第三担当)　林裕二郎
同　(第四担当)　武田善憲

〔外務省研修所〕

〒252-0303 相模原市南区相模大野4-2-1
☎042(766)8101

所長〔大使〕　武藤顕
総括指導官　服部優

財務省

〒100-8940 千代田区霞が関3-1-1
☎03(3581)4111

大臣	鈴木俊一
副大臣	秋野公造
同	井上貴博
大臣政務官	宮本周司
同	金子俊平
事務次官	茶谷栄治
財務官	神田眞人
秘書官	鈴木俊太郎
同 事務取扱	菅野裕人
同 事務取扱	佐藤栄一郎

〔大臣官房〕

夜間(3581)2836(文書課)

官房長	宇波弘貴
政策立案総括審議官兼企画調整総括官	目黒克幸
公文書監理官兼企画調整総括官	髙野寿也
サイバーセキュリティ・情報化審議官	深澤良光
審議官(大臣官房担当)	堀田秀之
同(同)	髙橋秀誠
同(同)	阿向泰二郎
同(同)	上田淳二
副財務官	今村英章
同	藤井大輔
秘書課長	佐藤大
人事調整室長	木原健史
人事企画室長兼首席監察官	下村卓矢
人事調査官	岡田芳明
財務官室長	池田洋一郎
文書課長	岩佐理
調査室長	渡辺政顕
法令審査室長	濵田秀明
企画調整室長兼業務企画室長	恵﨑恵
情報公開・個人情報保護室長兼公文書監理室長	岩﨑浩太郎
広報室長兼政策評価室長兼政策分析調整室長	阪井聡至
情報管理室長(兼)	鈴木準一
国会連絡調整官(兼)	鈴木準一
国会連絡室長	鈴木準一
会計課長事務取扱(兼)	堀田秀之
調整室長	石黒将之
監査室長	征録宏司
管理室長	阿部正
厚生管理官	中島和正
地方課長事務取扱(兼)	目黒克幸
総務調整企画室長	石谷良男
人事調整企画室長	北村明仁
業務調整室長	三ツ本晃代
地方連携推進官	大塚美樹
総括審議官	坂本基
総合政策課長	渡邉和紀
経済財政政策調整官(兼)	渡邉和紀
企画室長	石田良
政策調整室長兼国際経済室長	山崎丈史
安全保障政策室長(兼)	下村卓矢
政策推進室長	佐藤浩一
政策金融課長	芹生太郎
信用機構課長	田中耕太郎
機構業務室長(兼)	田中耕太郎

〔主計局〕

夜間(3581)4466(総務課)

局長	新川浩嗣
次長	寺岡光博
同	前田努
次長兼企画調整総括官	吉野維一郎
総務課長	大沢元一
予算企画室長	川島亜喜良
主計事務管理室長	高田喜康
司計課長	三原健
主計企画官兼予算執行企画室長	石田茂
会計監査調整室長	吉川和人
法規課長	西村聞多
主計企画官	西尾暁
企画官兼公会計室長	園田雅宏
給与共済課長	山本庸介
給与調査官	寺本康司
調査課長	横山好古
主計企画官(財政分析担当)	藤中康生
参事官	八木瑞枝
主計官(総務課)	有利浩一郎
同(同)	山岸徹
同(内閣、デジタル、復興、外務、経済協力係担当)	小野浩司
同(司法・警察、経済産業、環境係担当)	佐久間寛道
同(総務、地方財政、財務係担当)	小澤研也
同(文部科学係担当)	寺﨑寛之
同(厚生労働係、社会保障総括担当)	端本秀夫
社会保障企画室長	神野貴史
主計官(厚生労働・子ども家庭係担当)	松本圭介
同(農林水産係担当)	漆畑有浩

財務省

同（国土交通、公共事業総括係担当）	尾﨑輝宏
公共事業企画調整室長	山下直樹
主計官（防衛係担当）	後藤武志
主計監査官	小野寺修司

〔主税局〕

夜間（3581）3036（総務課）

局長	青木孝徳
審議官	小宮敦史
同	中村英正
総務課長	関 禎一郎
税制企画室長	阿部敦壽
主税企画官	境 吉隆
調査課長	末光大毅
税制調査室長	長谷川 実
税制第一課長	坂本成範
法令企画室長	島谷和孝
企画官	竹内 啓
税制第二課長	藤山智博
企画調整室長	鳥崎容平
主税企画官	宮下賢章
税制第三課長	河本光博
審査室長	染谷浩史
企画官	吉田拓野
国際租税総括官	細田修一
主税局参事官（国際租税総合調整官）	西方建一
国際租税企画室長	野路 允
主税企画官	原田浩気

〔関税局〕

夜間（3581）3038（総務課）

局長	江島一彦
審議官	山崎 翼
同	内野洋次郎
総務課長	奈良井 功
政策推進室長	北條敬貴
事務管理室長	澤藤琢也
管理課長	西川健士
税関考査管理室長	南里修治
関税課長	吉田英一郎
関税企画調整室長	田中林太郎
特殊関税調査室長	濵口 暁
税関調査室長	近田春実
原産地規則室長	坂本賢一
参事官	河邑忠昭
関税地域協力室長	冨田まゆみ
経済連携室長	香川里子
参事官	志賀佐保子
監視課長	馬場義郎
業務課長	箭野拓士
知的財産調査室長	伊藤哲郎
調査課長	大関由美子
企画官	臼谷幸智
同	大津俊彦

〔理財局〕

夜間（3581）1552（総務課）

局長	奥 達雄
次長	湯下敦史
同	石田 清
審議官	辻 貴博
総務課長	藤﨑雄二郎
政策調整室長	原田佳典
調査室長	荒瀬 塁
たばこ塩事業室長	蓼沼宏晃
国庫課長	山川清徳
通貨企画調整室長	奥村健治
国庫企画官	今井 忠
デジタル通貨企画官	谷 雅彰
国債企画課長	佐藤伸樹
国債政策情報室長（兼）	荒瀬 塁
国債企画官	西川元衛
国債業務課長	佐野美波
財政投融資総括課長	大江 亨
企画調整室長	水野浩太
資金企画室長	上野榮作
財政投融資企画官兼産業投資室長	原山康彦
国有財産企画課長	坂口和家男
企画推進室長	佐藤寿彦
国有財産企画官（兼）	小林正人
政府出資室長	中島隆行
国有財産調整課長	梅野雄一朗
国有財産有効活用室長	上乗弘樹
国有財産監査室長	遠藤伸也
国有財産業務課長	川路 智
国有財産審理室長	中野利隆
管理課長	大島 朗
国有財産情報室長	小林正人
電算システム室長	河邊健司
計画官（内閣・財務、農林水産・環境、経済産業、海外投資係担当）	小多章裕
計画官（厚生労働・文部科学、国土交通、地方企画、地方財務審査、地方運用係担当）	大江賢造

財務省

〔国際局〕
夜間(3580)2688(総務課)

局長 三村淳
次長 土谷晃浩
審議官 矢作友良
同 緒方健太郎
総務課長 飯塚正明
国際企画調整室長 杉浦達也
調査課長 野村宗成
国際調査室長 北野賢治
外国為替室長 土生健一
対外取引管理室長 山下弘史
投資企画審査室長 大野由希
企画官 武士俣隆介
国際投資企画官 高橋大介
為替実査室長 舟橋聡
国際機構課長 木原大策
資金移転対策室長 髙木悠子
企画官 山﨑貴弘
同 村口和人
地域協力課長 德岡喜一
地域協力企画官 中西邦彦
国際調整室長 齊藤郁夫
為替市場課長 松本千城
資金管理室長 鶴野浩之
開発政策課長 陣田直也
開発政策調整室長 宮地和明
参事官 城田郁子
開発機関課長 津田尊弘

〔財務総合政策研究所〕
財務省内 ☎03(3581)4111

所長(兼) 渡部晶
副所長(兼) 目黒克幸
同 小野平八郎
同 西崎寿美
総務研究部長(兼) 上田淳二
総務課長 川本敦
資料情報部長 岩井俊介
調査統計部長 山川潤一
研修部長 増尾秀樹

〔会計センター〕
〒102-8486 千代田区九段南1-2-1
九段第三合同庁舎21F ☎03(3265)9141

所長 渡部晶
次長 松永秀樹
同(兼) 三原健
管理運用部長 奈宮正典
会計管理部長 門田幸夫
研修部長 前田賢二

〔関税中央分析所〕
〒277-0882 柏市柏の葉6-3-5
☎04(7135)0160

所長 石田晶久

〔税関研修所〕
〒277-0882 柏市柏の葉6-4-2
☎04(7133)9611

所長(兼) 江島一彦
副所長 青山繁俊
研修・研究部長 吉田昭彦

国税庁

〒100-8978 千代田区霞が関3-1-1
☎03(3581)4161

長官 住澤整
次長 星屋和彦

〔長官官房〕

審議官(国際担当) 中村稔
同(酒税等担当) 植松利夫
参事官 原田憲
同 陰山英隆
総務課長 原田一寿
情報公開・個人情報保護室長・税理士監理室長・公文書監理室長 松井誠二
広報広聴室長 山本学
調整室長(兼) 松井誠二
監督評価官室長 長内昌三
人事課長 郷敦
会計課長 小平武史
企画課長 菅哲人
国税企画官 石澤弘樹
同 津田啓二
デジタル化・業務改革室長 大柳久幸
データ活用推進室長(兼) 石澤弘樹
国際業務課長 田畑健隆
国際企画官 安井欧貴
廣瀬大 岩間英憲
細田千草
国際課税分析官 鴇彰博
相互協議室長 比田勝隆博
相互協議支援官 石川博枝
厚生管理官(兼) 長内昌三
主任税務相談官(兼) 大柳久幸
首席国税庁監察官 榎本政彦

〔課税部〕

課税部長　田原芳幸
課税総括課長　山﨑博之
課税企画官　鈴木直人
国際課税企画官　山下尚志
消費税室長　渡邉秀雄
軽減税率・インボイス制度対応室長　後藤善行
審理室長(兼)　田原芳幸
主任訟務専門官　山崎諭司
国税争訟分析官　柳澤聡
個人課税課長　児島範昭
資産課税課長　秦幹雄
法人課税課長　江崎純子
酒税課長　三浦隆
酒類業振興・輸出促進室長　保井久理子
資産評価企画官　中島格志
財産評価手法研究官　藤田英理子
鑑定企画官　岩田知子
酒類国際技術情報分析官　武藤彰宣
分析鑑定技術支援官　伊藤伸一

〔徴収部〕

徴収部長　上良睦彦
管理運営課長　北村厚
徴収課長　磯村建

〔調査査察部〕

調査査察部長　武田一彦
調査課長　劔持敏幸
国際調査管理官　戸谷淳哉
査察課長　高松忠介

〔国税不服審判所〕

☎03(3581)4101

所長　伊藤繁
次長　牧田宗孝
部長審判官　森下幹夫
管理室長　山本学

文部科学省

〒100-8959 千代田区霞が関3-2-2
☎03(5253)4111

大臣　永岡桂子
副大臣　簗和生
副大臣　井出庸生
大臣政務官　伊藤孝江
大臣政務官　山本左近
事務次官　柳孝
文部科学審議官　伯井美徳
同　増子宏
秘書官　大越貴陽
同　事務取扱　石川仙太郎
同　事務取扱　国分政秀

〔大臣官房〕

夜間(6734)2150(総務課)

官房長　望月禎
総括審議官　井上諭一
サイバーセキュリティ・政策立案総括審議官　森田正信
学習基盤審議官　寺門成真
審議官(総合教育政策局担当)　里見朋香
同(初等中等教育局担当)　安彦広斉
同(高等教育局及び科学技術政策連携担当)　西條正明
同(科学技術・学術政策局担当)　清浦隆
同(研究振興局及び高等教育政策連携担当)　奥野真
同(研究開発局担当)　林孝浩
同(同)　永井雅規
同(文化庁京都担当)　日向信和
文部科学戦略官(文化戦略官)　中原裕彦
文部科学戦略官　伊藤学司
同　鈴木敏之
同　水田功
参事官　橋爪淳
同　植木誠
人事課長　佐藤光次郎
総務課長　松坂浩史
会計課長　髙谷浩樹
政策課長　次田彰
国際課長　北山浩士
広報室長(文部科学広報官)　小野賢志
総務調整官(国会担当)　石﨑宏明
同(同)　柳澤好治
同(同)　寺坂公佑
文教施設企画・防災部長　笠原隆
技術参事官　森政之
施設企画課長　金光謙一郎
施設助成課長　春山浩康
計画課長　瀬戸信太郎
参事官(施設防災担当)　後藤勝

〔総合教育政策局〕

夜間(6734)2640(政策課)

局長　藤江陽子
社会教育振興総括官　森友浩史
政策課長　森友浩史

調査企画課長　枝　　慶
教育人材政策課長　後藤教至
国際教育課長　児玉大輔
生涯学習推進課長　神山　弘
地域学習推進課長　黄地吉隆
男女共同参画共生社会学習・安全課長　安里賀奈子

〔初等中等教育局〕

夜間(6734)2341(初等中等教育企画課)

局長　藤原章夫
教育課程総括官　森友浩史
初等中等教育企画課長　堀野晶三
財務課長　村尾　崇
教育課程課長　常盤木祐一
児童生徒課長　伊藤史恵
幼児教育課長　藤岡謙一
特別支援教育課長　石田善顕
修学支援・教材課長　武藤久慶
教科書課長　安井順一郎
健康教育・食育課長　南野圭史
参事官(高校担当)　田中義恭

〔高等教育局〕

夜間(3593)7192(高等教育企画課)

局長　池田貴城
高等教育企画課長　小幡泰弘
大学教育・入試課長　古田和之
専門教育課長　塩田剛志
医学教育課長　俵　幸嗣
学生支援課長　藤吉尚之
国立大学法人支援課長　平野　誠
参事官(国際担当)　小林洋介
私学部長　茂里　毅
私学行政課長　滝波　泰
私学助成課長　桐生　崇
参事官(学校法人担当)　村上良行

〔科学技術・学術政策局〕

夜間(6734)4004(政策課)

局長　柿田恭良
科学技術・学術総括官　山下恭徳
政策課長　山下恭徳
研究開発戦略課長　倉田佳奈江
人材政策課長　生田知子
研究環境課長　古田裕志
産業連携・地域振興課長　井上睦子
参事官(国際戦略担当)　大土井　智
科学技術・学術戦略官(制度改革・調査担当)　髙橋憲一郎

〔研究振興局〕

夜間(6734)4066(振興企画課)

局長　森　晃憲
振興企画課長　坂下鈴鹿
基礎・基盤研究課長　西山崇志
大学研究基盤整備課長　黒沼一郎
学術研究推進課長　田畑　磨
ライフサイエンス課長　奥　篤史
参事官(情報担当)　工藤雄之
同(ナノテクノロジー・物質・材料担当)　宅間裕子
研究振興戦略官　大月光康

〔研究開発局〕

夜間(6734)4128(開発企画課)

局長　千原由幸
もんじゅ・ふげん廃止措置対策監　二村英介
開発企画課長　松浦重和
地震・防災研究課長　郷家康徳
海洋地球課長　山之内裕哉
環境エネルギー課長　轟　　渉
宇宙開発利用課長　上田光幸
原子力課長　新井知彦
参事官(原子力損害賠償担当)　佐藤弘毅
研究開発戦略官(核融合・原子力国際協力担当)　稲田剛毅
同(核燃料サイクル・廃止措置担当)　嶋崎政一

〔国際統括官〕

国際統括官　岡村直子

〔国立教育政策研究所〕

〒100-8951 千代田区霞が関3-2-2
中央合同庁舎第7号館東館5～6F
☎03(6733)6833

所長　瀧本　寛
所長代理　梅澤　敦
総務部長　武井久幸
研究企画開発部長　田村寿浩
教育政策・評価研究部長　藤原文雄
生涯学習政策研究部長　銀島　文
初等中等教育研究部長　藤原文雄
国際研究・協力部長　大野彰子

〔科学技術・学術政策研究所〕

〒100-0013 千代田区霞が関3-2-2
中央合同庁舎第7号館東館16F
☎03(3581)2391

所長　大山真未
総務研究官　中津健之
総務課長　若旅寿夫

スポーツ庁

文部科学省内 ☎03(5253)4111

長官	室伏広治
次長	角田喜彦
審議官	星野芳隆
スポーツ総括官	先﨑卓歩
政策課長	先﨑卓歩
健康スポーツ課長	和田訓
地域スポーツ課長	橋田裕
競技スポーツ課長	西川由香
参事官(国際担当)	八木和広
参事官(地域振興担当)	田中一明
参事官(民間スポーツ担当)	桃井謙佑

文化庁

(京都庁舎)〒602-8959 京都市上京区下長者町通新町西入藪之内町85-4 ☎075(451)4111
(東京庁舎)〒100-8959 千代田区霞が関3-2-2 ☎03(5253)4111

長官	都倉俊一
次長	杉浦久弘
同	合田哲雄
審議官	小林万里子
文化財鑑査官	山下信一郎
政策課長	今井裕一
企画調整課長	寺本恒昌
文化経済・国際課長	板倉寛
国語課長	圓入由美
著作権課長	吉田光成
文化資源活用課長	篠田智志
文化財第一課長	齋藤憲一郎
文化財第二課長	田中禎彦
宗務課長	山田泰造
参事官(芸術文化担当)	山田素子
同(生活文化創造担当)	髙田行紀
同(文化拠点担当)	磯野哲也
同(生活文化連携担当)	髙橋一成

厚生労働省

〒100-8916 千代田区霞が関1-2-2
中央合同庁舎5号館本館 ☎03(5253)1111

大臣	加藤勝信
副大臣	伊佐進一
副大臣	羽生田俊
大臣政務官	畦元将吾
大臣政務官	本田顕子
事務次官	大島一博
厚生労働審議官	田中誠二
医務技監	迫井正深
秘書官	棗原雄尚
同 事務取扱	佐藤康弘
同 事務取扱	火宮麻衣子

〔大臣官房〕

夜間(3595)3036(総務課)

官房長	村山誠
総括審議官	黒田秀郎
同(国際担当)	富田望
危機管理・医務技術総括審議官	浅沼一成
公文書監理官	小宅栄作
審議官(医政、口腔健康管理、精神保健医療、災害対策担当)(老健局、保険局併任)	宮本直樹
同(健康、生活衛生、アルコール健康障害対策、業務移管担当)	鳥井陽一
同(医薬担当)	吉田易範
同(労働条件政策、賃金担当)	増田嗣郎
同(労災、建設・自動車運送分野担当)	梶原輝昭
同(職業安定、労働市場整備担当)	石垣健彦
同(雇用環境、均等担当)	宮本悦子
同(社会、援護、地域共生・自殺対策、人道調査、福祉連携、年金担当)	泉潤一
同(老健、障害保健福祉担当)	斎須朋之
同(医療保険担当)	日原知己
同(医療介護連携、データヘルス改革担当)(医政局、老健局併任)	森光敬子
同(人材開発、外国人雇用、都道府県労働局担当)	原口剛
同(総合政策担当)(政策統括室長代理併任)	宮崎敦文
地域保健福祉施策特別分析官	度山徹
国際保健福祉交渉官	日下英司
国際労働交渉官	秋山伸一
人事課長	源河真規子
参事官(人事担当)	矢田貝泰之
人事調査官	鈴木高太郎
調査官	乃村久代
人事企画官	國代尚章
総務課長	成松英範
参事官(法務担当)(法務室長併任)	澁谷亮
公文書監理・情報公開室長(審理室長併任)	松﨑俊久
広報室長	高島章好
国会連絡室長(併)	佐藤純
会計課長	森真弘
会計管理官	渡辺正道
監査指導室長	小山英夫
経理室長	藤原毅

管理室長	櫻井　淳
厚生管理企画官（厚生管理室長併任）	奥平　忠
首席営繕専門官（施設整備室長）（併）	安川豊文
地方課長（労働局業務改革推進室長併任）	弓　信幸
参事官（地方担当）（地方厚生局管理室長併任）	菊池育也
地方企画官（地方支分部局法令遵守室長、労働局業務改革推進室長代理、労働行政デジタル化企画室長併任）	千原　啓
業務改善分析官	野田幸裕
国際課長	中村かおり
国際企画・戦略官	小澤時男
国際保健・協力室長	井谷哲也
国際労働・協力室長	先﨑　誠
厚生科学課長	伯野春彦
健康危機管理・災害対策室長	綾　賢治
医療イノベーション推進室長	前田彰久
研究企画官	高江慎一
参事官（総括調整、障害者雇用担当）	黒澤　朗
参事官（自殺対策担当）	前田奈歩子
参事官（健康、医政、総括調整、行政改革担当）	梶野友樹
参事官（救急・周産期・災害医療等、医療提供体制改革担当）	高宮裕介
参事官（雇用環境政策担当）	立石祐子
参事官（情報化担当）	山内孝一郎

〔医政局〕

夜間（3595）2189（総務課）

局長	榎本健太郎
総務課長（医政局医療経理室長併任）	岡本利久
医療政策企画官	坪口創太
地域医療計画課長	佐々木孝治
医療安全推進・医務指導室長（医療国際展開室長併任）	梅木和宣
医師確保等地域医療対策室長（併）	有賀玲子
医療経営支援課長	和田昌弘
国立ハンセン病療養所対策室長	藤岡裕樹
医療独立行政法人支援室長	兼平正彦
政策医療推進官（併）	中西浩之
医事課長	林　修一郎
試験免許室長	川畑測久
医師臨床研修推進室長	錦　泰司
死因究明等企画調査室長（併）	中野貴章
歯科保健課長	小椋正之
歯科口腔保健推進室長	和田康志
看護課長	習田由美子
看護サービス推進室長	後藤友美
看護職員確保対策官	櫻井公彦
医療産業振興・医療情報審議官	内山博之
医療産業振興・医療情報企画課長	安藤公一
セルフケア・セルフメディケーション推進室長（併）	安藤公一
医療機器政策室長	鶴田真也
首席流通指導官（流通指導室長併任）	信沢正和
医療用物資等確保対策推進室長（併）	海老敬子
研究開発政策課長	中田勝己
治験推進室長	飯村康夫
参事官（特定医薬品開発支援・医療情報担当）	田中彰子

〔健康局〕

夜間（3595）2207（総務課）

局長	大坪寛子
総務課長	岡部史哉
指導調査室長	比嘉敏充
原子爆弾被爆者援護対策室長（併）	岡野和薫
健康課長	山本英紀
健康対策企画官	坂井英興
保健指導官（保健指導室長併任）	五十嵐久美子
予防接種室長	鶴田真也
がん・疾病対策課長	西嶋康浩
肝炎対策推進室長（B型肝炎訴訟対策室長併任）	簑原哲弘
結核感染症課長	荒木裕人
感染症情報管理官（感染症情報管理室長併任）	横田栄一
難病対策課長	簑原哲弘
移植医療対策推進室長	野田博之
参事官（予防接種担当）	高城　亮

〔医薬・生活衛生局〕

夜間（3595）2377（総務課）

局長	城　克文
総務課長	衣笠秀一
国際薬事規制室長（併）	古賀大輔
医薬品副作用被害対策室長（併）	渡邊由美子
薬事企画官	太田美紀
医薬品審査管理課長	中井清人
医療機器審査管理課長	中山智紀
医薬安全対策課長	野村由美子
監視指導・麻薬対策課長	佐藤大作
麻薬対策企画官（監視指導室長併任）	木村剛一郎
薬物取締調整官	小野原光康
血液対策課長	山本圭子
生活衛生・食品安全審議官	佐々木昌弘
生活衛生・食品安全企画課長　事務取扱	鳥井陽一
食品基準審査課長	近藤恵美子
食品監視安全課長	三木　朗
輸出先国規制対策室長（併）	三木　朗
輸入食品安全対策室長	森田剛史

検疫所業務課長　森田博通
検疫所業務企画調整官(検疫所管理室長併任)　川崎信一
生活衛生課長　諏訪克之
生活衛生対策企画官(併)　原澤朋史
水道課長　名倉良雄
水道計画指導室長　倉谷英和
水道水質管理官(水道水質管理室長併任)　柳田貴広

〔労働基準局〕

夜間(3595)3201(総務課)

局長　鈴木英二郎
総務課長　古舘哲生
石綿対策室長　喜名明子
主任労働保険専門調査官(労働保険審査会事務室長併任)　木村聡
労働保険業務分析官　穴井元尚
労働条件政策課長　澁谷秀行
労働条件確保改善対策室長　田上喜之
医療労働企画官　坪井宏徳
過労死等防止対策企画官　野田直生
労働時間特別対策室長(併)　坪井宏徳
監督課長　竹野佑喜
過重労働特別対策室長　岡田直樹
主任中央労働基準監察監督官(労働基準監察室長併任)　黒部恭志
労働関係法課長　吉村紀一郎
賃金課長　岡英範
主任中央賃金指導官　友住弘一郎
賃金支払制度業務室長(併)　古長秀明
労災管理課長　松永久
労災保険財政数理室長　小此木裕二
主任中央労災補償監察官(労災補償監察室長併任)　菊池宏二
建設石綿給付金認定等業務室長　池田邦彦
労働保険徴収課長　片淵仁文
労働保険徴収業務室長　田中勝之
補償課長　児屋野文男
労災補償訟務分析官　黒田修
職業病認定対策室長　水島康雄
労災保険審理室長　田代良文
調査官　三浦栄一郎
労災保険業務課長　千葉茂雄
安全衛生部長　美濃芳郎
計画課長　松下和生
機構・団体管理室長(併)　三浦栄一郎
調査官　星田淳也
安全課長　小沼宏治
建設安全対策室長　土井智史
主任中央産業安全専門官　佐藤誠
労働衛生課長　松岡輝昌
産業保健支援室長　中村宇一
治療と仕事の両立支援室長　立原新
電離放射線労働者健康対策室長　宇野浩一
主任中央労働衛生専門官　船井雄一郎
主任中央じん肺診査医　丹藤昌治
職業性疾病分析官　佐々木邦臣
化学物質対策課長　安井省侍郎
化学物質評価室長　藤田佳代
環境改善室長　平川秀樹

〔職業安定局〕

夜間(3502)6768(総務課)

局長　山田雅彦
総務課長　長良健二
訓練受講支援室長　岡田幸大
公共職業安定所運営企画室長　西海国浩
人材確保支援総合企画室長　井上英明
首席職業指導官　國分一行
主任中央職業安定監察官　中原明宏
人道調査室長(ハローワークサービス推進室長併任)　中村正子
雇用政策課長　吉田暁郎
労働移動支援室長　柴田栄二郎
民間人材サービス推進室長　浅沼茂樹
雇用復興企画官(雇用開発企画課介護労働対策室長併任)　髙田崇司
労働市場分析官　武田康祐
雇用保険課長　尾田進
主任中央雇用保険監察官　生方勝
調査官　山口了子
需給調整事業課長　中嶋章浩
労働市場基盤整備室長　村野伸介
派遣・請負労働企画官　林歓
主任中央需給調整事業指導官　渡部幸一郎
外国人雇用対策課長　川口俊徳
海外人材受入就労対策室長　菊田正明
国際労働力対策企画官(経済連携協定受入対策室長併任)　中野響
労働市場センター業務室長　伊藤浩之
主任システム計画官　渡辺聡
高齢・障害者雇用開発審議官　田中佐智子
雇用開発企画課長　佐々木菜々子
就労支援室長　逸見志朗
農山村雇用対策室長(併)　逸見志朗
建設・港湾対策室長　島田博和
高齢者雇用対策課長　宿里明弘

障害者雇用対策課長　西澤栄晃
地域就労支援室長　倉永圭介
調査官　川端輝彦
主任障害者雇用専門官　榧野一美
地域雇用対策課長　福岡洋志

〔雇用環境・均等局〕

局長　堀井奈津子
総務課長　牛島聡
雇用環境政策室長(兼)　立石祐子
労働紛争処理業務室長　佐野耕作
主任雇用環境・均等監察官(雇用環境・均等監察室長併任)　光永圭子
雇用機会均等課長　安藤英樹
ハラスメント防止対策室長　千葉裕子
有期・短時間労働課長　田村雅
多様な働き方推進室長　火宮麻衣子
職業生活両立課長　平岡宏一
在宅労働課長　原田浩一
フリーランス就業環境整備室長(併)　佐野耕作
勤労者生活課長　大隈俊弥
労働者協同組合業務室長　水野嘉郎
労働金庫業務室長　紀伊洋一

〔社会・援護局〕

夜間(3595)2612(総務課)

局長　朝川知昭
総務課長　林俊宏
女性支援室長　野中祥子
自殺対策推進室長(併)　前田奈歩子
保護課長　大場寛之
自立推進・指導監査室長　三浦正樹
保護事業室長　河合篤史
地域福祉課長　金原辰夫
成年後見制度利用促進室長　南孝徳
消費生活協同組合業務室長　井上宏
生活困窮者自立支援室長(地域共生社会推進室長併任)　米田隆史
福祉基盤課長　田中規倫
福祉人材確保対策官(福祉人材確保対策室長併任)　今泉愛
援護企画課長　乗越徹哉
中国残留邦人等支援室長　宇口良子
援護・業務課長　添田徹郎
事業課長　浅見高嗣
事業推進室長　星野正司
戦没者遺骨鑑定推進室長事務取扱　浅見高嗣
障害保健福祉部長　辺見聡
企画課長(アルコール健康障害対策推進室長併任)　江口満
自立支援振興室長　川部勝一
施設管理室長　日野徹
障害福祉課長　伊藤洋平
地域生活・発達障害者支援室長(併)　野中祥子
精神・障害保健課長　小林秀幸
心の健康支援室長(公認心理師制度推進室長併任)　竹之内秀吉
依存症対策推進室長(企画課障害福祉サービス等データ企画室長併任)　羽野嘉朗

〔老健局〕

夜間(3591)0954(総務課)

局長　間隆一郎
総務課長　山口高志
介護保険指導室長　奥出吉規
介護保険計画課長　日野力
高齢者支援課長　峰村浩司
介護業務効率化・生産性向上推進室長(併)　占部亮
認知症施策・地域介護推進課長　和田幸典
認知症総合戦略企画官(地域づくり推進室長併任)　尾﨑美弥子
老人保健課長　古元重和

〔保険局〕

夜間(3595)2550(総務課)

局長　伊原和人
総務課長　池上直樹
社会保険審査調整室長　吉田昌司
保険課長　山下護
全国健康保険協会管理室長　髙橋賢治
国民健康保険課長　笹子宗一郎
高齢者医療課長　安中健
医療介護連携政策課長　水谷忠由
保険データ企画室長　中園和貴
医療課長　眞鍋馨
歯科医療管理官　小嶺祐子
保険医療企画調査室長　荻原和宏
医療技術評価推進室長事務取扱　眞鍋馨
医療保険制度改革推進官(命)　角園太一
医療指導監査室長　諸冨伸夫
薬剤管理官　安川孝志
調査課長　鈴木健二
数理企画官　江郷和彦

〔年金局〕

夜間(3595)2862(総務課)

局長　橋本泰宏
総務課長　小野俊樹
年金広報企画室長(併)　小野俊樹
首席年金数理官　村田祐美子
年金数理官(企業年金・個人年金課基金数理室長併任)　榎広之

年金課長　若林健吾

国際年金課長　花咲恵乃

資金運用課長　西平賢哉

企業年金・個人年金課長　大竹雄二

数理課長　佐藤裕亮

数理調整管理官(数理調整管理室長併任)　木村剛一

年金管理審議官　巽　慎一

事業企画課長　樋口俊宏

年金記録回復室長 年金事業運営推進室長　石川義浩

システム室長　大野裕之

調査室長　楠田裕子

監査室長　設楽保広

会計室長　服部浩樹

事業管理課長　水野忠幸

給付事業室長(併)　吉田貴典

〔人材開発統括官〕

人材開発統括官　岸本武史

参事官(人材開発総務担当参事官室長併任)　宇野禎晃

参事官(人材開発政策担当参事官室長併任)　松瀬貴裕

訓練企画官(訓練企画室長併任)　鶴谷陽子

特別支援企画官(特別支援室長併任)　菊地政幸

就労支援訓練企画官(政策企画室長併任)　鈴井秀彦

主任職業能力開発指導官　清野晃平

参事官(若年者・キャリア形成支援担当参事官室長併任)　谷口正範

キャリア形成支援企画官(キャリア形成支援室長併任)　佐藤悦子

企業内人材開発支援企画官(企業内人材開発支援室長併任)　秋山雅紀

参事官(能力評価担当参事官室長併任)　安達佳弘

主任職業能力検定官　増岡宗一郎

参事官(海外人材育成担当参事官室長併任)　堀　泰雄

海外協力企画官(海外協力室長併任)　大村倫久

〔政策統括官〕

政策統括官(総合政策担当)(政策統括室長併任)　鹿沼　均

審議官(総合政策担当)(政策統括室長代理併任)　宮崎敦文

政策立案総括審議官(統計、総合政策、政策評価担当)(政策統括室長代理併任)　青山桂子

労働経済特別研究官　中井雅之

参事官(総合政策統括担当)(政策統括室副室長併任)　三好　圭

参事官(総合政策統括担当)(政策統括室副室長併任)　平嶋壮州

政策企画官　安田正人

同　山本博之

社会保障財政企画官　草野哲也

労働経済調査官　古屋勝史

社会保障調査官　増井英紀

参事官(調査分析・評価担当)(政策立案・評価担当参事官室長併任)　石塚哲朗

政策立案・評価推進官　山田伸二

政策統括官(統計・情報システム管理、労使関係担当)　森川善樹

政策立案総括審議官(統計、総合政策、政策評価担当)(政策統括室長代理併任)　青山桂子

参事官(企画調整担当)(統計・情報総務室長併任)　石津克己

政策企画官　白木紀行

統計企画調整官(統計企画調整室長併任)　飯島俊哉

審査解析官(審査解析室長併任)　渡邉　学

統計管理官(人口動態・保健社会統計室長併任)　鎌田真隆

保健統計官(保健統計室長併任)(併)　高山　研

社会統計室長(併)　鎌田真隆

世帯統計官(世帯統計室長併任)　藤井義弘

統計管理官(雇用・賃金福祉統計室長併任)　角井伸一

統計技法研究官　野口智明

賃金福祉統計官(賃金福祉統計室長併任)　田中伸彦

調査官　村野卓男

参事官(労使関係担当参事官室長併任)　大塚弘満

調査官　石崎琢也

サイバーセキュリティ・情報化審議官　三田一博

参事官(サイバーセキュリティ・情報システム管理担当)(サイバーセキュリティ担当参事官室長併任)　常盤剛史

情報システム管理官(情報システム管理室長併任)　笹木義勝

〔国立医薬品食品衛生研究所〕

〒210-9501 川崎市川崎区殿町3-25-26
☎044(270)6600

所長　本間正充

〔国立保健医療科学院〕

〒351-0197 和光市南2-3-6
☎048(458)6111

院長　曽根智史

〔国立社会保障・人口問題研究所〕

〒100-0011 千代田区内幸町2-2-3
日比谷国際ビル6F ☎03(3595)2984

所長　田辺国昭

〔国立感染症研究所〕

〒162-8640 新宿区戸山1-23-1
☎03(5285)1111

所長　脇田隆字

〔中央労働委員会〕

〒105-0011 港区芝公園1-5-32
労働委員会会館内 ☎(5403)2111

会長　岩村正彦

会長代理　山川隆一

石井　浩　鹿野菜穂子

公益委員　鹿士眞由美

小西康之　松下淳一

守島基博　西川佳代

磯部　哲　小圷淳子

深道祐子	小畑史子
久保田安彦	原　恵美
労働者委員	小俣利通
竹井京二	宮本礼一
山本和代	髙橋洋子
北口明代	六本木清子
中島　徹	冨永雄一
池之谷　潤	岡本吉洋
新井行夫	桂　恵子
野中孝泰	井上久美枝
使用者委員	宮近清文
田中恭代	柳井秀朗
小山　茂	小野寺敦子
小倉基弘	小林洋子
井上龍子	高山靖子
坂田甲一	布山祐子
池上僚一	久能木慶治
長野正史	萩原　靖

事務局長	奈尾基弘
審議官（調整、企画広報担当）	荒木祥一
同（審査担当）	河野恭子
総務課長	川口秀人
審査課長	田尻智幸
審査情報分析官	大隈由加里
和解手法分析官	松淵厚樹
審査総括官（第一部会担当審査総括室長併任）	六本佳代
同（第二部会担当審査総括室長併任）	奈須川伸一
同（第三部会担当審査総括室長併任）	川又修司
調整第一課長	上野康博
調整第二課長	安達隆文

農林水産省

〒100-8950 千代田区霞が関1-2-1
中央合同庁舎1号館 ☎03(3502)8111

大臣	野村哲郎
副大臣	野中　厚
副大臣	勝俣孝明
大臣政務官	角田秀穂
大臣政務官	藤木眞也
事務次官	横山　紳
農林水産審議官	小川良介
秘書官	碇本博一
同　事務取扱	白石知隆

〔大臣官房〕

夜間(6744)2428(文書課)

官房長	渡邊　毅
総括審議官	杉中　淳
総括審議官（新事業・食品産業）	宮浦浩司
技術総括審議官	川合豊彦
危機管理・政策立案総括審議官	松尾浩則
公文書監理官	菅家秀人
サイバーセキュリティ・情報化審議官	菅家秀人
輸出促進審議官（兼輸出・国際局）	山口　靖
生産振興審議官（兼農産局）	佐藤　紳
審議官（技術・環境）	秋葉一彦
同（兼消費・安全局）	坂田　進
同（兼消費・安全局兼輸出・国際局）	熊谷法夫
同（兼輸出・国際局・文渉総括）	坂　勝浩
同（兼輸出・国際局・新事業・食品産業）	笹路　健
同（兼畜産局）	関村静雄
同（兼経営局）	勝野美江
同（兼経営局）	押切光弘
同（兼農村振興局）	四日市正俊
参事官（環境・兼輸出・国際局）	萩原英樹
同（兼消費・安全局兼輸出・国際局）	大島英彦
国際食料情報特別分析官（兼輸出・国際局）	道野英司
報道官	小峰賢哉
秘書課長	河南　健
文書課長	髙橋広道
予算課長	高橋一郎
政策課長	髙山成年
技術政策室長	齊賀大昌
食料安全保障室長	宮長郁夫
広報評価課長	神田宜宏
広報室長	澤田昌利
報道室長	濵中康人
情報管理室長	白江啓治
情報分析室長	牧之瀬泰志
地方課長	井上　計
災害総合対策室長	川島秀樹
環境バイオマス政策課長	清水浩太郎
再生可能エネルギー室長	渡邉泰夫
みどりの食料システム戦略グループ長	久保牧衣子
地球環境対策室長	続橋　亮
参事官	仲澤　正
同	坂内啓二
同	小坂伸行
デジタル戦略グループ長	窪山富士男

参事官　窪山富士男
新事業・国際グループ長　飯田明子
参事官（兼大臣官房新事業・食品産業部）　飯田明子
規制対策グループ長　内田博文
参事官（兼輸出・国際局）　内田博文
新興地域グループ長　浅野大介
参事官（兼輸出・国際局）　浅野大介
検査・監察部長　増田直弘
調整・監察課長　上口直紀
審査室長　曽田　明
行政監察室長　後藤　仁
会計監査室長　小鷲博之
検査課長　谷口和彦
農林水産政策研究所長　高橋孝雄
農林水産政策研究所次長　植村悌明
農林水産研修所長　塚田孝二

〔統計部〕

夜間（3502）5609（管理課）

部長　山田英也
管理課長　玉原雅史
統計品質向上室長　都田幸伸
経営・構造統計課長　三嶋英一
センサス統計室長　坂井一夫
生産流通消費統計課長　橋本陽子
消費統計室長　三浦　晃
統計企画管理官　藤井将邦

〔新事業・食品産業部〕

夜間（3502）7568（新事業・食品産業政策課）

部長　小林大樹
新事業・食品産業政策課長　尾崎　道
ファイナンス室長　溝口武志
企画グループ長　木村崇之
商品取引グループ長　今野憲太郎
商品取引室長　今野憲太郎
食品流通課長　藏谷恵大
卸売市場室長　戎井靖貴
食品製造課長　渡邉顕太郎
食品企業行動室長　髙畠和子
基準認証室長　進藤友寛
外食・食文化課長　五十嵐麻衣子
食品ロス・リサイクル対策室長　熊田純子
食文化室長　神林悠介

〔消費・安全局〕

夜間（3502）8512（総務課）

局長　安岡澄人
総務課長　平中隆司
消費者行政・食育課長　野添剛司
米穀流通・食品表示監視室長　佐久間　浩
食品安全政策課長　新川俊一
食品安全科学室長　浮穴学宗
国際基準室長　古田暁人
農産安全管理課長　石岡知洋
農薬対策室長　楠川雅史
畜水産安全管理課長　星野和久
飼料安全・薬事室長　古川　明
水産安全室長　阿部　智
植物防疫課長　尾室義典
防疫対策室長　羽石洋平
国際室長　小林正寿
動物衛生課長　沖田賢治
家畜防疫対策室長　大倉達洋
国際衛生対策室長　松尾和俊
参事官　横山博一

〔輸出・国際局〕

夜間（3502）5851（総務課）

局長　水野政義
輸出・国際局付（兼内閣審議官）　山口博之
総務課長　伊藤優志
国際政策室長　近藤　信
輸出企画課長　吉松　亨
輸出支援課長　望月光顕
輸出産地形成室長　大橋　聡
輸出環境整備室長　高木徹男
国際地域課長　国枝　玄
海外連携グループ長　西浦博之
参事官　西浦博之
国際経済課長　小島裕章
国際戦略グループ長　米田立子
知的財産課長　松本修一
地理的表示保護推進室長　氷熊光太郎
種苗室長　海老原康仁

〔農産局〕

夜間（3502）5937（総務課）

局長　平形雄策
総務課長　川本　登
生産推進室長　坂田尚史
国際室長　清水美佳子
会計室長　酒井利成
穀物課長　佐藤夏人
米麦流通加工対策室長　葛原祐介

農林水産省

経営安定対策室長	渡邉浩史
園芸作物課長	長峰徹昭
園芸流通加工対策室長	宇井伸一
花き産業・施設園芸振興室長	小宮英稔
地域作物課長	石田大喜
果樹・茶グループ長	仙波徹
農産政策部長	松本平
企画課長	武田裕紀
米穀貿易企画室長	廣田美香
水田農業対策室長	梅下幸弘
貿易業務課長	平野賢一
米麦品質保証室長	奥平謙二
技術普及課長	吉田剛
生産資材対策室長	土佐竜一
農業環境対策課長	松本賢英

〔畜産局〕

夜間(6744)0564(総務課)

局長	渡邉洋一
総務課長	三野敏克
畜産総合推進室長	
企画課長	木下雅由
畜産経営安定対策室長	丹菊直子
畜産振興課長	郷達也
畜産技術室長	葛谷好弘
家畜遺伝資源管理保護室長	相田剛伸
飼料課長	廣岡亮介
流通飼料対策室長	天野宏之
牛乳乳製品課長	須永新平
食肉鶏卵課長	猪口隼人
食肉需給対策室長	上田泰史
競馬監督課長	水野秀信

〔経営局〕

夜間(3502)6432(総務課)

局長	村井正親
総務課長	天野正治
調整室長	浅野勝正
経営政策課長	日向彰
担い手総合対策室長	藤田裕一
農地政策課長	峯村英児
農地集積・集約化促進室長	前川光春
就農・女性課長	尾室幸子
女性活躍推進室長	伊藤里香子
協同組織課長	姫野崇範
経営・組織対策室長	菊地護
金融調整課長	宮田龍栄
保険課長	難波良多
農業経営収入保険室長	御村吉伸
保険監理官	土居下充洋

〔農村振興局〕

夜間(3502)5997(総務課)

局長	長井俊彦
次長	青山健治
総務課長	山里直志
農村政策部長	佐藤一絵
農村計画課長	新川元康
農村政策推進室長	長田恵理子
都市農業室長	高橋正智
地域振興課長	冨田晋司
中山間地域・日本型直接支払室長	野中振挙
都市農村交流課長	影山義人
農泊推進室長	村山直康
農福連携推進室長	渡邉桃代
鳥獣対策・農村環境課長	藤河正英
鳥獣対策室長	阿部尚人
農村環境対策室長	寺島友子
整備部長	緒方和之
設計課長	石川英一
計画調整室長	渡邉泰浩
施工企画調整室長	土屋恒久
海外土地改良技術室長	鷲野健二
土地改良企画課長	鈴木大造
水資源課長	瀧川拓哉
農業用水対策室長	渡邊雅彦
施設保全管理室長	志村和信
農地資源課長	荻野憲一
経営体育成基盤整備推進室長	渡辺一行
多面的機能支払推進室長	栗田徹
地域整備課長	武井一郎
防災課長	石井克欣
防災・減災対策室長	渡部和弘
災害対策室長	能見智人

〔農林水産技術会議〕

夜間(3502)7399(研究調整課)

会長	小林芳雄
事務局長	川合豊彦
研究総務官	内田幸雄
同	東野昭浩
研究調整課長	今野聡
研究企画課長	羽子田知子
イノベーション戦略室長	下岡豊

研究推進課長　藤田晋吾
産学連携室長　大熊武
国際研究官　渡辺裕子
研究統括官　草場新之助
研究開発官　森幸子
研究調整官　(兼)大潟直樹
(兼)長﨑裕司　(兼)桂真昭
(兼)北川巌　閑念麿聡
(兼)内田真司

林野庁

〒100-8952 千代田区霞が関1-2-1
中央合同庁舎1号館 ☎03(3502)8111
夜間(3502)7968(林政課)

長官　青山豊久
次長　小坂善太郎
林政部長　谷村栄二
林政課長　望月健司
監査室長　河野裕之
企画課長　上杉和貴
経営課長　渡邉泰輔
林業労働・経営対策室長　岡村篤憲
特用林産対策室長　塚田直子
木材産業課長　石田良行
木材製品技術室長　土居隆行
木材利用課長　三上善之
木材貿易対策室長　赤羽元
森林整備部長　長﨑屋圭太
計画課長　齋藤健一
施工企画調整室長　徳留善幸
海外林業協力室長　谷本哲朗
森林利用課長　福田淳
森林集積推進室長　城風人
山村振興・緑化推進室長　諏訪幹夫
整備課長　木下仁
造林間伐対策室長　石井洋
治山課長　河合正宏
山地災害対策室長　門脇裕樹
保安林・盛土対策室長　谷秀治
研究指導課長　安髙志穂
技術開発推進室長　増田義昭
森林保護対策室長　竹内学
国有林野部長　橘政行
管理課長　石黒裕規
福利厚生室長　岩井広樹
経営企画課長　眞城英一
国有林野総合利用推進室長　尾前幸太郎
国有林野生態系保全室長　森山昌人
業務課長　嶋田理
国有林野管理室長　善行宏

水産庁

〒100-8907 千代田区霞が関1-2-1
中央合同庁舎1号館 ☎03(3502)8111
夜間(3502)8397(漁政課)

長官　森健
次長　藤田仁司
漁政部長　山口潤一郎
漁政課長　河村仁
船舶管理室長　杉原正夫
企画課長　河嶋正敏
水産業体質強化推進室長　山下信
水産経営課長　髙屋繁樹
指導室長　塩手宏一
加工流通課長　中平英典
水産流通適正化推進室長　御厩敷寛
水産物貿易対策室長　三輪剛志
漁業保険管理官　原口大志
参事官　坂本清一
資源管理部長　魚谷敏紀
審議官　福田工
管理調整課長　水川明大
資源管理推進室長　永田祥久
沿岸・遊漁室長　城崎和義
国際課長　松尾龍志
捕鯨室長　坂本孝明
かつお・まぐろ漁業室長　成澤行人
海外漁業協力室長　鹿田敏嗣
漁業取締課長　南克洋
外国漁船対策室長　今井浩人
参事官　川島哲哉
増殖推進部長　坂康之
研究指導課長　長谷川裕康
海洋技術室長　武田行生
漁場資源課長　諸貫秀樹
生態系保全室長　大森亮
栽培養殖課長　柿沼忠秋
内水面漁業振興室長　生駒潔
参事官　森賢
漁港漁場整備部長　田中郁也
計画課長　中村隆
整備課長　渡邉浩二

防災漁村課長　櫻井政和
水産施設災害対策室長　中村克彦

（漁業取締本部）

本部長　森　健
副本部長　藤田仁司

経済産業省

〒100-8901 千代田区霞が関1-3-1
（調査統計グループは〒100-8902）
☎03(3501)1511

大臣　西村康稔
副大臣　中谷真一
同　太田房江
大臣政務官　長峯誠
同　里見隆治
事務次官　飯田祐二
経済産業審議官　保坂伸
秘書官　大山みつえ
同　事務取扱　日暮正毅

〔大臣官房〕

夜間(3501)1609(総務課)

官房長　藤木俊光
総括審議官(併)公文書監理官　南　亮
政策立案総括審議官 首席GX機構設立準備政策統括調整官　龍崎孝嗣
技術総括・保安審議官　辻本圭助
審議官(政策総合調整担当)　田尻貴裕
政策統括調整官(国際関係担当)(併)　荒井勝喜
秘書課長　小林大和
参事官(技術・高度人材戦略担当)(併)危機管理・災害対策室長　宮﨑貴哉
人事企画官　鬼塚貴子
人事審査官　佐竹佳典
企画官(労務担当)　藤野広秋
企画調査官　宮下誠一
企画官　上田圭一郎
総務課長　香山弘文
国会業務室長　宮部勝弘
国会連絡室長(併)国会事務連絡調整官　山本　剛
業務管理官　天野博之
文書室長(併)公文書監理室長　小町僚明
文書管理官　高橋　徹
広報室長　加賀義弘
政策審議室長(併)　香山弘文
会計課長　浦上健一朗
経理審査官　細谷賢二
監査官　伊藤栄二
監査室長(併)　浦上健一朗
厚生企画室長　北村敦司
厚生審査官　加部寿之
業務改革課長(併)政策立案推進室長(併)情報公開推進室長(併)個人情報保護室長　福本拓也
情報システム室長(併)デジタル・トランスフォーメーション室長　酒井崇行
統括情報セキュリティ対策官　山下　毅
首席経済安全保障政策統括調整官(併)　福永哲郎
経済安全保障政策統括調整官(併)　猪狩克朗
同　(併)　弓削州司
経済安全保障室長(併)　西川和見
グリーン成長戦略室長(併)　伊吹英明
グリーン成長戦略室長代理(併)　畠山陽二郎
グリーン成長戦略室統括戦略官(併)　小林　出
国際カーボンニュートラル政策室長代理(併)　木原晋一
国際カーボンニュートラル政策室統括戦略官(併)　比良井慎司
首席ビジネス・人権政策統括調整官(併)　松尾剛彦
ビジネス・人権政策統括調整官(併)　柏原恭子
ビジネス・人権政策調整室長　折居　直
未来人材政策統括調整官(併)　井上誠一郎
未来人材室長(併)　島津裕紀
先端テクノロジー政策統括調整官(併)　畠山陽二郎
先端テクノロジー戦略室長(併)　田中哲也
EBPM推進政策統括調整官(併)　藤木俊光
EBPM推進室長(併)　福本拓也
EBPM推進室総括企画調整官　橋本淳二郎
首席スタートアップ創出推進政策統括調整官 地域経済産業審議官　吾郷進平
スタートアップ創出推進室長(併)　亀山慎之介
スタートアップ創出推進室総括企画調整官　南　知果
首席新型コロナウイルス感染症水際措置対応調整官(併)　松尾剛彦
新型コロナウイルス感染症水際措置対応調整官(併)　荒井勝喜
新型コロナウイルス感染症水際措置対応室長(併)　服部桂治
首席Web3.0推進政策統括調整官(併)　山下隆一
Web3.0推進政策統括調整官(併)　吾郷進平
門松貴　森田健太郎
Web3.0政策推進室長　亀山慎之介
首席資源自律経済戦略企画推進政策統括調整官(併)　畠山陽二郎
資源自律経済戦略企画推進政策統括調整官(併)　小林　出
同　(併)　田中将吾
経済・産業分析官　藤　和彦
国際戦略情報分析官(貿易・投資環境担当)　田口左信
グローバル産業室長(併)　是永基樹
グローバル産業室企画官　福田一徳
同　(併)　小川幹子

〔大臣官房調査統計グループ〕

調査統計グループ長(併)	殿木文明
参事官(調査統計グループ・総合調整担当)(併)総合調整室長	竹田憲
統括統計官	菅原浩志
同	馬場勝
統計企画室長	守谷敦子
統計情報システム室長	飯島勇
データマネジメント推進室長	杵渕敦子
業務管理室長	渡邉幹夫
経済解析室長	竹永祥久
構造・企業統計室長	赤坂俊之
鉱工業動態統計室長	田村秀一
サービス動態統計室長	田邉敬一

〔大臣官房福島復興推進グループ〕

福島原子力事故処理調整総括官(併)廃炉・汚染水・処理水特別対策監	新居泰人
福島復興推進グループ長(併)廃炉・汚染水・処理水特別対策監(併) 処理水損害対応支援室長	片岡宏一郎
原子力事故災害対処審議官	湯本啓市
廃炉・汚染水・処理水対策現地事務所長	鈴木啓之
審議官(原子力防災担当)(併)福島復興推進グループ付	川合現
原子力被災者生活支援チーム審議官(併)福島復興推進グループ付	師田晃彦
原子力損害対応総合調整官(併)原子力損害対応室長	阿部康幸
業務管理室長	川崎雅和
政策調整官総合調整室長	佐々木雅人
参事官	宮下正己
企画調査官(福島復興推進担当)	古川雄一
福島新産業・雇用創出推進室長(併) 福島事業・なりわい再建支援室長(併) 福島広報戦略・風将被害対応室長	三牧純一郎
企画官	平塚智章
企画官	山本慎一郎
原子力被災者生活支援チーム参事官(併) 福島芸術文化推進室長	髙砂義行
原子力発電所事故収束対応室長	福田光紀
東京電力福島第一原子力発電所事故廃炉・汚染水・処理水対策官	山口雄三
北村貴志	(併)羽田由美子
参事官	筋野晃司
企画官	堤理仁
原子力発電所事故収束対応調整官	田辺有紀
原子力損害対応企画調整官	山本茂

〔経済産業政策局〕

夜間(3501)1674(総務課)

局長(併)首席エネルギー・環境・イノベーション政策統括調整官(併)首席アジア新産業共創政策統括調整官	山下隆一
審議官(経済産業政策局担当)	菊川人吾
同 (同)	井上誠一郎
首席スタートアップ創出推進政策統括調整官	吾郷進平
アジア新産業共創政策統括調整官(併)	福永哲郎
同 (併)	松尾剛彦
業務管理官室長	平松克啓
総務課長	奥家敏和
政策企画官	日髙圭悟
調査課長(併)企業財務室長	田代毅
産業構造課長	梶直弘
産業組織課長	中西友昭
競争環境整備室長	杉原光俊
知的財産政策室長	猪俣明彦
産業創造課長	茂木高志
新規事業創造推進室長	富原早夏
産業資金課長(併)投資機構室長	亀山慎之介
産業人材課長	島津裕紀
経済社会政策室長(併)	島津裕紀
企業行動課長	武田伸二郎
企業会計室長	長宗豊和
アジア新産業共創政策室長	島川博行

〔地域経済産業グループ〕

地域経済産業グループ長(併)	須藤治
地域経済産業グループ長補佐(併)	南亮
同 (併)	飯田健太
地域経済産業政策統括調整官	吉田健一郎
業務管理官室長	神戸浩
地域経済産業政策課長(併)地域経済活性化戦略室長	川村尚永
地域経済産業調査室長(併)	菊田逸平
地方調整室長	林浩一
地域企業高度化推進課長(併)地域未来投資促進室長	市川紀幸
地域産業基盤整備課長(併)沖縄振興室長	向野陽一郎
工業用水道計画官	湯村宏祐
中心市街地活性化室長(併)	古谷野義之

〔通商政策局〕

夜間(3501)1654(通商政策課)

局長	松尾剛彦
大臣官房審議官(通商政策局担当)	荒井勝喜
大臣官房審議官(通商戦略担当)	杉浦正俊
特別通商交渉官(併)	山本和徳
通商交渉官	和爾俊樹
吉川徹志	片岡進
大東道郎	吉田泰彦
業務管理官室長	藤村和弘
総務課長	服部桂治
通商渉外調整官	小林健一
通商戦略室長(併)	是永基樹

通商戦略室企画官	大和靖幸
企画調査室長	相田政志
デジタル通商ルール室長(併)	寺西規子
国際経済課長	是永基樹
G7貿易大臣会合準備室長	岡垣豊
アジア太平洋地域協力推進室長	宮崎拓夫
経済連携課長(併)	福永佳史
経済連携交渉官	長田稔秋
米州課長	藤井亮輔
中南米室長	三浦聡
欧州課長	藤田健
ロシア・中央アジア・コーカサス室長	渡邉雅士
中東アフリカ課長	三宅保次郎
アフリカ室長	名倉和子
アジア大洋州課長	福地真美
通商企画調整官	神谷幸男
東アジア経済統合推進室長(併)	中山保宏
南西アジア室長	村山勝彦
北東アジア課長	福永佳史
韓国室長	出雲晃
通商機構部長	柏原恭子
参事官(総括)	田村英康
通商政策企画調整官	佐志田峻明
企画官	岡本祐典
通商交渉調整官	中山保宏
西村祥平	高嵜直子
国際法務室長	清水茉莉
国際知財制度調整官	安川聡
国際経済紛争対策室長	寺西規子

〔貿易経済協力局〕

夜間(3501)1664(総務課)

局長	福永哲郎
大臣官房審議官(貿易経済協力局担当)	山本和徳
大臣官房審議官(貿易経済協力局・農林水産品輸出担当)	常葉光郎
大臣官房審議官(貿易経済協力局・国際技術戦略担当)	鋤先幸浩
業務管理官室長	山﨑秀明
参事官(経済安全保障担当)	西川和見
総務課長	服部桂治
経済協力研究官	折山光俊
通商金融国際交渉官	中村正大
戦略輸出交渉官	奥山剛
貿易振興課長	吉川尚文
貿易振興企画調整官	山田聡
参事官(海外展開支援担当)	久染徹
通商金融課長(併)国際金融交渉室長	河原圭
貿易保険監理官	鈴木愛
資金協力室長	下川徹也
技術・人材協力課長	松本加代
投資促進課長(併)対日投資総合相談室長	浅井洋介
投資交流調整官	天野富士子
貿易管理部長	猪狩克朗
貿易管理課長(併)電子化・効率化推進室長	黒田紀幸
原産地証明室長	白川遼
貿易審査課長(併)野生動植物貿易審査室長	中尾圭介
農水産室長(併)野生動植物貿易審査企画調整官	相原史典
特殊関税等調査室長	曽根哲郎
安全保障貿易管理政策課長	杉江一浩
参事官(国際担当)	田邊英介
情報調査室長	相川祐太
技術調査室長	笠間太介
国際投資管理室長	橘雅浩
安全保障貿易管理課長	横田純一
安全保障貿易国際室長	荒木英輔
安全保障貿易検査官室長	溝田健志
安全保障貿易審査課長(併)	横田純一
統括安全保障貿易審査官	臺則彦

〔産業技術環境局〕

夜間(3501)1857(業務管理官室)

局長	畠山陽二郎
審議官(産業技術環境局担当)	田中哲也
同(環境問題担当)	小林出
業務管理官室長	藤山優子
総務課長	畑田浩之
成果普及・連携推進室長	上原健一
産業技術法人室長	中井康裕
技術政策企画室長	野田直史
国際室長	井上宏一
技術振興・大学連携推進課長	野澤泰志
大学連携推進室長	川上悟史
研究開発課長(併)技術評価調整官	大隅一聡
研究開発調整官	田中真人
研究開発企画調査官(併)先端テクノロジー戦略室企画調整官	土屋哲男
重要技術研究統括戦略官	磯福朋之
産業技術プロジェクト推進室長	千葉直紀
基準認証政策課長(併)知的基盤整備推進官	渡辺真幸
国際連携担当調整官(併)国際標準統括基準認証推進官	上嶋裕樹
産業分析研究官(併)基準認証調査官	竹之内修
基準認証調査広報室長	小嶋誠
計量行政室長	仁科孝幸

国際標準課長	西川奈緒
国際電気標準課長	武重竜男
環境政策課長	大貫繁樹
エネルギー・環境イノベーション戦略室長	笠井康広
GX推進企画室長	荻野洋平
GX投資促進室長	西田光宏
地球環境対策室長	髙濵航
参事官(併)環境経済室長	若林伸佳
GX推進機構設立準備室長(併)GX金融推進室長	梶川文博
環境金融企画調整官	小沼健一
GX金融企画調整官	井上峰人
資源循環経済課長	田中将吾
環境管理推進室長	齋藤充

〔製造産業局〕

夜間(3501)1689(総務課)

局長	伊吹英明
大臣官房審議官(製造産業局担当)(併)首席通商政策統括調整官	田中一成
大臣官房審議官(製造産業局担当)	浦田秀行
大臣官房審議官(製造産業局担当)	橋本真吾
業務管理官室長	西沢正剛
総務課長(併)通商室長	西山英将
政策企画委員	片山弘士
参事官(サプライチェーン強靭化担当)	川渕英雄
参事官(カーボンニュートラル担当)	川口征洋
製造産業戦略企画室長(併)ものづくり政策審議室長	川村美穂
金属課長	松野大輔
金属技術室長	川村伸弥
企画官(国際担当)	高橋幸二
化学物質管理課長(併)化学物質リスク評価室長	水野良彦
化学物質安全室長	内野絵里香
化学物質管理企画官	石津さおり
化学兵器・麻薬原料等規制対策室長	田村修司
オゾン層保護等推進室長	畑下潔
化学物質リスク評価企画官	濱口千絵
素材産業課長(併)アルコール室長	吉村一元
企画調査官	濱坂隆
革新素材室長	金井伸輔
生活製品課長	田上博道
企画官(技術・国際担当)(併)住宅産業室長	潮崎雄治
企画官(地場産品担当)(併)伝統的工芸品産業室長	塚本裕之
産業機械課長	安田篤
国際プラント・インフラシステム・水ビジネス推進室長	小川幹子
ロボット政策室長	石曽根智昭
素形材産業室長	星野昌志
自動車課長	清水淳太郎
企画官(自動車担当)(併)自動車戦略企画室長	田邉国治
企画官(自動車リサイクル担当)	原充
企画調査官(自動車通商政策担当)	菊池孝憲
モビリティDX室長	伊藤建
車両室長	橋爪優文
航空機武器宇宙産業課長	呉村益生
企画官(国際担当)	生田目尚美
企画官(防衛産業担当)(併)	滝澤慶典
航空機部品・素材産業室長	岩﨑純一
次世代空モビリティ政策室長	滝澤慶典
宇宙産業室長	伊奈康二

〔商務情報政策局〕

夜間(3501)2964(総務課)

局長	野原諭
審議官(商務情報政策局担当)(併)サイバー国際経済政策統括調整官	西村秀隆
審議官(IT戦略担当)	牛山智弘
業務管理官室長	渡辺明夫
総務課長	若月一泰
参事官(DX戦略担当)(併)デジタル戦略室長	瀧島勇樹
国際室長(併)	若月一泰
国際戦略企画調整官	津田麻紀子
情報経済課長	須賀千鶴
情報政策企画調整官	橘均憲
デジタル取引環境整備室長	仙田正文
アーキテクチャ戦略企画室長	和泉憲明
サイバーセキュリティ課長	武尾伸隆
国際サイバーセキュリティ企画官	金田祐加子
情報技術利用促進課長	内田了司
デジタル高度化推進室長(併)	内田了司
デジタル経済安全保障企画調整官(併)	内田了司
地域情報化人材育成推進室長(併)	内田了司
情報産業課長	金指壽
デバイス・半導体戦略室長	清水英路
ソフトウエア・情報サービス戦略室長	渡辺琢也
高度情報通信技術産業戦略室長(併)	金指壽
電池産業室長	眞柳秀人
コンテンツ産業課長	渡邊佳奈子

〔商務・サービスグループ〕

商務・サービス審議官	茂木正
審議官(商務・サービス担当)	真鍋英樹
商務・サービス政策統括調整官	森田健太郎
業務管理官室長	中尾直子
参事官(商務・サービスグループ担当)	岡田智裕

参事官(商務・サービス産業担当) (併)消費経済企画室長(併)キャッシュレス推進室長	松隈健一
消費・流通政策課長(併)大規模小売店舗立地法相談室長(併)物流企画室長	中野剛志
商品市場整備室長(併)商品先物市場整備監視室長	笛木知之
消費者政策研究官	境　真民
商取引監督課長(併)商取引監督官(併)消費者相談室長	豊田　原
商取引検査室長	平林純一
サービス政策課長	太田三音子
教育産業室長	五十棲浩二
スポーツ産業室長	吉倉秀和
サービス産業室長	山口徳彦
クールジャパン政策課長(併)ファッション政策室長(併)デザイン政策室長(併)クールジャパン海外戦略室長(併)官民一体型需要喚起推進室長	保野敏道
参事官	土屋博史
参事官(併)博覧会推進室長	奥田修司
国際博覧会上席企画調整官	菅野将史
ヘルスケア産業課長(併)国際展開推進室長	橋本泰輔
企画官(ヘルスケア産業担当)	田邉錬太郎
医療・福祉機器産業室長	渡辺信彦
生物化学産業課長	下田裕和
生物多様性・生物兵器対策室長	堀部敦子

〔産業保安グループ〕

産業保安グループ長(併)	辻本圭助
審議官(産業保安担当)	殿木文明
業務管理室長	大野亜希子
保安課長	江澤正名
産業保安企画室長	岡田直也
高圧ガス保安室長	鯉江雅人
ガス安全室長	山下宜範
電力安全課長	前田　了
電気保安室長	樫福錠治
鉱山・火薬類監理官	大川龍郎
火薬専門職	小池勝則
石炭保安室長(併)	大川龍郎
製品安全課長	佐藤猛行
製品事故対策室長	望月知子

〔電力・ガス取引監視等委員会事務局〕

事務局長	新川達也
業務管理室長	福田純子
総務課長	田中勇己
総合監査室長	伊藤春樹
取引監視課長	下津秀幸
小売取引検査管理官	高橋　章
取引制度企画室長	東　哲也
ネットワーク事業監視課長	鍋島　学
ネットワーク事業制度企画室長(併)総括企画調整官	鍋島　学

〔経済産業研修所〕

〒100-8901 千代田区霞が関1-3-1
☎03(3501)1511
〒189-0024 東村山市富士見町5-4-36
☎042(393)2521

所長(併)	高橋泰三
次長(併)	山本哲也

資源エネルギー庁

〒100-8931 千代田区霞が関1-3-1
☎03(3501)1511
夜間(3501)2669(総合政策課)

長官	村瀬佳史
次長	松山泰浩
首席最終処分政策統括調整官(併)	松山泰浩
首席エネルギー・地域政策統括調整官(併)	松山泰浩
資源エネルギー政策統括調整官	山田　仁
国際カーボンニュートラル政策統括調整官	木原晋一
国際カーボンニュートラル政策統括調整官(併)	小林　出

〔長官官房〕

総務課長	河野太志
国際資源エネルギー戦略統括調整官	比良井慎司
参事官(総合エネルギー戦略担当)	遠藤量太
エネルギー制度改革推進総合調整官(併)	稲邑拓馬
同(併)	曳野　潔
エネルギー制度改革推進企画調整官(併)	石井大貴
戦略企画室長	小高篤志
需給政策室長(併)調査広報室長	廣田大輔
業務管理官	木根昌広
会計室長	滝沢正直
予算管理官	濵崎　勝
国際課長	白井俊行
海外エネルギーインフラ室長(併)企画官(国際カーボンニュートラル政策担当)	梅田英幸

〔省エネルギー・新エネルギー部〕

部長	井上博雄
政策課長(併)熱電併給推進室長	稲邑拓馬
系統整備・利用推進室長(併)	石井孝裕
再生可能エネルギー主力電源化戦略調整官(併)	筑紫正宏
新エネルギーシステム課長(併)	稲邑拓馬
省エネルギー課長(併)省エネルギー対策業務室長	木村拓也
新エネルギー課長	能村幸輝
再生可能エネルギー推進室長	伊藤隆庸
風力政策室長	石井孝裕
水素・アンモニア課長	日野由香里
水素・燃料電池戦略室長	安達知彦

〔資源・燃料部〕

部長	定光裕樹
政策課長(併)海洋政策企画室長	貴田仁郎
国際資源戦略交渉官	猪口相
海洋資源開発交渉官	沖嶌弘芳
地熱資源開発官	蓮沼佳和
鉱業管理官(併)採石対策官	松田達哉
国際資源戦略室長(併)企画官(石油政策担当)	矢口麻衣
資源開発課長	長谷川裕也
燃料供給基盤整備課長	永井岳彦
企画官(石油・液化石油ガス備蓄政策担当)	古幡哲也
燃料流通政策室長	日置純子
鉱物資源課長	有馬伸明
石炭政策室長	齊藤薫
燃料環境適合利用推進課長	羽田由美子
CCS政策室長(併)企画官(CCS政策担当)	佐伯徳彦

〔電力・ガス事業部〕

部長	久米孝
政策課長	曳野潔
制度企画調整官	長窪芳史
(併)石井大貴 植松健	荒川洋
政策企画官(立地総合調整担当)(併)電源地域整備室長	森本要
電力産業・市場室長	筑紫正宏
ガス市場整備室長	野田太一
電力基盤整備課長	小川要
電力流通室長	石井大貴
電力供給室長	中富大輔
原子力政策課長(併)革新炉推進室長(併)原子力技術室長	吉瀬周作
原子力国際協力推進室長(併)	比良井慎司
廃炉産業室長(併)	下堀友数
原子力基盤室長	多田克行
原子力立地・核燃料サイクル産業課長	皆川重治
核燃料サイクル産業立地対策室長	高野史広
原子力立地政策室長(併)原子力広報室長	前田博貴
原子力政策企画調査官	和田啓之
放射性廃棄物対策課長(併)放射性廃棄物対策技術室長(併)放射性廃棄物対策広報室長	下堀友数

特許庁

〒100-8915 千代田区霞が関3-4-3
☎03(3581)1101
夜間(3593)0436(総務課)

長官	濱野幸一
特許技監	桂正憲
総務部長	清水幹治
秘書課長	西森雅樹
総務課長	細川成己
会計課長	佐野俊
企画調査課長	津幡貴生
普及支援課長	加藤和昭
国際政策課長	福田聡
国際協力課長	吉野幸代
審査業務部長	山下隆也
審査業務課長	佐野元次
出願課長	高橋憲夫
商標課長	根岸克弘
商標審査長(化学)	小林正和
同(機械)	大島勉
同(雑貨繊維)	大島康浩
商標上席審査長(産業役務)	髙橋幸志
審査第一部長	野仲松男
調整課長	今村亘
物理首席審査長(計測)	川俣洋史
物理上席審査長(分析診断)	池谷香次郎
光学上席審査長(応用光学)	笹野秀生
光学審査長(事務機器)	神谷健一
社会基盤上席審査長(自然資源)	川俣洋史
社会基盤審査長(住環境)	小林英司
意匠課長	久保田大輔
意匠上席審査長(情報・交通意匠)	下村圭子
意匠審査長(生活・流通意匠)	富永亘
審査第二部長	諸岡健一
交通輸送首席審査長(自動制御)	遠藤秀明
交通輸送上席審査長(運輸)	内山隆史
生産基盤上席審査長(生産機械)	中野宏和
生産基盤審査長(搬送)	田口傑
同(繊維包装機械)	岡崎克彦
生活福祉上席審査長(生活機器)	草野顕子
生活福祉審査長(医療機器)	原泰造
審査第三部長	北村弘樹
素材首席審査長(無機化学)	松田成正
素材上席審査長(素材加工)	本間友孝
生命・環境上席審査長(医療)	平井裕彰
生命・環境審査長(生命工学)	植原克典
応用化学上席審査長(有機化学)	深草祐一
応用化学審査長(高分子)	田中則充
同(プラスチック工学)	中村浩
審査第四部長	油科壮一
情報首席審査長(電子商取引)	河合弘明

情報上席審査長(情報処理)	仁科雅弘
通信上席審査長(伝送システム)	小宮慎司
通信審査長(電力システム)	宮田繁仁
同(デジタル通信)	馬場　慎
画像上席審査長(映像システム)	石丸昌平
画像審査長(電子デバイス)	梅本達雄
審判部長	安田　太
首席審判長	田村聖子

第1部門(計測)

部門長	岡田吉美
審判長	中塚直樹
同	濵野　隆

第2部門(材料分析)

上席部門長	石井　哲
審判長	加々美一恵
同	三崎　仁

第3部門(アミューズメントマシン)

部門長	渋谷知子
審判長	長崎洋一
金丸治之	吉川康史

第4部門(アミューズメント一般)

部門長	長井真一
審判長	小林俊久
藤田年彦	樋口宗彦

第5部門(自然資源、住環境)

部門長	居島一仁
審判長	前川慎喜
同	住田秀弘

第6部門(応用光学)

部門長	里村利光
審判長	古屋野浩志

第7部門(事務機器)

上席部門長	藤本義仁
審判長	有家秀郎
同	殿川雅也

第8部門(応用物理、光デバイス)

部門長	山村　浩
審判長	波多江　進

第9部門(自動制御、生活機器)

部門長	柿崎　拓
審判長	窪田治彦
同	村上　聡

第10部門(動力機械)

上席部門長	山本信平
審判長	中屋裕一郎
同	河端　賢

第11部門(運輸、照明)

部門長	中村則夫
審判長	一ノ瀬　覚
同	藤井　昇

第12部門(一般機械、搬送)

部門長	平城俊雅
審判長	小川恭司
同	平瀬知明

第13部門(生産機械)

上席部門長	渋谷善弘
審判長	刈間宏信
同	鈴木貴雄

第14部門(繊維包装機械)

部門長	藤原直欣
審判長	山崎勝司
久保克彦	井上茂夫

第15部門(医療機器)

部門長	佐々木正章
審判長	佐々木一浩
同	内藤真徳

第16部門(熱機器)

部門長	間中耕治
審判長	鈴木　充
同	水野治彦

第17部門(無機化学、環境化学)

上席部門長	日比野隆治
審判長	宮澤尚之
同	原　賢一

第18部門(素材加工、金属電気化学)

部門長	粟野正明
審判長	井上　猛
同	池渕　立

第19部門(高分子)

部門長	近野光知
審判長	吉澤英一

第20部門(プラスチック工学)

部門長	淺野美奈
審判長	磯貝香苗
同	加藤友也

第21部門(化学応用)

部門長	亀ヶ谷明久
審判長	塩見篤史
同	門前浩一

第22部門(有機化学)
部門長　阪野誠司
審判長　瀬良聡機
木村敏康　井上典之
第23部門(医薬)
上席部門長　原田隆興
審判長　杉江　渉
藤原浩子　前田佳与子
第24部門(バイオ医薬)
部門長　松波由美子
審判長　森井隆信
冨永みどり　細井龍史
第25部門(生命工学)
部門長　福井　悟
審判長　長井啓子
同　松下公一
第26部門(電子商取引)
部門長　伏本正典
審判長　佐藤智康
杉山輝和　渡邊　聡
第27部門(インターフェイス)
部門長　山澤　宏
審判長　篠塚　隆
同　中野裕二
第28部門(情報処理)
部門長　吉田美彦
審判長　林　毅
同　須田勝巳
第29部門(電子デバイス)
上席部門長　瀧内健夫
審判長　恩田春香
河本充雄　関根　裕
第30部門(映像システム)
部門長　髙橋宣博
審判長　五十嵐　努
千葉輝久　畑中高行
第31部門(伝送システム)
部門長　齋藤　哲
審判長　中木　努
筑波茂樹　廣川　浩
第32部門(電気機器、電力システム)
上席部門長　篠原功一
審判長　井上信一
植前充司　山田正文
第33部門(デジタル通信)
部門長　土居仁士
審判長　猪瀬隆広
同　高野　洋
第34部門(意匠)
上席部門長　前畑さおり
審判長　小林裕和
内藤弘樹　伊藤宏幸
第35部門(商標(化学・食品))
上席部門長　高野和行
審判長　大森友子
同　豊瀬京太郎
第36部門(商標(機械・電気))
部門長(併)訟務室長　森山　啓
審判長　鈴木雅也
同　小松里美
第37部門(商標(雑貨繊維))
部門長　矢澤一幸
審判長　豊田純一
第38部門(商標(産業役務・一般役務))
部門長　旦　克昌
審判長　冨澤武志
同　大橋良成
審判課長　小松竜一

中小企業庁

〒100-8912 千代田区霞が関1-3-1
☎03(3501)1511

長官　須藤　治
次長　飯田健太

〔長官官房〕

中小企業政策統括調整官　平塚敦之
同(併)　吉田健一郎
総務課長　宮本岩男
中小企業政策上席企画調整官　平泉　洋
中小企業政策企画調整官　福田一博
企画官(給付金制度管理担当)(併)訴訟・債権管理室長　杉山春男
企画官(給付金不正対応等担当)　太田成人
企画官(中小企業基盤整備機構担当)　芦立勝博
中小企業金融検査室長　岡田実成
デジタル・トランスフォーメーション企画調整官　小松俊吾
業務管理官室長　松田　剛
広報相談室長　山崎孝志

〔事業環境部〕

部長　小林浩史

企画課長(併)中小企業政策上席企画調整官　柴山豊樹
調査室長　菊田逸平
経営安定対策室長　井上哲郎
金融課長　神﨑忠彦
企画官(資金供給・企業法制担当)　茨木衛
財務課長　木村拓也
取引課長　鮫島大幸
中小企業取引研究官　山下善太郎
統括官公需対策官　須藤義治
統括下請代金検査官　小金澤喜久雄
取引調査室長　福田一博

〔経営支援部〕

部長　横島直彦
経営支援課長　松井拓郎
経営力再構築伴走支援推進室長　林隆行
経営支援連携推進室長(併)企画官(給付金制度企画担当)(併)中小企業政策上席企画調整官　森喜彦
小規模企業振興課長　杉本敬次
創業・新事業促進課長　伊奈友子
海外展開支援室長　渡邊郷
技術・経営革新課長(併)長官官房生産性革命推進室長　黒田浩司
商業課長　古谷野義之

国土交通省

〒100-8918 千代田区霞が関2-1-3
中央合同庁舎3号館
千代田区霞が関2-1-2
中央合同庁舎2号館(分館)
☎03(5253)8111

大臣　斉藤鉄夫
副大臣　石井浩郎
副大臣　豊田俊郎
大臣政務官　古川康
大臣政務官　西田昭二
大臣政務官　清水真人
事務次官　和田信貴
技監　吉岡幹夫
国土交通審議官　水嶋智
同　榊真一
同　上原淳
秘書官　城戸一興
同　事務取扱　北村朝一
同　事務取扱　齋藤良太

〔大臣官房〕

夜間(5253)8181(総務課)

官房長　寺田吉道
総括審議官　五十嵐徹人
同(兼)　平田研
技術総括審議官　石橋洋信
政策立案総括審議官　池光崇
公共交通・物流政策審議官　石原大
土地政策審議官　中田裕人
危機管理・運輸安全政策審議官　藤原威一郎
海外プロジェクト審議官　天野雄介
公文書監理官　英浩道
政策評価審議官(兼)　澤井俊
サイバーセキュリティ・情報化審議官　岡本裕豪
技術審議官　林正道
秘書室長(兼)　澤井俊
人事課長　井﨑信也
総務課長　堤洋介
広報課長　川島雄一郎
会計課長　木村大
地方室長(兼)　平田研
福利厚生課長　平山孝治
技術調査課長　橋本雅道
参事官(人事)　田口芳郎
同(会計)　千葉信義
同(労務管理)　福澤隆志
同(イノベーション)　森下博之
同(運輸安全防災)　小林健典
調査官　森川泰敬
総括監察官　岸毅明
危機管理官　内海雄介
運輸安全監理官　中谷育夫
官庁営繕部長　秋月聡二郎
官房審議官(官庁営繕)　植木暁司
管理課長　浅野敬広
計画課長　佐藤由美
整備課長　松尾徹
設備・環境課長　村上幸司

〔総合政策局〕

夜間(5253)8252(総務課)

局長　長橋和久
次長　岩城宏幸
官房審議官(総政)(兼)　小善真司
官房審議官(公共交通政策)(兼)　舟本浩
官房審議官(物流政策)(兼)　長井総和
官房参事官(交通プロジェクト)　木本仁
同(地域戦略)　羽矢憲史

同　(税制)　後沢彰宏
同(グローバル戦略)　垣下禎裕
同　(交通産業)　奈良和美
総務課長　三浦逸広
政策課長　小林太郎
社会資本整備政策課長　皆川武士
バリアフリー政策課長　田中賢二
環境政策課長　清水　充
海洋政策課長　植村忠之
交通政策課長　八木貴弘
地域交通課長　墳﨑正俊
モビリティサービス推進課長　齋藤　喬
物流政策課長　平澤崇裕
公共事業企画調整課長　齋藤博之
技術政策課長　川村竜児
国際政策課長　江原一太朗
海外プロジェクト推進課長　石川　亨
国際建設管理官　村瀬勝彦
情報政策課長　田島聖一
行政情報化推進課長　田村真一
統計政策特別研究官　長嶺行信
社会資本経済分析特別研究官

〔国土政策局〕

夜間(5253)8350(総務課)

局長　木村　実
官房審議官(国政)　筒井智紀
同　(国政)　秋山公城
同　(国政)(兼)　石塚智之
総務課長　安岡義敏
総合計画課長　倉石誠司
広域地方政策課長　三善由幸
地方振興課長　鹿子木　靖
離島振興課長　駒田義誌
計画官
特別地域振興官　立岩里生太

〔不動産・建設経済局〕

夜間(5253)8373(総務課)

局長　塩見英之
次長　川野　豊
官房審議官(不動産・建設経済)　楠田幹人
同(不動産・建設経済)　蒔苗浩司
官房参事官(土地利用)　遠山英子
総務課長　伊藤夏生
国際市場課長　磯貝敬智
情報活用推進課長　矢吹周平
土地政策課長　髙山　泰
地価調査課長　小玉典彦
地籍整備課長　實井正樹
不動産業課長　川合紀子
不動産市場整備課長　二井俊充
建設業課長　岩下泰善
建設市場整備課長　宮沢正知
参事官　宮本貴章

〔都市局〕

夜間(5253)8393(総務課)

局長　天河宏文
官房審議官(都市)　鎌原宜文
官房審議官(都市生活環境)　五十嵐康之
官房技術審議官(都市)　菊池雅彦
官房参事官(宅地・盛土防災)　吉田信博
総務課長　岡　良介
都市政策課長　武藤祥郎
都市安全課長　岸田里佳子
まちづくり推進課長　喜多功彦
都市計画課長　鈴木章一郎
市街地整備課長　筒井祐治
街路交通施設課長　服部卓也
公園緑地・景観課長　伊藤康行
参事官　井村久行

〔水管理・国土保全局〕

夜間(5253)8434(総務課)

局長　廣瀬昌由
次長　小笠原憲一
官房審議官(防災・リスクコミュニケーション)　中野穣治
官房審議官(水・国)　片貝敏雄
総務課長　笠谷雅也
水政課長　江口大暁
河川計画課長　森本　輝
河川環境課長　豊口佳之
治水課長　奥田晃久
防災課長　中込　淳
水資源部長　朝堀泰明
水資源政策課長　小山陽一郎
水資源計画課長　川村謙一
下水道部長　松原　誠
下水道企画課長　伊藤昌弘
下水道事業課長　石井宏幸
流域管理官　吉澤正宏
砂防部長　草野愼一
砂防計画課長　國友　優

保全課長　蒲原潤一

〔道路局〕

夜間(5253)8473(総務課)

局長　丹羽克彦
次長　佐々木正士郎
官房審議官(道路)　長谷川朋弘
総務課長　永山寛理
路政課長　髙藤喜文
道路交通管理課長　大井裕子
企画課長　沓掛敏夫
国道・技術課長　髙松諭
環境安全・防災課長　伊藤高
高速道路課長　小林賢太郎
参事官(有料道路管理・活用)　松本健
参事官(自転車活用推進)　森若峰存

〔住宅局〕

夜間(5253)8501(総務課)

局長　石坂聡
官房審議官(住宅)　佐々木俊一
官房審議官(住宅)　宿本尚吾
総務課長　松家新治
住宅経済・法制課長　神谷将広
住宅総合整備課長　豊嶋太朗
安心居住推進課長　津曲共和
住宅生産課長　山下英和
建築指導課長　今村敬
市街地建築課長　成田潤也
参事官(マンション・賃貸住宅)　下村哲也
参事官(建築企画)　前田亮
参事官(住宅瑕疵担保対策)　二俣芳美
住宅企画官　須藤明彦

〔鉄道局〕

夜間(5253)8521(総務課)

局長　村田茂樹
次長　平嶋隆司
官房審議官(鉄道)　岡野まさ子
官房技術審議官(鉄道)　奥田薫
官房参事官(新幹線建設)　北出徹也
官房参事官(海外高速鉄道プロジェクト)　石原洋
官房参事官(地域調整)　柿沼宏明
総務課長　原田修吾
幹線鉄道課長　小林基樹
都市鉄道政策課長　角野浩之
鉄道事業課長　山﨑雅生
国際課長　堀信太朗

技術企画課長　箕作幸治
施設課長　中野智行
安全監理官　黒川和浩

〔自動車局〕

夜間(5253)8559(総務課)

局長　鶴田浩久
次長　久保田秀暢
官房審議官(自動車)　住友一仁
官房審議官(自動車)(兼)　長井総和
官房審議官(自動車)(兼)　舟本浩
官房参事官(企画・電動化・自動運転)　児玉和久
官房参事官(自動車(保障))　出口まきゆ
総務課長　武田一寧
安全政策課長　永井啓文
技術・環境政策課長　猪股博之
自動車情報課長　浅井俊隆
旅客課長　森哲也
貨物課長　小熊弘明
車両基準・国際課長　杉﨑友信
審査・リコール課長　小磯和子
整備課長　多田善隆

〔海事局〕

夜間(5253)8608(総務課)

局長　海谷厚志
次長　宮武宜史
官房審議官(海事)(兼)　西海重和
官房技術審議官(海事)　河野順
総務課長　谷川仁彦
安全政策課長　松尾真治
海洋・環境政策課長　今井新
船員政策課長　佐藤克文
外航課長　指田徹
内航課長　伊勢尚史
船舶産業課長　田村顕洋
検査測度課長　鈴木長之
海技課長　中井智洋
安全技術調査官　中村卓司

〔港湾局〕

夜間(5253)8665(管理課)

局長　稲田雅裕
官房審議官(港湾)(兼)　西海重和
官房技術参事官(港湾)　西村拓
総務課長　白﨑俊介
港湾経済課長　澤田孝秋
計画課長　森橋真

産業港湾課長(兼)　稲田雅裕
技術企画課長　神谷昌文
海洋・環境課長　中川研造
海岸・防災課長　上原修二

〔航空局〕

夜間(5253)8692(総務課)

局長　平岡成哲
次長　大沼俊之
官房審議官(航空)　山腰俊博
官房技術審議官(航空)　田中知足
官房参事官(航空予算)　折原英人
同　(航空戦略)　東田晃拓
同　(安全企画)　渡邉敬
同(航空安全推進)　木内宏一
総務課長　秋田未樹
航空ネットワーク部長　蔵持京治
航空ネットワーク企画課長　廣田健久
国際航空課長　高橋徹
航空事業課長　重田裕彦
空港計画課長　中原正顕
空港技術課長　佐藤敬
首都圏空港課長　多田浩人
近畿圏・中部圏空港課長　吉岡誠一郎
安全部長　北澤歩
安全政策課長　石井靖男
無人航空機安全課長　梅澤大輔
航空機安全課長　千葉英樹
交通管制部長　吉田昭二
交通管制企画課長　大坪弘敏
管制課長　石川誠
運用課長　小林哲緒
管制技術課長　山口茂彦

〔北海道局〕

夜間(5253)8761(総務課)

局長　橋本幸
官房審議官(北海道)　坂場武彦
官房審議官(北海道)　田村公一
総務課長　増田圭
予算課長　松原英憲
地政課長　富山英範
水政課長　宮藤秀之
港政課長　佐藤徹
農林水産課長　遠藤知庸
参事官　石川伸

〔政策統括官〕

夜間(5253)8105～7

政策統括官　松浦克巳
政策統括官(兼)　小善真司
政策評価官　渋武容

〔国際統括官〕

国際統括官　田中由紀
国際交通特別交渉官　三宅正寿

〔国土審議会〕

会長　永野毅
会長代理　増田寛也
委員　遠藤敬
梶山弘志　小宮山泰子
佐藤勉　高木陽介
林幹雄　谷合正明
野上浩太郎　松山政司
森本真治　青木真理子
浅野耕太　池邊このみ
石田東生　垣内恵美子
木場弘子　河野俊嗣
末松則子　高村ゆかり
田澤由利　田村圭子
柘植康英　津谷典子
中村太士　沼尾波子
村尾和俊　山野目章夫
渡邉紹裕

〔運輸審議会〕

〒100-0013 千代田区霞が関3-1-1
中央合同庁舎4号館3F
☎03(5253)8141

会長　堀川義弘
会長代理　和田貴志
委員(非常勤)　山田攝子
二村真理子　三浦大介
大石美奈子

〔国土開発幹線自動車道建設会議〕

国土交通省道路局総務課内
☎03(5253)8111

委員　泉健太
亀井亜紀子　岸田文雄
鈴木俊一　二階俊博
岡田広　郡司彰
武見敬三　西田実仁

国土交通省

〔国土交通政策研究所〕

〒160-0004 新宿区四谷1-6-1
四谷タワー15F ☎03(5369)6002

所長 三浦文敬
副所長 吉田幸三

〔国土技術政策総合研究所〕

〒305-0804 つくば市旭1
☎029(864)2211

所長 佐々木隆
副所長 長谷川貴彦
同 髙野誠紀

〔国土交通大学校〕

〒187-8520 小平市喜平町2-2-1
☎042(321)1541

校長 頼あゆみ
副校長 長谷知治
同 福濱方哉

〔航空保安大学校〕

〒598-0047 泉佐野市りんくう往来南3-11
☎072(458)3010

校長 遠藤武

〔国土地理院〕

〒305-0811 つくば市北郷1
☎029(864)1111

院長 大木章一
参事官 東出成記

〔小笠原総合事務所〕

〒100-2101 東京都小笠原村父島字東町152
☎04998(2)2245

所長 渡辺道治

〔海難審判所〕

〒102-0083 千代田区麹町2-1
☎03(6893)2400

所長 黒田拓幸
首席審判官 廣畠貫治
首席理事官 河野守

観光庁

国土交通省内 ☎03(5253)8111
夜間(5253)8321

長官 高橋一郎
次長 加藤進
観光政策統括調整官(兼) 加藤進
審議官(兼) 石塚智之
国際観光部長 星野光明
観光地域振興部長 中村広樹
観光政策調整官(兼) 星明彦
同(兼) 富田建蔵
総務課長 桑田龍太郎
総務課企画官 古屋孝祥
調整室長 醍醐琢也
観光戦略課長 河田敦弥
観光統計調査室長(兼) 小林美雪
観光産業課長 庄司郁
民泊業務適正化指導室長(兼)
旅行業務適正化指導室長 貴田晋
参事官 高橋泰史
同 久保麻紀子
同(兼) 石川靖
国際観光課長 齊藤敬一郎
総合計画室長(兼) 寺井陽子
アジア市場推進室長(兼) 寺井陽子
欧米豪市場推進室長(兼) 鈴木淳一朗
新市場開発室長(兼) 鈴木淳一朗
外客安全対策室長(兼) 鈴木清隆
参事官 濵本健司
同 飛田章
観光地域振興課長 安部勝也
観光地域づくり法人支援室長(兼) 坂井志保
観光地域政策企画室長(兼) 坂井志保
広域連携推進室長(兼) 坂井志保
持続可能な観光推進室長(兼) 濵本健司
観光資源課長 富田建蔵
自然資源活用推進室長(兼) 奥田青州
文化・歴史資源活用推進室長(兼) 遠藤翼
新コンテンツ開発推進室長(兼) 豊重巨之
観光政策特別研究交渉官 村上強志

気象庁

〒105-8431 港区虎ノ門3-6-9
☎03(6758)3900

長官 大林正典
次長 岩月理浩
気象防災監 森隆志
総務部長 藤田礼子
参事官 安田珠幾
参事官(気象・地震火山防災) 尾崎友亮
総務課長 飯野悟
人事課長 佐藤善則
企画課長 太原芳彦
経理管理官 中山泰宏
国際・航空気象管理官 益子直文
情報基盤部長 千葉剛輝

情報政策課長　酒井喜敏
情報利用推進課長　佐藤　豊
数値予報課長　石田純一
情報通信基盤課長　立川英二
気象衛星課長　濱田　修
大気海洋部長　野村竜一
業務課長　榊原茂記
気象リスク対策課長　水野孝則
予報課長　杉本悟史
観測整備計画課長　滝下洋一
気候情報課長　中三川　浩
環境・海洋気象課長　八木勝昌
地震火山部長　青木　元
管理課長　加藤孝志
地震津波監視課長　鎌谷紀子
火山監視課長　中辻　剛
地震火山技術・調査課長　束田進也

運輸安全委員会

〒160-0004 新宿区四谷1-6-1
四谷タワー15F ☎03(5367)5025

委員長　武田展雄
委員　早田久子
島村　淳　丸井祐一
奥村文直　石田弘明
佐藤雄二
同（非常勤）　中西美和
津田宏果　鈴木美緒
新妻実保子　岡本満喜子
事務局長　柏木隆久
審議官　髙桒圭一
総務課長　堀　真之助
参事官　渡辺浩昭
首席航空事故調査官　齋藤賢一
首席鉄道事故調査官　森　宣夫
首席船舶事故調査官　森　有司

海上保安庁

国土交通省内 ☎03(3591)6361

長官　石井昌平
次長　瀬口良夫
海上保安監　渡邉保範
総務部長　髙杉典弘
参事官　足立基成
日向弘基　天辰弘二
政務課長　早船文久
政策評価広報室長　税所百年
予算執行管理室長　清水智司
秘書課長　池上浩之
夜間(3591)7944(秘書課)
人事課長　鍬本浩司
人事企画官　木原　洋
情報通信課長　髙橋裕之
システム整備室長　鮫島耕治
システム管理室長　齊藤憲邦
サイバー対策室長　恵本康弘
教育訓練管理官　木川嘉将
主計管理官　岩川　勝
国際戦略官
危機管理官　江原千晶
海上保安試験研究センター所長　栄　和志
危機管理調整官　岡光　豊
職員相談室長　時森康雄
装備技術部長　矢頭康彦
管理課長　大達弘明
夜間(3591)6367(管理課)
技術開発官　野宮雅晴
施設補給課長　和田真一
施設調整官　小堀靖弘
船舶課長　梶田智弘
首席船舶工務官　下矢浩介
船舶整備企画室長　田中裕二
航空機課長　久保田昌行
航空機整備管理室長　石田　勝
警備救難部長　彼末浩明
管理課長　佐々木　渉
航空業務管理室長　深瀬真司
運用司令センター所長　永田成功
夜間(3591)9809(管理課)
刑事課長　古川大輔
外国人漁業対策室長　児玉　徹
国際刑事課長　髙木正人
海賊対策室長　倉本　明
警備課長　星﨑　隆
領海警備対策室長　春藤　光
警備企画官　安達貴弘
警備情報課長　奥　武
警備情報調整官　荒川直秀
救難課長　林　一馬
環境防災課長　佐瀬浩市

〔海洋情報部〕

〒135-0064 江東区青海2-5-18
青海総合庁舎
☎03(5500)7120

部長 藤田雅之
企画課長 川村朋哉
夜間(3541)3810(企画課)
海洋調査運用室長 遠山良和
技術・国際課長 冨山新一
海洋研究室長 小原泰彦
国際業務室長 金田謙太郎
海洋情報技術調整室長 鈴木英一
沿岸調査課長 吉田剛
海洋防災調査室長 佐藤まりこ
大洋調査課長 森下泰成
海洋汚染調査室長 岡野博文
情報管理課長 中林茂
情報利用推進課長 小森達雄
水路通報室長 辰巳屋誠
海洋空間情報室長 勢田明大
図誌審査室長 増田貴仁
交通部長 君塚秀喜
企画課長 瀬井威公
夜間(3591)9807(企画課)
海上交通企画室長 池田紀道
国際・技術開発室長 田中一幸
航行安全課長 麓裕樹
航行指導室長 福木俊朗
交通管理室長 花野一誠
安全対策課長 松浦あずさ
安全情報提供センター所長 河田潔
整備課長 冨田英利
首席監察官 村田潔
監察官 長谷川真琴

〔海上保安大学校〕

〒737-8512 呉市若葉町5-1
☎0823(21)4961

校長 江口満
副校長 野久保薫

環境省

〒100-8975 千代田区霞が関1-2-2
中央合同庁舎5号館本館 ☎03(3581)3351

大臣 西村明宏
副大臣 山田美樹
同 小林茂樹
大臣政務官 国定勇人
同 柳本顕
事務次官 和田篤也
地球環境審議官 松澤裕
秘書官 髙木哲哉
同 事務取扱 杉井威夫
同 事務取扱 小林祐紀

〔大臣官房〕

夜間(5521)8210(総務課)

官房長 上田康治
政策立案総括審議官 大森恵子
公文書監理官(充) 神谷洋一
サイバーセキュリティ・情報化審議官 神谷洋一
大臣官房審議官 奥山祐矢
針田哲 堀上勝
飯田博文
秘書課長 西村治彦
調査官 中原敏正
地方環境室長 伊藤賢利
業務改革推進室長 一井里映
総務課長 福島健彦
広報室長 小沼信之
企画官 吉口進朗
公文書監理室長 小林浩治
国会連絡室長 猪又勝徳
環境情報室長 明石健吾
危機管理・災害対策室長(併) 吉口進朗
会計課長 熊倉基之
監査指導室長 鳥毛暢茂
庁舎管理室長 増田直文

〔総合環境政策統括官グループ〕

夜間(5521)8224(総合政策課)

総合環境政策統括官 鑓水洋
大臣官房審議官 堀上勝
総合政策課長 小笠原靖
計画官(併) 東岡礼治
調査官 古本一司
企画評価・政策プロモーション室長 小笠原靖
環境研究技術室長 加藤学
環境教育推進室長 東岡礼治
民間活動支援室長(併) 佐々木真二郎
環境統計分析官
原子力規制組織等改革担当室長 根木圭三
環境経済課長 平尾禎秀
市場メカニズム室長 山本泰生

環境影響評価課長　大倉紀彰
環境影響審査室長　加藤聖

〔地域脱炭素推進審議官グループ〕

地域脱炭素推進審議官　植田明浩
大臣官房審議官　奥山祐矢
地域政策課長　細川真宏
地域循環共生圏推進室長　佐々木真二郎
地域脱炭素事業監理室長(併)　種瀬治良
地域脱炭素事業推進課長　犬丸淳
地域脱炭素政策調整担当参事官　木野修宏

〔大臣官房環境保健部〕

夜間(5521)8250(環境保健企画管理課)

環境保健部長　神ノ田昌博
政策立案総括審議官　大森恵子
環境保健企画管理課長　東條純士
保健業務室長　黒羽真吾
特殊疾病対策室長　海老名英治
石綿健康被害対策室長　木内哲平
化学物質審査室長　清丸勝正
公害補償審査室長　宇田川弘康
水銀対策推進室長　森谷直子
環境リスク情報分析官
環境安全課長　小川眞佐子
環境リスク評価室長　清水貴也
放射線健康管理担当参事官　鈴木章記

〔地球環境局〕

夜間(5521)8241(総務課)

局長　秦康之
大臣官房審議官　奥山祐矢
特別交渉官(併)　小川眞佐子
総務課長　井上和也
脱炭素社会移行推進室長　伊藤史雄
気候変動適応室長　中島尚子
地球温暖化対策事業監理室長(併)　種瀬治良
気候変動観測研究戦略室長(併)　岡野祥平
気候変動科学室長(併)　中島尚子
地球温暖化対策課長　吉野議章
地球温暖化対策事業室長　塚田源一郎
脱炭素ビジネス推進室長　杉井威夫
フロン対策室長　香具輝男
事業監理官　種瀬治良
脱炭素ライフスタイル推進室長　井上雄祐
国際連携課長　川又孝太郎
気候変動国際交渉室長　青竹寛子
国際脱炭素移行推進・環境インフラ担当参事官　水谷好洋

地球環境情報分析官　中野正博

〔水・大気環境局〕

夜間(5521)8289(総務課)

局長　土居健太郎
大臣官房審議官　針田哲
総務課長　鮎川智一
環境管理課長　筒井誠二
環境管理情報分析官
環境汚染対策室長　鈴木清彦
農薬環境管理室長　吉尾綾子
モビリティ環境対策課長　酒井雅彦
脱炭素モビリティ事業室長　中村真紀
海洋環境課長　大井通博
企画官　北村武紀
海域環境管理室長　木村正伸
海洋プラスチック汚染対策室長　藤井好太郎

〔自然環境局〕

夜間(5521)8269(総務課)

局長　白石隆夫
大臣官房審議官　堀上勝
総務課長　松下雄介
調査官　山本麻衣
国民公園室長(併)　柴田泰邦
動物愛護管理室長　野村環
自然環境計画課長　則久雅司
自然環境情報分析官
生態系情報分析官
生物多様性センター長　松本英明
生物多様性戦略推進室長(併)　山本麻衣
生物多様性主流化室長　浜島直子
国立公園課長　番匠克二
国立公園利用推進室長　水谷努
自然環境整備課長　萩原辰男
温泉地保護利用推進室長　坂口隆
野生生物課長　中澤圭一
鳥獣保護管理室長　宇賀神知則
希少種保全推進室長　河野通治
外来生物対策室長　大林圭司

〔環境再生・資源循環局〕

夜間(5521)3152(総務課)

局長　前佛和秀
次長　角倉一郎
大臣官房審議官　飯田博文
総務課長　波戸本尚
企画官　稲井康弘

循環指標情報分析官	外山洋一
循環型社会推進室長(充)	近藤亮太
循環型社会推進企画官(併)	岡野隆宏
リサイクル推進室長(併)	近藤亮太
制度企画室長	
廃棄物適正処理推進課長	松﨑裕司
浄化槽推進室長	沼田正樹
放射性物質汚染廃棄物対策室長	林　誠
廃棄物規制課長	松田尚之
越境移動情報分析官	
参事官(総括)	原田昌直
同(特定廃棄物)	長田　啓
同　(除染)	中野哲哉
同　(中間貯蔵)	内藤冬美
参事官	
企画官	戸ヶ崎　康
調査官	古本一司
不法投棄原状回復事業対策室長(併)	松田尚之
災害廃棄物対策室長(併)	松﨑裕司
福島再生・未来志向プロジェクト推進室長(併)	長田　啓
ポリ塩化ビフェニル廃棄物処理推進室長(併)	鈴木清彦

原子力規制委員会

〒106-8450 港区六本木1-9-9
☎03(3581)3352

委員長	山中伸介
委員	田中　知
	杉山智之　伴　信彦
	石渡　明

原子力規制庁

〒106-8450 港区六本木1-9-9
☎03(3581)3352

長官	片山　啓
次長	金子修一
原子力規制技監	市村知也
緊急事態対策監	古金谷敏之
核物質・放射線総括審議官	佐藤　暁
審議官	森下　泰
内閣府大臣官房審議官(原子力防災担当)(併)	森下　泰
審議官	金城慎司
総務課長	吉野亜文
公文書監理官(併)	足立敏通
政策立案参事官	竹内　淳
サイバーセキュリティ・情報化参事官	足立敏通
監査・業務改善推進室長	野村優子
広報室長	中桐裕子
国際室長	船田晃代
事故対処室長	山口道夫
法令審査室長	湯本　淳
情報システム室長(併)	足立敏通
人事課長	田口達也
参事官(会計担当)	河原雄介
参事官(法務担当)	平野大輔
緊急事案対策室長(併)	杉本孝信
委員会運営支援室長	高橋　隆
技術基盤課長	遠山　眞
安全技術管理官(システム安全担当)	北野剛司
同(シビアアクシデント担当)	舟山京子
同(放射線・廃棄物担当)	萩沼真之
同(地震・津波担当)	杉野英治
放射線防護企画課長	新田　晃
保障措置室長	寺﨑智宏
監視情報課長	今井俊博
放射線環境対策室長	久保善哉
安全規制管理官(核セキュリティ担当)	中村振一郎
同(放射線規制担当)	吉川元浩
原子力規制部長	大島俊之
原子力規制企画課長	黒川陽一郎
火災対策室長	齋藤健一
東京電力福島第一原子力発電所事故対策室長	岩永宏平
安全規制管理官(実用炉審査担当)	渡邉桂一
同(研究炉等審査担当)	志間正和
同(核燃料施設審査担当)	長谷川清光
同(地震・津波審査担当)	内藤浩行
検査監督総括課長	武山松次
安全規制管理官(実用炉監視担当)	杉本孝信
同(核燃料施設等監視担当)	大向繁勝
同(専門検査担当)	髙須洋司
原子力安全人材育成センター所長(兼)	金子修一

防衛省

〒162-8801 新宿区市谷本村町5-1
☎03(3268)3111

大臣	浜田靖一
副大臣	井野俊郎
大臣政務官	小野田紀美
大臣政務官	木村次郎
事務次官	増田和夫
防衛審議官	芹澤　清
秘書官	

同　事務取扱　花井　剛

〔大臣官房〕

官房長　中嶋浩一郎
政策立案総括審議官　青木健至
衛生監　鈴木健彦
施設監　扇谷治
報道官　茂木陽
公文書監理官　森田治男
サイバーセキュリティ・情報化審議官　中西礎之
審議官　今給黎学
小野功雄　中村晃之
井上主勇　弓削州司
北尾昌也　(併)米山栄一
米軍再編調整官(併)　岩田和昭
参事官　掛水雅俊
奥田健　日下良太
松浦紀光　吉田楼蘭
福井章人　織田雄一
秘書課長　中間秀彦
文書課長　中野滋明
企画評価課長　山口剛
広報課長　安居院公仁
会計課長　河口健児
監査課長　杉山浩
訟務管理官　鶴岡俊樹

〔防衛政策局〕

局長　加野幸司
次長　安藤敦史
同　三浦潤
防衛政策課長　吉野幸治
日米防衛協力課長　松尾友彦
国際政策課長　西野洋志
運用政策課長　鈴木雄智
調査課長　安藤誠
運用基盤課長　後藤章文
戦略企画参事官　荒心平
運用調整参事官　菊池哲史
インド太平洋地域参事官　芦塚修

〔整備計画局〕

局長　青柳肇
防衛計画課長　中野憲幸
サイバー整備課長　瀬川篤史
施設計画課長　北岡亮
施設整備官　丸山幹夫
提供施設計画官　福島邦彦
施設技術管理官　宮川真一郎

〔人事教育局〕

局長　三貝哲
人事計画・補任課長　家護谷昌徳
給与課長　齋藤敏幸
人材育成課長　松山理然
厚生課長　錦織誠
服務管理官　五木田利一
衛生官　高城亮

〔地方協力局〕

局長　大和太郎
次長　山野徹
総務課長　村井勝
地域社会協力総括課長　信太正志
東日本協力課長　深和岳人
西日本協力課長　原田道明
沖縄協力課長　折戸栄介
環境政策課長　田實博幸
在日米軍協力課長　今田克彦
労務管理課長　本多浩三

〔統合幕僚監部〕

統合幕僚長　吉田圭秀
統合幕僚副長　南雲憲一郎
総括官　田中利則
総務部長　青木誠
総務課長　尼子将之
人事教育課長　中谷大輔
運用部長　伍賀祥裕
副部長　浅賀政宏
運用第1課長　上村博之
運用第2課長　根本勉
運用第3課長　尺田隆一
防衛計画部長　南川信隆
副部長　羽渕博行
防衛課長　佐瀬智之
計画課長　武者利勝
指揮通信システム部長　佐藤網夫
指揮通信システム企画課長　江畑泰孝
指揮通信システム運用課長　谷川修
首席参事官　井草真言
参事官　田中登
報道官　國見泰寛
首席法務官　品川淳二
首席後方補給官　中島隆幸

〔陸上幕僚監部〕

陸上幕僚長　森下泰臣
陸上幕僚副長　小林弘樹

監理部長　岸良知樹
総務課長　大山　修
会計課長　木屋正博
人事教育部長　藤岡史生
人事教育計画課長　天内明弘
補任課長　三浦英彦
募集・援護課長　不破　悟
厚生課長　木原邦弘
運用支援・訓練部長　戒田重雄
運用支援課長　岡田　豊
訓練課長　佐藤　徹
防衛部長　白川訓通
防衛課長　伊達俊之
防衛協力課長　奥　和昌
施設課長　建部広喜
装備計画部長　上野和士
装備計画課長　今井健太
武器・化学課長　佐藤佳久
通信電子課長　川田義一
航空機課長　深水秀任
指揮通信システム・情報部長　濵崎芳夫
指揮通信システム課長　黒木孝太郎
情報課長　東峰昌生
衛生部長　菊池勇一
監察官　田中仁朗
法務官　篠村和也
警務管理官　長谷場修也

〔海上幕僚監部〕

海上幕僚長　酒井　良
海上幕僚副長　真殿知彦
総務部長　稲田丈司
副部長　南　厚
総務課長　吉田久哉
経理課長　菅谷秀樹
人事教育部長　金嶋浩司
人事計画課長　徳留秀和
補任課長　桐生宏幸
厚生課長　矢野浩美
援護業務課長　安藤明宏
教育課長　赤岩英明
防衛部長　竹中信行
防衛課長　佐藤正博
装備体系課長　竹嶋広明
運用支援課長　安永　崇
施設課長　垣内　勉
指揮通信情報部長　吉岡　猛
指揮通信課長　澁谷芳洋
情報課長　小河邦生
装備計画部長　伊藤秀人
装備需品課長　齋藤淳師
艦船・武器課長　鷹尾　潤
航空機課長　大塚裕孝
監察官　保科俊朗
首席法務官　加治　勇
首席会計監査官　西川康彦
首席衛生官　小川　均

〔航空幕僚監部〕

航空幕僚長　内倉浩昭
航空幕僚副長　小笠原卓人
総務部長　船倉慶太
総務課長　田中信隆
会計課長　木村政和
人事教育部長　倉本昌弘
人事教育計画課長　小川貴也
補任課長　鈴木　大
厚生課長　聖徳麻未
募集・援護課長　兼田大助
防衛部長　坂梨弘明
防衛課長　富岡慶充
事業計画第1課長　小黒正隆
事業計画第2課長　南　賢司
施設課長　松井俊暁
運用支援・情報部長　高石景太郎
運用支援課長　村上博啓
情報課長　斎藤和典
装備計画部長　小島　隆
装備課長　甲斐隆裕
整備・補給課長　荻野匡史
科学技術官　大谷康雄
監理監察官　寺﨑隆行
首席法務官　右田竜治
首席衛生官　桒田成雄

〔防衛研究所〕

〒162-8808 新宿区市谷本村町5-1
☎03(3260)3019

所長　石川　武
副所長　足立吉樹

〔情報本部〕

本部長　尾崎義典
副本部長(併)　今給黎　学

〔防衛監察本部〕

防衛監察監　小川新二
副監察監　田部井貞明
総務課長　藤重敦彦

統括監察官　多田拓一郎
監察官　仲西勝典
大西哲　鮫島建一

防衛装備庁

防衛省内 ☎03(3268)3111

長官　深澤雅貴
防衛技監　市橋孝浩

〔長官官房〕

審議官　西脇修
装備官(統合装備担当)　堀江和宏
同(陸上担当)　叶謙二
同(海上担当)　今吉真一
同(航空担当)　後藤雅人
総務官　岩田和昭
人事官　井ノ口哲也
会計官　大塚英司
監察監査・評価官　渡野和也
装備開発官(統合装備担当)　木村栄秀
同(陸上装備担当)　佐々木秀明
同(艦船装備担当)　松本慎也
同(航空装備担当)　及部朋紀
同(次期戦闘機担当)　尾山正樹
艦船設計官　山野太資

〔装備政策部〕

部長　坂本大祐
装備政策課長　伊藤和己
国際装備課長　洲桃紗矢子
装備保全管理課長　熊野有文

〔プロジェクト管理部〕

部長　片山泰介
プロジェクト管理総括官(陸上担当)　山本公威
同(海上担当)　石田伸介
同(航空担当)　松﨑勇樹
事業計画官　五味賢至
事業監理官(誘導武器・統合装備担当)　米倉和也
同(宇宙・地上装備担当)　矢田晴之
同(艦船担当)　西村浩二
同(航空機担当)　射場隆昌
装備技術官(陸上担当)　土肥直人
同(海上担当)　田中佳行
同(航空担当)　川口礼人

〔技術戦略部〕

部長　松本恭典
革新技術戦略官　木村和仙
技術戦略課長　藤井圭介
技術計画官　萩原祐史
技術振興官　南亜樹
技術連携推進官　手島哲郎

〔調達管理部〕

部長　森卓生
調達企画課長　鈴木信丈
原価管理官　飯島延高
企業調査官　前田誠毅

〔調達事業部〕

部長　久澤洋
調達総括官　星指吉見
総括装備調達官(電子音響・艦船担当)　松浦正裕
同(航空機・輸入担当)　秋本康雄
需品調達官　前田肇
武器調達官　久保晃一
電子音響調達官　鍋田竜光
艦船調達官　穂垣元孝
航空機調達官　西克洋
輸入調達官
航空装備研究所長　森重樹
陸上装備研究所長　森下政浩
艦艇装備研究所長　有澤治幸
次世代装備研究所長　鈴木茂

会計検査院

〒100-8941 千代田区霞が関3-2-2
中央合同庁舎第7号館 ☎03(3581)3251

〔検査官会議〕

院長　森田祐司
検査官　岡村肇
同　田中弥生
院長秘書官　尾﨑貴美

〔事務総局〕

事務総長　原田祐平
事務総局次長　篠原栄作

〔事務総長官房〕

総括審議官　遠藤厚志
サイバーセキュリティ・情報化審議官併任公文書監理官　星野博
審議官(事務総長官房担当)　岩城利明
同(同)　清水享
同(第一局担当)　山崎健
同(同)　豊岡利昌
同(第二局担当)　鷹箸博史
同(同)　中尾英樹
同(第三局担当)　佐藤稔久
同(同)　山崎淳也
同(第四局担当)　中村和紀

同（同）　白川哲也
同（第五局担当）　山岸和永
同（同）　中川浩
同（同）　風間義久
総務課長　富澤秀充
人事課長　柳瀬太郎
調査課長　楢崎義憲
会計課長　栗島正彦
法規課長　篠崎智宏
上席検定調査官　小島敏之
上席企画調査官　池谷哲
厚生管理官　青柳太
上席情報システム調査官　石川彰
能力開発官　梶田憲一
技術参事官　伊藤誠恭
同　服部司
同　稲垣克芳

〔第一局〕

局長　田中克生
監理官　植田恵史
財務検査第一課長　奈良岡憲治
財務検査第二課長　坂本斉子
司法検査課長　酒井健芳
総務検査課長　安部公崇
外務検査課長　鹿野智洋
租税検査第一課長　滝口修央
租税検査第二課長　長井剛彦

〔第二局〕

局長　佐々木規人
監理官　倉島義孝
厚生労働検査第一課長　坂本周大
厚生労働検査第二課長　雲木永治
厚生労働検査第三課長　後藤幸夫
厚生労働検査第四課長　上野謙二
上席調査官（医療機関担当）　桜井順
防衛検査第一課長　藤井秀樹
防衛検査第二課長　山野隆司
防衛検査第三課長　坂口登

〔第三局〕

局長　長岡尚志
監理官　山下健
国土交通検査第一課長　小池昌明
国土交通検査第二課長　若林博幸
国土交通検査第三課長　日野成人
国土交通検査第四課長　伊東誠
国土交通検査第五課長　池田康孝
環境検査課長　川邉桂太

上席調査官（道路担当）　佐藤宰

〔第四局〕

局長　片桐聡
監理官　加藤秀一
文部科学検査第一課長　島崎栄治
文部科学検査第二課長　花立敦
上席調査官（文部科学担当）　依田英之
農林水産検査第一課長　長森浩一郎
農林水産検査第二課長　本多正勝
農林水産検査第三課長　髙野雅司
農林水産検査第四課長　倉澤正和

〔第五局〕

局長　宮川尚博
監理官　石井雅人
デジタル検査課長　牛木克也
上席調査官（情報通信・郵政担当）　金津成彦
経済産業検査第一課長　西村孝子
経済産業検査第二課長　木村正人
上席調査官（融資機関担当）　佐々木壮勇
特別検査課長　鈴木慶太
上席調査官（特別検査担当）　前川猛

最高裁判所

〒102-8651 千代田区隼町4-2
☎03(3264)8111

長官　戸倉三郎
判事　山口厚
深山卓也　三浦守
草野耕一　宇賀克也
林道晴　岡村和美
長嶺安政　安浪亮介
渡邉惠理子　岡正晶
堺徹　今崎幸彦
尾島明
長官秘書官　冨澤めぐみ
山口判事秘書官　本瀬淳子
深山判事秘書官　早川大介
三浦判事秘書官　沼田昌男
草野判事秘書官　山中美和
宇賀判事秘書官　山科政則
林判事秘書官　久保田雄巳
岡村判事秘書官　福島法昭
長嶺判事秘書官　飯塚誠
安浪判事秘書官　松井了平
渡邉判事秘書官　土橋康世
岡判事秘書官　柏木扶美
堺判事秘書官　竹内基雄

今崎判事秘書官　坂崎恭子
尾島判事秘書官　石川正史
首席調査官　小林宏司
上席調査官　川田宏一
岡崎克彦　中丸　隆

〔事務総局〕

事務総長　堀田眞哉
審議官　清藤健一
審議官　後藤尚樹
家庭審議官　高橋直人
秘書課長　板津正道
参事官　井出正弘
佐藤彩香　佐藤奈緒美
広報課長(兼)　板津正道
情報政策課長(兼)　清藤健一
情報セキュリティ室長　世森亮次
参事官　(兼)榎本光宏
(兼)内田　曉　(兼)世森亮次
(兼)内田哲也　(兼)西岡慶記
野澤秀和

〔総務局〕

局長　小野寺真也
第一課長　長田雅之
第二課長　川瀬孝史
第三課長　永井英雄
参事官　榎本光宏
内田　曉　(兼)世森亮次
内田哲也　南　宏幸
木村匡彦　西岡慶記
塚田智大

〔人事局〕

局長　徳岡　治
総務課長　富澤賢一郎
任用課長　高田公輝
能率課長　荒川和良
調査課長(兼)　高田公輝
公平課長(兼)　荒川和良
職員管理官　平泉信次
参事官　中村修輔
大和谷　教　立花将寛

〔経理局〕

局長　氏本厚司
総務課長　松川充康
主計課長　真鍋浩之
営繕課長　伊藤　肇
用度課長　田嶋直哉
監査課長　楠木久史
管理課長　市川陽一
厚生管理官　吉岡幸治
参事官　増子政惠

〔民事局〕

局長　門田友昌
第一課長　椿松晴子
第二課長　小津亮太
第三課長(兼)　椿松晴子
参事官　橋爪　信
(兼)内田哲也　(兼)不破大輔
河上基也

〔刑事局〕

局長　吉崎佳弥
第一課長　横山浩典
第二課長　近藤和久
第三課長(兼)　横山浩典
参事官(兼)　内田　曉

〔行政局〕

局長(兼)　門田友昌
第一課長　渡邉達之輔
第二課長　不破大輔

〔家庭局〕

局長　馬渡直史
第一課長　戸苅左近
第二課長　向井宣人
第三課長　上馬場　靖
参事官(兼)　内田　曉
同　(兼)　内田哲也

〔司法研修所〕

〒351-0194 和光市南2-3-8 ☎048(460)2000

所長　矢尾和子
事務局長　一場康宏
事務局次長　中村浩毅

〔裁判所職員総合研修所〕

〒351-0196 和光市南2-3-5 ☎048(452)5000

所長　後藤　健
事務局長　布施敏幸
事務局次長　須栗克史

事業団・公庫等

(令和5年7月5日現在)
※7月6日以降の取材もあります。

日本私立学校振興・共済事業団

〒102-8145 千代田区富士見1-10-12
☎03(3230)1321
(共済事業本部)
〒113-8441 文京区湯島1-7-5
☎03(3813)5321

理事長 福原紀彦
理事 永山裕二
吉田博之 菊池裕明
松尾勝 小松弘和
同(非常勤) 小野祥子
川並弘純 近藤彰郎
高柳元明
監事 鳥井幸雄
同(非常勤) 永和田隆一
企画室長 廣田聖志
総務部長 吉田秀樹
審議役 白井秀樹
監査室長 荒谷泉
財務部長 北村博史
システム管理室長 小川泰正
私学経営情報センター長 小林一之
融資部長 岡田綾子
助成部長 野田文克
数理統計室長 松澤秀彦
資産運用部長 田代雅之
業務部長 臼井麻理子
年金部長 大須賀哲也
福祉部長 酒井浩二
施設部長 陣場章
広報相談センター長 山内克也

沖縄振興開発金融公庫

〒900-8520 那覇市おもろまち1-2-26
☎098(941)1700
[東京本部] 〒105-0003 港区西新橋2-1-1
興和西新橋ビル10F ☎03(3581)3241

理事長 川上好久
副理事長 井口裕之
理事 齊藤馨
屋比久盛徳 新垣尚之
監事 酒巻弘
総務部長 外間聡
経理部長 星野弘幸
検査役 大城盛直
秘書役 外間守起
審査役 西平純子
庶務部長 崎山美香
業務統括部長 慶田康成
調査部長 大西公一郎
融資第一部長 前村司
融資第二部長 中村あやの
融資第三部長 渡真利克久
事業管理部長 當間直治
情報システム統括室長 久場兼修
信用リスク管理統括室長(兼) 西平純子
産業振興出資室長 前泊辰哉

日本銀行

〒103-8660 中央区日本橋本石町2-1-1
☎03(3279)1111

総裁 植田和男
副総裁 内田眞一
同 氷見野良三
審議委員 安達誠司
中村豊明 野口旭
中川順子 高田創
田村直樹
監事 小野澤洋二
藤田博一 坂本哲也
理事 清水季子
貝塚正彰 高口博英
加藤毅 清水誠一
中島健至
政策委員会室長 倉本勝也
秘書役 花尻哲郎
審議役(国会・経済団体渉外) 堂野敦司

同(組織運営調整)	福田英司
同 (広報関係)	鹿島みかり
同(経営企画および経理関係)	上條俊昭
検査室長	中村毅史
企画局長	中村康治
審議役(局内組織運営)	飯島浩太
金融機構局長	正木一博
審議役 (局内組織運営および信用政策企画)	椿松裕司
審議役兼上席考査役(考査統括)	齋藤克仁
審議役(地域金融統括)	植田リサ
同(国際関係統括)	峯岸誠
決済機構局長	武田直己
審議役 (デジタル通貨および局内組織運営)	鈴木公一郎
金融市場局長	藤田研二
審議役 (局内組織運営および国際関係)	川本卓司
調査統計局長	大谷聡
国際局長	神山一成
審議役(局内組織運営)	中山智裕
同 (国際関係)	東善明
発券局長	金沢敏郎
審議役 (局内組織運営およびシステム・設備関係)	村國聡
業務局長	上口洋司
審議役(局内組織運営)	佐久田健司
システム情報局長	谷口文一
審議役(局内組織運営)	三木徹
情報サービス局長	小牧義弘
総務人事局長	播本慶子
審議役(人事運用担当)	奥野聡雄
文書局長	千田英継
金融研究所長	近田健

日本下水道事業団

〒113-0034 文京区湯島2-31-27
湯島台ビル ☎03(6361)7800

理事長	森岡泰裕
副理事長	井上伸夫
理事	原敬一
白﨑亮	細川顕仁
渡辺志津男	蒲島郁夫(非常勤)
大西一史(非常勤)	菊地豊(非常勤)
監事	水津英則
監事(非常勤)	柳亜紀

上席審議役	内笹井徹
事業管理審議役	倉本喜文
事業管理審議役	金子昭人
事業管理審議役	春木俊人
技術開発審議役	弓削田克美
審議役	大沼幸喜
遠田和行	高橋克尚
高村和典	
経営企画部長	山本泰司
事業統括部長	石﨑隆弘
ソリューション推進部長	丸山徳義
DX戦略部長	富樫俊文
技術開発室長(兼)	弓削田克美
国際戦略室長	若林淳司
監査室長	二橋宏樹
研修センター所長	豆谷竜太郎

日本年金機構

〒168-8505 杉並区高井戸西3-5-24
☎03(5344)1100

理事長	水島藤一郎
副理事長	樽見英樹
理事(人事・会計部門担当)	草刈俊彦
理事(事業企画部門担当)	和田康紀
理事(事業管理部門担当)	岩井勝弘
理事(事業推進部門担当)	入澤俊行
理事(年金給付事業部門担当)	田浦美香
理事(システム部門担当)	嶌内博美
理事(特命担当)	江藤友保
理事(非常勤)	川端和治
辻廣雅文	戸田博史
吉永みち子	
監事	石原亨
監事(非常勤)	矢崎ふみ子

独立行政法人

(令和5年7月5日現在)
※7月6日以降の取材もあります。

※(独)は独立行政法人を略したものです。

独立行政法人

内閣府所管

(独)国立公文書館

〒102-0091 千代田区北の丸公園3-2
☎03(3214)0621
館　長　鎌田　薫

〔アジア歴史資料センター〕
〒113-0033 文京区本郷3-22-5
住友不動産本郷ビル10F
☎03(5805)8801

(独)北方領土問題対策協会

〒110-0014 台東区北上野1-9-12
住友不動産上野ビル9F ☎03(3843)3630
理事長　山本茂樹

国立研究開発法人 日本医療研究開発機構

〒100-0004 千代田区大手町1-7-1
読売新聞ビル ☎03(6870)2200
理事長　三島良直

消費者庁所管

(独)国民生活センター

相模原事務所
〒252-0229 相模原市中央区弥栄3-1-1
☎042(758)3161
東京事務所
〒108-8602 港区高輪3-13-22
☎03(3443)6211
理事長　山田昭典

総務省所管

国立研究開発法人 情報通信研究機構

(本部)〒184-8795 小金井市貫井北町4-2-1
☎042(327)7429
理事長　徳田英幸

(独)統計センター

〒162-8668 新宿区若松町19-1
☎03(5273)1200
理事長　佐伯修司

(独)郵便貯金簡易生命保険管理・郵便局ネットワーク支援機構

〒105-0001 港区虎ノ門5-13-1
虎ノ門40MTビル3F ☎03(5472)7101
理事長　白山昭彦

外務省所管

(独)国際協力機構

〒102-8012 千代田区二番町5-25
二番町センタービル ☎03(5226)6660
理事長　田中明彦

(独)国際交流基金

〒160-0004 新宿区四谷1-6-4
コモレ四谷 ☎03(5369)6075
理事長　梅本和義

財務省所管

(独)酒類総合研究所

〒739-0046 東広島市鏡山3-7-1
☎082(420)0800
理事長　福田　央

(独)造幣局

〒530-0043 大阪市北区天満1-1-79
☎06(6351)5361
理事長　後藤健二

(独)国立印刷局

〒105-8445 港区虎ノ門2-2-5
共同通信会館ビル ☎03(3582)4411
理事長　大津俊哉

文部科学省所管

(独)国立特別支援教育総合研究所

〒239-8585 横須賀市野比5-1-1
☎046(839)6803
理事長　中村信一

(独) 大学入試センター

〒153-8501 目黒区駒場2-19-23
☎03(3468)3311

理　事　長　山口宏樹

(独) 国立青少年教育振興機構

〒151-0052 渋谷区代々木神園町3-1
☎03(3467)7201

理　事　長　古川　和

(独) 国立女性教育会館

〒355-0292 埼玉県比企郡嵐山町菅谷728
☎0493(62)6719(総務課)

理　事　長　萩原なつ子

(独) 国立科学博物館

〒110-8718 台東区上野公園7-20
☎03(3822)0111

館　長　篠田謙一

国立研究開発法人
物質・材料研究機構

〒305-0047 つくば市千現1-2-1
☎029(859)2000

理　事　長　宝野和博

国立研究開発法人
防災科学技術研究所

〒305-0006 つくば市天王台3-1
☎029(851)1611

理　事　長　寶　馨

国立研究開発法人
量子科学技術研究開発機構

〒263-8555 千葉市稲毛区穴川4-9-1
☎043(382)8001

理　事　長　小安重夫

(独) 国立美術館

〒102-8322 千代田区北の丸公園3-1
☎03(3214)2561

理　事　長　逢坂恵理子

〔東京国立近代美術館〕

〒102-8322 千代田区北の丸公園3-1
☎03(3214)2561

〔京都国立近代美術館〕

〒606-8344 京都市左京区岡崎円勝寺町26-1
☎075(761)4111

〔国立映画アーカイブ〕

〒104-0031 中央区京橋3-7-6
☎03(3561)0823

〔国立西洋美術館〕

〒110-0007 台東区上野公園7-7
☎03(3828)5131

〔国立国際美術館〕

〒530-0005 大阪市北区中之島4-2-55
☎06(6447)4680

〔国立新美術館〕

〒106-8558 港区六本木7-22-2
☎03(6812)9900

(独) 国立文化財機構

〒110-8712 台東区上野公園13-9
☎03(3822)1196

理　事　長　島谷弘幸

〔東京国立博物館〕

〒110-8712 台東区上野公園13-9
☎03(3822)1111

〔京都国立博物館〕

〒605-0931 京都市東山区茶屋町527
☎075(541)1151

〔奈良国立博物館〕

〒630-8213 奈良市登大路町50
☎0742(22)7771

〔九州国立博物館〕

〒818-0118 太宰府市石坂4-7-2
☎092(918)2807

〔東京文化財研究所〕

〒110-8713 台東区上野公園13-43
☎03(3823)2241

〔奈良文化財研究所〕

〒630-8577 奈良市二条町2-9-1
☎0742(30)6733

〔アジア太平洋無形文化遺産研究センター〕

〒590-0802 堺市堺区百舌鳥夕雲町2丁
(堺市博物館内)
☎072(275)8050

独立行政法人

(独)教職員支援機構

〒305-0802 つくば市立原3
☎029(879)6613
理　事　長　荒瀬克己

国立研究開発法人 科学技術振興機構

〒332-0012 川口市本町4-1-8
川口センタービル　☎048(226)5601
理　事　長　橋本和仁

(独)日本学術振興会

〒102-0083 千代田区麹町5-3-1
麹町ビジネスセンター　☎03(3263)1722
理　事　長　杉野　剛

国立研究開発法人 理化学研究所

〒351-0198 和光市広沢2-1
☎048(462)1111
理　事　長　五神　真

国立研究開発法人 宇宙航空研究開発機構

〒182-8522 調布市深大寺東町7-44-1
☎0422(40)3000
(東京事務所)
〒101-8008 千代田区神田駿河台4-6
御茶ノ水ソラシティ
☎03(5289)3600
理　事　長　山川　宏

(独)日本スポーツ振興センター

〒160-0013 新宿区霞ヶ丘町4-1
☎03(5410)9124
理　事　長　芦立　訓

(独)日本芸術文化振興会

〒102-8656 千代田区隼町4-1
☎03(3265)7411
理　事　長　長谷川眞理子

(独)日本学生支援機構

〒226-8503 横浜市緑区長津田町4259 S-3
☎045(924)0812
理　事　長　吉岡知哉

国立研究開発法人 海洋研究開発機構

〒237-0061 横須賀市夏島町2-15
☎046(866)3811
理　事　長　大和裕幸

(独)国立高等専門学校機構

〒193-0834 八王子市東浅川町701-2
☎042(662)3120
理　事　長　谷口　功

(独)大学改革支援・学位授与機構

〒187-8587 小平市学園西町1-29-1
☎042(307)1500
機　構　長　福田秀樹

国立研究開発法人 日本原子力研究開発機構

〒319-1184 茨城県那珂郡東海村
大字舟石川765番地1
☎029(282)1122
理　事　長　小口正範

厚生労働省所管

(独)勤労者退職金共済機構

〒170-8055 豊島区東池袋1-24-1
ニッセイ池袋ビル
☎03(6907)1275(総務部)
理　事　長　梅森　徹

(独)高齢・障害・求職者雇用支援機構

〒261-8558 千葉市美浜区若葉3-1-2
☎043(213)6000
理　事　長　輪島　忍

(独)福祉医療機構

〒105-8486 港区虎ノ門4-3-13
ヒューリック神谷町ビル　☎03(3438)0211
理　事　長　松縄　正

(独)国立重度知的障害者総合施設のぞみの園

〒370-0865 高崎市寺尾町2120-2
☎027(325)1501
理　事　長　田中正博

(独)労働政策研究・研修機構

〒177-8502 練馬区上石神井4-8-23
☎03(5903)6111

理事長 藤村博之

(独)労働者健康安全機構

〒211-0021 川崎市中原区木月住吉町1-1
☎044(431)8600(総務部)

理事長 有賀 徹

(独)国立病院機構

〒152-8621 目黒区東が丘2-5-21
☎03(5712)5050

理事長 楠岡英雄

(独)医薬品医療機器総合機構

〒100-0013 千代田区霞が関3-3-2
新霞が関ビル
☎03(3506)9541

理事長 藤原康弘

国立研究開発法人 医薬基盤・健康・栄養研究所

〒567-0085 茨木市彩都あさぎ7-6-8
☎072(641)9811

理事長 中村祐輔

(独)地域医療機能推進機構

〒108-8583 港区高輪3-22-12
☎03(5791)8220

理事長 山本修一

年金積立金管理運用(独)

〒105-6377 港区虎ノ門1-23-1
虎ノ門ヒルズ森タワー7F ☎03(3502)2480

理事長 宮園雅敬

国立研究開発法人 国立がん研究センター

〒104-0045 中央区築地5-1-1
☎03(3542)2511

理事長 中釜 斉

国立研究開発法人 国立循環器病研究センター

〒564-8565 吹田市岸部新町6-1
☎06(6170)1070

理事長 大津欣也

国立研究開発法人 国立精神・神経医療研究センター

〒187-8551 小平市小川東町4-1-1
☎042(341)2711

理事長 中込和幸

国立研究開発法人 国立国際医療研究センター

〒162-8655 新宿区戸山1-21-1
☎03(3202)7181

理事長 國土典宏

国立研究開発法人 国立成育医療研究センター

〒157-8535 世田谷区大蔵2-10-1
☎03(3416)0181

理事長 五十嵐 隆

国立研究開発法人 国立長寿医療研究センター

〒474-8511 大府市森岡町7-430
☎0562(46)2311

理事長 荒井秀典

農林水産省所管

(独)農林水産消費安全技術センター

〒330-9731 さいたま市中央区新都心2-1
さいたま新都心合同庁舎検査棟
☎050(3797)1830

理事長 木内岳志

(独)家畜改良センター

〒961-8511 福島県西白河郡西郷村
大字小田倉字小田倉原1
☎0248(25)2231

理事長 入江正和

国立研究開発法人 農業・食品産業技術総合研究機構

〒305-8517 つくば市観音台3-1-1
☎029(838)8998

理事長 久間和生

国立研究開発法人 国際農林水産業研究センター

〒305-8686 つくば市大わし1-1
☎029(838)6313

理事長 小山 修

国立研究開発法人
森林研究・整備機構

〒305-8687 つくば市松の里1
☎029(873)3211
理　事　長 浅野　透

国立研究開発法人
水産研究・教育機構

〒221-8529 横浜市神奈川区新浦島町1-1-25
テクノウェイブ100　6F ☎045(277)0120
理　事　長 中山一郎

(独)農畜産業振興機構

〒106-8635 港区麻布台2-2-1
麻布台ビル ☎03(3583)8196(広報消費者課)
理　事　長 天羽　隆

(独)農業者年金基金

〒105-8010 港区西新橋1-6-21
NBF虎ノ門ビル5F ☎03(3502)3942
理　事　長 黒田夏樹

(独)農林漁業信用基金

〒105-6228 港区愛宕2-5-1 愛宕グリーンヒルズ
MORIタワー28F ☎03(3434)7813
理　事　長 牧元幸司

経済産業省所管

(独)経済産業研究所

〒100-8901 千代田区霞が関1-3-1
経済産業省別館11F ☎03(3501)1363
理　事　長 浦田秀次郎

(独)工業所有権情報・研修館

〒105-6008 港区虎ノ門4-3-1
城山トラストタワー8F ☎03(3501)5765
理　事　長 久保浩三

国立研究開発法人
産業技術総合研究所

〒100-8921 千代田区霞が関1-3-1
☎03(5501)0900
理　事　長 石村和彦

(独)製品評価技術基盤機構

〒151-0066 渋谷区西原2-49-10
☎03(3481)1931
理　事　長 長谷川史彦

国立研究開発法人新エネルギー・
産業技術総合開発機構

〒212-8554 川崎市幸区大宮町1310
ミューザ川崎セントラルタワー16F～20F
☎044(520)5100(総務部)
理　事　長 斎藤　保

(独)日本貿易振興機構

〒107-6006 港区赤坂1-12-32
アーク森ビル ☎03(3582)5511
理　事　長 石黒憲彦

(独)情報処理推進機構

〒113-6591 文京区本駒込2-28-8
文京グリーンコートセンターオフィス16F
☎03(5978)7620
理　事　長 齊藤　裕

(独)エネルギー・
金属鉱物資源機構

〒105-0001 港区虎ノ門2-10-1
虎ノ門ツインビルディング西棟
☎03(6758)8000
理　事　長 髙原一郎

(独)中小企業基盤整備機構

〒105-8453 港区虎ノ門3-5-1
虎ノ門37森ビル
☎03(3433)8811
理　事　長 豊永厚志

国土交通省所管

国立研究開発法人
土木研究所

〒305-8516 つくば市南原1-6
☎029(879)6700(総務課)
理　事　長 藤田光一

国立研究開発法人
建築研究所

〒305-0802 つくば市立原1
☎029(864)2151
理　事　長 澤地孝男

国立研究開発法人
海上・港湾・航空技術研究所

〒181-0004 三鷹市新川6-38-1
☎0422(41)3013
理　事　長 庄司るり

(独)海技教育機構

〒231-0003 横浜市中区北仲通5-57
横浜第2合同庁舎20F ☎045(211)7303

理事長 田島哲明

(独)航空大学校

〒880-8580 宮崎市大字赤江字飛江田652-2 ☎0985(51)1211

理事長 井戸川 眞

(独)自動車技術総合機構

〒160-0003 新宿区四谷本塩町4-41
住友生命四谷ビル4F
☎03(5363)3441

理事長 木村隆秀

(独)鉄道建設・運輸施設整備支援機構

〒231-8315 横浜市中区本町6-50-1
横浜アイランドタワー
☎045(222)9100(総務課)

理事長 藤田耕三

(独)国際観光振興機構

通称:日本政府観光局(JNTO)

〒160-0004 新宿区四谷1-6-4
☎03(5369)3342

理事長 蒲生篤実

(独)水資源機構

〒330-6008 さいたま市中央区新都心11-2
ランド･アクシス･タワー内
☎048(600)6500

理事長 金尾健司

(独)自動車事故対策機構

〒130-0013 墨田区錦糸3-2-1
アルカイースト19F ☎03(5608)7560

理事長 中村晃一郎

(独)空港周辺整備機構

〒812-0013 福岡市博多区博多駅東2-17-5
ARKビル9F ☎092(472)4591

理事長 今吉伸一

(独)都市再生機構

〒231-8315 横浜市中区本町6-50-1
横浜アイランドタワー ☎045(650)0111

理事長 中島正弘

(独)奄美群島振興開発基金

〒894-0026 奄美市名瀬港町1-5
☎0997(52)4511

理事長 本田勝規

(独)日本高速道路保有・債務返済機構

〒220-0011 横浜市西区高島1-1-2
横浜三井ビルディング5F
☎045(228)5977

理事長 高松 勝

(独)住宅金融支援機構

〒112-8570 文京区後楽1-4-10
☎03(3812)1111

理事長 毛利信二

環境省所管

国立研究開発法人 国立環境研究所

〒305-8506 つくば市小野川16-2
☎029(850)2314

理事長 木本昌秀

(独)環境再生保全機構

〒212-8554 川崎市幸区大宮町1310
ミューザ川崎セントラルタワー
☎044(520)9501

理事長 小辻智之

防衛省所管

(独)駐留軍等労働者労務管理機構

〒108-0073 港区三田3-13-12
三田MTビル ☎03(5730)2163

理事長 廣瀬行成

地方庁

（令和5年7月5日現在）
※7月6日以降の取材もあります。

北海道

〒060-8588 札幌市中央区北3条西6丁目
☎011(231)4111
〒100-0014 千代田区永田町2-17-17
永田町ほっかいどうスクエア1F
☎(3581)3411

議長	冨原　亮
副議長	稲村久男
知事	鈴木直道
副知事	浦本元人
副知事	土屋俊亮
副知事	濱坂真一
東京事務所長	上田晃弘

青森県

〒030-8570 青森市長島1-1-1
☎017(722)1111
〒102-0093 千代田区平河町2-6-3
都道府県会館7F ☎(5212)9113

議長	丸井　裕
副議長	寺田達也
知事	宮下宗一郎
副知事	小谷知也
副知事	
東京事務所長	簗田　潮

岩手県

〒020-8570 盛岡市内丸10-1
☎019(651)3111
〒104-0061 中央区銀座5-15-1
南海東京ビル2F ☎(3524)8316

議長	五日市　王
副議長	小野　共
知事	達増拓也
副知事	菊池　哲
副知事	八重樫幸治
東京事務所長	平井省三

宮城県

〒980-8570 仙台市青葉区本町3-8-1
☎022(211)2111
〒102-0093 千代田区平河町2-6-3
都道府県会館12F ☎(5212)9045

議長	菊地恵一
副議長	池田憲彦
知事	村井嘉浩
副知事	伊藤哲也
副知事	池田敬之
東京事務所長	末永仁一

秋田県

〒010-8570 秋田市山王4-1-1
☎018(860)1032(秘書課)
〒102-0093 千代田区平河町2-6-3
都道府県会館7F ☎(5212)9115

議長	北林丈正
副議長	鈴木健太
知事	佐竹敬久
副知事	神部秀行
副知事	猿田和三
東京事務所長	坂本雅和

山形県

〒990-8570 山形市松波2-8-1
☎023(630)2211
〒102-0093 千代田区平河町2-6-3
都道府県会館13F ☎(5212)9026

議長	森田　廣
副議長	小松伸也
知事	吉村美栄子
副知事	平山雅之
東京事務所長	黒田あゆ美

福島県

〒960-8670 福島市杉妻町2-16
☎024(521)1111
〒102-0093 千代田区平河町2-6-3
都道府県会館12F ☎(5212)9050

議長	渡辺義信
副議長	佐藤政隆

知　　　　事　内堀雅雄
副　知　事　鈴木正晃
副　知　事　佐藤宏隆
東京事務所長　細川　了

茨城県

〒310-8555 水戸市笠原町978-6
☎029(301)1111
〒102-0093 千代田区平河町2-6-3
都道府県会館9F ☎(5212)9088

議　　　　長　石井邦一
副　議　長　村上典男
知　　　　事　大井川和彦
副　知　事　小野寺　俊
副　知　事　横山征成
東京渉外局長　澤幡博子

栃木県

〒320-8501 宇都宮市塙田1-1-20
☎028(623)2323
〒102-0093 千代田区平河町2-6-3
都道府県会館11F ☎(5212)9064

議　　　　長　佐藤　良
副　議　長　関谷暢之
知　　　　事　福田富一
副　知　事　北村一郎
副　知　事　天利和紀
東京事務所長　中村和史

群馬県

〒371-8570 前橋市大手町1-1-1
☎027(223)1111
〒102-0093 千代田区平河町2-6-3
都道府県会館8F ☎(5212)9102

議　　　　長　安孫子　哲
副　議　長　川野辺達也
知　　　　事　山本一太
副　知　事　津久井治男
副　知　事　宇留賀敬一
東京事務所長　富澤孝史

埼玉県

〒330-9301 さいたま市浦和区高砂3-15-1
☎048(824)2111
〒102-0093 千代田区平河町2-6-3
都道府県会館8F ☎(5212)9104

議　　　　長　立石泰広
副　議　長　岡田静佳
知　　　　事　大野元裕
副　知　事　砂川裕紀
副　知　事　高柳三郎
副　知　事　山本悟司
東京事務所長　山﨑明弘

千葉県

〒260-8667 千葉市中央区市場町1-1
☎043(223)2110
〒102-0093 千代田区平河町2-6-3
都道府県会館14F ☎(5212)9013

議　　　　長　伊藤昌弘
副　議　長　山本義一
知　　　　事　熊谷俊人
副　知　事　穴澤幸男
副　知　事　黒野嘉之
東京事務所長　飯塚光昭

東京都

〒163-8001 新宿区西新宿2-8-1
☎(5321)1111

議　　　　長　三宅しげき
副　議　長　本橋ひろたか
知　　　　事　小池百合子
副　知　事　黒沼　靖
副　知　事　潮田　勉
副　知　事　中村倫治
副　知　事　宮坂　学

神奈川県

〒231-8588 横浜市中区日本大通1
☎045(210)1111
〒102-0093 千代田区平河町2-6-3
都道府県会館9F ☎(5212)9090

議　　　　長　加藤元弥
副　議　長　亀井たかつぐ

知事　黒岩祐治
副知事　武井政二
副知事　小板橋聡士
副知事　首藤健治
東京事務所長　木口真治

新潟県

〒950-8570 新潟市中央区新光町4-1
☎025(285)5511
〒102-0093 千代田区平河町2-6-3
都道府県会館15F ☎(5212)9002

議長　桧井辰雄
副議長　青柳正司
知事　花角英世
副知事　笠鳥公一
副知事　橋本憲次郎
東京事務所長　網島知子

富山県

〒930-8501 富山市新総曲輪1-7
☎076(431)4111
〒102-0093 千代田区平河町2-6-3
都道府県会館13F ☎(5212)9030

議長　山本徹
副議長　奥野詠子
知事　新田八朗
副知事　蔵堀祐一
副知事　横田美香
首都圏本部長　砂原賢司

石川県

〒920-8580 金沢市鞍月1-1
☎076(225)1111
〒102-0093 千代田区平河町2-6-3
都道府県会館14F ☎(5212)9016

議長　焼田宏明
副議長　平蔵豊志
知事　馳浩
副知事　徳田博
副知事　西垣淳子
東京事務所長　中谷安孝

福井県

〒910-8580 福井市大手3-17-1
☎0776(21)1111
〒102-0093 千代田区平河町2-6-3
都道府県会館10F ☎(5212)9074

議長　西本正俊
副議長　力野豊
知事　杉本達治
副知事　中村保博
副知事　櫻本宏
東京事務所長　白嵜淳

山梨県

〒400-8501 甲府市丸の内1-6-1
☎055(237)1111
〒102-0093 千代田区平河町2-6-3
都道府県会館13F ☎(5212)9033

議長　水岸富美男
副議長　清水喜美男
知事　長崎幸太郎
副知事　長田公
東京事務所長　瀧本勝彦

長野県

〒380-8570 長野市大字南長野字幅下692-2 ☎026(232)0111
〒102-0093 千代田区平河町2-6-3
都道府県会館12F ☎(5212)9055

議長　佐々木祥二
副議長　埋橋茂人
知事　阿部守一
副知事　関昇一郎
東京事務所長　出川広昭

岐阜県

〒500-8570 岐阜市薮田南2-1-1
☎058(272)1111
〒102-0093 千代田区平河町2-6-3
都道府県会館14F ☎(5212)9020

議長　野島征夫
副議長　田中勝士
知事　古田肇
副知事　大森康宏
副知事　河合孝憲

東京事務所長　片桐伸一

静岡県

〒420-8601 静岡市葵区追手町9-6
☎054(221)2455(総合案内)
〒102-0093 千代田区平河町2-6-3
都道府県会館13F ☎(5212)9035

議長	中沢公彦
副議長	鈴木澄美
知事	川勝平太
副知事	出野勉
副知事	森貴志
ふじのくに大使館公使(東京事務所長)	芹澤真一

愛知県

〒460-8501 名古屋市中区三の丸3-1-2
☎052(961)2111
〒102-0093 千代田区平河町2-6-3
都道府県会館9F ☎(5212)9092

議長	石井芳樹
副議長	いなもと和仁
知事	大村秀章
副知事	古本伸一郎
副知事	林全宏
副知事	牧野利香
副知事	江口幸雄
東京事務所長	片桐靖幸

三重県

〒514-8570 津市広明町13
☎059(224)3070
〒102-0093 千代田区平河町2-6-3
都道府県会館11F ☎(5212)9065

議長	中森博文
副議長	杉本熊野
知事	一見勝之
副知事	廣田恵子
副知事	服部浩
東京事務所長	山本秀典

滋賀県

〒520-8577 大津市京町4-1-1
☎077(528)3993
〒102-0093 千代田区平河町2-6-3
都道府県会館8F ☎(5212)9107

議長	奥村芳正
副議長	有村國俊
知事	三日月大造
副知事	江島宏治
副知事	大杉住子
東京本部長	中村守

京都府

〒602-8570 京都市上京区下立売通新町西入薮ノ内町 ☎075(451)8111
〒102-0093 千代田区平河町2-6-3
都道府県会館8F ☎(5212)9109

議長	石田宗久
副議長	林正樹
知事	西脇隆俊
副知事	山下晃正
副知事	古川博規
副知事	鈴木貴典
東京事務所長	嶋津誉子

大阪府

〒540-8570 大阪市中央区大手前2-1-22
☎06(6941)0351
〒102-0093 千代田区平河町2-6-3
都道府県会館7F ☎(5212)9118

議長	久谷眞敬
副議長	垣見大志朗
知事	吉村洋文
副知事	山口信彦
副知事	森岡武一
副知事	渡邉繁樹
東京事務所長	芳本竜一

兵庫県

〒650-8567 神戸市中央区下山手通5-10-1
☎078(341)7711
〒102-0093 千代田区平河町2-6-3
都道府県会館13F ☎(5212)9040

議長	内藤兵衛

副議長　徳安淳子
知事　齋藤元彦
副知事　片山安孝
副知事　服部洋平
東京事務所長　今後元彦

奈良県

〒630-8501 奈良市登大路町30
☎0742(22)1101
〒102-0093 千代田区平河町2-6-3
都道府県会館9F ☎(5212)9096

議長　岩田国夫
副議長　池田慎久
知事　山下真
副知事　村井浩
副知事　湯山壮一郎
東京事務所長　永井聡

和歌山県

〒640-8585 和歌山市小松原通1-1
☎073(432)4111
〒102-0093 千代田区平河町2-6-3
都道府県会館12F ☎(5212)9057

議長　濱口太史
副議長　中本浩精
知事　岸本周平
副知事　下宏
東京事務所長　湯川学

鳥取県

〒680-8570 鳥取市東町1-220
☎0857(26)7111
〒102-0093 千代田区平河町2-6-3
都道府県会館10F ☎(5212)9077

議長　浜崎晋一
副議長　野坂道明
知事　平井伸治
副知事　亀井一賀
東京本部長　堀田晶子

島根県

〒690-8501 松江市殿町1
☎0852(22)5111
〒102-0093 千代田区平河町2-6-3
都道府県会館11F ☎(5212)9070

議長　園山繁
副議長　山根成二
知事　丸山達也
副知事　松尾紳次
東京事務所長　大谷幸生

岡山県

〒700-8570 岡山市北区内山下2-4-6
☎086(224)2111
〒102-0093 千代田区平河町2-6-3
都道府県会館10F ☎(5212)9080

議長　小倉弘行
副議長　江本公一
知事　伊原木隆太
副知事　横田有次
副知事　上坊勝則
東京事務所長　玉置明日夫

広島県

〒730-8511 広島市中区基町10-52
☎082(228)2111
〒105-0001 港区虎ノ門1-2-8
虎ノ門琴平タワー22F ☎(3580)0851

議長　中本隆志
副議長　緒方直之
知事　湯﨑英彦
副知事　山根健嗣
副知事　玉井優子
東京事務所長　弓場久司

山口県

〒753-8501 山口市滝町1-1
☎083(922)3111
〒100-0013 千代田区霞が関3-3-1
尚友会館4F ☎(3502)3355

議長　柳居俊学
副議長　島田教明
知事　村岡嗣政
副知事　平屋隆之

東京事務所長　清水久洋

徳島県

〒770-8570 徳島市万代町1-1
☎088(621)2500(案内係)
〒102-0093 千代田区平河町2-6-3
都道府県会館14F ☎(5212)9022

議長　岡田理絵
副議長　須見一仁
知事　後藤田正純
副知事　志田敏郎
副知事　伊藤大輔
東京本部長　勝川雅史

香川県

〒760-8570 高松市番町4-1-10
☎087(831)1111
〒102-0093 千代田区平河町2-6-3
都道府県会館9F ☎(5212)9100

議長　新田耕造
副議長　松原哲也
知事　池田豊人
副知事　大山智
東京事務所長　森岡英司

愛媛県

〒790-8570 松山市一番町4-4-2
☎089(941)2111
〒102-0093 千代田区平河町2-6-3
都道府県会館11F ☎(5212)9071

議長　高山康人
副議長　福羅浩一
知事　中村時広
副知事　田中英樹
東京事務所長　矢野悌二

高知県

〒780-8570 高知市丸ノ内1-2-20
☎088(823)1111
〒100-0011 千代田区内幸町1-3-3
内幸町ダイビル7F ☎(3501)5541

議長　引田兼一
副議長　今城誠司
知事　濵田省司
副知事　井上浩之

理事・東京事務所長　前田和彦

福岡県

〒812-8577 福岡市博多区東公園7-7
☎092(651)1111
〒102-0083 千代田区麹町1-12-1
住友不動産ふくおか半蔵門ビル2F ☎(3261)9861

議長　香原勝司
副議長　佐々木允
知事　服部誠太郎
副知事　江口勝
副知事　大曲昭恵
副知事　生嶋亮介
東京事務所長　山口洋志

佐賀県

〒840-8570 佐賀市城内1-1-59
☎0952(24)2111
〒102-0093 千代田区平河町2-6-3
都道府県会館11F ☎(5212)9073

議長　大場芳博
副議長　坂口祐樹
知事　山口祥義
副知事　落合裕二
副知事　南里隆
首都圏事務所長　橋口泰史

長崎県

〒850-8570 長崎市尾上町3-1
☎095(824)1111
〒102-0093 千代田区平河町2-6-3
都道府県会館14F ☎(5212)9025

議長　徳永達也
副議長　山本由夫
知事　大石賢吾
副知事　浦真樹
副知事　馬場裕子
東京事務所長　村田利博

熊本県

〒862-8570 熊本市中央区水前寺6-18-1
☎096(383)1111
〒102-0093 千代田区平河町2-6-3
都道府県会館10F ☎(5212)9084

議長 渕上陽一
副議長 内野幸喜
知事 蒲島郁夫
副知事 田嶋徹
副知事 木村敬
東京事務所長 三牧芳浩

大分県

〒870-8501 大分市大手町3-1-1
☎097(536)1111
〒102-0093 千代田区平河町2-6-3
都道府県会館4F
☎(6771)7011

議長 元吉俊博
副議長 木付親次
知事 佐藤樹一郎
副知事 尾野賢治
副知事 吉田一生
東京事務所長 馬場真由美

宮崎県

〒880-8501 宮崎市橘通東2-10-1
☎0985(26)7111
〒102-0093 千代田区平河町2-6-3
都道府県会館15F ☎(5212)9007

議長 濵砂守
副議長 日高博之
知事 河野俊嗣
副知事 日隈俊郎
副知事 佐藤弘之
東京事務所長 児玉憲明

鹿児島県

〒890-8577 鹿児島市鴨池新町10-1
☎099(286)2111
〒102-0093 千代田区平河町2-6-3
都道府県会館12F ☎(5212)9060

議長 松里保廣
副議長 小園しげよし
知事 塩田康一
副知事 藤本徳昭
副知事 大塚大輔
東京事務所長 伊地知芳浩

沖縄県

〒900-8570 那覇市泉崎1-2-2
☎098(866)2074(総務私学課)
〒102-0093 千代田区平河町2-6-3
都道府県会館10F ☎(5212)9087

議長 赤嶺昇
副議長 照屋守之
知事 玉城デニー
副知事 照屋義実
副知事 池田竹州
東京事務所長 平田正志

札幌市

〒060-8611 札幌市中央区北1条西2
☎011(211)2111
〒100-0006 千代田区有楽町2-10-1
東京交通会館3F ☎(3216)5090

議長 飯島弘之
副議長 しのだ江里子
市長 秋元克広
副市長 町田隆敏
副市長 石川敏也
副市長 天野周治
東京事務所長 佐藤美賀

仙台市

〒980-8671 仙台市青葉区国分町3-7-1
☎022(261)1111
〒102-0093 千代田区平河町2-4-1
日本都市センター会館9F
☎(3262)5765

議長 赤間次彦
副議長 村上かずひこ
市長 郡和子
副市長 藤本章
副市長 髙橋新悦
東京事務所長 大上喜裕

さいたま市

〒330-9588 さいたま市浦和区常盤6-4-4
☎048(829)1111
〒102-0093 千代田区平河町2-4-1
日本都市センター会館11F
☎(5215)7561

議長	江原大輔
副議長	神坂達成
市長	清水勇人
副市長	日野　徹
副市長	髙橋　篤
副市長	小川博之
東京事務所長	金子芳久

千葉市

〒260-8722 千葉市中央区千葉港1-1
☎043(245)5111
〒102-0093 千代田区平河町2-4-1
日本都市センター会館9F
☎(3261)6411

議長	石川　弘
副議長	麻生紀雄
市長	神谷俊一
副市長	大木正人
副市長	青柳　太
東京事務所長	青木　茂

横浜市

〒231-0005 横浜市中区本町6-50-10
☎045(671)2121
〒102-0093 千代田区平河町2-4-1
日本都市センター会館11F
☎(3264)4800

議長	瀬之間康浩
副議長	福島直子
市長	山中竹春
副市長	平原敏英
副市長	城　博俊
副市長	伊地知英弘
副市長	大久保智子
東京事務所長	伊倉久美子

川崎市

〒210-8577 川崎市川崎区宮本町1
☎044(200)2111

議長	青木功雄
副議長	岩隈千尋
市長	福田紀彦
副市長	伊藤　弘
副市長	加藤順一
副市長	藤倉茂起
東京事務所長	中岡祐一

相模原市

〒252-5277 相模原市中央区中央2-11-15
☎042(754)1111
〒102-0093 千代田区平河町2-4-1
日本都市センター会館12F
☎(3222)1653

議長	古内　明
副議長	大崎秀治
市長	本村賢太郎
副市長	石井賢之
副市長	奈良浩之
副市長	大川亜沙奈
東京事務所長	小林　誠

新潟市

〒951-8550 新潟市中央区学校町通1-602-1
☎025(228)1000
〒102-0093 千代田区平河町2-4-1
日本都市センター会館9F
☎(5216)5133

議長	皆川英二
副議長	小山　進
市長	中原八一
副市長	朝妻　博
副市長	野島晶子
東京事務所長	坂井秋樹

静岡市

〒420-8602 静岡市葵区追手町5-1
☎054(254)2111
〒102-0093 千代田区平河町2-4-1
日本都市センター会館9F
☎(3556)0865

議長	井上恒彌
副議長	丹沢卓久
市長	難波喬司
副市長	大長義之
副市長	本田武志
東京事務所長	谷川良英

浜松市

〒430-8652 浜松市中区元城町103-2
☎053(457)2111
〒102-0093 千代田区平河町2-4-1
日本都市センター会館12F
☎(3556)2691

議長	戸田　誠
副議長	須藤京子
市長	中野祐介
副市長	長田繁喜
副市長	山名　裕
東京事務所長	松野吉司人

名古屋市

〒460-8508 名古屋市中区三の丸3-1-1
☎052(961)1111
〒100-0013 千代田区霞が関3-3-2
新霞が関ビルディング1F ☎(3504)1738

議長	成田たかゆき
副議長	長谷川由美子
市長	河村たかし
副市長	中田英雄
副市長	杉野みどり
副市長	松雄俊憲
東京事務所長	南出清志

京都市

〒604-8571 京都市中京区寺町通
御池上る上本能寺前町488
☎075(222)3111
〒100-0005 千代田区丸の内1-6-5
丸の内北口ビル14F
☎(6551)2671

議長	西村義直
副議長	平山よしかず
市長	門川大作
副市長	岡田憲和
副市長	吉田良比呂
副市長	坂越健一
東京事務所長	草木　大

大阪市

〒530-8201 大阪市北区中之島1-3-20
☎06(6208)8181
〒102-0093 千代田区平河町2-6-3
都道府県会館7F(大阪府東京事務所内)
☎(3230)1631

議長	片山一歩
副議長	土岐恭生
市長	横山英幸
副市長	高橋　徹
副市長	朝川　晋
副市長	山本剛史
東京事務所長	髙村和則

堺市

〒590-0078 堺市堺区南瓦町3-1
☎072(233)1101
〒102-0093 千代田区平河町2-6-3
都道府県会館7F(大阪府東京事務所内)
☎(5276)2183

議長	的場慎一
副議長	木畑　匡
市長	永藤英機
副市長	佐小元士
副市長	田雑隆昌
東京事務所長	羽田貴史

神　戸　市

〒650-8570 神戸市中央区加納町6-5-1
☎078(331)8181
〒102-0093 千代田区平河町2-6-3
都道府県会館13F ☎(3263)3071

議　　　長　坊　　恭寿
副 議 長　河南忠和
市　　　長　久元喜造
副 市 長　今西正男
副 市 長　小原一徳
東京事務所長　服部哲也

岡　山　市

〒700-8544 岡山市北区大供1-1-1
☎086(803)1000
〒100-0005 千代田区丸の内2-5-2
三菱ビル9F973区 ☎(3201)3807

議　　　長　田口裕士
副 議 長　森田卓司
市　　　長　大森雅夫
副 市 長　林　　恭生
副 市 長　竹中正博
東京事務所長　林原瑞気

広　島　市

〒730-8586 広島市中区国泰寺町1-6-34
☎082(245)2111
〒100-0012 千代田区日比谷公園1-3
市政会館内 ☎(3591)1292

議　　　長　母谷龍典
副 議 長　西田　　浩
市　　　長　松井一實
副 市 長　前　　健一
副 市 長　荒神原政司
東京事務所長　澤　　裕二

北九州市

〒803-8501 北九州市小倉北区城内1-1
☎093(582)2102
〒100-0006 千代田区有楽町2-10-1
東京交通会館ビル6F ☎(6213)0093

議　　　長　鷹木研一郎
副 議 長　成重正丈
市　　　長　武内和久
副 市 長　稲原　　浩
副 市 長　片山憲一
副 市 長　大庭千賀子
東京事務所長　太田知宏

福　岡　市

〒810-8620 福岡市中央区天神1-8-1
☎092(711)4111
〒102-0093 千代田区平河町2-4-1
日本都市センター会館12F
☎(3261)9712

議　　　長　打越基安
副 議 長　松野　　隆
市　　　長　髙島宗一郎
副 市 長　光山裕朗
副 市 長　中村英一
副 市 長　荒瀬泰子
東京事務所長　古島英治

熊　本　市

〒860-8601 熊本市中央区手取本町1-1
☎096(328)2111
〒102-0093 千代田区平河町2-4-1
日本都市センター会館9F
☎(3262)3840

議　　　長　田中敦朗
副 議 長　大嶌澄雄
市　　　長　大西一史
副 市 長　深水政彦
副 市 長　中垣内隆久
東京事務所長　永田賢正

全国都道府県議会議長会

〒102-0093 千代田区平河町2-6-3
都道府県会館5F ☎(5212)9155

会　　　長　山本　　徹
副 会 長　冨原　　亮
丸井　　裕　楡井辰雄
中森博文　奥村芳正
小倉弘行　岡田理絵
大場芳博
理　　　事　渡辺義信

地方庁

水岸富美男　石井芳樹
久谷眞敬　浜崎晋一
新田耕造　松里保廣

監事　立石泰広
岩田国夫　高山康人

事務総長　高原剛
総務部長　飯山尚人
議事調査部長　下田正幸
参事　植野隆志
調査部長心得　吉原淳
共済会業務部長心得　今関安弘

全国知事会

〒102-0093 千代田区平河町2-6-3
都道府県会館内 ☎(5212)9127

会長　平井伸治
副会長　村井嘉浩
阿部守一　古田肇
三日月大造　伊原木隆太
河野俊嗣

理事　達増拓也
小池百合子　大村秀章
西脇隆俊　丸山達也
濵田省司　蒲島郁夫

監事　黒岩祐治
新田八朗　池田豊人

事務総長　中島正信
事務局次長　多田健一郎
総務部長　多田健一郎
調査第一部長　西川享
調査第二部長　仙田康博
調査第三部長　中満正志
事務局部長　神林真美香

全国市議会議長会

〒102-0093 千代田区平河町2-4-2
全国都市会館 ☎(3262)5234

会長　坊恭寿
副会長　畑中優周
大峯英之　大津亮一
南澤幸美　西田雄一
白石義人

事務総長　橋本嘉一
次長　上市直樹
総務部長　片岡智則
政務第一部長　福田将己
政務第二部長　見原出
企画議事部長　目黒宏康
企画議事部法制主幹　本橋謙治
共済会事務局長　橋本嘉一

全国市長会

〒102-8635 千代田区平河町2-4-2
全国都市会館 ☎(3262)2310～9

会長　立谷秀清
副会長　米沢則寿
佐藤孝弘　夏野修
本村賢太郎　太田稔彦
末松則子　藤原保幸
松井一實　入山欣郎
大西秀人　中野五郎
大西一史

事務総長　稲山博司
事務局次長　横山忠弘
企画調整室長（事務取扱）　事務局次長
総務部長　木村成仁
行政部長　向山秀昭
財政部長　山本靖博
社会文教部長　山本宏明
経済部長　植竹徹
調査広報部長　髙橋英俊
共済保険部長　井村真弓

全国町村議会議長会

〒102-0082 千代田区一番町25番地
全国町村議員会館 ☎(3264)8181
令和5年8月1日現在

会長　渡部孝樹
副会長　寺本清春

副会長	畠田勝廣
事務総長	赤松俊彦
事務局次長	三宅達也
企画調整部長	鈴木　毅
議事調査部長	飯田　厚
共済会業務部長	松浦貞治

全国町村会

〒100-0014 千代田区永田町1-11-35
全国町村会館 ☎(3581)0482

会長	吉田隆行
副会長	棚野孝夫
鈴木重男	松田知己
古口達也	岩田利雄
矢田富郎	金子政則
岡本　章	山崎親男
影治信良	田島健一
高岡秀規	
事務総長	横田真二
事務局次長(総務・事業・災害共済・生協担当)	直江史彦
事務局次長(政務担当)	角田秀夫

総務部長	河野　功
行政部長	小出太朗
財政部長	小野寺則博
経済農林部長	小野文明
広報部長	田名網眞基
事業部長	後藤広美
災害共済部長	坂中理人
保険部長(兼)	坂中理人
生協事務局長	佐川浩幸

指定都市市長会

〒100-0012 千代田区日比谷公園1-3
市政会館6F ☎(3591)4772

会長	久元喜造
副会長	門川大作
清水勇人	髙島宗一郎
松井一實	
事務局長	豊永太郎
次長	嵯峨亜希子
同	稲山　輝
同	辻下光晴

全国都市東京事務所 (○は指定都市)

北海道市長会	〒100-0014	千,永田町2-17-17永田町ほっかいどうスクエア1F	☎(3500)3917
熊本県市長会	〒102-0093	千,平河町2-4-1日本都市センター11F	☎(3288)5235
○札幌市	〒100-0006	千,有楽町2-10-1東京交通会館3F	☎(3216)5090
○仙台市	〒102-0093	千,平河町2-4-1日本都市センター9F	☎(3262)5765
○さいたま市	〒102-0093	千,平河町2-4-1日本都市センター11F	☎(5215)7561
○千葉市	〒102-0093	千,平河町2-4-1日本都市センター9F	☎(3261)6411
○横浜市	〒102-0093	千,平河町2-4-1日本都市センター11F	☎(3264)4800
○川崎市	〒210-8577	川崎市川崎区宮本町1	☎044(200)0053
○相模原市	〒102-0093	千,平河町2-4-1日本都市センター12F	☎(3222)1653
○新潟市	〒102-0093	千,平河町2-4-1日本都市センター9F	☎(5216)5133
○静岡市	〒102-0093	千,平河町2-4-1日本都市センター9F	☎(3556)0865
○浜松市	〒102-0093	千,平河町2-4-1日本都市センター12F	☎(3556)2691
○名古屋市	〒100-0013	千,霞が関3-3-2新霞が関ビルディング1F	☎(3504)1738
○京都市	〒100-0005	千,丸の内1-6-5丸の内北口ビル14F	☎(6551)2671
○大阪市	〒102-0093	千,平河町2-6-3都道府県会館7F(大阪府東京事務所内)	☎(3230)1631
○堺市	〒102-0093	千,平河町2-6-3都道府県会館7F(大阪府東京事務所内)	☎(5276)2183
○神戸市	〒102-0093	千,平河町2-6-3都道府県会館13F	☎(3263)3071
○岡山市	〒100-0005	千,丸の内2-5-2三菱ビル9F973区	☎(3201)3807
○広島市	〒100-0012	千,日比谷公園1-3市政会館4F	☎(3591)1292

○北九州市	〒100-0006	千,有楽町2-10-1東京交通会館ビル6F	☎(6213)0093
○福岡市	〒102-0093	千,平河町2-4-1日本都市センター12F	☎(3261)9712
○熊本市	〒102-0093	千,平河町2-4-1日本都市センター9F	☎(3262)3840
小樽市	〒100-0014	千,永田町2-17-17永田町ほっかいどうスクエア614	☎(6205)7760
釧路市	〒102-0093	千,平河町2-4-1日本都市センター9F	☎(3263)1992
帯広市	〒105-0003	港,西新橋1-16-4ノアックスビル6F	☎(3581)2415
苫小牧市	〒102-0093	千,平河町2-4-2全国都市会館5F	☎(3265)8078
青森市	〒107-0052	港,赤坂3-13-7サクセス赤坂ビル	☎(5545)5652
八戸市	〒102-0093	千,平河町2-4-2全国都市会館5F	☎(3261)8973
盛岡市	〒100-0012	千,日比谷公園1-3市政会館5F	☎(3595)7101
秋田市	〒102-0093	千,平河町2-4-1日本都市センター11F	☎(3234)6871
鶴岡市	〒134-0088	江戸川区西葛西7-28-7	☎(5696)6821
いわき市	〒105-0004	港,新橋2-16-1ニュー新橋ビル7F	☎(5251)5181
金沢市	〒102-0093	千,平河町2-4-2全国都市会館5F	☎(3262)0444
福井市	〒100-0012	千,日比谷公園1-3市政会館5F	☎(6457)9181
長野市	〒100-0014	千,永田町2-17-17アイオス永田町509	☎(5501)0461
岐阜市	〒102-0093	千,平河町2-6-3都道府県会館14F県事務所内	☎(5210)2061
豊橋市	〒102-0093	千,平河町2-4-1日本都市センター9F	☎(5210)1484
豊田市	〒102-0093	千,平河町2-4-1日本都市センター11F	☎(3556)3861
四日市市	〒102-0093	千,平河町2-4-1日本都市センター11F	☎(3263)3038
津市	〒102-0093	千,平河町2-4-1日本都市センター11F	☎(6672)6868
姫路市	〒102-0093	千,平河町2-4-1日本都市センター12F	☎(6272)5690
和歌山市	〒102-0093	千,平河町2-6-3都道府県会館12F県事務所内	☎(5212)9193
倉敷市	〒102-0093	千,平河町2-4-2全国都市会館5F	☎(3263)2686
呉市	〒102-0093	千,平河町2-4-1日本都市センター11F	☎(6261)3746
福山市	〒102-0093	千,平河町2-4-1日本都市センター11F	☎(3263)0966
下関市	〒102-0093	千,平河町2-4-1日本都市センター12F	☎(3261)4098
松山市	〒102-0093	千,平河町2-4-1日本都市センター11F	☎(3262)0974
久留米市	〒102-0093	千,平河町2-4-1日本都市センター11F	☎(3556)6900
長崎市	〒100-0012	千,日比谷公園1-3市政会館7F	☎(3591)7600
佐世保市	〒102-0093	千,平河町2-4-1日本都市センター11F	☎(5213)9060
諫早市	〒112-0015	文,目白台1-4-15	☎(3947)3296
大分市	〒102-0093	千,平河町2-4-1日本都市センター12F	☎(3221)5951
別府市	〒100-0014	千,永田町2-17-17アイオス永田町606号室	☎(6457)9971
宮崎市	〒102-0093	千,平河町2-4-1日本都市センター12F	☎(3234)9777
鹿児島市	〒102-0093	千,平河町2-4-1日本都市センター12F	☎(3262)6684

（人口10万人以上の都市についての東京事務所を掲載。）

特殊法人・主要団体等一覧

（令和5年7月5日現在）

【特　殊　法　人】

〔事業団〕

日本私立学校振興・共済事業団	102-8145	千，富士見1-10-12	3230-1321

〔公　　庫〕

沖縄振興開発金融公庫	900-8520	那覇市おもろまち1-2-26	098-941-1700

〔特殊会社〕

日本電信電話㈱（NTT）	100-8116	千，大手町1-5-1 大手町ファーストスクエア イーストタワー	6838-5111
東日本電信電話㈱（NTT東日本）	163-8019	新，西新宿3-19-2 NTT東日本本社ビル	5359-5111
西日本電信電話㈱（NTT西日本）	534-0024	大阪市都島区東野田町4-15-82	06-4793-9111
日本郵政㈱	100-8791	千，大手町2-3-1	3477-0111
日本郵便㈱		同	
日本たばこ産業㈱	105-6927	港，虎ノ門4-1-1	6636-2914
新関西国際空港㈱	549-0011	大阪府泉南郡田尻町泉州空港中1番地 関西国際空港航空会社南ビル4F	072-455-4030
北海道旅客鉄道㈱	060-8644	札幌市中央区北11条西15丁目1-1	011-222-7111（電話案内センター）
四国旅客鉄道㈱	760-8580	高松市浜ノ町8-33	087-825-1600
日本貨物鉄道㈱	151-0051	渋，千駄ヶ谷5-33-8 サウスゲート新宿	5367-7370（総務部）
東京地下鉄㈱（東京メトロ）	110-8614	台，東上野3-19-6	3837-7041（総務部）
成田国際空港㈱	282-8601	成田市 成田国際空港内	0476-34-5400（総務人事部）
東日本高速道路㈱	100-8979	千，霞が関3-3-2 新霞が関ビルディング	3506-0111
中日本高速道路㈱	460-0003	名古屋市中区錦2-18-19 三井住友銀行名古屋ビル	052-222-1620
西日本高速道路㈱	530-0003	大阪市北区堂島1-6-20 堂島アバンザ18F	06-6344-4000
首都高速道路㈱	100-8930	千，霞が関1-4-1 日土地ビル	3502-7311
阪神高速道路㈱	530-0005	大阪市北区中之島3-2-4 中之島フェスティバルタワー・ウエスト	06-6203-8888
本州四国連絡高速道路㈱	651-0088	神戸市中央区小野柄通4-1-22 アーバンエース三宮ビル	078-291-1000
日本アルコール産業㈱	103-0024	中，日本橋小舟町6-6 小倉ビル6F	5641-5255
中間貯蔵・環境安全事業㈱	105-0014	港，芝1-7-17 住友不動産芝ビル3号館4F	5765-1911
㈱日本政策金融公庫	100-0004	千，大手町1-9-4 大手町フィナンシャルシティ ノースタワー	3270-0636（総務部）
㈱商工組合中央金庫（商工中金）	104-0028	中，八重洲2-10-17	3272-6111
㈱日本政策投資銀行	100-8178	千，大手町1-9-6 大手町フィナンシャルシティ サウスタワー	3270-3211
輸出入・港湾関連情報処理センター㈱	150-0013	港，浜松町1-3-1 浜離宮ザ タワー事務所棟6F	6732-6119（総務部）
㈱国際協力銀行	100-8144	千，大手町1-4-1	5218-3100

〔その他〕

日本放送協会	150-8001	渋，神南2-2-1	3465-1111
放送大学学園	261-8586	千葉市美浜区若葉2-11	043-276-5111
日本中央競馬会	105-0003	港，西新橋1-1-1	3591-5251
日本年金機構	168-8505	杉，高井戸西3-5-24	5344-1100
沖縄科学技術大学院大学	904-0495	沖縄県国頭郡恩納村字谷茶1919-1	098-966-8711

【認可法人・地方共同法人・共済組合等】（50音順）

銀行等保有株式取得機構	104-0033	中，新川2-28-1 ザ・パークレックス新川4F	3553-1761（運営企画室）
警察共済組合	102-8588	千，三番町6-8 警察共済ビル	5213-8300

原子力損害賠償・廃炉等支援機構	107-0052	港，赤坂1-11-44 赤坂インターシティ11F	0120-013-814（総務グループ）
公立学校共済組合	101-0062	千，神田駿河台2-9-5	5259-0011
国家公務員共済組合連合会	102-0074	千，九段南1-1-10 九段合同庁舎	3222-1841
使用済燃料再処理機構	030-0812	青森市堤町2-1-7 堤町ファーストスクエアビル4F	017-763-5910
損害保険契約者保護機構	101-8335	千，神田淡路町2-9 損保会館2F	3255-1635
地方公務員共済組合連合会	100-0011	千，内幸町2-1-1 飯野ビルディング11F	6807-3677
地方公務員災害補償基金	102-0093	千，平河町2-16-1 平河町森タワー8F	5210-1341（総務課）
地方職員共済組合	102-8601	千，平河町2-4-9 地共済センタービル	3261-9821
貯金保険機構（農水産業協同組合貯金保険機構）	100-0005	千，丸の内3-3-1 新東京ビル9F	3285-1270
電力広域的運営推進機関	135-0061	江東，豊洲6-2-15	0570-044-777
日本貸金業協会	108-0074	港，高輪3-19-15 二葉高輪ビル2F・3F	5739-3011
日本銀行	103-0021	中，日本橋本石町2-1-1	3279-1111
日本下水道事業団	113-0034	文，湯島2-31-27 湯島台ビル	6361-7800（総務企画課）
日本赤十字社	105-8521	港，芝大門1-1-3	3438-1311
預金保険機構	100-0004	千，大手町1-9-2 大手町フィナンシャルシティグランキューブ13F	6262-7370

【主要団体】（50音順）

（公社）＝公益社団法人、（一社）＝一般社団法人、（特社）＝特例社団法人、（公財）＝公益財団法人、（一財）＝一般財団法人、（特財）＝特例財団法人、（社福）＝社会福祉法人、（社医）＝社会医療法人財団

〔地方自治〕

（一財）尾崎行雄記念財団	100-0014	千，永田町1-8-1 憲政記念館内（代替施設）	3581-1778
（公財）後藤・安田記念東京都市研究所	100-0012	千，日比谷公園1-3 市政会館	3591-1201
指定都市市長会	100-0012	千，日比谷公園1-3 市政会館6F	3591-4772
（一社）全国過疎地域連盟	101-0047	千，内神田1-5-4 加藤ビル3F	5244-5827
全国市議会議長会	102-0093	千，平河町2-4-2 全国都市会館6F	3262-5234
全国市長会	102-8635	千，平河町2-4-2 全国都市会館4F	3262-2313
（一財）全国自治協会	100-0014	千，永田町1-11-35 全国町村会館	3581-0472（災害共済部庶務係）
全国知事会	102-0093	千，平河町2-6-3 都道府県会館6F	5212-9127
全国町村会	100-0014	千，永田町1-11-35 全国町村会館	3581-0482
全国町村議会議長会	102-0082	千，一番町25 全国町村議員会館4F	3264-8181
全国都道府県議会議長会	102-0093	千，平河町2-6-3 都道府県会館5F	5212-9155
（一財）地方財務協会	102-0093	千，平河町2-4-9 地共済センタービル6F	3261-8547
（一財）地方自治研究機構	104-0061	中，銀座7-14-16 太陽銀座ビル2F	5148-0661（総務部）
都道府県選挙管理委員会連合会	160-0022	新，新宿1-12-15 東洋新宿ビル3F	6273-0548
日本行政書士会連合会	105-0001	港，虎ノ門4-1-28 虎ノ門タワーズオフィス10F	6435-7330

〔財務省関係〕

（一財）産業経理協会	101-8333	千，神田淡路町1-15-6	3253-0361
信金中央金庫	103-0028	中，八重洲1-3-7	5202-7711
（一社）信託協会	100-0005	千，丸の内2-2-1 岸本ビル1F	6206-3981
（一社）生命保険協会	100-0005	千，丸の内3-4-1 新国際ビル3F	3286-2624
（一社）全国銀行協会	100-8216	千，丸の内1-3-1	3216-3761
全信組連（全国信用協同組合連合会）	104-8310	中，京橋1-9-5	3562-5111
（一社）全国信用金庫協会	103-0028	中，八重洲1-3-7	3517-5711

団体名	郵便番号	所在地	電話
(一社)全国信用組合中央協会	104-0031	中, 京橋1-9-5	3567-2451
(一社)全国信用保証協会連合会	101-0048	千, 神田司町2-1 オーク神田ビル8F・9F	6823-1200
(一社)全国地方銀行協会	101-8509	千, 内神田3-1-2 地方銀行会館	3252-5171
(一社)全国労働金庫協会	101-0062	千, 神田駿河台2-5-15 労働金庫会館	3295-6721
損害保険料率算出機構	163-1029	新, 西新宿3-7-1 新宿パークタワー28F・29F	6758-1300
(一社)第二地方銀行協会	102-8356	千, 三番町5	3262-2181
㈱東京商品取引所	103-0026	中, 日本橋兜町2-1	3666-1361
㈱東京証券取引所	103-8224	中, 日本橋兜町2-1	3666-0141
(一社)投資信託協会	103-0026	中, 日本橋兜町2-1 東京証券取引所ビル6F	5614-8400
日本公認会計士協会	102-8264	千, 九段南4-4-1 公認会計士会館	3515-1120
日本証券業協会	103-0027	中, 日本橋2-11-2 太陽生命日本橋ビル(8F～11F)	6665-6800
日本税理士会連合会	141-0032	品, 大崎1-11-8 日本税理士会館8F	5435-0931
(一社)日本損害保険協会	101-8335	千, 神田淡路町2-9 損保会館内	3255-1844

〔経済産業省関係〕

団体名	郵便番号	所在地	電話
板硝子協会	108-0074	港, 高輪1-3-13 NBF高輪ビル4F	6450-3926
(一社)海洋水産システム協会	103-0027	中, 日本橋3-15-8 アミノ酸会館ビル2F	6411-0021
(一財)カーボンフロンティア機構	105-0003	港, 西新橋3-2-1 Daiwa西新橋ビル3F	6402-6100
(公社)関西経済連合会(関経連)	530-6691	大阪市北区中之島6-2-27 中之島センタービル30F	06-6441-0101
(一財)機械振興協会	105-0011	港, 芝公園3-5-8 機械振興会館	3434-8224
(公社)経済同友会	100-0005	千, 丸の内1-4-6 日本工業倶楽部別館5F	3211-1271 (総務部)
軽自動車検査協会	160-0023	新, 西新宿3-2-11 新宿三井ビル2号館15F	5324-6611
高圧ガス保安協会	105-8447	港, 虎ノ門4-3-13 ヒューリック神谷町ビル	3436-6100
(一社)自転車協会	107-0052	港, 赤坂1-8-1 赤坂インターシティーAIR9F	6230-9896
(一財)製品安全協会	110-0012	台, 竜泉2-20-2 ミサワホームズ三ノ輪2F	5808-3300
石油化学工業協会	104-0033	中, 新川1-4-1 住友不動産六甲ビル8F	3297-2011 (総務部)
石油鉱業連盟	100-0004	千, 大手町1-3-2 経団連会館17F	3214-1701
石油連盟	100-0004	千, 大手町1-3-2 経団連会館17F	5218-2305
石灰石鉱業協会	101-0032	千, 岩本町1-7-1 瀬木ビル4F	5687-7650
(一社)セメント協会	104-0041	中, 新富2-15-5 RBM築地ビル2F	5540-6171
全国商工会連合会	100-0006	千, 有楽町1-7-1 有楽町電気ビル北館19F	6268-0088
全国商工団体連合会(全商連)	171-8575	豊, 目白2-36-13	3987-4391
全国石油業共済協同組合連合会	100-0014	千, 永田町2-17-14 石油会館	3593-5820
全国石油商業組合連合会	100-0014	千, 永田町2-17-14 石油会館	3593-5820
(公財)全国中小企業振興機関協会	104-0033	中, 新川2-1-9 石川ビル	5541-6688
全国中小企業団体中央会	104-0033	中, 新川1-26-19 全中・全味ビル	3523-4901 (総務企画部)
全国鍍金工業組合連合会	105-0011	港, 芝公園3-5-8 機械振興会館206	3433-3855
全日本印刷工業組合連合会(全印工連)	104-0041	中, 新富1-16-8 日本印刷会館4F	3552-4571
電気事業連合会	100-8118	千, 大手町1-3-2 経団連会館	5221-1440 (広報部)
(一社)電子情報技術産業協会	100-0004	千, 大手町1-1-3 大手センタービル	5218-1050 (総務部)
(一財)伝統的工芸品産業振興協会	107-0052	港, 赤坂8-1-22 2F	5785-1001
(一社)日本アルミニウム協会	104-0061	中, 銀座4-2-15 塚本素山ビル7F	3538-0221
(一社)日本ガス協会	105-0001	港, 虎ノ門1-15-12 日本ガス協会ビル9F	3502-0111

団体名	〒	所在地	電話
(一社) 日本化学工業協会	104-0033	中，新川1-4-1 住友不動産六甲ビル7F	3297-2550 (総務部)
(公社) 日本観光振興協会	105-0001	港，虎ノ門3-1-1 虎ノ門3丁目ビルディング6F	6435-8331
(一社) 日本機械工業連合会	105-0011	港，芝公園3-5-8 機械振興会館5F	3434-5381
(一社) 日本経済団体連合会(経団連)	100-8188	千，大手町1-3-2 経団連会館	6741-0111
(一社) 日本原子力産業協会	102-0084	千，二番町11-19 興和二番町ビル5F	6256-9311 (総務部)
日本鉱業協会(JMIA)	101-0054	千，神田錦町3-17-11 榮葉ビル8F	5280-2322
(一社) 日本工業倶楽部	100-0005	千，丸の内1-4-6 日本工業倶楽部会館	3281-1711
(一社) 日本航空宇宙工業会	107-0052	港，赤坂2-5-8 ヒューリックJP赤坂ビル10F	3585-0511
(一社) 日本自動車会議所	105-0012	港，芝大門1-1-30 日本自動車会館15F	3578-3880
(一社) 日本自動車工業会	105-0012	港，芝大門1-1-30 日本自動車会館16F	5405-6118 (総務統括部)
(一社) 日本自動車販売協会連合会(自販連)	105-8530	港，芝大門1-1-30 日本自動車会館15F	5733-3100
日本司法書士会連合会	160-0003	新，四谷本塩町4-37 司法書士会館	3359-4171
日本商工会議所	100-0005	千，丸の内3-2-2 丸の内二重橋ビル6F	3283-7823
日本商品先物振興協会(JCFIA)	103-0013	中，日本橋人形町1-1-11 日庄ビル6F	3664-5731
日本商品先物取引協会	103-0013	中，日本橋人形町1-1-11 日庄ビル6F	3664-4732 (総務部)
日本消防検定協会	182-0012	調布市深大寺東町4-35-16	0422-44-7471
(公社) 日本水道協会	102-0074	千，九段南4-8-9	3264-2281 (総務部総務課)
(公財) 日本生産性本部	102-8643	千，平河町2-13-12	3511-4001
日本製紙連合会	104-8139	中，銀座3-9-11 紙パルプ会館	3248-4801
(公社) 日本青年会議所	102-0093	千，平河町2-14-3	3234-5601
日本製薬団体連合会(日薬連)	103-0023	中，日本橋本町3-7-2 MFPR日本橋本町ビル3F	3527-3154
(一社) 日本造船工業会	105-0001	港，虎ノ門1-15-12 日本ガス協会ビル3F	3580-1561
日本チェーンストア協会	105-0001	港，虎ノ門1-21-17 虎ノ門NNビル11F	5251-4600
(一社) 日本中小企業団体連盟(中団連)	103-0025	中，日本橋茅場町2-8-4 全国会館4F	3668-2481
(一社) 日本鉄鋼連盟	103-0025	中，日本橋茅場町3-2-10 鉄鋼会館	3669-4811 (総務部)
(一社) 日本電気協会	100-0006	千，有楽町1-7-1 有楽町電気ビル北館4F	3216-0551 (総務部)
日本電気計器検定所(日電検)	108-0023	港，芝浦4-15-7	3451-1181
(一社) 日本電機工業会(JEMA)	102-0082	千，一番町17-4	3556-5881
(一社) 日本動力協会	105-0003	港，西新橋1-5-8 川手ビル7F	3502-1261
(一社) 日本百貨店協会	103-0027	中，日本橋2-1-10 柳屋ビル2F	3272-1666
日本プラスチック工業連盟(プラ工連)	103-0025	中，日本橋茅場町3-5-2 アロマビル5F	6661-6811
(一社) 日本貿易会	100-0013	千，霞ヶ関3-2-1 霞ヶ関コモンゲート西館20F	5860-9350
日本紡績協会	103-0023	中，日本橋本町3-1-11 繊維会館	6265-1501 (東京事務局)

〔国土交通省関係〕

団体名	〒	所在地	電話
自動車安全運転センター	102-0094	千，紀尾井町3-6 紀尾井町パークビル2F	3264-8600
(一社) 全国建設業協会	104-0032	中，八丁堀2-5-1 東京建設会館	3551-9396
(公社) 全国宅地建物取引業協会連合会	101-0032	千，岩本町2-6-3 全宅連会館	5821-8111
(一社) 全国治水砂防協会	102-0093	千，平河町2-7-4 砂防会館別館	3261-8386
(公社) 全国通運連盟	101-0063	千，神田淡路町2-21 淡路町MHビル5F	5296-1670
(一社) 全日本航空事業連合会	105-0014	港，芝3-1-15 芝ボートビル8F	5445-1353
(公社) 全日本トラック協会	160-0004	新，四谷3-2-5	3354-1009

団体名	郵便番号	所在地	電話
(公社)鉄道貨物協会(RFA)	101-0048	千，神田司町2-8-4 吹田屋ビル4F	5256-0577
(一社)日本海運集会所	112-0002	文，小石川2-22-2 和順ビル3F	5802-8361 (総務グループ)
(一財)日本海事協会	102-8567	千，紀尾井町4-7	3230-1201
(一財)日本気象協会(JWA)	170-6055	豊，東池袋3-1-1 サンシャイン60 55F	5958-8111
(一社)日本建設業連合会(日建連)	104-0032	中，八丁堀2-5-1 東京建設会館8F	3553-0701
(一社)日本港運協会	105-8666	港，新橋6-11-10 港運会館内	3432-1050
(一社)日本交通協会	100-0005	千，丸の内3-4-1 新国際ビル9F916号	3216-2200
(公社)日本港湾協会	107-0052	港，赤坂3-3-5 住友生命山王ビル8F	5549-9575
日本小型船舶検査機構(JCI)	102-0073	千，九段北4-1-3 飛栄九段北ビル5F	3239-0821
(公財)日本財団	107-8404	港，赤坂1-2-2 日本財団ビル	6229-5111
(一社)日本船主協会	102-8603	千，平河町2-6-4 海運ビル	3264-7171
(一社)日本倉庫協会	135-8443	江東，永代1-13-3 倉庫会館5F	3643-1221
(一財)日本ダム協会	104-0061	中，銀座2-14-2 銀座GTビル7F	3545-8361
(一社)日本治山治水協会	100-0014	千，永田町2-4-3 永田町ビル	3581-2288
(公社)日本道路協会	100-8955	千，霞が関3-3-1 尚友会館	3581-2211
日本土地家屋調査士会連合会	101-0061	千，神田三崎町1-2-10 土地家屋調査士会館	3292-0050
日本内航海運組合総連合会	102-0093	千，平河町2-6-4 海運ビル	3263-4741
(一社)日本民営鉄道協会	102-0094	千，紀尾井町3-6 紀尾井町パークビル6F	6371-1401
(一社)日本旅客船協会	102-0093	千，平河町2-6-4 海運ビル9F	3265-9681
(一社)不動産協会	100-6017	千，霞が関3-2-5 霞が関ビル17F	3581-9421

〔農林水産省関係〕

団体名	郵便番号	所在地	電話
JF全漁連(全国漁業協同組合連合会)	104-0033	中，新川1-28-44 新川K・Tビル	6222-1301 (総合管理部)
製粉協会	103-0026	中，日本橋兜町15-6 製粉会館ビル	3667-1011
(一財)製粉振興会	103-0026	中，日本橋兜町15-6 製粉会館2F	3666-2712
全国共済農業協同組合連合会(JA共済連)	102-8630	千，平河町2-7-9 JA共済ビル	5215-9100
(公社)全国漁港漁場協会	101-0045	千，神田鍛冶町3-6-7 ウンピン神田ビル2F	6206-0066
全国厚生農業協同組合連合会(JA全厚連)	100-6827	千，大手町1-3-1 JAビル	3212-8000
(一社)全国清涼飲料連合会	101-0041	千，神田須田町2-9-2 PMO神田岩本町2F	6260-9260
全国たばこ耕作組合中央会	105-0012	港，芝大門1-10-1	3432-4401
全国たばこ販売協同組合連合会	105-0014	港，芝1-6-10 芝SIAビル7F	5476-7551
(一社)全国農業会議所	102-0084	千，二番町9-8 中央労働基準協会ビル2F	6910-1121
(公社)全国農業共済協会	102-8411	千，一番町19 全国農業共済会館	3263-6411
全国農業協同組合中央会(JA全中)	100-6837	千，大手町1-3-1 JAビル	6665-6000
全国農業協同組合連合会(全農)	100-6832	千，大手町1-3-1 JAビル	6271-8111
全国米穀販売事業共済協同組合(全米販)	103-0001	中，日本橋小伝馬町15-15 食糧会館	4334-2100
全麦連(全国精麦工業協同組合連合会)	135-0031	江東，佐賀1-9-13 精麦会館	3641-1101
(一財)大日本蚕糸会	100-0006	千，有楽町1-9-4 蚕糸会館6F	3214-3411 (役員室・総務部)
(一社)大日本水産会	100-0011	千，内幸町1-2-1 日土地内幸町ビル3F	3528-8511
地方競馬全国協会	106-8639	港，麻布台2-2-1 麻布台ビル	3583-6841
(公社)中央畜産会(JLIA)	101-0021	千，外神田2-16-2 第2ディーアイシービル9F	6206-0840
日本酒造組合中央会	105-0003	港，西新橋1-6-15 日本酒造虎ノ門ビル	3501-0101
(公財)日本醸造協会	114-0023	北，滝野川2-6-30	3910-3853

団体等一覧

名称	郵便番号	所在地	電話
日本醤油協会	103-0016	中，日本橋小網町3-11 日本橋SOYICビル	3666-3286
日本蒸留酒酒造組合	103-0025	中，日本橋茅場町2-3-6 宗和ビル5F	3527-3707
(公社)日本茶業中央会	105-0021	港，東新橋2-8-5 東京茶業会館5F	3434-2001
農林漁業団体職員共済組合（農林年金）	110-8580	台，秋葉原2-3 日本農業新聞本社ビル	6260-7800
ビール酒造組合	104-0061	中，銀座1-16-7 銀座大栄ビル10F	3561-8386

〔厚生労働省関係〕

名称	郵便番号	所在地	電話
(公財)エイズ予防財団	101-0064	千，神田猿楽町2-7-1 TOHYUビル3F	5259-1811
(公財)沖縄協会	103-0001	中，日本橋小伝馬町17-6 Siesta日本橋201	6231-1433
(社福)恩賜財団 済生会	108-0073	港，三田1-4-28 三田国際ビルヂング21F	3454-3311
(公財)がん研究会	135-8550	江東，有明3-8-31	3520-0111
企業年金連合会	105-0011	港，芝公園2-4-1 芝パークビルB館10F・11F	5401-8711
健保連(健康保険組合連合会)	107-0052	港，赤坂8-5-26 住友不動産青山ビル西館	3403-0915
(公社)国民健康保険中央会	100-0014	千，永田町1-11-35 全国町村会館	3581-6821
国民年金基金連合会	106-0032	港，六本木6-1-21 三井住友銀行六本木ビル	5411-0211
国立障害者リハビリテーションセンター	359-8555	所沢市並木4-1	04-2995-3100
(一社)産業環境管理協会	100-0011	千，内幸町1-3-1 幸ビルディング3F	3528-8150（総務室）
社会保険診療報酬支払基金	105-0004	港，新橋2-1-3	3591-7441
主婦連合会	102-0085	千，六番町15 主婦会館プラザエフ3F	3265-8121
消防基金(消防団員等公務災害補償等共済基金)	105-0003	港，西新橋3-7-1 ランディック第2新橋ビル4F	5422-1710
(公社)全国自治体病院協議会	102-8556	千，平河町2-7-5 砂防会館7F	3261-8555
(社福)全国社会福祉協議会	100-8980	千，霞が関3-3-2 新霞が関ビル	3581-7820
(一社)全国社会保険協会連合会(全社連)	141-0031	品，西五反田1-31-1 日本生命五反田ビル2F	5434-8577
全国社会保険労務士会連合会	103-8346	中，日本橋本石町3-2-12 社会保険労務士会館	6225-4864
(一社)全国消費者団体連絡会	102-0085	千，六番町15 プラザエフ6F	5216-6024
(公社)全国私立保育連盟	111-0051	台，蔵前4-11-10 全国保育会館	3865-3880
(一社)全国年金受給者団体連合会(全年連)	160-0022	新，新宿2-17-10 黒岩ビル3F	6709-8762
(一財)全国母子寡婦福祉団体協議会	140-0011	品，東大井5-23-13	6718-4088
全国理容生活衛生同業組合連合会	151-0053	渋，代々木1-36-4 全理連ビル	3379-4111
全地婦連(全国地域婦人団体連絡協議会)	150-0002	渋，渋谷1-17-14 全国婦人会館3F	3407-4303
(公社)全日本医薬品登録販売者協会	112-0002	文，小石川5-20-17 研修センター2F	3813-5353
全旅連(全国旅館ホテル生活衛生同業組合連合会)	102-0093	千，平河町2-5-5 全国旅館会館4F	3263-4428
(社福)中央共同募金会	100-0013	千，霞が関3-3-2 新霞が関ビル5F	3581-3846
中央職業能力開発協会(JAVADA)	160-8327	新，西新宿7-5-25 西新宿プライムスクエア11F	6758-2880（総務部）
中央労働災害防止協会	108-0014	港，芝5-35-2 安全衛生総合会館	3452-6841
(公社)日本医師会	113-8621	文，本駒込2-28-16	3946-2121
(一財)日本遺族会	102-0074	千，九段南1-6-17 千代田会館3F	3261-5521
(一社)日本医療法人協会	102-0071	千，富士見2-6-12 AMビル3F	3234-2438
(公社)日本栄養士会	105-0004	港，新橋5-13-5 新橋MCVビル6F	5425-6555
(一社)日本環境保全協会	102-0073	千，九段北1-10-9 九段VIGASビル	3264-7935
(公社)日本看護協会	150-0001	渋，神宮前5-8-2	5778-8831
(一社)日本救急救命士協会	102-0084	千，二番町5-2 麹町駅プラザ901	6403-3892

団体名	郵便番号	所在地	電話
(更生保護法人)日本更生保護協会	151-0051	渋，千駄ケ谷5-10-9 更生保護会館内	3356-5721
(一社) 日本郷友連盟	160-0001	新，片町3-3 マンション壁装館4F402号	3353-2342
(公社) 日本歯科医師会	102-0073	千，九段北4-1-20 歯科医師会館	3262-9321
(公社) 日本歯科衛生士会	169-0072	新，大久保2-11-19	3209-8020
(公社) 日本歯科技工士会	162-0846	新，市谷左内町21-5 歯科技工士会館	3267-8681
(社福) 日本肢体不自由児協会	173-0037	板，小茂根1-1-7	5995-4511
(公社) 日本柔道整復師会	110-0007	台，上野公園16-9 日本柔整会館	3821-3511
(公社) 日本食品衛生協会	150-0001	渋，神宮前2-6-1	3403-2111
(公社) 日本助産師会	111-0054	台，鳥越2-12-2	3866-3054
日本生協連(日本生活協同組合連合会)	150-8913	渋，渋谷3-29-8 コーププラザ	5778-8111
(公財) 日本対がん協会	104-0045	中，築地5-3-3 築地浜離宮ビル7階	3541-4771
日本母親大会連絡会	102-0084	千，二番町12-1 全国教育文化会館B1F	3230-1836
(一社) 日本病院会	102-8414	千，三番町9-15 ホスピタルプラザビル	3265-0077
日本婦人団体連合会(婦団連)	151-0051	渋，千駄ケ谷4-11-9-303	3401-6147
(社福) 日本保育協会	102-0083	千，麹町1-6-2 麹町一丁目ビル6F	3222-2111
(公社) 日本薬剤師会	160-8389	新，四谷3-3-1 四谷安田ビル7F	3353-1170
(公財) 日本レクリエーション協会	110-0016	台，台東1-1-14 ANTEX24ビル7F	3834-1091 (総務部)
(社医) 白十字会	110-0016	台，台東4-20-6 T&Kビル301	3831-8075
(公財) 放射線影響研究所(広島研究所)	732-0815	広島市南区比治山公園5-2	082-261-3131
(公財) 放射線影響研究所(長崎研究所)	850-0013	長崎市中川1-8-6	095-823-1121

〔文部科学省関係〕

団体名	郵便番号	所在地	電話
(一社) 教科書協会	135-0015	江東，千石1-9-28	5606-9781
(一社) 公立大学協会	100-0013	千，霞が関3-8-1 虎の門三井ビルB106	3501-3336
(一社) 国立大学協会	101-0003	千，一ツ橋2-1-2 学術総合センター4F	4212-3506
全国高等学校長協会	105-0003	港，西新橋2-5-10 NBC西新橋ビル4F	3580-0570
(公社) 全国公民館連合会	105-0001	港，虎ノ門1-16-8 飯島ビル3F	3501-9666
全国公立学校事務長会	170-0013	豊，東池袋1-36-3 池袋陽光ハイツ203号	5960-5666
全国専修学校各種学校総連合会	102-0073	千，九段北4-2-25 私学会館別館11F	3230-4814
全国都道府県教育委員会連合会	100-0013	千，霞が関3-3-1 尚友会館	3501-0575
全国連合小学校長会	105-0003	港，西新橋1-22-14	3501-9288
全日本私立幼稚園連合会	102-0073	千，九段北4-2-25 私学会館別館4F	3237-1080
全日本中学校長会	105-0003	港，西新橋1-22-13 全日本中学校長会館	3580-0604
(一社) 日本音楽著作権協会(JASRAC)	151-8540	渋，上原3-6-12	3481-2121
日本私立小学校連合会	102-0073	千，九段北4-2-25 私学会館別館6F	3261-2934
日本私立大学協会		同 9F	3261-7048
(一社) 日本私立大学連盟(JAPUC)		同 7F	3262-2420
日本私立短期大学協会		同 6F	3261-9055
日本私立中学高等学校連合会		同 5F	3262-2828
(公財) 日本相撲協会	130-0015	墨，横網1-3-28	3623-5111
(公社) 日本PTA全国協議会(日P)	107-0052	港，赤坂7-5-38	5545-7151

〔その他〕

団体名	郵便番号	所在地	電話
原水禁(原水爆禁止日本国民会議)	101-0062	千，神田駿河台3-2-11 連合会館1F	5289-8224

全国麻雀業組合総連合会(全雀連)	101-0025	千，神田佐久間町2-14-7-3F	050-8881-5762
(公財)NIRA総合研究開発機構	150-6034	渋，恵比寿4-20-3 恵比寿ガーデンプレイスタワー34F	5448-1700(総括管理部)
(公財)日本環境協会(JEA)	101-0032	千，岩本町1-10-5 TMMビル5F	5829-6524(総務部)
日本原水協(原水爆禁止日本協議会)	113-8464	文，湯島2-4-4 平和と労働センター・6F	5842-6031
日本弁護士連合会(日弁連)	100-0013	千，霞が関1-1-3 弁護士会館15F	3580-9841
(一財)ゆうちょ財団	101-0061	千，神田三崎町3-7-4 ゆうビル	5275-1810

【労働組合】(50音順)

印刷労連(印刷情報メディア産業労働組合連合会)	105-0014	港，芝2-20-12 友愛会館16F	5442-0191
運輸労連(全日本運輸産業労働組合連合会)	100-0013	千，霞が関3-3-3 全日通霞ヶ関ビル5F	3503-2171
NTT労組(旧全電通)	101-8320	千，神田駿河台3-6 全電通労働会館内	3219-2111
紙パ連合(日本紙パルプ紙加工産業労働組合連合会)	110-0008	台，池之端2-7-17 井門池之端ビル2F	5809-0482
基幹労連(日本基幹産業労働組合連合会)	104-0033	中，新川1-23-4 I・Sリバーサイドビル4F	3555-0401
金融労連(全国金融労働組合連合会)	102-0093	千，平河町1-9-9 レフラスック平河町ビル4F	3230-8415
建交労(全日本建設交運一般労働組合)	169-0073	新，百人町4-7-2 全日自労会館	3360-8021
航空連合	144-0041	大，羽田空港1-6-5 第5綜合ビル5F	5708-7161
交通労連(全国交通運輸労働組合総連合)	105-0014	港，芝2-20-12 友愛会館15F	3451-7243
国労(国鉄労働組合)	105-0004	港，新橋5-15-5 交通ビル7F	5403-1640
国公連合(国公関連労働組合連合会)	101-0062	千，神田駿河台3-2-11 連合会館5F 公務労協内	5209-6205
ゴム連合(日本ゴム産業労働組合連合)	171-0031	豊，目白2-3-3 ゴム産業会館2F	3984-5656
サービス連合(サービス・ツーリズム産業労働組合連合会)	160-0002	新，四谷坂町9-6 坂町Mビル2F	5919-3261
JR総連(全日本鉄道労働組合総連合会)	141-0031	品，西五反田3-2-13 目黒さつき会館	3491-7191
JR連合(日本鉄道労働組合連合会)	103-0022	中，日本橋室町1-8-10 東興ビル9F	3270-4590
JAM(ものづくり産業労働組合)	105-0014	港，芝2-20-12 友愛会館10F・11F	3451-2141
JEC連合(日本化学エネルギー産業労働組合連合会)	110-0008	台，池之端2-7-17 井門池之端ビル2F	5832-9612
JP労組(日本郵政グループ労働組合)	110-0015	台，東上野5-2-2	5830-2655
自治労(全日本自治団体労働組合)	102-8464	千，六番町1 自治労会館	3263-0262
私鉄総連(日本私鉄労働組合総連合会)	108-0074	港，高輪4-3-5 私鉄会館内	3473-0166
自動車総連(全日本自動車産業労働組合総連合会)	108-0074	港，高輪4-18-21 ビューウェルスクエア	5447-5811
情報労連(情報産業労働組合連合会)	101-0062	千，神田駿河台3-6 全電通労働会館5F	3219-2231
新聞労連(日本新聞労働組合連合)	113-0033	文，本郷2-17-17 井門本郷ビル6F	5842-2201
生保労連(全国生命保険労働組合連合会)	113-0034	文，湯島3-19-5 湯島三組坂ビル3F	3837-2031
セラミックス連合(セラミックス産業労働組合連合会)	467-0879	名古屋市瑞穂区平郷町3-11	052-882-4562
全教(全日本教職員組合)	102-0084	千，二番町12-1 全国教育文化会館3F	5211-0123
全銀連合(全国銀行員組合連合会議)	103-0027	中，日本橋2-1-3 アーバンネット日本橋二丁目ビル10F	4446-5204
全建総連(全国建設労働組合総連合)	169-8650	新，高田馬場2-7-15 全建総連会館3F	3200-6221
全港湾(全日本港湾労働組合)	144-0052	大，蒲田5-10-2 日港福会館4F	3733-8821
全国一般(じちろう・全国一般評議会)	102-8464	千，六番町1 自治労会館5F	3263-0441
全国ガス(全国ガス労働組合連合会)	143-0015	大，大森西5-11-1	5493-8381
全国農団労(全国農林漁業団体職員労働組合連合)	105-0013	港，浜松町1-19-4 佐藤ビル4F	3437-0931
全国林野関連労働組合	100-8952	千，霞が関1-2-1 農林水産省内	3519-5981
全自交労連(全国自動車交通労働組合連合会)	151-0051	渋，千駄ケ谷3-7-9	3408-0875

全水道(全日本水道労働組合)	113-0033	文，本郷1-4-1 全水道会館2F	3816-4132
全電線(全日本電線関連産業労働組合連合会)	142-0064	品，旗の台1-11-6	3785-2991
全日教連(全日本教職員連盟)	102-0083	千，麹町3-7 半蔵門村山ビル6F	3264-3861
全日農(全日本農民組合連合会)	169-0051	新，西早稲田1-9-19-207	6233-9335
全日本海員組合	106-0032	港，六本木7-15-26 海員ビル	5410-8329
全労金(全国労働金庫労働組合連合会)	101-0063	千，神田淡路町1-11 淡路町MHアネックス3F	3256-1015
損保労連(損害保険労働組合連合会)	102-0083	千，麹町5-3 麹町中田ビル3F	5276-0071
電機連合(全日本電機・電子・情報関連産業労働組合連合会)	108-8326	港，三田1-10-3 電機連合会館	3455-6911
電力総連(全国電力関連産業労働組合総連合)	108-0073	港，三田2-7-13 TDS三田3F	3454-0231
都労連(東京都労働組合連合会)	163-8001	新，西新宿2-8-1 都庁第2本庁舎	3343-1301
日教組(日本教職員組合)	101-0003	千，一ツ橋2-6-2 日本教育会館内	3265-2171
日建協(日本建設産業職員労働組合協議会)	169-0075	新，高田馬場1-31-16 ワイム高田馬場ビル3F	5285-3870
日高教(日本高等学校教職員組合)	101-0046	千，神田多町2-11 青木ビル4F	5297-8371
日産労連(全日産・一般業種労働組合連合会)	105-0011	港，芝公園2-4-1 芝パークビルB13F	3434-4721
日本医労連(日本医療労働組合連合会)	110-0013	台，入谷1-9-5 日本医療労働会館3F	3875-5871
フード連合(日本食品関連産業労働組合総連合会)	108-0014	港，芝5-26-30 専売ビル4F	6435-2882
ヘルスケア労協(保健医療福祉労働組合協議会)	105-0014	港，芝2-17-20 日本赤十字労働組合会館内	3451-6025
民放労連	160-0008	新，四谷三栄町6-5 木原ビル	3355-0461
UAゼンセン(全国繊維化学食品流通サービス一般労働組合同盟)	102-8273	千，九段南4-8-16	3288-3737
連合(日本労働組合総連合会)	101-0062	千，神田駿河台3-2-11 連合会館	5295-0550(総務局)

【報道関係】

(一社)共同通信社	105-7201	港，東新橋1-7-1 汐留メディアタワー	6252-8000
㈱時事通信社	104-8178	中，銀座5-15-8	6800-1111
(公社)日本外国特派員協会	100-0005	千，丸の内3-2-3 丸の内二重橋ビル5F	3211-3161
(公社)日本記者クラブ	100-0011	千，内幸町2-2-1 日本プレスセンタービル9F	3503-2722
(一社)日本雑誌協会	101-0051	千，神田神保町1-32 出版クラブビル5F	3291-0775
(一社)日本新聞協会	100-8543	千，内幸町2-2-1 日本プレスセンタービル7F	3591-4401
(公社)日本専門新聞協会	105-0001	港，虎ノ門1-2-12 第二興業ビル	3597-8881
(一社)日本地方新聞協会	160-0008	新，四谷三栄町2-14 四谷ビジネスガーデン224号	6856-6997
(一社)日本民間放送連盟(民放連)	102-8577	千，紀尾井町3-23	5213-7711
民間放送報道協議会	100-0014	千，永田町1-6-2 国会記者会館	3581-3875
(一財)ラヂオプレス	162-0056	新，若松町33-8 アールビル新宿	5273-2171

【新聞社】

㈱朝日新聞社	104-8011	中，築地5-3-2	3545-0131
㈱産業経済新聞社	100-8077	千，大手町1-7-2	3231-7111
㈱ジャパンタイムズ	102-0082	千，一番町2-2 一番町第二TGビル2F	050-3646-0123
㈱中日新聞東京本社	100-0011	千，内幸町2-1-4	6910-2211
㈱日刊工業新聞社	103-8548	中，日本橋小網町14-1	5644-7000
㈱日本経済新聞社	100-8066	千，大手町1-3-7	3270-0251
㈱日本工業新聞社	100-8125	千，大手町1-7-2	3231-7111
㈱毎日新聞社	100-8051	千，一ツ橋1-1-1	3212-0321
㈱読売新聞社	100-8055	千，大手町1-7-1	3242-1111

〔北海道・東北〕

秋田魁新報社	100-0011	千，内幸町2-2-1 日本プレスセンタービル6F	5511-8261
岩手日報社	104-0061	中，銀座7-12-14 大栄会館	3541-4346
河北新報社	105-0004	港，新橋5-13-1 新橋菊栄ビル7F	6435-9059
デーリー東北新聞社	104-0061	中，銀座7-13-21 銀座新六洲ビル7F	3543-0248
東奥日報社	104-0061	中．銀座8-11-5 正金ビル5F	3573-0701
福島民報社	104-0061	中，銀座5-15-18 時事通信ビル9F	6226-1001
北海道新聞社	105-8435	港，虎ノ門2-2-5 共同通信会館1F	6229-0416
陸奥新報社	104-0061	中，銀座2-8-5 石川ビル7F	3561-6733
山形新聞社	104-0061	中，銀座6-13-16 ヒューリック銀座ウォールビル	3543-0821

〔関東〕

茨城新聞社	104-0032	中，八丁堀3-25-10 JR八丁堀ビル2F	3552-0505
神奈川新聞社	104-0061	中，銀座7-15-11 日宝銀座Kビル8F	3544-2507
埼玉新聞社	104-0045	中，築地2-10-4 エミタ銀座イーストビル5F	3543-3371
下野新聞社	100-0011	千，内幸町2-2-1 日本プレスセンタービル8F	5501-0520
上毛新聞社	104-0031	中，京橋2-12-9 ACN京橋ビル5F	6228-7654
千葉日報社	104-0061	中，銀座4-10-12 銀座サマリヤビル4F	3545-1261

〔甲信・北陸〕

北日本新聞社	104-0061	中，銀座7-16-14 銀座イーストビル8F	6264-7381
信濃毎日新聞社	100-0011	千，内幸町2-2-1 日本プレスセンタービル6F	5521-3100
富山新聞社	104-0045	中，築地6-4-8 北國新聞東京会館	3541-7221
新潟日報社	100-0011	千，内幸町2-2-1 日本プレスセンタービル2F	5510-5511
福井新聞社	105-0004	港，新橋2-19-4 SNTビル5F	3571-2918
北國新聞社	104-0045	中，築地6-4-8 北國新聞東京会館	3541-7221
山梨日日新聞社	104-0061	中，銀座8-3-7 静新ビル	3572-6031

〔中部・近畿〕

伊勢新聞社	104-0045	中，築地2-11-11 諸井ビル3F	5550-7911
岐阜新聞社	104-0061	中，銀座8-16-6 銀座ストラパックビル2F	6278-8130
京都新聞社	104-0061	中，銀座8-2-8 京都新聞銀座ビル	3572-5411
神戸新聞社	100-0011	千，内幸町2-2-1 日本プレスセンタービル3F	6457-9650
静岡新聞社	104-0061	中，銀座8-3-7 静岡新聞静岡放送ビル	3571-5891
中日新聞東京本社	100-0011	千，内幸町2-1-4	6910-2211
中部経済新聞社	104-0061	中，銀座5-9-13 銀座菊正ビル8F	3572-3601
奈良新聞社	105-0003	港，西新橋1-17-4 猪爪ビル3F	6811-2860

〔中国・四国〕

愛媛新聞社	105-0004	港，新橋6-4-3 ル・グラシエルBLDG.7・6F	6435-7432
高知新聞社	100-0011	千，内幸町2-2-1 日本プレスセンタービル3F	3506-7281
山陰中央新報社	104-0045	中，築地4-1-1 東劇ビル17F	3248-1980
山陽新聞社	100-0011	千，内幸町2-2-1 日本プレスセンタービル4F	5521-6861
四国新聞社	104-0061	中，銀座7-14-13 日土地銀座ビル5F	6738-1377
新日本海新聞社	107-0051	港，元赤坂1-1-7 モートサイドビル3F	5410-1871
中国新聞社	100-0011	千，内幸町2-2-1 日本プレスセンタービル2F	3597-1611

名称	〒	所在地	電話
徳島新聞社	104-0061	中，銀座7-11-6 徳島新聞ビル4F	3573-2616
山口新聞社	104-0045	中，築地2-10-6 Daiwa築地駅前ビル8F	6226-3720
〔九州・沖縄〕			
大分合同新聞社	100-0011	千，内幸町2-2-1 日本プレスセンタービル4F	6205-7881
沖縄タイムス社	104-0061	中，銀座8-18-1 銀座木挽町ビル6F	6264-7878
熊本日日新聞社	100-6307	千，丸の内2-4-1 丸ビル7F	3212-2941
佐賀新聞社	104-0061	中，銀座8-18-11 銀座エスシービル9F	3545-1831
長崎新聞社	104-0061	中，銀座8-9-16 長崎センタービル7F	3571-4727
南海日日新聞社	104-0061	中，銀座5-15-8 時事通信ビル1305室	5565-3631
西日本新聞社	100-0006	千，有楽町2-10-1 東京交通会館4F	3217-7071
南日本新聞社	104-0061	中，銀座4-10-3 セントラルビル7F	6260-6131
宮崎日日新聞社	104-0061	中，銀座3-11-11 銀座参番館2ビル6F	3543-3825
琉球新報社	104-0031	中，京橋1-17-2 昭美京橋第1ビル3F	6264-0981
【放送局】			
㈱アール・エフ・ラジオ日本	106-8039	港，麻布台2-2-1 麻布台ビル	3582-2351
㈱エフエム東京	102-8080	千，麹町1-7	3221-0080
㈱J－WAVE	106-6188	港，六本木6-10-1 六本木ヒルズ森タワー33F	6832-1111
㈱TBSテレビ	107-8006	港，赤坂5-3-6	3746-1111
㈱テレビ朝日	106-8001	港，六本木6-9-1	6406-1111
㈱テレビ東京	106-8007	港，六本木3-2-1 六本木グランドタワー	6632-7777
㈱日経ラジオ社(ラジオNIKKEI)	105-8565	港，虎ノ門1-2-8 虎ノ門琴平タワー	6205-7810
㈱ニッポン放送	100-8439	千，有楽町1-9-3	3287-1111
日本テレビ放送網㈱	105-7444	港，東新橋1-6-1	6215-4111
日本放送協会(NHK)	150-8001	渋，神南2-2-1	3465-1111
㈱フジテレビジョン	137-8088	港，台場2-4-8	5500-8888
㈱文化放送	105-8002	港，浜松町1-31	5403-1111
毎日放送	107-6328	港，赤坂5-3-1 赤坂Bizタワー28F	5561-1200
ラジオ日本	106-8039	港，麻布台2-2-1 麻布台ビル	3582-2351
【タクシー・ハイヤー】			
国際興業㈱	103-0028	中，八重洲2-10-3	3273-1112
国際自動車㈱	107-0052	港，赤坂2-8-6 km赤坂ビル	3586-3611
大和自動車交通㈱	135-0003	江東，猿江2-16-31	6757-7161
帝都自動車交通㈱	103-0027	中，日本橋1-21-5 木村實業ビル	6262-3311
日本交通㈱	102-0094	千，紀尾井町3-12 紀尾井町ビル	6265-6210
日の丸リムジン	112-0004	文，後楽1-1-8 水道橋外堀通ビル7F	5689-0423
㈱はとバス	143-0006	大，平和島5-4-1	3761-8111
【航空会社】			
日本航空(国内線)	0570-025-071	(国際線)	0570-025-031
全日空(国内線)	0570-029-222	(国際線)	0570-029-333
東京シティ・エアターミナル㈱	103-0015	中，日本橋箱崎町42-1	3655-7111

アエロフロート・ロシア航空	03-5532-8781	スイスエアラインズ	03-5156-8252
アエロメヒコ航空	0570-783-057	スカンジナビア	050-6864-8086
アシアナ航空	0570-082-555	スリランカ航空	03-3431-6600
アメリカン航空	03-4333-7675	大韓航空	0570-05-2001
イベリア航空	03-3298-5238	タイ国際航空	0570-064-015
エア・インディア	03-3508-0261	チャイナエアライン	03-6378-8855
エア・カナダ	010-800-6699-2222	中国国際航空	0570-095-583
エアカラン	03-6205-7063	ターキッシュ エアラインズ航空	03-3435 0421
LOTポーランド航空	03-6277-6516	デルタ航空	0570-077-733
エールフランス	03-6634-4983	ニュージーランド航空	0570-015-424
エジプト航空	03-6869-5881	フィリピン航空	03-5157-4362
エミレーツ航空	03-6743-4567	フィンエアー	03-4579-0121
オーストリア航空	03-5402-5218	ブリティッシュエアウェイズ	03-3298-5238
カタール航空	03-5402-5282	ベトナム航空	03-3508-1481
ガルーダ・インドネシア航空	03-5521-1111	マカオ航空	06-6263-5383
カンタス航空	03-6833-0700	マレーシア航空	03-4477-4938
キャセイパシフィック航空	03-4578-4132	モンゴル航空	03-5615-4653
KLMオランダ航空	03-6634-4984	ユナイテッド航空	03-6732-5011
シンガポール航空	03-4578-4088	ルフトハンザ・ドイツ航空	0570-089-000

【鉄道会社】

JR東日本お問い合わせセンター	050-2016-1600	相鉄お客様センター	045-319-2111
JR東海テレフォンセンター	050-3772-3910	東京メトロお客様センター	0120-104-106
小田急お客さまセンター	044-299-8200	都営交通お客様センター	3816-5700
京王お客さまセンター	042-357-6161	東急お客さまセンター	3477-0109
京急ご案内センター	5789-8686	東武鉄道お客さまセンター	5962-0102
京成お客様ダイヤル	0570-081-160	東京モノレールお客さまセンター	050-2016-1640
西武鉄道お客さまセンター	04-2996-2888	ゆりかもめお客さまセンター	3529-7221

【ホテル】

赤坂エクセルホテル東急	100-0014	千，永田町2-14-3	3580-2311
アマン東京	100-0004	千，大手町1-5-6 大手町タワー	5224 3333
ザ・キャピトルホテル東急	100-0014	千，永田町2-10-3	3503-0109
ザ・プリンスギャラリー 東京紀尾井町	102-8585	千，紀尾井町1-2	3234-1111
ザ・ペニンシュラ東京	100-0006	千，有楽町1-8-1	6270-2888
シャングリ・ラ東京	100-8283	千，丸の内1-8-3 丸の内トラストタワー本館	6739-7888
ダイヤモンドホテル	102-0083	千，麹町1-10-3	3263-2211
帝国ホテル	100-8558	千，内幸町1-1-1	3504-1111
東京ステーションホテル	100-0005	千，丸の内1-9-1	5220-1111
都市センターホテル	102-0093	千，平河町2-4-1	3265-8211
パレスホテル東京	100-0005	千，丸の内1-1-1	3211-5211
フォーシーズンズホテル丸の内 東京	100-6277	千，丸の内1-11-1 パシフィックセンチュリープレイス丸の内	5222-7222
ホテルニューオータニ	102-8578	千，紀尾井町4-1	3265-1111

ホテルルポール麹町	102-0093	千,	平河町2-4-3	3265-5361
丸の内ホテル	100-0005	千,	丸の内1-6-3	3217-1111
マンダリンオリエンタル東京	103-8328	中,	日本橋室町2-1-1	3270-8800
ANAインターコンチネンタルホテル東京	107-0052	港,	赤坂1-12-33	3505-1111
アンダーズ東京	105-0001	港,	虎ノ門1-23-4	6830-1234
グランドニッコー東京 台場	135-8701	港,	台場2-6-1	5500-6711
グランド ハイアット 東京	106-0032	港,	六本木6-10-3	4333-1234
グランドプリンスホテル高輪	108-8612	港,	高輪3-13-1	3447-1111
京急EXホテル高輪	108-0074	港,	高輪4-10-8	5423-3910
コンラッド東京	105-7337	港,	東新橋1-9-1	6388-8000
ザ・プリンス さくらタワー東京	108-8612	港,	高輪3-13-1	5798-1111
ザ・プリンス パークタワー東京	105-8563	港,	芝公園4-8-1	5400-1111
ザ・リッツ・カールトン東京	107-6245	港,	赤坂9-7-1東京ミッドタウン	3423-8000
ザロイヤルパークホテルアイコニック東京汐留	105-8333	港,	東新橋1-6-3	6253-1111
シェラトン都ホテル東京	108-8640	港,	白金台1-1-50	3447-3111
芝パークホテル	105-0011	港,	芝公園1-5-10	3433-4141
第一ホテル東京	105-8621	港,	新橋1-2-6	3501-4411
東京グランドホテル	105-0014	港,	芝2-5-2	3456-2222
東京プリンスホテル	105-8560	港,	芝公園3-3-1	3432-1111
ヒルトン東京お台場	135-8625	港,	台場1-9-1	5500-5500
ホテルオークラ東京	105-0001	港,	虎ノ門2-10-4	3582-0111
ホテル ザ セレスティン東京芝	105-0014	港,	芝3-23-1	5441-4111
京王プラザホテル	160-8330	新,	西新宿2-2-1	3344-0111
新宿プリンスホテル	160-8487	新,	歌舞伎町1-30-1	3205-1111
パークハイアット東京	163-1055	新,	西新宿3-7-1-2	5322-1234
ハイアットリージェンシー東京	160-0023	新,	西新宿2-7-2	3348-1234
ヒルトン東京	160-0023	新,	西新宿6-6-2	3344-5111
東京ドームホテル	112-8562	文,	後楽1-3-61	5805-2111
ホテル椿山荘東京	112-8680	文,	関口 2-10-8	3943-1111
渋谷エクセルホテル東急	150-0043	渋,	道玄坂1-12-2	5457-0109
羽田エクセルホテル東急	144-0041	大,	羽田空港3-4-2	5756-6000
ホテルメトロポリタン	171-8505	豊,	西池袋1-6-1	3980-1111

【その他】

政府刊行物センター(霞が関)	100-0013	千,	霞が関1-4-1 日土地ビル1F	3504-3885
㈱ジェイティービー	140-0002	品,	東品川2-3-11 JTBビル	5479-2211
㈱JTB国会内店	100-0014	千,	永田町2-2-1 衆議院第1議員会館B4F	3591-0044
東京中央郵便局(郵便)	100-8994	千,	丸の内2-7-2 JPタワー内	0570-001-736
りそな銀行参議院支店	100-8962	千,	永田町2-1-1参院議員会館内	3581-0251
りそな銀行衆議院支店	100-8981	千,	永田町2-2-1 衆院第1議員会館内	3581-3754

団体等一覧

衆議院・参議院案内図

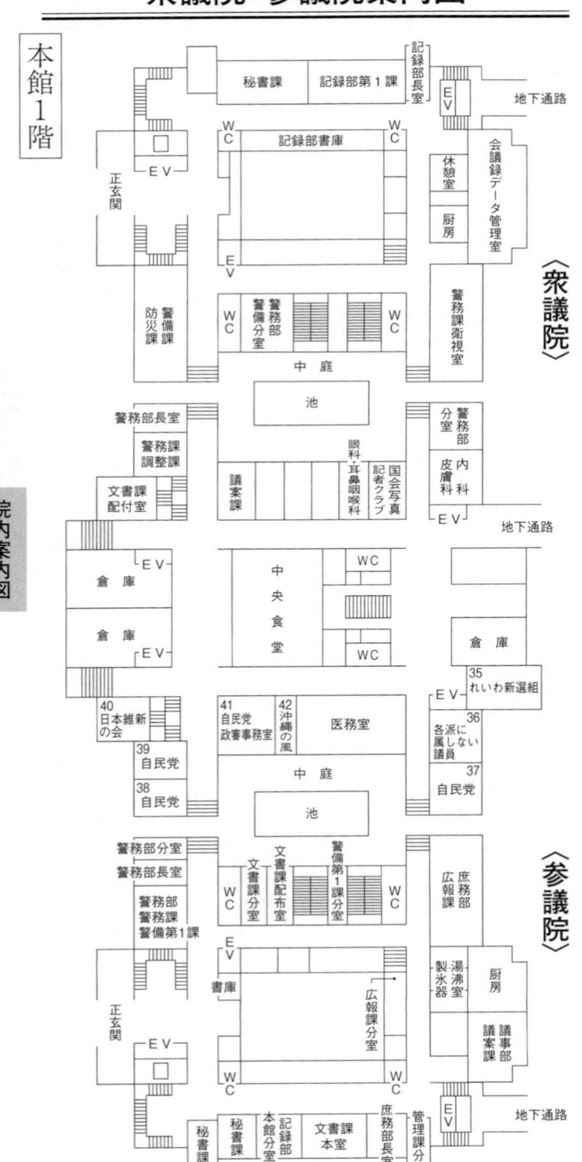
本館1階
〈衆議院〉
〈参議院〉
秘書課
記録部第１課
記録部長室
EV
地下通路
WC
記録部書庫
正玄関
休憩室
厨房
会議録データ管理室
警備課
防災課
警務部警備分室
中庭
警務課衛視室
池
警務部長室
警務部分室
警務課
調整課
文書課配付室
議案課
眼科・耳鼻咽喉科
記者クラブ
国会写真
内科
皮膚科
倉庫
中央食堂
35
れいわ新選組
40
日本維新の会
41
自民党政審事務室
42
沖縄の風
医務室
36
各派に属しない議員
39
自民党
38
自民党
37
自民党
警務部長室
警務部
警務課
警備第1課
文書課分室
文書課配布室
警備第1課分室
庶務部
広報課
書庫
広報課分室
湯沸室
製氷器
厨房
議事部
議案課
本館分室
記録部
文書課本室
庶務部長室
管理課分室

院内案内図

衆議院・参議院案内図

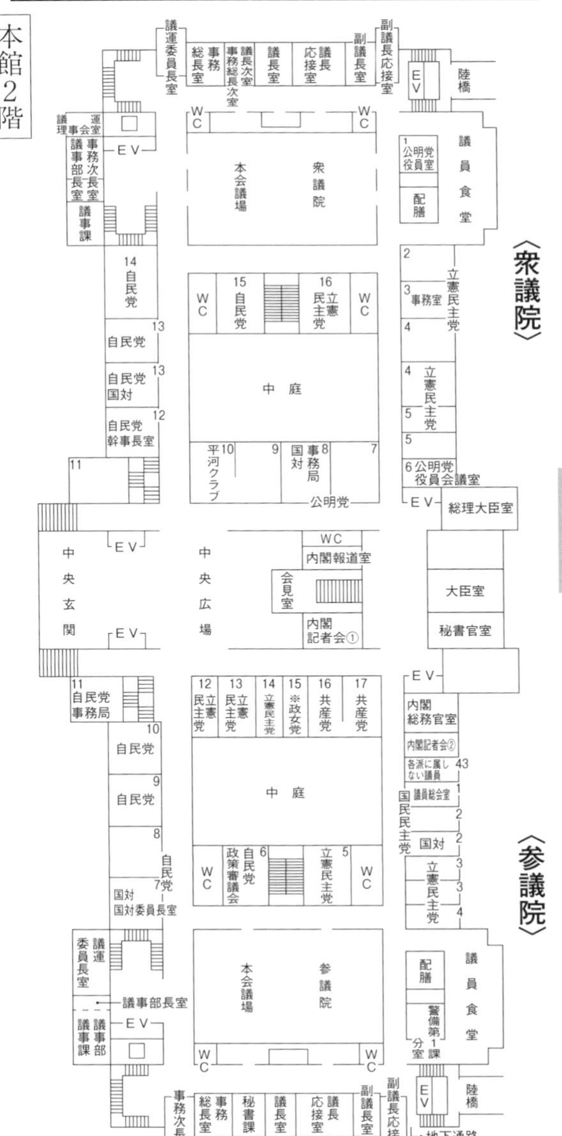

※政治家女子48党

衆議院・参議院案内図

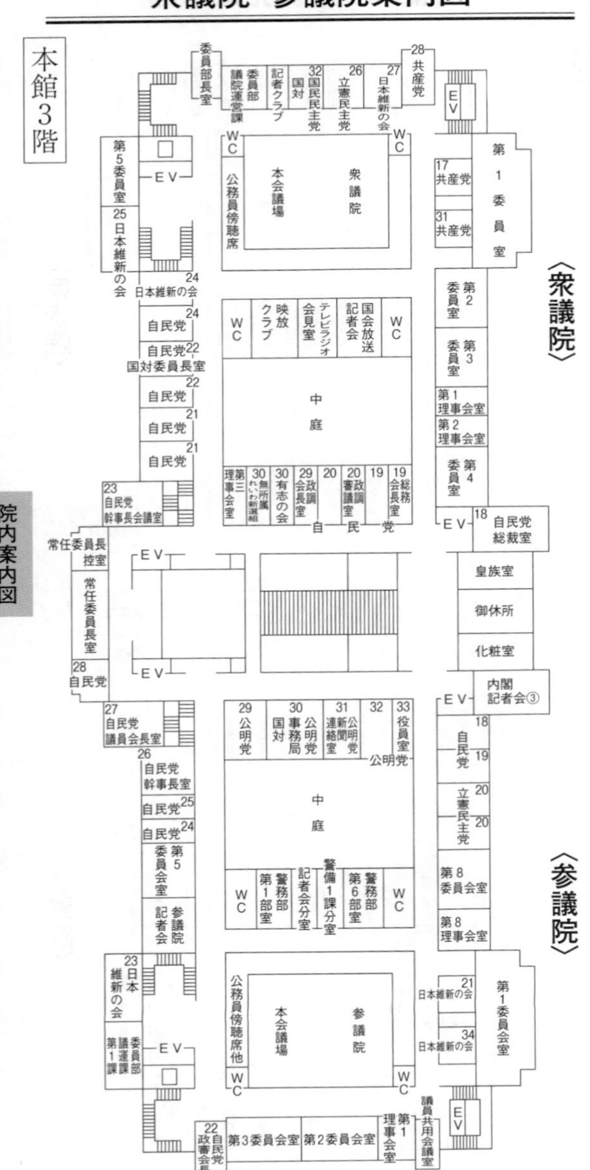

本館3階
〈衆議院〉
〈参議院〉
委員部長室
議院運営課
委員部
記者クラブ
国対
32 国民民主党
26 立憲民主党
27 日本維新の会
28 共産党
EV
WC
公務員傍聴席
本会議場
衆議院
第5委員室
25 日本維新の会
24 日本維新の会
24 自民党
自民党22
国対委員長室
22 自民党
21 自民党
21 自民党
17 共産党
31 共産党
第1委員室
映放クラブ
会見室
テレビラジオ
記者会
国会放送
中庭
第2委員室
第3委員室
第1理事会室
第2理事会室
第4委員室
第三理事会室
30 無所属 れいわ新選組
30 有志の会
29 政調会長室
20
20 政調審議室
19
19 総務会長室
自民党
23 自民党幹事長会議室
常任委員長控室
常任委員長室
28 自民党
18 自民党総裁室
皇族室
御休所
化粧室
内閣記者会③
27 自民党議員会長室
26 自民党幹事長室
自民党25
自民党24
第5委員会室
参議院記者会
29 公明党
30 国対
事務局
公明党
31 新聞連絡室
公明党
32
33 役員室
公明党
18 自民党 19
20 立憲民主党 20
第8委員会室
第8理事会室
第1部室
警務部
記者会分室
警備1課分室
第6部室
警務部
23 日本維新の会
委員部議運第1課
公務員傍聴席他
本会議場
参議院
21 日本維新の会
34 日本維新の会
第1委員会室
22 自民党政審会長室
第3委員会室
第2委員会室
第1理事会室
議員共用会議室

院内案内図

衆議院別館・分館案内図

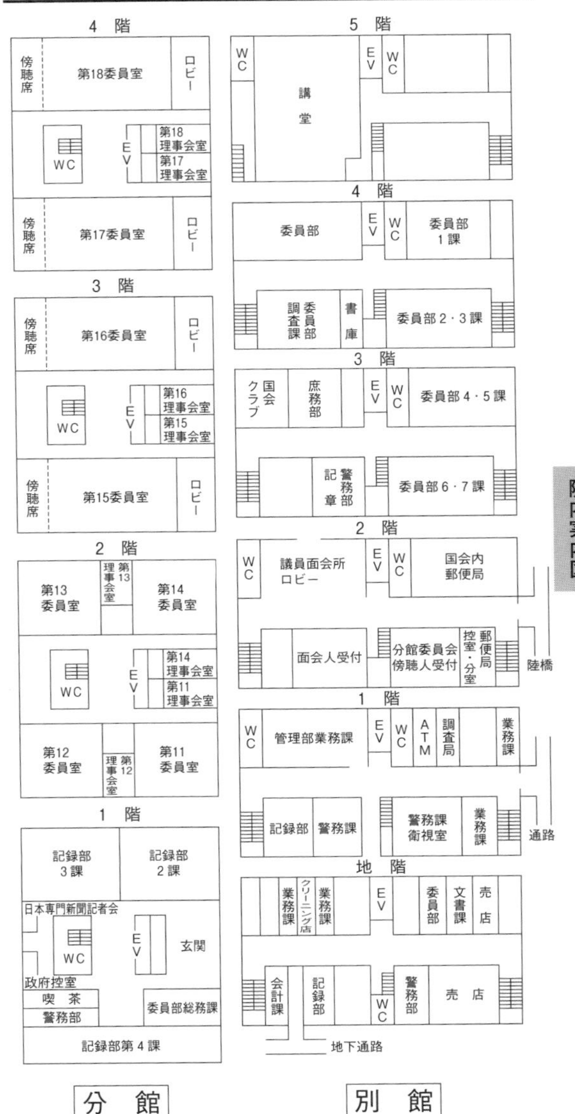

4 階
傍聴席
第18委員室
ロビー
第18理事会室
第17理事会室
EV
WC
傍聴席
第17委員室
ロビー
3 階
傍聴席
第16委員室
ロビー
第16理事会室
第15理事会室
EV
WC
傍聴席
第15委員室
ロビー
2 階
第13委員室
第13理事会室
第14委員室
第14理事会室
第11理事会室
EV
WC
第12委員室
第12理事会室
第11委員室
1 階
記録部3課
記録部2課
日本専門新聞記者会
WC
EV
玄関
政府控室
喫茶
警務部
委員部総務課
記録部第4課
分館
5 階
WC
講堂
EV
WC
4 階
委員部
EV
WC
委員部1課
委員部調査課
書庫
委員部2・3課
3 階
国会クラブ
庶務部
EV
WC
委員部4・5課
警務部記章
委員部6・7課
2 階
WC
議員面会所ロビー
EV
WC
国会内郵便局
面会人受付
分館委員会傍聴人受付
控室・分室
郵便局
陸橋
1 階
WC
管理部業務課
EV
WC
ATM
調査局
業務課
記録部
警務課
警務課衛視室
業務課
通路
地 階
業務課
クリーニング店
業務課
EV
委員部
文書課
売店
会計課
記録部
WC
警務部
売店
地下通路
別館

院内案内図

参議院別館・分館案内図

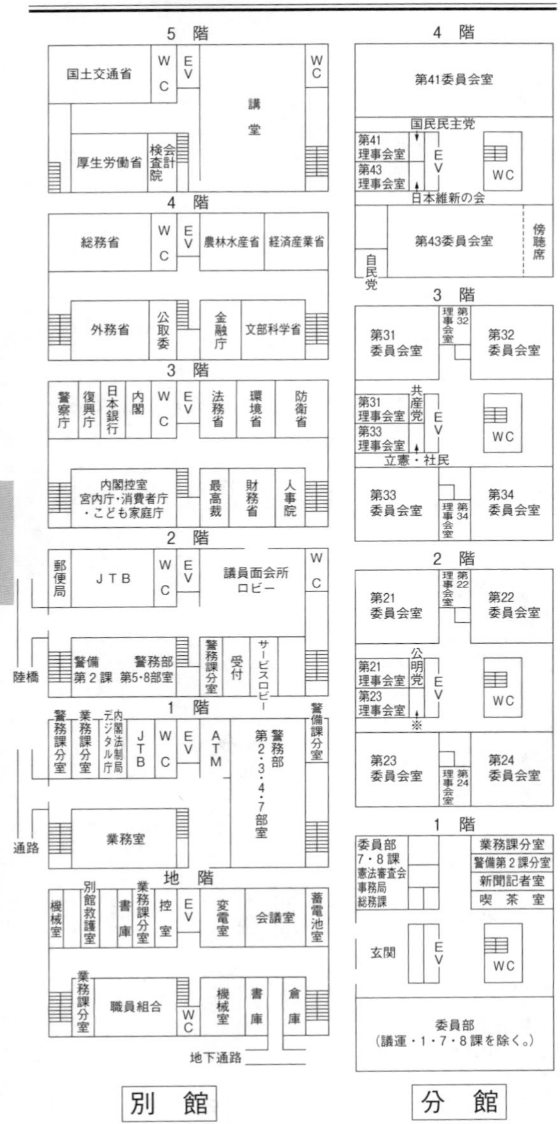

別館
5階
国土交通省
WC
EV
講堂
厚生労働省
会計検査院
4階
総務省
農林水産省
経済産業省
外務省
公取委
金融庁
文部科学省
3階
警察庁
復興庁
日本銀行
内閣
法務省
環境省
防衛省
内閣控室
宮内庁・消費者庁
・こども家庭庁
最高裁
財務省
人事院
2階
郵便局
JTB
議員面会所
ロビー
警備第2課
警務部第5・8部室
警務課分室
受付
サービスロビー
陸橋
1階
警務課分室
業務課分室
内閣法制局
デジタル庁
JTB
ATM
警務部第2・3・4・7部室
警備課分室
業務室
通路
地階
機械室
別館救護室
書庫
業務課分室
控室
変電室
会議室
蓄電池室
職員組合
機械室
倉庫
地下通路
分館
4階
第41委員会室
国民民主党
第41理事会室
第43理事会室
日本維新の会
第43委員会室
傍聴席
自民党
3階
第31委員会室
第32理事会室
第32委員会室
第31理事会室
共産党
第33理事会室
立憲・社民
第33委員会室
第34理事会室
第34委員会室
2階
第21委員会室
第22理事会室
第22委員会室
第21理事会室
公明党
第23理事会室
※
第23委員会室
第24理事会室
第24委員会室
1階
委員部
7・8課
憲法審査会
事務局
総務課
業務課分室
警備第2課分室
新聞記者室
喫茶室
玄関
委員部
（議運・1・7・8課を除く。）

※れいわ新選組、沖縄の風、政治家女子48党、各派に属しない議員

衆議院第1議員会館2階案内図

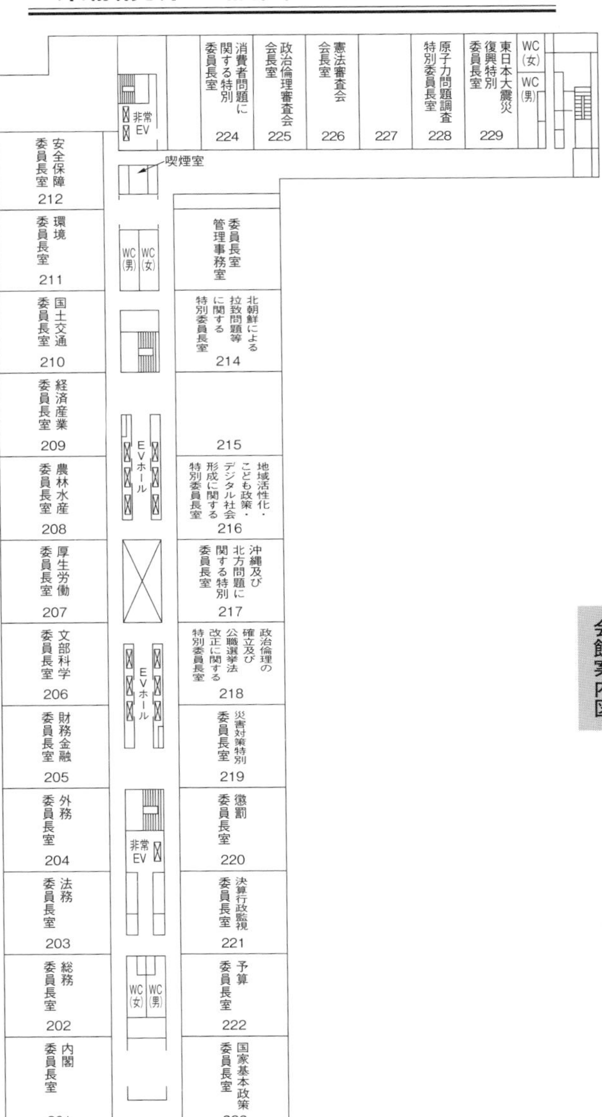

消費者問題に関する特別委員長室
224
政治倫理審査会会長室
225
憲法審査会会長室
226
227
原子力問題調査特別委員長室
228
東日本大震災復興特別委員長室
229
WC(女)
WC(男)
非常EV
喫煙室
安全保障委員長室
212
環境委員長室
211
WC(男)
WC(女)
委員長室管理事務室
国土交通委員長室
210
北朝鮮による拉致問題等に関する特別委員長室
214
経済産業委員長室
209
215
EVホール
農林水産委員長室
208
地域活性化・こども政策・デジタル社会形成に関する特別委員長室
216
厚生労働委員長室
207
沖縄及び北方問題に関する特別委員長室
217
文部科学委員長室
206
政治倫理の確立及び公職選挙法改正に関する特別委員長室
218
EVホール
財務金融委員長室
205
災害対策特別委員長室
219
外務委員長室
204
懲罰委員長室
220
非常EV
法務委員長室
203
決算行政監視委員長室
221
総務委員長室
202
WC(女)
WC(男)
予算委員長室
222
内閣委員長室
201
国家基本政策委員長室
223
国会議事堂側

会館案内図

衆議院第1議員会館1階案内図

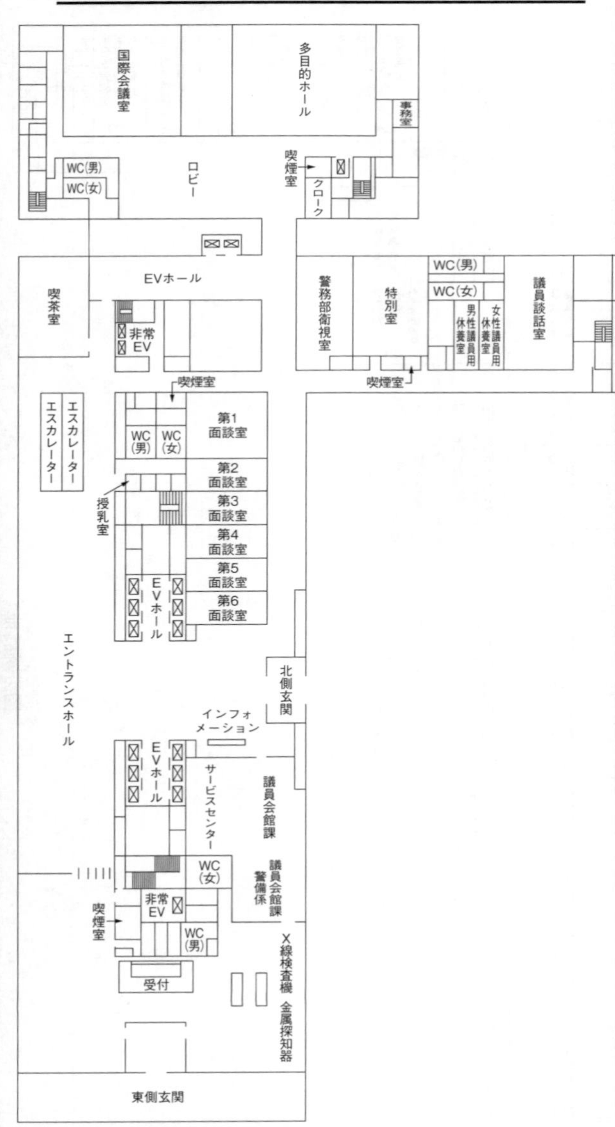

国会議事堂側

衆議院第１議員会館地下１階案内図

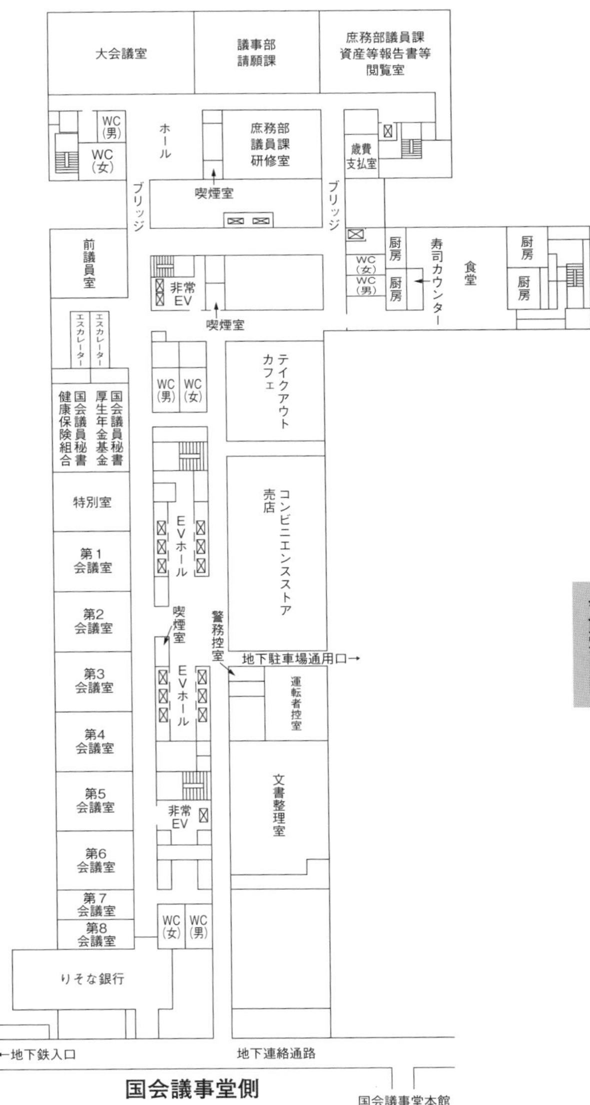

会館案内図

衆議院第１議員会館地下２階案内図

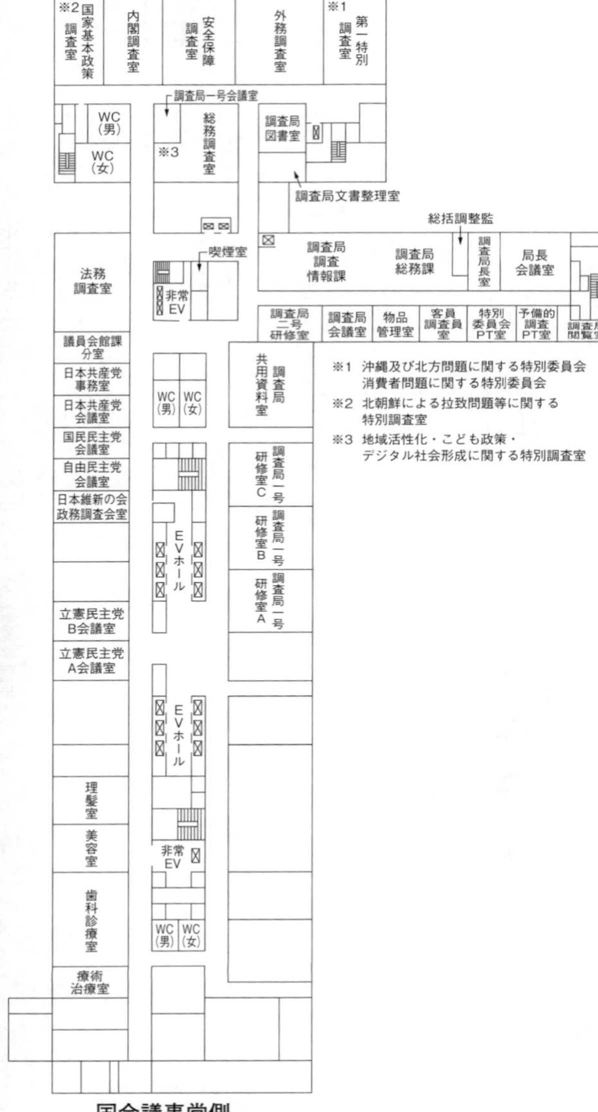

衆議院第１議員会館地下３階案内図

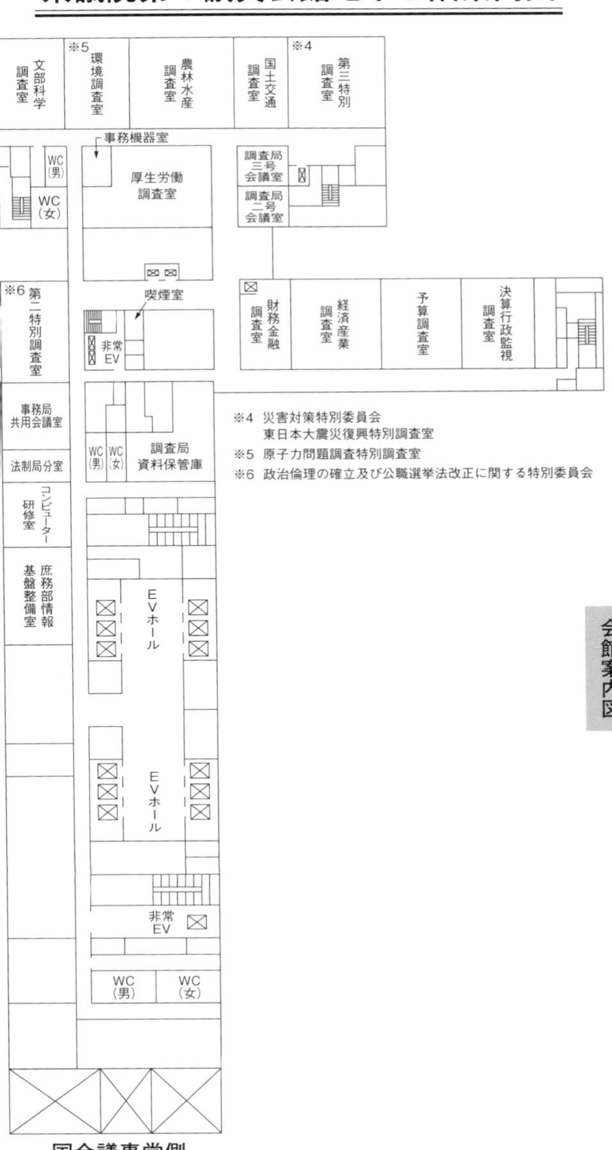

※4　災害対策特別委員会
　　東日本大震災復興特別調査室
※5　原子力問題調査特別調査室
※6　政治倫理の確立及び公職選挙法改正に関する特別委員会

会館案内図

衆議院第２議員会館１階案内図

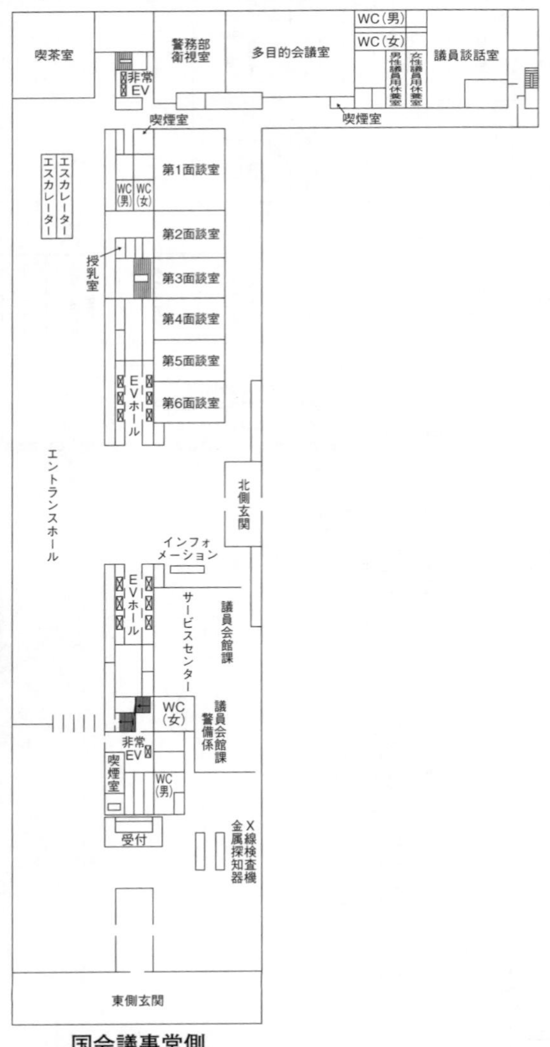

衆議院第２議員会館地下１階案内図

国会議事堂側

衆議院第２議員会館地下２階案内図

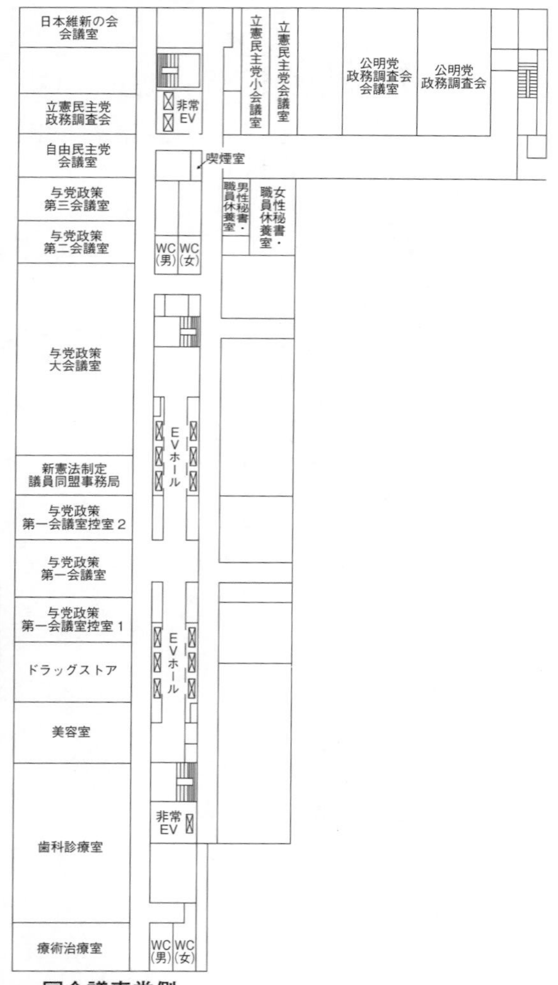
日本維新の会
会議室
立憲民主党
政務調査会
自由民主党
会議室
与党政策
第三会議室
与党政策
第二会議室
与党政策
大会議室
新憲法制定
議員同盟事務局
与党政策
第一会議室控室２
与党政策
第一会議室
与党政策
第一会議室控室１
ドラッグストア
美容室
歯科診療室
療術治療室
非常
EV
喫煙室
WC
(男)
WC
(女)
EVホール
EVホール
非常
EV
WC
(男)
WC
(女)
立憲民主党小会議室
立憲民主党会議室
男性秘書・職員休養室
女性秘書・職員休養室
公明党
政務調査会
会議室
公明党
政務調査会
国会議事堂側

会館案内図

参議院議員会館２階案内図

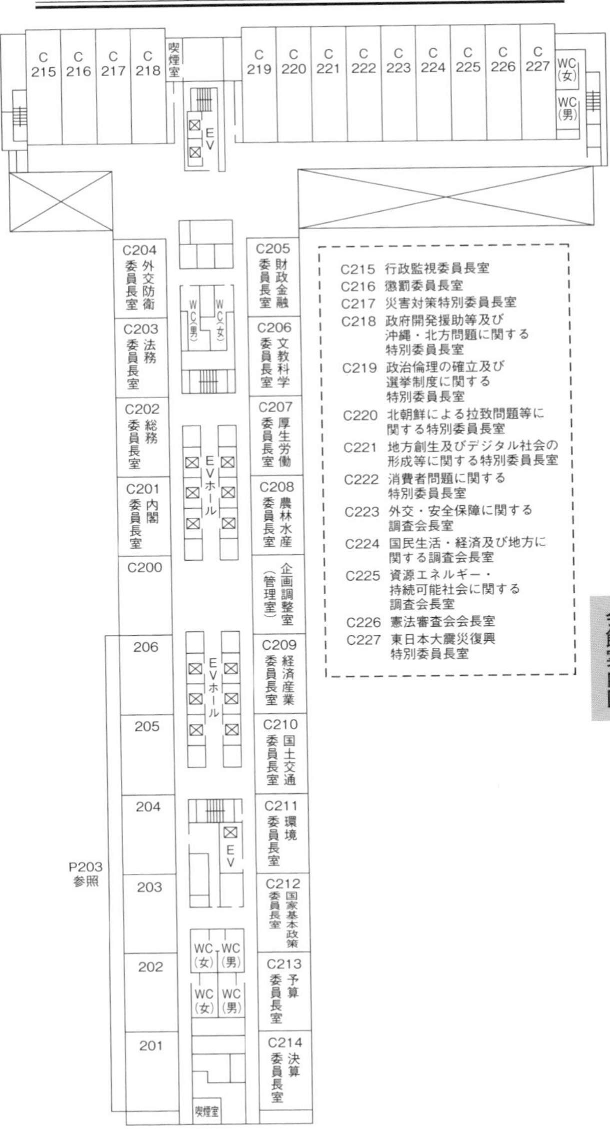
C215
C216
C217
C218
喫煙室
C219
C220
C221
C222
C223
C224
C225
C226
C227
WC(女)
WC(男)
EV
C204 外交防衛委員長室
C203 法務委員長室
C202 総務委員長室
C201 内閣委員長室
C200
C205 財政金融委員長室
C206 文教科学委員長室
C207 厚生労働委員長室
C208 農林水産委員長室
企画調整室(管理室)
C209 経済産業委員長室
C210 国土交通委員長室
C211 環境委員長室
C212 国家基本政策委員長室
C213 予算委員長室
C214 決算委員長室
WC(男)
WC(女)
EVホール
EVホール
EV
206
205
204
203
202
201
P203参照
WC(女)
WC(男)
WC(女)
WC(男)
喫煙室
C215 行政監視委員長室
C216 懲罰委員長室
C217 災害対策特別委員長室
C218 政府開発援助等及び沖縄・北方問題に関する特別委員長室
C219 政治倫理の確立及び選挙制度に関する特別委員長室
C220 北朝鮮による拉致問題等に関する特別委員長室
C221 地方創生及びデジタル社会の形成等に関する特別委員長室
C222 消費者問題に関する特別委員長室
C223 外交・安全保障に関する調査会長室
C224 国民生活・経済及び地方に関する調査会長室
C225 資源エネルギー・持続可能社会に関する調査会長室
C226 憲法審査会会長室
C227 東日本大震災復興特別委員長室
国会議事堂側

参議院議員会館１階案内図

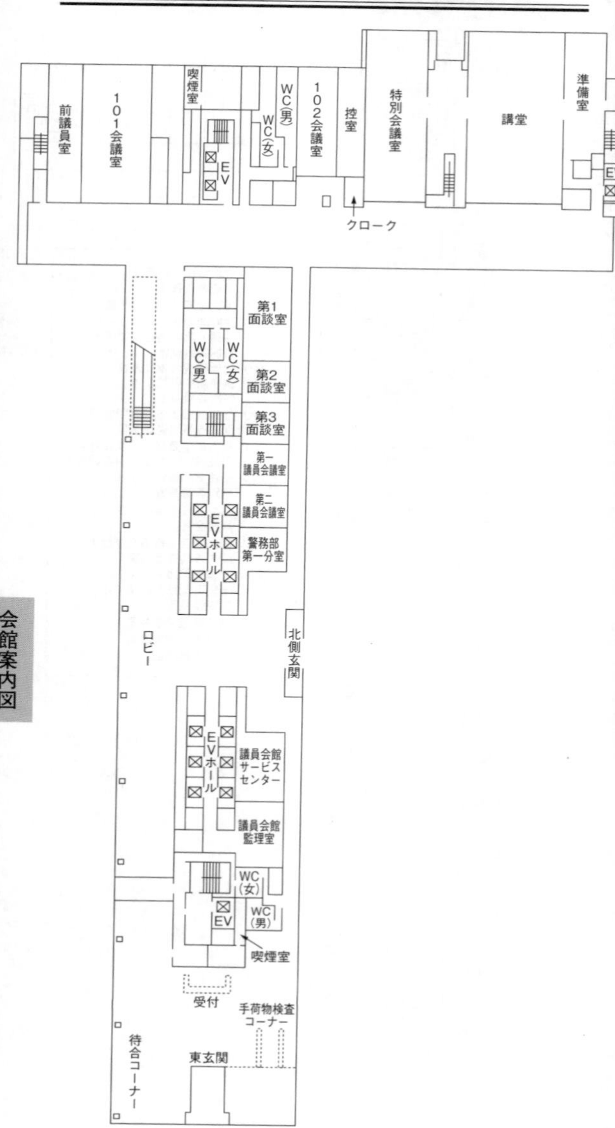

国会議事堂側

参議院議員会館地下１階案内図

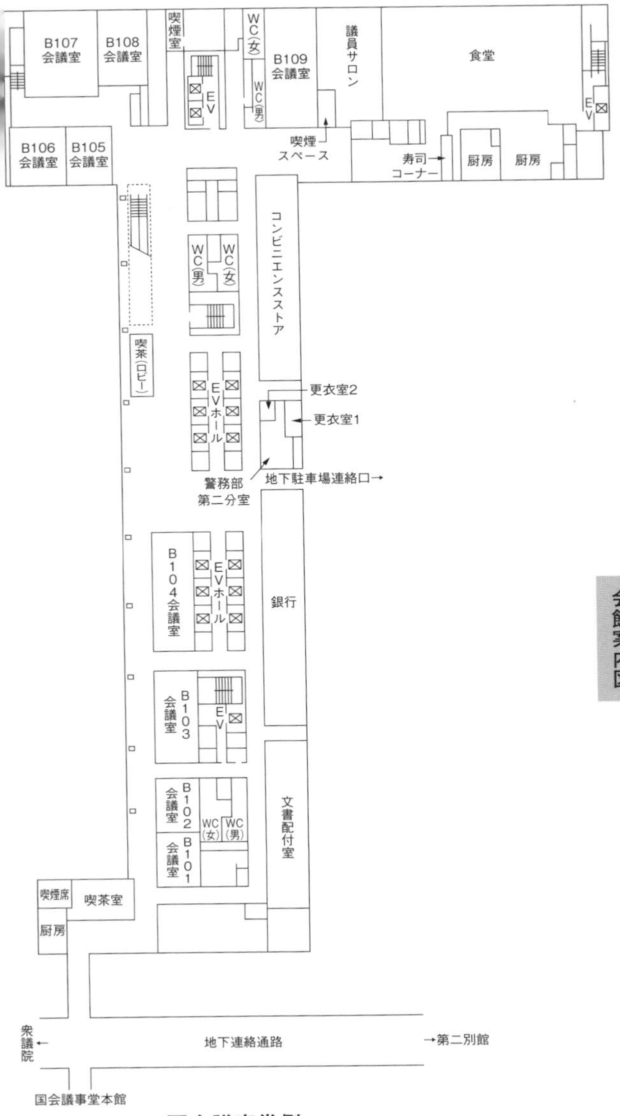

国会議事堂側

参議院議員会館地下２階案内図

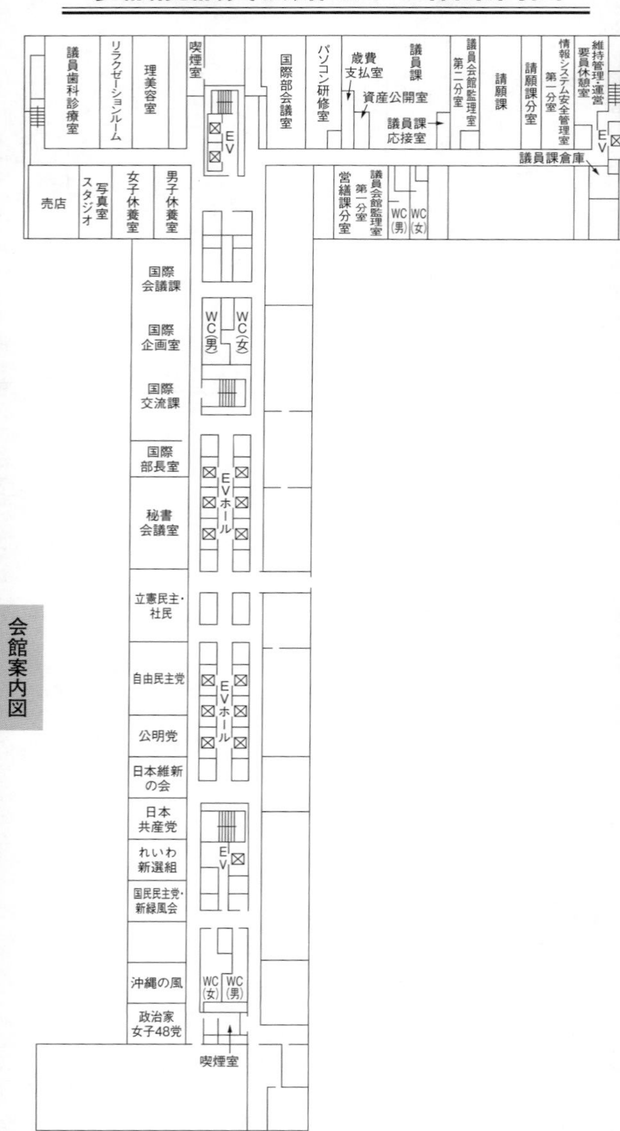

議員歯科診療室
リラクゼーションルーム
理美容室
喫煙室
EV
国際部会議室
パソコン研修室
歳費支払室
資産公開室
議員課
議員課応接室
第二分室
議員会館監理室
請願課
請願課分室
情報システム安全管理第一分室
維持管理・運営要員休憩室
EV
議員課倉庫
売店
写真室スタジオ
女子休養室
男子休養室
営繕課分室
議員会館監理室第一分室
WC(男)
WC(女)
国際会議課
国際企画室
国際交流課
国際部長室
秘書会議室
立憲民主・社民
自由民主党
公明党
日本維新の会
日本共産党
れいわ新選組
国民民主党・新緑風会
沖縄の風
政治家女子48党
WC(男)
WC(女)
EVホール
EVホール
EV
WC(女)
WC(男)
喫煙室
国会議事堂側

ドント方式による比例代表選挙当選順位

	A党	B党	C党
	1500票	900票	720票
1で割る	1500①	900②	720④
2で割る	750③	450⑥	360
3で割る	500⑤	300	240
4で割る	375⑦	225	180
5で割る	300	180	144

（日本経済新聞より）

各党の得票数を1、2、3……と整数（各党に割り振る議席）で割っていき、商の大きい順に当選を決めていく。左の図は7議席を配分した例。当選順位を決定していく作業はどの政党の何人目の候補に議席を与えれば有権者の投票を最も反映するかを判断するとともに、各党の1議席当たりの得票数をなるべく公平にする意味がある。

第49回衆議院選挙（令和3年10月31日施行）

【北海道】(8人)

(P57参照)

自民党　4人

÷1　①　863,300
÷2　③　431,650
÷3　⑥　287,766
÷4　⑧　215,825

立憲民主党　3人

÷1　②　682,912
÷2　④　341,456
÷3　⑦　227,637

公明党　1人

÷1　⑤　294,371

【東北】(13人)

(P66参照)

自民党　6人

÷1　①　1,628,233
÷2　③　814,116
÷3　④　542,744
÷4　⑦　407,058
÷5　⑨　325,646
÷6　⑪　271,372

立憲民主党　4人

÷1　②　991,504
÷2　⑤　495,752
÷3　⑧　330,501
÷4　⑬　247,876

公明党　1人

÷1　⑥　456,287

共産党　1人

÷1　⑩　292,830

日本維新の会　1人

÷1　⑫　258,690

【北関東】(19人)

(P78参照)

自民党　7人

÷1　①　2,172,065
÷2　③　1,086,032
÷3　⑤　724,021
÷4　⑧　543,016
÷5　⑪　434,413
÷6　⑬　362,010
÷7　⑮　310,295

立憲民主党　5人

÷1　②　1,391,148
÷2　⑥　695,574
÷3　⑨　463,716
÷4　⑭　347,787
÷5　⑱　278,229

公明党　3人

÷1　④　823,930
÷2　⑫　411,965
÷3　⑲　274,643

日本維新の会　2人

÷1　⑦　617,531
÷2　⑯　308,765

共産党　1人

÷1　⑩　444,115

国民民主党　1人

÷1　⑰　298,056

【南関東】(22人)

(P92参照)

自民党　9人

÷1　①　2,590,787
÷2　③　1,295,393
÷3　⑤　863,595
÷4　⑧　647,696
÷5　⑪　518,157
÷6　⑬　431,797
÷7　⑰　370,112
÷8　⑲　323,848
÷9　㉒　287,865

立憲民主党　5人

÷1　②　1,651,562
÷2　⑦　825,781
÷3　⑨　550,520
÷4　⑮　412,890
÷5　⑱　330,312

日本維新の会　3人

÷1　④　863,897
÷2　⑫　431,948
÷3　㉑　287,965

公明党　2人

÷1　⑥　850,667
÷2　⑭　425,333

共産党　1人

÷1　⑩　534,493

国民民主党　1人

÷1　⑯　384,481

れいわ新選組　1人

÷1　⑳　302,675

【東京都】(17人)

(P102参照)

自民党　6人

÷1　①　2,000,084
÷2　③　1,000,042
÷3　⑦　666,694
÷4　⑨　500,021
÷5　⑫　400,016
÷6　⑯　333,347

立憲民主党　4人

÷1　②　1,293,281
÷2　⑧　646,640
÷3　⑩　431,093
÷4　⑰　323,320

日本維新の会　2人

÷1　④　858,577
÷2　⑪　429,288

公明党　2人

÷1　⑤　715,450
÷2　⑭　357,725

共産党　2人

÷1　⑥　670,340

÷2 ⑮ 335,170
れいわ新選組 1人
÷1 ⑬ 360,387

【北陸信越】(11人)
(P110参照)

自民党 6人
÷1 ① 1,468,380
÷2 ③ 734,190
÷3 ④ 489,460
÷4 ⑥ 367,095
÷5 ⑨ 293,676
÷6 ⑪ 244,730
立憲民主党 3人
÷1 ② 773,076
÷2 ⑤ 386,538
÷3 ⑩ 257,692
日本維新の会 1人
÷1 ⑦ 361,476
公明党 1人
÷1 ⑧ 322,535

【東海】(21人)
(P123参照)

自民党 9人
÷1 ① 2,515,841
÷2 ③ 1,257,920
÷3 ④ 838,613
÷4 ⑧ 628,960
÷5 ⑨ 503,168
÷6 ⑪ 419,306
÷7 ⑯ 359,405
÷8 ⑱ 314,480
÷9 ⑳ 279,537
立憲民主党 5人
÷1 ② 1,485,947
÷2 ⑥ 742,973
÷3 ⑩ 495,315
÷4 ⑮ 371,486
÷5 ⑲ 297,189
公明党 3人
÷1 ⑤ 784,976
÷2 ⑬ 392,488
÷3 ㉑ 261,658
日本維新の会 2人
÷1 ⑦ 694,630
÷2 ⑰ 347,315
共産党 1人
÷1 ⑫ 408,606
国民民主党 1人
÷1 ⑭ 382,733
れいわ新選組 1人
÷1 － 273,208
※れいわ新選組は1議席分の票を獲得したが、名簿登載者2人(重複立候補)がいずれも小選挙区で復活当選に必要な得票数(有効投票総数の10%)に満たなかった。このため、次点だった公明党に1議席が割り振られた。

【近畿】(28人)
(P141参照)

日本維新の会 10人
÷1 ① 3,180,219
÷2 ③ 1,590,109
÷3 ⑦ 1,060,073
÷4 ⑨ 795,054
÷5 ⑪ 636,043
÷6 ⑮ 530,036
÷7 ⑰ 454,317
÷8 ⑲ 397,527
÷9 ㉓ 353,357
÷10 ㉕ 318,021
自民党 8人
÷1 ② 2,407,699
÷2 ④ 1,203,849
÷3 ⑧ 802,566
÷4 ⑫ 601,924
÷5 ⑯ 481,539
÷6 ⑱ 401,283
÷7 ㉔ 343,957
÷8 ㉗ 300,962
公明党 3人
÷1 ⑤ 1,155,683
÷2 ⑬ 577,841
÷3 ⑳ 385,227
立憲民主党 3人
÷1 ⑥ 1,090,665
÷2 ⑭ 545,332
÷3 ㉒ 363,555
共産党 2人
÷1 ⑩ 736,156
÷2 ㉑ 368,078
国民民主党 1人
÷1 ㉖ 303,480
れいわ新選組 1人
÷1 ㉘ 292,483

【中国】(11人)
(P149参照)

自民党 6人
÷1 ① 1,352,723
÷2 ② 676,361
÷3 ④ 450,907
÷4 ⑥ 338,180
÷5 ⑨ 270,544
÷6 ⑩ 225,453
立憲民主党 2人
÷1 ③ 573,324
÷2 ⑦ 286,662
公明党 2人
÷1 ⑤ 436,220
÷2 ⑪ 218,110
日本維新の会 1人
÷1 ⑧ 286,302

【四国】(6人)
(P154参照)

自民党 3人
÷1 ① 664,805
÷2 ② 332,402
÷3 ⑤ 221,601
立憲民主党 1人
÷1 ③ 291,870
公明党 1人
÷1 ④ 233,407
日本維新の会 1人
÷1 ⑥ 173,826

【九州】(20人)
(P167参照)

自民党 8人
÷1 ① 2,250,966
÷2 ③ 1,125,483
÷3 ⑤ 750,322
÷4 ⑦ 562,741
÷5 ⑩ 450,193
÷6 ⑫ 375,161
÷7 ⑮ 321,566
÷8 ⑰ 281,370
立憲民主党 4人
÷1 ② 1,266,801
÷2 ⑥ 633,400
÷3 ⑪ 422,267
÷4 ⑯ 316,700
公明党 4人
÷1 ④ 1,040,756
÷2 ⑨ 520,378
÷3 ⑭ 346,918
÷4 ⑳ 260,189
日本維新の会 2人
÷1 ⑧ 540,338
÷2 ⑲ 270,169
共産党 1人
÷1 ⑬ 365,658
国民民主党 1人
÷1 ⑱ 279,509

(小数点以下は切り捨て)

第25回参議院選挙（令和元年7月21日施行）

（P223参照）

自民党　19人

除数	順位	商
÷1	①	17,712,373
÷2	②	8,856,186
÷3	⑤	5,904,124
÷4	⑧	4,428,093
÷5	⑩	3,542,474
÷6	⑬	2,952,062
÷7	⑮	2,530,339
÷8	⑲	2,214,046
÷9	㉒	1,968,041
÷10	㉓	1,771,237
÷11	㉗	1,610,215
÷12	㉚	1,476,031
÷13	㉛	1,362,490
÷14	㉞	1,265,169
÷15	㊱	1,180,824
÷16	㊶	1,107,023
÷17	㊹	1,041,904
÷18	㊼	984,020
÷19	㊿	932,230

立憲民主党　8人

除数	順位	商
÷1	③	7,917,720
÷2	⑨	3,958,860
÷3	⑭	2,639,240
÷4	㉑	1,979,430
÷5	㉘	1,583,544
÷6	㉜	1,319,620
÷7	㊴	1,131,102
÷8	㊺	989,715

公明党　7人

除数	順位	商
÷1	④	6,536,336
÷2	⑫	3,268,168
÷3	⑳	2,178,778
÷4	㉖	1,634,084
÷5	㉝	1,307,267
÷6	㊷	1,089,389
÷7	㊾	933,762

日本維新の会　5人

除数	順位	商
÷1	⑥	4,907,844
÷2	⑯	2,453,922
÷3	㉕	1,635,948
÷4	㉟	1,226,961
÷5	㊽	981,568

共産党　4人

除数	順位	商
÷1	⑦	4,483,411
÷2	⑱	2,241,705
÷3	㉙	1,494,470
÷4	㊵	1,120,852

国民民主党　3人

除数	順位	商
÷1	⑪	3,481,078
÷2	㉔	1,740,539
÷3	㊲	1,160,359

れいわ新選組　2人

除数	順位	商
÷1	⑰	2,280,252
÷2	㊳	1,140,126

社民党　1人

除数	順位	商
÷1	㊸	1,046,011

NHKから国民を守る党　1人

除数	順位	商
÷1	㊻	987,885

（小数点以下は切り捨て）

第26回参議院選挙（令和4年7月10日施行）

（P234参照）

自民党　18人

除数	順位	商
÷1	①	18,256,245
÷2	②	9,128,122
÷3	⑥	6,085,415
÷4	⑦	4,564,061
÷5	⑨	3,651,249
÷6	⑭	3,042,707
÷7	⑯	2,608,035
÷8	⑱	2,282,030
÷9	㉑	2,028,471
÷10	㉓	1,825,624
÷11	㉗	1,659,658
÷12	㉛	1,521,353
÷13	㉜	1,404,326
÷14	㉟	1,304,017
÷15	㊴	1,217,083
÷16	㊷	1,141,015
÷17	㊺	1,073,896
÷18	㊽	1,014,235

日本維新の会　8人

除数	順位	商
÷1	③	7,845,995
÷2	⑧	3,922,997
÷3	⑮	2,615,331
÷4	㉒	1,961,498
÷5	㉙	1,569,199
÷6	㉞	1,307,665
÷7	㊹	1,120,856
÷8	㊾	980,749

立憲民主党　7人

除数	順位	商
÷1	④	6,771,945
÷2	⑪	3,385,972
÷3	⑲	2,257,315
÷4	㉖	1,692,986
÷5	㉝	1,354,389
÷6	㊸	1,128,657
÷7	㊿	967,420

公明党　6人

除数	順位	商
÷1	⑤	6,181,431
÷2	⑬	3,090,715
÷3	⑳	2,060,477
÷4	㉚	1,545,357
÷5	㊳	1,236,286
÷6	㊼	1,030,238

共産党　3人

除数	順位	商
÷1	⑩	3,618,342
÷2	㉔	1,809,171
÷3	㊵	1,206,114

国民民主党　3人

除数	順位	商
÷1	⑫	3,159,625
÷2	㉘	1,579,812
÷3	㊻	1,053,203

れいわ新選組　2人

除数	順位	商
÷1	⑰	2,319,156
÷2	㊶	1,159,578

参政党　1人

除数	順位	商
÷1	㉕	1,768,385

社民党　1人

除数	順位	商
÷1	㊱	1,258,501

ＮＨＫ党　1人

除数	順位	商
÷1	㊲	1,253,872

（小数点以下は切り捨て）

※　各党の得票数を1、2、3…の整数で割り、その「商」の大きい順に議席が配分されます。各党の得票数を1、2、3…の整数で割った「商」を掲載しています。丸なか数字はドント式当選順位です。

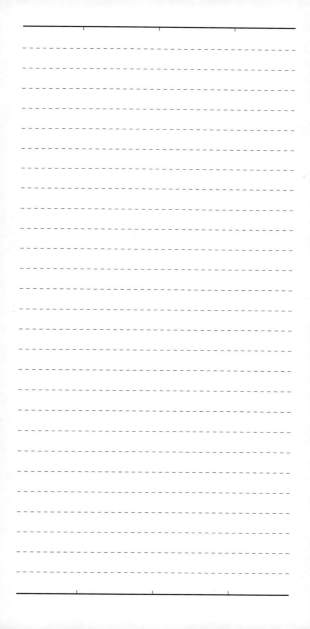

國會議員要覧

<令和5年8月版>

國　會　要　覧

<第75版>

第一別冊〈議員情報〉

国政情報センター

編集要領

・記載内容は、議員への取材及び各種資料による。
・掲載の国会議員の氏名及び所属政党は令和5年7月1日現在。
・所属政党名については氏名の右のカッコ内に略称で掲載した。（自…自民党、立…立憲民主党、維…日本維新の会、公…公明党、共…共産党、国…国民民主党、れ…れいわ新選組、社…社民党、政女…政治家女子48党、参…参政党、無…無所属）
・**出身校別一覧**は国会議員を大学、大学院、短大、高校、その他（旧制学校含む）の最終学歴別（中退者を含む）にまとめた。
・大学院修了者（在籍者を含む）は、大学、大学院の両方で掲載した。出身者が10人以上の大学（12校）は出身者の多い大学順に、10人未満の大学は大学名の50音順に掲載した。
・短大以下の学校は個々の学校名の掲載は省略した。
・留学経験者、ＭＢＡ資格取得者を別途掲載した。
・**出身高校別一覧**は国会議員の出身高校の都道府県別、高校別に国会議員名を掲載した。同一都道府県内は出身議員の多い高校順に、出身者数が同数の高校は校名の50音順（公立、私立別）。
・**出身別一覧**は国会議員の当選前の主な出身分野ごとに現・元国会議員親類（3親等以内、4親等以上）、公募、中央省庁（入省時の省庁別）、参議院事務局、特殊法人・独立行政法人、地方庁、美術館、学芸員、地方議会（都道府県議会議長・副議長、都道府県議、市区町村議会議長・副議長、市区町村議）、首長（知事、市区町村長）、各種団体、生協、労働組合、弁護士・裁判官・検事、米国弁護士、法律事務所、公認会計士、米国公認会計士、税理士、監査法人、社会保険労務士、行政書士、司法書士、中小企業診断士、宅地建物取引士、土地家屋調査士、弁理士、経営コンサルタント、ＩＴコンサルタント、一級建築士、技術士、気象予報士、防災士、マスコミ（新聞社、ミニコミ紙、テレビ・ラジオ、出版社、通信社）、作家・評論家・ライター、放送作家、漫画家、漫画原作者、スポーツ・文化・芸能、F1ドライバー、飲食店経営・勤務、調理師、料理研究家、フラワーアーティスト、僧侶、牧師、医師、歯科医師、看護師、薬剤師、診療放射線技師、理学療法士、柔道整復師、保健師、ヘルスケアカウンセラー、社会福祉関連、社会福祉士、アンガーマネジメント講師、獣医師、医療法人役員・職員、社会福祉法人役員、障害者団体代表、介護施設代表、介護施設職員、保護司、松下政経塾、一新塾（大前研一）、維新政治塾、会社役員、金融機関（銀行・証券・生損保等）、企業（金融機関を除く）、議員秘書・大臣秘書官、学校法人・幼稚園・保育園理事長・理事、塾経営・講師、保育士、小・中・高教諭、大学・短大等教授・准教授・講師等、専門学校講師、大学職員、日本銀行、農協、農業、漁協、杜氏、ＮＴＴグループ、ＪＲ、日本郵政、特定郵便局、日本青年会議所、政党職員、民青、ＮＧＯ・ＮＰＯ・市民運動、ALS患者、HIV訴訟原告、国連、ＩＬＯ、ＷＦＰ、ＯＥＣＤ、アフリカ開発銀行、米外交問題評議会研究員、米国市長・議員スタッフ、シンクタンク・調査機関に分けて掲載した。
複数の出身分野に該当する議員は複数箇所に掲載されている。
地方議会出身者は、議長・副議長経験者は区別して掲載し、議長・副議長を経験していない議員を都道府県議、市区町村議の欄に掲載。県議、市議を両方経験している場合は2箇所に掲載。
生れ年表、当選回数表は、衆・参別に、生年の順、当選回数の順に一覧表にした。

国会議員出身校別一覧

（令和5年7月1日現在

大学

（672人）
（衆議院451人、参議院221人）

東京大学（130人）

衆議院（93人）

阿部知子(立)
赤澤亮正(自)
井出庸生(自)
井上信治(自)
伊佐進一(公)
石井啓一(公)
稲富修二(立)
今村雅弘(自)
江田憲司(立)
小川淳也(立)
小倉將信(自)
小田原潔(自)
小野泰輔(維)
尾﨑正直(自)
尾身朝子(自)
緒方林太郎(無)
大串博志(立)
岡田克也(立)
奥野総一郎(立)
加藤勝信(自)
河西宏一(公)
柿沢未途(自)
笠井亮(共)
勝目康(自)
上川陽子(自)
神田潤一(自)
木原誠二(自)
吉良州司(無)
城内実(自)
小泉龍司(自)
小林鷹之(自)
小森卓郎(自)
古賀篤(自)
後藤茂之(自)
後藤祐一(立)
齋藤健(自)
坂井学(自)
志位和夫(共)
塩崎彰久(自)
重徳和彦(立)
階猛(立)
柴山昌彦(自)
白石洋一(立)
新谷正義(自)
鈴木英敬(自)
鈴木馨祐(自)
鈴木憲和(自)
鈴木隼人(自)
田嶋要(立)
高見康裕(自)
橘慶一郎(自)
棚橋泰文(自)
玉木雄一郎(国)
寺田稔(自)
中西健治(自)
中野洋昌(公)
仁木博文(無)
西野太亮(自)
西村康稔(自)
根本匠(自)
長谷川淳二(自)
葉梨康弘(自)
林芳正(自)
原口一博(立)
平口洋(自)
平沢勝栄(自)
福島伸享(無)
藤井比早之(自)
古川元久(国)
古川康(自)
古川禎久(自)
細田博之(無)
本庄知史(立)
本田太郎(自)
牧原秀樹(自)
松島みどり(自)
松本剛明(自)
三谷英弘(自)
宮澤博行(自)
宮路拓馬(自)
宮下一郎(自)
宮本徹(共)
務台俊介(自)
村井英樹(自)
村上誠一郎(自)
茂木敏充(自)
盛山正仁(自)
山岸一生(立)
山口壯(自)
山下貴司(自)
山田美樹(自)
米山隆一(立)
鷲尾英一郎(自)

参議院（37人）

阿達雅志(自)
浅尾慶一郎(自)
石井正弘(自)
石田昌宏(自)
磯﨑仁彦(自)
上田勇(公)
打越さく良(立)
江島潔(自)
尾辻秀久(無)
太田房江(自)
岡田直樹(自)
片山さつき(自)
金子道仁(維)
小西洋之(立)
小林一大(自)
古賀友一郎(自)
上月良祐(自)
佐藤啓(自)
里見隆治(公)
杉尾秀哉(立)
高木真理(立)
滝波宏文(自)
鶴保庸介(自)
新妻秀規(公)
浜田聡(政)
平木大作(公)
福島みずほ(社)
堀井巌(自)
舞立昇治(自)
松川るい(自)

川珠代(自)
野素子(立)
沢洋一(自)
田享子(立)
倉克夫(公)
口那津男(公)
添拓(共)

稲田大学(85人)

衆議院(61人)

住淳(立)
部司(維)
柳仁士(維)
木正幸(維)
井優(立)
藤忠彦(自)
田真敏(自)
田朋美(自)
谷良平(維)
屋毅(自)
杉謙太郎(自)
田英俊(自)
谷守(立)
藤征士郎(自)
岡敏孝(自)
島敦(立)
子恭之(自)
岡偉民(自)
家一郎(自)
原稔(自)
田文雄(自)
山展弘(立)
場幸之助(自)
原豪(立)
村博文(自)
本和巳(維)
木俊一(自)
木淳司(自)
本誠喜(維)
野瀬太道(自)
将明(自)
鳥修一(自)
田良太(自)
部新(自)
塚仁雄(立)
海紀三朗(自)
永久志(立)
川貴元(自)
中司宏(維)
長友慎治(国)
西村明宏(自)
額賀福志郎(自)
野田佳彦(立)
濵地雅一(公)
古屋範子(公)
松野博一(自)
松原仁(無)
三反園訓(無)
岬麻紀(維)
緑川貴士(立)
森田俊和(立)
谷田川元(立)
山本有二(自)
湯原俊二(立)
吉田豊史(無)
吉野正芳(自)
早稲田ゆき(立)
和田有一朗(維)
和田義明(自)
渡辺周(立)
渡辺博道(自)

参議院(24人)

青木一彦(自)
青山繁晴(自)
石井浩郎(自)
小沼巧(立)
大塚耕平(国)
音喜多駿(維)
吉良よし子(共)
古庄玄知(自)
清水貴之(維)
柴田巧(維)
白坂亜紀(自)
世耕弘成(自)
田村智子(共)
竹内真二(公)
辻元清美(立)
寺田静(無)
長浜博行(無)
長峯誠(自)
牧野たかお(自)
三宅伸吾(自)
村田享子(立)
柳ヶ瀬裕文(維)
山田俊男(自)
山本順三(自)

慶應義塾大学(64人)

衆議院(45人)

逢沢一郎(自)
青山大人(立)
赤羽一嘉(公)
甘利明(自)
伊藤信太郎(自)
伊藤達也(自)
石破茂(自)
石原宏高(自)
漆間譲司(維)
小里泰弘(自)
小沢一郎(立)
越智隆雄(自)
大塚拓(自)
奥野信亮(自)
落合貴之(立)
加藤鮎子(自)
海江田万里(無)
金子俊平(自)
岸信千世(自)
小林茂樹(自)
小宮山泰子(立)
高村正大(自)
佐藤公治(立)
塩谷立(自)
高木宏壽(自)
武村展英(自)
中曽根康隆(自)
中谷一馬(立)
長島昭久(自)
長妻昭(立)
野中厚(自)
野間健(立)
馬場雄基(立)
橋本岳(自)
福田達夫(自)
藤巻健太(維)
船田元(自)
松本洋平(自)
御法川信英(自)
武藤容治(自)
簗和生(自)
山岡達丸(立)
笠浩史(立)
若林健太(自)

若宮健嗣(自)

参議院(19人)

青島健太(維)
青山繁晴(自)
大野泰正(自)
片山大介(維)
河野義博(公)
竹詰仁(国)
武見敬三(自)
堂故茂(自)
中曽根弘文(自)
中西祐介(自)
西田実仁(公)
野上浩太郎(自)
福岡資麿(自)
古川俊治(自)
松沢成文(維)
山下雄平(自)
山田太郎(自)
山本博司(公)
和田政宗(自)

京都大学(32人)

衆議院(21人)

足立康史(維)
井坂信彦(立)
井林辰憲(自)
泉田裕彦(自)
上野賢一郎(自)
大西健介(立)
城井崇(立)
北神圭朗(無)
近藤和也(立)
佐藤茂樹(公)
櫻井周(立)
篠原孝(立)
末次精一(立)
竹内譲(公)
辻清人(自)
土田慎(自)
細田健一(自)
細野豪志(自)
前原誠司(国)
柳本顕(自)
山井和則(立)

参議院(11人)

足立敏之(自)
浅田均(維)
井上哲士(共)
嘉田由紀子(国)
こやり隆史(自)
佐藤信秋(自)
谷合正明(公)
仁比聡平(共)
浜田聡(政)
山田宏(自)
山本香苗(公)

日本大学(23人)

衆議院(16人)

青柳陽一郎(立)
浅川義治(維)
新垣邦男(社)
江渡聡徳(自)
加藤竜祥(自)
梶山弘志(自)
國場幸之助(自)
佐藤勉(自)
坂本祐之輔(立)
沢田良(維)
鈴木義弘(国)
中野英幸(自)
中村喜四郎(立)
林幹雄(自)
星野剛士(自)
三ッ林裕巳(自)

参議院(7人)

井上義行(自)
臼井正一(自)
大島九州男(れ)
酒井庸行(自)
野田国義(立)
芳賀道也(無)
山崎正昭(自)

中央大学(21人)

衆議院(14人)

秋葉賢也(自)
伊藤俊輔(立)
遠藤利明(自)
門山宏哲(自)
木村次郎
工藤彰三
坂本哲志
武井俊輔
塚田一郎
寺田学
二階俊博
太栄志
道下大樹
八木哲也

参議院(7人)

赤松健
石橋通宏
北村経夫
熊谷裕人
高橋光男
滝沢求
若松謙維

創価大学(15人)

衆議院(10人)

大口善徳
岡本三成
北側一雄
國重徹
佐藤英道
高木陽介
角田秀穂
中川宏昌
中川康洋
福重隆浩

参議院(5人)

石川博崇
佐々木さやか
杉久武
竹谷とし子
安江伸夫

明治大学(14人)

衆議院(9人)

井野俊郎
櫻田義孝
笹川博義
新藤義孝
谷公一
萩生田光一

川　直季（自）
崎　政久（自）
山　浩行（立）

参議院（5人）

池　誠章（自）
田　哲也（公）
賀　之士（立）
橋　克法（自）
山　政司（自）

山学院大学（14人）

衆議院（11人）

水　恵一（公）
野　哲（国）
中　健（国）
木　毅（自）
山　展宏（自）
坂　康正（自）
坂　泰（自）
木　けんこう（立）
内　秀樹（自）
岡　宏武（自）
口　俊一（自）

参議院（3人）

島　麻衣子（立）
田　宏（自）
舫（立）

法政大学（13人）

衆議院（7人）

山　周平（自）
本　真利（自）
子　恵美（立）
崎　ひでと（自）
義偉（自）
中　和徳（自）
田　勝彦（立）

参議院（6人）

日　健太郎（自）
田　清司（無）
智　俊之（自）
田　誠一（維）
永　エリ（立）
下　新平（自）

上智大学（12人）

衆議院（9人）

玄葉　光一郎（立）
小林　史明（自）
近藤　昭一（立）
島尻　安伊子（自）
西銘　恒三郎（自）
野田　聖子（自）
平井　卓也（自）
牧　義夫（立）
山崎　誠（立）

参議院（3人）

石井　苗子（維）
猪口　邦子（自）
広瀬　めぐみ（自）

専修大学（10人）

衆議院（7人）

井原　巧（自）
稲津　久（公）
小熊　慎司（立）
奥下　剛光（維）
金村　龍那（維）
浜田　靖一（自）
堀井　学（自）

参議院（3人）

石井　章（維）
加藤　明良（自）
松村　祥史（自）

10人以上は上記12大学

※以下、大学名の50音順

愛知学院大学（1人）

衆議院（1人）

西田　昭二（自）

愛知教育大学（1人）

参議院（1人）

斎藤　嘉隆（立）

愛知大学（2人）

衆議院（1人）

岬　麻紀（維）

参議院（1人）

柘植　芳文（自）

秋田経済法科大学（1人）

（現・ノースアジア大学）

衆議院（1人）

冨樫　博之（自）

秋田大学（1人）

参議院（1人）

塩田　博昭（公）

岩手大学（1人）

参議院（1人）

進藤　金日子（自）

追手門学院大学（2人）

衆議院（1人）

遠藤　良太（維）

参議院（1人）

室井　邦彦（維）

大分大学（1人）

参議院（1人）

衛藤　晟一（自）

大阪音楽大学（1人）

参議院（1人）

宮口　治子（立）

大阪外国語大学（2人）

（現・大阪大学）

衆議院（1人）

石橋　林太郎（自）

参議院（1人）

高橋　光男（公）

大阪産業大学（1人）

衆議院（1人）

掘井　健智（維）

大阪大学（4人）

衆議院（3人）

伊藤　渉（公）
大石　あきこ（れ）
藤岡　隆雄（立）

参議院(1人)

梅　村　　聡(維)

大阪府立大学(1人)

衆議院(1人)

瀬　戸　隆　一(自)

岡山大学(1人)

衆議院(1人)

柚　木　道　義(立)

沖縄国際大学(1人)

衆議院(1人)

金　城　泰　邦(公)

学習院大学(8人)

衆議院(8人)

麻　生　太　郎(自)
勝　俣　孝　明(自)
斎　藤　洋　明(自)
津　島　　淳(自)
永　岡　桂　子(自)
西　岡　秀　子(国)
平　沼　正二郎(自)
堀　内　詔　子(自)

神奈川大学(2人)

衆議院(1人)

熊　田　裕　通(自)

参議院(1人)

三　浦　　靖(自)

金沢大学(1人)

衆議院(1人)

松　本　　尚(自)

関西大学(6人)

衆議院(4人)

山　本　ともひろ(自)
前　川　清　成(維)
三　木　圭　恵(維)
吉　田　真　次(自)

参議院(2人)

伊　藤　孝　江(公)
神　谷　宗　幣(参)

関西学院大学(2人)

衆議院(1人)

関　　芳　弘(自)

参議院(1人)

末　松　信　介(自)

関東学院大学(1人)

衆議院(1人)

小　泉　進次郎(自)

北九州大学(2人)
(現・北九州市立大学)

衆議院(1人)

田　村　貴　昭(共)

参議院(1人)

大　家　敏　志(自)

九州大学(5人)

衆議院(4人)

岩　田　和　親(自)
鬼　木　　誠(自)
堤　　かなめ(立)
吉　田　宣　弘(公)

参議院(1人)

髙　良　鉄　美(無)

京都外国語大学(1人)

衆議院(1人)

田　中　英　之(自)

京都産業大学(1人)

参議院(1人)

吉　井　　章(自)

京都女子大学(1人)

参議院(1人)

高　木　かおり(維)

共立女子大学(1人)

参議院(1人)

上　野　通　子(自)

杏林大学(1人)

衆議院(1人)

鳩　山　二　郎(自)

近畿大学(2人)

衆議院(1人)

井　上　英　孝(維)

参議院(1人)

東　　徹(維)

金城学院大学(1人)

参議院(1人)

伊　藤　孝　恵(国)

熊本大学(2人)

衆議院(1人)

阿　部　弘　樹(維)

参議院(1人)

古　賀　千　景(立)

皇學館大学(1人)

参議院(1人)

山　本　啓　介(自)

甲南大学(1人)

参議院(1人)

加　田　裕　之(自)

神戸学院大学(1人)

衆議院(1人)

美　延　映　夫(維)

神戸大学(8人)

衆議院(4人)

伊　東　信　久(維)
高　市　早　苗(自)
山　田　賢　司(自)
吉　川　　元(立)

参議院(4人)

ながえ　孝　子(無)
浜　野　喜　史(国)
宮　崎　雅　夫(自)
山　本　佐知子(自)

國學院大学(4人)

衆議院(3人)

石　川　昭　政(自)

西　英　男(自)
がや　亮(れ)

参議院(1人)

井　学(自)

際基督教大学(4人)

衆議院(2人)

河原　まさこ(立)
島　かれん(自)

参議院(2人)

村　治　子(自)
山　ひろえ(立)

澤大学(1人)

衆議院(1人)

本　剛　正(維)

玉大学(2人)

参議院(2人)

崎　勝(公)
林　洋　平(自)

賀大学(1人)

衆議院(1人)

田　久美子(公)

賀大学(1人)

参議院(1人)

田　昌　司(自)

国学院大学(1人)

参議院(1人)

椿　ゆうこ(社)

岡大学(1人)

衆議院(1人)

原　崇(自)

根大学(1人)

参議院(1人)

野　六　太(公)

徳大学(1人)

参議院(1人)

本　剛　人(自)

城西歯科大学(1人)
(現・明海大学)

参議院(1人)

関　口　昌　一(自)

信州大学(3人)

衆議院(2人)

下　条　み　つ(立)
深　澤　陽　一(自)

参議院(1人)

猪　瀬　直　樹(維)

駿河台大学(1人)

衆議院(1人)

鈴　木　敦(国)

成蹊大学(2人)

衆議院(2人)

源　馬　謙太郎(立)
古　屋　圭　司(自)

成城大学(4人)

衆議院(4人)

池　田　佳　隆(自)
江　藤　拓(自)
小　渕　優　子(自)
山　口　晋(自)

聖心女子大学(4人)

衆議院(3人)

石　川　香　織(立)
土　屋　品　子(自)
中　川　郁　子(自)

参議院(1人)

山　谷　えり子(自)

聖路加看護大学(1人)

参議院(1人)

石　井　苗　子(維)

聖和大学(1人)

衆議院(1人)

浦　野　靖　人(維)

大東文化大学(2人)

衆議院(2人)

小　島　敏　文(自)
吉　川　赳(無)

拓殖大学(3人)

参議院(3人)

小野田　紀　美(自)
鈴　木　宗　男(維)
船　後　靖　彦(れ)

玉川大学(1人)

衆議院(1人)

丹　羽　秀　樹(自)

千葉工業大学(1人)

参議院(1人)

三　浦　信　祐(公)

千葉大学(2人)

衆議院(1人)

田　村　憲　久(自)

参議院(1人)

青　木　愛(立)

中京大学(2人)

衆議院(2人)

神　田　憲　次(自)
山　崎　正　恭(公)

筑波大学(3人)

衆議院(1人)

藤　田　文　武(維)

参議院(2人)

自　見　はなこ(自)
浜　口　誠(国)

帝京大学(3人)

衆議院(3人)

神　谷　裕(立)
新　谷　正　義(自)
中　島　克　仁(立)

桐蔭大学(1人)

衆議院(1人)

伊藤　俊　輔(立)

東海大学(3人)

衆議院(2人)

東　　　国　幹(自)
谷　川　と　む(自)

参議院(1人)

自　見　はなこ(自)

東京医科歯科大学(3人)

衆議院(1人)

髙　階　恵美子(自)

参議院(2人)

櫻　井　　　充(自)
友　納　理　緒(自)

東京医科大学(1人)

参議院(1人)

羽生田　　　俊(自)

東京学芸大学(1人)

衆議院(1人)

藤　丸　　　敏(自)

東京教育大学(1人)

衆議院(1人)

赤　嶺　政　賢(共)

東京経済大学(2人)

参議院(2人)

川　田　龍　平(立)
宮　本　周　司(自)

東京工業大学(4人)

衆議院(4人)

大　野　敬太郎(自)
菅　　　直　人(立)
斉　藤　鉄　夫(公)
平　林　　　晃(公)

東京歯科大学(1人)

参議院(1人)

島　村　　　大(自)

東京水産大学(1人)
(現・東京海洋大学)

衆議院(1人)

小野寺　五　典(自)

東京電機大学(1人)

参議院(1人)

礒　﨑　哲　史(国)

東京都立大学(1人)

衆議院(1人)

塩　川　鉄　也(共)

東京農業大学(1人)

参議院(1人)

吉　川　ゆうみ(自)

東京理科大学(1人)

衆議院(1人)

黄川田　仁　志(自)

同志社大学(7人)

衆議院(3人)

小　寺　裕　雄(自)
斎藤アレックス(国)
守　島　　　正(維)

参議院(4人)

田　村　ま　み(国)
福　山　哲　郎(立)
森　本　真　治(立)
吉　川　沙　織(立)

東邦大学(1人)

参議院(1人)

星　　　北　斗(自)

東北学院大学(3人)

衆議院(3人)

鎌　田　さゆり(立)
庄　子　賢　一(公)
土　井　　　亨(自)

東北大学(9人)

衆議院(6人)

枝　野　幸　男(立)
大　串　正　樹(自)
岡　本　あき子(立)
佐々木　　　紀(自)
福　田　昭　夫(立)
森　　　英　介(自)

参議院(3人)

小　池　　　晃(共)
長谷川　英　晴(自)
森　　　まさこ(自)

徳島大学(2人)

衆議院(1人)

仁　木　博　文(無)

参議院(1人)

小　西　洋　之(立)

獨協大学(2人)

衆議院(2人)

井　上　貴　博(自)
田　畑　裕　明(自)

鳥取大学(3人)

衆議院(1人)

杉　田　水　脈(自)

参議院(2人)

藤　井　一　博(自)
山　下　芳　生(共)

長崎大学(2人)

衆議院(1人)

国　光　あやの(自)

参議院(1人)

秋　野　公　造(公)

名古屋工業大学(1人)

衆議院(1人)

伴　野　　　豊(立)

名古屋大学(5人)

衆議院(4人)

石　原　正　敬(自)
今　枝　宗一郎(自)
住　吉　寛　紀(維)
吉　田　統　彦(立)

参議院(1人)

辺　猛　之(自)

良教育大学(1人)

参議院(1人)

岡　俊　一(立)

良産業大学(1人)

参議院(1人)

藤　健一郎(政女)

山大学(2人)

衆議院(1人)

本　左　近(自)

参議院(1人)

川　政　人(自)

潟大学(2人)

衆議院(2人)

村　智奈美(立)
辺　　　創(立)

本体育大学(1人)

衆議院(1人)

根　一　幸(自)

鷗大学(1人)

衆議院(1人)

所　嘉　德(自)

日本学園大学(1人)
(現・北海道医療大学)

衆議院(1人)

辺　孝　一(自)

橋大学(7人)

衆議院(6人)

村　浩一郎(維)
田　勝　年(自)
定　勇　人(自)
松　義　規(立)
本　幸　典(自)
原　朝　彦(自)

参議院(1人)

橋　はるみ(自)

弘前大学(1人)

衆議院(1人)

高　橋　千鶴子(共)

広島大学(1人)

衆議院(1人)

日　下　正　喜(公)

フェリス女学院大学(1人)

衆議院(1人)

堀　場　幸　子(維)

福岡歯科大学(1人)

参議院(1人)

比　嘉　奈津美(自)

福島大学(1人)

参議院(1人)

岩　渕　　　友(共)

福山大学(1人)

参議院(1人)

神　谷　政　幸(自)

文教大学(1人)

参議院(1人)

伊　藤　　　岳(共)

防衛大学校(5人)

衆議院(3人)

高　木　宏　壽(自)
中　谷　　　元(自)
中　谷　真　一(自)

参議院(2人)

尾　辻　秀　久(無)
佐　藤　正　久(自)

星薬科大学(1人)

参議院(1人)

本　田　顕　子(自)

北海学園大学(2人)

衆議院(1人)

中　村　裕　之(自)

参議院(1人)

船　橋　利　実(自)

北海道教育大学(3人)

衆議院(1人)

伊　東　良　孝(自)

参議院(2人)

勝　部　賢　志(立)
森　屋　　　宏(自)

北海道大学(4人)

衆議院(1人)

逢　坂　誠　二(立)

参議院(3人)

長谷川　　　岳(自)
舟　山　康　江(国)
横　山　信　一(公)

宮城教育大学(1人)

参議院(1人)

石　垣　のりこ(立)

武蔵大学(1人)

衆議院(1人)

高　橋　英　明(維)

明治学院大学(3人)

衆議院(1人)

義　家　弘　介(自)

参議院(2人)

石　川　大　我(立)
清　水　真　人(自)

山口大学(1人)

衆議院(1人)

山　際　大志郎(自)

横浜国立大学(1人)

衆議院(1人)

馬　淵　澄　夫(立)

立教大学(7人)

衆議院(7人)

あかま　二　郎(自)

江　嵜　鐵　磨(自)
櫛　渕　万　里(れ)
鈴　木　庸　介(立)
田　中　良　生(自)
髙　木　　　啓(自)
吉　田　はるみ(立)

立命館大学(5人)

衆議院(3人)

石　井　　　拓(自)
泉　　　健　太(立)
穀　田　恵　二(共)

参議院(2人)

梅　村　みずほ(維)
川　合　孝　典(国)

琉球大学(1人)

参議院(1人)

伊　波　洋　一(無)

龍谷大学(3人)

衆議院(3人)

池　下　　　卓(維)
宗　清　皇　一(自)
本　村　伸　子(共)

流通経済大学(1人)

参議院(1人)

堂　込　麻紀子(無)

ルーテル学院大学(1人)

参議院(1人)

天　畠　大　輔(れ)

和歌山大学(1人)

衆議院(1人)

宮　本　岳　志(共)

米アラバマ州立大学(1人)

衆議院(1人)

あ　べ　俊　子(自)

米アンバサダー大学(1人)

衆議院(1人)

塩　谷　　　立(自)

米ウェイクフォレスト大学(1人)

参議院(1人)

羽　田　次　郎(立)

米エルマイラ大学(1人)

衆議院(1人)

星　野　剛　士(自)

米オハイオ州オタバイン大学(2人)

衆議院(1人)

神　津　たけし(立)

参議院(1人)

榛　葉　賀津也(国)

米カリフォルニア大学サンディエゴ校(1人)

衆議院(1人)

篠　原　　　豪(立)

米コロンビア大学(1人)

参議院(1人)

三　宅　伸　吾(自)

米サザンセミナリーカレッジ(1人)

参議院(1人)

三　上　え　り(無)

米ジョージタウン大学(3人)

衆議院(2人)

英利アルフィヤ(自)
河　野　太　郎(自)
中　川　正　春(立)

米ハワイ大学(1人)

参議院(1人)

寺　田　　　静(無)

米陸軍指揮幕僚大学(1人)

参議院(1人)

佐　藤　正　久(自)

米ワシントン州立大学(1人)

参議院(1人)

石　井　苗　子(維)

カナダ・トレント大学(1人)

衆議院(1人)

鈴　木　貴　子(自)

ブラジル・ジュイスジフォーラム連邦大学(1人)

衆議院(1人)

吉　良　州　司(無)

英インペリアル・カレッジロンドン(1人)

参議院(1人)

こやり　隆　史(自)

英ウォーリック大学(1人)

参議院(1人)

山　下　雄　平(自)

英バーミンガムシティ大学(1人)

衆議院(1人)

おおつき　紅　葉(立)

英ブリストル大学(1人)

衆議院(1人)

西　村　智奈美(立)

仏パリ大学(1人)

衆議院(1人)

山　口　俊　一(自)

スウェーデン・ウプサラ大学（1人）

参議院（1人）

谷　合　正　明(公)

北京大学（2人）

衆議院（1人）

伊　藤　俊　輔(立)

参議院（1人）

蓮　　　　　舫(立)

オーストラリア・ボンド大学（1人）

衆議院（1人）

五十嵐　　　清(自)

イスラエル国立テルアビブ大学（1人）

参議院（1人）

秦　葉　賀津也(国)

大学院

（大学名の50音順）

（217人）

（衆議院149人、参議院68人）

愛知学院大学（1人）

衆議院（1人）

神　田　憲　次(自)

青山学院大学（3人）

衆議院（2人）

浅　野　　　哲(国)
山　崎　　　誠(立)

参議院（1人）

有　村　治　子(自)

大阪市立大学（2人）

衆議院（2人）

伊　東　信　久(維)
守　島　　　正(維)

大阪大学（5人）

衆議院（5人）

伊　藤　　　渉(公)
大　石　あきこ(れ)
黄川田　仁　志(自)
谷　川　と　む(自)
藤　岡　隆　雄(立)

学習院大学（1人）

衆議院（1人）

堀　内　詔　子(自)

鹿児島大学（1人）

衆議院（1人）

保　岡　宏　武(自)

関西大学（1人）

参議院（1人）

神　谷　宗　幣(参)

関西学院大学（1人）

参議院（1人）

清　水　貴　之(維)

九州大学（2人）

衆議院（1人）

堤　　　かなめ(立)

参議院（1人）

髙　良　鉄　美(無)

京都産業大学（1人）

衆議院（1人）

岩　谷　良　平(維)

京都大学（11人）

衆議院（5人）

足　立　康　史(維)
井　林　辰　憲(自)
櫻　井　　　周(立)
山　井　和　則(立)
山　本　ともひろ(自)

参議院（6人）

足　立　敏　之(自)
嘉　田　由紀子(国)
こやり　隆　史(自)
佐　藤　信　秋(自)
谷　合　正　明(公)
福　山　哲　郎(立)

杏林大学（1人）

衆議院（1人）

鳩　山　二　郎(自)

熊本大学（1人）

衆議院（1人）

阿　部　弘　樹(維)

慶應義塾大学（7人）

衆議院（6人）

伊　藤　信太郎(自)
池　田　佳　隆(自)
勝　俣　孝　明(自)
長　島　昭　久(自)
橋　本　　　岳(自)
船　田　　　元(自)

参議院（1人）

武　見　敬　三(自)

神戸市外国語大学（1人）

衆議院（1人）

和　田　有一朗(維)

神戸大学（2人）

衆議院（2人）

斎　藤　洋　明(自)
盛　山　正　仁(自)

國學院大学（1人）

衆議院（1人）

石　川　昭　政(自)

国際基督教大学（1人）

衆議院（1人）

牧　島　かれん(自)

政策研究大学院大学（1人）

衆議院（1人）

神　津　たけし(立)

専修大学（2人）

衆議院（1人）

中　根　一　幸(自)

参議院(1人)

石井章(維)

創価大学(3人)

衆議院(1人)

佐藤英道(公)

参議院(2人)

佐々木さやか(公)
安江伸夫(公)

拓殖大学(1人)

参議院(1人)

須藤元気(無)

千葉大学(1人)

参議院(1人)

青木愛(立)

中央大学(1人)

衆議院(1人)

太栄志(立)

中京大学(1人)

衆議院(1人)

神田憲次(自)

筑波大学(1人)

参議院(1人)

柳ヶ瀬裕文(維)

帝京大学(1人)

衆議院(1人)

穂坂泰(自)

デジタルハリウッド大学(1人)

衆議院(1人)

中谷一馬(立)

東京医科歯科大学(3人)

衆議院(2人)

国光あやの(自)
髙階恵美子(自)

参議院(1人)

友納理緒(自)

東京学芸大学(1人)

衆議院(1人)

藤丸敏(自)

東京芸術大学(1人)

参議院(1人)

青木愛(立)

東京工業大学(4人)

衆議院(4人)

大野敬太郎(自)
斉藤鉄夫(公)
瀬戸隆一(自)
平林晃(公)

東京大学(16人)

衆議院(10人)

小野寺五典(自)
越智隆雄(自)
鈴木隼人(自)
住吉寛紀(維)
空本誠喜(維)
高見康裕(自)
本田太郎(自)
簗和生(自)
山際大志郎(自)
米山隆一(立)

参議院(6人)

石井苗子(維)
打越さく良(立)
江島潔(自)
新妻秀規(公)
浜田聡(政)
三宅伸吾(自)

東京農工大学(1人)

参議院(1人)

吉川ゆうみ(自)

同志社大学(1人)

参議院(1人)

吉川沙織(立)

東北大学(3人)

衆議院(2人)

秋葉賢也(自)

大串正樹(自

参議院(1人)

櫻井充(自

東洋大学(1人)

参議院(1人)

東徹(維

徳島大学(1人)

衆議院(1人)

仁木博文(無

長崎大学(2人)

衆議院(1人)

末次精一(立

参議院(1人)

秋野公造(公

名古屋工業大学(1人

衆議院(1人)

伴野豊(立

名古屋大学(2人)

衆議院(2人)

石原正敬(自
吉田統彦(立

鳴門教育大学(1人)

衆議院(1人)

山崎正恭(公

新潟大学(1人)

衆議院(1人)

西村智奈美(立

日本大学(3人)

衆議院(3人)

江渡聡徳(自
小宮山泰子(立
吉川赳(無

白鷗大学(1人)

衆議院(1人)

田所嘉徳(自

一橋大学(1人)

衆議院(1人)

山口　　晋(自)

広島大学(1人)

衆議院(1人)

日下正喜(公)

フェリス女学院大学(1人)

衆議院(1人)

堀場幸子(維)

福岡教育大学(1人)

参議院(1人)

下野六太(公)

福島大学(1人)

衆議院(1人)

金子恵美(立)

北翔大学(1人)

参議院(1人)

田中昌史(自)

北陸先端科学技術大学院大学(1人)

衆議院(1人)

大串正樹(自)

北海商科大学(1人)

参議院(1人)

船橋利実(自)

北海道大学(1人)

参議院(1人)

横山信一(公)

明治学院大学(1人)

衆議院(1人)

藤原　　崇(自)

明治大学(3人)

衆議院(2人)

古川直季(自)
渡辺博道(自)

参議院(1人)

猪瀬直樹(維)

山梨学院大学(1人)

参議院(1人)

森屋　　宏(自)

横浜国立大学(1人)

衆議院(1人)

山崎　　誠(立)

立命館大学(2人)

衆議院(1人)

林　　佑美(維)

参議院(1人)

天畠大輔(れ)

龍谷大学(2人)

衆議院(2人)

池下　　卓(維)
本村伸子(共)

早稲田大学(23人)

衆議院(13人)

青柳陽一郎(立)
赤木正幸(維)
衛藤征士郎(自)
小渕優子(自)
小山展弘(立)
篠原　　豪(立)
武井俊輔(自)
武田良太(自)
中山展宏(自)
西村明宏(自)
本田太郎(自)
森田俊和(立)
若林健太(自)

参議院(10人)

朝日健太郎(自)
石川大我(立)
上田清司(無)
大塚耕平(国)
片山大介(維)
柴田　　巧(維)
滝波宏文(自)
友納理緒(自)
山添　　拓(共)
山田太郎(自)

米アメリカン大学(1人)

衆議院(1人)

源馬謙太郎(立)

米アラバマ州立大学(1人)

衆議院(1人)

あべ俊子(自)

米アラバマ大学(1人)

参議院(1人)

石橋通宏(立)

米イェール大学(2人)

衆議院(1人)

神田潤一(自)

参議院(1人)

猪口邦子(自)

米イリノイ州立大学(1人)

衆議院(1人)

あべ俊子(自)

米ウィスコンシン大学(1人)

参議院(1人)

嘉田由紀子(無)

米ウェスタンワシントン大学(1人)

衆議院(1人)

高木宏壽(自)

米オハイオ大学(1人)

参議院(1人)

山本佐知子(自)

米カーネギーメロン大学(1人)

参議院(1人)

佐藤　　啓(自)

米カリフォルニア大学バークレー校 (1人)

衆議院(1人)

白石洋一(立)

米カリフォルニア大学ロサンゼルス校(UCLA) (3人)

衆議院(2人)

大串博志(立)
国光あやの(自)

参議院(1人)

矢倉克夫(公)

米カリフォルニア州立大学フレズノ校 (1人)

衆議院(1人)

金子恵美(立)

米コーネル大学(2人)

衆議院(1人)

赤澤亮正(自)

参議院(1人)

上田勇(公)

米コロンビア大学(16人)

衆議院(15人)

足立康史(維)
赤木正幸(維)
稲富修二(立)
加藤鮎子(自)
小泉進次郎(自)
重徳和彦(立)
鈴木庸介(立)
辻清人(自)
中曽根康隆(自)
中野洋昌(公)
西野太亮(自)
古川元久(国)
御法川信英(自)
山下貴司(自)
山田美樹(自)

参議院(1人)

小西洋之(立)

米シカゴ大学(2人)

衆議院(1人)

武部新(自)

参議院(1人)

滝波宏文(自)

米ジョージタウン大学(3人)

衆議院(2人)

英利アルフィヤ(自)
牧原秀樹(自)

参議院(1人)

松川るい(自)

米ジョージワシントン大学 (1人)

衆議院(1人)

牧島かれん(自)

米ジョンズホプキンス大学 (4人)

衆議院(4人)

伊佐進一(公)
長島昭久(自)
福田達夫(自)
山口壯(自)

米スタンフォード大学(2人)

参議院(2人)

浅尾慶一郎(自)
浅田均(維)

米タフツ大学(2人)

参議院(1人)

小沼巧(立)

米ツレーン大学(1人)

衆議院(1人)

西銘恒三郎(自)

米デューク大学(2人)

衆議院(2人)

青柳仁士(維)
平沢勝栄(自)

米トーマス・クーリー法科大学院 (1人

参議院(1人)

牧山ひろえ(立

米ニューヨーク州立大学 (1人

衆議院(1人)

斎藤洋明(自

米ニューヨーク大学(3人)

衆議院(1人)

赤木正幸(維

参議院(2人)

阿達雅志(自
森まさこ(自

米ノースウエスタン大学ケロッグ経営大学院 (1人

衆議院(1人)

岡本三成(公

米ハーバード大学(15人)

衆議院(14人)

伊藤信太郎(自)
江田憲司(立)
大塚拓(自)
岡田克也(立)
上川陽子(自)
小林鷹之(自)
齋藤健(自)
杉本和巳(維)
玉木雄一郎(国)
寺田稔(自)
林芳正(自)
細田健一(自)
村井英樹(自)
茂木敏充(自)

参議院(1人)

宮沢洋一(自)

米SIT大学院大学(1人)

参議院(1人)

有村治子(自)

米ブラウン大学(2人)

衆議院(2人)

後藤茂之(自)
櫻井周(立)

米プリンストン大学(2人)

衆議院(2人)

小森卓郎(自)
末松義規(立)

米ペンシルバニア大学(3人)

衆議院(2人)

田嶋要(立)
江口洋(自)

参議院(1人)

北村経夫(自)

米ペンシルバニア大学ウォートン校 (1人)

衆議院(1人)

塩崎彰久(自)

米ボストン大学(2人)

衆議院(1人)

塚田一郎(自)

参議院(1人)

土耕弘成(自)

米南カリフォルニア大学 (1人)

参議院(1人)

佐藤啓(自)

米メリーランド大学(2人)

衆議院(2人)

黄川田仁志(自)
西村康稔(自)

米ワシントン大学(2人)

衆議院(2人)

篠原孝(立)
三谷英弘(自)

カナダ・マギール大学(1人)

衆議院(1人)

森田俊和(立)

英インペリアル・カレッジ・ロンドン(1人)

衆議院(1人)

平林晃(公)

英ウェールズ大学(1人)

衆議院(1人)

関芳弘(自)

英オックスフォード大学 (4人)

衆議院(2人)

小倉將信(自)
杉本和巳(維)

参議院(2人)

田島麻衣子(立)
古川俊治(自)

英ケンブリッジ大学(2人)

衆議院(2人)

井上信治(自)
橘慶一郎(自)

英バーミンガム大学(1人)

衆議院(1人)

吉田はるみ(立)

英マンチェスター大学(1人)

衆議院(1人)

あかま二郎(自)

英ロンドン経済政治学院(LSE) (1人)

衆議院(1人)

鈴木庸介(立)

英ロンドン大学(2人)

衆議院(1人)

木原誠二(自)

参議院(1人)

こやり隆史(自)

フランス経済商科大学院(ESSEC)(1人)

衆議院(1人)

越智隆雄(自)

フランス国立行政学院(ENA) (1人)

参議院(1人)

片山さつき(自)

フランス・リール第2大学 (1人)

衆議院(1人)

緒方林太郎(無)

オーストリア・ウィーン大学(1人)

衆議院(1人)

阿部弘樹(維)

オランダライデン大学 (1人)

参議院(1人)

水野素子(立)

スイス連邦工科大学ローザンヌ校 (1人)

衆議院(1人)

平林晃(公)

スペイン・イエセビジネススクール(1人)

参議院(1人)

平木大作(公)

韓国・梨花女子大学(1人)

衆議院(1人)

堀場幸子(維)

シンガポール大学(1人)

衆議院(1人)

山口晋(自)

トルコ・イスタンブール大学 (1人)

参議院(1人)

山本香苗(公)

イスラエル国立エルサレム・ヘブライ大学 (1人)

参議院(1人)

榛葉賀津也(国)

短大

(8人)

衆議院(2人)

吉田とも代(維)
鰐淵洋子(公)

参議院(6人)

生稲晃子(自)
紙智子(共)
倉林明子(共)
塩村あやか(立)
田名部匡代(立)
平山佐知子(無)

高専

(1人)

参議院(1人)

梶原大介(自)

高校

(23人)

衆議院(7人)

浮島智子(公)
遠藤敬(維)
菊田真紀子(立)
谷川弥一(自)
馬場伸幸(維)
早坂敦(維)
森山裕(自)

参議院(16人)

石井準一(自)
今井絵理子(自)
小沢雅仁(立)
鬼木誠(立)
岸真紀子(立)
柴愼一(立)
中条きよし(維)
野村哲郎(自)
馬場成志(自)
橋本聖子(自)
藤木眞也(自)
松野明美(維)
三原じゅん子(自)
森屋隆(立)
山本太郎(れ)
横沢高徳(立)

その他

(6人)

衆議院(3人)

畦元将吾(自)
池畑浩太朗(維)
一谷勇一郎(維)

参議院(3人)

木村英子(れ)
山東昭子(自)
豊田俊郎(自)

留学

(80人)

衆議院(53人)

足立康史(維)
阿部弘樹(維)
青柳仁士(維)
赤木正幸(維)
麻生太郎(自)
伊藤俊輔(立)
石橋林太郎(自)
石原宏高(自)
江田憲司(立)
おおつき紅葉(立)
緒方林太郎(無)
大串博志(立)
岡田克也(立)
加藤鮎子(自)
上川陽子(自)
吉良州司(無)
菊田真紀子(立)
国定勇人(自)
小林鷹之(自)
小森卓郎(自)
後藤茂之(自)
國場幸之助(自)
近藤昭一(立)
齋藤健(自)
斎藤洋明(自)
塩崎彰久(自)
篠原豪(立)
篠原孝(立)
島尻安伊子(自)
杉本和巳(維)
鈴木敦(立)
田嶋要(立)
高木宏壽(自)
塚田一郎(自)
寺田稔(自)
中野洋昌(公)
西村智奈美(立)
西銘恒三郎(自)
浜田靖一(自)
林芳正(自)
平口洋(自)
平林晃(公)
福田達夫(自)
古川元久(国)
細田健一(自)
堀場幸子(維)
村井英樹(自)
森田俊和(立)
山口俊一(自)
山口晋(自)
山田美樹(自)
山井和則(立)
吉田はるみ(立)

参議院(27人)

秋野公造(公)
浅尾慶一郎(自)
石井苗子(維)

石橋　通　宏(立)
上田　　　勇(公)
片山　さつき(自)
川田　龍　平(立)
小西　洋　之(立)
佐藤　　　啓(自)
酒井　庸　行(自)
塩村　あやか(立)
榛葉　賀津也(国)
世耕　弘　成(自)
田島　麻衣子(立)
高橋　光　男(公)
滝波　宏　文(自)
武見　敬　三(自)
谷合　正　明(公)
古川　俊　治(自)
松沢　成　文(維)
三宅　伸　吾(自)
宮沢　洋　一(自)
森　　まさこ(自)
矢倉　克　夫(公)
山下　雄　平(自)
山本　香　苗(公)
蓮　　　　舫(立)
上田　　　勇(公)
清水　貴　之(維)
平木　大　作(公)
古川　俊　治(自)

MBA

(20人)

衆議院(15人)

赤木　正　幸(維)
赤澤　亮　正(自)
池田　佳　隆(自)
大串　博　志(立)
岡本　三　成(公)
勝俣　孝　明(自)
塩崎　彰　久(自)
白石　洋　一(立)
末次　精　一(立)
関　　芳　弘(自)
田嶋　　　要(立)
高木　宏　壽(自)
松本　　　尚(自)
山田　美　樹(自)
吉田　はるみ(立)

参議院(5人)

浅尾　慶一郎(自)

国会議員出身高校別一覧

（令和5年7月1日現在

北海道　23人

北海道小樽潮陵高校
おおつき紅葉（衆/立）
中村裕之（衆/自）
北海道札幌北陵高校
勝部賢志（参/立）
横山信一（参/公）
北海道旭川東高校
道下大樹（衆/立）
北海道芦別高校
稲津　久（衆/公）
北海道足寄高校
鈴木宗男（参/維）
北海道岩見沢東高校
渡辺孝一（衆/自）
北海道岩見沢緑陵高校
岸　真紀子（参/立）
北海道恵庭南高校
紙　智子（参/共）
北海道北見柏陽高校
船橋利実（参/自）
北海道釧路江南高校
伊東良孝（衆/自）
北海道倶知安高校
逢坂誠二（衆/立）
北海道札幌開成高校
泉　健太（衆/立）
北海道札幌月寒高校
高木宏壽（衆/自）
北海道札幌南高校
武部　新（衆/自）
北海道深川西高校
東　国幹（衆/自）
札幌市立清田高校
岩本剛人（参/自）
駒澤大学附属苫小牧高校
橋本聖子（参/自）
札幌光星高校
松木けんこう（衆/立）
白樺学園高校
堀井　学（衆/自）
藤女子高校
徳永エリ（参/立）
北星学園余市高校
義家弘介（衆/自）

青森県　6人

県立八戸高校
神田潤一（衆/自）
滝沢　求（参/自）
県立青森東高校
江渡聡徳（衆/自）
県立八戸北高校
佐々木さやか（参/公）
県立八戸東高校
田名部匡代（参/立）
県立弘前高校
木村次郎（衆/自）

岩手県　5人

県立盛岡第一高校
穀田恵二（衆/共）
階　猛（衆/立）
広瀬めぐみ（参/自）
県立黒沢尻北高校
藤原　崇（衆/自）
県立盛岡工業高校
横沢高徳（参/立）

宮城県　14人

宮城県第二女子高校
石垣のりこ（参/立）
岡本あき子（衆/立）
宮城学院高校
あべ俊子（衆/自）
鎌田さゆり（衆/立）
宮城県石巻高校
安住　淳（衆/立）
宮城県角田高校
秋葉賢也（衆/自）
宮城県気仙沼高校
小野寺五典（衆/自）
宮城県仙台第一高校
櫻井　充（参/自）
宮城県古川女子高校
（現・宮城県古川黎明高校）
髙階恵美子（衆/自）
市立仙台高校
佐藤英道（衆/公
聖ウルスラ学院高校
島尻安伊子（衆/自
仙台育英学園高校
庄子賢一（衆/公
東北工業大学電子工業高
（現・仙台城南高校）
土井　亨（衆/自
東北高校
早坂　敦（衆/維

秋田県　9

県立秋田高校
石井浩郎（参/自
金田勝年（衆/自
県立横手高校
寺田　学（衆/立
御法川信英（衆/自
県立秋田工業高校
冨樫博之（衆/自
県立大館桂高校
高橋千鶴子（衆/共
県立湯沢高校
菅　義偉（衆/自
県立横手城南高校
寺田　静（参/無
秋田経済大学附属高
（現・明桜高校）
進藤金日子（参/自

山形県　3

県立長井高校
芳賀道也（参/無
県立山形北高校
吉田はるみ（衆/立
県立山形東高校
遠藤利明（衆/自

福島県　14

県立安積高校　4
玄葉光一郎（衆/立
根本　匠（衆/自
馬場雄基（衆/立

星　北斗（参/自）
県立福島高校
佐藤正久（参/自）
平沢勝栄（衆/自）
三浦信祐（参/公）
県立会津高校
小熊慎司（衆/立）
菅家一郎（衆/自）
県立磐城高校
吉野正芳（衆/自）
県立磐城女子高校
（現・磐城桜が丘高校）
森　まさこ（参/自）
県立喜多方高校
倉林明子（参/共）
県立福島女子高校
（現・橘高校）
金子恵美（衆/立）
県立福島南高校
岩渕　友（参/共）

茨城県　9人

県立土浦第一高校
青山大人（衆/立）
石井　章（参/維）
県立水戸第一高校
福島伸享（衆/無）
山口那津男（参/公）
県立太田第一高校
梶山弘志（衆/自）
県立土浦第二高校
宮込麻紀子（参/無）
県立日立第一高校
石川昭政（衆/自）
県立緑岡高校
若林洋平（参/自）
清真学園高校
小沼　巧（参/立）

栃木県　10人

県立宇都宮高校
茂野幸男（衆/立）
船田　元（衆/自）
県立足利高校
茂木敏充（衆/自）
県立石橋高校
五十嵐　清（衆/自）
県立今市高校
福田昭夫（衆/立）
県立宇都宮女子高校
上野通子（参/自）
県立宇都宮東高校
高橋克法（参/自）
県立壬生高校
佐藤　勉（衆/自）
県立真岡農業高校
（現・真岡北陵高校）
田所嘉德（衆/自）
作新学院高校
亀岡偉民（衆/自）

群馬県　6人

県立高崎高校
下村博文（衆/自）
中曽根弘文（参/自）
東京農業大学第二高校
井野俊郎（衆/自）
清水真人（参/自）
県立沼田女子高校
櫛渕万里（衆/れ）
県立前橋高校
羽生田　俊（参/自）

埼玉県　23人

県立春日部高校　4人
阿部　司（衆/維）
青島健太（参/維）
三ッ林裕巳（衆/自）
宮﨑政久（衆/自）
立教高校
（現・立教新座高校）
鈴木庸介（衆/立）
田中良生（衆/自）
髙木　啓（衆/自）
県立浦和第一女子高校
舟山康江（参/国）
古屋範子（衆/公）
県立松山高校
坂本祐之輔（衆/立）
宮崎　勝（参/公）
慶應義塾志木高校
逢沢一郎（衆/自）
和田政宗（参/自）
県立伊奈学園総合高校
中根一幸（衆/自）
県立川口高校
若松謙維（参/公）
県立川越高校
塩川鉄也（衆/共）
県立熊谷高校
森田俊和（衆/立）
県立熊谷女子高校
嘉田由紀子（参/国）
県立越ヶ谷高校
伊藤　岳（参/共）
県立所沢北高校
緑川貴士（衆/立）
浦和市立南高校
高橋英明（衆/維）
西武学園文理高
山口　晋（衆/自）
早稲田本庄高校
手塚仁雄（衆/立）

千葉県　19人

県立木更津高校
浜田靖一（衆/自）
松野博一（衆/自）
県立佐原高校
林　幹雄（衆/自）
谷田川　元（衆/立）
県立千葉高校
門山宏哲（衆/自）
志位和夫（衆/共）
県立東葛飾高校
櫻田義孝（衆/自）
渡辺博道（衆/自）
県立安房高校
青木　愛（参/立）
県立印旛高校
（現・印旛明誠高校）
豊田俊郎（参/自）
県立国府台高校
竹内真二（参/公）
県立千葉西高校
神谷　裕（衆/立）
県立千葉南高校
船後靖彦（参/れ）
県立長生高校
石井準一（参/自）
県立船橋高校
野田佳彦（衆/立）

出身高校別一覧

市川高校
臼井正一（参/自）
芝浦工業大学柏中学高校
清水貴之（参/維）
成田高校
秋本真利（衆/自）
日本大学習志野高校
沢田　良（衆/維）

東京都　137人

創価高校　10人
上田　勇（参/公）
大口善徳（衆/公）
河西宏一（衆/公）
北側一雄（衆/公）
高木陽介（衆/公）
竹谷とし子（参/公）
谷合正明（参/公）
濵地雅一（衆/公）
平木大作（参/公）
矢倉克夫（参/公）
筑波大学附属駒場高校 9人
(旧東京教育大学附属駒場高校を含む)
赤澤亮正（衆/自）
笠井　亮（衆/共）
小池　晃（参/共）
後藤茂之（衆/自）
齋藤　健（衆/自）
鈴木隼人（衆/自）
葉梨康弘（衆/自）
細田博之（衆/無）
山岸一生（衆/立）
開成高校　8人
井上信治（衆/自）
城内　実（衆/自）
岸田文雄（衆/自）
小林鷹之（衆/自）
下条みつ（衆/立）
鈴木馨祐（衆/自）
鈴木憲和（衆/自）
古川俊治（参/自）
麻布高校　5人
柿沢未途（衆/自）
鈴木俊一（衆/自）
新妻秀樹（参/公）
牧原秀樹（衆/自）
山田太郎（参/自）

海城高校　5人
赤松　健（参/自）
小野泰輔（衆/維）
音喜多　駿（参/維）
村井英樹（衆/自）
柳ヶ瀬裕文（参/維）
武蔵高校　5人
井出庸生（衆/自）
木原誠二（衆/自）
柴山昌彦（衆/自）
中西健治（衆/自）
松本剛明（衆/自）
東京学芸大学附属高校 4人
高見康裕（衆/自）
棚橋泰文（衆/自）
水野素子（参/立）
森　英介（衆/自）
東京教育大学附属高校 4人
(現・筑波大学附属高校)
片山さつき（参/自）
小泉龍司（衆/自）
宮沢洋一（参/自）
村上誠一郎（衆/自）
青山学院高等部 4人
田島麻衣子（参/立）
鳩山二郎（衆/自）
穂坂　泰（衆/自）
蓮　舫（参/立）
明治大学付属中野高校 4人
笹川博義（衆/自）
新藤義孝（衆/自）
中野英幸（衆/自）
三原じゅん子（参/自）
早稲田実業学校高等部 4人
梅谷　守（衆/立）
杉本和巳（衆/維）
平　将明（衆/自）
萩生田光一（衆/自）
お茶の水女子大学附属高校
阿部知子（衆/立）
金子原二郎（参/自）
高木真理（参/立）
都立青山高校
赤羽一嘉（衆/公）
尾身朝子（衆/自）
片山大介（参/維）
都立戸山高校
井坂信彦（衆/立）

江島　潔（参/自
宮下一郎（衆/自
國學院高校
大西英男（衆/自
落合貴之（衆/立
塚田一郎（衆/自
都立国立高校
坂井　学（衆/自
山田　宏（参/自
都立新宿高校
礒﨑哲史（参/国
若林健太（衆/自
桜蔭高校
猪口邦子（参/自
山田美樹（衆/自
学習院高等科
麻生太郎（衆/自
津島　淳（衆/自
学習院女子高等科
永岡桂子（衆/自
堀内詔子（衆/自
暁星高校
野間　健（衆/立
山本剛正（衆/維
慶應義塾女子高校
加藤鮎子（衆/自
小宮山泰子（衆/立
國學院大学付属久我山高校
たがや　亮（衆/れ
竹詰　仁（参/国
芝高校
井林辰憲（衆/自
長浜博行（参/無
聖心女子学院高等科
石川香織（衆/立
中川郁子（衆/自
日本大学第二高校
大島九州男（参/れ
島村　大（参/自
早稲田大学高等学院
青柳仁士（衆/維
伊藤忠彦（衆/自
都立稲城高校
(現・都立若葉総合高校)
福重隆浩（衆/公
都立上野高校
馬淵澄夫（衆/立

都立大泉高校
加藤勝信（衆/自）
都立大崎高校
串田誠一（参/維）
都立小石川高校
（現・都立小石川中等教育学校）
小沢一郎（衆/立）
都立小平高校
川田龍平（参/立）
都立駒場高校
山谷えり子（参/自）
都立小山台高校
菅 直人（衆/立）
都立鷺宮高校
海江田万里（衆/無）
都立高島高校
石川大我（参/立）
都立多摩工業高校
森屋 隆（参/立）
都立豊島高校
松原 仁（衆/無）
都立西高校
山崎 誠（衆/立）
都立練馬高校
長妻 昭（衆/立）
都立富士高校
小田原 潔（衆/自）
都立南多摩高校
浅野 哲（衆/国）
都立向丘高校
角田秀穂（衆/公）
関東第一高校
須藤元気（参/無）
吉祥女子高校
生稲晃子（参/自）
共立女子高校
（現・共立女子中学高校）
土屋品子（衆/自）
京華中学高校
大島 敦（衆/立）
啓明学園高校
中村喜四郎（衆/立）
佼成学園高校
額賀福志郎（衆/自）
国際基督教大学高校
源馬謙太郎（衆/立）
駒場東邦高校
国定勇人（衆/自）

聖徳学園高校
鈴木 敦（衆/国）
白百合学園高校
早稲田ゆき（衆/立）
成蹊高校
古屋圭司（衆/自）
成城学園中学高校
小渕優子（衆/自）
中央大学附属高校
熊谷裕人（参/立）
田園調布雙葉高校
野田聖子（衆/自）
東京立正高校
浮島智子（衆/公）
桐朋高校
築 和生（衆/自）
日本大学第一高校
鈴木義弘（衆/国）
日本大学豊山高校
関口昌一（参/自）
雙葉高校
友納理緒（参/自）
文化学院
山東昭子（参/自）
八雲学園高校
今井絵理子（参/自）
早稲田高校
石井啓一（衆/公）

神奈川県 53人

慶應義塾高校 25人
伊藤信太郎（衆/自）
伊藤達也（衆/自）
石破 茂（衆/自）
石原宏高（衆/自）
越智隆雄（衆/自）
大塚 拓（衆/自）
大野泰正（参/自）
奥野信亮（衆/自）
金子俊平（衆/自）
岸 信千世（衆/自）
高村正大（衆/自）
河野太郎（衆/自）
佐藤公治（衆/立）
武見敬三（参/自）
中曽根弘文（参/自）
中曽根康隆（衆/自）
長島昭久（衆/自）
西田実仁（参/公）
野中 厚（衆/自）
福田達夫（衆/自）
松沢成文（参/維）
松本洋平（衆/自）
武藤容治（衆/自）
山岡達丸（衆/立）
若宮健嗣（衆/自）
栄光学園高校 5人
浅尾慶一郎（参/自）
小倉將信（衆/自）
金子道仁（参/維）
小森卓郎（衆/自）
三谷英弘（衆/自）
県立厚木高校
甘利 明（衆/自）
後藤祐一（衆/立）
逗子開成高校
篠原 豪（衆/立）
土田 慎（衆/自）
県立柿生高校
柴 愼一（参/立）
県立鎌倉高校
福島伸享（衆/無）
県立希望ケ丘高校
古川直季（衆/自）
県立霧が丘高校
中田 宏（参/自）
県立港南台高校
荒井 優（衆/立）
県立相模原高校
あかま二郎（衆/自）
県立湘南高校
山際大志郎（衆/自）
県立茅ヶ崎北陵高校
上杉謙太郎（衆/自）
県立鶴嶺高校
星野剛士（衆/自）
県立富岡高校
（現・金沢総合高校）
浅川義治（衆/維）
県立柏陽高校
黄川田仁志（衆/自）
県立横浜平沼高校
中谷一馬（衆/立）
関東学院六浦高校
小泉進次郎（衆/自）

聖光学院高校
藤巻健太（衆/維）
桐蔭高校
伊藤俊輔（衆/立）
日本大学高校
青柳陽一郎（衆/立）
フェリス女学院高校
大河原まさこ（衆/立）
明徳学園相洋高校
井上義行（参/自）
山手学院高校
石井苗子（参/維）
横浜雙葉高校
牧島かれん（衆/自）

新潟県 8人
県立新潟高校
小林一大（参/自）
佐藤信秋（参/自）
鷲尾英一郎（衆/自）
県立三条高校
泉田裕彦（衆/自）
西村智奈美（衆/立）
県立加茂高校
菊田真紀子（衆/立）
県立高田高校
高鳥修一（衆/自）
県立中条高校
斎藤洋明（衆/自）

富山県 10人
県立高岡高校
橘慶一郎（衆/自）
堂故茂（参/自）
山田俊男（参/自）
県立富山中部高校
高橋はるみ（参/自）
吉田豊史（衆/無）
県立魚津高校
上田英俊（衆/自）
県立呉羽高校
梅村みずほ（参/維）
県立富山高校
野上浩太郎（参/自）
県立富山東高校
田畑裕明（衆/自）
県立福野高校
柴田巧（参/維）

石川県 7人
金沢大学附属高校
岡田直樹（参/自）
松本尚（衆/自）
県立金沢泉丘高校
宮本周司（参/自）
県立小松高校
佐々木紀（衆/自）
県立七尾高校
近藤和也（衆/立）
県立七尾商業高校
西田昭二（衆/自）
金沢高校
平山佐知子（参/無）

福井県 4人
県立大野高校
滝波宏文（参/自）
山崎正昭（参/自）
県立敦賀高校
髙木毅（衆/自）
県立若狭高校
神谷宗幣（参/参）

山梨県 7人
県立甲府第一高校
赤池誠章（参/自）
中谷真一（衆/自）
県立甲府西高校
小沢雅仁（参/立）
永井学（参/自）
県立桂高校
森屋宏（参/自）
県立甲府南高校
輿水恵一（衆/公）
県立韮崎高校
中島克仁（衆/立）

長野県 6人
長野県長野高校
猪瀬直樹（参/維）
篠原孝（衆/立）
長野県塩尻高校
(現・塩尻志学館高校)
中川宏昌（衆/公）
長野県長野東高校
義家弘介（衆/自）
長野県野沢北高校
田村智子（参/共
長野県松本深志高校
務台俊介（衆/自

岐阜県 2人
県立加茂高校
渡辺猛之（参/自
岐阜東高校
中条きよし（参/維

静岡県 10人
県立磐田南高校
小山展弘（衆/立）
宮澤博行（衆/自）
県立沼津東高校
勝俣孝明（衆/自）
渡辺周（衆/立）
県立掛川西高校
榛葉賀津也（参/国）
県立静岡高校
塩谷立（衆/自）
県立島田高校
牧野たかお（参/自）
県立清水東高校
深澤陽一（衆/自）
県立富士高校
田中健（衆/国）
静岡雙葉高校
上川陽子（衆/自）

愛知県 38人
東海高校 8人
池田佳隆（衆/自）
今枝宗一郎（衆/自）
工藤彰三（衆/自）
長坂康正（衆/自）
丹羽秀樹（衆/自）
長谷川淳二（衆/自）
細田健一（衆/自）
吉田統彦（衆/立）
県立旭丘高校 4人
大塚耕平（参/国）
田嶋要（衆/立）
平林晃（衆/公）
古川元久（衆/国）
県立千種高校
近藤昭一（衆/立）

鈴木淳司 (衆/自)
長谷川　岳 (参/自)

県立岡崎高校
青山周平 (衆/自)
重徳和彦 (衆/立)

県立時習館高校
太田房江 (参/自)
根本幸典 (衆/自)

名古屋市立菊里高校
伊藤　渉 (衆/公)
斎藤嘉隆 (参/立)

名古屋大学教育学部附属高校
辻元清美 (参/立)

県立一宮高校
江崎鐵磨 (衆/自)

県立刈谷高校
本村伸子 (衆/共)

県立昭和高校
牧　義夫 (衆/立)

県立瑞陵高校
伴野　豊 (衆/立)

県立東郷高校
岬　麻紀 (衆/維)

県立豊田西高校
八木哲也 (衆/自)

県立豊橋南高校
山本左近 (衆/自)

県立丹羽高校
藤川政人 (参/自)

県立西尾高校
石井　拓 (衆/自)

県立半田高校
安江伸夫 (参/公)

県立明和高校
柘植芳文 (参/自)

愛知高校
熊田裕通 (衆/自)

金城学院高校
伊藤孝恵 (参/国)

桜丘高校
神谷政幸 (参/自)

名古屋工業高校
金村龍那 (衆/維)

南山高校
酒井庸行 (参/自)

三重県　6人

県立松阪高校
田村憲久 (衆/自)
浜口　誠 (参/国)

県立四日市南高校
石原正敬 (衆/自)
中川康洋 (衆/公)

県立津高校
中川正春 (衆/立)

メリノール女子学院高校
吉川ゆうみ (参/自)

滋賀県　7人

県立彦根東高校
小寺裕雄 (衆/自)
徳永久志 (衆/立)
細野豪志 (衆/自)

県立膳所高校
こやり隆史 (参/自)
佐藤茂樹 (衆/公)

県立虎姫高校
上野賢一郎 (衆/自)

近江兄弟社高校
有村治子 (参/自)

京都府　18人

洛南高校　4人
伊佐進一 (衆/公)
浜田　聡 (参/N党)
山井和則 (衆/立)
吉井　章 (参/自)

洛星高校
阿達雅志 (参/自)
勝目　康 (衆/自)
竹内　譲 (衆/公)

京都教育大学附属高校
前原誠司 (衆/国)

府立乙訓高校
稲田朋美 (衆/自)

府立嵯峨野高校
福山哲郎 (参/立)

府立北稜高校
山本ともひろ (衆/自)

府立山城高校
林　佑美 (衆/維)

京都市立塔南高校
西田昌司 (参/自)

京都市立堀川高校
山添　拓 (参/共)

京都市立紫野高校
川合孝典 (参/国)

大谷高校
武村展英 (衆/自)

京都成章高校
田中英之 (衆/自)

京都聖母学院高校
堀場幸子 (衆/維)

大阪府　46人

関西創価高校　7人
石川博崇 (参/公)
國重　徹 (衆/公)
里見隆治 (参/公)
杉　久武 (参/公)
高橋光男 (参/公)
中野洋昌 (衆/公)
鰐淵洋子 (衆/公)

清風高校　4人
浦野靖人 (衆/維)
小林茂樹 (衆/自)
谷川とむ (衆/自)
美延映夫 (衆/維)

大阪教育大学附属高校池田校舎
梅村　聡 (参/維)
岡田克也 (衆/立)
丸川珠代 (参/自)

大阪教育大学附属高校天王寺校舎
大石あきこ (衆/れ)
世耕弘成 (参/自)
山田賢司 (衆/自)

府立北野高校
松島みどり (衆/自)
山本香苗 (参/公)

府立三国丘高校
高木かおり (参/維)
森山浩行 (衆/立)

大阪教育大学附属高校平野校舎
柳本　顕 (衆/自)

府立茨木高校
足立康史 (衆/維)

府立大手前高校
浅田　均 (参/維)

府立鳳高校
馬場伸幸（衆/維）
府立岸和田高校
宮本岳志（衆/共）
府立北千里高校
伊藤孝江（参/公）
府立四條畷高校
藤田文武（衆/維）
府立高槻北高校
池下　卓（衆/維）
府立天王寺高校
鶴保庸介（参/自）
府立寝屋川高校
中司　宏（衆/維）
府立花園高校
宗清皇一（衆/自）
府立枚方高校
田村貴昭（衆/共）
大阪学芸高校
（旧・成器高校）
一谷勇一郎（衆/維）
大阪工業大学高校
（現・常翔学園高校）
守島　正（衆/維）
大阪産業大学附属高校
遠藤　敬（衆/維）
大阪貿易学院高校
（現・開明高校）
井上英孝（衆/維）
関西大学第一高校
前川清成（衆/維）
金蘭千里高校
岩谷良平（衆/維）
四天王寺高校
松川るい（参/自）
東海大学付属大阪仰星高校
斎藤アレックス（衆/国）
同志社香里高校
漆間譲司（衆/維）
初芝高校
（現・初芝立命館高校）
遠藤良太（衆/維）
箕面自由学園高校
山本太郎（参/れ）
桃山学院高校
東　徹（参/維）
履正社高校
奥下剛光（衆/維）

兵庫県　33人

灘高校　5人
上月良祐（参/自）
鈴木英敬（衆/自）
西村康稔（衆/自）
盛山正仁（衆/自）
米山隆一（衆/立）
白陵高校
秋野公造（参/公）
稲富修二（衆/立）
住吉寛紀（衆/維）
県立加古川東高校
杉尾秀哉（参/立）
浜野喜史（参/国）
県立神戸高校
伊東信久（衆/維）
和田有一朗（衆/維）
甲陽学院高校
石田昌宏（参/自）
奥野総一郎（衆/立）
淳心学院高校
青山繁晴（参/自）
山口　壯（衆/自）
県立明石西高校
宮本　徹（衆/共）
県立尼崎西高校
室井邦彦（参/維）
県立伊丹高校
櫻井　周（衆/立）
県立小野高校
藤井比早之（衆/自）
県立豊岡高校
水岡俊一（参/立）
県立西宮南高校
三木圭恵（衆/維）
県立農業高校
池畑浩太朗（衆/維）
県立東灘高校
加田裕之（参/自）
県立姫路西高校
渡海紀三朗（衆/自）
県立兵庫高校
宮崎雅夫（参/自）
県立八鹿高校
谷　公一（衆/自）
育英高校
掘井健智（衆/維）
神戸弘陵学園高校
齊藤健一郎（参/故
三田学園高校
末松信介（参/自
松陰女子高校
吉田とも代（衆/維
親和女子高校
杉田水脈（衆/自
報徳学園高校
大串正樹（衆/自

奈良県　6人

東大寺学園高校
堀井　巌（参/自
本田太郎（衆/自
西大和学園高校
佐藤　啓（参/自
田野瀬太道（衆/自
県立畝傍高校
高市早苗（衆/自
奈良学園高校
大西健介（衆/立

和歌山県　4人

県立海南高校
石田真敏（衆/自
日下正喜（衆/公
県立桐蔭高校
足立敏之（参/自
県立日高高校
二階俊博（衆/自

鳥取県　3人

県立米子東高校
舞立昇治（参/自
湯原俊二（衆/立
県立鳥取西高校
藤井一博（参/自

島根県　3人

県立大田高校
三浦　靖（参/自
県立大社高校
青木一彦（参/自
県立松江北高校
石橋通宏（参/立

岡山県 10人

県立岡山操山高校
石井正弘（参/自）
江田憲司（衆/立）
山下貴司（衆/自）
県立岡山一宮高校
平沼正二郎（衆/自）
県立岡山大安寺高校
赤木正幸（衆/維）
県立高梁高校
大椿ゆうこ（参/社）
岡山高校
橋本岳（衆/自）
金光学園高校
柚木道義（衆/立）
就実高校
塩村あやか（参/立）
清心女子高校
小野田紀美（参/自）

広島県 15人

広島大学附属高校
石橋林太郎（衆/自）
寺田稔（衆/自）
県立呉三津田高校
越智俊之（参/自）
空本誠喜（衆/維）
広島学院高校
平口洋（衆/自）
森本真治（参/立）
県立世羅高校
小島敏文（衆/自）
県立広島井口高校
三上えり（参/無）
県立広島国泰寺高校
井上哲士（参/共）
英数学館高校
小林史明（衆/自）
山陽高校
畦元将吾（衆/自）
修道高校
斉藤鉄夫（衆/公）
崇徳学園高校
神田憲次（衆/自）
広島女学院高校
田村まみ（参/国）
福山暁の星女子高校
宮口治子（参/立）

山口県 5人

県立宇部高校
菅直人（衆/立）
県立熊毛南高校
北村経夫（参/自）
県立下関西高校
林芳正（衆/自）
県立豊北高校
吉田真次（衆/自）
県立西市高校
田中和徳（衆/自）

徳島県 7人

県立城ノ内高校
関芳弘（衆/自）
吉川沙織（参/立）
徳島市立高校
小西洋之（参/立）
仁木博文（衆/無）
県立阿波高校
塩田博昭（参/公）
県立城南高校
山口俊一（衆/自）
県立富岡西高校
中西祐介（参/自）

香川県 10人

県立高松高校 4人
小川淳也（衆/立）
玉木雄一郎（衆/国）
中山展宏（衆/自）
三宅伸吾（参/自）
県立丸亀高校 4人
磯﨑仁彦（参/自）
大野敬太郎（衆/自）
瀬戸隆一（衆/自）
吉川元（衆/立）
県立善通寺第一高校
山下芳生（参/共）
高松市立高松第一高校
平井卓也（衆/自）

愛媛県 8人

県立今治西高校
白石洋一（衆/立）
山本順三（参/自）
県立松山東高校
ながえ孝子（参/無）
宮内秀樹（衆/自）
愛光学園高校
塩崎彰久（衆/自）
新谷正義（衆/自）
県立三島高校
井原巧（衆/自）
県立八幡浜高校
山本博司（参/公）

高知県 5人

土佐高校
尾﨑正直（衆/自）
中谷元（衆/自）
山本有二（衆/自）
県立高知追手前高校
吉良よし子（参/共）
県立高知小津高校
山﨑正恭（衆/公）

福岡県 21人

県立小倉高校
武田良太（衆/自）
仁比聡平（参/共）
西村明宏（衆/自）
県立修猷館高校
河野義博（参/公）
笠浩史（衆/立）
県立筑紫高校
鬼木誠（参/立）
下野六太（参/公）
県立東筑高校
緒方林太郎（衆/無）
末松義規（衆/立）
久留米大学附設高校
大家敏志（参/自）
古賀篤（衆/自）
県立筑紫丘高校
堤かなめ（衆/立）
県立福岡高校
阿部弘樹（衆/維）
県立福島高校
野田国義（参/立）
県立三池高校
上田清司（参/無）

県立京都高校
松山政司（参/自）
県立明善高校
古賀之士（参/立）
県立門司高校
城井　崇（衆/立）
県立山門高校
藤丸　敏（衆/自）
西南学院高校
井上貴博（衆/自）
福岡大学附属大濠高校
市村浩一郎（衆/維）

佐賀県　8人

県立佐賀西高校 4人
岩田和親（衆/自）
大串博志（衆/立）
原口一博（衆/立）
福岡資麿（参/自）
県立鳥栖高校
岡本三成（衆/公）
吉田久美子（衆/公）
県立鹿島高校
今村雅弘（衆/自）
弘学館高校
山下雄平（参/自）

長崎県　7人

青雲高校
古賀友一郎（参/自）
末次精一（衆/立）
県立壱岐高校
山本啓介（参/自）
県立大村高校
山田勝彦（衆/立）
県立国見高校
加藤竜祥（衆/自）
県立長崎東高校
谷川弥一（衆/自）
活水高校
西岡秀子（衆/国）

熊本県　11人

県立人吉高校
金子恭之（衆/自）
松村祥史（参/自）
県立鹿本高校
松野明美（参/維）
県立熊本工業高校
馬場成志（参/自）
県立熊本高校
西野太亮（衆/自）
県立熊本農業高校
藤木眞也（参/自）
県立済々黌高校
木原　稔（衆/自）
県立玉名高校
吉田宣弘（衆/公）
九州女学院高校
（現・ルーテル学院高校）
本田顕子（参/自）
熊本商科大学付属高校
（現・熊本学園大学付属高校）
坂本哲志（衆/自）
鎮西高校
朝日健太郎（参/自）

大分県　5人

県立大分上野丘高校
衛藤晟一（参/自）
県立大分舞鶴高校
吉良州司（衆/無）
県立杵築高校
古庄玄知（参/自）
県立竹田高校
白坂亜紀（参/自）
県立森高校
衛藤征士郎（衆/自）

宮崎県　7人

県立宮崎西高校
江藤　拓（衆/自）
武井俊輔（衆/自）
松下新平（参/自）
県立都城泉ヶ丘高校
長峯　誠（参/自）
県立宮崎大宮高校
福島みずほ（参/社）
県立宮崎北高校
渡辺　創（衆/立）
県立宮崎南高校
長友慎治（衆/国）

鹿児島県　14人

ラ・サール高校 6人
岩屋　毅（衆/自）
大岡敏孝（衆/自
鬼木　誠（衆/自
野村哲郎（参/自
古川　康（衆/自
古川禎久（衆/自
県立鶴丸高校
小里泰弘（衆/自
宮路拓馬（衆/自
村田享子（参/立
県立指宿高校
三反園　訓（衆/無
県立錦江湾高校
保岡宏武（衆/自
県立日新高校
（現・県立開陽高校）
森山　裕（衆/自
鹿児島市立鹿児島玉龍高
尾辻秀久（参/無
れいめい高校
太　栄志（衆/立

沖縄県　8人

県立那覇高校
赤嶺政賢（衆/共
高良鉄美（参/無
西銘恒三郎（衆/自
県立浦添高校
金城泰邦（衆/公
県立名護高校
新垣邦男（衆/社
県立普天間高校
伊波洋一（参/無
沖縄尚学高校
國場幸之助（衆/自
昭和薬科大学附属高校
比嘉奈津美（参/自

海　外　11人

【アメリカ】
あさひ学園高等部
（ロサンゼルス）
北 神 圭 朗（衆/無）
コンコード・アカデミー高校
（マサチューセッツ州）
猪 口 邦 子（参/自）
ジョーンズヴィル高校
（ミシガン州）
野 田 聖 子（衆/自）
ノースビュー高校
（インディアナ州）
山 田 賢 司（衆/自）
ブルックリン高校
（ニューヨーク州）
自 見 はなこ（参/自）

【カナダ】
セントジョージ高校
（バンクーバー）
辻　清 人（衆/自）
ロックリッジ高校
（バンクーバー）
鈴 木 貴 子（衆/自）

【フランス】
アルザス成城学園
（キンツハイム）
羽 田 次 郎（参/立）
パリ・インターナショナルスクール
和 田 義 明（衆/自）

【オーストラリア】
ザ・サウスポートスクール
（クイーンズランド州）
鳩 山 二 郎（衆/自）

【中国】
広州アメリカンインターナショナルスクール
英利アルフィヤ（衆/自）

出身高校別一覧

国会議員出身別一覧

（令和5年7月1日現在）

現・元国会議員親類（3親等以内）147人

衆議院（117人）

逢沢一郎(自)
青柳陽一郎(立)
赤澤亮正(自)
麻生太郎(自)
甘利明(自)
荒井優(立)
井出庸生(自)
井原巧(自)
伊藤俊輔(立)
伊藤信太郎(自)
池畑浩太朗(維)
石川香織(立)
石破茂(自)
石原宏高(自)
梅谷守(立)
江﨑鐵磨(自)
江藤拓(自)
小里泰弘(自)
小沢一郎(立)
小渕優子(自)
尾身朝子(自)
越智隆雄(自)
大塚拓(自)
大野敬太郎(自)
岡田克也(立)
奥野信亮(自)
加藤鮎子(自)
加藤勝信(自)
加藤竜祥(自)
柿沢未途(自)
梶山弘志(自)
金子恵美(立)
金子俊平(自)
亀岡偉民(自)
川崎ひでと(自)
木村次郎(自)
岸信千世(自)
岸田文雄(自)
北側一雄(公)
玄葉光一郎(立)
小泉進次郎(自)
小林史明(自)
小宮山泰子(立)
小森卓郎(自)
高村正大(自)
河野太郎(自)
神津たけし(立)
佐藤公治(立)
笹川博義(自)
塩崎彰久(自)
塩谷立(自)
下条みつ(立)
鈴木俊一(自)
鈴木貴子(自)
田野瀬太道(自)
田村憲久(自)
髙鳥修一(自)
武田良太(自)
武部新(自)
橘慶一郎(自)
棚橋泰文(自)
谷公一(自)
谷川とむ(自)
津島淳(自)
塚田一郎(自)
土屋品子(自)
寺田学(立)
寺田稔(自)
渡海紀三朗(自)
中川郁子(自)
中島克仁(立)
中曽根康隆(自)
中谷元(自)
中野英幸(自)
中村喜四郎(立)
永岡桂子(自)
丹羽秀樹(自)
西岡秀子(国)
西村智奈美(立)
西村康稔(自)
西銘恒三郎(自)
根本匠(自)
野田聖子(自)
野中厚(自)
葉梨康弘(自)
橋本岳(自)
鳩山二郎(自)
浜田靖一(自)
林幹雄(自)
林芳正(自)
平井卓也(自)
平沼正二郎(自)
福田達夫(自)
藤巻健太(維)
船田元(自)
古屋圭司(自)
細田博之(無)
堀内詔子(自)
松本剛明(自)
三ッ林裕巳(自)
御法川信英(自)
宮路拓馬(自)
宮下一郎(自)
武藤容治(自)
村上誠一郎(自)
盛山正仁(自)
森英介(自)
保岡宏武(自)
柳本顕(自)
山岡達丸(立)
山口晋(自)
山田勝彦(立)
山本剛正(維)
和田義明(自)
若林健太(自)
渡辺孝一(自)
渡辺周(立)

参議院（30人）

阿達雅志(自)
青木一彦(自)
石川博崇(公)
石橋通宏(立)
臼井正一(自)
江島潔(自)
大野泰正(自)
岡田直樹(自)
片山大介(維)

川田龍平(立)
自見はなこ(自)
杉久武(公)
鈴木宗男(維)
世耕弘成(自)
関口昌一(自)
田名部匡代(立)
寺田静(無)
中曽根弘文(自)
長峯誠(自)
西田昌司(自)
野上浩太郎(自)
羽田次郎(立)
羽生田俊(自)
橋本聖子(自)
福岡資麿(自)
本田顕子(自)
丸川珠代(自)
宮沢洋一(自)
室井邦彦(維)
山本佐知子(自)

現・元国会議員親類（4親等以上） 3人

衆議院(3人)

國場幸之助(自)
福島伸享(無)
谷田川元(立)

公募 43人

衆議院(35人)

あかま二郎(自)
青山周平(自)
秋葉賢也(自)
五十嵐清(自)
井林辰憲(自)
池田佳隆(自)
石橋林太郎(自)
岩田和親(自)
枝野幸男(立)
大岡敏孝(自)
大西健介(立)
木原誠二(自)
木原稔(自)
小林鷹之(自)
古賀篤(自)

斎藤洋明(自)
杉本和巳(維)
関芳弘(自)
田中良生(自)
平将明(自)
武井俊輔(自)
辻清人(自)
寺田学(立)
長谷川淳二(自)
古川直季(自)
星野剛士(自)
牧原秀樹(自)
松島みどり(自)
松野博一(自)
村井英樹(自)
簗和生(自)
山下貴司(自)
山本ともひろ(自)
柚木道義(立)
若林健太(自)

参議院(8人)

伊藤孝恵(国)
磯﨑仁彦(自)
清水真人(自)
滝波宏文(自)
古川俊治(自)
三宅伸吾(自)
山下雄平(自)
吉川沙織(立)

中央省庁104人

(衆議院70人、参議院34人)

旧大蔵省 18人

衆議院(15人)

尾﨑正直(自)
大串博志(立)
加藤勝信(自)
金田勝年(自)
木原誠二(自)
北神圭朗(無)
小泉龍司(自)
小林鷹之(自)
小森卓郎(自)
古賀篤(自)
後藤茂之(自)
鈴木馨祐(自)
玉木雄一郎(国)
寺田稔(自)
古川元久(国)

参議院(3人)

片山さつき(自)
滝波宏文(自)
宮沢洋一(自)

財務省 2人

衆議院(2人)

西野太亮(自)
村井英樹(自)

旧通産省 16人

衆議院(13人)

足立康史(維)
泉田裕彦(自)
江田憲司(立)
岡田克也(立)
後藤祐一(立)
齋藤健(自)
鈴木英敬(自)
棚橋泰文(自)
西村康稔(自)
福島伸享(無)
細田健一(自)
細田博之(無)
山田美樹(自)

参議院(3人)

太田房江(自)
こやり隆史(自)
高橋はるみ(自)

経済産業省 4人

衆議院(2人)

鈴木隼人(自)
牧原秀樹(自)

参議院(2人)

小沼巧(立)
矢倉克夫(公)

旧自治省 12人

衆議院(8人)

上野賢一郎(自)

小川 淳也(立)
勝目 康(自)
重徳 和彦(立)
長谷川 淳二(自)
藤井 比早之(自)
古川 康(自)
務台 俊介(自)

参議院(4人)

古賀 友一郎(自)
上月 良祐(自)
堀井 巌(自)
舞立 昇治(自)

旧郵政省 5人

衆議院(3人)

奥野 総一郎(立)
国定 勇人(自)
瀬戸 隆一(自)

参議院(2人)

小西 洋之(立)
長谷川 英晴(自)

総務省 2人

衆議院(1人)

宮路 拓馬(自)

参議院(1人)

佐藤 啓(自)

旧建設省 8人

衆議院(5人)

井上 信治(自)
石井 啓一(公)
根本 匠(自)
平口 洋(自)
古川 禎久(自)

参議院(3人)

足立 敏之(自)
石井 正弘(自)
佐藤 信秋(自)

旧運輸省 2人

衆議院(2人)

赤澤 亮正(自)
盛山 正仁(自)

旧北海道開発庁 1人

衆議院(1人)

橘 慶一郎(自)

国土交通省 2人

衆議院(2人)

井林 辰憲(自)
中野 洋昌(公)

外務省 9人

衆議院(4人)

緒方 林太郎(無)
城内 実(自)
末松 義規(立)
山口 壯(自)

参議院(5人)

石川 博崇(公)
金子 道仁(維)
高橋 光男(公)
松川 るい(自)
山本 香苗(公)

農水省 6人

衆議院(2人)

篠原 孝(立)
鈴木 憲和(自)

参議院(4人)

上田 勇(公)
進藤 金日子(自)
舟山 康江(国)
宮崎 雅夫(自)

防衛省 5人
(旧防衛庁、自衛隊を含む)

衆議院(3人)

高見 康裕(自)
中谷 元(自)
中谷 真一(自)

参議院(2人)

佐藤 正久(自)
三浦 信祐(公)

旧厚生省 2人

衆議院(1人)

髙階 恵美子(自)

参議院(1人)

星 北斗(自)

旧労働省 1人

参議院(1人)

里見 隆治(公)

厚生労働省 2人

衆議院(1人)

国光 あやの(自)

参議院(1人)

秋野 公造(公)

警察庁 2人

衆議院(2人)

葉梨 康弘(自)
平沢 勝栄(自)

金融庁 2人

衆議院(1人)

藤岡 隆雄(立)

参議院(1人)

森 まさこ(自)

内閣府 1人

参議院(1人)

井上 義行(自)

公正取引委員会 1人

衆議院(1人)

斎藤 洋明(自)

旧科学技術庁 1人

衆議院(1人)

伊佐 進一(公)

参議院事務局 1人

衆議院(1人)

大西 健介(立)

特殊法人・独立行政法人　7人

衆議院（6人）

青柳仁士（維）
尾山弘志（自）
神津たけし（立）
櫻井周（立）
中川正春（立）
西銘恒三郎（自）

参議院（1人）

水野素子（立）

地方庁　24人

衆議院（17人）

阿部弘樹（維）
新垣邦男（社）
小野泰輔（維）
小野寺五典（自）
大石あきこ（れ）
逢坂誠二（立）
木村次郎（自）
塩川鉄也（共）
新藤義孝（自）
杉田水脈（自）
髙階恵美子（自）
高木宏壽（自）
谷公一（自）
中村裕之（自）
福田昭夫（立）
吉田宣弘（公）
渡辺博道（自）

参議院（7人）

伊波洋一（無）
岩渕友（共）
鬼木誠（立）
岸真紀子（立）
藤川政人（自）
松下新平（自）
横山信一（公）

美術館　1人

衆議院（1人）

堀内詔子（自）

学芸員　2人

衆議院（1人）

堀内詔子（自）

参議院（1人）

嘉田由紀子（無）

地方議会 221人

衆議院（159人）
参議院（ 62人）

都道府県議会議長・副議長 16人

衆議院（6人）

五十嵐清（自）
小島敏文（自）
小寺裕雄（自）
谷川弥一（自）
冨樫博之（自）
西田昭二（自）

参議院（10人）

浅田均（維）
加田裕之（自）
梶原大介（自）
勝部賢志（立）
末松信介（自）
滝沢求（自）
馬場成志（自）
森屋宏（自）
山崎正昭（自）
山本順三（自）

都道府県議 147人

衆議院（106人）

あかま二郎（自）
阿部弘樹（維）
青山大人（立）
秋葉賢也（自）
東国幹（自）
井上貴博（自）
井原巧（自）
伊東良孝（自）
伊藤忠彦（自）
池下卓（維）
池畑浩太朗（維）
石井拓（自）
石田真敏（自）
石橋林太郎（自）
石原正敬（自）
稲津久（公）
岩田和親（自）
岩谷良平（維）
岩屋毅（自）
上田英俊（自）
梅谷守（立）
浦野靖人（維）
漆間譲司（維）
遠藤利明（自）
小熊慎司（立）
大岡敏孝（自）
大河原まさこ（立）
大西英男（自）
鬼木誠（自）
柿沢未途（自）
鎌田さゆり（立）
神谷昇（自）
菅家一郎（自）
金城泰邦（公）
熊田裕通（自）
玄葉光一郎（立）
源馬謙太郎（立）
小林茂樹（自）
小宮山泰子（立）
國場幸之助（自）
佐藤勉（自）
佐藤英道（公）
坂本哲志（自）
櫻田義孝（自）
笹川博義（自）
下村博文（自）
庄子賢一（公）
末次精一（立）
鈴木義弘（国）
住吉寛紀（維）
田所嘉德（自）
田中和德（自）
田中健（国）
田畑裕明（自）
髙木啓（自）
高木宏壽（自）
高橋千鶴子（共）
高見康裕（自）
武井俊輔（自）

出身別一覧

堤　かなめ(立)
手塚仁雄(立)
土井亨(自)
徳永久志(立)
中川宏昌(公)
中川正春(立)
中川康洋(公)
中谷一馬(立)
中司宏(維)
中野英幸(自)
中村裕之(自)
長坂康正(自)
二階俊博(自)
西村智奈美(立)
西銘恒三郎(自)
額賀福志郎(自)
野田聖子(自)
野田佳彦(立)
野中厚(自)
萩生田光一(自)
林幹雄(自)
原口一博(立)
深澤陽一(自)
福重隆浩(公)
星野剛士(自)
堀井学(自)
掘井健智(維)
本田太郎(自)
前原誠司(国)
松原仁(無)
道下大樹(立)
宗清皇一(自)
森田俊和(立)
森山浩行(立)
谷田川元(立)
山口俊一(自)
山崎正恭(公)
山本有二(自)
湯原俊二(立)
吉田豊史(無)
吉田宣弘(公)
吉野正芳(自)
早稲田ゆき(立)
和田有一朗(維)
渡辺周(立)
渡辺創(立)
渡辺博道(自)

参議院(41人)

東徹(維)
伊波洋一(無)
石井準一(自)
岩本剛人(自)
上野通子(自)
臼井正一(自)
衛藤晟一(自)
尾辻秀久(無)
大家敏志(自)
大野泰正(自)
岡田直樹(自)
音喜多駿(維)
加藤明良(自)
倉林明子(共)
小林一大(自)
酒井庸行(自)
清水真人(自)
塩村あやか(立)
柴田巧(維)
関口昌一(自)
高木真理(立)
高橋克法(自)
堂故茂(自)
豊田俊郎(自)
長峯誠(自)
西田昌司(自)
野上浩太郎(自)
藤井一博(自)
藤川政人(自)
船橋利実(自)
牧野たかお(自)
松沢成文(維)
松下新平(自)
松野明美(維)
室井邦彦(維)
柳ヶ瀬裕文(維)
山田宏(自)
山本啓介(自)
山本佐知子(自)
横山信一(公)
渡辺猛之(自)

市区町村議会議長・副議長　8人

衆議院(7人)

大西英男(自)
坂本祐之輔(立)
中川貴元(自)
馬場伸幸(維)
美延映夫(維)
森山裕(自)
八木哲也(自)

参議院(1人)

清水真人(自)

市区町村議　80人

衆議院(59人)

赤嶺政賢(共)
秋本真利(自)
浅川義治(維)
東国幹(自)
井坂信彦(立)
井野俊郎(自)
井上英孝(維)
伊東良孝(自)
石井拓(自)
小熊慎司(立)
大岡敏孝(自)
岡本あき子(立)
金子恵美(立)
鎌田さゆり(立)
菅家一郎(自)
菊田真紀子(立)
金城泰邦(公)
工藤彰三(自)
穀田恵二(共)
輿水恵一(公)
櫻井周(立)
櫻田義孝(自)
篠原豪(立)
島尻安伊子(自)
新藤義孝(自)
菅義偉(自)
鈴木淳司(自)
田所嘉德(自)
田中和德(自)
田中健(国)
田中英之(自)
田畑裕明(自)
田村貴昭(共)
高木啓(自)
高橋英明(維)
竹内譲(公)

角田秀穂(公)
中川康洋(公)
中根一幸(自)
西田昭二(自)
根本幸典(自)
萩生田光一(自)
早坂敦(維)
林佑美(維)
深澤陽一(自)
古川直季(自)
穂坂泰(自)
掘井健智(維)
三木圭恵(維)
宮澤博行(自)
守島正(維)
森山浩行(立)
柳本顕(自)
山崎誠(立)
湯原俊二(立)
吉田真次(自)
吉田とも代(維)
早稲田ゆき(立)
和田有一朗(維)

参議院(21人)

石井章(維)
石川大我(立)
衛藤晟一(自)
小野田紀美(自)
大島九州男(れ)
神谷宗幣(参)
熊谷裕人(立)
倉林明子(共)
酒井庸行(自)
榛葉賀津也(国)
高木かおり(維)
高木真理(立)
馬場成志(自)
船橋利実(自)
松野明美(維)
三浦靖(自)
室井邦彦(維)
森本真治(立)
柳ヶ瀬裕文(維)
山崎正昭(自)
吉井章(自)

首長 39人

衆議院(22人)
参議院(17人)

知事 14人

衆議院(7人)

泉田裕彦(自)
尾﨑正直(自)
鈴木英敬(自)
福田昭夫(立)
古川康(自)
三反園訓(無)
米山隆一(立)

参議院(7人)

石井正弘(自)
猪瀬直樹(維)
上田清司(無)
太田房江(自)
嘉田由紀子(国)
高橋はるみ(自)
松沢成文(維)

市区町村長 26人

衆議院(16人)

阿部弘樹(維)
新垣邦男(社)
井原巧(自)
伊東良孝(自)
石田真敏(自)
石原正敬(自)
衛藤征士郎(自)
逢坂誠二(立)
菅家一郎(自)
国定勇人(自)
坂本祐之輔(立)
橘慶一郎(自)
中司宏(維)
鳩山二郎(自)
福田昭夫(立)
渡辺孝一(自)

参議院(10人)

伊波洋一(無)
江島潔(自)
高橋克法(自)
堂故茂(自)
豊田俊郎(自)
中田宏(自)
長峯誠(自)
野田国義(立)
山田宏(自)
若林洋平(自)

各種団体 6人

衆議院(4人)

一谷勇一郎(維)
加藤鮎子(自)
塩谷立(自)
髙階恵美子(自)

参議院(2人)

石田昌宏(自)
尾辻秀久(自)

生協 1人

参議院(1人)

山下芳生(共)

労働組合 27人

衆議院(4人)

赤嶺政賢(共)
浅野哲(国)
田村貴昭(共)
高橋千鶴子(共)

参議院(23人)

伊波洋一(無)
石橋通宏(立)
礒﨑哲史(国)
小沢雅仁(立)
大塚耕平(国)
大椿ゆうこ(社)
鬼木誠(立)
勝部賢志(立)
川合孝典(国)
岸真紀子(立)
倉林明子(共)
古賀千景(立)
斎藤嘉隆(立)
柴愼一(立)
田村まみ(国)

竹詰　仁(国)
堂込麻紀子(無)
浜口　誠(国)
浜野喜史(国)
水岡俊一(立)
村田享子(立)
森屋　隆(立)
吉川沙織(立)

弁護士・裁判官・検事 36人

衆議院(21人)

井野俊郎(自)
稲田朋美(自)
枝野幸男(立)
大口善徳(公)
門山宏哲(自)
北側一雄(公)
國重　徹(公)
塩崎彰久(自)
階　猛(立)
柴山昌彦(自)
棚橋泰文(自)
濵地雅一(公)
藤原　崇(自)
本田太郎(自)
前川清成(維)
牧原秀樹(自)
三谷英弘(自)
宮﨑政久(自)
山下貴司(自)
山本有二(自)
米山隆一(立)

参議院(15人)

伊藤孝江(公)
打越さく良(立)
串田誠一(維)
古庄玄知(自)
佐々木さやか(公)
友納理緒(自)
仁比聡平(共)
広瀬めぐみ(自)
福島みずほ(社)
古川俊治(自)
森　まさこ(自)
矢倉克夫(公)
安江伸夫(公)
山口那津男(公)
山添　拓(共)

米国弁護士 3人

衆議院(1人)

牧原秀樹(自)

参議院(2人)

阿達雅志(自)
牧山ひろえ(立)

法律事務所 1人

参議院(1人)

森本真治(立)

公認会計士 6人

衆議院(3人)

武村展英(自)
若林健太(自)
鷲尾英一郎(自)

参議院(3人)

杉　久武(公)
竹谷とし子(公)
若松謙維(公)

米国公認会計士 4人

衆議院(2人)

白石洋一(立)
高木宏壽(自)

参議院(2人)

杉　久武(公)
滝波宏文(自)

税理士 13人

衆議院(7人)

池下　卓(維)
神田憲次(自)
北側一雄(公)
國重　徹(公)
穂坂　泰(自)
若林健太(自)
鷲尾英一郎(自)

参議院(6人)

伊藤孝江(公)
佐々木さやか(公)
杉　久武(公)
竹谷とし子(公)
西田昌司(自)
若松謙維(公)

監査法人 1人

参議院(1人)

田島麻衣子(立)

社会保険労務士 1人

衆議院(1人)

角田秀穂(公)

行政書士 7人

衆議院(5人)

井坂信彦(立)
岩谷良平(維)
逢坂誠二(立)
田所嘉徳(自)
鷲尾英一郎(自)

参議院(2人)

竹谷とし子(公)
若松謙維(公)

司法書士 1人

衆議院(1人)

濵地雅一(公)

中小企業診断士 3人

衆議院(2人)

大岡敏孝(自)
守島　正(維)

参議院(1人)

水野素子(立)

宅地建物取引士 6人

衆議院（4人）

金子俊平(自)
田所嘉徳(自)
田畑裕明(自)
堀内詔子(自)

参議院（2人）

岩本剛人(自)
長峯誠(自)

土地家屋調査士 1人

参議院（1人）

豊田俊郎(自)

弁理士 2人

衆議院（2人）

菅直人(立)
櫻井周(立)

経営コンサルタント 8人

衆議院（5人）

小野泰輔(維)
加藤鮎子(自)
茂木敏充(自)
山田美樹(自)
吉田はるみ(立)

参議院（3人）

小沼巧(立)
竹谷とし子(公)
平木大作(公)

ITコンサルタント 1人

衆議院（1人）

尾身朝子(自)

一級建築士 2人

衆議院（2人）

田所嘉徳(自)
渡海紀三朗(自)

技術士 2人

衆議院（1人）

斉藤鉄夫(公)

参議院（1人）

新妻秀規(公)

気象予報士 1人

衆議院（1人）

緑川貴士(立)

防災士 9人

衆議院（3人）

伊藤渉(公)
石橋林太郎(自)
緑川貴士(立)

参議院（6人）

石垣のりこ(立)
里見隆治(公)
長峯誠(自)
新妻秀規(公)
和田政宗(自)
若松謙維(公)

マスコミ 71人

衆議院（35人）
参議院（36人）

新聞社 21人

衆議院（15人）

近藤昭一(立)
坂本哲志(自)
篠原豪(立)
高木陽介(公)
高見康裕(自)
角田秀穂(公)
中司宏(維)
額賀福志郎(自)
星野剛士(自)
牧義夫(立)
松島みどり(自)
茂木敏充(自)
山岸一生(立)
渡辺周(立)
渡辺創(立)

参議院（6人）

岡田直樹(自)
加田裕之(自)
北村経夫(自)
三宅伸吾(自)
山下雄平(自)
山谷えり子(自)

ミニコミ紙 1人

衆議院（1人）

早稲田ゆき(立)

テレビ・ラジオ 44人
(キャスター、パーソナリティ含む)

衆議院（18人）

安住淳(立)
井出庸生(自)
伊藤信太郎(自)
石川香織(立)
おおつき紅葉(立)
小渕優子(自)
柿沢未途(自)
岸信千世(自)
鈴木貴子(自)
鈴木庸介(立)
平井卓也(自)
牧島かれん(自)
三反園訓(無)
岬麻紀(維)
緑川貴士(立)
森山浩行(立)
山岡達丸(立)
笠浩史(立)

参議院（27人）

青木愛(立)
青木一彦(自)
青島健太(維)
青山繁晴(自)
浅田均(維)
伊藤孝恵(国)
石井苗子(維)
石垣のりこ(立)
梅村みずほ(維)
片山大介(維)

古賀之士(立)
清水貴之(維)
杉尾秀哉(立)
武見敬三(自)
徳永エリ(立)
ながえ孝子(無)
永井学(自)
芳賀道也(無)
平山佐知子(無)
古川俊治(自)
牧野たかお(自)
牧山ひろえ(立)
丸川珠代(自)
三上えり(無)
宮口治子(立)
蓮舫(立)
和田政宗(自)

出版社 3人

衆議院(2人)

篠原豪(立)
長妻昭(立)

参議院(1人)

西田実仁(公)

通信社 2人

参議院(2人)

青山繁晴(自)
山下雄平(自)

作家・評論家・ライター9人

衆議院(3人)

海江田万里(無)
長友慎治(国)
茂木敏充(自)

参議院(6人)

青山繁晴(自)
石川大我(立)
猪瀬直樹(維)
神谷宗幣(参)
山田太郎(自)
山谷えり子(自)

放送作家 1人

参議院(1人)

塩村あやか(立)

漫画家 1人

参議院(1人)

赤松健(自)

漫画原作者1人

参議院(1人)

串田誠一(維)

スポーツ・文化・芸能 19人

衆議院(3人)

浮島智子(公)
谷川とむ(自)
堀井学(自)

参議院(16人)

青島健太(維)
朝日健太郎(自)
生稲晃子(自)
石井浩郎(自)
石井苗子(維)
今井絵理子(自)
山東昭子(自)
塩村あやか(立)
須藤元気(無)
中条きよし(維)
橋本聖子(自)
松野明美(維)
三原じゅん子(自)
宮口治子(立)
山本太郎(れ)
横沢高徳(立)
蓮舫(立)

F1ドライバー1人

衆議院(1人)

山本左近(自)

飲食店経営・勤務 7人

衆議院(3人)

遠藤敬(維)
沢田良(維)
たがや亮(れ)

参議院(4人)

石井浩郎(自)
齊藤健一郎(政)
白坂亜紀(自)
徳永エリ(立)

調理師 2人

衆議院(1人)

馬場伸幸(維)

参議院(1人)

須藤元気(無)

料理研究家 1人

衆議院(1人)

土屋品子(自)

フラワーアーティスト 1人

衆議院(1人)

土屋品子(自)

僧侶 2人

衆議院(1人)

谷川とむ(自)

参議院(1人)

小林一大(自)

牧師 1人

参議院(1人)

金子道仁(維)

医師 22人

衆議院(12人)

阿部知子(立)

阿部弘樹(維)
伊東信久(維)
今枝宗一郎(自)
国光あやの(自)
新谷正義(自)
中島克仁(立)
仁木博文(無)
松本尚(自)
三ッ林裕巳(自)
吉田統彦(立)
米山隆一(立)

参議院(10人)

秋野公造(公)
梅村聡(維)
小池晃(共)
櫻井充(自)
自見はなこ(自)
羽生田俊(自)
浜田聡(N)
藤井一博(自)
古川俊治(自)
星北斗(自)

歯科医師　4人

衆議院(1人)

渡辺孝一(自)

参議院(3人)

島村大(自)
関口昌一(自)
比嘉奈津美(自)

看護師　6人

衆議院(2人)

あべ俊子(自)
高階恵美子(自)

参議院(4人)

石井苗子(維)
石田昌宏(自)
倉林明子(共)
友納理緒(自)

薬剤師　3人

衆議院(1人)

逢坂誠二(立)

参議院(2人)

神谷政幸(自)
本田顕子(自)

診療放射線技師 1人

衆議院(1人)

畦元将吾(自)

理学療法士1人

参議院(1人)

田中昌史(自)

柔道整復師 2人

衆議院(2人)

一谷勇一郎(維)
中谷一馬(立)

保健師　3人

衆議院(1人)

高階恵美子(自)

参議院(2人)

石井苗子(維)
石田昌宏(自)

ヘルスケアカウンセラー 1人

参議院(1人)

石井苗子(維)

社会福祉関連 1人

衆議院(1人)

金子恵美(立)

社会福祉士 1人

参議院(1人)

東徹(維)

アンガーマネジメント講師　1人

衆議院(1人)

堀場幸子(維)

獣医師　1人

衆議院(1人)

山際大志郎(自)

医療法人役員・職員 11人

衆議院(8人)

伊東信久(維)
稲津久(公)
小倉將信(自)
新谷正義(自)
仁木博文(無)
穂坂泰(自)
山本左近(自)
吉川赳(無)

参議院(3人)

梅村聡(維)
星北斗(自)
若林洋平(自)

社会福祉法人役員 26人

衆議院(18人)

浦野靖人(維)
江渡聡徳(自)
小倉將信(自)
門山宏哲(自)
城井崇(立)
北村誠吾(自)
小島敏文(自)
小林茂樹(自)
坂本祐之輔(立)
笹川博義(自)
田中英之(自)
田野瀬太道(自)
高木宏壽(自)
中島克仁(立)
橋本岳(自)

穂　坂　　　泰(自)
山　本　左　近(自)
吉　野　正　芳(自)

参議院(8人)

青　木　　　愛(立)
岩　本　剛　人(自)
衛　藤　晟　一(自)
金　子　道　仁(維)
清　水　真　人(自)
馬　場　成　志(自)
舩　後　靖　彦(れ)
三　原　じゅん子(自)

障害者団体代表1人

参議院(1人)

木　村　英　子(れ)

介護施設代表 2人

衆議院(2人)

一　谷　勇一郎(維)
森　田　俊　和(立)

介護施設職員 3人

衆議院(2人)

早　坂　　　敦(維)
吉　川　　　赳(無)

参議院(1人)

東　　　　　徹(維)

保護司　4人

衆議院(4人)

あかま　二　郎(自)
秋　葉　賢　也(自)
田　中　和　徳(自)
山　田　賢　司(自)

松下政経塾 35人

衆議院(26人)

逢　沢　一　郎(自)
秋　葉　賢　也(自)
伊　藤　達　也(自)
市　村　浩一郎(維)
稲　富　修　二(立)
小野寺　五　典(自)
大　串　正　樹(自)
城　井　　　崇(立)
黄川田　仁　志(自)
玄　葉　光一郎(立)
源　馬　謙太郎(立)
斎藤アレックス(国)
坂　井　　　学(自)
鈴　木　淳　司(自)
高　市　早　苗(自)
徳　永　久　志(立)
野　田　佳　彦(立)
野　間　　　健(立)
馬　場　雄　基(立)
原　口　一　博(立)
前　原　誠　司(国)
松　野　博　一(自)
松　原　　　仁(無)
谷田川　　　元(立)
山　井　和　則(立)
山　本　ともひろ(自)

参議院(9人)

赤　池　誠　章(自)
中　田　　　宏(自)
中　西　祐　介(自)
長　浜　博　行(無)
福　山　哲　郎(立)
松　沢　成　文(維)
森　本　真　治(立)
山　田　　　宏(自)
渡　辺　猛　之(自)

一新塾(大前研一) 4人

衆議院(4人)

今　枝　宗一郎(自)
大　西　健　介(立)
黄川田　仁　志(自)
田　嶋　　　要(立)

維新政治塾 8人

衆議院(6人)

青　柳　仁　士(維)
伊　藤　俊　輔(立)
一　谷　勇一郎(維)
沢　田　　　良(維)
杉　田　水　脈(自)
藤　田　文　武(維)

参議院(2人)

片　山　大　介(維)
塩　村　あやか(立)

会社役員 95人

衆議院(74人)

赤　木　正　幸(維)
畦　元　将　吾(自)
麻　生　太　郎(自)
井　上　貴　博(自)
伊　藤　俊　輔(立)
伊　藤　信太郎(自)
池　田　佳　隆(自)
池　畑　浩太朗(維)
石　橋　林太郎(自)
一　谷　勇一郎(維)
岩　田　和　親(自)
岩　谷　良　平(維)
上　杉　謙太郎(自)
漆　間　譲　司(維)
遠　藤　　　敬(維)
遠　藤　良　太(維)
尾　身　朝　子(自)
大　塚　　　拓(自)
岡　本　三　成(公)
奥　野　信　亮(自)
梶　山　弘　志(自)
金　村　龍　那(維)
上　川　陽　子(自)
神　田　潤　一(自)
菅　家　一　郎(自)
工　藤　彰　三(自)
小　寺　裕　雄(自)
小　林　茂　樹(自)
神　津　たけし(立)
佐々木　　　紀(自)
坂　本　祐之輔(立)
櫻　田　義　孝(自)
笹　川　博　義(自)
下　村　博　文(自)
杉　田　水　脈(自)

鈴木義弘(国)
空本誠喜(維)
田中良生(自)
平将明(自)
高木啓(自)
高木毅(自)
橘慶一郎(自)
谷川弥一(自)
土屋品子(自)
中谷一馬(立)
中西健治(自)
中野英幸(自)
中村喜四郎(立)
中村裕之(自)
長友慎治(国)
丹羽秀樹(自)
西岡秀子(国)
根本幸典(自)
野間健(立)
早坂敦(維)
林佑美(維)
平井卓也(自)
平沼正二郎(自)
藤田文武(維)
星野剛士(自)
堀井学(自)
馬淵澄夫(立)
松木けんこう(立)
松野博一(自)
道下大樹(立)
武藤容治(自)
森田俊和(立)
森山裕(自)
柳本顕(自)
山田勝彦(立)
吉田豊史(無)
吉野正芳(自)
若宮健嗣(自)
渡辺博道(自)

参議院(21人)

青山繁晴(自)
生稲晃子(自)
石井準一(自)
石井浩郎(自)
越智俊之(自)
太田房江(自)
神谷宗幣(参)
齊藤健一郎(政)
須藤元気(無)
高野光二郎(自)
竹谷とし子(公)
徳永エリ(立)
豊田俊郎(自)
羽田次郎(立)
長谷川岳(自)
舟山康江(国)
船後靖彦(れ)
松村祥史(自)
松山政司(自)
宮本周司(自)
山田太郎(自)

金融機関 (銀行・証券・生損保等) 67人

衆議院(56人)

赤木正幸(維)
浅川義治(維)
石破茂(自)
石原宏高(自)
漆間譲司(維)
小里泰弘(自)
小田原潔(自)
越智隆雄(自)
大島敦(立)
大塚拓(自)
岡本三成(公)
落合貴之(立)
鬼木誠(自)
加藤鮎子(自)
勝俣孝明(自)
神田潤一(自)
岸田文雄(自)
小林茂樹(自)
小山展弘(立)
近藤和也(立)
斎藤アレックス(国)
櫻井周(立)
階猛(立)
島尻安伊子(自)
下条みつ(立)
白石洋一(立)
杉本和巳(維)
住吉寛紀(維)
関芳弘(自)
田嶋要(立)
田中健(国)
田畑裕明(自)
高木宏壽(自)
竹内譲(公)
武部新(自)
塚田一郎(自)
中川宏昌(公)
中曽根康隆(自)
中西健治(自)
中山展宏(自)
丹羽秀樹(自)
馬場雄基(立)
濵地雅一(公)
藤巻健太(維)
古川直季(自)
古屋圭司(自)
掘井健智(維)
本田太郎(自)
松本剛明(自)
松本洋平(自)
御法川信英(自)
宮下一郎(自)
山田賢司(自)
吉田とも代(維)
吉田はるみ(立)
早稲田ゆき(立)

参議院(11人)

浅尾慶一郎(自)
小林一大(自)
河野義博(公)
高木かおり(維)
高木真理(立)
中西祐介(自)
長谷川英晴(自)
平木大作(公)
福山哲郎(立)
山本佐知子(自)
吉川ゆうみ(自)

企業 (金融機関を除く) 153人

衆議院(100人)

あべ俊子(自)
阿部司(維)

青山 周平(自)
赤木 正幸(維)
赤羽 一嘉(公)
浅野 哲(国)
甘利 明(自)
荒井 優(立)
伊東 良孝(自)
伊藤 忠彦(自)
稲富 修二(立)
梅谷 守(立)
遠藤 良太(維)
小野 泰輔(維)
緒方 林太郎(無)
大岡 敏孝(自)
大河原 まさこ(立)
大串 正樹(自)
大島 敦(立)
大野 敬太郎(自)
加藤 鮎子(自)
加藤 竜祥(自)
河西 宏一(公)
金子 俊平(自)
亀岡 偉民(自)
木原 誠二(自)
木原 稔(自)
吉良 州司(無)
黄川田 仁志(自)
金城 泰邦(公)
高村 正大(自)
河野 太郎(自)
國場 幸之助(自)
輿水 恵一(公)
佐藤 公治(立)
佐藤 茂樹(公)
佐藤 勉(自)
斉藤 鉄夫(公)
坂井 学(自)
柴山 昌彦(自)
庄子 賢一(公)
杉田 水脈(自)
鈴木 敦(国)
空本 誠喜(維)
田畑 裕明(自)
田村 憲久(自)
平 将明(自)
髙鳥 修一(自)
武井 俊輔(自)
津島 淳(自)

辻 清人(自)
土田 慎(自)
堤 かなめ(立)
寺田 学(立)
渡海 紀三朗(自)
徳永 久志(立)
中川 郁子(自)
長妻 昭(立)
長友 慎治(国)
西岡 秀子(国)
根本 幸典(自)
野田 聖子(自)
野中 厚(自)
野間 健(立)
馬場 伸幸(維)
林 芳正(自)
平井 卓也(自)
平沼 正二郎(自)
福重 隆浩(公)
福田 達夫(自)
藤田 文武(維)
古屋 範子(公)
細田 健一(自)
堀井 学(自)
堀場 幸子(維)
掘井 健智(維)
馬淵 澄夫(立)
松野 博一(自)
三木 圭恵(維)
美延 映夫(維)
宮澤 博行(自)
武藤 容治(自)
宗清 皇一(自)
茂木 敏充(自)
守島 正(維)
森 英介(自)
八木 哲也(自)
谷田川 元(立)
保岡 宏武(自)
柳本 顕(自)
山口 晋(自)
山崎 誠(立)
山田 美樹(自)
山本 剛正(維)
柚木 道義(立)
吉田 とも代(維)
吉田 豊史(無)
吉田 宣弘(公)

和田 義明(自
若宮 健嗣(自

参議院(53人)

阿達 雅志(自
青木 一彦(自
青島 健太(維
朝日 健太郎(自
東 徹(維
有村 治子(自
伊藤 孝恵(国
石井 浩郎(自
磯﨑 仁彦(自
礒﨑 哲史(国
岩本 剛人(自
臼井 正一(自
梅村 みずほ(維
江島 潔(自
小沼 巧(立
小野田 紀美(自
大野 泰正(自
音喜多 駿(維
神谷 政幸(自
紙 智子(共
川合 孝典(国
河野 義博(公
吉良 よし子(共
熊谷 裕人(立
酒井 庸行(自
末松 信介(自
田村 まみ(国
高野 光二郎(自
竹詰 仁(国
堂故 茂(自
堂込 麻紀子(無
中曽根 弘文(自
長浜 博行(無
新妻 秀規(公
野上 浩太郎(自
橋本 聖子(自
浜口 誠(国
浜野 喜史(国
平木 大作(公
平山 佐知子(無
福岡 資麿(自
舩後 靖彦(れ
船橋 利実(自
本田 顕子(自

出身別一覧

松野明美(維)
森屋隆(立)
柳ヶ瀬裕文(維)
山本佐知子(自)
山本順三(自)
山本博司(公)
吉井章(自)
吉川ゆうみ(自)
若林洋平(自)

議員秘書・大臣秘書官192人

衆議院(150人)

青柳陽一郎(立)
青山大人(立)
秋本真利(自)
浅野哲(国)
東国幹(自)
甘利明(自)
五十嵐清(自)
井上英孝(維)
井原巧(自)
伊藤信太郎(自)
伊藤忠彦(自)
池畑浩太朗(維)
石田真敏(自)
泉健太(立)
岩屋毅(自)
上杉謙太郎(自)
上田英俊(自)
梅谷守(立)
江﨑鐵磨(自)
江田憲司(立)
江藤拓(自)
遠藤利明(自)
小熊慎司(立)
小里泰弘(自)
小野泰輔(維)
小渕優子(自)
越智隆雄(自)
大西健介(立)
大西英男(自)
大野敬太郎(自)
奥下剛光(維)
奥野総一郎(立)
落合貴之(立)
加藤鮎子(自)
加藤勝信(自)
加藤竜祥(自)
海江田万里(無)
柿沢未途(自)
梶山弘志(自)
勝目康(自)
金子俊平(自)
金子恭之(自)
金村龍那(維)
神谷裕(立)
亀岡偉民(自)
川崎ひでと(自)
城井崇(立)
菊田真紀子(立)
岸信千世(自)
岸田文雄(自)
金城泰邦(公)
工藤彰三(自)
熊田裕通(自)
小泉進次郎(自)
小島敏文(自)
小宮山泰子(立)
高村正大(自)
佐藤公治(立)
斎藤アレックス(国)
坂井学(自)
櫻井周(立)
沢田良(維)
塩崎彰久(自)
下条みつ(立)
菅義偉(自)
鈴木敦(国)
鈴木俊一(自)
鈴木義弘(国)
田中和德(自)
田中健(国)
田野瀬太道(自)
田村憲久(自)
髙鳥修一(自)
武田良太(自)
武部新(自)
武村展英(自)
谷公一(自)
谷川とむ(自)
津島淳(自)
土田慎(自)
土井亨(自)
冨樫博之(自)
渡海紀三朗(自)
徳永久志(立)
中川康洋(公)
中曽根康隆(自)
中谷一馬(立)
中谷元(自)
中谷真一(自)
中根一幸(自)
中村喜四郎(立)
中山展宏(自)
長坂康正(自)
長島昭久(自)
二階俊博(自)
丹羽秀樹(自)
西岡秀子(国)
西田昭二(自)
西村明宏(自)
西銘恒三郎(自)
根本幸典(自)
野間健(立)
葉梨康弘(自)
馬場伸幸(維)
萩生田光一(自)
鳩山二郎(自)
浜田靖一(自)
林幹雄(自)
林芳正(自)
伴野豊(立)
深澤陽一(自)
福田達夫(自)
藤岡隆雄(立)
藤巻健太(維)
藤丸敏(自)
藤原崇(自)
太栄志(立)
古川直季(自)
古川康(自)
古川禎久(自)
古屋圭司(自)
細田健一(自)
細田博之(無)
細野豪志(自)
本庄知史(立)
牧義夫(立)
松木けんこう(立)
松本剛明(自)
御法川信英(自)
道下大樹(立)
宮内秀樹(自)

宮下一郎(自)
武藤容治(自)
宗清皇一(自)
村上誠一郎(自)
本村伸子(共)
谷田川元(立)
保岡宏武(自)
簗和生(自)
山口晋(自)
山田勝彦(立)
山本剛正(維)
湯原俊二(立)
吉川赳(無)
吉川元(立)
吉田真次(自)
吉田宣弘(公)
吉田はるみ(立)
和田有一朗(維)
和田義明(自)

参議院(42人)

阿達雅志(自)
青木愛(立)
青木一彦(自)
東徹(維)
井上哲士(共)
井上義行(自)
石井準一(自)
石川大我(立)
石田昌宏(自)
大家敏志(自)
加田裕之(自)
加藤明良(自)
川田龍平(立)
吉良よし子(共)
熊谷裕人(立)
自見はなこ(自)
柴田巧(維)
鈴木宗男(維)
田名部匡代(立)
田村智子(共)
高木真理(立)
高橋克法(自)
滝沢求(自)
鶴保庸介(自)
寺田静(無)
堂故茂(自)
友納理緒(自)

中曽根弘文(自)
長浜博行(立)
長峯誠(自)
野田国義(立)
野村哲郎(自)
羽田次郎(立)
馬場成志(自)
本田顕子(自)
松下新平(自)
三浦靖(自)
宮沢洋一(自)
村田享子(立)
柳ヶ瀬裕文(維)
山本啓介(自)
吉井章(自)

学校法人・幼稚園・保育園理事長・理事 25人

衆議院(18人)

青山周平(自)
荒井優(立)
江﨑鐵磨(自)
小野寺五典(自)
大島敦(立)
大西英男(自)
北村誠吾(自)
坂本哲志(自)
島尻安伊子(自)
新藤義孝(自)
田中英之(自)
高木宏壽(自)
橋本岳(自)
平井卓也(自)
船田元(自)
穂坂泰(自)
松木けんこう(立)
山本左近(自)

参議院(7人)

青木愛(立)
赤池誠章(自)
加田裕之(自)
勝部賢志(立)
清水真人(自)
馬場成志(自)
森屋宏(自)

塾経営・講師 4人

衆議院(2人)

下村博文(自
高見康裕(自

参議院(2人)

上田清司(無
大島九州男(れ

保育士 2人

衆議院(1人)

浦野靖人(維

参議院(1人)

青木愛(立

小・中・高教諭 16人

衆議院(9人)

赤嶺政賢(共
池畑浩太朗(維
金子恵美(立
城内実(自
高橋千鶴子(共
藤田文武(維
藤丸敏(自
山崎正恭(公
義家弘介(自

参議院(7人)

上野通子(自
勝部賢志(立
神谷宗幣(参
古賀千景(立
斎藤嘉隆(立
下野六太(公
水岡俊一(立

大学・短大等教授・准教授・講師等 95人

衆議院(60人)

あべ俊子(自
阿部知子(立
秋葉賢也(自
畦元将吾(自

出身別一覧

荒井 優(立)
井林 辰憲(自)
伊東 信久(維)
伊藤 信太郎(自)
伊藤 達也(自)
石原 宏高(自)
石原 正敬(自)
泉田 裕彦(自)
上野 賢一郎(自)
江田 憲司(立)
江渡 聡徳(自)
枝野 幸男(立)
小野寺 五典(自)
尾身 朝子(自)
大串 正樹(自)
逢坂 誠二(立)
加藤 勝信(自)
門山 宏哲(自)
金子 恵美(立)
城内 実(自)
坂本 祐之輔(立)
末松 義規(立)
杉本 和巳(維)
鈴木 庸介(立)
平 将明(自)
高市 早苗(自)
高階 恵美子(自)
土屋 品子(自)
堤 かなめ(立)
中根 一幸(自)
長島 昭久(自)
西村 明宏(自)
西村 智奈美(立)
西村 康稔(自)
萩生田 光一(自)
橋本 岳(自)
平林 晃(公)
福島 伸享(無)
堀内 詔子(自)
牧 義夫(立)
牧島 かれん(自)
牧原 秀樹(自)
松本 尚(自)
三反園 訓(無)
三谷 英弘(自)
三ッ林 裕巳(自)
務台 俊介(自)
盛山 正仁(自)
森山 浩行(立)
山下 貴司(自)
山田 勝彦(立)
山井 和則(立)
吉田 統彦(立)
吉田 はるみ(立)
義家 弘介(自)
米山 隆一(立)

参議院(35人)

阿達 雅志(自)
青島 健太(維)
青山 繁晴(自)
赤池 誠章(自)
秋野 公造(公)
有村 治子(自)
井上 義行(自)
伊藤 孝江(公)
伊藤 孝恵(国)
猪口 邦子(自)
猪瀬 直樹(維)
上田 清司(無)
江島 潔(自)
大塚 耕平(国)
太田 房江(自)
嘉田 由紀子(国)
片山 さつき(自)
川田 龍平(立)
こやり 隆史(自)
自見 はなこ(自)
杉尾 秀哉(立)
高橋 はるみ(自)
高良 鉄美(無)
武見 敬三(自)
天畠 大輔(れ)
中田 宏(自)
福島 みずほ(社)
福山 哲郎(立)
古川 俊治(自)
星 北斗(自)
松沢 成文(維)
三浦 信祐(公)
水野 素子(立)
山田 太郎(自)

専門学校講師 2人

衆議院(2人)

池下 卓(維)
島尻 安伊子(自)

大学職員 3人

衆議院(2人)

穀田 恵二(共)
田中 英之(自)

参議院(1人)

大椿 ゆうこ(社)

日本銀行 4人

衆議院(3人)

英利アルフィヤ(自)
小倉 將信(自)
神田 潤一(自)

参議院(1人)

大塚 耕平(国)

農協(JA) 3人

参議院(3人)

野村 哲郎(自)
藤木 眞也(自)
山田 俊男(自)

農業 3人

衆議院(1人)

湯原 俊二(立)

参議院(2人)

藤木 眞也(自)
舟山 康江(国)

漁協 2人

衆議院(2人)

神谷 裕(立)
鈴木 俊一(自)

杜氏　1人

参議院(1人)

宮本周司(自)

NTT グループ (旧電電公社)　8人

衆議院(6人)

尾身朝子(自)
岡本あき子(立)
川崎ひでと(自)
小林史明(自)
小宮山泰子(立)
田嶋要(立)

参議院(2人)

世耕弘成(自)
吉川沙織(立)

JR (旧国鉄)　4人

衆議院(3人)

伊藤渉(公)
今村雅弘(自)
伴野豊(立)

参議院(1人)

井上義行(自)

日本郵政　2人

参議院(2人)

小沢雅仁(立)
柴愼一(立)

特定郵便局　1人

参議院(1人)

柘植芳文(自)

日本青年会議所 (JC)　39人

衆議院(34人)

秋葉賢也(自)
麻生太郎(自)
井上貴博(自)
伊東良孝(自)
池田佳隆(自)
遠藤敬(維)
大島敦(立)
門山宏哲(自)
金子俊平(自)
小寺裕雄(自)
小林茂樹(自)
佐々木紀(自)
坂本祐之輔(立)
櫻田義孝(自)
田所嘉徳(自)
田中良生(自)
田野瀬太道(自)
平将明(自)
髙木毅(自)
高橋英明(維)
武部新(自)
中野英幸(自)
中村裕之(自)
長島昭久(自)
野中厚(自)
馬場伸幸(維)
萩生田光一(自)
穂坂泰(自)
松野博一(自)
宮﨑政久(自)
森田俊和(立)
若林健太(自)
渡辺孝一(自)
渡辺周(立)

参議院(5人)

堂故茂(自)
長浜博行(無)
松山政司(自)
室井邦彦(維)
森屋宏(自)

政党職員　29人

(政党機関紙の記者を含む)

衆議院(19人)

石川昭政(自)
市村浩一郎(維)
河西宏一(公)
笠井亮(共)
城井崇(立)
日下正喜(公
穀田恵二(共
佐藤英道(公
志位和夫(共
塩川鉄也(共
杉本和巳(維
鈴木敦(国
高橋千鶴子(共
古屋範子(公
牧義夫(立
宮本岳志(共
宮本徹(共
吉川元(立
鰐淵洋子(公

参議院(10人)

井上哲士(共
大家敏志(自
紙智子(共
窪田哲也(公
塩田博昭(公
田村智子(共
竹内真二(公
長浜博行(立
三浦靖(自
宮崎勝(公

民青(日本民主青年同盟)　7人

衆議院(2人)

笠井亮(共
宮本岳志(共

参議院(5人)

伊藤岳(共
岩渕友(共
紙智子(共
田村智子(共
山下芳生(共

NGO・NPO・市民運動　32人

衆議院(19人)

青柳陽一郎(立
泉健太(立
市村浩一郎(維

尾身朝子(自)
大河原まさこ(立)
金子恵美(立)
菅直人(立)
櫛渕万里(れ)
源馬謙太郎(立)
重徳和彦(立)
末次精一(立)
鈴木隼人(自)
堤かなめ(立)
中川郁子(自)
長友慎治(国)
西村智奈美(立)
森田俊和(立)
保岡宏武(自)
吉田久美子(公)

参議院(13人)

朝日健太郎(自)
伊藤孝江(公)
石井苗子(維)
石川大我(立)
川田龍平(立)
自見はなこ(自)
田島麻衣子(立)
谷合正明(公)
辻元清美(立)
長谷川岳(自)
松山政司(自)
山本太郎(れ)
山本博司(公)

ALS 患者　1人

参議院(1人)

舩後靖彦(れ)

HIV訴訟原告　1人

参議院(1人)

川田龍平(立)

国連　2人

衆議院(2人)

青柳仁士(維)
英利アルフィヤ(自)

ILO(国際労働機関)　1人

参議院(1人)

石橋通宏(立)

WFP(国連世界食糧計画)　1人

参議院(1人)

田島麻衣子(立)

OECD(経済協力開発機構)　1人

参議院(1人)

浅田均(維)

アフリカ開発銀行　1人

衆議院(1人)

神津たけし(立)

米外交問題評議会研究員　1人

衆議院(1人)

長島昭久(自)

米国市長・議員スタッフ　7人

衆議院(6人)

伊藤達也(自)
上川陽子(自)
斎藤アレックス(国)
高市早苗(自)
林芳正(自)
谷田川元(立)

参議院(1人)

松沢成文(維)

シンクタンク・調査機関　13人

衆議院(11人)

阿部司(維)
伊藤達也(自)
稲富修二(立)
上川陽子(自)
小泉進次郎(自)
辻清人(自)
長島昭久(自)
橋本岳(自)
太栄志(立)
細野豪志(自)
簗和生(自)

参議院(2人)

青山繁晴(自)
鶴保庸介(自)

出身別一覧

衆議院議員生れ年表

（令和5年7月1日現在

昭和14年(1939)**1人**

二階俊博(自)

昭和15年(1940)**1人**

麻生太郎(自)

昭和16年(1941)**2人**

衛藤征士郎(自)
谷川弥一(自)

昭和17年(1942)**1人**

小沢一郎(立)

昭和18年(1943)**1人**

江﨑鐵磨(自)

昭和19年(1944)**3人**

奥野信亮(自)
額賀福志郎(自)
細田博之(無)

昭和20年(1945)**2人**

平沢勝栄(自)
森山裕(自)

昭和21年(1946)**2人**

大西英男(自)
菅直人(立)

昭和22年(1947)**5人**

赤嶺政賢(共)
今村雅弘(自)
穀田恵二(共)
林幹雄(自)
八木哲也(自)

昭和23年(1948)**9人**

阿部知子(立)
伊東良孝(自)
篠原孝(立)
菅義偉(自)
渡海紀三朗(自)
平口洋(自)
福田昭夫(立)
森英介(自)
吉野正芳(自)

昭和24年(1949)**6人**

甘利明(自)
海江田万里(無)
金田勝年(自)
櫻田義孝(自)
田中和徳(自)
中村喜四郎(立)

昭和25年(1950)**7人**

遠藤利明(自)
小島敏文(自)
坂本哲志(自)
塩谷立(自)
中川正春(立)
山口俊一(自)
渡辺博道(自)

昭和26年(1951)**1人**

根本匠(自)

昭和27年(1952)**10人**

石田真敏(自)
笠井亮(共)
小泉龍司(自)
佐藤勉(自)
斉藤鉄夫(公)
谷公一(自)
土屋品子(自)
古屋圭司(自)
村上誠一郎(自)
山本有二(自)

昭和28年(1953)**9人**

伊藤信太郎(自)
大河原まさこ(立)
岡田克也(立)
上川陽子(自)
北側一雄(公)
鈴木俊一(自)
永岡桂子(自)
船田元(自)
盛山正仁(自

昭和29年(1954)**6人**

逢沢一郎(自
志位和夫(共
下村博文(自
田所嘉徳(自
西銘恒三郎(自
山口壮(自

昭和30年(1955)**14人**

江渡聡徳(自
大口善徳(公
加藤勝信(自
梶山弘志(自
亀岡偉民(自
菅家一郎(自
後藤茂之(自
坂本祐之輔(立
下条みつ(立
冨樫博之(自
浜田靖一(自
三ッ林裕巳(自
武藤容治(自
茂木敏充(自

昭和31年(1956)**10人**

新垣邦男(社
江田憲司(立
大島敦(立
末松義規(立
髙木毅(自
中司宏(維
古屋範子(公
松島みどり(自
松原仁(無
務台俊介(自

昭和32年(1957)**7人**

石破茂(自
岩屋毅(自
岸田文雄(自
中谷元(自
長坂康正(自

(衆)生れ年表

田佳彦(立)
辺孝一(自)

昭和33年(1958)20人
羽一嘉(公)
元将吾(自)
井啓一(公)
津久(公)
里泰弘(自)
良州司(無)
藤昭一(立)
藤義孝(自)
木淳司(自)
内讓(公)
田稔(自)
井亨(自)
川郁子(自)
間健(立)
井卓也(自)
川康(自)
義夫(立)
反園訓(無)
下一郎(自)
稲田ゆき(立)

昭和34年(1959)13人
べ俊子(自)
田朋美(自)
坂誠二(立)
藤公治(立)
藤茂樹(公)
藤健(自)
木陽介(公)
橋千鶴子(共)
梨康弘(自)
口一博(立)
木けんこう(立)
本剛明(自)
本岳志(共)

昭和35年(1960)14人
澤亮正(自)
藤拓(自)
野寺五典(自)
寺裕雄(自)
藤英道(公)
本和巳(維)
木宏壽(自)
高鳥修一(自)
堤かなめ(立)
長妻昭(立)
西村明宏(自)
野田聖子(自)
藤丸敏(自)
馬淵澄夫(立)

昭和36年(1961)17人
阿部弘樹(維)
伊藤達也(自)
尾身朝子(自)
金子恭之(自)
塩川鉄也(共)
田嶋要(立)
田村貴昭(共)
高市早苗(自)
橘慶一郎(自)
角田秀穂(公)
中野英幸(自)
中村裕之(自)
林芳正(自)
伴野豊(立)
美延映夫(維)
若宮健嗣(自)
渡辺周(立)

昭和37年(1962)18人
安住淳(立)
秋葉賢也(自)
井上貴博(自)
泉田裕彦(自)
輿水恵一(公)
末次精一(立)
鈴木義弘(国)
長島昭久(自)
西村康稔(自)
福重隆浩(公)
前川清成(維)
前原誠司(国)
松野博一(自)
松本尚(自)
宮内秀樹(自)
山崎誠(立)
山井和則(立)
湯原俊二(立)

昭和38年(1963)16人
井原巧(自)
浮島智子(公)
神田憲次(自)
河野太郎(自)
庄子賢一(公)
白石洋一(立)
田中良生(自)
高階恵美子(自)
高橋英明(維)
棚橋泰文(自)
塚田一郎(自)
徳永久志(立)
萩生田光一(自)
星野剛士(自)
谷田川元(立)
吉田久美子(公)

昭和39年(1964)22人
伊東信久(維)
伊藤忠彦(自)
石原宏高(自)
市村浩一郎(維)
枝野幸男(立)
小田原潔(自)
越智隆雄(自)
岡本あき子(立)
奥野総一郎(立)
門山宏哲(自)
工藤彰三(自)
熊田裕通(自)
玄葉光一郎(立)
小林茂樹(自)
空本誠喜(維)
田村憲久(自)
中西健治(自)
西岡秀子(国)
細田健一(自)
御法川信英(自)
和田有一朗(維)
若林健太(自)

昭和40年(1965)25人
足立康史(維)
石井拓(自)
上田英俊(自)
上野賢一郎(自)
大串博志(立)

岡本三成(公)
鎌田さゆり(立)
金子恵美(立)
城内実(自)
日下正喜(公)
小宮山泰子(立)
坂井学(自)
柴山昌彦(自)
島尻安伊子(自)
瀬戸隆一(自)
関芳弘(自)
髙木啓(自)
根本幸典(自)
馬場伸幸(維)
古川元久(国)
古川禎久(自)
堀内詔子(自)
宮﨑政久(自)
山下貴司(自)
笠浩史(立)

昭和41年(1966)10人

池田佳隆(自)
大串正樹(自)
笹川博義(自)
階猛(立)
津島淳(自)
手塚仁雄(立)
仁木博文(無)
三木圭恵(維)
山田賢司(自)
吉川元(立)

昭和42年(1967)13人

尾﨑正直(自)
木村次郎(自)
北神圭朗(無)
櫛渕万里(れ)
杉田水脈(自)
平将明(自)
中川貴元(自)
中島克仁(立)
西村智奈美(立)
福田達夫(自)
掘井健智(維)
吉田宣弘(公)
米山隆一(立)

昭和43年(1968)15人

あかま二郎(自)
浅川義治(維)
東国幹(自)
遠藤敬(維)
小熊慎司(立)
大野敬太郎(自)
神谷裕(立)
たがや亮(れ)
武田良太(自)
中川康洋(公)
中山展宏(自)
長谷川淳二(自)
古川直季(自)
岬麻紀(維)
山際大志郎(自)

昭和44年(1969)11人

青柳陽一郎(立)
五十嵐清(自)
井上信治(自)
伊藤渉(公)
木原稔(自)
菊田真紀子(立)
金城泰邦(公)
後藤祐一(立)
玉木雄一郎(国)
中根一幸(自)
西田昭二(自)

昭和45年(1970)15人

稲富修二(立)
神田潤一(自)
木原誠二(自)
黄川田仁志(自)
小森卓郎(自)
高村正大(自)
櫻井周(立)
重徳和彦(立)
田中英之(自)
武部新(自)
中川宏昌(公)
濵地雅一(公)
福島伸享(無)
宗清皇一(自)
吉田豊史(無)

昭和46年(1971)14人

井上英孝(維)
石原正敬(自)
小川淳也(立)
大西健介(立)
柿沢未途(自)
早坂敦(維)
平林晃(公)
藤井比早之(自)
細野豪志(自)
牧原秀樹(自)
森山浩行(立)
山崎正恭(公)
義家弘介(自)
和田義明(自)

昭和47年(1972)15人

石川昭政(自)
大岡敏孝(自)
鬼木誠(自)
国定勇人(自)
源馬謙太郎(立)
古賀篤(自)
武村展英(自)
丹羽秀樹(自)
堀井学(自)
宮本徹(共)
本村伸子(共)
山本剛正(維)
柚木道義(立)
吉田はるみ(立)
鰐淵洋子(公)

昭和48年(1973)13人

岩田和親(自)
梅谷守(立)
浦野靖人(維)
小渕優子(自)
緒方林太郎(無)
大塚拓(自)
城井崇(立)
國場幸之助(自)
近藤和也(立)
田畑裕明(自)
本田太郎(自)
松本洋平(自)
保岡宏武(自)

昭和49年(1974)19人

坂 信彦(立)
佐 進一(公)
畑 浩太朗(維)
健太(立)
間 譲司(維)
野 泰輔(維)
目 康(自)
重 徹(公)
林 鷹之(自)
々木 紀(自)
木 英敬(自)
野瀬 太道(自)
本 岳(自)
坂 泰(自)
庄 知史(立)
田 俊和(立)
本 顕(自)
田 美樹(自)
田 統彦(立)

昭和50年(1975)16人

木 正幸(維)
本 真利(自)
井 優(立)
下 卓(維)
谷 勇一郎(維)
杉 謙太郎(自)
下 剛光(維)
山 展弘(立)
原 豪(立)
谷 正義(自)
木 庸介(立)
井 俊輔(自)
下 大樹(立)
澤 博行(自)
本 ともひろ(自)
田 とも代(維)

昭和51年(1976)11人

林 辰憲(自)
保 孝明(自)
藤 洋明(自)
崎 彰久(自)
川 とむ(自)
田 学(立)
谷 真一(自)
中 厚(自)
深澤 陽一(自)
牧島 かれん(自)
三谷 英弘(自)

昭和52年(1977)12人

青山 周平(自)
井出 庸生(自)
大石 あきこ(れ)
神津 たけし(立)
鈴木 馨祐(自)
鈴木 隼人(自)
田中 健(国)
長友 慎治(国)
藤岡 隆雄(立)
太 栄志(立)
鷲尾 英一郎(自)
渡辺 創(立)

昭和53年(1978)5人

青柳 仁士(維)
石橋 林太郎(自)
金子 俊平(自)
中野 洋昌(公)
西野 太亮(自)

昭和54年(1979)16人

青山 大人(立)
伊藤 俊輔(立)
落合 貴之(立)
加藤 鮎子(自)
河西 宏一(公)
金村 龍那(維)
国光 あやの(自)
沢田 良(維)
辻 清人(自)
鳩山 二郎(自)
平沼 正二郎(自)
堀場 幸子(維)
宮路 拓馬(自)
簗 和生(自)
山岡 達丸(立)
山田 勝彦(立)

昭和55年(1980)6人

井野 俊郎(自)
岩谷 良平(維)
加藤 竜祥(自)
高見 康裕(自)
藤田 文武(維)
村井 英樹(自)

昭和56年(1981)6人

小倉 將信(自)
川崎 ひでと(自)
小泉 進次郎(自)
林 佑美(維)
守島 正(維)
山岸 一生(立)

昭和57年(1982)6人

阿部 司(維)
浅野 哲(国)
鈴木 憲和(自)
中曽根 康隆(自)
山本 左近(自)
吉川 赳(無)

昭和58年(1983)6人

おおつき 紅葉(立)
小林 史明(自)
中谷 一馬(立)
藤巻 健太(維)
藤原 崇(自)
山口 晋(自)

昭和59年(1984)4人

石川 香織(立)
今枝 宗一郎(自)
遠藤 良太(維)
吉田 真次(自)

昭和60年(1985)3人

斎藤アレックス(国)
住吉 寛紀(維)
緑川 貴士(立)

昭和61年(1986)1人

鈴木 貴子(自)

昭和63年(1988)2人

英利アルフィヤ(自)
鈴木 敦(国)

平成2年(1990)1人

土田 慎(自)

平成3年(1991)1人

岸　　信千世(自)

平成4年(1992)1人

馬場　雄基(立)

参議院議員生れ年表

（令和5年7月1日現在）

昭和15年(1940)1人

辻 秀久(自)

昭和17年(1942)2人

東 昭子(無)
崎 正昭(自)

昭和18年(1943)1人

村 哲郎(自)

昭和20年(1945)3人

井 正弘(自)
植 芳文(自)
曽根 弘文(自)

昭和21年(1946)3人

瀬 直樹(維)
条 きよし(維)
田 俊男(自)

昭和22年(1947)3人

藤 晟一(自)
藤 信秋(自)
井 邦彦(維)

昭和23年(1948)3人

田 清司(無)
木 宗男(維)
生田 俊(自)

昭和25年(1950)4人

田 均(維)
田 由紀子(国)
沢 洋一(自)
谷 えり子(自)

昭和26年(1951)2人

田 房江(自)
見 敬三(自)

昭和27年(1952)7人

山 繁晴(自)
波 洋一(無)
口 邦子(自)
酒井 庸行(自)
堂故 茂(自)
豊田 俊郎(自)
山口 那津男(公)

昭和28年(1953)1人

関口 昌一(自)

昭和29年(1954)6人

足立 敏之(自)
石井 苗子(維)
高橋 はるみ(自)
高良 鉄美(無)
山本 順三(自)
山本 博司(公)

昭和30年(1955)5人

紙 智子(共)
北村 経夫(自)
末松 信介(自)
福島 みずほ(社)
若松 謙維(公)

昭和31年(1956)2人

櫻井 充(自)
水岡 俊一(立)

昭和32年(1957)9人

石井 章(維)
石井 準一(自)
磯﨑 仁彦(自)
江島 潔(自)
古庄 玄知(自)
杉尾 秀哉(立)
高橋 克法(自)
舩後 靖彦(れ)
森屋 宏(自)

昭和33年(1958)14人

青島 健太(維)
上田 勇(公)
井上 哲士(共)
上野 通子(自)
串田 誠一(維)
滝沢 求(自)
長浜 博行(立)
西田 昌司(自)
野田 国義(立)
芳賀 道也(無)
比嘉 奈津美(自)
松沢 成文(維)
宮崎 勝(公)
山田 宏(自)

昭和34年(1959)10人

阿達 雅志(自)
大塚 耕平(国)
大野 泰正(自)
片山 さつき(自)
勝部 賢志(立)
古賀 之士(立)
長谷川 英晴(自)
牧野 たかお(自)
松山 政司(自)
横山 信一(公)

昭和35年(1960)12人

伊藤 岳(共)
倉林 明子(共)
小池 晃(共)
佐藤 正久(自)
柴田 巧(維)
島村 大(自)
辻元 清美(立)
ながえ 孝子(無)
浜野 喜史(国)
藤川 政人(自)
船橋 利実(自)
山下 芳生(共)

昭和36年(1961)4人

青木 一彦(自)
赤池 誠章(自)
大島 九州男(れ)
三宅 伸吾(自)

昭和37年(1962)8人

岡田 直樹(自)

熊谷裕人(立)
上月良祐(自)
塩田博昭(公)
世耕弘成(自)
徳永エリ(立)
西田実仁(公)
福山哲郎(立)

昭和38年(1963)7人

井上義行(自)
鬼木誠(立)
斎藤嘉隆(立)
進藤金日子(自)
仁比聡平(共)
古川俊治(自)
宮崎雅夫(自)

昭和39年(1964)15人

浅尾慶一郎(自)
石井浩郎(自)
岩本剛人(自)
川合孝典(国)
柴慎一(立)
下野六太(公)
竹内真二(公)
中田宏(自)
馬場成志(自)
橋本聖子(自)
星北斗(自)
牧山ひろえ(立)
松村祥史(自)
三原じゅん子(自)
森まさこ(自)

昭和40年(1965)9人

青木愛(立)
石橋通宏(立)
小沢雅仁(立)
木村英子(れ)
窪田哲也(公)
田中昌史(自)
田村智子(共)
浜口誠(国)
堀井巌(自)

昭和41年(1966)8人

東徹(維)
片山大介(維)
こやり隆史(自)
古賀千景(立)
白坂亜紀(自)
広瀬めぐみ(自)
舟山康江(国)
松下新平(自)

昭和42年(1967)15人

秋野公造(公)
石田昌宏(自)
大家敏志(自)
古賀友一郎(自)
里見隆治(公)
榛葉賀津也(国)
高木真理(立)
鶴保庸介(自)
野上浩太郎(自)
藤木眞也(自)
森屋隆(立)
山田太郎(自)
山本佐知子(自)
吉井章(自)
蓮舫(立)

昭和43年(1968)7人

赤松健(自)
伊藤孝江(公)
生稲晃子(自)
打越さく良(立)
加藤明良(自)
松野明美(維)
渡辺猛之(自)

昭和44年(1969)6人

礒﨑哲史(国)
田名部匡代(立)
竹詰仁(国)
竹谷とし子(公)
長峯誠(自)
羽田次郎(立)

昭和45年(1970)6人

有村治子(自)
加田裕之(自)
金子道仁(維)
新妻秀規(公)
三上えり(無)
水野素子(立)

昭和46年(1971)9人

滝波宏文
長谷川岳
平山佐知子
本田顕子
松川るい
丸川珠代
宮本周司
山本香苗
若林洋平

昭和47年(1972)3人

小西洋之
高木かおり
横沢高徳

昭和48年(1973)9人

石川博崇
大椿ゆうこ
梶原大介
小林一大
谷合正明
福岡資麿
三浦靖
森本真治
吉川ゆうみ

昭和49年(1974)8人

石垣のりこ
石川大我
清水貴之
永井学
平木大作
柳ヶ瀬裕文
山本太郎
和田政宗

昭和50年(1975)11人

朝日健太郎
伊藤孝恵
臼井正一
梅村聡
清水真人
寺田静
堂込麻紀子
舞立昇治
三浦信祐
矢倉克夫

本　啓　介(自)

和51年(1976)9人

渕　　友(共)
田　龍　平(立)
真紀子(立)
見　はなこ(自)
久　武(公)
島　麻衣子(立)
村　まみ(国)
口　治　子(立)
川　沙　織(立)

和52年(1977)5人

谷　宗　幣(参)
野　義　博(公)
橋　光　男(公)
田　　聡(改)
井　一　博(自)

和53年(1978)4人

村　みずほ(維)
智　俊　之(自)
村　あやか(立)
藤　元　気(無)

和54年(1979)4人

谷　政　幸(自)
藤　　啓(自)
西　祐　介(自)
下　雄　平(自)

和55年(1980)1人

藤　健一郎(改)

和56年(1981)2人

々木　さやか(公)
畠　大　輔(れ)

和57年(1982)2人

野田　紀　美(自)
良　よし子(共)

和58年(1983)3人

井　絵理子(自)
喜多　　駿(維)
田　享　子(立)

昭和59年(1984)1人

山　添　　拓(共)

昭和60年(1985)1人

小　沼　　巧(立)

昭和62年(1987)1人

安　江　伸　夫(公)

衆議院議員当選回数表

（令和5年7月1日現在

○の数字は参議院の当選回数。通算されていませ

18回（1人）

立憲民主党（1人）
小沢一郎

15回（1人）

立憲民主党（1人）
中村喜四郎

14回（2人）

自民党（1人）
麻生太郎
立憲民主党（1人）
菅直人

13回（5人）

自民党（5人）
甘利明
衛藤征士郎①
二階俊博
額賀福志郎
船田元

12回（3人）

自民党（3人）
逢沢一郎
石破茂
村上誠一郎

11回（7人）

自民党（5人）
中谷元
古屋圭司
森英介
山口俊一
山本有二
立憲民主党（1人）
岡田克也
無所属（1人）
細田博之

10回（17人）

自民党（8人）
岸田文雄
塩谷立
鈴木俊一
渡海紀三朗
野田聖子
浜田靖一
林幹雄
茂木敏充
立憲民主党（2人）
枝野幸男
玄葉光一郎
公明党（4人）
石井啓一
北側一雄
佐藤茂樹
斉藤鉄夫
国民民主党（1人）
前原誠司
共産党（2人）
穀田恵二
志位和夫

9回（24人）

自民党（14人）
伊藤達也
今村雅弘
岩屋毅
遠藤利明
河野太郎
佐藤勉
下村博文
菅義偉
田中和徳
田村憲久
高市早苗
棚橋泰文
根本匠
平沢勝栄
立憲民主党（6人）
安住淳
近藤昭一
中川正春
野田佳彦
原口一博
渡辺周
公明党（3人）
赤羽一嘉
大口善徳
高木陽介
国民民主党（1人）
古川元久

8回（26人）

自民党（17人）
石田真敏
江﨑鐵磨
江渡聡徳
小野寺五典
小渕優子
梶山弘志
金子恭之
櫻田義孝
新藤義孝
髙木毅
土屋品子
平井卓也
細野豪志
松野博一
松本剛明
吉野正芳
渡辺博道
立憲民主党（5人）
阿部知子
泉健太
大島敦
長妻昭
山井和則
共産党（2人）
赤嶺政賢
塩川鉄也
無所属（2人）
海江田万里
松原仁

7回（30人）

自民党（19人）
秋葉賢也
井上信治
伊藤信太郎
江藤拓
加藤勝信
上川陽子

泉　龍　司
藤　茂　之
本　哲　志
山　昌　彦
田　良　太
　　公　一
川　弥　一
島　昭　久
村　康　稔
川　禎　久
島　みどり
山　　　裕①
口　　　壯
憲民主党(9人)
田　憲　司
田　真紀子
宮山　泰　子
原　　　孝
松　義　規
嶋　　　要
淵　澄　夫
　　義　夫
　　浩　史
明党(1人)
屋　範　子
産党(1人)
橋　千鶴子

回(31人)

民党(19人)
べ　俊　子
澤　亮　正
田　朋　美
里　泰　弘
野　信　亮
内　　　実
木　淳　司
　　将　明
田　　　稔
岡　桂　子
羽　秀　樹
村　明　宏
銘　恒三郎
梨　康　弘
生田　光　一
法川　信　英
下　一　郎
際　大志郎
尾　英一郎

立憲民主党(9人)
小　川　淳　也
大　串　博　志
階　　　　　猛
寺　田　　　学
西　村　智奈美
伴　野　　　豊
福　田　昭　夫
松　木　けんこう
柚　木　道　義
公明党(1人)
竹　内　　　譲
共産党(1人)
笠　井　　　亮①
無所属(1人)
吉　良　州　司

5回(40人)

自民党(30人)
あかま　二　郎
伊　東　良　孝
伊　藤　忠　彦
石　原　宏　高
上　野　賢一郎
越　智　隆　雄
大　塚　　　拓
柿　沢　未　途
金　田　勝　年②
亀　岡　偉　民
木　原　誠　二
木　原　　　稔
小　泉　進次郎
齋　藤　　　健
坂　井　　　学
鈴　木　馨　祐
関　　　芳　弘
田　中　良　生
髙　鳥　修　一
橘　　　慶一郎
土　井　　　亨
中　根　一　幸
橋　本　　　岳
平　口　　　洋
牧　原　秀　樹
松　本　洋　平
武　藤　容　治
盛　山　正　仁
山　本　ともひろ
若　宮　健　嗣

立憲民主党(6人)
大　西　健　介
逢　坂　誠　二
奥　野　総一郎
後　藤　祐　一
下　条　み　つ
手　塚　仁　雄
公明党(2人)
伊　藤　　　渉
稲　津　　　久
国民民主党(1人)
玉　木　雄一郎
共産党(1人)
宮　本　岳　志①

4回(95人)

自民党(73人)
青　山　周　平
秋　本　真　利
井　出　庸　生
井　野　俊　郎
井　上　貴　博
井　林　辰　憲
池　田　佳　隆
石　川　昭　政
今　枝　宗一郎
岩　田　和　親
小　倉　將　信
小田原　　　潔
大　岡　敏　孝
大　串　正　樹
大　西　英　男
大　野　敬太郎
鬼　木　　　誠
勝　俣　孝　明
門　山　宏　哲
神　田　憲　次
菅　家　一　郎
黄川田　仁　志
工　藤　彰　三
熊　田　裕　通
小　島　敏　文
小　林　鷹　之
小　林　史　明
古　賀　　　篤
國　場　幸之助
佐々木　　　紀
斎　藤　洋　明
笹　川　博　義

新谷正義
鈴木貴子
鈴木憲和
田所嘉徳
田中英之
田野瀬太道
田畑裕明
武井俊輔
武部新
武村展英
津島淳
辻清人
冨樫博之
中谷真一
中村裕之
中山展宏
長坂康正
根本幸典
野中厚
福田達夫
藤井比早之
藤丸敏
藤原崇
星野剛士
細田健一
堀井学
堀内詔子
牧島かれん
三ッ林裕巳
宮内秀樹
宮崎政久
宮澤博行
務台俊介
村井英樹
八木哲也
簗和生
山下貴司
山田賢司
山田美樹
義家弘介①
渡辺孝一

立憲民主党(7人)

青柳陽一郎
小熊慎司①
城井崇
佐藤公治①
重徳和彦
中島克仁
吉川元

日本維新の会(7人)

足立康史
井上英孝
市村浩一郎
浦野靖人
遠藤敬
杉本和巳
馬場伸幸

公明党(7人)

伊佐進一
浮島智子①
岡本三成
國重徹
佐藤英道
中野洋昌
濵地雅一

無所属(1人)

北神圭朗

3回(41人)

自民党(15人)

尾身朝子
加藤鮎子
小林茂樹
杉田水脈
鈴木隼人
瀬戸隆一
高木宏壽
谷川とむ
中川郁子
鳩山二郎
古川康
三谷英弘
宮路拓馬
宗清皇一
和田義明

立憲民主党(16人)

井坂信彦
稲富修二
落合貴之
鎌田さゆり
金子恵美①
小山展弘
近藤和也
坂本祐之輔
篠原豪
白石洋一
野間健
森山浩行
谷田川元
山岡達丸
山崎誠
吉田統彦

日本維新の会(1人)

伊東信久

公明党(2人)

興水恵一
吉田宣弘

国民民主党(1人)

鈴木義弘

共産党(3人)

田村貴昭
宮本徹
本村伸子

無所属(3人)

緒方林太郎
福島伸享
吉川赳

2回(41人)

自民党(14人)

畦元将吾
泉田裕彦
上杉謙太郎
金子俊平
木村次郎
国光あやの
小寺裕雄
高村正大
高木啓
中曽根康隆
西田昭二
深澤陽一
穂坂泰
本田太郎

立憲民主党(14人)

青山大人
伊藤俊輔
石川香織
大河原まさこ①
岡本あき子
神谷裕
源馬謙太郎
櫻井周
中谷一馬
道下大樹
緑川貴士
森田俊和

㊗当選回数

原　俊　二
稲田　ゆ　き
本維新の会(5人)
本　誠　喜
田　文　武
木　圭　恵
延　映　夫
本　剛　正
明党(3人)
田　秀　穂
川　康　洋
淵　洋　子①
民民主党(2人)
野　　　哲
岡　秀　子
いわ新選組(1人)
渕　万　里
所属(2人)
木　博　文
田　豊　史

回(100人)

民党(38人)
　　国　幹
十嵐　　清
原　　　巧①
井　　　拓
橋　林太郎
原　正　敬
田　英　俊
利アルフィヤ
崎　正　直
藤　竜　祥
目　　　康
崎　ひでと
田　潤　一
　　信千世
定　勇　人
森　卓　郎
崎　彰　久
尻　安伊子②
木　英　敬
階　恵美子②
見　康　裕
田　一　郎②
田　　　慎
川　貴　元
西　健　治②
野　英　幸

西　野　太　亮
長谷川　淳　二
林　　　芳　正⑤
平　沼　正二郎
古　川　直　季
松　本　　　尚
保　岡　宏　武
柳　本　　　顕
山　口　　　晋
山　本　左　近
吉　田　真　次
若　林　健　太①
立憲民主党(17人)
荒　井　　　優
梅　谷　　　守
おおつき　紅　葉
神　津　たけし
末　次　精　一
鈴　木　庸　介
堤　　　かなめ
徳　永　久　志①
馬　場　雄　基
藤　岡　隆　雄
太　　　栄　志
本　庄　知　史
山　岸　一　生
山　田　勝　彦
吉　田　はるみ
米　山　隆　一
渡　辺　　　創
日本維新の会(28人)
阿　部　　　司
阿　部　弘　樹
青　柳　仁　士
赤　木　正　幸
浅　川　義　治
池　下　　　卓
池　畑　浩太朗
一　谷　勇一郎
岩　谷　良　平
漆　間　譲　司
遠　藤　良　太
小　野　泰　輔
奥　下　剛　光
金　村　龍　那
沢　田　　　良
住　吉　寛　紀
高　橋　英　明
中　司　　　宏

早　坂　　　敦
林　　　佑　美
藤　巻　健　太
堀　場　幸　子
掘　井　健　智
前　川　清　成②
岬　　　麻　紀
守　島　　　正
吉　田　とも代
和　田　有一朗
公明党(9人)
河　西　宏　一
金　城　泰　邦
日　下　正　喜
庄　子　賢　一
中　川　宏　昌
平　林　　　晃
福　重　隆　浩
山　崎　正　恭
吉　田　久美子
国民民主党(4人)
斎藤アレックス
鈴　木　　　敦
田　中　　　健
長　友　慎　治
れいわ新選組(2人)
大　石　あきこ
たがや　　　亮
社民党(1人)
新　垣　邦　男
無所属(1人)
三反園　　　訓

参議院議員当選回数表

（令和5年7月1日現在

○の数字は衆議院の当選回数。通算されていませ

〔令和元年選挙〕

8回（1人）

自民党（1人）
山東昭子

6回（1人）

無所属（1人）
尾辻秀久

5回（3人）

自民党（3人）
世耕弘成
武見敬三
橋本聖子

4回（10人）

自民党（2人）
有村治子
松山政司
公明党（2人）
山口那津男②
山本香苗
共産党（4人）
井上哲士
紙智子
小池晃
山下芳生
国民民主党（2人）
大塚耕平
榛葉賀津也

3回（19人）

自民党（12人）
石井準一
衛藤晟一④
北村経夫
佐藤信秋
佐藤正久
西田昌司
古川俊治
牧野たかお
丸川珠代
宮本周司
森まさこ
山田俊男
立憲民主党（4人）
川田龍平
牧山ひろえ
水岡俊一
吉川沙織
公明党（1人）
山本博司
日本維新の会（1人）
室井邦彦①
無所属（1人）
長浜博行④

2回（43人）

自民党（26人）
赤池誠章①
石井正弘
石田昌宏
大野泰正
太田房江
古賀友一郎
上月良祐
酒井庸行
島村大
高橋克法
滝沢求
滝波宏文
柘植芳文
堂故茂
豊田俊郎
長峯誠
羽生田俊
馬場成志
堀井巌
舞立昇治
三宅伸吾
森屋宏
山下雄平
山田太郎
吉川ゆうみ
和田政宗
立憲民主党（2人）
野田国義①
森本真治
公明党（7人）
河野義博
佐々木さやか
杉久武
新妻秀規
平木大作
矢倉克夫
若松謙維③
日本維新の会（4人）
東徹
梅村聡
清水貴之
柴田巧
共産党（2人）
吉良よし子
倉林明子
国民民主党（2人）
礒崎哲史
浜野喜史

1回（46人）

自民党（11人）
岩本剛人
加田裕之
清水真人
白坂亜紀
田中昌史
高橋はるみ
中田宏④
比嘉奈津美
本田顕子
三浦靖①
宮崎雅夫
立憲民主党（15人）
石垣のりこ
石川大我
打越さく良
小沢雅仁
小沼巧
勝部賢志
岸真紀子

㊂当選回数

谷　裕　人
村　あやか
島　麻衣子
田　次　郎
野　素　子
口　治　子
屋　　　隆
沢　高　徳
明党（4人）
田　博　昭
野　六　太
橋　光　男
江　伸　夫
本維新の会（4人）
村　みずほ
喜多　　駿
木　宗　男⑧
ヶ瀬　裕　文
産党（1人）
藤　　　岳
民民主党（2人）
田　由紀子
村　ま　み
いわ新選組（2人）
村　英　子
後　靖　彦
民党（1人）
椿　ゆうこ
台家女子48党（1人）
田　　　聡
所属（6人）
藤　元　気
良　鉄　美
田　　　静
がえ　孝　子①
賀　道　也

〔令和4年選挙〕

7回（1人）

自民党（1人）
中曽根　弘　文

6回（1人）

自民党（1人）
山　崎　正　昭

5回（5人）

自民党（3人）
櫻　井　　　充
関　口　昌　一
鶴　保　庸　介
立憲民主党（1人）
福　山　哲　郎
社民党（1人）
福　島　みずほ

4回（11人）

自民党（8人）
岡　田　直　樹
末　松　信　介
野　上　浩太郎
野　村　哲　郎
松　下　新　平
松　村　祥　史
山　谷　えり子①
山　本　順　三
立憲民主党（1人）
蓮　　　　　舫
公明党（2人）
谷　合　正　明
西　田　実　仁

3回（32人）

自民党（17人）
阿　達　雅　志
青　木　一　彦
浅　尾　慶一郎③
石　井　浩　郎
磯　﨑　仁　彦
猪　口　邦　子①
上　野　通　子
江　島　　　潔
大　家　敏　志
片　山　さつき①
中　西　祐　介
長谷川　　　岳
福　岡　資　麿①
藤　川　政　人
三　原　じゅん子
宮　沢　洋　一③
渡　辺　猛　之
立憲民主党（5人）
青　木　　　愛③
石　橋　通　宏
小　西　洋　之
斎　藤　嘉　隆
徳　永　エ　リ
公明党（4人）
秋　野　公　造
石　川　博　崇
竹　谷　とし子
横　山　信　一
日本維新の会（1人）
松　沢　成　文③
国民民主党（2人）
川　合　孝　典
舟　山　康　江
共産党（2人）
田　村　智　子
仁　比　聡　平
れいわ新選組（1人）
大　島　九州男

2回（34人）

自民党（13人）
足　立　敏　之
青　山　繁　晴
朝　日　健太郎
井　上　義　行
今　井　絵理子
小野田　紀　美
こやり　隆　史
佐　藤　　　啓
自　見　はなこ
進　藤　金日子
藤　木　眞　也
松　川　る　い
山　田　　　宏②
立憲民主党（3人）
古　賀　之　士
杉　尾　秀　哉

田名部　匡　代③
公明党（5人）
伊　藤　孝　江
里　見　隆　治
竹　内　真　二
三　浦　信　祐
宮　崎　　　勝
日本維新の会（5人）
浅　田　　　均
石　井　　　章①
石　井　苗　子
片　山　大　介
高　木　かおり
共産党（2人）
岩　渕　　　友
山　添　　　拓
国民民主党（2人）
伊　藤　孝　恵
浜　口　　　誠
れいわ新選組（1人）
山　本　太　郎①
無所属（3人）
伊　波　洋　一
上　田　清　司③
平　山　佐知子

1回（40人）

自民党（20人）
赤　松　　　健
生　稲　晃　子
臼　井　正　一
越　智　俊　之
加　藤　明　良
梶　原　大　介
神　谷　政　幸
小　林　一　大
古　庄　玄　知
友　納　理　緒
永　井　　　学
長谷川　英　晴
広　瀬　めぐみ
藤　井　一　博
船　橋　利　実②
星　　　北　斗
山　本　啓　介
山　本　佐知子
吉　井　　　章
若　林　洋　平

立憲民主党（6人）
鬼　木　　　誠
古　賀　千　景
柴　　　慎　一
高　木　真　理
辻　元　清　美⑦
村　田　享　子
公明党（2人）
上　田　　　勇⑦
窪　田　哲　也
日本維新の会（6人）
青　島　健　太
猪　瀬　直　樹
金　子　道　仁
串　田　誠　一①
中　条　きよし
松　野　明　美
国民民主党（1人）
竹　詰　　　仁
れいわ新選組（1人）
天　畠　大　輔
政治家女子48党（1人）
齊　藤　健一郎
参政党（1人）
神　谷　宗　幣
無所属（2人）
堂　込　麻紀子
三　上　え　り

㊫当選回数

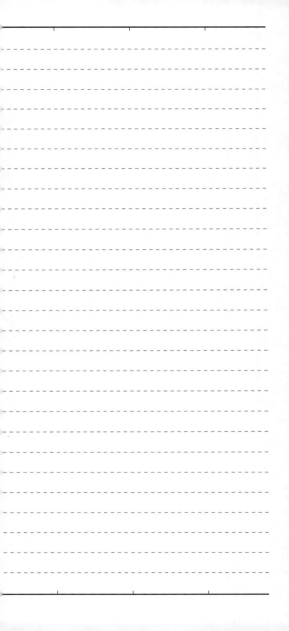

國會議員要覧

＜令和5年8月版＞

國　會　要　覧

＜第75版＞

第二別冊〈日程関連他〉

●編集要領

◎**〈国会議員誕生日・各種日程＝令和5年（2023年）8月～令和6年（2024年）7月〉**に掲載の国会議員の氏名及び所属政党は令和5年7月19日現在。

・所属政党名については氏名の前の○内に略称で掲載した。

（(自)…自民党、(立)…立憲民主党、(維)…日本維新の会、(公)…公明党、(共)…共産党、(国)…国民民主党、(れ)…れいわ新選組、(社)…社民党、(政)…政治家女子48党、(参)…参政党、(無)…無所属）

・掲載は衆議院議員・参議院議員の順で、両院それぞれ所属議員の多い政党から、年齢の順とした。

・満年齢は各国会議員の誕生日が到来した時点のものを掲載した。

・カレンダーには主要な行事予定及び記念日を掲載した。

・過去の出来事は戦後の主な出来事とあわせて、前年の主要な出来事も掲載した。

◎**主要な戦後の政治家命日**の掲載者は、総理又は衆参院議長、各党党首など要職経験者とした。

1 ㊋ 友引	㊉平口　洋75　㊉宮下一郎65 ㊉石垣のりこ49
2 ㊌ 先負	㊉瀬戸隆一58　㊉藤原　崇40 ㊉長峯　誠54
3 ㊍ 仏滅	㊉渡辺博道73　㊉上野賢一郎58 ㊉古川禎久58
4 ㊎ 大安	
5 ㊏ 赤口	㊉長谷川淳二55　㊉伊藤俊輔44 ㊭若松謙維68　㊭上田　勇65
6 ㊐ 先勝	【埼玉県知事選挙 【第105回全国高等学校野球選手権大会、～22日】【広島原爆の日
7 ㊊ 友引	㊉西銘恒三郎69 ㊉堂故　茂71
8 ㊋ 先負	㊉吉野正芳75　㊉星野剛士60　㊉宮﨑政久58　㊉鈴木隼人45 ㊮福島伸享53　【立秋
9 ㊌ 仏滅	㊉宗清皇一53 【長崎原爆の日
10 ㊍ 大安	㊉八木哲也76　㊉秋本真利48　㊉神谷　裕55 【ゴルフ全英女子オープン（サリー、～13日）
11 ㊎ 赤口	山の日　㊉島村　大63
12 ㊏ 先勝	㊉谷川弥一82　㊉土井　亨65　㊉木原　稔54 ㊉高木真理56　【国際青少年デー
13 ㊐ 友引	㊉舞立昇治48　㊉小沢雅仁58
14 ㊊ 先負	㊓大椿ゆうこ50
15 ㊋ 仏滅	㊉鈴木英敬49 【終戦記念日】【全国戦没者追悼式
16 ㊌ 先勝	㊉岡本あき子59　㊉櫻井　周53
17 ㊍ 友引	㊉落合貴之44
18 ㊎ 先負	㊉松下新平57　㊉青木　愛58
19 ㊏ 仏滅	【世界陸上（ブダペスト、～27日
20 ㊐ 大安	

●文字は衆議院、○文字は参議院、○内数字は満年齢

1 口	●自 細野豪志(52) ○自 豊田俊郎(71)
2 勝	○自 森まさこ(59)
3 引	●立 馬淵澄夫(63) 【処暑】
4 負	●自 岩屋　毅(66)
5 滅	【バスケットボール男子ワールドカップ(日本など、～9月10日)】
6 安	●立 稲富修二(53)
7 口	●自 甘利　明(74) ○自 山下雄平(44)　○公 西田実仁(61)
8 勝	●自 大西英男(77)　●自 熊田裕通(59)　●立 山岸一生(42) 【テニス全米オープン(ニューヨーク、～9月10日)】
9 引	●自 笹川博義(57)　●立 青柳陽一郎(54)
0 負	●自 国定勇人(51)　●立 中谷一馬(40)
1 滅	●自 森　英介(75)　●自 萩生田光一(60)　●自 古川直季(55)　●自 松本洋平(50) ●立 大串博志(58)

その他の予定

昨年の出来事(R4)

- 8. 1　バイデン米大統領は国際テロ組織「アル・カーイダ」の指揮者アイマン・ザワヒリ容疑者をアフガニスタンで殺害したと発表
- 8. 3　ナンシー・ペロシ米下院議長が台北で蔡英文総統と会談
- 8. 3　参院は本会議で議長に自民党の尾辻秀久・元厚生労働相、副議長に立憲民主党の長浜博行・元環境相を選出
- 8. 9　東工大と東京医科歯科大が統合に向けた協議を開始すると発表
- 8.10　第2次岸田改造内閣が発足
- 8.17　東京地検特捜部が東京五輪・パラリンピック大会組織委員会元理事の高橋治之容疑者を受託収賄容疑で逮捕
- 8.24　京セラ創業者で日本航空の再建にも力を注いだ稲森和夫さんが死去(90歳)
- 8.27　日本維新の会は臨時党大会で馬場伸幸共同代表を新代表に選出
- 8.28　香川県知事選挙で新人の池田豊人氏が初当選

過去の出来事

20. 8.15	太平洋戦争終結	H17. 8. 8	郵政法案、参院で否決 衆議院解散(郵政解散)
48. 8. 8	金大中拉致事件		
5. 8. 9	細川護熙連立内閣成立	H21. 8.30	第45回衆院選、民主勝利 第1党に

1 ㊎ 大安	【秋の緑の募金(～10月31日)】【防災の日
2 ㊏ 赤口	自若宮健嗣62
3 日 先勝	自野田聖子63　自門山宏哲59　【岩手県知事選
4 ㊊ 友引	自平沢勝栄78　自坂井　学58　自吉川ゆうみ50
5 ㊋ 先負	公大口善德68　【国連総会(ニューヨーク　【東方経済フォーラム(ウラジオストク、～8日
6 ㊌ 仏滅	自中野英幸62　立勝部賢志64
7 ㊍ 大安	自小島敏文73　自三ッ林裕巳68　自辻　清人44　立羽田次郎54
8 ㊎ 赤口	自山下貴司58　立米山隆一56　自磯﨑仁彦66　【ラグビーワールドカッ(フランス、～10月28日　【白露】【国際識字デー
9 ㊏ 先勝	自塩崎彰久47　自こやり隆史57　【20カ国・地域首脳会議(ニューデリー、～10日
10 日 友引	自亀岡偉民68　維梅村みずほ45　【大相撲九月場所(～24日
11 ㊊ 先負	自藤井比早之52　【アドベンチャートラベル・ワールドサミット(北海道、～14日
12 ㊋ 仏滅	自山際大志郎55　公石川博崇50　【水路記念日
13 ㊌ 大安	自松野博一61　自三原じゅん子59
14 ㊍ 赤口	自尾﨑正直56　立手塚仁雄57　維漆間譲司49　立柴　慎一59　共吉良よし子41
15 ㊎ 友引	自泉田裕彦61
16 ㊏ 先負	自中山展宏55　共高橋千鶴子64　維東　徹57　無堂込麻紀子48　【国際オゾン層保護デー
17 日 仏滅	自江﨑鐵磨80　自小泉龍司71　維杉本和巳63
18 月 大安	敬老の日　自小寺裕雄63　自石川昭政51
19 ㊋ 赤口	立森田俊和49　自山谷えり子73　自西田昌司65　自朝日健太郎48　【SDGsに関する国連サミ(ニューヨーク、～20日
20 ㊌ 先勝	自麻生太郎83　自岩田和親50　立寺田　学47　自中田　宏59　【彼岸入

1 (木) 引	○自 有村治子(53)　○維 音喜多駿(40)
2 (金) 負	●自 西野太亮(45)　●立 田嶋　要(62) ○自 今井絵理子(40)
3 (土) 滅	秋分の日
4 (日) 安	
5 (月) 口	●国 浅野　哲(41)
6 (火) 勝	●維 池畑浩太朗(49)　●公 佐藤英道(63)
7 (水) 引	●自 神田潤一(53)　●立 中島克仁(56)　●維 沢田　良(44) ○自 阿達雅志(64)
8 (木) 負	●立 吉川　元(57) 【ゴルフ日本女子オープン(福井、～10月1日)】
9 (金) 滅	●自 小里泰弘(65)　●自 髙鳥修一(63) ○自 本田顕子(52)　○立 牧山ひろえ(59)
0 (土) 安	●自 中谷真一(47) ○立 杉尾秀哉(66)　○公 竹谷とし子(54)

■その他の予定

基準地価発表(月内)

■昨年の出来事(R4)

- 9. 5　静岡県牧之原市の認定こども園の通園バスに3歳女児が取り残され、熱射病で死亡
- 9. 6　英国与党・保守党の党首に選出されたリズ・トラス氏が首相に就任
- 9. 9　米国主導の新経済圏構想「インド太平洋経済枠組み(IPEF)」の閣僚級会合が開かれ、参加14か国が正式交渉入りで合意
- 9. 11　沖縄県知事選挙で現職の玉城デニー氏が再選
- 9. 19　9月8日に死去したエリザベス英女王の国葬が営まれ、日本からは天皇・皇后両陛下が参列
- 9. 19　総務省が65歳以上の高齢者の推計人口を発表。前年比6万人増の3627万人、総人口に占める割合は29.1%といずれも過去最高を更新
- 9. 20　国交省が2022年の基準地価を発表。住宅地の全国平均が前年比0.1%増で31年ぶりにプラス圏に
- 9. 23　佐賀県と長崎県を結ぶ西九州新幹線(武雄温泉～長崎)が開業
- 9. 25　公明党は党大会で山口那津男代表の8選を承認
- 9. 27　安倍元首相の国葬が日本武道館で営まれ、国内外から4183人が参列
- 9. 28　元官房長官の武村正義さんが死去(88歳)

■過去の出来事

- S26.9. 8　サンフランシスコ講和会議、日米安保条約調印
- S47.9.29　日中国交回復
- S60.9.22　プラザ合意
- H 8.9.28　民主党結成
- H13.9.11　米、同時多発テロ
- H15.9.26　民主党・自由党合併
- H17.9.11　第44回衆院選、自民大勝

■令和5年(2023年)10月 〈国会議員誕生日・各種日

日	誕生日	各種日
1 (日) 赤口	(自)衛藤晟一(76)	
2 (月) 先勝	(無)尾辻秀久(83)	
3 (火) 友引	(自)山口　壯(69)　(立)渡辺　創(46) (自)比嘉奈津美(65)　(共)岩渕　友(47)	
4 (水) 先負	(自)金田勝年(74)　(維)奥下剛光(48) (れ)舩後靖彦(66)	
5 (木) 仏滅	(自)橋本聖子(59)　(国)大塚耕平(64)	
6 (金) 大安	(維)片山大介(57)	【国際協力の日
7 (土) 赤口	(自)茂木敏充(68)　(自)井上信治(54)　(立)階　猛(57)　(維)藤巻健太(40)	
8 (日) 先勝	(立)野間　健(65)	【寒露
9 (月) 友引	スポーツの日　(自)小林茂樹(59)　(立)吉川沙織(47)	【世界郵便デー
10 (火) 先負	(自)和田義明(52)　(立)菅　直人(77) (維)高木かおり(51)	
11 (水) 仏滅	(自)柘植芳文(78)　(自)滝沢　求(65)　(自)田中昌史(58)	
12 (木) 大安	(自)江渡聡徳(68)　(自)葉梨康弘(64) (参)神谷宗幣(46)	【ゴルフ日本オープン(大阪、～15日
13 (金) 赤口	(自)黄川田仁志(53)	【世銀年次総会(マラケシュ、～15日 【国際防災の日
14 (土) 先勝	(自)中谷　元(66)　(維)足立康史(58) (自)和田政宗(49)	【鉄道の日
15 (日) 先負	(自)西村康稔(61)　(立)馬場雄基(31)　(共)笠井　亮(71)　(れ)櫛渕万里(56)	
16 (月) 仏滅	(自)鬼木　誠(51)　(自)高見康裕(43)　(自)英利アルフィヤ(35)　(立)おおつき紅葉(40) (公)平木大作(49)　(共)仁比聡平(60)	【世界食料デー
17 (火) 大安	(公)里見隆治(56)	【貧困撲滅のための国際デー
18 (水) 赤口	(自)梶山弘志(68)　(自)武藤容治(68)　(自)津島　淳(57)　(自)佐々木紀(49)	【統計の日
19 (木) 先勝	(自)宮内秀樹(61)　(自)岩本剛人(59)	
20 (金) 友引	(共)本村伸子(51) (自)滝波宏文(52)　(無)長浜博行(65)	

21 (土) 先負	●自 浜田靖一(68)	【秋土用入】
22 (日) 仏滅	●立 本庄知史(49) ○自 堀井　巌(58)	【スイス総選挙】 【アルゼンチン大統領選挙】
23 (月) 大安	●維 和田有一朗(59) ○自 佐藤正久(63)	【電信電話記念日】
24 (火) 赤口	●立 菊田真紀子(54) ○自 山本佐知子(56)	【霜降】【国連デー】
25 (水) 先勝	●維 井上英孝(52)	
26 (木) 友引		【EU首脳会議(ブリュッセル、～27日)】 【原子力の日】
27 (金) 先負	●立 堤かなめ(63) ○自 山本順三(69)	
28 (土) 仏滅	●自 堀内詔子(58)	
29 (日) 大安	○自 梶原大介(50)	
30 (月) 赤口	●自 土田　慎(33)	
31 (火) 先勝		【ハロウィン】

■その他の予定
ノーベル賞受賞者発表(上旬)
インボイス制度開始(10月1日)

■昨年の出来事(R4)

10. 3	岸田首相が臨時国会で所信表明演説。物価高対策や防衛力の抜本的強化に取り組む決意を強調
10. 17	岸田首相は旧統一教会について、宗教法人法に基づく「質問権」を初めて行使し、調査を行う方針を表明
10. 20	トラス英首相が大型減税を巡る混乱の責任を取り、就任約1か月半で辞任を表明。後任にリシ・スナク元財務相が就任。英史上初のインド系で非白人の首相に(25日)
10. 22	イタリアで極右政党「イタリアの同胞」など3党を中心とする右派連立政権が発足。「同胞」のジョルジャ・メローニ党首が同国初の女性首相に就任
10. 23	那覇市長選挙で新人の知念覚氏が初当選
10. 23	新潟市長選挙で現職の中原八一氏が再選
10. 24	旧統一教会との関係が相次いで判明した山際大志郎経済再生相が辞任、後任に後藤茂之・前厚生労働相が就任
10. 29	ソウルの繁華街・梨泰院で多数の若者が折り重なるように倒れる事故が発生、日本人女性2人を含む155人が死亡
10. 30	福島県知事選挙で現職の内堀雅雄氏が3選
10. 30	ブラジル大統領選で左派のルラ・ダシルバ元大統領が勝利

■過去の出来事

S24.10. 1	中華人民共和国成立	S39.10.10	東京オリンピック開幕
S31.10.19	日ソ共同宣言、国交回復	H 2.10. 3	東西ドイツ統一
S35.10.12	社会党・浅沼委員長刺殺	H 8.10.20	小選挙区比例代表並立制による初の衆院選
S37.10.22	キューバ危機	H15.10. 5	民主党と自由党が合併大会

■令和5年(2023年)11月　〈国会議員誕生日·各種日

日	
1 ㊌ 友引	(自)古屋圭司(71)　(自)大野敬太郎(55)　(自)牧島かれん(47)
2 ㊍ 先負	(自)古賀友一郎(56)　(公)窪田哲也(58)
3 ㊎ 仏滅	**文化の日**
4 ㊏ 大安	(自)川崎ひでと(42)
5 ㊐ 赤口	(自)武見敬三(72)
6 ㊊ 先勝	(自)坂本哲志(73)
7 ㊋ 友引	(維)青柳仁士(45)
8 ㊌ 先負	(自)佐藤信秋(76)　(維)柳ヶ瀬裕文(49)　【立冬
9 ㊍ 仏滅	(自)世耕弘成(61)
10 ㊎ 大安	(国)鈴木義弘(61)
11 ㊏ 赤口	(自)田中良生(60)　(自)平沼正二郎(44)
12 ㊐ 先勝	【大相撲九州場所(〜26日)
13 ㊊ 仏滅	(自)井原　巧(60)　(公)伊藤　渉(54)
14 ㊋ 大安	(自)高村正大(53)　(立)吉田統彦(49)
15 ㊌ 赤口	【七五三
16 ㊍ 先勝	
17 ㊎ 友引	(自)野中　厚(47)
18 ㊏ 先負	(自)友納理緒(43)
19 ㊐ 仏滅	
20 ㊊ 大安	(立)湯原俊二(61) (自)野村哲郎(80)　(自)船橋利実(63)　(維)猪瀬直樹(77)　(共)山添　拓(39)

日	六曜	予定
1	口	●自 井出庸生(46)　●立 鈴木庸介(48)
2	勝	●自 船田　元(70)　●自 加藤勝信(68)　●立 山崎　誠(61)【小雪】
3	引	**勤労感謝の日**　●公 國重　徹(49) ○自 石井準一(66)
4	負	●自 伊東良孝(75) ○自 三宅伸吾(62)　○れ 山本太郎(49)
5	滅	●自 渡辺孝一(66)　●公 日下正喜(58)　●れ たがや亮(55) ○立 古賀千景(57)
6	安	【ペンの日】
7	口	
8	勝	○自 中曽根弘文(78)　○立 蓮　舫(56)
9	引	●自 石原正敬(52)　●自 小林鷹之(49) ○自 石井正弘(78)　○自 山田俊男(77)
10	負	○自 馬場成志(59) 【国連気候変動枠組み条約締約国会議(UAE、～12月12日)】

その他の予定

APEC首脳会議(サンフランシスコ)

昨年の出来事(R4)

11. 2　米連邦準備制度理事会(FRB)が政策金利を通常の3倍となる0.75%引き上げ
11.11　首相は死刑執行職務を軽視する発言をした葉梨康弘法相を更迭、後任に自民党の斎藤健・元農相を起用
11.13　熊本市長選挙で現職の大西一史氏が3選
11.15　国連は世界人口が80億人に達したと発表
11.18　衆院小選挙区を「10増10減」し、選挙区間の「1票の格差」を2倍未満とする改正公職選挙法が成立
11.20　愛媛県知事選挙で現職の中村時広氏が4選
11.20　福岡市長選挙で現職の高島宗一郎氏が4選
11.20　首相は政治資金収支報告書の不適切な記載が相次いで発覚した寺田稔総務相を更迭、後任に自民党の松本剛明・元外相が就任
11.22　永岡桂子文科相は旧統一教会に宗教法人法に基づく質問権を行使。厚労省も信者の子どもの養子縁組が繰り返されていた問題で、東京都と連名の質問書を送付
11.27　和歌山県知事選挙で新人の岸本周平氏が初当選
11.30　中国の江沢民元国家主席が死去(96歳)

過去の出来事

S20.11. 2　日本社会党結成
S21.11. 3　日本国憲法発布
S30.11.15　自由民主党結成
S38.11.22　ケネディ米大統領暗殺
S39.11.17　公明党結成

■令和5年（2023年）12月　〈国会議員誕生日・各種日

日	国会議員誕生日	各種日
1 ㊎ 仏滅	(自)本田太郎(50) (公)河野義博(46)	【世界エイズデー
2 ㊏ 大安	(立)末次精一(61)	
3 ㊐ 赤口	(自)宮崎雅夫(60)　(共)倉林明子(63)	【国際障害者デー
4 ㊊ 先勝		
5 ㊋ 友引	(自)柴山昌彦(58)　(立)末松義規(67)	【国際ボランティアデー
6 ㊌ 先負	(自)菅　義偉(75)　(自)宮路拓馬(44)　(立)早稲田ゆき(65) (国)古川元久(58)	【高知県知事任期満了
7 ㊍ 仏滅	(自)高橋克法(66)　(自)小野田紀美(41)　(立)鬼木　誠(60)	【大雪
8 ㊎ 大安	(自)永岡桂子(70)　(自)工藤彰三(59)　(自)斎藤洋明(47)　(公)吉田宣弘(56)	【G7内務・安全担当相会合（水戸市、～10日
9 ㊏ 赤口	(自)後藤茂之(68)　(立)梅谷　守(50) (公)山本博司(69)	
10 ㊐ 先勝	(公)伊佐進一(49)	
11 ㊊ 友引	(自)小渕優子(50)　(立)渡辺　周(62) (維)柴田　巧(63)	
12 ㊋ 先負	(立)近藤和也(50)	
13 ㊌ 大安		
14 ㊍ 赤口	(自)盛山正仁(70)　(自)五十嵐清(54)	
15 ㊎ 先勝	(自)田村憲久(59)　(維)阿部弘樹(62)　(国)鈴木　敦(36)	
16 ㊏ 友引	(自)木村次郎(56)　(公)高木陽介(64)	
17 ㊐ 先負	(自)末松信介(68)	
18 ㊊ 仏滅	(自)赤澤亮正(63)　(共)赤嶺政賢(76)　(共)塩川鉄也(62)	【国連加盟記念日
19 ㊋ 大安	(維)遠藤良太(39)	
20 ㊌ 赤口	(自)櫻田義孝(74)　(自)丹羽秀樹(51)　(立)田島麻衣子(47)	

日	誕生日	
21 (木) 先勝	●自 髙階恵美子(60)　●立 大島　敦(67)　●立 重徳和彦(53)　●立 源馬謙太郎(51) ○立 小沼　巧(38)　○国 浜野喜史(63)	
22 (金) 友引	●自 中川郁子(65)　●維 前川清成(61)	【冬至】
23 (土) 先負	○自 古庄玄知(66)　○自 藤井一博(46)	
24 (日) 仏滅	●立 道下大樹(48) ○自 若林洋平(52)　○社 福島みずほ(68)	
25 (月) 大安	●共 宮本岳志(64)　○政 齊藤健一郎(43)	【クリスマス】
26 (火) 赤口	●立 小山展弘(48)　●維 岬　麻紀(55) ○自 上月良祐(61)	
27 (水) 先勝	●自 塚田一郎(60)　●維 藤田文武(43)	
28 (木) 友引		
29 (金) 先負	●立 下条みつ(68) ○維 浅田　均(73)　○れ 天畠大輔(42)	
30 (土) 仏滅		【東証大納会】
31 (日) 大安		【大晦日】

■その他の予定

24年度予算案を策定(月内)

■昨年の出来事(R4)

12. 5　サッカーのW杯カタール大会で日本は通算2勝1敗で決勝トーナメント進出するも、1回戦でクロアチアに敗れ初の8強入りは逃した

12. 10　旧統一協会の問題を受けた高額寄付被害救済・防止法が成立

12. 16　政府は今後10年程度の外交・防衛政策の指針となる「国家安全保障戦略」などの3文書を閣議決定。自衛目的で敵のミサイル発射拠点などを破壊する「反撃能力」の保有を明記。防衛費と関係費を合わせて2027年度の現在のGDP比2%とし、防衛力を抜本的に強化

12. 18　佐賀県知事選挙で現職の山口祥義氏が3選

12. 21　自民党の薗浦健太郎衆議院議員が、政治資金過少記載の疑惑を巡り議員辞職、自民党を離党

12. 21　ウクライナのゼレンスキー大統領がワシントンでバイデン大統領と会談し、米議会で演説。バイデン氏は地対空ミサイルシステム「パトリオット」など追加軍事支援を表明

12. 25　宮崎県知事選挙で現職の河野俊嗣氏が4選

12. 27　岸田首相は公職選挙法違反などの疑惑が指摘された秋葉賢也復興相を更迭、後任に自民党の渡辺博道元復興相を起用

■過去の出来事

S16.12. 8　太平洋戦争開戦
S20.12.17　婦人参政権実現
S31.12.12　国連に加盟
H 3.12.21　ソ連邦消滅
H16.12.10　新進党結成
H24.12.16　第46回衆院選、自民圧勝

■令和6年(2024年)1月　〈国会議員誕生日・各種日程

1 (月) 赤口	**元　日**　(自)鳩山二郎(45)　(立)伴野　豊(63)　(立)吉田はるみ(52) (維)山本剛正(52)　(自)牧野たかお(65)　(立)徳永エリ(62)	【全日本実業団駅伝】【新年祝賀の儀
2 (火) 先勝	(自)田畑裕明(51) (自)吉井　章(57)	【東京箱根間往復大学駅伝(～3日)】【新年一般参賀
3 (水) 友引	(自)林　幹雄(77)　(自)鷲尾英一郎(47)　(立)笠　浩史(59) (無)平山佐知子(53)	
4 (木) 先負	(自)中西健治(60)　(維)伊東信久(60)　(公)中野洋昌(46) (公)杉　久武(48)　(無)伊波洋一(72)	
5 (金) 仏滅	(自)今村雅弘(77)　(自)鈴木貴子(38) (自)北村経夫(69)	
6 (土) 大安	(立)山井和則(62)　(自)高橋はるみ(70)　(立)打越さく良(56) (自)神谷政幸(45)	【小寒
7 (日) 赤口		
8 (月) 先勝	**成人の日**　(自)井野俊郎(44)　(立)鎌田さゆり(59)　(無)緒方林太郎(51) (自)山田　宏(66)　(自)臼井正一(49)	
9 (火) 友引		
10 (水) 先負	(自)河野太郎(61)　(自)國場幸之助(51)　(自)宮澤博行(49) (立)緑川貴士(39)　(維)掘井健智(57)	
11 (木) 赤口	(自)額賀福志郎(80)　(自)若林健太(60)　(共)穀田恵二(77) (公)矢倉克夫(49)	
12 (金) 先勝	(立)川田龍平(48)	
13 (土) 友引	(立)西村智奈美(57) (公)伊藤孝江(56)　(共)紙　智子(69)	
14 (日) 先負	(立)牧　義夫(66) (自)古川俊治(61)	【大相撲初場所(～28日)
15 (月) 仏滅	(無)髙良鉄美(70)	
16 (火) 大安	(自)髙木　毅(68)	
17 (水) 赤口	(自)遠藤利明(74)　(立)安住　淳(62)　(立)谷田川元(61)	
18 (木) 先勝	(公)佐々木さやか(43)	
19 (金) 友引	(自)田所嘉德(70)　(自)藤丸　敏(64)　(自)林　芳正(63)　(自)中曽根康隆(42) (自)丸川珠代(53)　(立)福山哲郎(62)　(公)塩田博昭(62)	
20 (土) 先負	(自)新藤義孝(66)　(自)大串正樹(58) (自)松山政司(65)	【大寒

21 (日) 仏滅	(自)田中和徳(75)　(自)柿沢未途(53)　(自)武村展英(52)
22 (月) 大安	(自)上田英俊(59)　(立)神津　健(47)　(維)一谷勇一郎(49)　(共)宮本　徹(52)
23 (火) 赤口	(自)橘慶一郎(63)
24 (水) 先勝	(自)寺田　稔(66)　(立)青山大人(45)　(維)住吉寛紀(39)
25 (木) 友引	(自)平井卓也(66)
26 (金) 先負	【文化財防火デー】
27 (土) 仏滅	(維)馬場伸幸(59)
28 (日) 大安	(自)谷　公一(72) (立)小西洋之(52)
29 (月) 赤口	(自)柳本　顕(50) (国)川合孝典(61)
30 (火) 先勝	(自)鈴木憲和(42)　(立)坂本祐之輔(69)
31 (水) 友引	(維)鈴木宗男(76)

■その他の予定

■昨年の出来事(R5)

- 1. 8　ブラジルのボルソナーロ前大統領の支持者らが暴徒化、国会議事堂や大統領府などを襲撃
- 1.10　中国が日本政府の水際対策に対抗し、日本人向けビザ発給を一時停止
- 1.13　総務省は2022年7月の参議院議員選挙で、自治体の選挙事務に関するミスや問題が過去最多の225件であったことを発表
- 1.16　れいわ新選組の山本太郎代表は同党所属の参議院議員·水道橋博士の辞職を発表。同氏の辞職に伴い、比例名簿3位だった大島九州男氏以下5人が1年ごとに辞職と繰り上げを繰り返し、参院議員を務める方針を明らかにした
- 1.17　中国政府は、2022年末時点の中国本土の人口が推計で14億1175万人と、前の年に比べて85万人減ったと発表。中国の人口が減少に転じるのは61年ぶり
- 1.19　2024年度の統合を目指す東京工業大学と東京医科歯科大学は新大学の名称を「東京科学大学(略称:科学大)」に決定
- 1.22　山梨県知事選挙で長崎幸太郎氏が再選
- 1.29　元官房副長官の石原信雄さんが死去(96歳)

■過去の出来事

- S44.1.18　東大安田講堂に機動隊突入
- S64.1. 7　昭和天皇崩御
- H 3.1.17　湾岸戦争勃発
- H 7.1.17　阪神淡路大震災、死者6433人
- H 8.1.19　社会党、社民党に党名変更
- H13.1. 6　省庁再編(1府12省庁)

1 (木) 先負	(公)浮島智子(61) (無)北神圭朗(57) 【中国の春節】
2 (金) 仏滅	(公)平林 晃(53)
3 (土) 大安	【節分】
4 (日) 赤口	(自)石破 茂(67) (公)輿水恵一(62) 【立春】
5 (月) 先勝	(自)橋本 岳(50) (公)斉藤鉄夫(72) (自)鶴保庸介(57)
6 (火) 友引	(国)竹詰 仁(55)
7 (水) 先負	(自)加藤明良(56)
8 (木) 仏滅	(公)庄子賢一(61)
9 (金) 大安	(自)土屋品子(72) (自)鈴木馨祐(47) (公)稲津 久(66)
10 (土) 先勝	(自)加藤竜祥(44)
11 (日) 友引	建国記念の日 (自)渡海紀三朗(76) (自)棚橋泰文(61) (自)浅尾慶一郎(60)
12 (月) 先負	振替休日 (立)篠原 豪(49) (公)中川康洋(56)
13 (火) 仏滅	(無)三反園訓(66) (維)梅村 聡(49)
14 (水) 大安	(自)酒井庸行(72) 【バレンタインデー】
15 (木) 赤口	(自)自見はなこ(48) (公)高橋光男(47)
16 (金) 先勝	(自)長谷川岳(53) 【所得税の確定申告(～3月15日)】
17 (土) 友引	(自)二階俊博(85) (自)長島昭久(62) (自)東 国幹(56) (自)穂坂 泰(50)
18 (日) 先負	(自)塩谷 立(74) (自)今枝宗一郎(40) (立)斎藤嘉隆(61)
19 (月) 仏滅	(自)神田憲次(61) (自)堀井 学(52) 【雨水】
20 (火) 大安	(自)稲田朋美(65) (維)金子道仁(54)

●文字は衆議院、○文字は参議院、○内数字は満年齢

21 ㊌ 赤口	㊂ 根本幸典59　㊂ 平　将明57
22 ㊍ 先勝	㊤ 松木けんこう65　㊦ 赤木正幸49
23 ㊎ 友引	天皇誕生日　㊂ 中村裕之63　㊦ 浅川義治56　㊦ 吉田とも代49
24 ㊏ 先負	
25 ㊐ 仏滅	㊂ 中川貴元57 ㊂ 藤木眞也57　㊦ 石井苗子70
26 ㊊ 大安	㊈ 海江田万里75 ㊂ 松川るい53　㊂ 清水真人49
27 ㊋ 赤口	㊂ 金子恭之63　㊂ 越智隆雄60 ㊥ 山下芳生65
28 ㊌ 先勝	㊂ 山口俊一73　㊤ 荒井　優49
29 ㊍ 友引	

■その他の予定

■昨年の出来事（R5）

2. 2　元衆議院議長で元北海道知事の横路孝弘さんが死去（82歳）
2. 5　愛知県知事選挙で現職の大村秀章氏が4選
2. 5　北九州市長選挙で武内和久氏が初当選
2. 8　東京五輪・パラリンピックを巡る談合事件で、東京地裁特捜部は本大会運営業務など400億円規模の事業について受注調整した疑いで大会運営局元次長ら4人を独占禁止法違反容疑で逮捕
2.14　トヨタ自動車名誉会長で元経団連会長の豊田章一郎さんが死去（97歳）
2.20　バイデン米大統領がウクライナの首都キーウを訪問。プーチン露大統領が米露間の核軍縮枠組み「新戦略兵器削減条約」の履行停止を表明（21日）
2.22　初当選以降、国会欠席を続けるNHK党のガーシー議員に参議院本会議が「議場での陳謝」を課す懲罰案を可決
2.28　厚労省は2022年の国内の出生数を前年比5.1％減の79万9728人と発表。80万人割れは統計を取り始めた1899年以来初めて

■過去の出来事

S29. 2. 8　造船疑獄発覚
S47. 2.19　あさま山荘事件
S51. 2. 5　ロッキード事件発覚
H10. 2. 7　長野冬季五輪

日	国会議員誕生日	各種日程
1 (金) 先負	(自)上川陽子(71)	【春の全国火災予防運動(～7日)】
2 (土) 仏滅	(公)北側一雄(71) (無)芳賀道也(66)	
3 (日) 大安		【ひな祭】
4 (月) 赤口	(自)島尻安伊子(59) (維)中条きよし(78)	
5 (火) 先勝	(自)奥野信亮(80)　(自)福田達夫(57)　(公)山崎正恭(53) (立)宮口治子(48)　(公)三浦信祐(49)	【啓蟄】
6 (水) 友引	(立)横沢高徳(52)　(共)伊藤　岳(64)	
7 (木) 先負	(自)根本　匠(73)　(自)高市早苗(63)	【消防記念日】
8 (金) 仏滅	(自)新谷正義(49) (無)須藤元気(46)	
9 (土) 大安	(自)越智俊之(46)	
10 (日) 友引		【大相撲春場所(～24日)】
11 (月) 先負	(維)中司　宏(68)　(維)空本誠喜(60)　(維)早坂　敦(53)	
12 (火) 仏滅	(自)井上義行(61)	
13 (水) 大安		
14 (木) 赤口		【ホワイトデー】
15 (金) 先勝	(自)山田美樹(50)　(国)西岡秀子(60)	
16 (土) 友引	(自)髙木　啓(59)　(無)吉良州司(66)	
17 (日) 先負		
18 (月) 仏滅	(自)星　北斗(60)　(公)宮崎　勝(66)	【彼岸入り】
19 (火) 大安	(公)竹内真二(59)	
20 (水) 赤口	春分の日　(自)国光あやの(45)　(公)石井啓一(66)	【春分】

21 ㊍ 先勝	
22 ㊎ 友引	【放送記念日】
23 ㊏ 先負	㊒熊谷裕人62　㊗寺田　静49
24 ㊐ 仏滅	●維 堀場幸子45 ㊒岸真紀子48 【彼岸明け】
25 ㊊ 大安	●立 後藤祐一55　●公 角田秀穂63 ㊓青木一彦63 【電気記念日】
26 ㊋ 赤口	
27 ㊌ 先勝	●自 あかま二郎56　●立 井坂信彦50 ㊓宮本周司53
28 ㊍ 友引	●立 藤岡隆雄47 ㊓羽生田俊76
29 ㊎ 先負	●自 武井俊輔49
30 ㊏ 仏滅	
31 ㊐ 大安	●自 義家弘介53

■その他の予定

公示地価発表(月内)
中国全人代(月内)

■昨年の出来事(R5)

3. 7 JAXAは鹿児島県種子島宇宙センターで行った新型の主力ロケット「H3」1号機の打ち上げに失敗
3. 9 女性初の参議院議長を務めた扇千景さんが死去(89歳)
3. 10 中国の全人代で習近平国家主席の3選を決定
3. 15 参議院は政治家女子48党(旧NHK党)のガーシー議員の除名を可決。国会議員の除名は72年ぶり
3. 15 元外務大臣の中山太郎さんが死去(98歳)
3. 16 岸田首相は韓国のユン大統領と首相官邸で会談し、日韓関係の正常化と発展で一致。首脳が相互に訪問する「シャトル外交」の再開でも合意
3. 21 岸田首相がウクライナの首都キーウを電撃訪問し、ゼレンスキー大統領と会談。共同声明でロシアに「即時かつ無条件の撤退」を要求
3. 21 WBCで日本代表「侍ジャパン」が米国を破り優勝、二刀流で活躍した大谷翔平選手がMVPに
3. 27 文化庁が東京・霞が関から京都に移転、業務を開始

■過去の出来事

S45.3.14 大阪万博開幕
S45.3.31 よど号ハイジャック事件
H 7.3.20 地下鉄サリン事件
H15.3.20 米、イラク攻撃開始
H23.3.11 東日本大震災

1 (月) 赤口	(自)武田良太(56)
2 (火) 先勝	(自)井上貴博(62) (自)江島　潔(67)　(維)松沢成文(66)
3 (水) 友引	
4 (木) 先負	(維)浦野靖人(51) 【清明】
5 (金) 仏滅	(無)細田博之(80)
6 (土) 大安	(維)金村龍那(45)
7 (日) 赤口	(自)鈴木淳司(66)　(自)勝俣孝明(48)　(無)吉川　赳(42) (自)佐藤　啓(45)　(維)青島健太(66)　(国)礒﨑哲史(55)　【世界保健デー
8 (月) 先勝	(自)森山　裕(79)　(自)小林史明(41)　(立)大河原まさこ(71)　(立)森山浩行(53)
9 (火) 先負	(自)高木宏壽(64) (自)三浦　靖(51)　(立)古賀之士(65)　(立)水野素子(54)
10 (水) 仏滅	(自)長坂康正(67)　(立)中村喜四郎(75)　(維)池下　卓(49) (公)鰐淵洋子(52)　(無)吉田豊史(54)　(維)室井邦彦(77)
11 (木) 大安	(自)石田真敏(72)　(自)石井　拓(59)
12 (金) 赤口	
13 (土) 先勝	(自)鈴木俊一(71)　(立)大西健介(53)
14 (日) 友引	(自)小泉進次郎(43)
15 (月) 先負	
16 (火) 仏滅	(自)大岡敏孝(52) 【土用】
17 (水) 大安	(立)福田昭夫(76)
18 (木) 赤口	(立)小川淳也(53) (自)渡辺猛之(56)
19 (金) 先勝	(自)城内　実(59)　(自)加藤鮎子(45) 【穀雨】
20 (土) 友引	(自)山田賢司(58)　(自)上杉謙太郎(49)　(維)小野泰輔(50)

●文字は衆議院、○文字は参議院、○内数字は満年齢

日	
21 日 先負	○自 宮沢洋一74　○自 上野通子66
22 月 仏滅	●自 杉田水脈57　●自 簗　和生45 ○自 松村祥史60
23 火 大安	○国 田村まみ48
24 水 赤口	●立 阿部知子76　●立 逢坂誠二65
25 木 先勝	●自 松本剛明65　●立 小宮山泰子59 ○国 榛葉賀津也57
26 金 友引	●自 尾身朝子63
27 土 先負	●自 冨樫博之69　●自 谷川とむ48　●立 太　栄志47 ○公 谷合正明51　○維 松野明美56
28 日 仏滅	●自 青山周平47　●立 江田憲司68 ○自 生稲晃子56　○立 辻元清美64
29 月 大安	**昭和の日**　●自 衛藤征士郎83
30 火 赤口	●自 畦元将吾66　●共 田村貴昭63　●国 前原誠司62

■その他の予定

■昨年の出来事(R5)

4. 1　「こども家庭庁」発足
4. 6　陸上自衛隊員10人が搭乗した多用途ヘリコプターが宮古島周辺で行方不明に。海底に沈んだ機体内で5人、海中で1人の計6人の遺体を発見(16日～18日)
4. 9　第20回統一地方選の前半戦で大阪府知事選と大阪市長選の「ダブル選」は、いずれも地域政党・大阪維新の会が擁立した公認候補が当選
4.12　総務省が2022年10月1日時点の日本の総人口が前年比55万6000人減の1億2494万人と、12年連続の減少となったことを発表。出生児数が死亡者数を下回る「自然減」は16年連続
4.14　自民党参議院議員会長や国家公安委員長を務めた溝手顕正さんが死去(80歳)
4.15　和歌山市の漁港で衆院補欠選挙の応援演説を始めようとしていた岸田首相に向けて筒状の爆発物が投げつけられて爆発。首相は無事で、県警は兵庫県内の24歳の無職男を現行犯逮捕
4.23　衆参5補欠選挙が行われ、自民党が「4勝1敗」で勝ち越し
4.25　バイデン米大統領が2024年大統領選挙への再選出馬を正式に表明

■過去の出来事

S21.4.10　戦後初の総選挙
S22.4. 1　6・3制義務教育、男女共学に
S22.4.20　第1回参議院議員選挙
H10.4.27　新・民主党結成
H13.4.26　自公保連立の小泉純一郎内閣成立
H17.4. 1　個人情報保護法施行

■令和6年(2024年)5月　〈国会議員誕生日･各種日程

1	(水) 先勝	(自)西田昭二(55)　(国)玉木雄一郎(55)　(公)下野六太(60)　【八十八夜　【メーデー
2	(木) 友引	(自)石橋林太郎(46)　(立)森本真治(51)
3	(金) 先負	憲法記念日　(公)福重隆浩(62)　(自)猪口邦子(72)
4	(土) 仏滅	みどりの日
5	(日) 大安	こどもの日　(自)小野寺五典(64)　(公)岡本三成(59)　(共)井上哲士(66)　【立夏
6	(月) 赤口	振替休日　(自)伊藤信太郎(71)　(自)保岡宏武(51)　(維)石井　章(67)
7	(火) 先勝	(公)赤羽一嘉(66)　(自)長谷川英晴(65)　(自)永井　学(50)
8	(水) 仏滅	(公)濵地雅一(54)
9	(木) 大安	(自)片山さつき(65)　(自)福岡資麿(51)
10	(金) 赤口	(立)石川香織(40)　(維)高橋英明(61)
11	(土) 先勝	(自)村上誠一郎(72)　(自)山本有二(72)　(自)山東昭子(82)　(れ)木村英子(59)　(政)浜田　聡(47)
12	(日) 友引	(維)林　佑美(43)　(自)櫻井　充(68)　(自)山田太郎(57)　【母の日　【大相撲夏場所(～26日)
13	(月) 先負	
14	(火) 仏滅	(自)村井英樹(44)　(公)古屋範子(68)　(公)山本香苗(53)
15	(水) 大安	(無)上田清司(76)
16	(木) 赤口	(自)岸信千世(33)　(立)村田享子(41)
17	(金) 先勝	(自)勝目　康(50)
18	(土) 友引	(国)嘉田由紀子(74)　(国)浜口　誠(59)
19	(日) 先負	(自)あべ俊子(65)
20	(月) 仏滅	(自)菅家一郎(69)　(立)野田佳彦(67)　(立)玄葉光一郎(60)　(自)足立敏之(70)　(自)石田昌宏(57)　(自)野上浩太郎(57)　【小満

日	
21 (火) 大安	●自 小森卓郎54
22 (水) 赤口	
23 (木) 先勝	●自 下村博文70　●自 小田原潔60　●維 美延映夫63　●無 仁木博文58
24 (金) 友引	●立 小沢一郎82 ○自 山崎正昭82
25 (土) 先負	●自 御法川信英60
26 (日) 仏滅	●立 近藤昭一66 ○国 舟山康江58
27 (月) 大安	●れ 大石あきこ47
28 (火) 赤口	●自 金子俊平46　●立 柚木道義52
29 (水) 先勝	
30 (木) 友引	●自 小倉將信43
31 (金) 先負	●立 枝野幸男60 ○自 大野泰正65　【世界禁煙デー】

■その他の予定

■昨年の出来事（R5）

5. 4　総務省は15歳未満の子どもの推計人口が前年比30万人減の1435万人で42年連続減少し、比較可能な1950年以降で最少となったことを発表
5. 6　英国のチャールズ国王の戴冠式がロンドンのウェストミンスター寺院で開催され、約200か国・地域から国家元首ら約2200人が出席
5. 8　新型コロナウイルス感染症の法律上の分類がインフルエンザと同じ「5類」に移行
5. 10　保釈時の被告にGPS端末を装着させる制度の導入などを盛り込んだ改正刑事訴訟法が成立
5. 12　75歳以上が加入する「後期高齢者医療制度」の保険料を段階的に引き上げることを柱とする改正健康保険法が成立
5. 19　G7サミットが広島市で開幕し、G7首脳全員が広島平和記念資料館を訪問。翌20日にはウクライナのゼレンスキー大統領もサミットに出席するために来日
5. 28　トルコ大統領選挙で現職のエルドアン氏が勝利
5. 29　岸田首相は政務担当首相秘書官を務める長男・翔太郎氏が首相公邸で忘年会を開き、公的な場所で写真撮影に興じた行為について不適切と判断、更迭すると発表

■過去の出来事

S22.5.3　日本国憲法施行　　S47.5.30　沖縄返還

日	
1 ㊏ 仏滅	
2 ㊐ 大安	
3 ㊊ 赤口	自 松本　尚62 立 野田国義66
4 ㊋ 先勝	自 牧原秀樹53 自 関口昌一71
5 ㊌ 友引	【芒種】 【環境の日】
6 ㊍ 大安	維 遠藤　敬56
7 ㊎ 赤口	自 関　芳弘59　維 岩谷良平44
8 ㊏ 先勝	自 木原誠二54　公 佐藤茂樹65 自 加田裕之54
9 ㊐ 友引	自 岡田直樹62　共 小池　晃64
10 ㊊ 先負	自 逢沢一郎70　立 中川正春74 【入梅】 【時の記念日】
11 ㊋ 仏滅	れ 大島九州男63　無 三上えり54
12 ㊌ 大安	自 小林一大51
13 ㊍ 赤口	立 水岡俊一68
14 ㊎ 先勝	自 齋藤　健65　自 大塚　拓51　立 長妻　昭64
15 ㊏ 友引	無 ながえ孝子64
16 ㊐ 先負	立 小熊慎司56 【父の日】
17 ㊊ 仏滅	
18 ㊋ 大安	維 阿部　司42
19 ㊌ 赤口	自 石原宏高60　社 新垣邦男68
20 ㊍ 先勝	自 佐藤　勉72　自 池田佳隆58　自 山本ともひろ49 維 串田誠一66

21 (金) 友引	●自 深澤陽一⑱ ○自 石井浩郎⑳　○自 山本啓介㊾　【夏至】
22 (土) 先負	●国 長友慎治㊼
23 (日) 仏滅	●立 城井　崇51 【沖縄慰霊の日】
24 (月) 大安	
25 (火) 赤口	●立 白石洋一61　●公 竹内　譲66　●公 河西宏一㊺
26 (水) 先勝	○自 太田房江73　○公 安江伸夫㊲
27 (木) 友引	●無 徳永久志61 ○自 広瀬めぐみ58
28 (金) 先負	●自 三谷英弘㊽　○立 森屋　隆57
29 (土) 仏滅	○維 清水貴之㊿
30 (日) 大安	●国 斎藤アレックス㊴ ○国 伊藤孝恵㊾

■その他の予定

■昨年の出来事（R5）

6. 2　厚労省が2022年の日本人の人口動態統計を発表。合計特殊出生率は7年連続で低下し1.26で過去最低に
6. 2　マイナンバーカードの活用拡大に向けた改正マイナンバー法が成立。24年秋に健康保険証を廃止し、マイナカードに一本化へ
6. 4　青森県知事選挙で新人の宮下宗一郎氏（無所属）が初当選
6. 11　自民党参議院議員会長や官房長官を務めた青木幹雄氏が死去（89歳）
6. 13　政府が「こども未来戦略方針」を閣議決定。岸田首相は24年10月分から児童手当拡充を実施すると発表
6. 13　アメリカのブリンケン国務長官が訪中、チンカン国務委員兼外相と会談。習近平国家主席とも会談し、継続的な対話の重要性で一致（19日）
6. 16　政府が「経済財政運営と改革の基本方針（骨太の方針）」や、成長戦略「新しい資本主義実行計画」の改訂版など3計画を閣議決定。少子化対策の抜本的な強化や賃上げに繋げる労働市場改革の推進が柱
6. 17　天皇、皇后両陛下が即位後初の親善訪問としてインドネシアに到着。23日まで滞在し、国賓として歓迎行事やジョコ大統領夫妻との会見に臨まれたほか、学生たちと交流された
6. 23　ロシアの民間軍事会社「ワグネル」創設者のプリゴジン氏が武装蜂起を宣言。ワグネル部隊の一部はロシア西部で正規軍と交戦しつつモスクワへ北上したがプリゴジン氏が撤収を表明し反乱は終結（24日）

■過去の出来事

S35.6.19　日米新安保条約成立
S46.6.17　沖縄返還協定調印
S63.6.18　リクルート事件発覚
H 6.6.30　自社さ連立の村山富市内閣成立

■令和6年（2024年）7月　〈国会議員誕生日・各種日程

1 (月) 赤口	(自)江藤　拓(64) (立)石橋通宏(59)	【半夏生】 【路線価公表】
2 (火) 先勝	(立)原口一博(65)	
3 (水) 友引	(自)務台俊介(68)　(自)秋葉賢也(62) (立)石川大我(50)	
4 (木) 先負	(自)田野瀬太道(50) (共)田村智子(59)	
5 (金) 仏滅	(自)赤松　健(56)	
6 (土) 赤口	(自)伊藤達也(63)　(自)吉田真次(40) (立)塩村あやか(46)	【小暑】
7 (日) 先勝	(立)金子恵美(59)　(維)三木圭恵(58) (自)進藤金日子(61)	【七夕】
8 (月) 友引	(自)藤川政人(64)	
9 (火) 先負	(自)山本左近(42)	
10 (水) 仏滅	(立)田名部匡代(55)	
11 (木) 大安	(自)伊藤忠彦(60)　(自)細田健一(60)　(自)中根一幸(55)　(自)田中英之(54) (公)秋野公造(57)	【世界人口デー】
12 (金) 赤口	(自)中西祐介(45)　(公)山口那津男(72)	
13 (土) 先勝		
14 (日) 友引	(自)古賀　篤(52)　(立)岡田克也(71)	【大相撲名古屋場所（～28日）】
15 (月) 先負	海の日　(自)松島みどり(68)　(自)古川　康(66)　(立)奥野総一郎(60) (維)守島　正(43)　(公)中川宏昌(54)	
16 (火) 仏滅	(自)西村明宏(64)　(維)市村浩一郎(60)　(公)金城泰邦(55)	
17 (水) 大安	(立)篠原　孝(76) (自)大家敏志(57)	
18 (木) 赤口	(自)井林辰憲(48)　(国)田中　健(47)	
19 (金) 先勝	(立)山田勝彦(45)　(公)吉田久美子(61) (自)赤池誠章(63)	【土用】
20 (土) 友引	(自)武部　新(54) (自)白坂亜紀(58)	

日	予定
21 ㊐ 先負	㊟自 森屋　宏67　公 横山信一65
22 ㊊ 仏滅	●立 山岡達丸45 公 新妻秀規54　【大暑】
23 ㊋ 大安	
24 ㊌ 赤口	
25 ㊍ 先勝	自 青山繁晴72
26 ㊎ 友引	
27 ㊏ 先負	
28 ㊐ 仏滅	●自 山口　晋41　●立 佐藤公治65
29 ㊊ 大安	●自 岸田文雄67　●立 泉　健太50　●共 志位和夫70
30 ㊋ 赤口	
31 ㊌ 先勝	●無 松原　仁68

■その他の予定

■昨年の出来事(R5)

7. 4　東京電力福島第一原発の処理水を海に放出する計画について、国際原子力機関(IAEA)が安全性に問題はないとする調査結果を岸田文雄首相に伝達
7. 8　安倍元首相の銃撃事件から1年
7. 9　元厚労省官僚の椋野氏が日田市長選で初当選。大分県で初の女性首長
7.11　外務省に「安全保障協力室」新設　同志国への装備品供与を推進
7.11　スウェーデンのNATO加盟が事実上決定
7.13　アメリカが供与したクラスター爆弾がウクライナに到着
7.13　欧州連合(EU)は13日、東京電力福島第1原発事故後に日本産食品に課してきた輸入規制を撤廃すると発表

■過去の出来事

S46.7.14　ニクソン・ショック
S51.7.27　ロッキード疑惑により田中角栄氏逮捕
H 元.7.23　第15回参院選自民大敗、マドンナ旋風
H19.7.29　第21回参院選、民主第1党に

■令和5年度 総予算審査経過（第211回常会）

<令和5年>令和5年1月23日総予算提出

1/27	金	㊗提案理由説明聴取　㊫趣旨説明聴取（総予算）
1/30	月	㊗基本的質疑（TV）
1/31	火	㊗基本的質疑（TV）
2/1	水	㊗基本的質疑
2/2	木	㊗一般的質疑
2/3	金	㊗派遣議決、一般的質疑
2/6	月	㊗一般的質疑
2/8	水	㊗集中（安全保障及び少子化対策など内外の諸情勢、総理出席、TV）
2/9	木	㊗公聴会議決、一般的質疑
2/10	金	㊗地方公聴会（2班／新潟県、福岡県）
2/13	月	㊗一般的質疑、派遣報告　㊫委員派遣（石川）
2/14	火	㊫委員派遣（石川）
2/15	水	㊗分科会議決、集中（安全保障及び少子化対策など内外の諸情勢、総理出席、TV）
2/16	木	㊗公聴会
2/17	金	㊗一般的質疑
2/20	月	㊗分科会
2/21	火	㊗分科会
2/22	水	㊗集中（少子化対策及び金融政策など内外の諸情勢、総理出席、TV）
2/27	月	㊗集中（外交･防衛及び少子化対策など内外の諸情勢、総理出席、TV）
2/28	火	㊗締めくくり質疑、討論、採決、本会議議決

3/1	水	㊜基本的質疑(TV)
3/2	木	㊜基本的質疑(TV)、派遣報告
3/3	金	㊜公聴会議決、一般質疑(総理出席)
3/6	月	㊜集中(外交·安全保障等現下の諸課題、総理出席、TV)
3/7	火	㊜一般質疑
3/8	水	㊜一般質疑
3/9	木	㊜公聴会
3/10	金	(※1)
3/13	月	㊜委嘱審査議決、集中(物価高、少子化対策等現下の諸課題、総理出席、TV)
3/14	火	㊜一般質疑
3/15	水	㊜一般質疑
3/16	木	㊜委嘱審査(特別委)
3/17	金	㊜委嘱審査(常任委)
3/20	月	㊜一般質疑
3/22	水	㊜一般質疑
3/23	木	㊜集中(外交等現下の諸課題、総理出席、TV)
3/24	金	㊜集中(岸田内閣の基本姿勢、総理出席、TV)
3/27	月	㊜集中(岸田内閣の基本姿勢、総理出席、TV)
3/28	火	㊜締めくくり質疑、討論、採決、本会議議決

※1　3.10は全体の状況を踏まえ、予算委は開かれなかった。

■第211回国会成立法律一覧

衆法（衆議院議員提出法律案）

- 議院法制局法の一部を改正する法律案
- 令和五年三月予備費使用及び令和五年度予算に係る子育て関連給付金に係る差押禁止等に関する法律案
- 性的指向及びジェンダーアイデンティティの多様性に関する国民の理解の増進に関する法律案
- 貨物自動車運送事業法の一部を改正する法律案
- 良質かつ適切なゲノム医療を国民が安心して受けられるようにするための施策の総合的かつ計画的な推進に関する法律案
- 戦没者の遺骨収集の推進に関する法律の一部を改正する法律案
- 活動火山対策特別措置法の一部を改正する法律案
- 強くしなやかな国民生活の実現を図るための防災・減災等に資する国土強靱化基本法の一部を改正する法律案
- 共生社会の実現を推進するための認知症基本法案
- 民間公益活動を促進するための休眠預金等に係る資金の活用に関する法律の一部を改正する法律案
- 令和五年三月予備費使用に係る低所得者世帯給付金に係る差押禁止等に関する法律案
- 国会議員の歳費、旅費及び手当等に関する法律の一部を改正する法律案
- 裁判官弾劾法の一部を改正する法律案

参法（参議院議員提出法律案）

なし

閣法（内閣提出法律案）

- 新型コロナウイルス感染症等の影響による情勢の変化に対応して生活衛生関係営業等の事業活動の継続に資する環境の整備を図るための旅館業法等の一部を改正する法律案
- 我が国の防衛力の抜本的な強化等のために必要な財源の確保に関する特別措置法案
- 所得税法等の一部を改正する法律案
- 駐留軍関係離職者等臨時措置法及び国際協定の締結等に伴う漁業離職者に関する臨時措置法の一部を改正する法律案
- 戦没者等の妻に対する特別給付金支給法等の一部を改正する法律案
- 水産加工業施設改良資金融通臨時措置法の一部を改正する法律案
- 新型インフルエンザ等対策特別措置法及び内閣法の一部を改正する法律案
- 福島復興再生特別措置法の一部を改正する法律案
- 地方税法等の一部を改正する法律案
- 地方交付税法等の一部を改正

する法律案
●裁判所職員定員法の一部を改正する法律案
●在外公館の名称及び位置並びに在外公館に勤務する外務公務員の給与に関する法律の一部を改正する法律案
●脱炭素成長型経済構造への円滑な移行の推進に関する法律案
●関税定率法等の一部を改正する法律案
●株式会社国際協力銀行法の一部を改正する法律案
●国際通貨基金及び国際復興開発銀行への加盟に伴う措置に関する法律の一部を改正する法律案
●全世代対応型の持続可能な社会保障制度を構築するための健康保険法等の一部を改正する法律案
●地域公共交通の活性化及び再生に関する法律等の一部を改正する法律案
●道路整備特別措置法及び独立行政法人日本高速道路保有・債務返済機構法の一部を改正する法律案
●防衛省設置法の一部を改正する法律案
●防衛省が調達する装備品等の開発及び生産のための基盤の強化に関する法律案
●私立学校法の一部を改正する法律案
●日本語教育の適正かつ確実な実施を図るための日本語教育機関の認定等に関する法律案
●特定受託事業者に係る取引の適正化等に関する法律案
●配偶者からの暴力の防止及び被害者の保護等に関する法律の一部を改正する法律案
●気象業務法及び水防法の一部を改正する法律案
●脱炭素社会の実現に向けた電気供給体制の確立を図るための電気事業法等の一部を改正する法律案
●不当景品類及び不当表示防止法の一部を改正する法律案
●仲裁法の一部を改正する法律案
●調停による国際的な和解合意に関する国際連合条約の実施に関する法律案
●裁判外紛争解決手続の利用の促進に関する法律の一部を改正する法律案
●合法伐採木材等の流通及び利用の促進に関する法律の一部を改正する法律案
●気候変動適応法及び独立行政法人環境再生保全機構法の一部を改正する法律案
●日本国の自衛隊とオーストラリア国防軍との間における相互のアクセス及び協力の円滑化に関する日本国とオーストラリアとの間の協定の実施に関する法律案
●日本国の自衛隊とグレートブリテン及び北アイルランド連合王国の軍隊との間における相互のア

クセス及び協力の円滑化に関する日本国とグレートブリテン及び北アイルランド連合王国との間の協定の実施に関する法律案
- ●特定先端大型研究施設の共用の促進に関する法律の一部を改正する法律案
- ●孤独・孤立対策推進法案
- ●国家戦略特別区域法及び構造改革特別区域法の一部を改正する法律案
- ●医療分野の研究開発に資するための匿名加工医療情報に関する法律の一部を改正する法律案
- ●地方自治法の一部を改正する法律案
- ●放送法及び電波法の一部を改正する法律案
- ●刑事訴訟法等の一部を改正する法律案
- ●海上運送法等の一部を改正する法律案
- ●空家等対策の推進に関する特別措置法の一部を改正する法律案
- ●地域の自主性及び自立性を高めるための改革の推進を図るための関係法律の整備に関する法律案
- ●生活衛生等関係行政の機能強化のための関係法律の整備に関する法律案
- ●行政手続における特定の個人を識別するための番号の利用等に関する法律等の一部を改正する法律案
- ●デジタル社会の形成を図るための規制改革を推進するためのデジタル社会形成基本法等の一部を改正する法律案
- ●出入国管理及び難民認定法及び日本国との平和条約に基づき日本の国籍を離脱した者等の出入国管理に関する特例法の一部を改正する法律案
- ●国立健康危機管理研究機構法案
- ●国立健康危機管理研究機構法の施行に伴う関係法律の整備に関する法律案
- ●著作権法の一部を改正する法律案
- ●漁港漁場整備法及び水産業協同組合法の一部を改正する法律案
- ●遊漁船業の適正化に関する法律の一部を改正する法律案
- ●不正競争防止法等の一部を改正する法律案
- ●中小企業信用保険法及び株式会社商工組合中央金庫法の一部を改正する法律案
- ●刑法及び刑事訴訟法の一部を改正する法律案
- ●性的な姿態を撮影する行為等の処罰及び押収物に記録された性的な姿態の影像に係る電磁的記録の消去等に関する法律案
- ●民事関係手続等における情報通信技術の活用等の推進を図るための関係法律の整備に関する法律案

都道府県知事・議会議員任期満了日 （○数字は当選回数）

都道府県名	知　事	当選日	任期満了日	議会議員	
				当選日	任期満了日
北海道	②鈴木　直道	R5. 4. 9	R9. 4. 22	R5. 4. 9	R9. 4. 29
青森県	①宮下宗一郎	R5. 6. 4	R9. 6. 28	R5. 4. 9	R9. 4. 29
岩手県	④達増　拓也	R1. 9. 8	R5. 9. 10	R1. 9. 8	R5. 9. 10
宮城県	⑤村井　嘉浩	R3. 10.31	R7. 11.20	R1. 10.27	R5. 11.12
秋田県	④佐竹　敬久	R3. 4. 4	R7. 4. 19	R5. 4. 9	R9. 4. 29
山形県	④吉村美栄子	R3. 1. 24	R7. 2. 13	R5. 4. 9	R9. 4. 29
福島県	③内堀　雅雄	R4. 10.30	R8. 11.11	R1. 11.10	R5. 11.19
茨城県	②大井川和彦	R3. 9. 5	R7. 9. 25	R4. 12.11	R9. 1. 7
栃木県	⑤福田　富一	R2. 11.15	R6. 12. 8	R5. 4. 9	R9. 4. 29
群馬県	①山本　一太	R1. 7. 21	R5. 7. 27	R5. 4. 9	R9. 4. 29
埼玉県	①大野　元裕	R1. 8. 25	R5. 8. 30	R5. 4. 9	R9. 4. 29
千葉県	①熊谷　俊人	R3. 3. 21	R7. 4. 4	R5. 4. 9	R9. 4. 29
東京都	②小池百合子	R2. 7. 5	R6. 7. 30	R3. 7. 4	R7. 7. 22
神奈川県	④黒岩　祐治	R5. 4. 9	R9. 4. 22	R5. 4. 9	R9. 4. 29
新潟県	②花角　英世	R4. 5. 29	R8. 6. 9	R5. 4. 9	R9. 4. 29
富山県	①新田　八朗	R2. 10.25	R6. 11. 8	R5. 4. 9	R9. 4. 29
石川県	①馳　　浩	R4. 3. 13	R8. 3. 26	R5. 4. 9	R9. 4. 29
福井県	②杉本　達治	R5. 4. 9	R9. 4. 22	R5. 4. 9	R9. 4. 29
山梨県	②長崎幸太郎	R5. 1. 22	R9. 2. 16	R5. 4. 9	R9. 4. 29
長野県	④阿部　守一	R4. 8. 7	R8. 8. 31	R5. 4. 9	R9. 4. 29
岐阜県	⑤古田　　肇	R3. 1. 24	R7. 2. 5	R5. 4. 9	R9. 4. 29
静岡県	④川勝　平太	R3. 6. 20	R7. 7. 4	R5. 4. 9	R9. 4. 29
愛知県	④大村　秀章	R5. 2. 5	R9. 2. 14	R5. 4. 9	R9. 4. 29
三重県	①一見　勝之	R3. 9. 12	R7. 9. 12	R5. 4. 9	R9. 4. 29
滋賀県	③三日月大造	R4. 7. 10	R8. 7. 19	R5. 4. 9	R9. 4. 29
京都府	②西脇　隆俊	R4. 4. 10	R8. 4. 15	R5. 4. 9	R9. 4. 29
大阪府	②吉村　洋文	R5. 4. 9	R9. 4. 6	R5. 4. 9	R9. 4. 29
兵庫県	①斎藤　元彦	R3. 7. 18	R7. 7. 31	R5. 4. 9	R9. 4. 29
奈良県	①山下　　真	R5. 4. 9	R9. 5. 2	R5. 4. 9	R9. 4. 29
和歌山県	①岸本　周平	R4. 11.27	R8. 12.16	R5. 4. 9	R9. 4. 29
鳥取県	⑤平井　伸治	R5. 4. 9	R9. 4. 12	R5. 4. 9	R9. 4. 29
島根県	②丸山　達也	R5. 4. 9	R9. 4. 29	R5. 4. 9	R9. 4. 29
岡山県	③伊原木隆太	R2. 10.25	R6. 11.11	R5. 4. 9	R9. 4. 29
広島県	④湯﨑　英彦	R3. 11.14	R7. 11.28	R5. 4. 9	R9. 4. 29
山口県	③村岡　嗣政	R4. 2. 6	R8. 2. 22	R5. 4. 9	R9. 4. 29
徳島県	①後藤田正純	R5. 4. 9	R9. 5. 17	R5. 4. 9	R9. 4. 29
香川県	①池田　豊人	R4. 8. 28	R8. 9. 4	R5. 4. 9	R9. 4. 29
愛媛県	④中村　時広	R4. 11.20	R8. 11.30	R5. 4. 9	R9. 4. 29
高知県	①濵田　省司	R1. 11.24	R5. 12. 6	R5. 4. 9	R9. 4. 29
福岡県	①服部誠太郎	R3. 4. 11	R7. 4. 22	R5. 4. 9	R9. 4. 29
佐賀県	③山口　祥義	R4. 12.18	R9. 1. 10	R5. 4. 9	R9. 4. 29
長崎県	①大石　賢吾	R4. 2. 20	R8. 3. 1	R5. 4. 9	R9. 4. 29
熊本県	④蒲島　郁夫	R2. 3. 22	R6. 4. 15	R5. 4. 9	R9. 4. 29
大分県	①佐藤樹一郎	R5. 4. 9	R9. 4. 27	R5. 4. 9	R9. 4. 29
宮崎県	④河野　俊嗣	R4. 12.26	R9. 1. 20	R5. 4. 9	R9. 4. 29
鹿児島県	①塩田　康一	R2. 7. 12	R6. 7. 27	R5. 4. 9	R9. 4. 29
沖縄県	②玉城デニー	R4. 9. 11	R8. 10. 3	R2. 6. 7	R6. 6. 24

■都道府県知事プロフィール

〈凡例〉

●都道府県名　氏　名　生年月日
○就任日(当選回数)
○出身地、出身高校、最終学歴
○略歴

●北海道

鈴木　直道（すずき なおみち）　S56·3·14生

○H31·4·23就任(当2)
○埼玉県、県立三郷高校、法政大学法学部
○東京都職員、夕張市行政参与、夕張市長(2期)

●青森県

宮下　宗一郎（みやした そういちろう）　S54·5·13
○R5.6.29就任(当1)
○むつ市、青森県立青森高校、東北大学法学部
○国土交通省入省、外務省出向、在ニューヨーク総領事館
領事、むつ市長(3期)

●岩手県

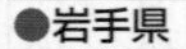

達増　拓也（たっそ たくや）　S39·6·10生
○H19·4·30就任(当4)
○盛岡市、県立盛岡第一高校、東京大学法学部
○外務省入省、ジョンズ·ホプキンス大学国際研究高等大
院修了、外務省大臣官房総務課課長補佐、衆議院議員(4期

●宮城県

村井　嘉浩（むらい よしひろ）　S35·8·20生
○H17·11·21就任(当5)
○豊中市、私立明星高校、防衛大学校
○陸上自衛隊東北方面航空隊、自衛隊宮城地方連絡部
集課、松下政経塾、宮城県議会議員(3期)

●秋田県

佐竹　敬久（さたけ のりひさ）　S22·11·15生
○H21·4·20就任(当4)
○仙北市、県立角館高校、東北大学工学部
○秋田県地方課長·総務部次長等、秋田市長(2期)、政府税制調査会委員、
国市長会会長、地方制度調査会委員、全国知事会文教環境常任委員会委員

●山形県

吉村　美栄子（よしむら みえこ）　S26·5·18生
○H21·2·14就任(当4)
○西村山郡大江町、県立山形西高校、お茶の水女子大学文教育学部
○会社員、行政書士、山形市総合学習センター職員、山形県教育
委員、山形県総合政策審議会委員、山形県入札監視委員会委員

●福島県

内堀　雅雄（うちぼり まさお）　S39·3·26生
○H26·11·12就任(当3)
○長野市、県立長野高校、東京大学経済学部
○自治省入省、総務省自治財政局地方債課理事官、福島県
生活環境部長·企画調整部長、福島県副知事

●茨城県

大井川　和彦（おおいがわ かずひこ）　S39·4·3生
○H29·9·26就任（当2）
○土浦市、県立水戸第一高校、東京大学法学部
○通商産業省（現経済産業省）入省、マイクロソフト株式会社執行役常務、シスコシステムズ合同会社専務執行役員、株式会社ドワンゴ取締役

●栃木県

福田　富一（ふくだ とみかず）　S28·5·21生
○H16·12·9就任（当5）
○日光市、県立宇都宮工業高校、日本大学理工学部
○栃木県職員、宇都宮市議会議員（2期）、栃木県議会議員（2期）、宇都宮市長（2期）

●群馬県

山本　一太（やまもと いちた）　S33·1·24生
○R1·7·28就任（当1）
○群馬県、群馬県立渋川高校、中央大学法学部、ジョージタウン大学大学院
○国際協力事業団（JICA）、国連開発計画（UNDP）、参議院議員（4期）、外務副大臣、内閣府特命担当大臣、参議院予算委員長、自民党参院政策審議会長

●埼玉県

大野　元裕（おおの もとひろ）　S38·11·12生
○R1.8.31就任（当1）
○川口市、慶應義塾大学法学部、国際大学国際関係学研究科修士課程○外務省国際情報局分析第二課専門分析員、在ヨルダン大使館・在シリア大使館一等書記官、財団法人中東調査会上席研究員、株式会社ゼネラルサービス専務取締役、参議院議員、防衛大臣政務官兼内閣府大臣政務官

●千葉県

熊谷　俊人（くまがい としひと）　S53·2·18生
○R3.4.5就任（当1）
○神戸市、私立白陵高校、早稲田大学政経学部
○NTTコミュニケーションズ社員、千葉市議会議員（H19〜H21）、千葉市長（3期）

●東京都

小池　百合子（こいけ ゆりこ）　S27·7·15生
○H28·7·31就任（当2）
○兵庫県、甲南女子高校、カイロ大学文学部
○アラビア語通訳者、キャスター、参議院議員（1期）、衆議院議員（8期）、環境大臣、内閣府特命担当大臣、防衛大臣

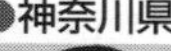
●神奈川県

黒岩　祐治（くろいわ ゆうじ）　S29·9·26生
○H23·4·23就任（当4）
○神戸市、私立灘高校、早稲田大学政経学部
○フジテレビジョンキャスター、国際医療福祉大学大学院教授

●新潟県

花角　英世（はなずみ ひでよ）　S33·5·22生

○H30·6·10就任（当2）
○佐渡市、県立新潟高校、東京大学法学部

○運輸省入省、運輸大臣秘書官、国交省大臣官房審議官、新潟県副知事、海上保安庁次長

●富山県

新田　八朗（にった はちろう） S33·8·27生
○R2.11.9就任（当1）
○富山市、県立富山高校、一橋大学経済学部
○第一勧業銀行社員、日本青年会議所会頭（第47代）
日本海ガス代表取締役社長

●石川県

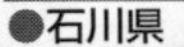

馳　浩（はせ ひろし） S36·5·5生
○R4.3.27就任（当1）
○富山県小矢部市、星稜高校、専修大学文学部
○高校教諭、オリンピック選手、プロレスラー、参議院議員
衆議院議員（在職通算26年）、第20代文部科学大臣

●福井県

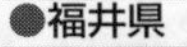

杉本　達治（すぎもと たつじ） S37·7·31生
○H31·4·23就任（当2）
○岐阜県、岐阜県立多治見北高校、東京大学法学部
○自治省入省、総務省自治行政局行政課企画官、福井県総務部長、内閣参事官、総務省自
税務局市町村税課長、福井県副知事、総務省消防庁国民保護·防災部長、総務省公務員部

●山梨県

長崎　幸太郎（ながさき こうたろう） S43·8·18生
○H31·2·18就任（当2）
○東京都、開成高校、東京大学法学部
○大蔵省入省、在ロサンゼルス総領事館職員、山梨県企画部、財
省主計局主計官補佐、衆議院議員（3期）、自民党幹事長政策補佐

●長野県

阿部　守一（あべ しゅいち） S35·12·21生
○H22·9·1就任（当4）
○国立市、都立西高校、東京大学法学部
○自治省入省、長野県企画局長、長野県副知事、総務省過
対策室長、横浜市副市長、内閣府行政刷新会議事務局次長

●岐阜県

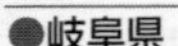

古田　肇（ふるた はじめ） S22·9·13生
○H17·2·6就任（当5）
○岐阜市、県立岐阜高校、東京大学法学部
○通産省入省、JETROニューヨーク産業調査委員、内閣
理大臣秘書官、経産省商務流通審議官、外務省経済協力局

●静岡県

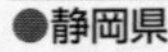

川勝　平太（かわかつ へいた） S23·8·16生
○H21·7·7就任（当4）
○京都、私立洛星高校、オックスフォード大学大学院
○早稲田大学教授、国際日本文化研究センター教授、静
文化芸術大学学長

●愛知県

大村　秀章（おおむら ひであき） S35·3·9生
○H23·2·15就任（当4）
○碧南市、県立西尾高校、東京大学法学部
○農林水産事務官、経済産業大臣政務官、内閣府大臣政
官、内閣府副大臣、厚生労働副大臣、衆議院議員（5期）

三重県

一見　勝之（いちみ かつゆき） S38·1·30生
○R3.9.14就任（当1）
○亀山市、私立高田学苑高校、東京大学法学部
○運輸省入省、国土交通大臣秘書官（冬柴大臣）、国土交通省総合政策局次長、海上保安庁次長、国土交通省自動車局長

滋賀県

三日月　大造（みかづき たいぞう） S46·5·24生

○H26·7·20就任（当3）
○大津市、県立膳所高校、一橋大学経済学部
○JR西日本社員、松下政経塾、衆議院議員（4期）、国土交通副大臣

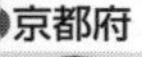
京都府

西脇　隆俊（にしわき たかとし） S30·7·16生

○H30·4·16就任（当2）
○京都市、私立洛星高校、東京大学法学部
○建設省入省、国土交通省大臣官房長、国土交通審議官、復興庁事務次官

大阪府

吉村　洋文（よしむら ひろふみ） S50·6·17生
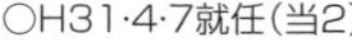
○H31·4·7就任（当2）
○大阪府、府立生野高校、九州大学法学部

○弁護士、大阪市議会議員（1期）、衆議院議員（1期）、大阪市長（1期）

兵庫県

斎藤　元彦（さいとう もとひこ） S52·11·15生
○R3.8.1就任（当1）
○神戸市、私立愛光学園高校、東京大学経済学部
○総務省入省、佐渡市総合政策監、宮城県財政課長、総務省自治税務局都道府県税課理事官、大阪府財務部財政課長

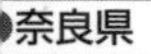
奈良県

山下　真（やました まこと） S43·6·30生

○R5.5.3就任（当1）
○山梨市、駿台甲府高校、東京大学文学部·京都大学法学部

○弁護士、生駒市長（3期9年）

和歌山県

岸本　周平（きしもと しゅうへい） S31·7·12生
○R4.12.17就任（当1）
○和歌山市、県立桐蔭高校、東京大学法学部
○大蔵省入省、経産省文化情報関連産業課長、財務省理財局国庫課長、トヨタ自動車株式会社、内閣府政策参与、衆議院議員5期

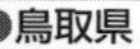
鳥取県

平井　伸治（ひらい しんじ） S36·9·17生

○H19·4·13就任（当5）
○千代田区、私立開成高校、東京大学法学部
○自治省入省、鳥取県副知事、総務省自治行政局選挙部政治資金課政党助成室長、自治体国際化協会ニューヨーク事務所長

●島根県

丸 山　達 也（まるやま たつや） S45·3·25生

○H31·4·30就任(当2)

○福岡県広川町、久留米大学附設高校、東京大学法学部

○自治省入省、長野県飯田市副市長、島根県環境生活部長、島根県政策画局長、総務省消防庁国民保護室長、地方公共団体金融機構地方支援部

●岡山県

伊 原 木　隆 太（いばらぎ りゅうた） S41·7·29生

○H24·11·12就任(当3)

○岡山市、県立岡山大安寺高校、東京大学工学部

○外資系経営コンサルティング会社社員、スタンフォード·ビネススクール修了MBA取得、株式会社天満屋代表取締役社

●広島県

湯 﨑　英 彦（ゆざき ひでひこ） S40·10·4生

○H21·11·29就任(当4)

○広島市、広島大学附属高校、東京大学法学部

○通商産業省入省、スタンフォード大学ビジネススクー修了MBA取得、株式会社アッカ·ネットワークス代表取締

●山口県

村 岡　嗣 政（むらおか つぐまさ） S47·12·7生

○H26·2·25就任(当3)

○宇部市、県立宇部高校、東京大学経済学部

○自治省入省、総務省自治行政局自治政策課課長補佐、知県財政課長、総務省自治財政局財政課財政企画官

●徳島県

後 藤 田　正 純（ごとうだ まさずみ） S44·8·5生

○R5.5.18就任(当1)

○吉野川市(本籍地)、筑波大学附属駒場高校、慶應義塾大学商学部

○三菱商事株式会社社員、衆議院議員(8期)、内閣府大臣政務官、衆議院算行政監視委員長、衆議院東日本大震災復興特別委員長、内閣府副大臣

●香川県

池 田　豊 人（いけだ とよひと） S36·7·15生

○R4.9.5就任(当1)

○香川県高松市、県立高松高校、東京大学工学部、東京大学大学

○建設省入省、国交省関東地方整備局道路部長、大臣官房術審議官、近畿地方整備局長、道路局長、日本製鉄(株)顧問

●愛媛県

中 村　時 広（なかむら ときひろ） S35·1·25生

○H22·12·1就任(当4)

○松山市、私立慶應義塾高校、慶應義塾大学法学部

○三菱商事社員、愛媛県議会議員(1期)、衆議院議員(期)、松山市長(3期)、総務省顧問

●高知県

濵 田　省 司（はまだ せいじ） S38·1·23生

○R1·12·7就任(当1)

○ 四万十市、私立土佐高校、東京大学法学部

○自治省入省、外務省在サンフランシスコ日本国領事館、福岡県庁消防防災課長·財政課長、島根県総務部消防庁予防課長、自治税務局企画課長、内閣府大臣官房審議官、大阪府副知事、総務省大臣官房総括審議官

福岡県

服部　誠太郎（はっとり せいたろう） S29･9･11生

○R3.4.14就任（当1）

○北九州市、県立小倉高校、中央大学法学部

○福岡県入庁、総務部私学学事振興局学事課長、総務部財政課長、総務部次長、福祉労働部長、福岡県副知事

佐賀県

山口　祥義（やまぐち よしのり） S40･7･1生

○H27･1･11就任（当3）

○佐賀県白石町、私立ラ･サール高校、東京大学法学部

○自治省入省、内閣官房内閣安全保障･危機管理室参事補、総務省地域力創造グループ過疎対策室長、JTB総合研究所地域振興ディレクター、（公財）ラグビーワールドカップ2019組織委員会事務総長特別補佐

長崎県

大石　賢吾（おおいし けんご） S57･7･8生

○R4.3.2就任（当1）

○五島市、県立長崎北高校、カリフォルニア大学デービス校、千葉大学医学部･同大学院 ○長崎大学熱帯医学研究所、千葉大学医学部附属病院、厚労省医政局地域医療計画課救急･周産期医療対策室室長補佐、国立研究開発法人日本医療研究開発機構

熊本県

蒲島　郁夫（かばしま いくお） S22･1･28生

○H20･4･16就任（当4）

○山鹿市、県立鹿本高校、ハーバード大学大学院

○農協職員、農業研修生として渡米、ネブラスカ大学農学部卒業、筑波大学教授、東京大学教授

大分県

佐藤　樹一郎（さとう きいちろう） S32･11･28生

○R5.4.28就任（当1）

○大分市、県立大分雄城台高校卒業、東京大学経済学部

○通商産業省入省、経済産業省産業技術環境局産業技術政策課長、経済産業省中部経済産業局長、中小企業庁次長、JETROニューヨーク事務所長、大分市長

宮崎県

河野　俊嗣（こうの しゅんじ） S39･9･8生

○H23･1･21就任（当4）

○呉市、広島大学附属高校、東京大学法学部

○自治省入省、埼玉県総務部財政課長、総務省自治税務局企画課税務企画官、宮崎県総務部長、宮崎県副知事

鹿児島県

塩田　康一（しおた こういち） S40･10･15生

○R2.7.28就任（当1）

○鹿児島市、私立ラ･サール高校、東京大学法学部

○通産省入省、人吉税務署長、外務省在イタリア日本国大使館参事官、経済産業省経済産業政策局地域経済産業政策課長、内閣府本府地方創生推進室次長、大臣官房審議官（産業保安担当）、九州経済産業局長

沖縄県

玉城　デニー（たまき でにー） S34･10･13生

○H.30.10.4就任（当2）

○うるま市、県立前原高校、上智社会福祉専門学校

○タレント、ラジオパーソナリティ、沖縄市議会議員（1期）、衆議院議員（4期）

■政令指定都市市長・市議会議員任期満了日 (○数字は当選回

都市名	市長	当選日	任期満了日	市議会議員	
				当選日	任期満了日
札幌市	③秋元 克広	R5. 4. 9	R9. 5. 1	R5. 4. 9	R9. 5. 1
仙台市	②郡 和子	R3. 8. 1	R7. 8. 21	R1. 8. 25	R5. 8. 2
さいたま市	④清水 勇人	R3. 5. 23	R7. 5. 26	R5. 4. 9	R9. 4. 3
千葉市	①神谷 俊一	R3. 3. 21	R7. 6. 13	R5. 4. 9	R9. 4. 3
横浜市	①山中 竹春	R3. 8. 22	R7. 8. 29	R5. 4. 9	R9. 4. 2
川崎市	③福田 紀彦	R3. 10.31	R7. 11.18	R5. 4. 9	R9. 5.
相模原市	②本村賢太郎	R5. 4. 9	R9. 4. 21	R5. 4. 9	R9. 4. 2
新潟市	②中原 八一	R4. 10.23	R8. 11.17	R5. 4. 9	R9. 5.
静岡市	①難波 喬司	R5. 4. 9	R9. 4. 12	R3. 3. 28	R7. 3. 3
浜松市	①中野 祐介	R5. 4. 9	R9. 4. 30	R5. 4. 9	R9. 4. 3
名古屋市	⑤河村たかし	R3. 4. 25	R7. 4. 27	R5. 4. 9	R9. 4. 1
京都市	④門川 大作	R2. 2. 2	R6. 2. 24	R5. 4. 9	R9. 4. 2
大阪市	①横山 英幸	R5. 4. 9	R9. 4. 6	R5. 4. 9	R9. 4. 2
堺市	②永藤 英機	R5. 6. 4	R9. 6. 8	R5. 4. 9	R9. 4. 3
神戸市	③久元 喜造	R3. 10.31	R7. 11.19	R5. 4. 9	R9 6. 1
岡山市	③大森 雅夫	R3. 10. 3	R7. 10. 8	R5. 4. 9	R9. 4. 3
広島市	④松井 一實	R5. 4. 9	R9. 4. 11	R5. 4. 9	R9. 5.
北九州市	④北橋 健治	H31. 1. 27	R5. 2. 19	R3. 1. 31	R7. 2.
福岡市	④髙島宗一郎	R4. 11.20	R8. 12. 6	R5. 4. 9	R9. 5.
熊本市	③大西 一史	R4. 11.13	R8. 12. 2	R5. 4. 9	R9. 4. 3

■主要団体代表任期満了日 (五十音順

団体名	氏名	任期満了日
経済同友会	新浪 剛史	R9. 4 (総会まで)
指定都市市長会	久元 喜造	R6. 3. 31
全国漁業協同組合連合会(JF全漁連)	坂本 雅信	R6. 6 (総会まで)
全国銀行協会	加藤 勝彦	R6. 3. 31
全国市議会議長会	坊 恭寿	R6. 5 (総会まで)
全国市長会	立谷 秀清	R6. 6 (総会まで)
全国社会福祉協議会	村木 厚子	R7. 6
全国知事会	平井 伸治	R5. 9
全国町村会	荒木 泰臣	R6. 7. 30
全国町村議会議長会	渡部 孝樹	R6. 7 (総会まで)
全国郵便局長会	末武 晃	R6. 5 (総会まで)
全国土地改良事業団体連合会	二階 俊博	R6. 3. 31
全国都道府県議会議長会	山本 徹	R6. 7 (総会まで)
全国農業協同組合中央会(JA全中)	中家 徹	R5. 8 (総会まで)
全国農業協同組合連合会(JA全農)	菅野 幸雄	R5. 7 (総会まで)

団体名	氏名	任期満了
日本医師会	松本 吉郎	R6. 3. 3
日本遺族会	水落 敏栄	R6. 6
日本オリンピック委員会(JOC)	山下 泰裕	R6. 3. 3
日本看護協会	高橋 弘枝	R6. 6
日本銀行	植田 和男	R10.4.
日本経団連	十倉 雅和	R7. 6 (総会まで
日本歯科医師会	高橋 英登	R6. 6
日本商工会議所	小林 健	R10.10.3
日本生活協同組合連合会	土屋 敏夫	R6. 6 (総会まで
日本青年会議所	麻生 将豊	R5.12.3
日本赤十字社	清家 篤	R7. 6. 3
日本弁護士連合会	小林 元治	R6. 3. 3
日本放送協会(NHK)	稲葉 延雄	R8. 1. 2
日本薬剤師連盟	山本 信夫	R6. 3. 3
連合	芳野 友子	R5. 10.上 (大会まで

世界の主要政治家就任日（国・地域・機関）

国　名	氏　名（年齢）	肩　書	就任年月日
＜アジア＞			
インド	ナレンドラ・モディ(73)	首相	2014. 5. 26
インドネシア	ジョコ・ウィドド(74)	大統領	2014. 10. 20
韓国	尹 錫悦(ユン・ソンニョル)(63)	大統領	2022. 5. 10
カンボジア	フン・セン(72)	首相	1998. 11. 30
北朝鮮	金 正恩(キム・ジョンウン)(39)	総書記	2012. 4. 11
シンガポール	リー・シェンロン(71)	首相	2004. 8. 12
タイ	プラユット・ジャンオーチャー(69)	首相	2014. 8. 25
中国	習 近平(シーチンピン)(70)	国家主席	2013. 3. 14
パキスタン	アリフ・アルビ(74)	大統領	2018. 9. 9
フィリピン	フェルディナンド・マルコス・ジュニア(66)	大統領	2022. 6. 30
ベトナム	ファム・ミン・チン(64)	首相	2021. 4. 5
マレーシア	アンワル・イブラヒム(76)	首相	2022. 11. 24
ミャンマー	ウィン・ミン(72)	大統領	2018. 3. 30
モンゴル	オフナー・フレルスフ(55)	大統領	2021. 6. 25
＜北米＞			
アメリカ	ジョー・バイデン(81)	大統領	2021. 1. 20
カナダ	ジャスティン・トルドー(52)	首相	2015. 11. 4
＜中南米＞			
ブラジル	ルイス・イナシオ・ルーラ・ダ・シルヴァ(78)	大統領	2023. 1. 1
メキシコ	アンドレス・マヌエル・ロペス・オブラドール(70)	大統領	2018. 12. 1
＜オセアニア＞			
オーストラリア	アンソニー・アルバニージー(60)	首相	2022. 5. 23
ニュージーランド	クリス・ヒプキンス(45)	首相	2023. 1. 25
＜ヨーロッパ＞			
イギリス	リシ・スナク(43)	首相	2022. 10. 25
イタリア	ジョルジャ・メローニ(46)	首相	2022. 10. 22
ウクライナ	ヴォロディミル・ゼレンスキー(45)	大統領	2019. 5. 20
ギリシャ	キリヤコス・ミツォタキス(55)	首相	2019. 7. 8
スウェーデン	ウルフ・クリステンション (60)	首相	2022. 10. 18
スペイン	ペドロ・サンチェス(51)	首相	2018. 6. 2
ドイツ	オラフ・ショルツ(65)	首相	2021. 12. 8
フランス	エマニュエル・マクロン(45)	大統領	2017. 5. 14
ロシア	プーチン、ウラジーミル・ミロヴィッチ(71)	大統領	2012. 5. 7
＜中東＞			
イスラエル	ビンヤミン・ネタニヤフ(74)	首相	2022. 12. 29
イラク	ムハンマド・スーダーニー(53)	首相	2022. 10. 27
イラン	セイエド・エブラヒーム・ライースィ(63)	大統領	2021. 8. 3
トルコ	レジェップ・タイイップ・エルドアン(69)	大統領	2014. 8. 28
＜アフリカ＞			
エジプト	アブドゥルファッターハ・エルシーシ(69)	大統領	2014. 6. 8
ナイジェリア	ムハンマド・ブハリ(81)	大統領	2015. 5. 29
南アフリカ	シリル・ラマポーザ(71)	大統領	2018. 2. 14

台湾	蔡 英文(67)	総統	2016. 5. 20
国連	アントニオ・グテーレス(74)	事務総長	2017. 1. 1
欧州委員会	ウルズラ・フォン・デア・ライエン(65)	委員長	2019. 11. 1

年齢は2023年の誕生日現在の満年齢。

■主要な戦後の政治家命日

氏　名	命　日
(あ)安倍　晋三	R 4. 7. 8
安倍晋太郎	H 3. 5.15
愛知　揆一	S48.11.23
赤城　宗徳	H 5.11.11
青木　幹雄	R 5. 6.11
浅沼稲次郎	S35.10.12
芦田　均	S34. 6.20
飛鳥田一雄	H 2.10.11
(い)伊東　正義	H 6. 5.20
伊藤宗一郎	H13. 9. 4
池田　勇人	S40. 8.13
石井光次郎	S56. 9.20
石田幸四郎	H18. 9.18
石橋　湛山	S48. 4.25
石橋　政嗣	R 1.12. 9
市川　房枝	S56. 2.11
市川　雄一	H29.12. 8
(う)宇野　宗佑	H10. 5.19
(え)江﨑　真澄	H 8.12.11
江田　三郎	S52. 5.22
(お)小渕　恵三	H12. 5.14
扇　千景	R 5. 3.14
大野　伴睦	S39. 5.29
大平　正芳	S55. 6.12
(か)加藤　紘一	H28. 9. 9
加藤　六月	H18. 2.28
海部　俊樹	R 4. 1. 9
梶山　静六	H12. 6. 6
春日　一幸	H 1. 5. 2
片山　哲	S53. 5.30
勝間田清一	H 1.12.14
金丸　信	H 8. 3.28
川島正次郎	S45.11. 9
(き)岸　信介	S62. 8. 7
(く)久保　亘	H15. 6.24
(こ)後藤田正晴	H17. 9.19
河野　一郎	S40. 7. 8
河野　謙三	S58.10.16
河本　敏夫	H13. 5.24
(さ)佐々木更三	S60.12.24
佐々木良作	H12. 3. 9
佐藤　栄作	S50. 6. 3
坂田　道太	H16. 1.13
櫻内　義雄	H15. 7. 5
(し)椎名悦三郎	S54. 9.30
重宗　雄三	S51. 3.13
(す)鈴木　善幸	H16. 7.19
鈴木茂三郎	S45. 5. 7
(た)田中　角栄	H 5.12.16
田中　六助	S60. 1.31
田辺　誠	H27. 7. 2
竹下　登	H12. 6.19
武村　正義	R 4. 9.28
(つ)塚本　三郎	R 2. 5.20
土屋　義彦	H20.10. 5
(て)田　英夫	H21.11.13
(と)土井たか子	H26. 9.20
徳田　球一	S28.10.14
徳永　正利	H 2. 9.23
(な)中川　一郎	S58. 1. 9
中曽根康弘	R 1.11.29
中村　梅吉	S59. 8. 4
永末　英一	H 6. 7.10
灘尾　弘吉	H 6. 1.22
成田　知巳	S54. 3. 9
(に)二階堂　進	H12. 2. 3
西尾　末広	S56.10. 3
西村　栄一	S46. 4.27
(の)野坂　参三	H 5.11.14
野中　広務	H30. 1.26
(は)羽田　孜	H29. 8.28
橋本登美三郎	H 2. 1.19
橋本龍太郎	H18. 7. 1
鳩山　一郎	S34. 3. 7
原　健三郎	H16.11. 6
原　文兵衛	H11. 9. 7
(ふ)福田　赳夫	H 7. 7. 5
福田　一	H 9. 9. 2
福永　健司	S63. 5.31
藤山愛一郎	S60. 2.22
船田　中	S54. 4.12
(ほ)保利　茂	S54. 3. 4
(ま)前尾繁三郎	S56. 7.23
益谷　秀次	S48. 8.18
町村　信孝	H27. 6. 1
松野　鶴平	S37.10.18
松野　頼三	H18. 5.10
(み)三木　武夫	S63.11.14
三木　武吉	S31. 7. 4
三塚　博	H16. 4.25
宮澤　喜一	H19. 6.28
宮本　顕治	H19. 7.18
(や)安井　謙	S61. 3.10
山口　鶴男	H27. 8. 3
山中　貞則	H16. 2.20
山花　貞夫	H11. 7.14
(よ)吉田　茂	S42.10.20
(わ)渡辺美智雄	H 7. 9.15

■衆議院総選挙一覧

回次	解散年月日	執行年月日
第23回	S22. 3. 31	S22. 4. 25
第24回	S23. 12. 23	S24. 1. 23
第25回	S27. 8. 28	S27. 10. 1
第26回	S28. 3. 14	S28. 4. 19
第27回	S30. 1. 24	S30. 2. 27
第28回	S33. 4. 25	S33. 5. 22
第29回	S35. 10. 24	S35. 11. 20
第30回	S38. 10. 23	S38. 11. 21
第31回	S41. 12. 27	S42. 1. 29
第32回	S44. 12. 2	S44. 12. 27
第33回	S47. 11. 13	S47. 12. 10
第34回	任期満了	S51. 12. 5
第35回	S54. 9. 7	S54. 10. 7
第36回	S55. 5. 19	S55. 6. 22
第37回	S58. 11. 28	S58. 12. 18
第38回	S61. 6. 2	S61. 7. 6
第39回	H2. 1. 24	H2. 2. 18
第40回	H5. 6. 18	H5. 7. 18
第41回	H8. 9. 27	H8. 10. 20
第42回	H12. 6. 2	H12. 6. 25
第43回	H15. 10. 10	H15. 11. 9
第44回	H17. 8. 8	H17. 9. 11
第45回	H21. 7. 21	H21. 8. 30
第46回	H24. 11. 16	H24. 12. 16
第47回	H26. 11. 21	H26. 12. 14
第48回	H29. 9. 28	H29. 10. 22
第49回	R3. 10. 14	R3. 10. 31

■参議院通常選挙一覧

回次	通常選挙期日	任期満了日
第1回	S22. 4. 20	S28. 5. 2(※)
第2回	S25. 6. 4	S31. 6. 3
第3回	S28. 4. 24	S34. 5. 2
第4回	S31. 7. 8	S37. 7. 7
第5回	S34. 6. 2	S40. 6. 1
第6回	S37. 7. 1	S43. 7. 7
第7回	S40. 7. 4	S46. 7. 3
第8回	S43. 7. 7	S49. 7. 7
第9回	S46. 6. 27	S52. 7. 3
第10回	S49. 7. 7	S55. 7. 7
第11回	S52. 7. 10	S58. 7. 9
第12回	S55. 6. 22	S61. 7. 7
第13回	S58. 6. 26	H1. 7. 9
第14回	S61. 7. 6	H4. 7. 7
第15回	H1. 7. 23	H7. 7. 22
第16回	H4. 7. 26	H10. 7. 25
第17回	H7. 7. 23	H13. 7. 22
第18回	H10. 7. 12	H16. 7. 25
第19回	H13. 7. 29	H19. 7. 28
第20回	H16. 7. 11	H22. 7. 25
第21回	H19. 7. 29	H25. 7. 28
第22回	H22. 7. 11	H28. 7. 25
第23回	H25. 7. 21	R1. 7. 28
第24回	H28. 7. 10	R4. 7. 25
第25回	R1. 7. 21	R7. 7. 28
第26回	R4. 7. 10	R10. 7. 25

※第1回通常選挙につき任期3年の議員もあり

■戦後歴代内閣発足日

代	総理大臣	発足日	出身政党
43	東久邇宮稔彦王	S20. 8.17	
44	幣原喜重郎	S20.10. 9	
45	吉田　茂	S21. 5.22	注1
46	片山　哲	S22. 5.24	注2
47	芦田　均	S23. 3.10	民主
48	吉田　茂	S23.10.15	注3
49	吉田　茂	S24. 2.16	注3
50	吉田　茂	S27.10.30	自由
51	吉田　茂	S28. 5.21	自由
52	鳩山　一郎	S29.12.10	注4
53	鳩山　一郎	S30. 3.19	注4
54	鳩山　一郎	S30.11.22	自民
55	石橋　湛山	S31.12.23	自民
56	岸　信介	S32. 2.25	自民
57	岸　信介	S33. 6.12	自民
58	池田　勇人	S35. 7.19	自民
59	池田　勇人	S35.12. 8	自民
60	池田　勇人	S38.12. 9	自民
61	佐藤　栄作	S39.11. 9	自民
62	佐藤　栄作	S42. 2.17	自民
63	佐藤　栄作	S45. 1.14	自民
64	田中　角栄	S47. 7. 7	自民
65	田中　角栄	S47.12.22	自民
66	三木　武夫	S49.12. 9	自民
67	福田　赳夫	S51.12.24	自民
68	大平　正芳	S53.12. 7	自民
69	大平　正芳	S54.11. 9	自民
70	鈴木　善幸	S55. 7.17	自民
71	中曽根康弘	S57.11.27	自民
72	中曽根康弘	S58.12.27	自民
73	中曽根康弘	S61. 7.22	自民
74	竹下　登	S62.11. 6	自
75	宇野　宗佑	H 元. 6. 3	自
76	海部　俊樹	H 元. 8.10	自
77	海部　俊樹	H 2. 2.28	自
78	宮澤　喜一	H 3.11. 5	自
79	細川　護熙	H 5. 8. 9	日本
80	羽田　孜	H 6. 4.28	新
81	村山　富市	H 6. 6.30	社
82	橋本龍太郎	H 8. 1.11	自
83	橋本龍太郎	H 8.11. 7	自
84	小渕　恵三	H10. 7.30	自
85	森　喜朗	H12. 4. 5	自
86	森　喜朗	H12. 7. 4	自
87	小泉純一郎	H13. 4.26	自
88	小泉純一郎	H15.11.19	自
89	小泉純一郎	H17. 9.21	自
90	安倍　晋三	H18. 9.26	自
91	福田　康夫	H19. 9.26	自
92	麻生　太郎	H20. 9.24	自
93	鳩山由紀夫	H21. 9.16	民
94	菅　直人	H22. 6. 8	民
95	野田　佳彦	H23. 9. 2	民
96	安倍　晋三	H24.12.26	自
97	安倍　晋三	H26.12.24	自
98	安倍　晋三	H29.11. 1	自
99	菅　義偉	R 2. 9.16	自
100	岸田　文雄	R 3.10. 4	自
101	岸田　文雄	R 3.11.10	自

注1: 日本自由党　注2: 日本社会
注3: 民主自由党　注4: 日本民主

■国会会期(第166回以降)

国会回次	召集日	終了日(延長日数)	会期
第211回(常　会)	R5.　1.23	R5.　6.21	150日
第210回(臨時会)	R4.　10.　3	R4.　12.10	69日
第209回(臨時会)	R4.　8.　3	R4.　8.　5	3日
第208回(常　会)	R4.　1.17	R4.　6.15	150日
第207回(臨時会)	R3.　12.　6	R3.　12.21	16日
第206回(特別会)	R3.　11.10	R3.　11.12	3日
第205回(臨時会)	R3.　10.　4	R3.　10.14 ※	11日
第204回(常　会)	R3.　1.18	R3.　6.16	150日
第203回(臨時会)	R2.　10.26	R2.　12.　5	41日
第202回(臨時会)	R2.　9.16	R2.　9.18	3日
第201回(常　会)	R2.　1.20	R2.　6.17	150日
第200回(臨時会)	R1.　10.　4	R1.　12.　9	67日
第199回(臨時会)	R1.　8.　1	R1.　8.　5	5日
第198回(常　会)	H31.　1.28	R1.　6.26	150日
第197回(臨時会)	H30.10.24	H30.12.10	48日
第196回(常　会)	H30.　1.22	H30.　7.22 (32日)	182日
第195回(特別会)	H29.11.　1	H29.12.　9	39日
第194回(臨時会)	H29.　9.28	H29.　9.28 ※	1日
第193回(常　会)	H29.　1.20	H29.　6.18	150日
第192回(臨時会)	H28.　9.26	H28.12.17 (17日)	83日
第191回(臨時会)	H28.　8.　1	H28.　8.　3	3日
第190回(常　会)	H28.　1.　4	H28.　6.　1	150日
第189回(常　会)	H27.　1.26	H27.　9.27 (95日)	245日
第188回(特別会)	H26.12.24	H26.12.26	3日
第187回(臨時会)	H26.　9.29	H26.11.21 ※	54日
第186回(常　会)	H26.　1.24	H26.　6.22	150日
第185回(臨時会)	H25.10.15	H25.12.　8 (2日)	55日
第184回(臨時会)	H25.　8.　2	H25.　8.　7	6日
第183回(常　会)	H25.　1.28	H25.　6.26	150日
第182回(特別会)	H24.12.26	H24.12.28	3日
第181回(臨時会)	H24.10.29	H24.11.16 ※	19日
第180回(常　会)	H24.　1.24	H24.　9.　8 (79日)	229日
第179回(臨時会)	H23.10.20	H23.12.　9	51日
第178回(臨時会)	H23.　9.13	H23.　9.30 (14日)	18日
第177回(常　会)	H23.　1.24	H23.　8.31 (70日)	220日
第176回(臨時会)	H22.10.　1	H22.12.　3	64日
第175回(臨時会)	H22.　7.30	H22.　8.　6	8日
第174回(常　会)	H22.　1.18	H22.　6.16	150日
第173回(臨時会)	H21.10.26	H21.12.　4 (4日)	40日
第172回(特別会)	H21.　9.16	H21.　9.19	4日
第171回(常　会)	H21.　1.　5	H21.　7.21 ※	198日
第170回(臨時会)	H20.　9.24	H20.12.25 (25日)	93日
第169回(常　会)	H20.　1.18	H20.　6.21 (6日)	156日
第168回(臨時会)	H19.　9.10	H20.　1.15 (66日)	128日
第167回(臨時会)	H19.　8.　7	H19.　8.10	4日
第166回(常　会)	H19.　1.25	H19.　7.　5 (12日)	162日

※㊮解散

■国会議員索引〈あ～す〉

■国会議員索引〈や～わ〉